BIBLIOTHÈQUE
DE
MONTBÉLIARD.
Série   N.º
C.té   Rayon
Tablette

COLLECTION
DE
DOCUMENTS INÉDITS
SUR L'HISTOIRE DE FRANCE

PUBLIÉS PAR LES SOINS

DU MINISTRE DE L'INSTRUCTION PUBLIQUE

PREMIÈRE SÉRIE

HISTOIRE POLITIQUE

LE MISTERE

DU

SIEGE D'ORLEANS

PUBLIÉ POUR LA PREMIÈRE FOIS

D'APRES LE MANUSCRIT UNIQUE CONSERVÉ A LA BIBLIOTHÈQUE

DU VATICAN

PAR MM. F. GUESSARD ET E. DE CERTAIN

PARIS

IMPRIMERIE IMPÉRIALE

M DCCC LXII

PRÉFACE.

Si le nom immortel de la glorieuse libératrice d'Orléans ne recommandait le poëme que nous publions à tous ceux qu'intéressent les grands souvenirs de la patrie, nous aurions hésité peut-être à le tirer de l'oubli où il reposait depuis plus de quatre siècles. Il y a des esprits si rétifs quand on entreprend de les conduire ailleurs que dans les beaux chemins bien battus! On craint de leur donner sujet de se cabrer. Il y a des juges si durs pour les travaux de l'érudition, et qui lui reprochent si volontiers de blesser leurs yeux délicats en remuant indiscrètement la poussière du passé! On y regarde à deux fois avant de s'exposer à leurs sentences, d'autant plus redoutables qu'elles sont toujours prononcées au nom du goût, dont ils sont, comme chacun sait, les seuls représentants. A moins d'avoir cette fortune de déterrer quelque Vénus de Milo ou de déchiffrer dans un manuscrit inconnu quelque Iliade inédite, il ne faut pas espérer trouver grâce auprès d'eux. Or, il s'en manque bien, hélas! que le *Mystère du siége d'Orléans* soit une de ces merveilleuses trouvailles qu'on produit avec orgueil, un de ces chefs-d'œuvre qui vont comme d'eux-mêmes prendre une place d'honneur dans les musées de l'art ou de la littérature. Hâtons-nous de le dire : c'est un poëme du xv° siècle. Par cette seule date n'est-il pas condamné d'avance selon la jurisprudence des critiques qui s'en tiennent encore aux arrêts de Boileau? Et quand ils consentiraient à l'examiner, cet examen ne les disposerait même pas à l'indulgence dont leur maître a daigné faire preuve en faveur de Villon.

Plaçons-nous pour un instant à leur point de vue, et essayons de les suppléer. Ce ne sera ni long ni difficile. Voici leur sentiment sur le *Mystère du siége d'Orléans*. Au fond, rien de plus plat et de moins fortement conçu. C'est l'enfance de l'art dramatique, c'est le développement pur et simple, à part quelques scènes, de la donnée historique connue de tout le monde. En la forme, c'est pis encore : ni style, ni harmonie, ni grammaire, ni orthographe même ; et quelle prosodie ! celle d'un Gascon, ou, comme on lit plusieurs fois dans le manuscrit, d'un *Gassecon*.

C'est ainsi que notre poëme court le risque d'être apprécié par ces esprits élégants qui habitent la région des chefs-d'œuvre et ne veulent pas même connaître la géographie des autres contrées. Aussi nous empressons-nous de les avertir qu'ils ne pourraient que perdre à nous suivre. Pourquoi d'ailleurs sortiraient-ils de leur temple, ces pontifes du beau? Qu'auraient-ils affaire de la science, eux qui ont une sorte de prescience, qui savent du beau tout ce qu'on en peut savoir et même au delà, qui en ont pénétré tous les arcanes, qui en connaissent à fond les lois éternelles et immuables, et, par là, ont pu prononcer *a priori* que les conditions du beau n'existaient pas au moyen âge? Faut-il encore une humble profession de foi pour détourner de nous leurs anathèmes? nous ne la refuserons certes pas ; car, nous aussi, nous le déclarons sur l'honneur, en fait de compositions dramatiques, nous préférons de beaucoup *Athalie* au *Mystère du siége d'Orléans*.

Est-ce à dire pour cela qu'il faille sans cesse relire *Athalie* et répéter à jamais tout ce qu'on a répété déjà sur ce chef-d'œuvre? Est-ce à dire que le *Mystère du siége d'Orléans*, quoique si fort inférieur à *Athalie*, soit indigne d'occuper, d'intéresser même un lecteur sérieux? On se gardera bien de le croire si l'on estime avec nous que l'histoire littéraire n'est pas faite seulement pour fournir à l'admiration des hommes un choix de modèles, mais que ses monuments divers doivent former avant tout un musée scientifique. Qu'il y ait dans ce musée une *tribune* comme à Florence, un grand salon comme à Paris, on le comprend de reste; mais que, dans des galeries destinées à l'étude, on puisse suivre historiquement les progrès de l'art depuis son enfance jusqu'aux jours de son développement le plus complet et le plus brillant, voilà ce que réclame aujourd'hui la critique la plus éclairée, celle qui refuse de se confiner dans l'admiration des classiques, et de jeter, des hauteurs de l'esthétique, un regard de mépris sur tout le reste. Pour ceux qui n'affectent pas ces grands airs, ces airs de parvenus honteux de leur origine, nous n'avons besoin ni d'excuse ni de justification. Ceux-là se plaisent surtout à étudier la série des métamorphoses par lesquelles en tout temps et en tout lieu a passé l'esprit humain avant de prendre son essor; ceux-là s'intéressent aux chenilles aussi bien qu'aux papillons. C'est à eux surtout que s'adresse notre publication.

Nous ne sommes pas disposés, on peut le voir, à en exagérer le mérite; nous n'admettons pas cependant que le poëme qui en fait l'objet soit de nulle valeur, ainsi qu'on l'a déjà dit, comme document historique. Nous ne pensons pas davantage, malgré ce que nous venons de dire nous-mêmes, qu'il n'offre aucun intérêt littéraire. Nous allons donc l'examiner à ce double point de vue, après avoir rappelé ce que l'on sait de son histoire, et cherché à deviner ce qu'on en ignore.

I.

L'unique manuscrit connu du *Mystère du siége d'Orléans* est conservé à Rome dans la Bibliothèque du Vatican, sous le n° 1022

PRÉFACE.

du fonds dit de la reine de Suède. Il forme un volume grand in-4° de 509 feuillets. Il est sur papier, et d'une écriture négligée du xv° siècle, comme on en pourra juger par le *fac-simile* qui accompagne notre publication. Ce manuscrit a appartenu à Alexandre Petau, fils de Paul, et porte sa signature sur le premier feuillet : *A. Petavius Sen. Par. 1636.* Il n'offre aucune particularité qui vaille la peine d'être remarquée, si ce n'est que les feuillets 178 à 199 ont été visiblement ajoutés après coup. Ce sont ceux qui renferment l'épisode du combat de Gasquet et de Verdille contre deux hommes d'armes anglais. Cet épisode, auquel rien ne prépare et que n'annonce aucune rubrique, vient couper en deux une scène commencée, sans qu'on puisse voir là une inadvertance du relieur, puisqu'on ne trouve nulle part la vraie place des feuillets intercalés.

Montfaucon signalait ce manuscrit sous le n° 781, qui cessa bientôt d'être exact comme tous ceux qu'il indique à côté du titre des manuscrits du Vatican [1].

Il en est fait mention, et déjà sous le numéro actuel, dans la *Bibliothèque historique de la France,* revue et augmentée par Fevret de Fontette [2].

Mais c'est dans ces derniers temps seulement que le *Mystère du siége d'Orléans* a attiré l'attention des érudits.

En 1839, M. Paul Lacroix le comprenait dans ses *Notices et extraits des manuscrits concernant l'histoire de France et la littérature française, conservés dans les bibliothèques d'Italie* [3].

En 1844, un savant allemand, M. Adelbert Keller, en publiait

---

[1] *Bibliotheca bibliothecarum manuscriptorum nova,* t. I, p. 30.

[2] Paris, 1775, in-fol. t. IV, p. 391, n° 17180. «Ce mystère, dit Fevret de «Fontette, qui est apparemment une tra- «gédie antique, est conservé dans la Biblio- «thèque du Vatican, parmi les manuscrits «de la reine de Suède, n° 1022.»

[3] *Dissertations sur quelques points curieux de l'Histoire de France,* vii° fascicule, p. 29-

PRÉFACE.

quelques extraits et donnait une brève notice sur les personnages qui figurent dans cette composition[1].

Peu de temps après, un de nos regrettables confrères, M. Salmon, transcrivit, dans un voyage à Rome, les rubriques qui entrecoupent le poëme, font connaître la marche de l'action et indiquent l'appareil de la mise en scène. C'est surtout d'après les extraits de M. Salmon que M. J. Quicherat a porté, sur la valeur historique de notre mystère, un jugement que nous reproduisons ci-après.

En 1849, MM. Daremberg et Ernest Renan, chargés d'une mission en Italie, recevaient, de l'Académie des inscriptions et belles-lettres, des instructions où on lit :

« M. de Monmerqué verrait avec plaisir que l'on copiât, dans le fonds de la reine de Suède, le *Mystère du siége d'Orléans*; et il recommande en général aux investigateurs ce fonds acquis en partie d'Alexandre Petau, fils de Paul, et dont plusieurs manuscrits venaient de l'ancienne abbaye de Fleury ou Saint-Benoît-sur-Loire[2]. »

MM. Daremberg et Renan ne purent répondre qu'en partie à ce désir. Dans un rapport sur leur mission, adressé à M. le Ministre de l'instruction publique, le 10 mai 1850, ces deux savants disaient[3] : « Nous rapportons la copie de quelques-unes des scènes qui nous ont paru les plus intéressantes, celles où interviennent *le Roi, la Vierge, Dieu, l'Inquisiteur de la foi*, etc. etc. Ces extraits donneront peut-être une idée plus exacte de ce poëme si curieux, si national, que les morceaux publiés par Keller. Parmi tous les

---

30. Paris, Techener, 1839. — Ces notices et extraits, présentés d'abord à M. Villemain, sous la forme d'un rapport, ont été reproduits plus tard, en 1847, dans la Collection des documents inédits sur l'histoire de France, *Mélanges historiques*, t. III, p. 272 et 273.

[1] *Romvart*, von Adelbert Keller, p. 137-141; Mannheim, 1844, in-8°.
[2] *Archives des missions scientifiques et littéraires*, t. I, 1850, p. 59.
[3] *Ibidem*, p. 249. Voir les scènes citées, p. 250-266.

manuscrits du Vatican, il n'en est pas qui mérite davantage d'attirer l'attention des savants qui s'occupent de l'ancienne poésie française; et nous ne pouvons nous empêcher de remercier le savant académicien qui nous l'a signalé, du vif plaisir que nous a fait éprouver la lecture de cette naïve et intéressante composition, dont nous aurions voulu rapporter une copie intégrale ou du moins une analyse détaillée. »

Cette analyse détaillée, l'un de nous la rapportait précisément à la même époque. Jointe aux extraits de M. Keller et à ceux de MM. Daremberg et Renan, elle put donner une idée assez exacte du *Mystère du siége d'Orléans* pour que les juges les plus compétents, et entre autres le savant doyen de la Faculté des lettres de Paris, M. Victor Le Clerc, fussent d'avis que cette composition méritait de prendre place dans la grande collection des monuments inédits relatifs à notre histoire.

En conséquence, M. H. Fortoul, alors ministre de l'instruction publique, voulut bien nous charger d'aller transcrire le poëme à Rome et de le publier. Mais un peu plus tard le même ministre conçut, et fit approuver par S. M. l'Empereur, le projet d'une collection des *Anciens poëtes de la France*, et, dans le rapport qui précède le décret du 12 février 1856, il annonça l'intention de placer dans le nouveau recueil « cette composition surprenante qu'il venait de faire copier d'après les manuscrits du Vatican, et où un contemporain de Jeanne d'Arc a mis en scène le siège d'Orléans et la mission de l'héroïne. »

La mort si prématurée et si regrettable de M. H. Fortoul fit modifier le plan du recueil immense où il voulait donner place au *Mystère du siége d'Orléans*. Mais, pour ne point retarder indéfiniment une publication d'un caractère patriotique, S. Exc. M. Rouland s'empressa de décider qu'elle aurait lieu dans la collection à laquelle elle ajoute aujourd'hui un nouveau volume.

II.

Remontons maintenant le cours du temps pour essayer de résoudre quelques questions qui se présentent tout d'abord à l'esprit. A quelle époque le *Mystère du siége d'Orléans* a-t-il été composé? A-t-il été représenté soit à Orléans, soit ailleurs? Était-il destiné à la représentation?

Sur les deux premiers points, le manuscrit du Vatican, qui ne contient ni date ni nom d'auteur, ne nous fournit aucune réponse positive, et les chroniqueurs contemporains, les historiens d'Orléans ne nous éclairent pas davantage. La seule chose assurée, d'après l'écriture, c'est que le poëme est du xve siècle. Pour essayer de fixer une date plus précise, on ne peut s'appuyer que sur un petit nombre d'indications, qu'on voudrait moins vagues, mais qui n'en ont pas moins leur importance.

On sait que le jour même de la délivrance d'Orléans, en 1429, fut organisée spontanément une procession solennelle dans laquelle figurèrent la Pucelle, le Bâtard d'Orléans, les autres seigneurs ou capitaines qui avaient concouru à la défense de la ville, le clergé, les bourgeois, le peuple. Depuis lors, la fête commémorative de ce grand événement fut ainsi célébrée chaque année au même anniversaire, c'est-à-dire le huitième jour de mai. Tous les habitants d'Orléans étaient invités à se joindre à la procession et devaient y porter un cierge allumé. Les douze procureurs de la ville y assistaient, et le cierge qu'ils tenaient était garni d'écussons aux armes d'Orléans. On y portait les châsses des saints protecteurs de la cité, etc. Mais bientôt on jugea à propos, pour rendre la fête plus complète, d'ajouter à la cérémonie religieuse un spectacle et des divertissements d'un autre caractère.

On lit dans les comptes de la ville, de 1435 :

« *A Guillaume le charron et Michelet Filleul, pour don à eulx faict pour leur aider à paier leurs eschaffaulx et aultres depenses par eux faictes le .viiie. jour de mai mil. cccc. xxxv., que ilz firent certain mistaire ou boloart du pont durant la procession, payé .iii. réaux d'or. Pour ce 72 sols p.* »

Que représentait le mystère dont il est ici question? Les comptes de la commune ne donnent pas d'autres renseignements, et les historiens de la ville sont muets à cet égard. Mais n'est-il pas infiniment probable qu'il représentait l'événement dont on célébrait l'anniversaire? Quel spectacle plus intéressant pouvait-on offrir aux Orléanais que celui d'un fait d'armes dont ils étaient fiers à juste titre et auquel un grand nombre d'entre eux avaient pris une si glorieuse part?

D'ailleurs, pour 1439, cette conjecture devient une certitude. On trouve, en effet, dans les comptes de commune de cette année les mentions ci-après :

« *A Mahiet Gaulchier, paintre, le xiiie jour du moys d'avril, pour faire les jusarmes et haches et une fleur de liz et deux godons, par marchié fait à lui en la chambre de la dicte ville, pour faire la feste du lièvement des Tourelles*[1], *12 liv. 16 sols p.* »

« *A Jehan Chanteloup, pour avoir vacqué neuf journées à faire les eschaffaulx de la procession des Tourelles, et pour unze charroiz pour mener et ramener le bois qu'il failloit à faire lesdiz eschaffaulx; pour ce 44 sols p.* »

Enfin on lit dans le registre des comptes de la même année un article sur lequel nous appelons l'attention du lecteur :

« *A Jehan Hilaire, pour l'achat d'un estandart et banniere qui furent à Monseigneur de Reys pour faire la maniere de l'assault comment les Tourelles furent prinses sur les Anglois, le viiie jour de may;*

---

[1] C'est-à-dire de l'abandon du fort des Tourelles par les Anglais.

PRÉFACE.

vii liv. tournois qui vallent à Paris *cxii sous parisis : pour ce cxii sols p.* »

Ajoutons, pour en finir avec les comptes de la ville d'Orléans, que, dans les années qui suivent immédiatement, il n'est plus fait mention d'une représentation semblable. Il faut aller jusqu'en 1446 pour trouver trace d'un divertissement ajouté à la procession le jour de la fête de la ville. C'est encore d'un mystère qu'il s'agit, mais du mystère de saint Étienne :

« *A Mahiet Gaulchier, paintre, pour don fait aux compaignons qui jouerent le mistaire de S. Estienne le viii*e *jour de may, pour leur aider à soustenir la despense de leurs chaffaulx et aultres choses; pour ce 4 liv. 16 sols p.* »

Par ces textes, il nous semble établi qu'en 1435 et 1439 un mystère où étaient reproduits les principaux incidents du siège d'Orléans fut joué dans cette ville à la fête du 8 mai.

Est-il permis de croire que ce mystère était celui que nous publions aujourd'hui? C'est notre sentiment.

Il est pour nous démontré, et nous développerons ci-après les motifs de notre conviction, que l'auteur était Orléanais. Ce n'est pas seulement le cœur d'un bon Français, l'amour de l'indépendance nationale, et, par suite, la haine de l'Anglais qui se manifeste dans son œuvre, c'est encore et particulièrement le témoignage de sa fidélité et de son dévouement au duc d'Orléans, mêlé à l'expression d'un patriotisme tout local, si l'on peut ainsi parler. De plus, il nous semble visible que notre poëte, poëte de circonstance plutôt que de profession, écrivait à une époque encore fort rapprochée des événements, qu'il en avait été le témoin, et qu'entouré d'autres témoins nombreux des faits qu'il mettait en scène, il avait à cœur de ne rien avancer de contraire aux souvenirs encore vivants de ses concitoyens, comme aussi de ne rien omettre de ce qui pouvait flatter leur légitime orgueil.

PRÉFACE.

Sans doute ce n'est là qu'une impression; mais encore faut-il, pour en détruire l'effet, quelque argument sans réplique, d'où sorte l'impossibilité absolue d'assigner à notre poëme une date aussi ancienne. Nous avons dû rechercher nous-mêmes les objections qui pourraient s'élever contre notre opinion, et nous n'en avons aperçu qu'une, sérieuse il est vrai, mais non insoluble. La voici :

Le Bâtard d'Orléans est plusieurs fois, dans ce mystère, qualifié du titre de *comte de Dunois, sire de Dunois, monseigneur de Dunois*. Or les lettres par lesquelles le duc d'Orléans gratifia son frère naturel du comté de Dunois sont datées du 14 juillet 1439 seulement. N'en faut-il pas conclure que notre poëme est postérieur à cette date, et n'a pu être joué ni le 8 mai 1439 ni à plus forte raison le 8 mai 1435 ? L'argument semble d'autant plus fort, que ce n'est pas seulement en vedette, mais dans des vers mêmes et en rime que l'on peut lire :

> Venez çà, sire de Dunois[1].
> Voicy le comte de Dunois[2].
> Et vous, monseigneur de Dunois[3].

Ainsi, on ne peut pas même croire à une addition de copiste, facile à comprendre dans le premier cas, inadmissible dans le second. Nous aurions donc renoncé à notre hypothèse, si, en y regardant de près, nous n'avions été frappés d'une distinction trop marquée à nos yeux, trop significative pour qu'il fût possible de n'en pas tenir compte. C'est seulement dans le premier tiers de l'ouvrage, et jusqu'à la page 207, que le Bâtard d'Orléans est qualifié comte ou sire de Dunois; après quoi, il est constamment désigné sous le nom de Bâtard d'Orléans et même de Bâtard simplement. Il ne parle ou n'est interpellé que douze fois

[1] P. 149. — [2] P. 181. — [3] P. 189 et 206.

PRÉFACE.

dans la première partie, et chaque fois le titre de sire ou comte de Dunois est employé seul ou précède la désignation Bâtard d'Orléans. Dans la seconde partie, au contraire, il figure quatre-vingt-huit fois, et pas une seule avec le titre qu'il reçut en 1439. Ni l'auteur ni les personnages qu'il met en scène, circonstance plus remarquable, ne l'honorent de cette qualification.

> Dieu gard le Bastard d'Orléans[1]!

C'est ainsi qu'on le salue.

> Bastard d'Orleans, mon chier amy,
> Vous, Bastard d'Orleans, mon chier sire.

C'est en ces termes que s'adresse à lui la Pucelle[2]. Personne ne l'appelle autrement.

Cette distinction si frappante n'aurait-elle d'autre cause qu'un caprice de l'auteur ou du hasard? Nous ne l'avons pas cru. Elle provient, selon nous, de ce que le *Mystère du siége d'Orléans* ne renfermait, dans l'origine, que le siége d'Orléans proprement dit, et ne commençait qu'avec l'année 1429, au moment où les Anglais, maîtres des défenses extérieures de la cité, pouvaient dire des Orléanais :

> ..... De leur terre nous avons
> Jusques aux portes de leur ville,
> Pour en faire ce que vouldrons
> Comme de nostre domicille.

Ou encore :

> Or povons nous pour le present
> Bien assiger tout à l'entour

---

[1] P. 321.
[2] P. 549, 555. Voyez encore p. 417, 419, 459, 460, 461, 462, 473, 494, 509, 562, 610, 685, 727, 780.

La ville, et les habitants
Enfermer comme en une tour,
Y sont pris comme le butour
Qui est dedans la sauterelle;
Il n'en sauldront ne nuyt ne jour,
Non feroit une torterelle[1].

Le poëme primitif s'ouvrait, à ce qu'il nous semble, par la résolution qu'exprime John Falstaff d'aller au secours de ses compatriotes (p. 209), et dont il indique les motifs de manière à former une exposition très-suffisante. C'est plus tard sans doute, après 1439, que l'auteur aura jugé à propos d'ajouter à son œuvre un vaste prologue, comprenant tous les événements antérieurs depuis le départ d'Angleterre du comte de Salisbury, comme il y a intercalé après coup l'épisode du combat en champ clos de deux hommes d'armes gascons contre deux Anglais[2]. Et ainsi s'expliquerait fort bien la différence que nous venons de signaler et d'où nous tirons une conclusion à laquelle nous arrivons d'ailleurs par d'autres chemins.

Parmi les nombreux personnages de notre mystère, il en est un qui y joue un rôle des plus honorables, mais dont la fin ignominieuse dut vouer le nom à une longue exécration. Nous voulons parler de Gilles de Rais. Déjà riche à la mort de son père, qu'il perdit à l'âge de vingt ans, Gilles de Rais le devint bien plus encore lorsqu'en 1432 il eut hérité de Jean de Craon, son aïeul maternel. Il semble que sa fortune, prodigieuse pour le temps, lui ait causé une sorte d'éblouissement. Il crut que rien ne pouvait plus mettre de bornes à sa puissance ni faire obstacle à ses désirs. Déjà blasé sur tout ce qui peut être le but d'une noble ambition, sur la gloire militaire, par exemple, il se jeta à corps perdu dans les plaisirs de tout genre, pour arriver enfin à l'abîme

---

[1] P. 201. — [2] Voir ci-dessus, p. IV, et plus loin, p. 281.

de vices honteux où il se perdit. Mais, comme quelques-uns de ces monstres qu'entraîne au mal une imagination ardente et déréglée, comme Néron, par exemple, avec lequel il semble avoir eu plus d'un point de ressemblance, il était artiste ou du moins il aimait les arts, notamment la musique; il entretenait près de lui une chapelle nombreuse; il se passionna aussi pour les jeux du théâtre, dont les premiers essais avaient alors l'attrait de la nouveauté.

On lit dans un mémoire présenté par ses héritiers pour démontrer ses folles prodigalités :

Item faisoit faire jeux, farces, morisques, jouer mysteres à la Pentecoste et à l'Ascension sur de hauts chaffaux, sous lesquels estoit hypocras et autres forts vins comme en une cave.

Qu'il se tenoit es villes comme Angiers, Orleans et autres, auquel lieu d'Orleans il demeura un an sans cause et y despendit quatre vingts à cent mille escus, empruntant de qui lui vouloit prester, engageant les bagues et joyaux pour moins qu'ils ne valoient, puis les rachetant bien cher, etc. etc.[1]

Après ce témoignage, n'est-il pas permis de croire que le *Mystère du siége d'Orléans* était du nombre de ceux que Gilles de Rais faisait jouer à si grands frais, et n'y est-on pas d'autant plus porté que cette œuvre dramatique rappelait un fait d'armes où il avait acquis quelque gloire, et qu'il y jouait son rôle parmi les personnages mis en scène par l'auteur? Une partie des sommes énormes qu'il dépensa à Orléans n'avait-elle pas cette destination? Que dire aussi de cette bannière qui lui avait appartenu et qui fut achetée pour le compte de la commune? Était-ce sa propre bannière de combat qu'il avait mise en gage et qui était restée entre les mains d'un Orléanais? Il est difficile de le penser. N'était-ce pas plutôt un souvenir du siége, quelque étendard historique qu'il

[1] D. Morice, Preuves de l'histoire de Bretagne, t. II, p. 1336.

s'était procuré, entre autres accessoires, pour le faire figurer dans le tableau de la prise des Tourelles sur les Anglais, et que l'on jugea à propos de racheter après son départ pour le faire servir au même usage?

Ce sont là des conjectures sans doute; mais ne sont-elles pas presque commandées par les textes que nous venons de rappeler. Elles se présentent si naturellement à l'esprit, et sont au moins si spécieuses, que le regrettable et estimable auteur d'une notice sur Gilles de Rais, opuscule publié il y a sept ans[1], s'est à ce propos laissé entraîner sur la pente glissante qui conduit de l'hypothèse à l'affirmation. En énumérant les prodigalités de Gilles de Rais, son biographe n'oublie pas le séjour prolongé et ruineux qu'il fit à Orléans. « Il y fait représenter, dit-il, sur la place publique avec plus de magnificence qu'on n'en a déployé à l'entrée de Charles VII à Paris, les grands mystères représentant le siége d'Orléans, avec personnages sans nombre. » Puis il ajoute : « Une curieuse recherche à faire serait de vérifier si le texte du mystère qui se trouve au Vatican ne contiendrait pas d'allusion au maréchal, et ne serait pas, en conséquence, la reproduction de celui qu'il fit jouer. »

Comme on pourra le voir, le *Mystère du siége d'Orléans* contient plus que des allusions au maréchal de Rais; il le met en scène, et si fort en vue, qu'il eût été impossible, selon nous, de représenter la pièce avec un tel personnage après le 27 octobre 1440, jour où fut brûlé, dans une prairie au-dessus des ponts de Nantes, « cet effroyable vampire[2] » dont quelques-uns ont voulu faire le type de Barbe-bleue.

---

[1] *Notice sur Gilles de Rais*, par Armand Guéraud, correspondant du ministère de l'instruction publique, etc. Nantes, 1855, broch. in-8°, de 74 pages, extraite de la *Biographie bretonne*, publiée par M. Levot, de Brest.

[2] M. Michelet, *Histoire de France*, t. V.

PRÉFACE.

Voilà ce qui nous confirme encore dans notre opinion, que le *Mystère du siége d'Orléans* fut représenté dans cette ville en 1435 et en 1439, non pas tel qu'il nous est parvenu, mais sous la forme moins développée dont nous avons marqué l'étendue.

Le prologue put être ajouté pour la fête du 8 mai 1440, et le Bâtard d'Orléans salué de son nouveau titre; mais, les années suivantes, qui eût osé faire dire par le roi à la Pucelle :

> Et pour vous conduire voz gens
> Aurez le mareschal de Rais[1].

Qui eût osé montrer le supplicié de Nantes amenant Jeanne à Orléans[2]? Aussi voit-on qu'en 1446 on représentait, à la fête du 8 mai, le mystère de saint Étienne.

Dira-t-on que notre mystère a pu être composé beaucoup plus tard, dans le dernier tiers du xve siècle, vers 1470, par exemple, et qu'à cette époque l'impression causée par la mort infamante de Gilles de Rais devait être déjà très-affaiblie? C'est une supposition que nous ne saurions repousser d'une manière absolue, mais qu'il nous répugne d'admettre comme naturelle. Trente ans ne suffisent pas à effacer la trace de forfaits tels que ceux dont la justice demanda compte au maréchal; et si, après ce laps de temps, on se rappelle encore les noms de criminels célèbres par leurs seuls crimes, à plus forte raison n'aurait-on pas oublié celui de Rais; et de quel œil, en ce cas, l'eût-on vu jouer un rôle honorable dans une pièce où figurait Dieu lui-même.

Nous venons d'avancer, par hypothèse, jusqu'aux environs de l'an 1470 la composition de notre mystère. Si nous nous arrêtons là, c'est que l'écriture du manuscrit ne semble guère nous permettre d'aller plus loin. Nous ne croyons pas avec M. Quicherat,

P. 434. — [2] P. 438, 446 et suiv.

qui au reste n'en jugeait point *de visu*, que cette écriture soit une « cursive gothique du commencement du xvi° siècle[1]. »

Ainsi, c'est de 1429 à 1470 ou environ qu'a été composé le *Mystère du siége d'Orléans*. La date du siége d'un côté, de l'autre celle de l'écriture du manuscrit, nous renferment dans ces limites. Mais rien n'établit que ce manuscrit soit le manuscrit original, et, par conséquent, alors même qu'il paraîtrait dater de 1470 seulement, rien n'empêcherait de croire le poëme plus ancien. On y est d'autant plus disposé, que si la pièce a été représentée, on ne comprend guère qu'elle ait pu l'être après 1440. Et qu'elle l'ait été ou non, peu importe; il suffit que l'auteur la destinât à la représentation. De si près qu'il voulût suivre l'histoire, il aurait pu, en ce cas, se dispenser d'évoquer l'ombre maudite de Gilles de Rais; il l'aurait pu, disons-nous, et aurait senti qu'il le devait, ne fût-ce que dans l'intérêt de son œuvre.

Or, si nos conjectures sur la représentation du *Mystère* à Orléans ne paraissent pas suffisamment fondées, si le fait est révoqué en doute faute de témoignages contemporains plus directs et plus explicites, au moins est-il impossible de ne point admettre que dans l'intention de l'auteur cette pièce fût destinée à être jouée sur le théâtre? C'est ce qui ressort presque à chaque page de l'attention avec laquelle il a noté les pauses, c'est-à-dire les intermèdes musicaux qui séparaient les principales scènes, indiqué les instruments qui devaient être employés pour chacune de ces pauses : pause de trompettes, pause d'orgues, etc. réglé enfin, lorsque de la parole on passe à l'action, tous les incidents, tous les détails du tableau placé sous les yeux du public. Cette préoccupation de mise en scène est frappante et ne laisse aucun doute. Évidemment l'auteur voulait que son œuvre fût représentée.

---

[1] *Procès de Jeanne d'Arc*, t. V, p. 79.

Elle l'a été, selon nous, à la date que nous avons indiquée, et sans doute à grands frais. A raison de quoi on dira peut-être que les comptes de la commune, précédemment cités, ne mentionnent, pour les fêtes de 1435 et 1439, que des articles d'une bien faible importance eu égard aux dépenses considérables que devait entraîner la représentation d'un mystère comme celui que nous publions. En effet, il contient plus de cent personnages parlants, sans compter une armée de figurants et de comparses; et comme les jeux du théâtre étaient loin d'être à cette époque aussi simples et aussi primitifs qu'on serait tenté de le supposer, il exigeait un appareil immense.

On peut répondre, d'abord, que toutes les dépenses de la ville d'Orléans ne figurent pas sur les registres des comptes que rendaient les receveurs des deniers communs. C'est ce que prouvent une assez grande quantité de cédules ou quittances particulières conservées dans les dépôts publics de cette ville.

L'objection, d'ailleurs, ne saurait avoir aucune valeur aux yeux de ceux qui savent comment s'organisaient, au xve siècle, les représentations théâtrales. A cette époque, lorsqu'il s'agissait de réjouissances publiques, on comptait plus que de nos jours sur l'initiative de chacun. La main de l'autorité ou de l'administration locale ne se montrait pas partout. Les municipalités pouvaient sans doute contribuer pour une certaine part aux frais des spectacles populaires, aider les *compagnons* qui les entreprenaient à *soutenir leurs dépenses*, comme il est dit dans l'un des articles rapportés ci-dessus; mais, en général, et de nombreuses preuves l'établissent, les représentations de mystères étaient organisées par des associations de bourgeois et artisans, sous le patronage et avec l'assistance pécuniaire de riches personnages, de seigneurs du pays ou même de seigneurs étrangers. Nous avons déjà dit qu'en cette circonstance il était bien naturel de voir dans le maréchal de Rais le patron, l'organisateur de la solennité dramatique où il put prendre plaisir à se voir représenter lui-même, et où sans doute, comme ailleurs, sa main prodigue s'ouvrit toute grande.

Si d'autres objections que nous n'apercevons pas ne viennent ruiner l'édifice de nos conjectures, si l'on accepte comme probables les propositions que nous avons cherché à établir, on sera conduit du même train à reconnaître que le *Mystère du siége d'Orléans*, composé et représenté à une époque encore aussi voisine des événements, par un auteur qui avait dû y prendre part ou les voir se dérouler sous ses yeux, et devant un public encore tout plein du sujet, on sera conduit, disons-nous, à reconnaître que ce mystère ne doit pas être sans valeur historique. Examinons cette question.

III.

Ce n'est pas, d'ordinaire, dans un monument de ce genre qu'on est tenté d'aller chercher les matériaux de l'histoire. On peut toujours craindre que la fiction ne se soit fait une trop large part aux dépens de la réalité, et que l'imagination de l'auteur ne se soit trop volontiers donné carrière. Rien de semblable ne peut être reproché à l'auteur du *Mystère du siége d'Orléans*. A part deux ou trois scènes où il a usé du merveilleux selon le goût de son temps, c'est-à-dire où il a fait intervenir Dieu, la Vierge et les saints, il s'est proposé surtout de mettre en action et de faire passer sous les yeux des spectateurs, dans leur ordre chronologique, les événements qui signalèrent la mémorable défense d'Orléans en 1428 et 1429, et la délivrance de cette ville par l'intervention de la Pucelle.

Cette exactitude rigoureuse, ce réalisme, comme on dirait aujourd'hui, aurait semblé de nature à faire classer cet ouvrage parmi les monuments historiques qui nous sont parvenus sur la

Pucelle et sur son époque. C'est le contraire qui est arrivé. L'auteur d'une publication qui fait le plus grand honneur à l'érudition française de notre temps, M. J. Quicherat, dans son recueil des documents originaux concernant Jeanne d'Arc, s'autorise de cette exactitude même pour n'accorder aucune importance à notre mystère.

« La valeur historique de cet ouvrage est nulle, a dit M. Quicherat[1], non parce que l'auteur s'est éloigné de l'histoire, mais, au contraire, parce qu'il l'a suivie de trop près. Sa pièce n'est autre chose que le journal du siége dialogué et mis en vers, avec une exposition dont l'idée est empruntée à la chronique de la Pucelle. »

Si M. Quicherat avait comparé page par page notre poëme et le journal du siége, nous nous sentirions fort ébranlés par ce jugement d'un critique aussi éclairé et aussi familier avec tous les détails de l'histoire du temps. Mais, il nous l'a dit lui-même, il n'a connu le *Mystère du siége d'Orléans* que par quelques fragments et par les rubriques destinées à expliquer les mouvements de la scène, l'action, en un mot, qui est loin de l'emporter sur le dialogue autant qu'il l'a cru. Nous tenterons donc de démontrer que son jugement a été peut-être trop absolu, trop sévère.

D'où peut-on induire que notre mystère a dû être calqué sur le journal du siége? De la conformité de l'un avec l'autre, sans nul doute, et nous avouons qu'en général ils sont conformes. Nous avouerons même, si l'on veut, que l'auteur du mystère a pu se servir du journal du siége pour mieux développer et contrôler ses souvenirs. Mais le savant éditeur des procès de condamnation et de réhabilitation de Jeanne d'Arc a distingué deux parties dans la précieuse relation dont il a reproduit le texte : l'une, qui se rapporte au voyage de Reims et aux faits postérieurs, lui semble

---

[1] *Procès de Jeanne d'Arc*, t. V, p. 79.

prise dans les récits du hérault Berri et de Jean Chartier; l'autre, qui raconte les événements dont l'Orléanais fut le théâtre, et qui constitue le journal du siége proprement dit, a été, selon lui, évidemment empruntée à un registre tenu en présence des événements mêmes. Ce registre, nous accordons que notre auteur en ait fait usage, sans qu'on puisse, à notre avis, le démontrer rigoureusement, mais sans qu'on puisse non plus en rien conclure contre la valeur de ses informations personnelles; supposé, comme nous le croyons, qu'il ait écrit la partie primitive de son ouvrage avant 1435.

La question de date ici domine toutes les autres. Si l'auteur du mystère n'a composé son poëme que sur le journal du siége tel qu'il nous est parvenu, il l'a écrit après 1467; et, en ce cas, nous souscrivons au jugement de M. Quicherat. Mais si le mystère, comme nous le pensons, est antérieur à 1435, eût-il été composé à l'aide du registre dont M. Quicherat admet l'existence, il offrirait encore, à nos yeux, un certain intérêt historique, et l'on peut aller jusqu'à dire, toujours dans la même hypothèse, que le rédacteur du journal du siége, celui qui le compilait après 1467, à moins qu'il ne se soit borné à copier textuellement le registre dont il s'agit, était placé, pour le rectifier ou le compléter, s'il y avait lieu, dans des circonstances moins favorables que l'auteur de notre mystère.

D'ailleurs, de ce que deux documents seraient conformes entre eux, pour le fond, s'ensuivrait-il nécessairement que l'un serait l'original, l'autre une copie? N'est-ce pas de la concordance entre les documents d'une même époque que l'histoire tire la preuve la plus sûre de l'authenticité des faits qu'elle enregistre? Et quand un historien ne répète pas l'autre dans les mêmes termes, quand il n'est pas purement et simplement un plagiaire, ne peut-on pas penser, quelle que soit la conformité de leurs récits, qu'ils ont puisé à une source commune, la vérité? Sur ce point, M. Quicherat, aussi bien que nous pour le moins, sait à quoi s'en tenir.

Le point de droit étant hors de doute, on reconnaîtra, en fait, sans difficulté, que la versification du mystère ne rappelle en rien le style du journal du siége; et du moment que l'auteur du premier de ces ouvrages choisissait la méthode exégétique, c'est-à-dire se bornait à suivre les faits et à les mettre en action dans l'ordre où ils s'étaient passés, il devait nécessairement se rencontrer avec le journal, dont le grand mérite est de raconter jour par jour tous les incidents du siége soutenu par les Orléanais.

Voyons maintenant si cette similitude est aussi complète que l'a jugée M. Quicherat, et si l'on ne trouve pas entre les deux ouvrages des différences assez notables, pour permettre de croire que l'un n'est pas la source unique de l'autre.

Le journal du siége ne commence qu'à partir du jeudi 12 octobre 1428, jour de l'arrivée des Anglais devant Orléans. Le poëme remonte beaucoup plus haut, et ne consacre pas moins de quatre-vingt-cinq pages aux faits antérieurs.

Il s'ouvre en Angleterre par une réunion des principaux chefs anglais, que le duc d'Orléans vient supplier d'épargner son domaine. On assiste ensuite au départ des Anglais, qui arrivent à Rouen, puis à Chartres, où ils tiennent conseil. De là, l'auteur conduit Salisbury et Glacidas ou Glasdale devant maître Jean des Boillons, célèbre astrologue, qu'ils veulent consulter sur leur future destinée. Enfin, il nous fait voir les préparatifs de défense des Orléanais, pendant que l'ennemi, après avoir passé la Loire à Meung, arrive devant Orléans, non sans avoir pillé, en passant, l'église de Notre-Dame de Cléry.

De tout cela, rien ne se trouve dans le journal du siége, si ce n'est une mention très-courte de la visite de Salisbury à Jean des

Boillons et du pillage de Cléry, dont il n'est parlé qu'incidemment et après la mort du général en chef des Anglais.

En ce qui concerne les premières opérations militaires et la prise des Tourelles par les assiégeants, les deux documents donnent des renseignements identiques. Mais il faut remarquer que l'auteur du mystère nous transporte presque aussi souvent dans le camp ennemi que dans le camp français, et qu'il se trouve, dans les passages où il fait parler et agir les Anglais, quelques traits curieux, dont les uns sont évidemment le produit de son imagination, tandis que les autres ont au moins pour eux la vraisemblance historique.

Citons-en un exemple. Dans un conseil que tiennent les chefs des assiégeants ayant l'assaut des Tourelles, Salisbury raconte un songe qu'il a eu pendant la nuit et dont il tire un pronostic funeste. Assurément c'est là un récit imaginaire, une réminiscence qui fait honneur à l'érudition classique de notre auteur; mais lorsque, après la mort de leur général, les Anglais se décident à envoyer vers Talbot, et lorsque l'un d'eux insinue que le célèbre capitaine sera d'autant plus disposé à venir devant Orléans, qu'il n'aura plus au-dessus de lui Salisbury, dont il supportait avec peine l'autorité suprême, il est infiniment probable qu'on entend là l'écho d'un bruit qui avait couru sur la mésintelligence des deux principaux chefs anglais.

Si l'auteur du mystère omet certains faits de la défense de la ville, en revanche il donne plus de développement que le chroniqueur à ceux qu'il choisit pour les mettre en scène. Le journal du siége, à propos de la mort de Salisbury, tué, comme on sait, par un boulet, au moment où il regardait la ville par une embrasure du fort des Tourelles, se borne à dire qu'il fut atteint d'un canon tiré d'une tour appelée Notre-Dame, « combien qu'il ne fut oncques seu proprement de quelle part il avait été gecté; » et, quant aux conséquences de cette mort, que « ce fut grand dommaige aux Anglais et par le contraire grand prouffit aux François. » L'auteur du poëme tire de ces faits plusieurs scènes qui ne manquent ni de vivacité ni d'intérêt, et que rien n'empêche de croire conformes à l'histoire (pag. 121, 133 et suivantes). On y voit le messager que les Anglais envoient à Talbot en Normandie pris par des compagnons français et amené à Orléans, où il apprend aux habitants et défenseurs de la ville la mort du chef de leurs ennemis, ce dont ils témoignent une grande joie. On y voit encore (p. 141) le receveur de la ville et plusieurs capitaines qui font faire par les canonniers la revue de leurs pièces, et, trouvant un canon vide que le canonnier certifie avoir chargé, en concluent que c'est Dieu lui-même qui l'a tiré pour punir Salisbury de ses méfaits sacriléges et de son manque de foi envers le duc d'Orléans.

En continuant cet examen, on voit dans le mystère les Orléanais envoyer au roi Charles VII plusieurs bourgeois, non-seulement pour réclamer du secours, mais aussi pour obtenir l'autorisation de détruire, par mesure de sûreté, les monuments situés dans un certain rayon sous les murs de la ville. Le journal ne manque pas de mentionner cette destruction des édifices, mais il ne parle pas de la députation orléanaise, qu'il faut distinguer d'une autre ambassade postérieure, composée de gens de guerre, Villars, Xaintrailles, etc. et dont il est question dans le journal, page 114, et dans le mystère, pages 224, 253 et suivantes.

Enfin, quand le Bâtard d'Orléans, La Hire et autres capitaines français arrivent au secours de la ville assiégée, notre poëme place à Saint-Jean-le-Blanc un engagement entre leur troupe et les Anglais, qui sont repoussés, rencontre dont ne parle pas le journal, très-succinct, d'ailleurs, pour tout ce qui se passa à la fin d'octobre et pendant le mois de novembre.

Si, à part ces différences, le mystère ressemble au journal dans l'ordre des faits principaux, on rencontre çà et là, dans les incidents secondaires, dans les détails, dans la manière de présenter les événements, des différences d'où l'on peut conclure que le poëme n'a pas été calqué sur la chronique.

Bornons-nous à citer quelques-unes de ces différences en ce qui concerne Jeanne d'Arc. En parlant de son arrivée à Chinon et de son entrée en campagne, le rédacteur du journal du siége a commis plusieurs anachronismes pour avoir trop précipité la marche des événements. Dans le mystère, bien qu'il ne contienne pas de dates, l'exactitude semble mieux observée. Les scènes que l'auteur intercale entre chaque épreuve que subit la Pucelle au début de sa carrière donnent à l'action une marche plus lente, plus conforme à la réalité, et respectent mieux la perspective historique. Dans les entrevues et les conversations entre le roi et l'héroïne, telles que les rapporte l'auteur du mystère, on trouve des traits qui appartiennent en propre à ce dernier. Il y a lieu de noter aussi tout ce qui est relatif à l'armement de Jeanne et à son étendard, dont la description diffère dans les divers chroniqueurs, sans qu'il soit impossible, toutefois, de concilier leurs témoignages [1].

Les autres personnages qui figurent comme acteurs dans l'œuvre dramatique fournissent aussi d'utiles indications pour éclaircir la question qui nous occupe. Tous, en général, sont nommés dans le journal du siége; mais, à l'inverse, le poëme ne met pas en scène tous ceux qui, d'après la chronique, ont concouru à la délivrance d'Orléans. Parmi ces omissions, d'ailleurs peu nombreuses, il en est une qu'il importe de signaler. Le journal du siége parle avec éloge d'Aymar de Poisieu, qui n'était encore que page en 1429, en disant qu'il s'illustra par la suite [2]. Ce passage, rapproché d'autres circonstances, a fourni à M. Quicherat un puissant

---

[1] Voir *Bibliothèque de l'école des Chartes*, ive série, t. V, p. 353. — [2] Quicherat, IV, p. 95.

argument pour assigner à la rédaction de ce document la date approximative de 1467. Or, il n'est pas question de cet Aymar de Poisieu dans le mystère, et nous voyons là un nouvel indice de son ancienneté. En effet, s'il eût été composé dans la dernière moitié du xv⁰ siècle, on n'aurait pas manqué d'y faire figurer ce seigneur, que la faveur de Louis XI éleva au commandement d'une division de francs-archers comprenant l'Orléanais.

Les noms des mêmes personnages, principalement ceux des chefs anglais, sont étrangement défigurés dans les deux ouvrages que nous comparons; mais ils n'y sont pas orthographiés, ou, si l'on veut, estropiés de la même façon; et cette remarque ne s'applique pas seulement aux noms d'hommes, mais encore aux noms de lieux : par exemple, le fort dont la reprise décida la levée du siége est appelé fort des *Tourelles* dans le mystère comme dans les comptes de l'hôtel de ville d'Orléans de cette époque, tandis que le rédacteur du journal du siége écrit toujours les *Tournelles*. Ces différences d'orthographe, lorsqu'elles se produisent avec persistance, n'éloignent-elles pas toute idée de calque, tout soupçon de plagiat?

En somme, si les deux ouvrages se ressemblent tant, en dépit des différences que nous venons de noter, c'est qu'ils ont une commune origine, c'est qu'ils ont été écrits sans doute dans la même ville, par deux Orléanais, qui l'un et l'autre, et chacun de son côté, ont puisé aux mêmes sources, consulté les mêmes notes ou registres, et recueilli les mêmes souvenirs en s'inspirant des mêmes sentiments.

Cette origine orléanaise ne nous semble pas plus douteuse pour l'un que pour l'autre. Sans parler de la provenance du manuscrit de notre mystère, qui faisait partie de la bibliothèque de l'Orléanais Petau, l'influence locale se révèle presque à chaque page du poëme. L'auteur, bien qu'il ait donné à la Pucelle la place et le rôle qui lui conviennent, s'est beaucoup moins proposé, disons-le, de faire une œuvre en son honneur que de célébrer la délivrance de la ville et du duché d'Orléans. Il s'arrête lorsque son cadre est rempli, c'est-à-dire lorsque les Anglais ont été chassés de l'Orléanais, à la suite de la bataille de Patay. Le duc d'Orléans, absent et prisonnier, n'y est jamais oublié; ses droits y sont rappelés fréquemment; et si les chefs anglais périssent, c'est pour lui avoir manqué de foi. Le receveur de la commune, représentant des bourgeois de la ville, occupe souvent la scène, et témoigne en toute occasion les meilleurs sentiments. De même, la fidélité des Orléanais, leur vaillante résistance y est particulièrement rappelée et vantée, même par la Pucelle, qui termine en engageant les citoyens d'Orléans à garder à jamais mémoire de leur délivrance et à la célébrer chaque année par des fêtes et des processions. C'est le dernier mot de la pièce, et il est significatif.

Mais ce qui constitue la véritable originalité de l'œuvre que nous publions, considérée comme document historique, c'est le relief qu'elle donne à certains faits, la vie dont elle les anime. Quelle que fût son inexpérience, le versificateur du xve siècle, du moment qu'il entreprenait de faire parler et agir des personnages historiques devant leurs contemporains, devait entrer assez avant dans la réalité pour satisfaire ou tout au moins pour ne pas blesser le sentiment du public. S'il n'est pas toujours dans la vérité absolue, il se maintient au moins dans la vérité relative et donne au fait la forme acceptable et acceptée au moment où il écrit. Ses personnages parlent, sinon comme ils ont parlé réellement, au moins comme ils ont pu parler. Il en résulte que, dans le développement des scènes, dans les tirades qu'il met dans la bouche des acteurs, on trouve nécessairement des traits qui ne sont pas dans les chroniques et qui nous transportent à l'époque dont il traduit un glorieux épisode. Qu'on lise, par exemple, la scène où la

Pucelle, du haut des murs d'Orléans, s'adresse aux capitaines anglais, qui lui répondent par un déluge d'injures[1]; celle où le héraut du duc de Bourgogne passe dans le camp anglais en enjoignant aux sujets de ce prince de cesser de porter les armes dans les possessions du duc d'Orléans[2]; celle où le comte de Suffolk se rend à Guillaume Renaut, qu'il veut auparavant armer chevalier[3], et d'autres encore que nous pourrions citer; c'est là l'histoire prise sur le vif; et ces tableaux nous donnent, des incidents qu'ils reproduisent, une idée plus nette, plus frappante que les récits des chroniqueurs.

L'historien de nos jours saura donc gré à notre dramaturge inconnu de s'être inspiré des événements de son temps; car, à l'intérêt qui s'attache au récit dialogué et mis en action, son œuvre ajoute le piquant de ces détails de mœurs, de ces particularités de langage familier, qui, sous le nom de couleur locale, étaient naguère si recherchés et que le théâtre d'une époque peut seul nous rendre complétement. Aujourd'hui chacun s'efforce de se pénétrer le plus possible de l'esprit des temps passés, et de restituer aux faits, souvent mal présentés, leur véritable caractère; un des moyens d'y parvenir n'est-il pas d'apprendre comment ces faits étaient interprétés et rendus par les contemporains? Nous croyons donc pouvoir dire, sans nous faire illusion, que notre mystère ne sera lu ni sans intérêt ni sans profit par les écrivains si nombreux qu'attire la grande et sainte figure de Jeanne d'Arc, par ceux qui ont à cœur d'épuiser tous les témoignages, tous les documents qui nous sont parvenus sur cette héroïne et sur son époque.

IV.

Si, comme nous le pensons, l'histoire trouve encore à glaner

[1] P. 464. — [2] P. 374. — [3] P. 637.

dans le champ que lui ouvre notre mystère, en revanche, la littérature n'y pourra guère cueillir de fleurs pour sa couronne. Nous en avons déjà prévenu le lecteur. L'ouvrage est de la pire époque de la poésie française, et l'auteur n'était point un esprit supérieur à son temps. Mais son intention était bonne, ses sentiments excellents; et, si l'on réfléchit aux circonstances dans lesquelles il a composé son poëme, il faut, pour être juste, lui tenir compte de ce qu'il a fait et ne lui pas demander ce qu'il ne pouvait faire, c'est-à-dire un beau drame en beaux vers, selon les règles de l'art le plus pur.

Son premier et son plus grand mérite, à nos yeux, est dans le choix du sujet. On sait qu'en général, au xve siècle, les pièces représentées sous le nom de mystères étaient exclusivement religieuses et se bornaient à mettre en action les principaux chapitres des Saintes Écritures. On ne sortait de la grande trilogie comprenant la création, la nativité, la passion de N. S. Jésus-Christ, que pour entrer dans la légende, dans la vie des saints, et si quelques pièces vont plus loin, c'est encore pour rouler sur des anecdotes édifiantes, sur des miracles. On trouve, il est vrai, dans le recueil des mystères de Notre-Dame[1] certaines pièces dont le sujet se rapproche de l'histoire profane; mais l'intérêt religieux y domine toujours, et c'est surtout cet intérêt que l'auteur semble avoir eu en vue. À ses yeux, le fait en lui-même n'était que secondaire, et ce qu'il a voulu célébrer, c'était le miracle qui l'avait produit. Telle est, par exemple, l'histoire par personnages du baptême de Clovis, dû à l'intercession de Clotilde, à laquelle Notre-Dame apparaît. Telle est encore la *Vie de monseigneur saint Loys*, sujet deux

---

[1] Bibl. imp. 2 vol. in-fol. Ms. du fonds français 819, 820. Plusieurs de ces pièces ont été imprimées séparément. Il ne faut pas confondre ces mystères de N. D. avec ceux qu'a publiés M. Achille Jubinal d'après un manuscrit de la Bibliothèque Sainte-Geneviève.

fois traité au moins, la première fois par un auteur anonyme, vers 1470, et la seconde fois, au commencement du XVIe siècle, par Pierre Gringore[1]. Ces deux derniers mystères, encore inédits, quoiqu'ils nous paraissent offrir plus d'intérêt que les monuments du même genre déjà publiés, ne sont pas sans quelque analogie avec le *Mystère du siége d'Orléans*, mais ils lui sont postérieurs; c'est du moins notre opinion quant au premier, et, pour le second, le fait est hors de doute.

Quoi qu'il en soit, et eût-on déjà mis le pied dans la voie nouvelle où s'engageait notre auteur, il est visible qu'il s'y est avancé plus loin que personne. Sans doute, son poëme n'est pas encore purement profane, et beaucoup s'en faut, puisqu'on y voit paraître Dieu, la Vierge, l'archange saint Michel et deux saints; mais choisir pour sujet un épisode de l'histoire de son temps, le mettre en scène, en respectant les faits et en les animant, sans pour cela rompre absolument avec les traditions de l'art tel qu'on l'avait compris jusqu'alors, c'était avoir la main heureuse, comme on dit, c'était témoigner une certaine hardiesse, une certaine liberté d'esprit, c'était contribuer beaucoup à faire sortir les jeux du théâtre du cercle où ils s'étaient renfermés, c'était enfin faire un grand pas dans le chemin du progrès. Il est vrai que, de même qu'elle était sans précédents, la tentative de notre poëte demeura longtemps sans imitateurs. Les mystères de la Passion, des Actes des Apôtres, par Arnoul et Simon Greban, par Jean Michel et quelques autres auteurs dramatiques en vogue, continuèrent de jouir de la faveur du public et d'être représentés avec succès dans les principales villes de France. Il est si commode de suivre la routine! Il était, d'ailleurs, si difficile de faire choix d'un sujet aussi heureux que le *Mystère du siége d'Orléans* ! Notre auteur inconnu fut donc, dans de

---

[1] Mss. de la Bibl. imp. Navarre, 25, S. Germain, 1535.

certaines limites, un novateur habile et bien inspiré. Aussi demandons-nous qu'il lui soit tenu grand compte de son entreprise.

De savoir s'il était à la hauteur de son idée et de taille à l'embrasser, c'est une autre question. Pour traiter pareil sujet et s'en tirer glorieusement, il ne faut rien moins qu'un homme de génie, en grande veine, et une assistance digne de ce maître, qui lui laisse toute liberté. Quand il aurait eu le génie, notre pauvre poëte (et il ne l'avait pas), qu'en aurait-il pu faire? Composer une épopée, peut-être, qui à la longue aurait eu la chance d'être reconnue pour un chef-d'œuvre; mais, au théâtre, on ne devance pas son temps impunément, et c'eût été par trop le devancer que de produire, au xve siècle, un beau poëme dramatique. Voyons, en effet, dans quelles conditions notre auteur était placé.

D'abord adoptés par l'Église comme une continuation de l'enseignement religieux à l'usage du peuple, les mystères devaient nécessairement suivre à la lettre les livres saints, auxquels ils empruntaient leurs sujets. Il n'était permis de rien changer aux récits sacrés de l'Ancien Testament ou de l'Évangile. L'imagination de l'auteur ne pouvait se donner carrière que dans quelques scènes épisodiques et dans le dialogue naïf, familier, souvent trivial, des personnages secondaires, tels que les bergers, les soldats, les démons. L'exactitude de ses tableaux, le langage plus ou moins vrai qu'il prêtait à ses personnages, l'effet comique qu'il tirait des facéties de quelques-uns, constituaient son principal mérite aux yeux du public. C'est là, il faut en convenir, ce qui fit tout le succès des mystères dont nous venons de rappeler les titres. Tel était, à cette époque, le dernier mot de l'art. On conçoit qu'il ne fût pas encore question d'unité, ni de temps, ni de lieu, ni d'action. On ne songeait pas davantage à disposer les faits de façon à les faire valoir par le contraste, à concentrer l'intérêt sur certaines scènes, à tenir en suspens l'esprit du spectateur et à l'amener de surprises en surprises, de péripéties en péripéties, jusqu'au dénoûment. Cette partie si importante de l'art dramatique ne devait venir ou revenir que plus tard. Les spectateurs d'alors se contentaient à moins. La multiplicité, la vérité des tableaux suffisaient pour les charmer. Et c'est encore ce qui se passe de nos jours dans les théâtres qui se consacrent à la représentation des grandes pages de notre histoire militaire.

Il ne faut donc pas s'étonner que l'auteur du *Mystère du siége d'Orléans* ait suivi la poétique qui de son temps régissait le théâtre; il est tout naturel qu'il se soit conformé aux goûts, aux idées, aux habitudes d'esprit du public, essentiellement populaire, auquel il s'adressait. Que pouvait-on lui demander et que devait-il se proposer? De n'omettre aucun des événements principaux de la grande page d'histoire qu'il mettait en scène, de montrer, en usant du merveilleux suivant les usages consacrés, comment ces événements étaient amenés et dirigés par la volonté divine, de mettre en vue certains incidents secondaires, mais qui n'en concouraient pas moins à l'enseignement moral de l'ouvrage, de faire parler à ses héros un langage en rapport avec leur caractère et leur situation, enfin d'introduire quelques scènes épisodiques où, moins gêné par la gravité de l'histoire, il pût faire discourir ses personnages avec plus de liberté et de façon à divertir les spectateurs. Telles étaient les conditions qu'il avait à remplir. Est-il resté bien au-dessous de sa tâche?

Pour ce qui est de l'exactitude avec laquelle il déroule le tableau des événements, nous l'avons établie déjà, et on la lui conteste si peu, qu'on ne veut voir dans son œuvre autre chose que le *Journal du siége* en action. Nous n'ignorons pas que ce respect scrupuleux de l'histoire, cet arrangement des faits suivant l'ordre chronologique, fort louable dans un chroniqueur, l'est infiniment moins chez un poëte dramatique. Mais le mérite de l'invention était-il permis à notre auteur? Et quand il aurait pu se le donner, qu'aurait-il imaginé? Voyez les belles choses qu'ont ajoutées à l'histoire de Jeanne d'Arc le génie de Shakespeare et celui de Schiller, sans parler des auteurs de second rang qui ont osé toucher au même sujet!

Lorsqu'un auteur entreprend de mettre sur le théâtre un événement contemporain, ou même un épisode de date moins récente où domine une figure héroïque dont les traits sont connus de tous, il nous paraît fort possible que la méthode historique soit encore la meilleure. Et ne serait-ce pas vrai en particulier pour Jeanne d'Arc, dont le passage sur la scène du monde fut si rapide et si brillant qu'on en connaît jusqu'aux moindres incidents?

Encore une fois, que peut-on donc inventer ici de plus beau, de plus grand, de plus saisissant que la vérité? Faudra-t-il supposer que Jeanne prouve sa mission à Charles VII, les armes à la main, et que, vaincu par elle, le roi lui offre d'être son amant? Faudra-t-il faire de la sainte fille une sorcière qui évoque les esprits infernaux et se promet à eux corps et âme? Faudra-t-il lui faire renier son père, et mettre dans la bouche de ce père indigné cet exécrable cri : « Brûlez-la! brûlez-la! » Faudra-t-il enfin, en la faisant marcher au supplice, lui prêter les aveux les plus honteux? Voilà les inventions du génie! Voilà Shakespeare!

Il était Anglais, nous dira-t-on, et c'est dans un accès de haine qu'il a écrit ces monstruosités[1]. Et l'Allemand Schiller, cet autre génie, a-t-il la même excuse, si c'en est une? Et trouve-t-on qu'il ait été si bien inspiré le jour où il imagina d'ouvrir à l'amour le cœur de Jeanne d'Arc, en pleine mêlée, et de nous montrer Dunois et La Hire se disputant ses bonnes grâces en concurrence avec un paysan de Domremy?

---

[1] Nous aimons mieux croire encore, comme quelques-uns le soutiennent, que la première partie de *Henri VI* n'est pas de lui.

Et D'Avrigni et Soumet, les deux seuls noms français que nous puissions mettre en ligne, de quelles belles inventions ont-ils enrichi le grand sujet qui les a tentés?

N'était le respect que l'on doit toujours au génie et même au talent, nous serions tentés d'en user ici avec la même liberté qu'Alceste, et de préférer notre vieux mystère, dans sa naïveté et dans sa simplicité historique, à toutes les œuvres d'art qu'a fait éclore le même sujet. Nous nous bornerons à conclure qu'un drame où la Pucelle figure au premier rang ne se prête guère aux fantaisies de l'imagination, et qu'aujourd'hui surtout, où tant de publications ont popularisé la vie de cette glorieuse fille, le plus sûr serait peut-être encore de mettre simplement sous les yeux du spectateur les tableaux émouvants de ses exploits et de son martyre.

L'auteur de notre mystère, pour en revenir à lui, avait cette bonne fortune, que son sujet, tout emprunté qu'il fût à l'histoire profane, lui ouvrait cependant le domaine du surnaturel. Il n'a pas manqué d'en profiter, et assez heureusement. Plusieurs scènes se passent au ciel. Notre-Dame elle-même, après saint Aignan et saint Euverte, supplie son fils de venir en aide aux Français. Dieu se laisse fléchir et envoie saint Michel auprès de la jeune bergère de Domremy, une première fois, pour lui annoncer la mission qu'elle doit accomplir, une seconde, pour la fortifier dans sa foi et dans son courage. Puis, au moment des attaques décisives contre les boulevards occupés par les Anglais au bout du pont d'Orléans, sur de nouvelles sollicitations de sa mère, Dieu envoie les deux saints patrons et protecteurs d'Orléans pour garder les remparts de la ville et protéger la Pucelle. Ces scènes sont assez habilement placées dans le poëme, c'est-à-dire que l'intervention divine arrive toujours à propos, au moment décisif, et lorsque la cause française semble de plus en plus désespérée. En elles-mêmes, elles sont traitées convenablement, en ce sens que chaque personnage y agit et y parle au fond selon sa dignité et son caractère; mais l'inspiration, le souffle poétique y manquent absolument; et la forme, qui est le faible de l'ouvrage, y choque plus que partout ailleurs. Qu'on lise, par exemple, le dialogue qui s'établit entre saint Michel et la Pucelle. Jeanne n'y dit rien qu'elle ne doive dire; on peut trouver même dans quelques-unes de ses réponses et de la modestie et une certaine grâce naïve; mais que l'allocution prosaïque de l'archange répond mal à l'idée des voix mystérieuses qui troublaient et sollicitaient la jeune inspirée sous les grands chênes de Domremy!

A côté des scènes prises en dehors du monde naturel, il en est d'autres qui vont au même but. Elles sont tirées de certains incidents où la main de Dieu ne se montre pas d'une manière aussi directe, aussi manifeste, mais où l'auteur la fait sentir pour l'enseignement moral et religieux de l'ouvrage, en montrant, d'un côté, l'impiété et le parjure punis, et, de l'autre, la piété et la foi récompensées. Ce sont peut-être les passages où il a montré le plus d'habileté, et où l'on entrevoit au moins l'intention d'une combinaison, d'un effet dramatique.

Ainsi nous le voyons s'efforcer de mettre en vue les sentiments religieux du roi Charles VII. Il le montre deux fois agenouillé devant le Paradis, élevé dans la partie supérieure du théâtre. Les prières que le monarque adresse au Très-Haut témoignent de son humilité, de son repentir, de sa confiance en Dieu seul et de son amour pour ses sujets; sentiments qui doivent lui assurer l'assistance divine[1]. En revanche, il est une idée sur laquelle le poëte insiste, c'est que les chefs anglais ont mérité leur sort pour avoir manqué à la promesse par eux faite au duc d'Orléans, de

---

[1] Voy. p. 264 et p. 437.

respecter ses domaines, et aussi pour avoir, Salisbury en particulier, souffert le pillage de l'église de Notre-Dame de Cléry.

C'est, sans doute, pour mieux frapper de ces idées l'esprit du spectateur, qu'il aura après coup, comme nous le supposons, ajouté un prologue à sa pièce et transporté d'abord la scène en Angleterre, où il fait comparaître le duc d'Orléans devant les chefs de l'expédition anglaise. La supplique qu'il prête au prince ne manque pas, dans quelques strophes, d'une certaine dignité touchante :

> Vous m'avez cy en vostre terre,
> Ainsi que fortune de guerre
> Sy l'a voulu....etc.[1]

Par la même raison, il a mis en action le pillage de l'église de Cléry, et, dans les remontrances et les plaintes du prêtre chargé de la garde du sanctuaire, il fait pressentir le châtiment qui punira ce sacrilége[2].

D'autres scènes épisodiques, dont le but est moins relevé et qui n'ont pas davantage une grande importance historique, mais qui se prêtaient mieux à la fantaisie, ont fourni à l'auteur l'occasion de divertir ou d'intéresser moins sérieusement le spectateur. Parmi ces scènes, nous citerons celle où Salisbury et Glacidas déguisés vont consulter l'astrologue Jean des Boillons[3]. On remarquera les réponses du devin, qui s'exprime d'une façon tellement ambiguë, que les deux seigneurs ne comprennent rien à ses prédictions et n'en font que rire, tandis que le spectateur les comprenait très-bien. On conviendra que la scène tout entière est bien conçue et rentre tout à fait dans les conditions du théâtre moderne. Signalons encore l'épisode du combat de Gasquet et de

---

[1] P. 14. — [2] P. 84. — [3] P. 55 et suiv.

Verdille contre deux hommes d'armes anglais[1]; le caractère de ces deux partisans gascons et batailleurs y est assez vivement dessiné. Mais nous devons ajouter que l'auteur s'est montré sobre de pareilles scènes. Il semble qu'il n'était pas porté par la nature de son esprit à la grosse gaieté qui remplissait les *farces*, les *soties* et même certains mystères de ce temps-là.

Dans le reste de l'ouvrage, lorsque le poëte se borne à faire parler les principaux personnages, soit pour préparer les faits qui vont suivre, soit pour chercher à en prévoir le résultat, il s'en tire, en général, avec sagesse et convenance, et ne leur prête que des sentiments conformes au rôle qu'ils ont joué dans l'histoire. Jeanne d'Arc, par exemple, ne se montre pas seulement dévouée et animée de l'amour de la patrie, elle témoigne encore en toute rencontre une douce pitié pour les ennemis vaincus. Par malheur, ces sentiments sont traduits sans élévation, et trop souvent l'auteur place dans la bouche de l'héroïne, comme dans celle des principaux seigneurs, des expressions d'une singulière platitude. En résumé, si, dans ce poëme, les idées sont bonnes, la forme ne l'est pas, et pourra rebuter d'abord plus d'un lecteur. Les conseils que les chefs anglais ou français tiennent entre eux, et où ils répètent l'un après l'autre les mêmes opinions en termes presque identiques, sont d'une insupportable longueur, et c'est justement par une scène de ce genre que s'ouvre le drame. Il faut, si l'on est trop sensible à ces inconvénients, se reporter aux passages où la grandeur des événements amène des scènes plus vives et plus intéressantes. On verra que l'auteur, ayant pris l'histoire, la vérité pour guides, ne s'égare jamais, s'il ne s'élève jamais bien haut.

Pour son style, nous n'entreprendrons pas de le défendre. Un

---

[1] P. 281.

illustre écrivain, M. Villemain, disait avec raison, en parlant des poésies du duc d'Orléans, composées à la même époque, que le style y offre une élégance prématurée. C'est le contraire dans le *Mystère du siége d'Orléans.*

S'il eût écrit en prose, sans doute notre auteur eût été moins à la gêne et n'eût pas laissé voir aussi clairement l'insuffisance de ses ressources. Mais il a voulu être poëte, malgré Minerve, il faut le dire, et de là les embarras, les misères, les pauvretés qu'on peut lui reprocher, non-seulement au point de vue du style, mais même à l'endroit de la grammaire, que les exigences de la rime l'entraînent trop souvent à oublier. Nous disons oublier, à supposer qu'il l'ait jamais bien connue; et parfois il donne lieu d'en douter, lorsqu'il écrit, par exemple :

> Mais je scay bien qu'elle y est
> Et *luy* trouverrez, vous affie[1].

Il faut lire : «Et *l'y* trouverrez. » C'est une erreur qui revient souvent et qui çà et là ne laisse pas d'arrêter un instant. Ainsi, page 679, vers 17,661, on lit :

> Que *luy* a grant affection.

et le sens exige : *Qu'elle y a.* De même, page 773, vers 20,280 :

> Que mors, que pris *y luy* sont tous.

est pour :

> Que mors, que pris *il y* sont tous.

Mais peut-être n'est-ce pas à l'auteur, peut-être est-ce à un copiste ignorant qu'il faut attribuer ces fautes et d'autres du même

---

[1] P. 410, v. 10,514.

genre. Nous aimerions à le croire, et toutefois, comme rien ne le prouve, nous n'avons pas entrepris de les corriger[1].

S'il nous eût fallu appliquer à ce texte le système de rectifications, de corrections perpétuelles, auquel on a soumis les œuvres mêmes de nos grands maîtres, nous l'aurions singulièrement modifié, et sans avantage bien apparent, à ce qu'il semble, excepté pour les personnes qui font leurs délices de la grammaire et qui ne trouvent rien de si beau qu'une orthographe constante et régulière. Comme c'est, après tout, un goût fort respectable et que nous sommes loin de blâmer, nous aurions pris plaisir à le satisfaire, et nous nous serions appliqués à faire du *Mystère du siége d'Orléans* un modèle d'orthographe, si cette tâche ne nous eût paru offrir des difficultés au-dessus de nos forces, et si, d'ailleurs, nous n'avions vu à une pareille transformation des inconvénients préjudiciables à la cause même que nous aurions voulu servir, celle de la grammaire. Justifions notre scrupule par deux exemples.

Il arrive assez souvent à notre auteur (c'est bien lui, en ce cas, et non son copiste qui est le coupable) d'en user très-librement avec le pronom féminin de la troisième personne *elle*. Il ne le compte que pour une syllabe, comme l'avaient fait parfois et longtemps avant lui ses prédécesseurs du moyen âge. Mais ceux-ci, du moins, figuraient ainsi le mot : *el*. En ce cas, au moyen d'une apostrophe, si on le juge à propos, on peut marquer l'élision que le mot a subie. Selon le parler de notre poëte, *elle* se réduit encore davantage et devient un son simple qu'il a eu l'idée de noter ainsi :

---

[1] Ce qui nous donne sujet, au contraire, de lui attribuer ces fautes, c'est qu'il en est qu'on ne peut porter qu'à son compte; telle est surtout celle qui consiste à employer l'infinitif pour un autre mode, ou le participe présent pour l'infinitif, faute qui revient très-fréquemment et qui donne parfois à son langage une certaine ressemblance avec le parler des nègres. Voyez, par exemple, p. 83, dernier vers.

PRÉFACE.

> Je ne say où *et* veut aller[1].
> Pour combatre trestoute France
> Quant *et* seroit ci assemblée[2].

Comment faire pour ramener cette notation sous le joug de la grammaire? Fallait-il substituer à cet *et* étrange la forme *el*? C'était aller contre l'intention de l'auteur et donner à croire que l'*l* se prononçait. Chose d'autant plus grave, comme nous l'allons dire tout à l'heure, que le mot suivant commence par une consonne, et qu'entre deux consonnes consécutives, l'oreille de notre poëte intercalait le plus souvent un *e*. Fallait-il figurer par *é* le son de *elle* ainsi prononcé? C'était égarer le lecteur aussi loin de la bonne voie étymologique. Nous avons pensé que le parti le plus simple était encore de conserver à notre texte toute sa rusticité.

Ailleurs, nous aurions pu faire preuve de savoir plus aisément, par exemple, dans ce passage:

> En ce cas ne perderez vous gueres
> Et sera l'onneur des François;
> Puis en quelque lieu de frontieres
> Aultre foiz les pourrez *revois*.

Revois pour *revoir*. Cet *s* qui termine le mot ne laisse pas que de choquer fort; mais si on le supprime, et surtout si on le remplace par *r*, le mot ne rimera plus aussi bien pour l'œil avec *François*, et l'on verra que notre poëte tenait beaucoup à ce point. Avait-il raison, avait-il tort? c'est une autre question. Nous estimons, quant à nous, que l'idée de rimer pour l'œil n'est pas moins plaisante que le serait celle de peindre pour le nez. Mais, du moment que notre poëte en était entiché, pouvions-nous ne pas laisser apercevoir ce soin curieux qu'il avait pris de plaire à deux sens à la fois[3]?

---

[1] P. 709, v. 18,514.
[2] P. 755. v. 19,789.
[3] Voyez-en une preuve un peu forte, p. 605, v. 15,662.

Et ce n'est pas seulement en rime qu'il écrit *vois* ou *revois* pour *voir* ou *revoir*, c'est aussi dans le corps des vers. Mais, en ce cas, la correction détruirait, ce nous semble, une notation précieuse à conserver, puisqu'elle indique la prononciation.

La Pucelle, en faisant ses adieux aux Orléanais, leur dit :

> Ayez ferme propoux
> Et bon corage de vous voulez defendre[1].

C'est encore un cas analogue. Substituer *vouloir* à *voulez* serait donner à ce texte une plus grande régularité, mais effacer la trace d'un parler qu'on retrouve encore dans nos campagnes. Voilà pourquoi, en dépit de notre bonne volonté, nous avons été très-sobres de corrections, nous bornant absolument à celles qui ne modifiaient pas le manuscrit ou que le sens exigeait rigoureusement, et avertissant le lecteur de la liberté que nous prenions.

Que si l'on nous juge trop circonspects à l'égard de formes comme celles que nous venons de noter, on ne nous blâmera sans doute pas d'avoir conservé des archaïsmes tels que : *conduisons, plaisa*, pour *conduirons, plaira*[2]. On les trouve dans les meilleurs textes du XIIIe siècle, dans le poëme de Huon de Bordeaux, par exemple, où on lit :

> *Et il si fisent*[3]. (Et eux ainsi firent.)

S'il eût été superflu, à nos yeux, et parfois déraisonnable de corriger notre texte, au point de vue de la grammaire et de l'orthographe, la tâche serait devenue absolument impossible en ce qui concerne la prosodie. Notre poëte, nous l'avons remarqué déjà, avait l'oreille si subtile, si gasconne, allions-nous dire, qu'entre deux consonnes consécutives il entendait volontiers le son d'un *e* intercalaire. Il était, à cet égard, organisé comme le

[1] P. 781, v. 20,507. — [2] P. 468, etc. — [3] P. 272.

PRÉFACE.

spirituel et regrettable auteur des *Variations du langage français*. On se rappelle, en effet, que M. Génin, dans ce livre plein d'esprit, de science et de paradoxes, soutenait la thèse, beaucoup trop absolue à notre gré, que, de deux consonnes consécutives, nos aïeux éteignaient toujours l'une dans leur prononciation, d'où sortait cette conséquence que les vers de Racine le cédaient beaucoup pour l'harmonie à ceux de Gautier de Coinci. Pourquoi? Parce que la prononciation de deux consonnes consécutives faussait tous les vers de Racine, en introduisant un *e* entre ces deux consonnes. Et M. Génin citait en preuve :

> J'écrivis en A*re*gosse pour hâter ce voyage.

M. Génin pourtant n'était point Gascon. C'est une des raisons qui nous ont détournés de croire, comme nous l'avions fait un moment, que notre poëte aurait bien pu être un compatriote de La Hire, supposition toute naturelle, à en juger par la prononciation qu'implique sa prosodie. Lui aussi pensait qu'un *e* s'introduit entre deux consonnes consécutives, et il est parti de là pour mesurer ses vers. Le plus souvent cet *e* ne figure pas dans le mot, mais il en faut tenir compte comme s'il y était, et la preuve c'est qu'on l'y trouve quelquefois. Ainsi, par exemple, on lit, page 284 :

> Nous sommes tous deux Gascons
> Du territoire nostre maistre.

Le premier vers semble faux : il ne l'était pas pour l'auteur, qui prononçait *Gasecon*, et qui écrivait ainsi, quand la fantaisie lui en prenait, comme à la page 604 :

> Ung de leur puissant cappitaine
> Qui se nommoit le Gasecon.

Le nombre de vers qu'il faut restituer de la sorte est considérable, et il n'y a guère de page dans ce volume où l'on n'en rencontre. Citons-en encore quelques exemples :

> Qu'en dictes vous, conte d'Escalles?
> Vous voyez là leur *bastille;*
> Ce sont choses especialles,
> Chascun n'en scet pas le *stille.*

Lisez *bassetille* et *setille*, et les deux vers seront de juste mesure. *Setille* ainsi écrit se lit ailleurs, page 689 :

> Messeigneurs, je voy là dedans
> Au bout du pont la bastille,
> Et Anglois qui sont là dedans;
> Si fault aller vois (voir) leur *setille.*

Ailleurs encore, page 697 :

> Et comme est le commun *setille.*

Il n'y a donc pas lieu d'en douter :

> Maistre, j'ay bonne *esperance*[1].
> On en voit l'*experience*[2].
> Et *resister* vaillamment[3].
> Derriere les *Augustins*[4].
> Sans nulle *difficulté*[5].
> Et est chose *fantastique*[6].

Et autres vers analogues doivent se lire :

> Maistre, j'ay bonne *esseperance.*
> On en voit l'*exeperience.*

[1] P. 61.
[2] P. 75.
[3] Ibid.
[4] P. 92.
[5] P. 100.
[6] P. 485.

> Et *resisseter* vaillamment.
> Derriere les *Augussetins*,
> Sans nulle *difficuleté*.
> Et est chose *fantassetique*.

Il y a même grande apparence qu'il faut appliquer ce système aux vers comme celui-ci :

> Va, et fays *grant* diligence[1].

La seule correction dont ce vers nous paraisse susceptible est :

> Va, et fays *guerant* diligence[2].

Et ce n'est pas seulement dans l'intérieur d'un mot, mais même entre deux mots, dont l'un finit et l'autre commence par une consonne, que l'addition de l'*e* est notée ou sous-entendue. Exemples :

> Au mains *dix huit* ou vingt mille[3].

C'est-à-dire : *dize huit* ou vingt mille.

> *Nul prouffit* n'en est pour eulx[4].

Lisez : nule prouffit.

Au reste, l'auteur du mystère n'était point absolu dans ses idées, et quand il n'avait pas besoin de cet *e* surnuméraire, il ne l'appelait point à son aide. Mais des passages que nous venons de citer et de bien d'autres qu'on pourra recueillir il résulte clairement que, de son temps, on prononçait souvent deux consonnes consécutives, puisqu'il utilisait, pour la mesure de ses vers, l'effet attribué à cette prononciation.

---

[1] P. 133.
[2] On lit p. 752 :
    Comme à Rouveray Saint-Denis.
Le cas nous paraît analogue.
[3] P. 63.
[4] P. 431.

S'il suppose ou ajoute un *e* là où il n'y en a pas, en revanche notre poëte n'en tient pas compte dans beaucoup de mots où il le trouve, et il en donne la preuve en le supprimant souvent, comme dans ces vers :

> Ce que *demandrez* vous l'arez[1].
> Partiront et *n'arestront* plus[2].

Par conséquent, il faut lire :

> Ils n'arresteront jour ne demy[3].

comme si l'*e* était omis. *Donnera, donneront* ne comptent souvent que pour deux syllabes; *fera, feront*, que pour une seule, comme dans des textes beaucoup plus anciens où l'on rencontre parfois ces formes : *fra, front*. Mais nous ne pensons pas que personne avant l'auteur du *Mystère du siége d'Orléans* ait effacé le premier *e* de *perilleux*, comme il l'a fait dans les vers ci-après, qui ne peuvent se mesurer autrement :

> De mal et de dangier perilleux[4].
> Laquelle est en dangier perilleux[5].

Même suppression dans le mot *chevalier* :

> Es tu chevalier? — Nenny; pour quoy[6]?

Nous n'avons pas besoin de dire que notre poëte se permet les hiatus quand les hiatus lui sont nécessaires. Dans le cas contraire, il opère l'élision, ou plutôt la mesure du vers indique qu'il faut l'opérer. Car, dans les anciens textes, comme aujourd'hui encore, la lettre élidée ne laisse pas d'être fort souvent écrite. Seulement

[1] P. 720.
[2] P. 737.
[3] P. 52.
[4] P. 13.
[5] P. 489.
[6] P. 639.

PRÉFACE.

on trouvera ici des lettres exprimées qui sont supprimées dans nos habitudes actuelles.

Parmi les singularités qu'on serait tenté d'attribuer à notre poëte, et qu'il faut pourtant déduire de son compte, on remarquera la mesure du mot *royaume*, qui n'entre dans le vers que pour deux syllabes, et, en cas d'élision, se réduit à une. Les exemples abondent; nous en choisirons trois :

> Que vostre *royaume* recouverrez[1].
> Et pour ayder, je le croy,
> Au Roy à recouvrer son *royaume*[2].
> Ne plus puissance n'aront de gouverner
> En cestuy *royaulme*, ainçois gueres de temps[3].

Les deux premiers exemples se trouvent dans des vers de huit syllabes, dont se compose la plus grande partie du poëme; le troisième appartient à un discours qui est écrit presque entièrement en vers de dix syllabes, mesurés comme ceux de nos anciennes chansons de geste. Dans les trois cas, *royaume* ne fournit au vers qu'une syllabe : *raum*[e]. L'*e* final est muet.

Plus d'un siècle auparavant, dans la chronique métrique de Godefroi de Paris, on trouve le même mot dans les mêmes conditions :

> De tout le *reaume* avoit la cure[4].
> Ce fu cil à cui fu commis
> Du *royaume* le gouvernement[5].
> .... Dont deshonnor
> Avint au *royaume* et grant meschief[6].

[1] P. 435.
[2] P. 719.
[3] P. 781.
[4] Ms. de la Bibliothèque impériale, fonds fr. 146, fol. 80 v°, col. 3.
[5] Ms. de la Bibliothèque impériale, fonds fr. 146, fol. 80 v°, col. 3.
[6] Fol. 66 v°, col. 3.

> Et avec elz maint soudoier
> Du *royaume* et de divers païs[1].

L'orthographe du mot, dans le premier de ces exemples, en indique la prononciation, et explique ce que le fait peut avoir d'étrange à nos yeux.

Le nom de la ville d'Orléans donne lieu, dans notre poëme, à une observation analogue : il n'y compte que pour deux syllabes, et l'*e* y paraît négligé comme dans *nouveau* ou dans *beau*. On sait que dans des textes plus anciens on trouve déjà *Orliens* en deux syllabes.

Nous pourrions aisément multiplier ces remarques, comme nous aurions pu multiplier les notes au bas des pages; mais ce serait faire injure au lecteur et nous donner à trop bon marché des airs de science qui enfleraient inutilement ce volume déjà si gros. Terminons cette introduction, comme nous l'avons commencée, en plaçant sous la protection du grand nom de Jeanne d'Arc et le *Mystère du siége d'Orléans* et le travail de ses éditeurs.

[1] Fol. 66 v°. col. 1.

PERSONNAGES.

AU CIEL.

Dieu.
Notre-Dame.
Saint Michel, archange.
Saint Euverte, évêque d'Orléans, fondateur de l'église Sainte-Croix, vers 350-375.
Saint Aignan, évêque d'Orléans, en 453, patron de la ville.

SUR LA TERRE.

GROUPE FRANÇAIS.

La Pucelle.
Charles VII, roi de France.
Le Duc d'Orléans. Charles, duc d'Orléans, prisonnier en Angleterre depuis la bataille d'Azincourt.
Le Bâtard d'Orléans. Jean, fils naturel de Louis, duc d'Orléans, comte de Dunois, à compter du 14 juillet 1439.
Le Duc d'Alençon. Jean, duc d'Alençon, comte du Perche, lieutenant général du roi.
Le Comte de Clermont. Charles de Bourbon, comte de Clermont, gouverneur du Bourbonnais et de l'Auvergne pendant la captivité de son père en Angleterre.
Le Comte de Vendôme. Louis de Bourbon, comte de Vendôme.
Le Comte de Richemont. Artus de Bretagne, connétable de France, alors en disgrâce près du roi.
Le Maréchal de Sainte-Sévère (nommé dans le manuscrit Sainte-Suaire). Jean de Brosses, maréchal de France, connu sous les deux noms de Sainte-Sévère ou de Boussac.
Le Maréchal de Rais. Gilles de Laval, seigneur de Rais, Ingrande, etc. maréchal

de France, le 21 juin 1429, trop connu depuis par les crimes qui le firent condamner au bûcher, en 1440.

Le Sire de Laval. Gui, xiv° du nom, seigneur de Laval, créé comte au sacre de Charles VII.

Le Sire de Lohéac (Ms. Loheat, Lochat, Loyat). André de Laval, frère du précédent, connu sous le nom de maréchal de Lohéac.

Le Maréchal de la Fayette (Ms. La Saiette). Gilbert Motier de la Fayette, maréchal de France.

L'Amiral de Culan. Messire Louis de Culan, amiral de France.

Le Sire de Graville. Louis Mallet, seigneur de Graville, grand maître des arbalétriers.

Regnault de Chartres, chancelier de France, archevêque de Reims, puis cardinal.

La Hire. Étienne de Vignolles, dit La Hire, fameux capitaine gascon, bailli de Vermandois pour Charles VII.

Poton de Saintrailles. Pierre de Saintrailles, dit Poton, compatriote du précédent et non moins célèbre capitaine.

Le Sire de Saintrailles. Jean de Saintrailles, frère aîné de Poton.

Le Sire de Gaucourt. Raoul de Gaucourt, gouverneur d'Orléans, grand maître de l'hôtel du roi, en 1453.

Le Sire d'Albret. Guillaume d'Albret, seigneur d'Orval, tué, le 12 février, au combat de Rouvray-Saint-Denis, autrement dit la Journée des harengs.

Le Sire de Beuil. Jean de Beuil, comte de Sancerre.

Le Sire de Chabannes (Ms. Chambannes). Jacques de Chabannes, sénéchal de Bourbonnais.

Le Sire de Guitry. Guillaume de Guitry, seigneur de Chaumont-sur-Loire.

Le Baron de Coulonces. Jean de la Haye, seigneur de Coulonces, chevalier normand.

Ambroise de Loré, capitaine manceau, depuis prévôt de Paris.

Le Connétable d'Écosse. Lord John Stuart de Darnley, connétable d'Écosse, tué, le 12 février, à la Journée des harengs.

Sir William Stuart (Ms. Messire Gilles Estuart), frère du précédent, tué le même jour.

Sir Hugh Kennedy (Ms. Canède), capitaine des Écossais au service du roi.

Le Sire de Coarraze (Ms. Coras, Couras). Arnaut de Coarraze, chevalier béarnais.

Jacques de Dinan, seigneur de Beaumanoir, chevalier breton.

Thibaut de Termes. Thibaut d'Armagnac, seigneur de Termes, bailli de Chartres. (C'est probablement le même personnage qui est appelé Regnault de Termes à la page 315.)

PERSONNAGES.

Le Vicomte de Thouars, seigneur d'Amboise.
Le Sire de la Tour, baron d'Auvergne.
Messire Mathias, chevalier aragonais.
Le Sire de Cernay, chevalier aragonais, capitaine de Vendôme.
Théaulde de Valpergue (Ms. Vallepaigne, Vallepraigne), capitaine.
Thudual de Kermoisan (Ms. Carmoisi, Carmoison), dit le Bourgeois, capitaine de Montécler.
Le Sire de Villars. Archambaut de Villars, capitaine de Montargis.
Le Sire de Lesgot. Jean de Lesgot, seigneur de Verduzan.
Messire Fleurant d'Illiers, gentilhomme du pays chartrain, capitaine de Châteaudun.
Jamet du Tillay, capitaine de Blois.
Le Bourg de Bar, capitaine.
Pierre de la Chapelle, chevalier beauceron.
Le Sire de Verdun, capitaine, tué à la Journée des harengs.
Denis de Chailly, chevalier de la Brie.
Alain Giron, capitaine breton.
Guillaume Renaut, gentilhomme, fait chevalier par lord Pole, sur le champ de bataille.
Le Sire de Baudricourt, écuyer, capitaine de Vaucouleurs; depuis conseiller et chambellan du roi.
Jean de Metz. Jean de Nouillompont, dit de Metz, gentilhomme de Bassigny, chargé d'amener la Pucelle à Chinon.
Bertrand de Plongy, ou Poulengy, *idem.*
Berthran de Contes. (*sic* dans le manuscrit. Est-ce Louis de Contes, dit Imerguet, page de la Pucelle, ou bien un de ses parents, que l'auteur désigne ainsi?)
Le Sire de Chaumigny, chevalier du Berry.
Premier Frère de la Pucelle. Jean d'Arc, anobli depuis sous le nom de du Lys.
Second Frère de la Pucelle. Pierre d'Arc, *idem.*
Verdille, homme d'armes gascon, de la compagnie de La Hire.
Gasquet ou Gaquet, *idem.*
Maître Jean des Boillons, célèbre astrologue.
L'Évêque d'Orléans (Ms. Messire Jehan saint Michel). Jean de Kirkmichael, Écossais d'origine.
Le Receveur de la ville d'Orléans. L'un des douze procureurs de la ville, receveur des deniers communs.
Le Procureur de la ville d'Orléans.
Premier Bourgeois d'Orléans, échevin ou procureur de la ville, envoyé vers le roi.
Deuxième Bourgeois d'Orléans, *idem.*

PERSONNAGES.

Premier Bourgeois, envoyé vers le duc de Bourgogne.
Deuxième Bourgeois, *idem*.
Autres Bourgeois d'Orléans, chargés de féliciter la Pucelle après la prise des Tourelles et la levée du siége, après la prise de Jargeau et après la victoire de Patay.
Premier Conseiller du roi.
Deuxième Conseiller.
Troisième Conseiller.
L'Inquisiteur de la foi.
Premier Président du parlement.
Deuxième Président.
Troisième Président.
Quatrième Président.
Le Prêtre de Sainte-Catherine de Fierbois.
Le Prêtre de Notre-Dame de Cléry.
Le Sénéchal de l'amiral de Culan.
Le Sénéchal du connétable de Richemont.
Quatre Hérauts ou Messagers de la Pucelle.
Trois Messagers du roi.
Trois Messagers du Bâtard d'Orléans.
Un Messager du comte de Clermont.
Un Messager du connétable de Richemont.
Un Messager de La Hire.
Un Messager clerc de la ville d'Orléans.
Le Faiseur de guet d'Orléans.
Le Maître d'hôtel de La Hire.
Un Chasseur de marée.
Un Canonnier.
Trois Compagnons français.
Trompettes.

GROUPE ANGLAIS.

Le Duc de Bourgogne. Philippe III, dit le Bon, duc de Bourgogne.
Le Duc de Bedford. Jean de Lancastre, oncle de Henri IV, roi d'Angleterre, régent du royaume de France. (Ms. Betefort, Bethefort.)
Le Comte de Salisbury. Thomas de Montague, comte de Salisbury, général de l'armée anglaise, tué par un boulet au commencement du siége. (Ms. Sallebry.)
Le Duc de Somerset, général anglais. (Ms. Sombreset.)
Lord Talbot. Jean, seigneur de Talbot, comte de Shrewsbury, maréchal d'Angleterre, etc.

PERSONNAGES.

Le Comte de Suffolk. William Pole, comte de Suffolk, élevé au commandement général de l'armée anglaise après la mort de Salisbury. (Appelé, dans le manuscrit, La Polle, et, dans les chroniques du temps, La Poule.)

John Pole, capitaine d'Avranches, frère du précédent.

Alexandre Pole, tué à la prise de Jargeau, *idem*.

Lord Scales. (Ms. Le sire d'Escalles ou d'Ecalles.)

Lord Glasdale. William Glasdale, bailli d'Alençon pour le roi d'Angleterre, mort noyé dans la Loire, à la journée du 7 mai. (Ms. Glasidas, Clasidas, Glasides, Clasides.)

Lord Falstaff. Lord John Falstaff ou Falstolf. (Ms. Messire Jehan Facestot, Facetot, Fastot.)

Lord Gray, neveu de Salisbury, capitaine de Janville, tué au siége, le 3 mars 1429. (Ms. Le sire de Grez ou de Gres.)

Lord Falconbridge, capitaine. (Ms. Fouquamberge, Fauquemberge.)

Lancelot de Lisle, maréchal d'Angleterre, tué au siége par un boulet, le 30 janvier 1429.

Le Bailli d'Évreux. Richard Guestin ou Guethyn, bailli d'Évreux pour le roi d'Angleterre, commandant la place de Beaugency.

Lord Molyns, noyé dans la Loire, le 7 mai, lors de la prise des Tourelles.

Le Bailli de Mantes. Sir Édouard Malzewill, bailli de Mantes pour le roi d'Angleterre, mort de la même manière que le précédent.

Sir Walter Hungerford, capitaine. (Ms. Gautier de Hongresfort, le cappitaine Rongefort, Rougefort, Rengefort, p. 667.)

Sir Thomas Rameton, capitaine.

Le Sire de Pons (ou de Pont).

Le Sire de Provins. (Peut-être est-ce une altération, une forme francisée du nom de lord Poynings, noyé dans la Loire, le 7 mai. On trouve ce nom de Poynings, qu'on prononçait Ponyns, altéré sous la forme Pouvains, dans la *Chronique de la Pucelle*.)

Robin Heron, capitaine.

Simon Morhier, prévôt de Paris pour les Anglais.

Le Capitaine de Meung.

Le Capitaine de Beaugency.

Le Sénéchal de Beaugency.

Sénéchal de lord Falstaff.

Maréchal de Talbot.

La Guette de la ville de Meung.

Le Héraut du duc de Bourgogne.

Plusieurs Messagers de Salisbury, Talbot.

PERSONNAGES.

Deux Cinquânteniers.
Deux Marins.
Un Gendarme.
Deux Compagnons anglais.
Trompettes, hommes d'armes, etc. etc.

SOMMAIRE.

Discours adressé par Salisbury, en Angleterre, aux seigneurs et capitaines placés sous ses ordres. Il leur annonce son intention d'achever la conquête de la France, en s'emparant d'Orléans, la seule place importante qui résiste encore. P. 1-3.

William Pole, comte de Suffolk, son frère John, lord Scales, lord Falconbridge, William Glasdale, lord Gray, Lancelot de l'Isle, approuvent unanimement cette résolution. Salisbury envoie un messager pour faire préparer la flotte. P. 3-11.

Prière du duc d'Orléans, effrayé des maux que cette expédition va attirer sur le royaume de France et particulièrement sur son duché. P. 11-13.

Il va trouver les chefs anglais et les supplie, en termes touchants, d'épargner son domaine. Ceux-ci lui promettent de garder de tout dommage sa terre et ses sujets. P. 13-17.

A l'envoyé du général en chef, les mariniers répondent qu'ils sont tout prêts. Retour du messager. Salisbury fait donner par les trompettes le signal du départ. P. 17-20.

Arrivée au port et embarquement des chefs anglais. Traversée. Ils débarquent à Touques et se dirigent sur Rouen, après s'être fait annoncer par un messager au duc de Somerset et à Talbot, qui y commandent un corps d'armée. P. 20-29.

Entrevue des généraux anglais. Le duc de Somerset convoque les nouveaux arrivés à un conseil de guerre. P. 29-34.

Conseil. Discours de Salisbury. Opinions du comte de Suffolk, du duc de Somerset, de Talbot, de Lancelot de l'Isle, de sir Hungerford, des lords Glasdale, Molyns, John Pole, du sire de Pons. Tous concluent à ce que l'armée se dirige sur Chartres. P. 35-43.

Arrivée à Chartres. Nouveau conseil auquel prennent part les personnages précédents et, de plus, le bailli d'Évreux, lord Gray, le sire de Provins. On décide à l'unanimité de marcher sur Orléans. P. 44-52.

Le comte de Salisbury et Glasdale déguisés vont consulter maître Jean des Boillons, célèbre astrologue. Celui-ci, en termes ambigus, annonce leur sort aux deux Anglais, qui ne font que rire de ses prédictions. P. 53-62.

Salisbury offre un commandement à Talbot, qui le refuse. Le général en chef annonce le départ. P. 63-64.

La scène se transporte à Orléans. Un chasseur de marée vient annoncer aux habitants l'approche des Anglais. Le receveur mande près de lui les capitaines qui se trouvent dans la ville, et leur fait part de l'intention des Orléanais de se défendre jusqu'à la mort. Les gens de guerre, entre autres le sire de Villars, messire Mathias, les sires de Guitry, de Coarraze, de Saintrailles, Poton de Saintrailles, Pierre de la Chapelle, approuvent hautement cette résolution. Mesures arrêtées en commun pour la défense. La destruction des faubourgs sur la rive gauche de la Loire, de l'église des Augustins et du Portereau est décidée. P. 65-79.

Salisbury, dans une harangue à ses lieutenants, arrête l'ordre de bataille et ordonne la marche de l'armée par Beaugency et Cléry. P. 79-82.

Les Anglais pillent l'église de Notre-Dame de Cléry, et se rient des supplications et des plaintes du prêtre qui la garde. P. 82-84.

Les Orléanais brûlent les Augustins et le Portereau. Première escarmouche devant le fort des Tourelles. Les Anglais jurent d'enlever le boulevard le lendemain. De leur côté, ceux de la ville s'encouragent à la résistance. Moyens de défense auxquels les femmes mêmes sont engagées à coopérer. P. 84-89.

Salisbury exhorte ses lieutenants à faire leur devoir; l'attaque aura lieu à dix heures. Assaut du boulevard qui protége les Tourelles. Les Anglais, repoussés avec perte, tiennent conseil et, sur l'avis du comte de Suffolk, décident que préalablement la bastille sera minée et battue par l'artillerie. Salisbury veille à l'exécution de ce plan. P. 89-99.

Conseil tenu par les défenseurs d'Orléans, auquel prennent part le receveur, les sires de Villars, de Coarraze, de Guitry, Mathias, Saintrailles et Poton. Tous s'accordent à reconnaître que la défense du boulevard est impossible. Il sera détruit et remplacé par un autre élevé sur le pont. P. 100-106.

Les seigneurs anglais délibèrent avant d'attaquer le fort des Tourelles. Salisbury leur raconte un songe qu'il a eu pendant la nuit et qui lui semble de mauvais augure. Le comte de Suffolk, Glasdale et lord Scales lui répondent que les songes sont toujours mensongers; on ne doit pas s'en préoccuper. P. 106-112.

Assaut et prise des Tourelles, malgré les efforts de Saintrailles. Les Français se retirent dans la ville, emportant leurs morts. P. 112-113.

Les Anglais se félicitent de leurs succès. Suffolk et Falconbridge pensent qu'Orléans ne tiendra pas longtemps. Salisbury veut se donner le plaisir d'aller voir, du haut du fort, la ville qui sera bientôt à lui. P. 113-116.

Cependant les bourgeois d'Orléans s'effrayent du progrès de l'ennemi. Poton et les autres capitaines les rassurent et les engagent à dresser de nouvelles batteries. P. 116-118.

Salisbury et Glasdale au haut des Tourelles. Le général anglais tombe frappé à la tête par un boulet de canon. Lamentations de Glasdale. Les autres chefs, accourus à ses cris, recommandent le secret sur cet événement. P. 119-124.

Délibération des bourgeois et des hommes de guerre rassemblés à Orléans. Deux bourgeois sont choisis parmi les procureurs de la ville pour aller vers le roi Charles lui demander l'autorisation de brûler les faubourgs et les églises de la rive droite, et requérir du secours. P. 125-128.

Salisbury mort, les Anglais songent à charger un nouveau chef de la direction du siège. Ils envoient prier Talbot, qu'un peu de jalousie avait retenu jusque-là, de venir se joindre à eux. Leur messager tombe entre les mains des Français et est amené à Orléans. Pour se racheter, il apprend aux assiégés la mort du général anglais. Cette bonne nouvelle relève leur courage. P. 129-140.

SOMMAIRE.

En faisant l'inspection des murailles, le receveur d'Orléans et les capitaines trouvent un canon vide sur la tour de Notre-Dame. Le canon est parti tout seul! Chacun crie au miracle. Salisbury a été puni de sa félonie envers le duc d'Orléans et du pillage de Cléry. P. 141-144.

Arrivée à Chinon des envoyés orléanais. Introduits près du roi, ils lui exposent la situation précaire de leur cité; néanmoins les habitants ont juré de résister jusqu'à la dernière extrémité. Charles VII les félicite et leur promet son assistance. Puis il fait appeler le Bâtard d'Orléans et le charge de porter secours à la ville assiégée. Plusieurs seigneurs, hommes de guerre fameux, sont mandés près du roi. P. 144-152.

Retour des deux envoyés. Ils rendent compte de leur mission. Le receveur montre aux capitaines une bombarde nouvellement faite et nommée *la Bergère*. P. 152-156.

Étonnement et fureur de Talbot en apprenant la résistance d'Orléans et la mort de Salisbury. Il jure de le venger; la ville rebelle sera mise à feu et à sang. Puis il ordonne à son maréchal de tout préparer pour son départ. P. 157-160.

Le messager du roi transmet les ordres de son maître au maréchal de Sainte-Sévère, aux sires de Chabannes, de Beuil, de Valpergue, de Chaumont et à La Hire. Tous promettent de se rendre auprès du prince. P. 160-166.

Départ de Talbot à la tête de sa troupe. Son arrivée devant Orléans. Les seigneurs et capitaines anglais lui offrent le commandement, qu'il refuse d'abord et finit par accepter. P. 167-175.

Les seigneurs français, mandés par le roi, viennent successivement se mettre à ses ordres. Allocution que le roi leur adresse. Il les prie d'aller au secours d'Orléans. Tous jurent de combattre vaillamment *les Godons* (Anglais), et partent avec le Bâtard d'Orléans. P. 175-185.

Leur rencontre avec les Anglais, qui s'efforcent en vain de les empêcher d'entrer dans la ville. P. 185-187.

Délibération des assiégés. La destruction des faubourgs et églises de la rive droite est arrêtée et immédiatement exécutée. P. 187-190.

Conseil tenu par les chefs de l'armée anglaise, qui se plaignent de la lenteur du siége. Il est commencé depuis le 12° jour d'octobre, et l'on est au 3 janvier! Lord Falconbridge et le bailli d'Évreux émettent l'avis de passer la Loire et d'attaquer la ville sur la rive droite. Talbot approuve cette opinion et assigne la position que chacun occupera. Après quoi, il passe la rivière au droit de Saint-Laurent. P. 190-196.

Sortie des assiégés sous la conduite du Bâtard d'Orléans. Combat. Les Français sont rejetés avec perte dans la ville. P. 196-200.

Talbot, les deux Suffolk et autres chefs se félicitent de leur victoire. On enlève les morts de part et d'autre. P. 201-203.

L'amiral Louis de Culan se met en route pour Orléans. Attaqué par Talbot, mais secouru par les assiégés, il fait son entrée dans la place. Félicitations qu'il reçoit de sa bienvenue. On s'apprête à battre les Tourelles à grand renfort d'artillerie. Coup d'essai de la bombarde *la Bergère*. P. 203-208.

Lord Falstaff ordonne à son sénéchal de tout préparer pour son départ. Il veut aller se joindre

SOMMAIRE.

aux Anglais qui assiégent Orléans. Ce renfort est accueilli avec joie par Talbot et ses compagnons d'armes, qui exposent à Falstaff l'état des choses et lui demandent son avis. Une attaque générale aura lieu contre les murs de la ville. Talbot distribue les postes à chacun. Falstaff et Suffolk attaqueront la porte Renart; lord Scales et Lancelot de l'Isle, la porte Bannier. Tous acceptent de grand cœur la charge qui leur est confiée, et se promettent le succès. P. 209-219.

Cependant les défenseurs de la ville, prévenus qu'ils vont être assaillis, tiennent conseil. Le maréchal de Sainte-Sévère, Chabannes et Poton de Saintrailles proposent de prévenir l'ennemi, en faisant une sortie. Theaulde de Valpergue, les sires de Villars, Mathias, de Guitry, combattent cette opinion. Mieux vaut repousser l'ennemi du haut des murs. Néanmoins le premier avis l'emporte. La sortie est ordonnée. Bataille. Les Français ont le dessous. Le Bâtard d'Orléans ordonne la retraite. P. 219-223.

Nouveau conseil tenu par les principaux défenseurs d'Orléans. Le maréchal de Sainte-Sévère pense qu'il faut envoyer vers le roi demander des secours. Il y a urgence; chaque jour leurs forces s'épuisent. Le Bâtard d'Orléans propose de charger de cette mission le sire de Villars et les deux Saintrailles. Ces choix sont unanimement approuvés. En outre, on décide qu'un héraut sera envoyé aux assiégeants pour demander une trêve et proposer de parlementer. P. 223-232.

Le héraut expose son message à Talbot. Celui-ci consulte ses lieutenants. Les propositions sont acceptées, mais la trêve sera de quatre heures seulement. P. 233-236.

Retour du messager. La trêve est trouvée courte par les capitaines français. La Hire, bien qu'il essaye de s'en défendre, suivant l'usage, est choisi pour aller parlementer avec les Anglais. P. 237-242.

Ceux-ci, de leur côté, choisissent le maréchal Lancelot de l'Isle. Entrevue des deux parlementaires. Discours de La Hire, qui insiste sur la promesse faite au duc d'Orléans de respecter son domaine. Réponse de Lancelot. La conférence finit par des paroles injurieuses prononcées de part et d'autre. P. 242-250.

A peine les parlementaires se sont-ils séparés, qu'un boulet, parti de la ville, enlève la tête de Lancelot de l'Isle. Fureur des chefs anglais, qui crient à la trahison et jurent de le venger. P. 250-253.

Les deux Saintrailles et Villars arrivent à Chinon. Villars expose au roi l'objet de leur mission. Réponse de Charles. Il offre un nouveau secours de mille à douze cents gens d'armes, commandés par le sire de Gaucourt, William Stuart, connétable d'Écosse, et le sire de Verdun. Il se loue de la résistance des Orléanais, en qui il a mis toute sa confiance. Les capitaines prennent congé en protestant de leur dévouement. Ils rentrent dans la ville assiégée. P. 253-264.

Charles VII, agenouillé devant le Paradis[1], invoque le secours du Très-Haut. S'il a failli, il s'humilie, il demande pardon de ses fautes; mais il supplie le Seigneur d'avoir pitié de

---

[1] Pour la représentation de ce mystère, le théâtre devait être divisé en deux compartiments dans le sens de la hauteur. Dans la partie supérieure, un peu en retraite sur le reste de la scène, se tenaient Dieu, la sainte Vierge, les anges et les saints : c'est ce qu'on appelait le Paradis.

SOMMAIRE.

son royaume et de lui-même. Notre-Dame intercède pour lui. Les Anglais n'ont nul droit en son royaume. Le roi de France est le soutien de la chrétienté. Saint Euverte et saint Aignan joignent leurs prières à celle de la Vierge. Dieu résiste d'abord. Les Français ont attiré sa colère et mérité leur sort par leur conduite impie. Nouvelles supplications, auxquelles se rend Notre-Seigneur. Charles recouvrera son royaume, mais les Français n'en auront pas la gloire. C'est une jeune fille qui aura l'honneur de délivrer le royaume de France. Dieu envoie l'archange Michel pour lui annoncer sa mission. P. 264-272.

Saint Michel annonce à la Pucelle la volonté du Seigneur. Doutes et naïf étonnement de la jeune bergère, qui bientôt se soumet à l'ordre de Dieu. P. 273-277.

Jeanne va trouver Baudricourt, capitaine de Vaucouleurs, et le prie de la conduire au roi. Résistance et objections du capitaine, qui demande deux ou trois jours de réflexion. P. 278-281.

Épisode du combat singulier de Verdille et de Gasquet, hommes d'armes gascons, de la compagnie de La Hire, contre deux hommes d'armes anglais. Gasquet témoigne à Verdille le désir de se distinguer par un fait d'armes contre l'ennemi. Verdille l'approuve, et tous deux décident qu'ils enverront défier deux hommes de l'armée anglaise. Le combat aura lieu la veille du jour de l'an. P. 281-285.

Préalablement ils vont demander l'approbation de leur capitaine. Réprimandes amicales et observations de La Hire, qui finit par céder à leur désir. Son héraut est chargé d'aller dans le camp anglais porter le défi et présenter le gage de bataille : c'est un bijou d'or fin en forme de rossignol. P. 285-297.

Le héraut, arrivé dans le camp ennemi, fait connaître l'objet de sa mission. Talbot demande aux autres chefs ce qu'il faut faire : «Accepter, disent-ils, et rabattre le caquet de ces «Gascons.» Simon Morhier, prévôt de Paris, offre de présenter un champion. Sir Rameton fournira l'autre. La joute aura lieu dans la soirée. P. 297-302.

À cette réponse rapportée par le messager, Gasquet et Verdille expriment leur joie et vont s'armer. Sur l'ordre de Talbot, les deux champions anglais en font autant. Détails du combat, auquel assistent les principaux chefs des deux armées. Gasquet tue son adversaire. P. 302-304.

Talbot propose à ses lieutenants d'envoyer demander à Paris des vivres et des renforts. Lord Falstaff et le bailli d'Évreux sont choisis pour cette expédition. Ils adressent leur requête au prévôt de Paris, qui leur promet un secours de vivres et d'artillerie. Appel aux hommes d'armes publié à Paris. P. 305-313.

Le Bâtard d'Orléans, informé du départ du convoi, est d'avis qu'on aille l'attaquer, avec le secours du comte de Clermont qui vient d'arriver à Blois. Jacques de Chabannes, Le Bourg de Bar et Thibaut de Termes, désignés pour se rendre à Blois, acceptent avec empressement. Ils sont surpris et défaits par un parti ennemi, commandé par John Pole et lord Scales. Le Bourg de Bar est pris, conduit à Talbot et emprisonné à Marchenoir. P. 313-319.

Guillaume d'Albret, seigneur d'Orval, et le maréchal de la Fayette viennent se joindre aux défenseurs d'Orléans. En même temps reviennent Chabannes et Thibaut de Termes, qui racontent leur déconfiture. Le Bâtard d'Orléans décide qu'il ira lui-même à Blois à la tête d'une forte troupe. P. 319-325.

Arrivé à Blois, il propose l'entreprise au comte de Clermont, qui accepte. Cependant le convoi anglais part sous la conduite de Falstaff, du bailli d'Évreux, de sir Th. Rameton et du prévôt de Paris. P. 325-327.

La Hire, en l'absence du Bâtard d'Orléans, ordonne la marche de la troupe qui doit se porter à la rencontre des Anglais. Le comte de Clermont se met en route de son côté. Temps d'arrêt. Le comte envoie un messager dire aux capitaines partis d'Orléans d'attendre au lendemain qu'il soit prêt à donner la bataille. Énergique refus de La Hire. «L'ennemi profitera de ce retard pour se préparer et se parquer derrière les charrettes.» Il est appuyé par l'amiral de Culan. Nouvelle insistance du comte de Clermont. Les Anglais s'enferment dans leur parc. Escarmouche dans le bourg de Rouvray-Saint-Denis. P. 328-336.

Les Français, conduits par La Hire, auquel se sont joints le Bâtard d'Orléans et le connétable d'Écosse, assaillent le camp ennemi. Vive sortie des Anglais. Les Français, ne recevant aucun secours du comte de Clermont, sont défaits et se retirent dans Orléans. Le Bâtard pleure amèrement la perte des guerriers qui ont succombé dans cette affaire : le connétable d'Écosse et son frère, le seigneur d'Orval, les sires de Verdun, de Châteaubrun, Jean Chabot, Louis de Rochechouart, la fleur de la noblesse de France! Chacun déplore les conséquences de cette fatale journée. Les morts seront enterrés à Sainte-Croix. P. 336-345.

De leur côté, les Anglais chantent victoire. Mal en a pris aux Français de vouloir goûter de leurs harengs! Talbot accueille avec honneur les chefs du convoi. P. 345-351.

Nouvelle scène dans le ciel. Notre-Dame, saint Euverte et saint Aignan rappellent à Dieu la promesse qu'il leur a faite de secourir les Français, dont les affaires semblent désespérées. Dieu ordonne à Michel de se rendre auprès de la Pucelle. P. 351-352.

Saint Michel accomplit son message : « Que Jeanne aille trouver Baudricourt, elle n'éprou-«vera plus de refus.» La Pucelle exécute l'ordre du ciel. Le capitaine se rend de bonne grâce à ses désirs. Il lui procure des habits d'homme et lui donne pour guides Jean de Metz et Bertrand de Poulengy. Pleine de confiance, la jeune inspirée se met en route, emmenant ses deux frères. P. 353-359.

Délibération des défenseurs d'Orléans. La situation empire chaque jour. Le comte de Clermont s'offre pour aller trouver le roi, avec cinq ou six des principaux seigneurs. La Hire, l'amiral de Culan, le sire de Latour, Regnaut de Chartres, se proposent de l'accompagner. Le receveur et les bourgeois s'effrayent et se plaignent de voir ainsi dégarnir la ville de deux à trois mille hommes. Une autre proposition est faite par Saintrailles. Il faut aller trouver le duc de Bourgogne et l'apitoyer sur le sort d'Orléans, dont le seigneur est son parent. Cet avis est approuvé. Poton et deux bourgeois iront en ambassade auprès du duc Philippe. P. 359-367.

Introduits devant ce prince, les envoyés orléanais présentent leur requête par l'organe de Poton de Saintrailles. Les Anglais, sans droit, sans raison, ruinent le domaine et veulent détruire la cité du duc d'Orléans, leur prisonnier. Accueil favorable que leur fait le duc

SOMMAIRE.

de Bourgogne. Il ordonne à son héraut d'aller trouver Talbot et le sommer de lever le siége. Si celui-ci refuse, il publiera l'ordre à tous les Bourguignons de quitter l'armée anglaise. Retour des envoyés. P. 367-373.

Le messager bourguignon dans le camp anglais. Talbot et ses lieutenants se récrient fort contre les prétentions du duc. Ils n'auront garde de partir avant d'avoir pris la ville. Publication à son de trompette de l'ordre du duc de Bourgogne. Le messager revient rendre compte à son maître de sa mission. P. 374-377.

Arrivée de la Pucelle à Chinon. Jean de Metz annonce sa venue au roi. Charles, ne sachant s'il doit la recevoir, consulte ses conseillers. Ils sont d'avis d'interroger d'abord les gentilshommes qui l'ont amenée. P. 378-383.

Mandés par le roi, Jean de Metz et Bertrand de Poulengy expliquent pourquoi ils se sont chargés d'amener cette jeune fille. «Elle est si prudente et si sage, elle les a convaincus «par son beau parler! C'est par miracle qu'ils ont échappé à tous les dangers de la route.» Le roi décide qu'il la recevra le lendemain. Cependant il consulte encore. L'un des conseillers donne l'idée d'éprouver la jeune fille. L'un d'eux prendra les habits du roi, et celui-ci sera confondu dans la foule des seigneurs. P. 383-389.

La Pucelle est introduite. Elle démêle la supercherie et, s'agenouillant devant le roi, lui dit qu'elle est envoyée de Dieu pour faire lever le siége d'Orléans et le mener sacrer à Reims. Remercîments du roi, qui la congédie avec honneur. P. 390-393.

Nouveau conseil où l'on décide que la jeune fille sera conduite à Poitiers, pour y être interrogée devant le parlement. P. 393-396.

Interrogatoire de Jeanne par quatre présidents du parlement et l'inquisiteur de la foi. P. 397-406.

Retour à Chinon. Le premier conseiller rend compte au roi de l'impression favorable que la jeune fille a faite sur le parlement et les docteurs. Charles VII n'hésite plus à reconnaître la mission divine de la Pucelle, qui lui a révélé un secret connu de lui seul. Il s'occupe de son armure. Sur l'indication donnée par elle, on envoie chercher, à Sainte-Catherine de Fierbois, l'épée dont elle se servira. Description de son étendard. P. 406-412.

Le messager du roi à Sainte-Catherine de Fierbois. L'épée désignée, avec les cinq croix à la garde, est trouvée, dans un vieux coffre derrière le maître-autel, et rapportée à Jeanne. En la recevant, elle voudrait déjà partir pour combattre. P. 412-415.

Conseil tenu par les généraux anglais, pendant lequel le comte de Suffolk exprime la fantaisie de faire un échange de cadeaux avec le Bâtard d'Orléans. Il lui envoie des raisins et des figues. Le général français répond à sa courtoisie en lui envoyant de la panne noire. Cependant une attaque contre la ville est ordonnée par Talbot. Lord Gray ira courir sous les murs d'Orléans et tâchera d'attirer les Français; lord Scales le soutiendra, tandis que Suffolk, Falstaff et le prévôt de Paris se tiendront en embuscade. P. 415-424.

Le Bâtard d'Orléans, prévenu de l'assaut qui se prépare, prend ses mesures pour le repousser. Il assigne à chacun son poste. Bataille. Lord Gray est tué par un boulet. Néanmoins les Français, après des pertes sensibles, sont repoussés dans les murs de la place. P. 424-426.

Talbot et ses lieutenants, tout en déplorant la mort de lord Gray, se félicitent de leur vic-

SOMMAIRE.

toire. Au contraire, les Français se plaignent du résultat de la journée. Renaut Guillaume et Vernade sont pris, beaucoup d'habitants de la ville ont été tués. Ils ont eu tort de sortir, à la file, hors de leurs murailles. P. 427-432.

Le roi fait compléter l'équipement de la Pucelle. Il lui remet son épée et les éperons dorés des chevaliers. Puis il lui donne Jean d'Aulon pour écuyer, Louis de Contes pour page, et, pour conduire ses gens d'armes, le seigneur de Rais et Ambroise de Loré. Remercîments et protestations de dévouement de la Pucelle, qui prend congé du roi. Prière de Charles pour le succès de son entreprise. P. 432-438.

Jeanne d'Arc arrive à Blois. De cette ville, elle fait écrire aux Anglais une lettre où elle leur signifie de se retirer et de rendre les villes qu'ils ont prises. Elle envoie son héraut porter cette lettre à Talbot. P. 438-442.

Surprise de Talbot à la réception de ce message. «Il faut que les Français soient bien bas, «dit lord Scales, pour placer leur dernière espérance en cette fille.» — «C'est une mo-«querie, disent les autres; le héraut sera jeté en prison.» P. 443-446.

Hésitation de ceux qui accompagnent la Pucelle sur la route qu'il convient de suivre pour arriver jusqu'à Orléans. Le sire de Rais émet l'avis de cheminer par la Sologne (rive gauche), et de passer la Loire devant Chécy. Ambroise de Loré approuve ce conseil, qui est mis à exécution. Arrivée à Chécy. P. 446-451.

Le receveur fait part aux défenseurs d'Orléans de la nouvelle qu'il a reçue de l'arrivée de la Pucelle, avec un convoi de vivres et d'artillerie. Chacun s'en réjouit. On décide qu'on ira au-devant d'elle jusqu'à Chécy. Le Bâtard d'Orléans donne le signal et l'exemple du départ. Échange de compliments. La Pucelle témoigne son impatience d'arriver à Orléans, mais on l'engage à attendre jusqu'au soir. P. 451-456.

Entrée de la Pucelle à Orléans à la lueur des torches. Elle remercie de l'accueil qui lui est fait. Cependant elle s'inquiète du sort de son messager. A sa demande, le Bâtard d'Orléans envoie deux hérauts à Talbot réclamer le messager de la Pucelle. Sur la menace de représailles contre les prisonniers anglais qui sont à Orléans, et non sans force injures contre Jeanne, Talbot se décide à rendre le messager. P. 456-464.

Allocution adressée par la Pucelle, du haut du boulevard de la Belle-Croix, aux chefs anglais qui gardent les Tourelles. Lord Glasdale, Falconbridge, Molyns, lui répondent par les plus grossières insultes. Même tentative auprès de Talbot et de ses lieutenants, campés de l'autre côté de la Loire. Elle a le même succès. Jeanne irritée prédit leur défaite et leur mort à Glasdale et à Talbot. P. 464-472.

La Pucelle témoigne le désir d'attaquer la bastille de Saint-Loup. Elle encourage nominativement chaque capitaine et forme le plan d'attaque. Prise de cette bastille. P. 473-476.

Conseil tenu par les principaux défenseurs de la ville. Jeanne opine la première. Elle est d'avis de passer la Loire pour aller attaquer les Augustins et les Tourelles. Le Bâtard d'Orléans s'en rapporte à elle et promet de la suivre. Toutefois, quelques capitaines, Alain Giron, James du Tillay, de Chailly, Kennedy, élèvent des objections fondées sur la difficulté de l'entreprise. Gaucourt répond qu'il faut passer outre sans s'arrêter aux inconvénients signalés. Sous l'étendard de la Pucelle, chacun d'eux en vaut mieux que cent. Villars et La Hire l'appuient. L'expédition aura lieu. P. 476-482.

SOMMAIRE.

Talbot et les siens sont furieux de l'avantage remporté par les Français à Saint-Loup. C'est Jeanne qui en est cause. Horribles menaces qu'ils profèrent contre elle. De leur côté, Glasdale et ses compagnons font entendre les mêmes plaintes. Ils songent à se défendre vigoureusement dans les Tourelles. Deux arches du pont seront rompues et l'espace vide caché par des fascines (*palissonis*). Le bailli de Mantes se charge de diriger ce travail. P. 482-488.

Notre-Dame, saint Euverte et saint Aignan prient le Seigneur de venir en aide à la Pucelle et aux Orléanais. Dieu répond que telle est son intention. La Pucelle accomplira son œuvre, et par elle Charles recouvrera son royaume. Il envoie saint Aignan et saint Euverte pour la protéger et garder Orléans. Les deux saints partent joyeux pour exécuter cet ordre. P. 488-492.

La Pucelle, s'adressant aux capitaines français, dit qu'il est temps de passer la Loire et d'attaquer les Anglais à Saint-Jean-le-Blanc. Le Bâtard d'Orléans, La Hire et le seigneur de Graville répondent qu'ils sont prêts à la suivre, eux et leurs gens. Passage de la Loire et attaque de Saint-Jean-le-Blanc. Les Anglais résistent en vain, ils sont forcés dans les Augustins et repoussés derrière le boulevard des Tourelles. P. 492-497.

La Pucelle se félicite du résultat de la journée du 6 mai. Mais elle ne veut pas s'en tenir là. Elle campera devant le fort pour l'attaquer le lendemain. La plupart des capitaines essayent de combattre cette résolution. Les Tourelles sont trop fortes et trop bien gardées. Jeanne répond que leurs opinions sont bonnes en apparence, mais que le sort des batailles dépend surtout de Dieu. Celui-là en vaut dix à qui il veut donner la victoire. Le projet d'attaque est maintenu. P. 497-502.

Glasdale et les Anglais qui tiennent les Tourelles s'effrayent et s'irritent des exploits de la Pucelle. « Ce n'est pas une fille, c'est un diable ! » Tous leurs efforts doivent se réunir pour s'emparer d'elle. Ils vont être attaqués, mais ils ont l'avantage de la position. De leur côté, Talbot et ses lieutenants tiennent les mêmes propos sur le compte de l'héroïne. Ils délibèrent s'ils doivent secourir les Tourelles, mais ils se rassurent en songeant au nombre et à la valeur de ceux qui défendent ce fort. P. 502-508.

Le lendemain matin, 7° jour de mai, la Pucelle harangue les capitaines français et engage chacun d'eux à bien faire son devoir. Qu'ils chassent les Anglais de leur héritage et délivrent le roi Charles de ces anciens ennemis qui veulent lui ravir son royaume. Il sera sacré bientôt, mais non tant qu'un seul Anglais restera devant Orléans. L'assaut est donné. La Pucelle est blessée. Le Bâtard d'Orléans l'engage à se retirer du combat. La Hire, Sainte-Sévère, Saintrailles, lui reprochent de trop s'exposer. Que deviendrait l'armée sans elle? D'ailleurs, la plupart sont d'avis de ne pas recommencer l'assaut; mais Jeanne les supplie de ne pas se décourager. P. 508-514.

Elle ordonne à son écuyer, Jean de Metz, de la prévenir quand la pointe de son étendard touchera le mur des Tourelles, et se retire pour prier. Nouvelle scène dans le Paradis. Dieu envoie saint Michel ranimer la confiance de la jeune fille et lui promettre la victoire. P. 514-518.

Sur l'avis que la queue de son étendard touche la muraille, l'héroïne engage les capitaines à recommencer l'assaut. Quelques-uns font des objections; mais Poton de Saintrailles, le baron de Coulonces et le Bâtard d'Orléans lui donnent l'assurance qu'ils sont disposés à la suivre partout. Nouvelle attaque et prise des Tourelles. Glasdale et plusieurs autres chefs anglais sont noyés dans la Loire. P. 518-523.

Discours de la Pucelle, qui se félicite de la victoire et rend grâce à Dieu et à la vierge Marie pour avoir fait triompher les armes françaises. Les chefs qui ont secondé Jeanne lui attribuent l'honneur de cette conquête inespérée. L'armée rentre à Orléans. Le receveur et les bourgeois viennent au-devant de leur libératrice et lui adressent leurs remercîments. Réjouissances générales. P. 523-530.

Fureur et plaintes de Talbot. Il déplore amèrement les pertes que l'Angleterre a faites dans la personne de Glasdale et de ses vaillants compagnons. Il jure de renoncer à la chevalerie, s'il n'exerce de terribles représailles contre la Pucelle et les Français. Le duc de Bedfort, le comte de Somerset et autres seigneurs cherchent à le réconforter. La fortune des combats est incertaine. Les lamentations ne remédient à rien. Un conseil de tous les princes et capitaines décidera quel parti reste à prendre. Sur l'ordre de Talbot, un messager va convoquer plusieurs chefs anglais, entre autres Robin Heron et lord Falstaff. P. 530-540.

Le conseil s'ouvre par un discours du général de l'armée anglaise. Il revient sur la prise des Tourelles. Il se fiait au nombre et au courage éprouvé des défenseurs du fort; sans cela, il serait allé en personne les secourir. Le comte de Somerset émet le premier l'avis de lever le siège. Cette opinion est appuyée par le comte de Suffolk, John Pole, Hungerford et, en général, par tous les assistants. La retraite est résolue. P. 540-548.

Cependant, à Orléans, le faiseur de guet vient prévenir la Pucelle des allées et venues qu'il a observées, pendant la nuit, dans le camp ennemi. Celle-ci prie le Bâtard d'Orléans, qui est venu pour avoir des nouvelles de sa blessure, de faire sonner les trompettes et assembler les troupes. Les chefs réunis, la délibération commence. Tous les renseignements s'accordent sur ce point que les Anglais font leurs préparatifs de départ. Les laissera-t-on partir sans leur barrer le passage? Les sires de Graville, de Rais, etc. ne sont pas de cet avis. « Ce serait une honte, dit le brave La Hire, de les laisser aller sans coup férir! » Néanmoins la Pucelle pense qu'en l'honneur du dimanche on ne doit pas les assaillir, s'ils n'attaquent pas les premiers. On devra seulement sortir de la ville en ordre de bataille. Départ de l'armée anglaise. P. 548-556.

Au retour des troupes françaises, le receveur et les bourgeois d'Orléans témoignent leur reconnaissance à la Pucelle qui les a délivrés de ce long siège. Réponse de Jeanne : « C'est « Dieu qui a tout fait et a eu pitié d'eux. Qu'ils en gardent à jamais mémoire! » Quant à elle, avant de partir pour aller trouver le roi, elle les remercie de l'accueil qu'ils lui ont fait. Puis, s'adressant aux hommes de guerre, elle prend gracieusement congé d'eux, et désigne, pour l'accompagner, le baron de Coulonces et le sire de Rais. Tous se mettent à ses ordres, qu'il faille rester ou la suivre. P. 556-567.

Entrevue de Charles VII et de la Pucelle. Le prince la remercie et la félicite de ses hauts faits. Jeanne lui rend compte du siége d'Orléans, dont les habitants ont grandement fait leur devoir. Elle le prie ensuite de vouloir bien se préparer au voyage de Reims. Le roi lui présente le duc d'Alençon, qui désormais marchera de compagnie avec elle. P. 568-575.

SOMMAIRE.

Discours de Charles aux seigneurs de sa cour. Il rappelle les événements qui viennent de s'accomplir et les services que lui a rendus cette jeune fille envoyée du ciel. Maintenant elle veut le mener à Reims. Que doit-il faire? Le duc d'Alençon répond que le roi doit se confier à elle. Mais, avant de partir pour Reims, il faut déloger les Anglais des villes qu'ils occupent sur les bords de la Loire. Il offre d'y aller avec Jeanne. Le sire de Rais et le baron de Coulonces sont du même avis. La Pucelle est rappelée. Le roi lui fait connaître le projet qui vient d'être approuvé. L'héroïne s'emploiera de grand cœur à l'exécution de ce plan, de concert avec le duc d'Alençon. P. 575-586.

Le duc et la Pucelle prennent congé du roi. Retour à Orléans. Joie des habitants en revoyant leur libératrice. Le Bâtard d'Orléans, le duc d'Alençon et les autres chefs, délibérant sur ce qu'il faut entreprendre, veulent connaître l'avis de la Pucelle. Elle propose de marcher sur Jargeau. A l'unanimité, les capitaines approuvent cette résolution. Jeanne, après avoir recommandé d'amener une partie de l'artillerie et particulièrement la bombarde *la Bergère*, indique le départ pour le lendemain matin. P. 586-598.

Cependant un héraut anglais va prévenir le comte de Suffolk et ses frères, Jean et Alexandre, qui commandent à Jargeau, que les Français, la Pucelle à leur tête, se dirigent vers cette ville. Ceux-ci s'en inquiètent : cette jeune fille leur a déjà fait bien du mal; ils la croyaient retournée dans son village. Ils ordonnent tout pour une vigoureuse résistance. P. 598-608.

Harangue de la Pucelle aux capitaines avant de partir pour Jargeau. Elle règle l'ordonnance de l'armée et assigne à chacun son poste. Les plus grands seigneurs, le duc d'Alençon, le comte de Vendôme, tous enfin, jurent de la suivre et de lui obéir. L'arrivée de l'armée française est signalée aux commandants de la garnison de Jargeau. Arrivée devant cette ville. Premier assaut infructueux. P. 608-616.

Le bruit se répand parmi les assiégeants que Jargeau va être secouru par Talbot et lord Falstaff, partis de Paris à la tête d'une grosse troupe. Dans le conseil des chefs, on propose de lever le siége. Le duc d'Alençon et le Bâtard d'Orléans désirent savoir ce qu'en pense la Pucelle. Jeanne prend la parole pour les engager à persévérer. Interpellant directement La Hire : «Doit-on, dit-elle, se décourager après un seul assaut? Ce serait encourir un grand reproche.» La Hire jure qu'il restera tant qu'elle voudra et lui obéira jusqu'à la mort. Les autres suivent son exemple. Le siége sera continué. Jeanne les remercie et exalte leur courage par un nouveau discours. P. 616-626.

Le comte de Suffolk, s'adressant à ses frères et à ses lieutenants, les engage à ne pas désespérer et à faire bonne contenance. L'assaut a été meurtrier, mais, en résultat, défavorable aux Français. John et Alexandre Pole abondent dans son sens. C'est surtout à Jeanne qu'ils en veulent, et ils se promettent de ne pas la ménager, si elle vient à portée de leurs coups. Préparatifs de défense. P. 626-631.

Nouvel assaut. Une pierre énorme est lancée sur la Pucelle, et «chacun doit la voir choir sur sa tête,» dit l'auteur. Les seigneurs français, effrayés, accourent près de la jeune fille qu'ils trouvent assise contre la muraille. Heureusement, la pierre, qui devait la tuer, s'est brisée en mille miettes. Mais ils en prennent occasion pour proposer la retraite. Nouveaux efforts de la Pucelle pour les retenir. Enfin l'artillerie, dirigée, suivant son conseil, contre la tour principale, fait une brèche par laquelle les Français entrent dans Jargeau. P. 631-636.

Le comte de Suffolk et ses deux frères, John et Alexandre, essayent de se sauver par le pont. Alexandre, le plus jeune, est tué par Guillaume Renaut. Celui-ci rejoint ensuite le comte et le somme de se rendre. Suffolk n'y consent qu'après avoir armé chevalier son adversaire. Après quoi Guillaume Renaut songe à mettre son prisonnier en sûreté. P. 636-643.

Harangue de la Pucelle, qui rend grâce à Dieu de la prise de Jargeau. Le duc d'Alençon propose d'en donner la garde à Thudual de Kermoisan. Celui-ci, par modestie, se défend d'accepter cette charge, mais en vain; le choix est confirmé. Retour à Orléans. Compliments adressés à l'héroïne par le receveur et les bourgeois. P. 643-650.

Un messager vient annoncer à Talbot et aux généraux anglais la défaite de leurs armes devant Jargeau. Nouvelle occasion pour Talbot d'exhaler sa rage. Les lords Scales et Falstaff s'efforcent de le calmer. Ils iront à la rencontre des Français et trouveront bien le moment de prendre leur revanche. P. 651-667.

La Pucelle envoie un messager au roi pour lui annoncer la prise de Jargeau, et le prier de se rendre à Orléans. En attendant, elle propose d'aller assiéger Beaugency, en passant par Meung. Le moment est favorable. De nouveaux seigneurs sont venus rejoindre l'armée : ce sont les deux sires de Laval, les sires de Chaumigny et de la Tour d'Auvergne. La volonté de Dieu est visiblement que les Anglais soient chassés du royaume. Tous les chefs répètent l'un après l'autre qu'ils agiront suivant son désir. P. 667-677.

Le message de la Pucelle est transmis au roi. Réponse du roi. Sur la demande expresse du duc d'Alençon, la Pucelle indique dans quel ordre l'armée marchera sur Beaugency. P. 677-687.

La guette du château de Meung signale au capitaine Rongefort (Hungerford?) l'arrivée des Français. Prise de la bastille élevée devant le pont de Meung. La Pucelle pense que, sans s'arrêter devant la ville, il faut marcher sur Beaugency. Beaugency pris, on aura Meung quand on voudra. Approbation unanime. On décide qu'on partira le lendemain à la pointe du jour. P. 687-694.

Lamentations du capitaine de Beaugency. Naguère il suffisait de dix Anglais pour déconfire cent Français. Malédiction sur la Pucelle qui a fait changer la face des choses! Il s'effraye du sort réservé à ceux qui sont dans la place. Lord Scales l'invite à ne pas se montrer si effrayé. Le prévôt de Paris donne l'idée d'un moyen de défense. Près de la porte du pont se trouvent beaucoup de caves ou citernes. Il faut y faire cacher une troupe d'hommes résolus. Quand les Français seront engagés dans la ville, l'embuscade sortira et leur coupera la retraite. Ce plan est approuvé, et l'exécution en est confiée au sénéchal de Beaugency. P. 695-704.

Long monologue du comte de Richemont, qui, considérant les grands événements qui viennent de s'accomplir, déplore son inaction. Le roi est irrité contre lui à cause de la mort du sire de Giac. Néanmoins il est connétable de France; il se rendra à l'armée et priera la Pucelle d'intercéder pour lui. Il ordonne à son sénéchal de faire préparer ses hommes à se mettre en campagne. P. 704-708.

Jeanne fait sonner les trompettes dans le camp français. «L'aube paraît, dit-elle aux capi-

SOMMAIRE.

taines, c'est le moment propice; ceux qui ont fait le guet toute la nuit se laissent aller au sommeil. » Départ pour Beaugency. Combat. Retraite des Anglais dans le château. P. 708-712.

En vue de Beaugency, Richemont envoie un messager pour annoncer son arrivée. Entrevue du connétable et de la Pucelle. Celui-ci la prie de faire sa paix avec le roi. Alençon et Vendôme appuient sa requête. Jeanne promet de s'y employer de bon cœur. Mais il faut songer à en finir avec Beaugency. Les troupes sont rassemblées, Alençon et Richemont d'un côté, la Pucelle de l'autre : le tout forme une grosse armée. P. 712-723.

Le bailli d'Évreux, apparaissant à une fenêtre du château de Beaugency, demande à parlementer. Les Anglais rendront le château à condition qu'ils auront la vie sauve et la faculté d'emporter leurs biens. Le duc d'Alençon lui répond qu'il va soumettre ses propositions à la Pucelle et aux autres chefs de l'armée. P. 723-727.

Le duc expose à la Pucelle et au conseil des seigneurs les propositions du général anglais. «Qu'on leur accorde la vie, mais sans rien leur laisser emporter qu'un bâton blanc au poing.» C'est l'avis du plus grand nombre, entre autres, du comte de Vendôme, du Bâtard d'Orléans, d'Alençon, de Graville, de Poton, etc. Quelques autres pensent qu'il ne faut pas leur accorder merci. Après quoi, la Pucelle résume les opinions et fait connaître la sienne. Elle est pour des conditions plus douces. Les Anglais auront la vie sauve et sortiront avec leurs bagages et leurs chevaux sellés, mais ils ne pourront rien emporter de plus qui excède la valeur d'un marc d'argent. P. 727-738.

Le duc d'Alençon porte ces conditions au bailli d'Évreux, qui, après quelques observations, les accepte. Les Anglais quittent le château et défilent deux par deux, leurs salades en main, devant l'armée française. P. 738-745.

Pendant que les Français chantent victoire, le bailli d'Évreux gémit d'une capitulation qui va le couvrir de honte. Sir Rameton lui répond qu'ils n'étaient pas en force pour résister. Sur l'avis de Simon Morhier, ils se replient sur Meung. P. 745-750.

Arrivés devant cette place, ils conseillent d'abandonner une position qui n'est pas tenable, et de se diriger, à travers la Beauce, sur Janville, où ils rejoindront Talbot. Un messager envoyé à la rencontre du général anglais lui apprend la reddition de Beaugency. P. 750-755.

Réunion des deux corps d'armée anglais. Talbot reproche aux défenseurs de Beaugency de n'avoir pas tenu deux ou trois jours de plus. Il arrivait à leur secours. Mais le mal est fait, il n'en faut plus parler. Les autres capitaines promettent de prendre leur revanche dans une bataille rangée. Ils marchent sur Janville. P. 755-760.

La Pucelle, instruite de la retraite de l'ennemi sur Janville, annonce l'intention de les poursuivre. Conseil. La Hire et Poton appuient chaudement le projet d'attaque. Il ne faut pas leur laisser le temps de s'enfermer dans les murs d'une place forte. Cette opinion est généralement approuvée. Jeanne envoie La Hire reconnaître et inquiéter l'ennemi. La Pucelle, sur l'avis du capitaine, se porte en avant et aperçoit les Anglais répandus dans la plaine, non loin de Patay. P. 760-768.

Cependant les Anglais, en voyant approcher l'armée française, s'encouragent à faire bonne contenance. Les Français sont plus de huit mille, sans doute, mais ils étaient dix contre un à la Journée des harengs, ce qui ne les a pas empêchés d'être battus. Bientôt la mêlée commence. La défaite des Anglais est complète. Talbot, lord Scales, sir Hungerford, sont faits prisonniers. P. 768-772.

La Pucelle se félicite avec les seigneurs et capitaines français de cette victoire signalée. Il sera à jamais mémoré de la bataille de Patay. Grâces en soient rendues hautement à Dieu et à sa Mère! Retour à Orléans avec les prisonniers. P. 772-776.

Les bourgeois d'Orléans témoignent leur joie de la nouvelle victoire dont le bruit leur arrive. Ils se préparent à recevoir dignement les vainqueurs. Entrée de la Pucelle et de ses compagnons à Orléans, aux cris mille fois répétés de Noël! Noël! Le receveur de la ville adresse à la Pucelle et aux seigneurs un discours de félicitations et d'actions de grâces. La pièce se termine par une harangue de Jeanne. Elle engage les seigneurs et capitaines à se rendre avec elle près du roi à Sully-sur-Loire, pour de là le conduire à Reims. Elle remercie les «citoyens de la bonne cité» de ce qu'ils ont fait pour elle et pour ses compagnons, et leur recommande de célébrer par des processions la délivrance de leur pays. P. 777-782.

LE MISTERE

DU

SIEGE D'ORLEANS.

LE MISTERE
DU SIÈGE D'ORLEANS,

FAIT, COMPOSÉ ET COMPILLÉ

EN LA MANIERE CY APRÈS DECLAIRÉE.

Et premierement Sallebry commance en Engleterre et dit ce qui ensuit :

   Très haulx et très puissans seigneurs,
   Vous remercy des grans honneurs
   Dont vous a pleu ainsi me faire,
   Quant vous autres, princes greigneurs,
   Qui estes les conservateurs   5
   De tout nostre territoire,
   Me vouloir faire commissaire,
   Estre lieutenant exemplaire,
C'est de Henry, noble roy de renom.
Pour le jourd'uy n'est de si noble affaire,   10
De France est roy, il en est tout notoire,
Et d'Engleterre, qui est son propre nom.
Or, suis je dont, par la vostre sentence,
Son lieutenant, par la vostre ordonnance,
F° 1 v°. Esleu par vous pour conduire sa guerre;   15
   Dont pluseurs sont de vostre appartenance
   Plus suffisant et de magnificence,

Pour mieulx besoignes[1] et à savoir conquerre;
Mais, puis que ainsi l'avez volu requerre,
Obeyr veul à vous tous sans enquerre,
Et y vaquer de tout mon pensement.
Sur les François nous devons tous acquerre,
Que de bon droit nous appartient leur terre,
Et tout leur royaulme aussi entierement.
Or, savez vous, seigneurs, la Dieu mercy,
Comment en France nous y avons dessy
Le principal en nostre gouvernance :
Paris avons et Normendie aussi,
Chartres, qui est en si noble party,
Tout en fin cueur de grant labour de France ;
N'y reste plus nulle resistence,
Sy non bien peu, dont j'aye congnoissance,
C'est à Orleans, qui à nous n'est soubz mis ;
Mais de legier nous l'aurons, sans doubtance,
Car leur roy Charles n'a gueres de puissance
Pour leur ayder, qu'i ne soient desunis ;
Et ne pourrons estre si peu devant
Qu'i n'obeissent à nous incontinent,
Et veu aussi que avons leur seigneur.
Quant pour Orleans, je n'en differe riens,
C'est peu de chose, et tout le remenant,
Quant leur vouldrons monstrer nostre rigeur.
Dont, messeigneurs, je vous pry d'umble cueur
Que vous voulliez avoir vous tous vigeur,
Et bon coraige volloir aller en France.
Pour nostre roy vous pry, en sa faveur,

---

[1] Il faut lire sans doute *besoigner*, au lieu de *besoignes*, et prononcer *b'soigner*, pour la mesure. Au vers suivant, il faut supprimer aussi l'*e* de *puis que*, et prononcer *puis qu'ainsi*. Pour les observations de ce genre, qui ne sauraient se répéter chaque fois que l'occasion s'en présente, nous prions le lecteur de recourir à notre *introduction*.

LE MISTERE DU SIEGE D'ORLEANS.

Que il vous plaist de prandre ce labeur,
Pour luy conquerre sa noble appartenance :
Nous ne poirons jamès mieulx que present.
Vous voyez, tous, les petis et les grans, 50
Pour nostre roy ont si noble coraige,
Lesquelz si sont de cueur tous desirant
De le servir, et de corps et de biens,
Et d'employer leur avoir et mesnaige.
Nous luy devons sauver son bon barnaige, 55
Et recouvrer ung si noble heritaige
Comme de France, la vraye fleur de liz,
La quelle est nostre et de propre lignaige,
Sans que autruy y puisse faire oultraige,
Vous le savez assez, grans et petiz. 60
Si vous supply doncques en general,
Respondez y tous, de bon cueur loyal,
Si nous devons descendre en Normendie,
Pour faire fin en especial
A nostre roy jeune et cordial, 65
Et recouvrer sa noble seigneurie;
Car de legier vous l'arez, quoy qu'on die.
Vous estes crains en toute leur partie,
Et ung chascun à vous obeyra.
Si en veulliez dire, je vous en prie, 70
Que vous semble de France la jolie;
Par les haults faiz elle se recouvrera.

LE SEIGNEUR GUILLAUME DE LA POLLE, conte de Suffort.

Messeigneurs, nous avons ouye
Cy present, l'alegacion
Requerant en ceste partie 75
Par nous consultacion.
S'i vous plaist, mon intencion

Je diray icy, devant tous,
Et ma deliberacion,
Selon mon advis et propos.
Voicy messire Sallebry
Esleu lieutenant general,
Parent du noble roy Henry,
Nostre souverain et feal,
Lequel en especial
Nous a allegué, en presence,
Que, de bon cueur franc et leal,
Il seroit bon à aller en France.
Quant à moi, mon opinion
Sy est y aller voirement,
Sans en faire dilacion,
Et n'arrester cy longuement.
Nous savons veritablement
Que France avons et Normendie,
Et en noz mains entièrement
Le milleur et greigneur partie.
Vous avez allegué Orleans,
Qui est noble et bonne cité;
Mais ne doubtez aucunement
Que ne l'ayons, de verité,
Du tout à nostre volenté,
Aussi le remenant de France;
Car leur roy n'a auctorité,
Pour le present, ne nulle puissance.

MESSIRE JEHAN DE LA POLLE, frere dudit conte.

Messeigneurs, à mon audience,
Dire veul selon mon advis,
Et ce que en mon cueur je pense,
Puis que ad ce faire suis soubmis,

LE MISTERE DU SIEGE D'ORLEANS.

Devant vous tous, princes de pris,
Qui estes rempliz de vaillance, 110
F° 3 v°. Savans de guerre et hardis,
Et sur tous autres preminances.
J'ay oy les intencions
Du noble prince Sallebry,
Les dictz et les oppinions 115
De mon frere Suffort aussi;
Sy est que aillons ou party
De France, où nous aurons port.
Elle est nostre, la Dieu mercy,
Ainsy que chascun fait rapport; 120
Si dy que, sans attendre plus,
Conseille qu'on[1] se avance;
Car le differer, c'est abuz
Et mauvaise negligence.
Je croy que nulle resistence, 125
Pour le present, n'y trouverrez,
Et, par ce, en grant diligence,
Vous devez ce fait achever.

LE SIRE D'ESCALLES.

Il dit bien, par ma verité,
Que le delayer n'y vault rien. 130
Puis que avons en volenté,
Un chascun doit garder le sien;
F° 4 r°. Or, en prenons tous le moyen.
Bien vois, et de l'eure present,
Que, en France, je le soubstien, 135
N'y trouverez contredisant.
Vous avez le miel et la cyre

[1] Lisez *que on*, comme ailleurs *ne en* au lieu de *nen*.

LE MISTERE DU SIEGE D'ORLEANS.

De France tout entierement,
Neulz ne vous oseroit contredire
Que vous n'aillez droit et avant; 140
Et, en tant que avez le vent
En voz mains, la mercy à Dieu,
Ne soyez point negligent;
Chasser devez en place et lieu.
En vous est la fleur de vaillance, 145
De proesse et de hardiesse;
Vous avez Engleterre et France
En voz mains, qui est grant noblesse;
Par quoy devez vostre haultesse
Eslever parsus tout le monde, 150
En demonstrant vostre proesse,
Qui par tout le monde redonde;
Et ne voy pas que sur la terre
Soit si grant qui vous ose actendre.
Que se à aucuns menez guerre, 155
N'est nully qui se ose deffendre.
La proesse avez d'Alixandre,
Quant tout le monde conquesta;
Dont devez en France descendre,
Nul ne vous y contredira. 160

F° 4 v°. LE SEIGNEUR DE FOUQUAMBERGE.

Messeigneurs, chascun en dira
Son plaisir et sa voulenté;
Mais, quant à moy, qui m'en croira,
Nul n'en fera difficulté.
Que par vous il soit appoincté, 165
Incontinent et sans actendre,
En triumphe et auctorité,

Vous aillez en France descendre;
Que jamès ne poirons avoir
Le remenant de vostre France, 170
Que de present, croyez pour voir,
Sans aucune resistence.
De proesse avez l'excellence,
Et l'eur qui est entre voz mains,
Qui est divine providence; 175
Et, pour parvenir à vos fins,
Si est donc mon opinion
Que briefment le devez faire,
En bonne paix et union,
Pour mieulx venir à vostre affaire. 180
Vous n'avez, Dieu mercy, contraire
Que vous ne veignez au dessus;
Car en vous est toute victoire,
Et sont voz anemis confuz.

GLASIDES cappitaine.

Messeigneurs, vous avez mis sus 185
Vos diz et vos opinions,
Ausquelles toutes je concluz
A suyvre vos intencions.
Bien est vray qu'entre nous avons
L'auctorité de toute guerre, 190
Et à noz fins nous parvenrons,
Tant en France qu'en Engleterre,
Qui est, croyez, chose divine,
Et que Dieu l'a voulu ainsi,
Que riens n'est qu'il ne determine, 195
Et qu'il ne le permecte aussi.
Si n'en devez avoir soussy,
Ne en faire dilacion,

LE MISTERE DU SIEGE D'ORLEANS.

Et devant tous je le dys cy,
Que telle est mon oppinion.

LE SIRE DE GREZ, nepveu de Sallebry, cappitaine d'Yenville.

Pour brefve expedicion,
Messeigneurs, puis que il vous plaist,
Dire vueil mon intencion,
Et ce qu'il me semble qu'il est :
C'est que vous devez, sans arrest,
Partir dehors de ceste terre,
En grant couraige, par exprès,
A vouloir fournir ceste guerre.
Tant que serez en ce pays,
Vous ne serez crains ne doubtez,
Et ne pourrez vos anemis
Jamès plus avant surmonter;
Et diront que vous n'oserez
Les assaillir d'ores en avant;
Par quoy, de ce leur donnerez
Hardiesse et coraige grant.
Et icy en diz devant tous,
Si me semble la verité,
Que de vous tenir à repos,
N'est pas la chose en seureté.
En vous est toute auctorité
De proesse et de vaillantise,
Et France avez jà surmonté
Par vostre très haulte entreprise.

MESSIRE LANCELOT DE LISLE.

Quant au regard de vostre emprise,
Elle est licite et raisonnable,
Que vous la devez, sans faintise,

L'acomplir de cueur agreable,
Ne vous n'avez riens plus notable,
C'est France qui est en voz mains, 230
Ne qui vous soit plus prouffitable,
Car ce sont noz prochains voisins.
Si ne suis point d'oppinion
Que on y doyve differer,
Ne y faire dilacion; 235
Mais nous y devons employer,
Sans y autre chose gloser,
Ne ymaginer autre chose,
C'est que devez perseverer
Et que chascun s'i dispose. 240
Vous avez les oppinions
Ouyz, que chascun s'i accorde,
Et de tous les intencions,
N'y avez trouvé descorde.
Dont, par vraye amour et concorde, 245
Veulliez acomplir ce voyaige,
Sans que paresse vous remorde,
Et que fait soit de bon coraige.

SALLEBRY.

Messeigneurs, dont, en bref langaige,
Je congnois la grant voulenté, 250
Que à nostre roy noble et saige
Vous luy offrez fidelité.
Pour luy saulver son noble hostel,
C'est France qui luy appartient,
Ung chascun est entalanté 255
Luy offrir le corps et les biens;
Par ce, vueil faire diligence

D'envoyer les nefz aprester,
Pour y aller en ordonnance,
Et pour y vouloir guerroyer, 260
Et aussy pour contraryer
S'aucuns nous font resistence,
Ou aucunement varyer
Contre nostre noble puissance.
— Je vous remercye humblement 265
Du très hault et du bon vouloir
Dont vous offrez si amplement
A voz anemis guerroyer,
Qui nous ont volu decevoir,
Le temps passé, par leur oultraige; 270
Mais ils en pourront comparoir,
Et rabesser leur grant couraige.
Or sus, messaigier, lieve toy,
Va-t-en, tantost et sans actendre,
Au port de Londre, sans delay, 275
Et veille à mon plaisir entendre;
Si est que nous voulons descendre
En able[1] où sont les mariniers,
Que leurs voilles ilz veullent tendre,
Et que incontinent tout soit prest. 280
Dy leur que demain au matin
Nous voulons monter dessus mer,
Que tout soit prest à quelque fin,
Sans vouloir en riens sejourner;
Que nous ayons, pour gouverner, 285
Tous les maistres de ceste terre,
Se tant on en pourra finer
En tout le pays d'Angleterre.

[1] *Able,* havre.

MESSAGIER.

Mon chier seigneur, je y vois grant erre
Faire vostre commandement, 290
Et là où je pourray enquerre
Des mariniers, certainement,
Tous les bons maistres vrayement,
En feray toute diligence.

SALLEBRY.

Or, va e[t] faiz diligemment, 295
Qu'il n'y ait nulle deffaillance.

Pose. — Le messagier s'en va d'un cousté. Cependant monseigneur d'Orleans dit, estant en Engleterre :

MONSEIGNEUR D'ORLEANS.

Dieu très digne et très glorieux,
Qui estes gouverneur des cieulx,
Vous pry que ayez souvenance
De moy, très merancolieux, 300
Fort desplaisant et soussyeux,
Et y a assez apparence.
Je suis en pays de souffrance,
Qui deusse avoir magnificence,
Et estre en ma grant liberté. 305
Je vifz en grande desplaisance,
Qui suis des haults princes de France,
Et me voy en captivité.
Fortune m'a esté rebelle,
Diverse et très fort cruelle, 310
De m'avoir ainsi au bas mis :
Bien est fol qui se fye en elle,
Qu'i n'est si grant qui ne chancelle,

On ne scet qui sont ses amys.
Elle m'a de tout point desmis, 315
Quant ainsi elle m'a soubzmis
Qu'i convient que prisonnier soye
Entre mains de mes anemis;
Mais puisqu'il est ainsi permis,
Je prye à Dieu qu'i m'en doint joye. 320
A vous, Dieu, du tout m'en atend!
Vous estes vray omnipotent,
Donnez moy consolacion.
En vostre ayde je pretend,
Ne autre secours je n'atend 325
Que en vostre protection.
Qu'après ma tribulacion,
Je puisse avoir remission;
Et aussi, de bref allegance,
Sans estre en desolacion, 330
Par la vostre permission,
Donnez moi plaine delivrance.
Or, est il que advery suis
Que roy Henry a entrepris
De vouloir envoyer en France, 335
Et de degaster le pays
Qui est la noble fleur de liz,
Laquelle si est en doubtance.
J'en ay deul et grant desplaisance,
Que mectre nulle resistence 340
Je ne puis, ainsi que je suis.
Dieu y vueille, par sa puissance,
Y donner bonne pourvoyance,
Comme à ses servans et amys!
Si veul aller par devers eulx, 345
Leur requerant de cueur piteulx

LE MISTERE DU SIEGE D'ORLEANS.

Qu'en mon pays [ne en]¹ ma terre
N'aillent, mais conserve[nt] mes lieux
De mal et de dangier perilleux,
Et de confusion de guerre.   350
Je les voys prier et requerre
Que sur moy ne veullent conquerre,
En nulles de mes regions.
Je suis ici tenu en serre,
Leur prisonnier, en Engleterre   355
Et en leurs dominacions.

Pose. — Lors vient devers eulx estant au conseil et dit :

Messeigneurs, je viens devers vous,
Me presenter devant vous tous,
   Très humblement.
S'i vous plaist oyr mon propos,   360
Qu'il ne desplaise à nul de vous
   Aucunement.
Vous savez veritablement
Que mon corps est totallement
   Entre vos mains ;   365
Et en povez certainement
En faire à vostre entendement ;
   Estes certains.
Doncques, mes chers et bons amys,
Vray est que adverty je suis,   370
   Par renommée,
Que voz voulentez avez mis
Pour aller en nostre pays,
   En grånt armée,
Qui est France bien reclamée,   375
Excellente terre louée,

¹ Le texte donne *nen*, qui rend le vers faux.

Où biens abonde,
[Et très] crainte et très redoubtée,
De tous les royaulmes exaulcée
    Par tout le monde.
Si vous vueil humblement prier
Qu'en ma terre n'en mon dangier,
    Que nullement
Vous ne m'y vueilliez travailler,
Ne à mes amys essayer
    Aucunement;
Et aussi principallement
Ma ville et cité d'Orleans
    Vous recommande,
Que vous n'y allez nullement
Pour luy donner empeschement,
    Ne nulle esclande.
Vous savez, c'est ma substance,
Men manoir et appartenance
    Et heritaige;
Là où j'ay toute esperance,
Espoir et très grant fiance,
    Et mon bernaige.
C'est la fleur de mon vasselaige,
De mon patrimoigne et lignaige,
    Vous le savez.
Si vous requier, d'umble coraige,
Que vous n'y faciez nul dommaige
    Ne encombrier.
Vous m'avez cy en vostre terre,
Ainsi que fortune de guerre
    Sy l'a voulu;
Sauvez mon corps, gardez ma terre [1],

---

[1] Le sens paraît demander : *gardez* mon corps, *sauvez* ma terre.

LE MISTERE DU SIEGE D'ORLEANS.

C'est de ce dont vous vueil requerre
    Ou nom de Dieu; 410
Et à vous tous en seray tenu,
A toute place et en tout lieu,
    Je vous affie.
Dont, s'i vous plaist, je seray receu
Et de ma requeste proveu, 415
    Je vous emprie.

SALLEBRY.

Monseigneur, ne vous doubtez mye,
Puisque vous nous en requerrez,
Nous ne vous ferons villannye,
Ne en voz pays destourbier, 420
Et de ce n'en veuillez doubter,
A vos subgectz, n'à vostre terre;
De par nous seron[t] conservez
De toute fortune de guerre.

LE SIRE GUILLAUME DE LA POLLE.

Puis qu'il vous a pleu nous requerre, 425
Monseigneur, nous vous promectons
Que nous ne vouldrons riens conquerre
En vos pays et regions;
Mais ainçois garder les volons,
Sans y commectre violence, 430
Et toutes voz possessions
Seront gardées sans differance.

LE SIRE JEHAN DE LA POLLE, son frere.

Monseigneur, n'en ayez doubtance
Que vostre terre sera gardée
De mal, de dangier et d'offence, 435

Vos subgectz et vostre mesgnée;
Ne de nous nulle personne née
N'y mesfera ne tant ne quant,
N'en vostre cité renommée,
Qui est vostre ville d'Orleans.

MONSEIGNEUR D'ORLEANS.

Je vous remercie humblement,
Messeigneurs, de vostre promesse;
Si en suis tenu grandement
A vostre très haulte noblesse,
Et, tant que vivray, je confesse
Que du plaisir me souviendra;
Vous m'en donnez joye et lyesse,
Et croy que Dieu le vous rendra.

LE SEIGNEUR D'EGALLES.

Monseigneur, on le vous tendra,
Qu'en vostre terre, nullement,
Nul de nous ne vous y meffera,
Mès gardée sera seurement.

LE SEIGNEUR DE FAUQUAMBERGE.

N'en faictes doubte aucunement,
Puis que promis vous a esté,
Que nul de nous, certainement,
Ne vous en fera faulseté.

MONSEIGNEUR D'ORLEANS.

Messeigneurs, en bonne santé,
Très humblement vous remercye
De vostre grant benignité,
Et de vostre grant courtoisie.

A Dieu, messeigneurs, je vous prie,
Faictes tout du mieulx que pourrez,
Las! et que France la jolye
Vous ne la vueillez travailler!

Pose. — Et s'en va monseigneur d'Orleans; et arrive le messagier aux mariniers et dit

LE MESSAGIER.

Gentilz maronniers, Dieu vous gart! 465
Estes vous tous prestz à partir?

LE MARONNIER PREMIER.

Dieu gard le galant, Dieu le gard!

LE MESSAGIER.

Gentil maronnier....

LE IIe MARONNIER.

    Dieu vous gart!
D'ont venez vous et de quelle part?
Eschauffé estes à venir. 470

LE MESSAGIER.

Gentil marronnier, Dieu vous gart!
Estes vous tous prest à partir?
Anuyt ne cessay de courrir,
Pour venir à vous sans arrest,
De par les princes, sans mentir, 475
Qui demandent se tout est prest.
C'est le lieutenant Sallebry,
Qui vous mande expressement
Que il vieult partir aujourd'uy,
Et tout son ost entierement. 480

PREMIER MARONNIER.

Amy, tu soyes le bien venant;
Nous sommes prestz y a trois jours,
Que nous sommes cy atendans,
Cuidant que vens issent tousjours.
Va leur dire que sans attendre,
Qu'i s'en viengnent diligamment
Tout fin droit au port cy descendre,
Car le vent avons proprement.

MESSAGIER.

Messeigneurs, à Dieu vous command,
Je leur voys faire le messaige.

LE IIe MARONNIER.

Tout est prest, dy leur hardiement,
Et auront le vent d'avantaige.

Pose. — Et dit

LE MESSAGIER.

Puissant prince de hault lignaige,
Je viens de vers voz maronniers,
Qui ont de vous servir couraige,
Et en sont orguilleux et fiers.
Si m'ont dit que trestout est prest
A partir, quant il vous plaira,
Et que le vent est, par exprès,
Bon pour aller où on vouldra.

SALLEBRY.

Messeigneurs, vous voyez comment
Il est temps que nous deppartons,

LE MISTERE DU SIEGE D'ORLEANS.

Pour aller en mer seurement,
Ainsi que rapporté nous ont.
Si vous prie, seigneurs barons,
Que chacun face diligence,
C'est que au port nous nous trouvons,
Je vous pry, tous en ordonnance.

CLASIDES.

Monseigneur, n'en ayez doubtance,
Que moy et mes gens sommes prestz;
Je vueil partir sans differance,
Et monter en mer par exprès.
Je congnois que le vent nous est
Très bon et aussi bien propice;
Ne nous fault plus faire d'arrest,
Chascun entende à son office.

LE SIRE DE GRES.

C'est bien dit, par bonne police,
Nous fault partir diligamment;
Car il m'est tart que j'acomplisse
Le voyaige totallement;
Car, de coraige et hardiment,
Je vueil partir de cette terre,
Pour France bouter à tourment,
Par force d'armes et de guerre.

MESSIRE GUILLAUME DE LA POLLE.

Monseigneur, je vous vueil requerre
Que faciez sonner les trompetes,
Et assemblez gens à grant erre.
Puis que noz besoignes sont faictes,
Que par vous ilz soient parfaictes,

Quant ceste charge vous avez, 530
Et que en puissance vous estes
Pour nostre ost très bien gouverner.

SALLEBRY.

Or sus, trompetes, si sonnez,
Et allons, que Dieu nous conduie,
Et nous doinct tous bien retourner 535
A grant joye et à chiere lye.
France ! France ! terre jolye,
A ceste foiz, si sentirez
Se Anglois ont chiere hardie;
Croy que vous en apperceverez. 540

Adont les trompetes sonneront longuement, jusques ad ce qu'ilz soient tous arrivez ou hable[1]; et puis dit

SALLEBRY.

Çà, messeigneurs et mes amys,
Il est temps de monter en mer.
F° 13 v°. Pour Dieu, soyons bons et unys,
Et qu'en nous n'y ait point d'amer;
Que nous soyons tous confermez 545
A soustenir ceste querelle,
Pour nostre roy qu'on doit aymer
D'amour lealle et naturelle.
Mais que nous soyons par de là,
Plus ad plain nous en parlerons, 550
Et chascun de vous en dira
Ses plaisirs et opinions,
C'est du bon droit que nous avons
De France par droit adjugée,

[1] *Hable*, comme ci-dessus *able*, havre.

Et chascun scet que nous l'avons, 555
Dieu mercy, presque conquestée.
Si devez dont prandre coraige
D'entrer en mer joyeusement,
Pour restablir vostre heritaige,
Par le vostre gouvernement. 560
Vous serez riches puissamment,
Et, tant que le monde durera,
Nully, dessoubz le firmament,
Jamès ne vous confondera.
Or, devez vous avoir grant joye 565
De faire ce present voyaige,
Que, par tel point et par telle voye,
Vous recouverez vostre heritaige,
Qui est le plus noble bernaige
Du monde, qui soit sur la terre. 570

F° 14 r°. Sy devez dont prandre coraige
A vouloir fournir ceste guerre.

Puis y a pause longue. — Et montent en mer tous en belle ordonnance; et puis dit

LE MARINIER PREMIER.

Messeigneurs, je vois là Calais,
Auprès la couste de Bouloigne;
Pour tant dites nous, s'il vous plaist, 575
Se vous voulez qu'on s'en esloigne,
Et veillez à vostre besoigne.
Advisez, seigneurs, et entendre,
Adfin que tantost, sans esloigne,
On vous puisse à terre descendre. 580

SALLEBRY.

Nous voulons que nous faciez rendre

Au port de Tocque[1] seurement ;
Car, ainsi que je puis comprandre,
C'est nostre milleur bonnement.

LE IIe MARONNIER.

Vous y serez presentement, 585
Messeigneurs, je vous certiffie.
Sus, compaignons, legierement,
Que chascun ne se faigne mie.

Pose.

LE PREMIER MARINIER.

Çà, messeigneurs, la mercy Dieu,
Vous estes à port arrivez, 590
Sans du vostre avoir rien perdu,
Ne sans nul autre destourbier.
Dont devez Dieu remercyer
Que n'avez eu nulle tourmente,
Qui vous ait donné encombrier, 595
Mais avez eu la mer plaisante.

SALLEBRY.

Messeigneurs, c'est chose excellante
Et divine permission,
Si devons bien de notre entente
Servir Dieu en devotion ; 600
Et c'est bien mon intencion
Le remercier humblement,
Par sa saincte redempcion,
Qu'i nous a gardé de tourment.

---

[1] Touques (Calvados), sur la rivière de ce nom, qui, comme l'on sait, se jette dans la mer à Trouville. De grosses barques peuvent remonter jusqu'à Touques avec la marée.

MESSIRE GUILLAUME DE LA POLLE.

Faire le devons vrayement, 605
Et nous y sommes bien tenuz,
Quant gardez nous a sauvement
De inconvenient advenuz
Autant aux grans que aux menuz.
Dieu si a conduit la besoigne; 610
Si en rendrons graces et saluz
A Nostre Dame de Bouloigne.

SALLEBRY.

Messeigneurs, faisons, sans esloigne,
Que chascun mecte pié à terre,
Et que aussi on pense et soigne 615
Ses bagues cuillir et requerre,
Et aussi de son logeis querre,
Jusques demain au point du jour;
Puis à Rouan, sans plus enquerre,
Nous en irons faire sejour. 620

LE SIRE D'ESCALLES.

Vous dictez bien certainement,
Nous sommes laz et travaillez,
Par quoy il convient bonnement
Soy refrachir et reposer;
Que sommes flebles et matés 625
Tant du vent et de la tourmente,
Et de la peine de la mer,
Il n'est celuy qu'il ne s'en sente.

Puis icy y a pause longue. — Et chascun sault des navires a tout ses bagues; et s'assemblent tous devant Sallebry.

SALLEBRY.

Messeigneurs, vous voyez comment
A bon port sommes arrivez, 630
Sans avoir eu empeschement
Ne autre annuy, comme savez.
Si en devons bien Dieu louer
Et la Vierge très excellente,
Qui nous [a] ainsi amenez, 635
Sans avoir eu quelque tormente.
Par quoy, c'est bon commancement
Pour parvenir à nostre entente;
Et n'en doubtez aucunement,
Que la chose est bien apparante, 640
Si est bien cause consonnante
Que nous deussions d'icy partir,
Et aller tous, la droicte sente,
A Roan pour nous refrachir.

LE SIRE DE GREZ.

Il ne nous fault plus cy tenir; 645
Partons, je vous pry, il est temps.

MESSIRE GUILLAUME DE LA POLLE.

Vous dictes très bien sans faillir;
Il ne nous fault plus cy tenir.

LE SIRE DE FAUQUAMBERGE.

Durant que nous avons loisir,
N'arestons plus ne tant ne quant. 650

MESSIRE JEHAN DE LA POLLE.

Il ne nous fault plus cy tenir;
Partons d'icy, il en est temps.

SALLEBRY.

Messagier, va legierement
A Roan, sans faire demeure,
Et fais bien mon commandement, 655
Sans arrester ne pas ne heure.
Tu t'en yras de grant aleure
Au sire Tallebot noncer
Comment, mais que Dieu nous secourre,
Nous arriverons demain au soir. 660

LE MESSAGIER.

Vostre messaige tout au long
Acompliray, mon très chier sire,
Devant les princes qui là sont,
Je leur sauray à tous bien dire.
A eulx je m'en voys, droit de tire, 665
Denoncer voz bonnes nouvelles.

SALLEBRY.

Or, fais tant qu'il doye suffire,
Car ilz seront joyeulx d'icelles.

Pose. — Et va le messagier, qui dit :

MESSAGIER.

Voylà le prince Tallebot,
Avecques des seigneurs foison, 670
Et le sire de Hongresfort,
Qui est prince de grand renom;
Puis y est ce noble baron,
Le vaillant duc de Sombreset,
Avecques des princes de nom, 675

Qui sont en armes tout parfait.
Très haulx et très puissans seigneurs,
Sallebry devers vous m'envoye,
Et autres notables greigneurs,
Qui viennent vers vous à grant joye, 680
Lesquelz se sont tous mis en voye,
Pour vous donner joye et confort;
Et si y est, qui les convoye,
Le puissant conte de Suffort.
Enchargé m'ont que je vous dye 685
Que demain ilz arriveront,
Avec notable compaignie,
Et tous les seigneurs qui là sont.
A vous tous, messeigneurs barons,
Je vous denonce mon messaige, 690
Ainsi que commandé le m'ont
Tous les seigneurs du barnaige.

LE DUC DE SOMBRESET.

Pour te respondre en brief langaige,
Amy, tu soyes le bien venu;
Joyeulx je suis de ton voyage, 695
Que tu nous a cy recongnu.
Saiche qu'il n'est grant ne menu
Qu'il ne soit joyeulx de la chose,
Et ung chascun d'eulx sera receu
A grant joye, je le suppose. 700
Que dictes vous, seigneurs barons?
Voicy les princes de la terre,
Qui devers vous venuz ilz sont,
Pour nous secourir à la guerre.
Je croy qu'il n'est dessus la terre 705
Plus puissant ost que nous aurons,

Et est tout la fleur d'Engleterre,
Ainsi que nous esperons.

TALLEBOT.

A grant joye receuz seront
De par nous, et leur seigneurie, 710
Que je congnois bien qu'i y sont
Une très noble compaignie.
Faire leur devons chiere lye
Et les recevoir de bon cueur ;
C'est la fleur de chevalerie, 715
Et aussi gens de grant valleur.

LE SIRE DE HONGRESFORT.

Ce sont gens de bien et d'honneur,
De proesse et de vaillantise,
Et de hardyesse la fleur,
Pour faire une bonne entreprise. 720
Nous pourrons bien à nostre guise
Faire d'ores en avant de France,
Et entre noz mains sera mise,
Sans aucune resistence.

LE DUC DE SOMBRESET.

Messagier, va toust et t'avance, 725
Pour aller leur dire au devant
Que nous avons rejoissance,
Et qu'i soient les bien venant.
Si sommes icy attendant
Pour les recevoir à grant joye, 730
Et sommes très fort desirant,
Qu'i nous est bien tart qu'on les voye.

MESSAGIER.

Je m'en revoys la droicte voye,
Mes chiers seigneurs, ne doubtez pas,
Et, tant que devers eulx je soye, 735
Je n'aresteray heure ne pas;
Lesquelz auront joye et soulas
De vostre très bonne responce.

F° 18 v°.
TALLEBOT.

Messagier, va et n'oublye pas,
Et noz nouvelles leur denonce. 740

Pose. — S'en va le messagier et puis dit

MESSAGIER.

Puissans seigneurs et redoubtez,
De Rouan je suis revenu,
Et là j'ay trouvé, ne doubtez,
Où j'ay esté le bien venu.
De tous les princes j'ay congnu 745
Qu'i desirent vostre venue,
Et joyeulx sont, grant et menu,
Quant vostre nouvelle ilz ont sceue.

SALLEBRY.

Tu es messagier de vallue,
Dont tu as fait grant diligence. 750
Messeigneurs, à nostre venue
Mectons nous tous en ordonnance.
Là devant, voyez en presence

F° 19 r°.
Roan, la fleur de Normandie,
Nostre sejour, nostre esperance, 755

Et où chascun de nous se fye.
Les princes sont qui nous attendent,
Qui sont fort joyeux de nous veois,
Et croy bien qu'i nous y demandent,
Il y a passé quatre mois. 760
Ci pourrons nous, à ceste foiz,
Bien vengier de noz anemis,
Encontre contes, ducz ou roys,
Mais que nous l'ayons entrepris.
Je ne croy pas qu'i soit pays 765
Qui nous donne resistence,
Ne qu'il y ait gens si hardis
Qui attendent nostre puissance.

MESSIRE GUILLAUME DE LA POLLE.

Messeigneurs, faisons diligence,
Voy là les princes au devant, 770
Qui viennent en grant aliance ;
Saluer les fault bonnement.

Dont icy y a longue pause. — Et viennent au devant l'un de l'autre ; puis dit

F° 19 v°.   ### LE DUC DE SOMBRESET.

Messeigneurs et noz bons amys,
Vous soyez tous les biens venuz.
Long temps y a qu'en ce pays 775
En[1] vous a toujours atendus.

SALLEBRY.

Nous fussions plus toust revenuz,
Mais nous avons eu à faire

---

[1] *En* pour *On.*

D'aucuns faiz qui sont survenuz
A nostre roy plein de bonn'aire. 780

TALLEBOT.

Comment se porte nostre roy ?
Que dit il ? Fait il bonne chiere ?
Nous sommes cy en son affaire,
Pour le servir de bonne foy.

LE SIRE DE FAUQUAMBERGE.

Par voz beaulx faiz, comme je croy, 785
Ne trouverra nully contraire.

LE DUC DE SOMBRESET.

Comment se porte nostre roy ?

TALLEBOT.

Que dit il ? Fait il bonne chiere ?

MESSIRE JEHAN DE LA POLLE.

Il n'a cause d'estre en esmoy,
Dieu mercy, par vostre exemplaire, 790
Quant ainsi luy voulez retraire
Ce qui ly appartient à soy.

LE SIRE DE HONGRESFORT.

Comment se porte nostre roy ?
Que dit il ? Fait il bonne chiere ?
Nous sommes cy en son affaire, 795
Pour le servir de bonne foy.

LE DUC DE SOMBRESET.

Il n'y a celuy, je le croy,

Qui autrement le vueille faire.
Il n'est point plus notable roy;
Pareillement estoit son pere,
Le plus preux qui portast banniere,
Ne qui fut onques sur la terre;
Le plus vaillant dont soit memoire,
Qui saillit oncques d'Angleterre.

MESSIRE GUILLAUME DE LA POLLE.

N'y avoit que luy pour conquerre,
Ne à vaincre ses anemys.
Vous avez veu que, par sa guerre,
Il a toute France soubz mis,
Et si en a du tout desmis
Charles, soy disant roy de France,
Et sa grant ville de Paris,
L'a mise en son obeissance.

GLACIDES.

En luy estoit toute vaillance,
Proesse et toute vertu;
Pour ceste heure eust toute France,
S'il euist encoires ung peu vescu;
Mais j'espoir, à l'ayde de Dieu,
Que, avant l'année soit passée,
Il n'y aura place ne lieu
Qui ne soit à nous subjuguée.

MESSIRE JEHAN DE LA POLLE.

La chose est très bien commancée,
Et avons bon commancement;
Mais, messeigneurs, s'i vous agrée,
Je conseilleroie bonnement

Qu'on se repose plainement, 825
Jusques à demain le matin;
Puis après ferons parlement
De noz affaires plus à plain.

LE DUC DE BETEFORT.

C'est bien dit; que en son repaire
Chascun s'en voise reposer, 830
Et en son logeis soy retraire,
Pour son corps bien disposer.
Demain l'on pourra propposer
De noz affaires plus à plain,
Et tous ensemble en composer. 835
A Dieu tous, jusques à demain.

F° 21 v°. *Chascun se ti[re]ra en son lieu, et y a pause longue. — Et puis dit*

LE DUC DE SOMBRESET.

Marcheault, es tu point icy?
Leve sus toust, legierement.

MARCHEAULT.

Et oyl, monseigneur, me voicy,
Tout prest à vo commandement. 840

LE DUC DE SOMBRESET.

Va-t-en dire premierement
Au bon conte de Sallebry,
Que viengne à nous presentement,
Et aux autres seigneurs aussi,
En luy disant que je luy prie 845
Que tous ceulx qui sont arrivés
Nagueres en sa compaignie,

Comme à noz amys privez,
Qu'il leur plaise eulx tous trouver
Prestement en nostre chasteau. 850

F° 22 r°.   MESSAGIER.

Je m'y en voys sans arrester,
Je l'accompliray bien et beau.

Pose. — Lors vient et dit
                     MESSAGIER.

Très chier et redoubté seigneur,
Je vous viens annoncer messaige,
De par le duc, prince d'onneur, 855
Qui est garny d'un gent couraige.
Si est très noble prince et saige
Le vaillant duc de Sombreset,
Qui vous mande, en brief langaige,
Aillez ou chasteau où il est; 860
Lequel m'a dit que je vous dye
Que les princes qui sont venuz
Avecques vous en compaignie,
Que pas vous n'en retenez nulz,
Que les menez, grans et menuz, 865
Ne scay pour quelle cause c'est.

                SALLEBRY.

Y ne luy seront retenuz,
Dy luy que nous sommes tous prest.

Pose.   MESSAGIER.

F° 22 v°. Monseigneur, j'ay fait par exprès
           A tous vostre commandement; 870

Viennent devers vous, sans arrest,
Vous obeyr entierement.

LE DUC DE SOMBRESET.

Tu as bien fait certainement,
Je suis joyeulx de leur venue.
Trompetes, sonnez vistement,
En attendant leur survenue.

Après la pose des trompetes dira

SALLEBRY.

Messeigneurs, il nous fault aller
Au chasteau, tout presentement,
Là, de nos besoignes parler
A messeigneurs entierement.
N'arrestons icy longuement;
Car il nous a esté mandé,
Et puis trestous assemblement
Verrons qui sera ordonné.

LE SIRE GUILLAUME DE LA POLLE.

Vous dictez bien, allons y tous,
Sans faire cy plus de demeure,
Que il ne tiengne à nul de nous,
Et y allons tous de ceste heure.
Il est temps que Dieu nous secourre
De penser du fait de la guerre,
Et que chascun bien y labeure;
Car c'est ce que devons requerre.

LE SEIGNEUR D'ESCALLES.

Vous dictes toute verité,

Le sejour ne prouffite mye.
Durant la prosperité, 895
N'ayons point la chiere endormye;
Allons devers la seigneurie,
Qu'elle nous attend dès pieça.

LE SIRE DE FAUQUEMBERGE.

Messeigneurs, mais je vous emprie,
Ne nous tenons plus par deçà. 900

Pose. — Et partiront tous, et les seigneurs tant d'un cousté que d'autre s'assembleront tous en ung lieu; et se lieve et dit

SALLEBRY.

A vous, très haulx et très puissans seigneurs,
En qui proesse, vaillantise et honneurs,
Auctorité et vertu si abonde,
Je suis icy ung de vos serviteurs,
Pour vous servir, vous tous grans et mineurs, 905
Où vous plaira aller en tout le monde.
Vous savez tous que la grant mer parfonde
Ay passée et la perilleuse unde,
Pour venir cy à vous faire service.
Que s'aucuns est qui en malleur se fonde, 910
Encontre vous je vueil qu'on le confonde,
Et suis aussi pour en faire justice.
Or, savez vous, messeigneurs et amis,
Comment le Roy si a esté remis
Par feu son pere, Dieu ait l'ame de luy! 915
Oncq plus vaillant ne fut en ce pays,
Preux et puissant en armes et en diz,
Sans perdre riens jamès, la Dieu mercy.
Oncques ne fut plus vaillant ne hardi

Homme vivant, je le afferme et le dy, 920
Qui peust sur luy avoir jamès victoire.
Ses anemis luy ont tous obey,
Ne nul qui soit ne luy a deffailly,
Par quoy tousjours de luy sera memoire.
Aussi, savez, nostre roy est enffant 925
Et en jeune aage, deliquat et plaisant,
Pour parvenir en très haulte puissance.
Nous sommes ceulx qui devons, en tous sens,
Garder le sien contre tous malveillant[s],
Son heritaige et son appartenance. 930
Dont, Dieu mercy, par vostre providence,
Monstré avez, par faiz et par science,
Et en faiz d'armes aussi entierement,
Que partout est le bruit et excellence
Des très haulx faiz que avez fait en France, 935
Dont sera renom perpetuelment[1].
Or, suis icy venu deçà la mer,
Pour vous servir de bon cueur, sans amer,
En loyaulté et faiz de vaillantise,
Pour nostre roy que nous devons aymer, 940
En luy gardant son droit, et affermer
Encontre tous, par armes, sans faintise;
Vous requerant [qu'on] regarde et advise
Se besoing est de faire une entreprise,
Ou se en layra tout ainsi comme il est. 945
Par vos beaulx faiz avez France conquise,
Si en povez, du tout à vostre guise,
Du residu en faire desoresmais,
Et de ce faire à vous je m'en attend.
Esleu je suis de par vous lieutenant 950

[1] Lisez *perpetuellement*.

LE MISTERE DU SIEGE D'ORLEANS.

Du bien de vous, non pas par ma prudence,
D'autres que moy fussent plus suffisant,
Pour ung tel faiz et charge si pesant,
Qui en tel cas eussent plus congnoissance;
Mais, puisqu'en moy avez telle fiance, 955
A mon povoir et petite science,
M'y emploieray du tout entierement.
Si advisez, et à vostre ordonnance
Acompliray, de corps et de chevance,
Et en vous[1] diz du tout certainement. 960

LE SIRE GUILLAUME DE LA POLLE.

Messeigneurs, vous voyez comment
Cy devant, en nostre presence,
Il a allegué plainement
Son cas et mis en ordonnance; 965
Et croy que bonne pourvoyance
Est bonne pour mectre en ce cas,
Avecques toute diligence,
Et en adviser hault et bas.
Nous savons aussi clerement
Que nous avons encores affaire, 970
Et n'avons pas l'achevement
De nostre entreprise parfaire.
Nous avons encoires, au contraire,
Plusieurs villes et belles places
Qu'i convient à nous les retraire, 975
Par force d'armes ou menaces.
Si seroie d'oppinion
De assembler nostre puissance,
Puis savoir la rebellion

---

[1] *Vous*, pour *vos*.

LE MISTERE DU SIEGE D'ORLEANS.

De tout le remanant de France, 980
Et les sommer sans differance,
Pour savoir qui contredira;
Puis après, d'escu et de lance
Promptement on les desfyra.

LE DUC DE SOMBRESET.

Ainsi faire le conviendra, 985
Et est bien dit, comme il me semble,
Que par ce point on congnoistra
Les contrediz; par ceste exemple,
N'y aura celuy qui ne tramble
A vouloir dire le contraire; 990
Et, puis que sommes cy ensemble,
Dire vueil à mon auditoire :
Nous avons encor grant pays
A subjuguer, comme savez;
Mais, quant nous l'aurons entrepris, 995
Nous le recouvrerons de legier.
Berry avons à recouvrer,
Et sur la riviere de Loire,
Qui est peu, selon mon cuider.
Non pourtant sil[1] fault il faire, 1000
Et, comme il dit, il seroit bon
Sommer les places et les lieux,
Et tous les pays d'environ,
Que verrez faire pour le mieulx.
De present sommes vertueulx, 1005
Et puissans d'armes et de port,
S'aucuns nous sont contrarieulx,
De les assaillir sans depport.

---

[1] *Sic*, pour *si le*.

TALLEBOT.

Messeigneurs, vous dictes très bien,
Est bien advisé en ce cas. 1010
Il fault faire ou ne faire rien,
Et y advisez hault et bas.
Vous savez que vous n'avez pas
L'achevement de ceste guerre ;
Assembler devez voz estas, 1015
Sans plus en parler ne enquerre.
Nous sommes, Dieu mercy, puissans,
Et en armes crains et doubtez,
Que il n'est celuy tant soit grant
De qui ne soyons redoubtez. 1020
Nul ne vous ose debouter
Ne aucunement riens desdire ;
Si devez doncques surmonter
Tous ceulx qui vouldront contredire ;
Et, comme a esté dit icy, 1025
Sommer devez voz adversaires
Pour y besoigner, trestout ainsi
Comme verrez à voz affaires.
Si aucuns vous trouvez contraires,
Assaillir les fault rondement, 1030
Adfin que autres exemplaires
Ilz y preignent publicquement.

LE SIRE DE HONGRESFORT.

Vous dictes bien certainement,
Messeigneurs, et avez bien dit
Qu'i fault poursuivre chauldement 1035
Voz anemis, sans contredit.
Que s'il est qui vous intredit,

Ou qui vous face le reffuz,
Assailly soit par vostre edit,
Et que tantost il soit mis jus. 1040
Mais, avant, je conseilleroye
Que feissiez assembler voz gens
En armes, puis prandre la voye
A s'en aller droit et avant.
Vous avez Chartres, qui est grant 1045
Et forte ville de deffence;
Allez vous en bouter dedans,
Vous estes ou millieu de France.
Vous saurez là toutes nouvelles,
Qui vous viendront de toutes parts, 1050
Et ceulx qui tiendront vos querelles,
Ou ceulx qui ne les tiendront pas.
Alors, vous verrez, en ce cas,
Par conseil, que vous devrez faire,
Et assemblerez voz estas, 1055
Ainsi comme c'est la maniere.

LANCELOT DE LISLE, mareschal d'Angleterre.

Il dit voir : quant serez à Chartres,
Plus voz anemis vous craindront,
Quant ilz verront à bonnes certes,
Vostre puissance doubteront, 1060
Et pourrez aller où seront
Ceulx qui ne veulent obeyr;
Puis, à l'eure, congnoistront
Comment ilz veullent deffaillir.
Et adont vous pourrez sommer 1065
Ceulx que verrez estre besoing,
Comme on vous pourra informer
De voz anemis près et loing.

Si vous en dy icy à plain
Mon advis, ainsi que j'entend, 1070
Que devez prendre ce chemin,
Et qu'il est expedient.

CLASIDES.

Messeigneurs, pour vous abreger,
J'ay oy voz oppinions,
Que vous avez cy alleguez, 1075
Et voz consultacions,
Lesquelles, par vives raisons,
On les doict fournir, et parfaire
Voz dictz et voz conclusions,
Sans voulloir aller au contraire. 1080
Et suis bien de l'oppinion
Que à Chartres on doit aller,
Sans en faire dilacion,
Qu'i sont voz amis très privez.
Là, vous pourrez consulter 1085
Des choses que avez affaires,
Et beaucoup mieulx disposer
De vos besoignes neccessaires.

LE SIRE DE MOLINS.

J'en suis bien de l'oppinion[1]
Que à Chartres nous en aillions, 1090
Pour faire la conclusion
De ce que faire nous devons.
Vous saurez les rebellions,
De ceulx qui vouldront obeyr

---

[1] C'est la leçon primitive, qu'une main plus moderne a rayée et remplacée par celle-ci :
C'est votre expedicion.

Et aussi les intencions, 1095
Quel party ilz vouldront tenir.

MESSIRE JEHAN DE LA POLLE.

Messeigneurs, c'est bien advisé;
Que tel est qui dit mal de nous,
Bien loing d'icy, à son privé,
Quant il vous verra, sera pour vous. 1100
Vostre presence fera paours
A voz anemis, ne doubtez,
Et leur ferez muer propoux,
Quant il vous verront appresser[1].

LE SIRE DE PONT.

Il dit bien et suffist assez, 1105
Et en suis de l'oppinion.
Si conseille par eschever
De faire vostre intencion.
Aussi avez fait mencion
De Chartres, il y fault aller. 1110
Si devez, sans dilacion,
Y entendre, sans plus parler.

SALLEBRY.

Messeigneurs, par vostre conseil
Vueil besoigner, et non autrement;
Chascun face son appareil 1115
Pour y aller presentement.
Quant je voy que totallement
Ung chascun de vous s'i accorde,
Il nous fault partir briefvement

[1] *Approcher.*

LE MISTERE DU SIEGE D'ORLEANS.

F° 38 v°.
En union, sans discorde. 1120
Pour ce, trompetes, sans actendre,
Sonnez, pour assembler noz gens,
Et que chascun se vueille rendre
Pour partir tout incontinant,
Garny de harnoiz bel et gent; 1125
Et que tantost on s'apareille,
Car je y vueil aller de present,
Se aultre chose ne me resveille.

Lors les trompetes sonneront, et tous les princes arriveront avec leurs estandars. Puis dit

SALLEBRY.

Or çà, seigneurs, comme je voy,
Nous sommes cy grant assemblée; 1130
Partons donques en bel arroy,
Que Dieu nous conduise nostre armée,
Et que brief bonne retournée
Nous puissions tous faire au pays,
Adfin que Engleterre louée 1135
Soit de noz parens et amis.

Lors partiront, et y a pose longue. — Et puis dit

SALLEBRY.

Voylà Chartres très renommée,
Excellente ville et plaisant,
Où la Vierge très honnorée
Y fait des miracles moult grans; 1140
L'eglise qui est triumphant,
De beaulté la plus eslevée,
Si luy supply en requerant
Qu'elle preserve nostre armée.

Adont y a pose longue. — Et puis se serrons[1] tous, et Sallebry se lieve et dit :

SALLEBRY.

Çà, messeigneurs, pour parvenir 1145
A nostre très bonne entreprise,
Voz oppinions fault ouyr,
Et que ung chascun en devise,
En ce cas icy, et advise.
Tout selon son entendement; 1150
Que la chose du tout est mise
En vous[2] diz tout entierement.
A Chartres sommes arrivez,
En nostre ville cappitalle,
Qui nous ayme, comme savez, 1155
D'une amour franche et cordialle.
C'est ville l'especialle,
Après Paris que nous avons,
Qui nous est aussi plus lealle,
Et où plus nous esperons. 1160
Donques, s'il vous plaist, messeigneurs,
Vous direz ici voz advis
De noz besoignes et labeurs,
Ad ce que avons entrepris.
Vous estes tous gens de hault pris, 1165
Et à qui la besoigne touche;
En tous voz faiz et en voz diz
N'y eult onques jamès reproche.
Si vous prye que en devisez
De nostre affaire desoremais, 1170
Et que vous en deliberez
Que vous en semble que bon est.

---

[1] *Sic.* Lisez *serront, seoiront.*
[2] *Vous* pour *vos*, comme déjà ci-dessus.

Vous estes icy par exprès
Tous les principaulx d'Angleterre,
Qui avez la charge et le faiz
A soustenir toute la guerre.

MESSIRE JEHAN FACESTOT.

Messeigneurs, puis que il vous plaist,
J'en diray icy mon advis,
Et ce qui me semble qu'il est,
Aussi dont adverty je suis.
Nous avons ung très grant pays
Conquesté du royaulme de France,
Normandie avons et Paris,
Et autre grant appartenance.
Nous tenons du royaulme la fleur,
Qui est une chose certaine,
Que nous avons tout le meilleur
Du tout mis en nostre demaine.
Nous avons le Perche et le Mayne,
Anjou, La Rochelle et Bourdeaulx.
Et, sus la riviere de Saine,
Pluseurs villes, bourgs et chasteaulx;
Puis la terre de Beausse avons,
Frappant jusques es forsbourgs d'Orleans,
Où tous les blez du pays sont,
Et habondance de tous biens;
Ny ne reste comme plus riens
Sinon Orleans, pour le ravoir,
Lequel aurez incontinant
Qu'i vouldra faire le devoir.
Mais conseille que nous aillons
Premier à Bourges en Berry,
Et que Orleans nous environnons

LE MISTERE DU SIEGE D'ORLEANS.

De Giem, Jargueau et Sully.
Après, il n'y aura celuy
Qui leur puisse faire aydance,
Ne vivres n'auront de nully;
Puis l'aurez sans resistance.

LE DUC DE SOMBRESET.

Je suis bien de ceste acordance
Que Orleans il nous fault avoir,
Qui vouldra avoir toute France,
Que Orleans en est ung manoir,
Et est une ville, pour voir,
Qui nous pourra bien contredire;
Car tousjours ont eu bon vouloir
A leur roy, comme ay oy dire;
Et croy qu'i vault mieulx les enclorre
Des villes qui sont en l'entour.
Y aller n'est pas peu de chose,
S'i nous veullent faire le sourt,
Y pourroi[ent] avoir du secours,
Qui nous donneroit resistence.
Pour ce, vault mieulx aller autour;
Eschaudé est qui trop s'avance.
Avoir fault Chasteaudun et Blois,
Baugenci avec Meung, Jargueau,
Et autres villes qui sont près,
Ainsi comme le long de l'eau,
Cloux[1] serons comme en ung preau,
Et ainsi comme soubz la saine[2];
Puis vous seront doulx comme ung aignau,
Longent le coul comme la gene[3],

---

[1] *Cloux,* clos, enfermés.
[2] *Saine,* seine, filet, engin de pêche.
[3] Peut-être *allongeant le cou comme à la gêne?*

Et en ferez ce que vouldrez.
Quant ilz se verront ainsi pris,
A vostre vouloir les aurez, 1235
Tous les plus grans et les petiz.
Quant ilz se trouveront surpris,
De vivre n'auront nul secour;
Vous voyez cy ce que j'en diz,
Ne n'y scay point de meilleur tour. 1240

MESSIRE GAULTIER DE HONGRESFORT.

J'ay ouy cy et entendu
Voz diz et voz oppinions,
Lesquelles, comme j'ay conceu,
Très belles et très bonnes sont.
Si est que pas nous ne devons 1245
Aller à Orleans le premier,
Et que avoir fault les environs,
Adfin qu'on le puisse enclouer.
Je ne doubte point autrement
Qu'i ne facent resistence, 1250
Et nous donneront empeschement,
S'y peuvent, de toute leur puissance.
C'est une des villes de France,
Et là où leur roy plus se fie,
Qui plus nous donnera de nuysance, 1255
Je le scay bien, je vous affye.
Neantmoins fault il que l'ayez,
Ou autrement ne faictes riens;
Et en vain vous vous travaillez,
Se vous ne conquestez Orleans; 1260
Et, pour l'avoir, il faut avant
Prandre Bourges et autres villes,

Puis les enclorre là dedans,
Enfermer en leurs bastilles.

LANCELOT DE LISLE, le bailly de Chartres, mareschal.

Vos oppinions et propoux
Sont très bons, je n'en doubte mye,
Et bien proppos[ez] à vous tous
Que la chose soit accomplie;
Mais, s'il vous plaist, que je vous dye
Mon advis, ainsi qu'il me semble,
Cy, devant vostre seigneurie,
Et puis que nous sommes ensemble.
Vous parlez d'aller en Berry,
A Bourges et en autre part;
On en pourroit estre marry
D'avoir actendu ung peu tart.
Les Orlenois sont à l'esquart,
Tous les jours, à vous escouter,
Oreillant, comme le regnart,
S'y verron[t] riens de tous coustez.
Je dy qu'on doit aller à eulx
Tout de bout et de les sommer;
Et, se les trouvez rigoreux,
Plainement de les desfyer,
Ne autre part ailleurs n'allez;
Et que vous les lessez en paix,
Ilz diront que vous n'oserez,
Et vous en seront plus pervers.

BAILLY DE MENTE.

Il en dit toute verité;
Se vous allez ailleurs muser,
Ils fortiffieront leur cité

De vivres, comme vins et blez,
Et manderont leurs allyez,
S'enfforceront de jour en jour;
Là où¹, se vous les susprenez,   1295.
Ilz n'auront de nully secour.
Par quoy je dy que, sans actendre,
Vous devez assembler voz gens
Et vostre chemin tout droit prandre,
Vous en aller devant Orleans;   1300
Et ne povez mieulx que présent
A les assaillir en sursault;
Et, s'i vous sont contredisant,
Baillez leur promptement l'assault.

LE BAILLY D'ESVREUX.

Je suis de ceste oppinion   1305
Que vous ne devez ailleurs querre,
De paour de leur rebellion,
Et qu'i seront durs à conquerre.
Onques n'aymerent Angleterre,
Comme j'ay tousjours oy dire;   1310
Pour ce, devez, sans plus enquerre,
Monstrer vostre fureur et yre.
Se allez en autruy pays,
Peut estre y serez longuement;
Ce pendant, manderont leurs amys,   1315
Et s'enforceront bonnement,
Si ne pourrez legierement,
Comme vous pensez, les avoir.
Par quoy je dy que chaudement
Il les vous convient poursuivoir;   1320
Et vous dy que, de plaine face,

---
¹ *Là où*, tandis que.

Vous leur devez fort courre sus,
Et les poursuivre à chaulde chasse;
De differer ce seroit abuz.
Par ainsi, les renderez confus 1325
Et en vos mercyz se mecteront,
Que les verrez si remis jus,
Que les clefz ilz vous apporteront.

LE SIRE DE GRES.

Ainsi comme je puis entendre,
Vous devez recouvrer Orleans, 1330
Et est la fin où devez tendre
De puissance de corps et biens;
Que, se ne l'avez, c'est riens,
Car c'est tout le ressort de France,
Que de là trestout en deppend, 1335
Et est aux François leur fiance;
Ne autrement je ne croy pas
Que vous n'y ayez fort affaire,
Et le fault avoir par compas,
Aussi par subtille maniere. 1340
Orleans si est tout la frontiere
Et tout le port du remanant,
Où des François chascun espere,
Et là où chascun d'eulx se tend.
Je dy que très diligamment 1345
Vous les devez aller surprandre;
Sans aller ailleurs amusant,
Vous devez ce fait entreprandre.
Pas ne sont de legier à prandre,
Ainsi que la brebis en mue, 1350
Que pour riens ne se vouldront rendre,
S'i ne voyent leur ville perdue.

F° 33 v°.

LE SIRE DE MOLINS.

Il ne fault aller çà ne là,
Mais à Orleans tout le plus droit,
Et, le plus tost que on pourra, 1355
Ce fault faire et convient que soit,
Les assieger si à destroit
Qu'i ne puissent pas enfouyr;
Puis vous les verrez orendroit
Comme ilz vous viendront requerir! 1360
Et, quant Orleans aurez soubz mis,
Vous povez dire seurement
Que maistres de la fleur de liz
Serés du tout, entierement;
Ne nul, dessoubz le firmament, 1365
Ne vous osera contredire.
Que n'ayez le gouvernement,
Que nul jamès vous puisse nuyre.
France jamès ne partira
D'entre les mains de nostre roy; 1370
De France et d'Angleterre sera
Tout paisible, ainsi je le croy,
Ne nul n'osera lever le doy
Contre vostre magnificence;
Mais ung chascun vous fera la foy, 1375
En faisant tous obeissance.

LE SIRE DE PROVINS.

Je n'en doubte point nullement
Et faire le devez aussi.
Se Orleans avez aucunement,
Vous estes hors de tout soussy. 1380
Tout viendra à vostre mercy

Le peuple à vous de toutes parts,
Et vous serviront tout ainsi
Comme voz subgectz et soudars.
Je conseille que vous faciez 1385
Mener toute l'artillerie
Devant Orleans, sans sejourner,
Sans tarder heure ne demye;
Vous leur ferez telle saillie
Que, avant que soit huit jours entiers, 1390
A grant joye et à chiere lye,
Se rendront à vous voulentiers.
Si les voulez habandonner,
Ils n'arresteront jour ne demy.
Ce sont gens plains et bien gossez[1], 1395
Et est Orleans très bien garny,
D'or et d'argent assez fourny,
Que voz gens n'auront povreté,
S'i passent une fois parmy,
Que ilz ont des biens à planté. 1400

SALLEBRY.

Dont, pour cause de briefveté,
J'ay ouy vos oppinions,
Dont la pluspart en verité
Sy est qu'à Orleans nous aillons,
Vous priant, seigneurs et barons, 1405
S'il n'y a nul contredisant,
Qu'il en die ses conclusions.

TOUS ENSEMBLE.

Nous en sommes trestous contans.

F° 35 r°.

---

[1] Peut-être *cossez*, pour *corsés, corsus, cossus?*

Puis tous les seigneurs se lievent, et chascun s'en va habiller et armer, et y a une petite pause.— Puis dit à Glasides

SALLEBRY.

Beau cousin, ainsi que j'entend,
A Orleans il nous fault aller, 1410
Et faire assembler tous noz gens,
Pour les conduire et ordonner;
Et ceulx qui vouldront demourer,
Pour garder icy le pays,
Il nous en conviendra parler, 1415
Et en savoir d'eulx leur advis.
Mais on m'a dit qu'en ceste ville
Y est maistre Jehan des Boillons,
Qui joue d'art, et si fort habille
Qui soit en nulles regions. 1420
Je vous pry que nous y aillons
Savoir de nous qu'il vouldra dire,
Ne quelle fortune nous aurons;
Pour l'escouter ne nous peut nuyre.

F° 35 v°.

GLASIDES.

C'est bien dit, il le fault avoir 1425
Et l'ouyr parler. Je vous prie,
Habiller vous fault en archier,
Et qu'i ne vous congnoisse mye;
Que, s'i vous congnoist, vous affye,
Il n'osera dire son advis, 1430
Mais ne dira que resverye,
Qu'il aura peur d'estre repris.

SALLEBRY.

Je le vueil, que habillé soye

En archier, pour parler à luy,
Sans luy dire point que¹ je soye. 1435
Aussi qu'on en parle à nully,
Et qu'on' le face venir cy,
Sans luy dire pour quelle cause.
Vous entendez pourquoy le dy,
Ne vous en fault dire la clause. 1440

GLASIDES.

Je y vois envoyer prestement
Ung messaige, sans plus attendre.
Lieve toy² sus legierement,
Et vueille à mon plaisir entendre :
Si est qu'i te fault entreprandre 1445
Devers maistre Jehan des Boillons,
Qu'i s'en viengne à nous droit rendre
Et que parler à luy voulons;
Mais ne luy dy riens autre chose,
Si non ung mot legierement, 1450
Qu'i viengne icy sans faire pause,
A deux compaignons seullement,
Sans luy desclairer nullement
Que c'est, ne pour quoy on le mande.
Entends tu, fais le saigement, 1455
Sans luy dire qui le demande.

MESSAGIER.

Monseigneur, à vostre plaisir,
Je voys faire vostre messaige,
Et devers vous le feray venir
Prestement et de bon coraige. 1460

¹ Lisez *qui je soye.*
² S'adressant à un messager.

SALLEBRY.

Fais le venir par beau langaige,
Ainsi que sauras bien le faire.

MESSAGIER.

Il sera en lieu bien reclusaige,
Se je ne trouve où il repaire.

Adont y a pause. — Et se doit Sallebry habiller en archier; puis dit

LE MESSAGIER.

Or, ay tant fait, la mercy Dieu, 1465
J'ay trouvé ce que demandoye,
Que je suis arrivé au lieu
Lequel droictement je queroye;
Que je voy là, en ceste voye,
Qu'on dit maistre Jehan des Boillons, 1470
Qui devigne la chose vraye,
Et de toutes choses respont.
Maistre Jehan, Dieu vous croisse honneur,
Joye, santé et bonne vie!

MAISTRE JEHAN DES BOILLONS.

Mon enffant, soyes bon serviteur. 1475

MESSAGIER.

Maistre Jehan, Dieu vous croisse honneur!

MAISTRE JEHAN.

Garde toy de faire folleur,
Et fuy mauvaise compaignie.

MESSAGIER.

Maistre Jehan, Dieu vous croisse honneur,
Joye, santé et bonne vie !
Il convient, et je vous emprie,
Que vous viengnez avec moy.

MAISTRE JEHAN.

Va, mon amy, je n'iray mye,
Car j'ay affaire icy ung poy.

MESSAGIER.

Il fault y venir, par ma foy,
Voir de voz amys anciens.
Deux ou trois, qui sont en esmoy,
Qui veullent ung peu passer temps.

MAISTRE JEHAN.

Je n'iray pas pour le present,
Mon amy, va-t-en, je te prie.

MESSAGIER.

Maistre Jehan, vous n'y perderez riens.

MAISTRE JEHAN.

Je n'yray pas pour le present.

MESSAGIER.

Joyeux en serez et content,
Maistre Jehan, et n'en doubtez mye.

MAISTRE JEHAN.

Je n'yray pas pour le present,
Mon amy, va-t-en, je te prie.

MESSAGIER.

C'est une droicte resverye.
A voz amys du temps passé,
Pour Dieu, ne le reffusez mye;
Je ne scay mon qu'avez pensé.   1500

MAISTRE JEHAN.

Hé dea, c'est icy trop pressé.
Va devant, je m'en voys après.

MESSAGIER.

Maistre Jehan, ce n'est pas toust,
Mais mener vous vueil là où est.

Puis maistre Jehan et le messagier partiront, et y a pose. — Et doivent arriver Sallebry et Glasides ensemble; puis dit le messagier à Sallebry

LE MESSAGIER.

Compaignons, je voy cy venir   1505
Vers vous maistre Jehan des Boillons.

SALLEBRY.

J'en suis très joyeulx sans mentir.
Sà[1], comment vous portez dont,
Maistre Jehan? Mandé vous avons
Pour vous festoyer à plaisir,   1510
Ainsi que autreffoiz fait avons,
S'i vous en peut point souvenir.

MAISTRE JEHAN.

Je le croy bien, mais, sans faillir,
Il ne me souvient pas de tout.

---

[1] *Sic.* Lisez *çà*

GLASIDES.

Je vous en croy ; mais, à propoux, 1515
Le temps ay veu que vous faisiés
Plusieurs esbatz, et si saviez
Choses qui estoient advenir,
Et aucune foiz en parliez,
En passant temps, pour resjouyr. 1520

MAISTRE JEHAN DES BOILLONS.

Aucuns me ont voulu pugnir,
A tort, sans cause et sans raison ;
Mais je les en feray repentir,
Ainçois qu'i soit longue saison.
J'en ay esté mis en prison 1525
A Chartres, une espace de temps ;
Mais m'en feront reparacion,
Ou je n'en seray pas content.

SALLEBRY.

F° 39 r°. Hz sont faulx et mauvaises gens
De vous avoir fait desplaisir, 1530
Et en seroie desplaisant,
Se on vous faisoit aucuns annuyz ;
Mais vous vouldroie secourir,
A mon povoir, ne doubtez pas,
Vous faire service et plaisir, 1535
Maistre Jehan, en tout vostre cas.

GLASIDES.

Ne nous espargnez hault ne bas,
Maistre Jehan, et je vous emprie.
S'aucuns vous font noise ou debatz,

Pour vous serons, ne doubtez mie. 1540
Mais deux motz fault que je vous dye
Touchant le fait de ceste guerre,
Comment les seigneurs ont envye
Pour aller le pays conquerre.
Vous savez bien que les seigneurs 1545
Veullent aller devant Orleans;
Entre nous autres serviteurs,
Nous n'en sommes pas fort contens;
Car on dit qu'i sont malles gens,
Et que y seront fors à avoir. 1550
Qu'en dictes vous? en savez riens?
Je croy que le povez savoir.

MAISTRE JEHAN DES BOILLONS.

On dit bien qu'on y vieult aller,
Et mectre le siege devant;
Mais je n'en vouldroys point parler 1555
A personne, ne tant ne quant;
Car pour quoy inconvenient
Venir à aucuns en pourroit,
Dont il ne seroit pas content.
Lessons le moustier là où il est. 1560

SALLEBRY.

Maistre Jehan, mais en conscience,
De mon cas et de ma personne,
Se je y vois, quelle esperance
Y presumez vous, malle ou bonne?
Vous savez qu'on[1] s'abandonne 1565
Plus hardyment, quant on est seur

---

[1] *Sic.* Lisez *que on*, pour la mesure.

Ainsi que fortune le donne,
Quant il advient qu'on a bon eur.

Maistre Jehan le regarde, et hoche la teste et dit

MAISTRE JEHAN.

Il n'est nully si grant seigneur
Qui ne puisse bien varyer, 1570
Ny n'est point si bon devyneur
Qui en peust justement jugier;
Et, pour vostre cas abreger,
Je n'y saiche que chose honneste,
Ne vostre corps point en dangier, 1575
Mais que vous gardez vostre teste.

GLASIDES.

Et puis de moy, que vous en semble?
Doy ge point aller en l'armée?
J'ay ouy dire que l'assemblée
En grant point [est]¹ bien ordonnée; 1580
Depuis vingt ans ne fut trouvée
Bataille où y eult tant de monde,
Et est la plus belle assemblée;
De tous pays gens y abonde.

MAISTRE JEHAN.

C'est une science parfonde, 1585
Pour en jugier, pour le voir dire;
En eur, mal eur n'y a que une onde,
Pour avoir le milleur en pire.
Je n'en vouldroye riens mesdire
Ne bien ne mal de telle puissance. 1590

¹ Le ms. donne *et*.

Dieu le scet, il nous doit suffire :
C'est celuy qui tient la balance.

GLASSIDES.

Mais de moy, par vostre semblance,
Se je y vois, que presumez vous?

MAISTRE JEHAN.

Bien et bonne esperance, 1595
Et matiere de bon propoux;
Que vous ne morrez point de coux
De canons ne de ferrement.

GLASSIDES.

C'est dont à mon lit, à repoux?

MAISTRE JEHAN.

Ne sans seigner aucunement. 1600

GLASSIDES.

J'en ay grant resjoyssement,
Beau sire, et vous en remercye.
Suis à vostre commandement,
Et le seray toute ma vie.

MAISTRE JEHAN.

Quelque chose que je vous dye, 1605
N'y prenez point grant asseurance;
Mieulx vous vauldroit n'y aller mie,
Car tout guerre gist en doubtance.

SALLEBRY.

Maistre, j'ay bonne esperance,

Et, mais que soyons retournez, 1610
Nous aurons à vous congnoissance.
Desoremais nous gouvernerez,
Et sommes tous habandonnez
A suyvre vos enseignemens.

MAISTRE JEHAN.

Dieu vous vueille bien ramener; 1615
Mais je ne sauroie dire quant.

SALLEBRY.

Adieu, maistre Jehan des Boillons,
Nous vous reverrons briefvement.

MAISTRE JEHAN.

Adieu, mes enffans.

GLASIDES.

Adieu dont. 1620

SALLEBRY.

Adieu, maistre Jehan des Boillons,
En brief temps nous vous reverrons.

F° 41 v°.
MAISTRE JEHAN.

Gardez vous, enffans, saigement.

GLASSIDES.

Adieu, maistre Jehan des Boillons,
Nous vous reverrons brefvement. 1625

Puis s'en vont rians, et y a pause longue. — Et s'en vont desabiller; puis retournent et viennent les princes de toutes parts, bannieres, estandars; et dit

SALLEBRY.

Très haulx et très puissans barons,
Contes et ducz qui icy sont,
Vous savez tous l'appoinctement,
Comme, par vos oppinions,
Avez fait les conclusions
D'aller à Orleans promptement,
Et y mener totallement
Nous et nos gens entierement,
Au mains dix huit ou vingt mille,
Pour le premier commancement,
Gens expers, plains de hardement,
De guerre saichant le stille.
Or doncques, par vostre ordonnance,
Acomplir je vueil, en presence,
Le voyaige de corps et biens,
Et y faire de ma puissance,
Tout à mon povoir et science,
Et sans que je y espargne riens.
Mais entre vous, princes puissans,
Qui estes saiges et prudens,
Advisez de ceulx qui viendront;
Car, en tel cas, il appartient
Qu'il y ait bien gens suffisans,
Pour gouverner ung si grant mont[1].
Et me semble que bon seroit,
Se sire Tallebot vouloit
Avoir parte de la conduicte;
Mieux la besoigne s'emporteroit,
Qu'il est en armes fort extrait
A faire une telle poursuite.

[1] Monde.

Je vous le dy et m'en acquitte,
Que la chose si est licite,
S'il luy plaisoit à venir,
La chose en seroit mieulx produicte,
D'avoir une personne duicte, 1660
Pour ung tel fait entretenir.

F° 42 v°.
TALLEBOT.

Messeigneurs, qu'i ne vous desplaise,
Et sous vostre correction,
Je me sens ung peu à malaise,
Pour l'eure, de complexion; 1665
Et n'est pas mon intencion
Y aller, pour l'eure presente,
Ne de moy nulle mencion
Ne faictes, ne n'ayez atente.
Voicy le conte Sallebry 1670
Esleu, vous savez, lieutenant;
Il y en a assez de luy.
Et est aussi assez savant,
En guerre preux et suffisant,
Pour gouverner ung ytel ost, 1675
Avec plusieurs notables gens,
Qui sont d'y aller en propoux.

SALLEBRY.

Messeigneurs, dont je vous diray,
Puis que ce n'est pas son plaisir,
Le voyaige accompliray, 1680
Au mieulx que pourray, sans faillir.
Messeigneurs, qui volez venir,
F° 43 r°. Aprestez vous tous sans attendre.

Au plus matin je vueil partir,
Chascun vueille en son fait entendre. 1685

Puis y a pause longue tant que tout soit venu, et tout arrive, et dit ung chasseur de marée

LE CHASSEUR.

Je m'en voys, sans attendre plus,
A ceulx d'Orleans, leur anoncer
Et leur dire qu'il est conclud
Les vouloir aller destrousser,
Et comment se sont amassez 1690
Anglois pour Orleans desconfire,
Adfin que ilz veullent penser
En ce qu'i vouldront faire ou dire.

Lors vient, et y a une petite pose. — Et dit le chasseur de marrée

LE CHASSEUR.

A vous, messeigneurs les bourgeois,
Je vous viens dire des nouvelles. 1695
Venu suis de l'oust des Anglois,
Qui vous sont rudes et rebelles,
Que les nouvelles sont ytelles :
Conclud si ont assemblement
Vostre ville, tours et tourelles 1700
Mectront du tout à finement,
Et est certain, avant trois jours,
Qu'i seront devant vostre ville.
Sans vous donner aucun secours,
Assauldront vostre bastille. 1705
Les verrez venir à la fille,
Car ilz ont ainsi entrepris,

Et n'y aura nul si abille
Qui ne soit par eulx mort ou pris.

LE RECEVEUR DE LA VILLE.

Est il dont vray ce que tu dis,   1710
Qu'i viennent devant ceste ville?

LE CHASSEUR.

Ouyl, monseigneur, certain en suis.

LE RECEVEUR.

Sont il beaucoup?

LE CHASSEUR.

                Bien trente mille,
F° 44 r°.   Et est vray comme l'euvangille,   1715
Lesquelz vendront devant Orleans.

LE RECEVEUR.

Amy, tu es gent et habille,
Tien, voy là vingt escuz contant.

LE CHASSEUR.

Messeigneurs, je vous remercye,
Vous m'avez donné beau present.   1720
Dieu par sa grace je supplie
Qu'i soit en tous voz faiz garant.

Et s'en va le messagier; puis dit

LE RECEVEUR.

Messeigneurs, vous voyez present
Les nouvelles de ce messaige,

Que les Anglois, comme j'entend, 1725
Nous veullent venir faire oultraige.
Il fault assembler le conseil,
En nostre chambre de la ville,
Pour penser de nostre appareil,
Et garder nostre domicille, 1730
Nostre pays, qui est fertille,
Qu'i desirent fort à avoir;
Si fault trouver voye et stille
A deffendre nostre manoir.
Premierement nous fault avoir 1735
Le cappitaine de Villars,
Le sire de Guitry, pour voir,
Aussi messire Mathias,
Avec le sire de Coras,
Poton de Saintrailles aussi, 1740
Et son frere gasconnois,
Qu'i s'en viengnent trestous icy.
Messagier, va, je te prye,
Qu'i viengnent à nous en la chambre,
Presentement, je les supplie, 1745
Que nous y allons les attendre,
Et que leur plaist à eulx rendre,
Pour nouvelles qui sont venuz.

LE MESSAGIER, clerc de la ville.

Je voys le message entreprandre
A messeigneurs, sans tarder plus. 1750
Je voy là, assis là dessus,
Le cappitaine de Villars,
Et emprès luy y est sans plus
Le vaillant sire de Coras.
Denoncer je leur vois le cas, 1755

Comme il m'a esté commandé,
Puis à messire Mathyas,
Car il a esté demandé.

F° 45 r°.

Pose.—Et dit :

Messeigneurs, je viens devers vous,
De par messeigneurs les bourgeois,
Qui vous prient que viengnez vous tous,
En la chambre, present, les voir;
Que, ainsi comme je congnois,
Il leur est venu des nouvelles,
Je croy, du party des Anglois;
Ne scay si sont bonnes ou belles.

LE SIRE DE VILLARS, cappitaine de Montargis.

Amy, retourne, et si leur dy
Que nous allons par devers eulx,
Le sire de Coras aussi,
Et d'y aller sommes joyeulx.

LE SIRE DE CORAS, gascon.

Y aller suis contant, et vieulx
Leur faire service et plaisir,
Où je pourray, en tous les lieux
Où il me vouldront requerir.

F° 45 v°.

LE MESSAGIER, clerc de la ville.

Messeigneurs, je vous remercye,
Pour achever vois mon messaige [1].
Je voy là très grant seigneurie
Assemblée, et très grant bernaige,

---

[1] Vois (je vais) pour achever mon messaige.

Voy là Poton, très noble et saige,
Avec le sire de Saintrailles, 1780
Qui est garny d'un gent coraige,
Hardy et prudent en bataille.
Y est messire Mathias,
Avec le sire de Guitry.
Anoncer je leur vois mon cas, 1785
Et à tous ceulx qui sont icy.
Messeigneurs, venu suis droit cy,
De par les bourgeois, humblement,
Que viengnez à eulx, par ainsi
Que ce soit tout presentement. 1790

POTON.

Nous le ferons joyeusement,
Et retourne à eulx, de ce pas,
Leur dire que assemblement
Nous y allons; ne l'oublye pas.

LE MESSAGIER, clerc de la ville.

Ilz sont assemblez ung grant tas, 1795
En la chambre, qui vous attendent.

LE SIRE DE SAINTRAILLES.

F° 46 r°.   Sans aller plus ne hault ne bas,
Nous yrons, puis qu'i nous demandent.

LE MESSAGIER dit :

Messeigneurs, j'ay tout accomply
A tous les princes et barons, 1800
Si les verrez tantost icy;
Car ilz m'ont dit qu'ilz y vendront,

70   LE MISTERE DU SIEGE D'ORLEANS.

    Et très joieulx, certes, y¹ sont
    De venir à vos mandement.

        LE RECEVEUR.

    Remerciez ilz en seront   1805
    De nous, bien et honnestement.

Icy y a pause. — Et viennent tous les seigneurs devant les bourgeois de la ville; puis se lieve le receveur, et dit

        LE RECEVEUR.

    Nos très chiers et aymez seigneurs,
    Vous soyez tous les bien venuz;
    En vous avons ports et faveurs,
    Et sommes à vous bien tenuz;   1810

F° 46 v°.   Si serez de nous soustenuz,
    De nostre petite puissance,
    S'i vous plaist, et entretenuz,
    En prenant tout en pacience.
    Messeigneurs, vous diray le cas   1815
    Pourquoy nous vous avons mandez,
    Que nous voulons, en tous estas,
    A vous estre uniz et bandez,
    Sans rien faire ne commander
    Chose qui soit qui porte branle;   1820
    Croyez le et bien l'entendez,
    Et mieulx en serons, se nous semble.
    Or sommes nous bien advertiz,
    De vray on nous a rapporté,
    Que les Anglois veulent venir   1825
    Devant Orleans, de verité;
    Et l'ont conclud et appoincté
    Dedans Chartres, pour tout certain,

¹ *Y* pour *ils*.

LE MISTERE DU SIEGE D'ORLEANS.

Et sont une grant quantité,
Qui n'atendent huy ne demain. 1830
Or est, messeigneurs et amys,
Nostre deliberacion
Que, encontre nos anemis,
Tant que nous viverons, tenir bon,
Sans nulle composicion, 1835
Ne avoir à eulx accordance,
Mais morir sans remission,
Ainçois que avoir leur aliance.
Il ont nostre maistre et seigneur
F° 47 r°. Prisonnier dedans Angleterre; 1840
Ilz ont faulx et desloyal cueur
D'avoir le corps, vouloir sa terre.
Nous aymerions mieulx morir en serre,
Que jamès nous nous consentisions;
S'ilz ne l'ont par force de guerre, 1845
Autrement pas ne nous auront.
Nous voulons avoir vostre advis,
Pour encontre eulx remedyer,
Aussi pour garder le pays,
Qu'i veullent venir exciller[1]. 1850
Pour subvenir à l'encombrier
Qu'i pourroient faire cy devant,
Aussi pour les contraryer,
A les rebouter en tous sens,
Dictes en voz oppinions 1855
Et tout qui est bon estre affaire,
Voz advis et intencions
De ce qu'il nous est neccessaire.
Vous estes en ceste matiere

---

[1] *Exciller*, détruire.

Plus expers et plus congnoissans,
Et mieulx en savez la maniere
Qu'entre nous autres habitans.

LE SIRE DE VILLARS, cappitaine de Montargis.

Messieurs les bourgeois et marchans,
Qui nous avez cy recité
Comment vous estes desirant
Garder vostre noble cité,
Qui est de grant auctorité,
Une chambre des fleur de liz,
C'est vraye amour et equité,
Comme bons et loyaulx amys ;
Pour donques la cité deffendre
Et tenir en grant seureté,
Il la fault garder et entendre
En toute grande celerité.
Or, ne savez de quel costé
Pourront venir voz anemis ;
Par quoy, en bonne verité,
On n'en peut dire son advis.
Vous avez voz faulxbourgs puissans,
Qui sont de très grant ediffice ;
Se vous seroient très fort nuysans,
Qui n'y mectra bonne police,
Et si vous sera tout propice
D'estre abatuz et mis jus,
Qu'i ne vous tourne à prejudice,
Et en dangier d'estre confus.

MESSIRE MATHIAS, aragonnois.

Entre vous, messeigneurs bourgeois,
Je voy que vous avez bon vouloir,

Comme bons et loyaulx François
(Chascun le peut assez savoir
Et bien en faictes le devoir),
De vouloir garder vostre ville;
Vous en estes mieulx à valloir,
On doit garder son domicille.
Et, pour vous dire mon advis,
Saulve l'onneur des escoutans,
Quant ad ce faire suis commis,
Je diray comme je l'entend
Et que chascun en soit content :
C'est qu'il fault les faulx bourgs abatre,
Que chascun en soit consentant[1],
Sans faire bruit ne sans debatre.

LE SIRE DE GUITRY.

Il est bien de necessité
Que les faulx bourgs soient abatuz,
Car, par iceulx, adversité
En seroient tantost advenuz.
Quant voz anemis seroient venuz
Logier dedans vos faux bours,
Vous seriez bien povres et nuz,
Sans y trouver voyes ne tours.
Les portes n'oseriés saillir,
Non pas monter sur la muraille,
Que vous ne fussiez assailliz
Et batuz d'estoc et de taille.
Si conviendra, comment qu'il aille,
Bruller voz faulx bourgs et abatre,

---

[1] Vers rayé. On lit au-dessus, d'une autre main :

Demoliz en ung instant.

Ou vous ne feriez chose qui vaille;
Il ne s'en fault de riens debatre.

LE SIRE DE GORAS.

Mes bons seigneurs, je vous diray
Qui me semble que devons faire : 1920
Chascun est bien deliberé
De tenir bon, c'est la maniere,
Et le devons ainsi parfaire
Et resister allencontre,
Pour parvenir à la victoire. 1925
Se chascun scet biens, si le monstre.
Premierement, nous pretenderons
A abatre le Portereau [1],
Pour sauver et garder le pont,
Qui est ung très noble joyau. 1930
Le bouloart qui est sur l'eau,
Que vous appellez les Tourelles [2],
Qui est bel et fait de nouveau,
Garder nous le fault à merveilles.
Vous avez auprès une eglise 1935
Fondée des Augustins [3];
Vous ne pourriez par nulle guise
Jamès parvenir à voz fins,
S'elle n'est mise par voz mains
En ruyne, au rees de la terre; 1940
Le commendra à toutes fins
Qui vouldra soustenir la guerre.

[1] Faubourg d'Orléans, sur la rive gauche de la Loire, en face de la ville.

Le fort des Tourelles, qui se composait de deux grosses tours et de deux tours secondaires, s'élevait au bout du pont, et au-dessus de la dix-huitième arche.

[3] Couvent d'Augustins, situé au Portereau.

LE MISTERE DU SIEGE D'ORLEANS.

F° 49 r°.   LE SIRE DE SAINTRAILLES, gascon.

Vous demandez nostre conseil
Entre vous, messieurs d'Orleans,
Lequel vous tourne à grant traveil
Et à grant inconvenient,
De quoy nous sommes desplaisans
Du mal et de la grant offence
Que, pour ce cas, faire convient;
Mais en Dieu avéz confiance.
Vous estes bons loyaulx François,
On en voit l'experience;
Pour riens ne vouldriés estre Anglois
Ne avoir à eulx acointance.
Dont y fault[1], pour resistence,
Et faire ce qu'il appartient,
Et mectre tout en oubliance
Le mal et l'inconvenient;
Je dy qu'i faut bruler, abatre
Le Portereau entierement,
Qui vouldra les Anglois embatre
Et resister vaillamment;
Que les Tourelles bonnement
Ne pourriez tenir ne deffendre,
Sans mectre tout presentement
L'eglise et Portereau en cendre.

POTON DE SAINTRAILLES.

S'il ont une foiz voz Tourelles,
Ce sera un grant encombrier.
F° 49 v°.   Parmy voz rues et voz ruelles,

[1] Donc il faut.

Serez tous les jours en dangier 1970
De canons de tret, sans cesser,
Qui incessamment vous geteront,
Que nul de vous n'osera aller
Ne saillir hors de voz maisons.
Au regart des autres faubours, 1975
On peut recouvrer à abatre,
Et pourrez saillir tous les jours
Sur voz anemis et combatre;
Et si pourriez, pour trois ou quatre,
Mectre le feu par tout dedant, 1980
S'on voit qu'i se veillent embatre
Pour les avoir, ne tant ne quant.
Quant au regart du Portereau,
Vous n'y pourriez si tost aller;
Y vous convient traverser l'eau, 1985
Qui vous est bien grant destourbier;
Et, se une foiz y sont logez,
Il n'est nul, tant soit il hardy,
Qui les osast là deffyer,
Et saige ne seroit pas celuy. 1990

PIERRE DE LA CHAPPELLE.

Il dit voir, il est necessaire.
Abatre fault premierement
Le Portereau, c'est chose voire,
Pour le faire plus seurement.
Combien c'est grant encombrement, 1995
Non pourtant ne le devez faindre;
Car de deux maulx certainement
On y doit obvier au maindre.
Vous avez corage et voloir

De bien garder vostre cité, 2000
Et en faictes vostre devoir,
Chascun le scet de verité,
Et que vous avez en voulenté,
En ce cas, de morir ou vivre,
Par guerre et par adversité, 2005
Ains qu'aulx anemis on la livre.
Pour ce ne devez differer
Que la chose ne soit parfaicte,
Sans le dommaige regarder,
Qui à nul de nous pas ne haicte; 2010
Mais après elle sera reffaicte
En plus grande magnificence.
Si fault donc que soit ainsi faicte
Pour fortiffier la deffence.

LE RECEVEUR.

Messeigneurs, par vostre ordonnance 2015
Nous voulons faire entierement,
L'acomplir en grant diligence,
Sans differer aucunement;
Car nous voulons totallement
Resister aux anemis, 2020
Qui nous veullent injustement,
Sans cause, gaster le pays.
Puis qu'i vous semble que soit bon
Abatre tout le Portereau,
Qu'i soit fait nous nous consentons, 2025
Et tout jusques au rees de l'eau,
Combien que ce noble joyeau
Nous fait mal des Augustins;
Mais nous le referons de plus beau,
S'i plaist à Dieu et à ses sains. 2030

LE SIRE DE VILLARS.

Messeigneurs, ce n'est que du mains,
Je vous pry, de ce ne vous chaille,
Quant, pour parvenir à voz fins,
Vous rompez ung peu de muraille.
On dit souvent : bon est la maille 2035
Qui sauve le denier; et mieulx
Victoire aurez de la bataille :
N'en soyez melancolieux.

MESSIRE MATHIAS.

Quant voz anemis vous verront
Le faire corageusement, 2040
Ne doubtez point qu'i vous craindront.
Leur donrez esbayssement,
Que alors verront plainement
Que deffendrez vostre heritaige;
Et, se le faictes faintement, 2045
Vous en acroistrez leur coraige.

LE RECEVEUR.

Messeigneurs, sans plus de langaige,
Faictes à vostre entendement.
Se vous plaist, en prandrez la charge
Avecques entre nous d'Orleans, 2050
Que nous baillons consentement
A vos diz et oppinions,
Pour en faire totallement
Tout selon les conclusions.

LE SIRE DE GUITRY.

Pour meshuit, nous reposerons 2055

Jusques demain au point du jour;
Et puis, sans faire nul sejour,
De noz affaires penserons.

LE RECEVEUR.

Y fault que bon guet nous facions
En my la ville et à l'entour. 2060

LE SIRE DE CORAS.

Pour meshuit, nous reposerons
Jusques demain au point du jour.

F° 51 v°.
LE RECEVEUR.

Chascun voist en ses garnisons,
En son creneau ou en sa tour,
Et faire comme le butour, 2065
De nuyt fait ces[1] provisions.

LE SIRE DE SAINTRAILLES.

Pour meshuit, nous reposerons
Jusques demain au point du jour;
Et puis, sans faire nul sejour,
De noz affaires penserons. 2070

Puis y a pause longue. — Et tous les Anglois seront tous armez et en point devant Sallebry, qui dit :

SALLEBRY.

Or çà, messeigneurs, il est tant
De partir, ainsi que j'entend,
Pour aller les François conquerre,
Ceulx qui ne seront consentans

[1] *Sic*, pour *ses*.

A estre à nous obeissans, 2075
Les ruer et mectre par terre,
Par si dure et si forte guerre
Que ne puissent nul confort querre,
Ne de nul avoir alegance;
F° 52 r°. Et que de si près on les serre 2080
Qu'on ne puisse plus où les querre,
Sans que plus en soit ramembrance.
Monseigneur conte de Suffort,
Je vous pry que soyez d'acort
De mener la premiere armée. 2085
Vostre frere, qui a grant port,
Qui est jeune, plaisant et fort,
Vous le merez[1], si vous agret.
Puis, en la seconde assemblée,
Par vous elle sera gouvernée, 2090
Monseigneur d'Escalles, auprès.
Vous avez chiere redoubtée,
Par vous sera bien ordonnée,
Et y sera le sire de Gres,
Vous, monseigneur de Fouquamberge, 2095
Avecques vous très noble et saige
Le seigneur de Pons, et Molins.
Vous avez tous gentilz corage,
Pour bien conduire ung tel bernage,
Et pour parvenir à voz fins. 2100
De guerre estes bien certains,
Trouvez vous estes en hutains,
En plusieurs assaulx et grans lieux;
Par quoy vous en estes plus crains,
Que de hardiesse estes plains, 2105

---

[1] *Merez*, pour *menrez, menerez*.

Et en guerre très fort eureux.
Puis après, Lancelot de Lisle,
Ne demourez pas en la ville;
Vous estes nostre mareschal,
En tel cas savant et habille, 2110
Et qui bien savez le stille
Plus qu'autre en especial.
Ayez tousjours franc cueur loyal,
Que ceste armée en general
Si est pour tout perdre ou conquerre. 2115
Vous, Glasides, amy feal,
Pour conduire amont et aval,
De vous ne s'en fault plus enquerre.
Avecques vous je me tendray,
Et la besoigne conduiray 2120
Par vos enseignemens et diz,
Tout au mieulx que faire pourray;
Le corps et les biens y mectray
A confondre noz anemis.
Or est il que adverti suis 2125
Que, au partir de ce pays,
Nous fault tirer vers Baugenci,
Pour passer l'eau, et noz amis;
Et puis, après nostre logis,
Si est que yrons à Clery. 2130
Pour mieulx faire nostre besoigne,
Nous fault aller par la Sauloigne,
Pour Orleans boucher le passaige;
Que de vivres, quel qui en groigne,
N'en n'avons nulz, je le tesmoigne, 2135
Emplus que l'oiseau de la cage.
Orleans! Orleans! vostre corage
Rabessera, se estes saige;

Car à ce coup destruiz serez.
Vous n'eustes jamais nul dommaige, 2140
F° 53 r°. Si vous sera cecy sauvaige
Et pour vous fort à endurer.
Or çà, partons, il en est temps,
Que Dieu nous veuille bien conduire.

GLASIDES.

L'armée est desjà sur les champs. 2145

FOUQUAMBERGE.

Or çà, partons, il en est temps.

LA POLLE SUFFORT.

Trompetes, sonnez entretant,
Pour tousjours nostre armée aduire.

LE SIRE D'ESCALLES.

Or çà, partons, il en est temps,
Que Dieu nous vueille bien conduire. 2150

Puis partiront et iront à Baugenci et à Meung, et passeront la riviere de Loire, et yront à Clery; et pilleront les gens de Sallebry l'eglise, et prandront sur l'autel calixes, joyaulx et aornemens. Puis dit ung prestre qui les garde :

LE PRESTRE.

Las! messeigneurs, que faictes vous?
Et comment pillez vous l'eglise?
F° 53 v°. Ce vous est bien mauvais propoux;
N'avez vous point peu qu'i[1] vous nuyse?
Ce vous est mauvaise entreprise, 2155
Et, se les biens vous emportez,
Vous n'en ferez pas à vostre guise,

[1] N'avez-vous point peur qu'il (que cela) vous nuise.

Je veul bien que vous l'entendez.
Onques, pour guerre qui advint,
Ne fut desolée ne pillée.   2160
Vous vallez pis que Sarrazins,
A la bonne Dame honnorée,
Qui est partout tant reclamée,
Et luy faictes ce desplaisir;
Vous en maudirez la journée   2165
Encore le temps advenir.
Je le vois dire à monseigneur
Que Nostre Dame avez pillée,
Qui vous est à tous deshonneur,
Dont l'avez ainsi desrobée.   2170

UNG GENDARME.

Paix! villain, qu'an malle contrée
Ayez vous et mis en malan.
Par Dieu, ta teste en sera frotée,
Se tu en parles de cest an!

Le prestre vient à Sallebry et dit :

Monseigneur, plaise vous savoir   2175
Que Nostre Dame de Clery
F° 54 r°. Fut robée de vos gens asoir [1],
Je le vous asseure et le diz,
Et sont revenuz aujourd'uy
Emporter tout le remanant.   2180

SALLEBRY.

Je ne croy pas avoir celuy
Le voloir faire de mes gens [2].

---

[1] *Asoir* pour *arsoir*, hier au soir.
[2] Je ne crois pas avoir celui de mes gens (personne de mes gens) qui le veuille faire, qui en soit capable.

LE PRESTRE.

Monseigneur, je vous certiffie
Que ce sont vos gens proprement,
Qui l'eglise ont pris et ravye
Et pillée tout entierement.

SALLEBRY.

Ne m'en parlez plus, que tu mens,
Que mes gens ne l'ont point robée;
Et es ung mauvais garnement
D'avoir ceste chose trouvée.

Puis s'en va et dit le prestre :

Helas! tu es bien desolée,
Très doulce Dame de Clery,
D'avoir esté ainsi pillée
De ces mauvaises gens icy.
Or, est le peuple en grant soussy
Et en grant desolacion.
Benoiste Dame, ayez mercy
Du pays et compassion!

Puis y a pause. — Et ceulx d'Orleans parleront et le receveur :

LE RECEVEUR.

Messeigneurs et noz bons amis,
Mectez vous sus tous, je vous pry.
On m'a dit que noz anemis
Sont venuz jusques à Clery;
Anuyt ou demain seront icy,
Pour nous vouloir tous assigier.

LE SIRE DE VILLARS.

Il est tout vray, certain en suy, 2205
Y fault bien y remedier.

POTON.

Je conseille qu'i fault aller
Vistement vers le Portereau,
Pour les Augustins bruller
Et tout jusques au rees de l'eau. 2210
Chascun entende à son creneau,
Et aussi qu'on voise en sa garde,
Se besoing sourvient tout nouveau;
Et congnois que l'eure se tarde.

Puis y a pause. — Et yront bruller les Augustins et tout le Portereau, et dit Sallebry :

F° 55 r°.   SALLEBRY.

Messeigneurs, en vostre ordonnance 2215
Et en armes chascun se tiengne,
A frapper d'espieu et de lance,
Et en grant devoir se maintiegne,
En vous priant que vous souviengne
Du bon roy Henry, noble et saige, 2220
Et que nul de vous ne se faigne,
En ayant tous gentil coraige.
Gardez vous bien, je vous emprie,
Que vous gaignez terre sur eulx;
A ceste premiere saillie, 2225
Soyez preux et adventureux,
Adfin que vous leur faciez peur
A ceste premiere rencontre.

Or sus, enffans, soyez soigneux,
Et qui sara riens, si le monstre. 2230

Puis ceulx d'Orleans sauldront en armes au devant, et sonnera le beffroy et cryront *à l'arme!* D'un cousté et d'autre, canons, trompetes; et en y aura baucoup mors d'un cousté et d'autre; et, à la fin, se reculleront les François en leur boulvart fait de fagotz et de terre devant les Tourelles. Puis dit

SALLEBRY.

Or, messeigneurs, la Dieu mercy,
Nous avons eu sur eulx victoire,
F° 55 v°. Et leur a convenu aussi
A bien grant haste leur retraire.
Il ont illecques voulu faire 2235
Ung taudis de terre et fagotz;
Y pert[1] trop bien à leur maniere
Qu'i sont bien maleureux et soz.

GLASIDAS.

Messeigneurs, pour vous advertir,
Nous fault avoir ce bouloart, 2240
Qui nous peut faire desplaisir
A toute heure, soit toust ou tart.
Nous sommes cy à descouvert,
Qu'il ont leurs faubourgs et eglises
Brulez toutes de part en part, 2245
Par quoy je doubte[2] qu'i nous nuyse.

LE CONTE DE SUFORT.

Cappitaine, vous dictes voir,
Y nous peut faire grant grevance,
Et, pour ce, le convient avoir

[1] Il paraît, il appert.
[2] Je crains, je redoute.

A force d'espée et de lance, 2250.
Et y mectre grant diligence
A l'avoir de force et d'assault;
Et l'arons bien, comme je pense,
Se ce n'est par nostre deffault.

LE SIRE D'ESCALLES.

Il fault que tantost nous l'ayons 2255
Et assigier¹ l'artillerie,
Nos bombardes et noz canons.
Incontinent n'arrestera mye,
Avant qu'i soit demain complie,
Je vous le rendré en voz mains. 2260
De ce ne vous soussiez mye,
Et en moront² tous les villains.

LE SIRE DE LISLE, mareschal.

Y le fault avoir par engins,
Par assault ou par autrement.
Que chascun demain soit en point, 2265
Pour leur bailler l'esbatement,
Garniz de tous abillement,
D'eschelles, de cordes, crochetz;
Nous les arons legierement
Et incontinent despechez. 2270

FOUQUAMBERGE.

Aussi, messeigneurs, qu'on entende
A faire chascun son logeis
De son pavillon et sa tante,
Tout ainsi comme on a apris.

---

¹ *Assigier*, asseoir, mettre en batterie.
² *Moront*, pour *morront*, mourront.

Afin que ne soyons surpris
Des François, de jour ou de nuyt, 2275
Nous convient faire des taudis,
Et faire guet sans mener bruit.

F° 56 v°.
LE SIRE DE GRES.

Demain nous conviendra avoir
Ce bouloart, sans plus atendre, 2280
Et y faire chascun devoir,
Pour demain au matin le prandre,
Et faire tous les villains pendre,
Tous ceulx qui servent là dedans,
Pour le bruler et mectre en cendre, 2285
En despit des chiens d'Orleans.

Puis y a pause. — Et se retrairont les Anglois, et puis ceulx de la ville. Dit

LE RECEVEUR.

Messeigneurs, y nous fault penser
A deffendre le bouloart,
Que les Angloys se sont vantez
Qu'i l'aront demain toust ou tart. 2290
Sy fault bien y avoir regart,
C'est la deffence des Tourelles,
Et nostre secours d'autre part,
Pour noz gens retraire en icelles.

LE SIRE DE VILLARS.

Je croy bien que vous dictes voir, 2295
Que demain nous arons l'assault;

F° 57 r°.
Si nous convient y bien pourvoir,
Et tous en armes sans deffault;
Mais je vous diray qu'i nous fault

Que les dames et les bourgeoises
Facent boullir huilles et chaulx,
Pour les gecter sur les musailles.

POTON.

Cela nous est bien neccessaire,
Et faire finance de cendres;
Mais que le vent leur soit contraire,
Leur fera beaucoup de nuysance;
Puis sacler en croix à puissances,
Grans cloux clouer en chausse trappes,
Aultres manieres de deffences,
Comme crochez et grans agraffes.

LE SIRE DE SAINTRAILLES.

Y fault aussi faire finance
De lances, de feu tout ardant,
Que c'est une bonne deffence
A l'asault, et huille boulant,
Et gresses chauldes bien bruant,
A leur gecter sur leurs visaiges.
Vous n'y devez espargner riens
A ces faulx Angloys plains de rages.

LE SIRE DE GUITRY.

Dictes aux dames qu'il entendent
A faire les provisions,
Commes huilles, gresses boulantes,
Que à l'assault nous serviront,
Et qu'on y mene des canons
Et grant force d'artillerie;
Que je scay de vray que seront[1]
Assaillis brief, n'en doubtez mie.

---

[1] *Seront*, pour *serons*.

Puis chascun se retraict, et se abillera de harnoiz chascun ainsi qu'il pourra, à tous[1] les croix blanches; puis dit

SALLEBRY.

Glacidas, gentil cappitaine,
Il vous fault si[2] bien faire devoir;
A ce matin, en bonne estraine,
Y fault ceux d'Orleans esmouvoir;   2330
Leur bouloart nous fault avoir.
Qu'en dictes vous, sire la Polle,
La maniere de y proveoir?
Y devons nous aller à foulle?

LE SIRE DE LA POLLE, conte de Sufort.

Il me semble premierement   2335
Que voz gens doivent estre prestz;
Et puis vous ordonnerez comment
On devra faire puis après,
Et voz eschelles, par exprès,
Pour monter dessus à grand force,   2340
Avant que vous les assaillez;
De mal entreprandre c'est torce.

CLASIDAS.

F° 58 r°. Monseigneur, je conseilleroye
Que fissiez sonner les trompetes,
Et que veissiez voz gens en voye,   2345
Pour faire voz besoignes nectes;
Et, se autrement vous le faictes,
Sans mectre ordre à vostre besoigne,

---

[1] *A tous, atout,* avec.
[2] *Si* pour *ci,* ici.

Vous ne savez où vous en estes,
Et la chose trop s'en esloigne. 2350

SALLEBRY.

Qu'an dictes vous, conte d'Escalles?
Vous voyez là leur bastille;
Ce sont choses especialles,
Chascun n'en scet pas le stille.
Je dy que les gens de la ville 2355
Ne savent de nostre entreprise;
Dont, par voye soudaine et abille,
Pourroit bien par nous estre prise.

LE SEIGNEUR D'ESCALLES.

Je vous diray ce qui me semble,
Non pourtant il n'est riens certain; 2360
Mais voz gens avoir tous ensemble,
Avant que baillez le hutin,
Devez avoir à ce matin.
Y n'est pas qu'entre huit et neuf;
A dix heures, frappez à plain, 2365
Et n'espargnez ne viel ne neuf.

SALLEBRY.

Puis doncques que le conseillez,
Je le feray de point en point,
Et mes gens tous appareiller,
Sur les dix heures, tout à point. 2370
Et que nul ne se faigne point,
Que, se leur bastille avez,
Vous verrez fouyr les villains,
Qui ne sauront plus où aller.

Pose. — Et puis dit

LE RECEVEUR.

Messeigneurs, ainsi que j'entend, 2375
Tous les Anglois sont assemblez,
Ne autre chose je n'atend
Que ne nous viengnent resveiller.
Je vous pry que, sans delayer,
Chascun soit prest cy en presence, 2380
Pour les Anglois contraryer,
A nostre povoir et puissance.

POTON.

Sus, seigneurs, faisons diligence
Et allons trestous vers le pont;
Que des Englois est leur puissance, 2385
Et de ce cousté là y sont.

F° 59 r°.
LE SIRE DE SAINTRAILLES.

Chier frere, on m'a dit qu'i vont
Derriere les Augustins;
Je ne scay pourquoy y le font,
Mais sont armez et en grant point. 2390

LE SIRE DE VILLARS.

De cela je ne doubte point,
Aujourd'uy nous feront quelque effroy.

LE SIRE DE GUITRY.

Aller y fault à toutes fins,
De cela je ne doubte point.

MESSIRE MATHIAS.

On y doit, comme aux Sarrazins, 2395

Y courir et en grant arroy;
De cela je ne doubte point,
Aujourd'uy nous feront quelque effroy.

Puis tout va en armes sur le pont et dedans les Tourelles, et au bouluart grant force gens d'armes et tous les seigneurs dessus nommez. Puis dit Sallebry :

SALLEBRY.

Çà, messeigneurs, l'eure est venue,
Il est dix heures proprement.   2400
Que trois mille saillent en rue,
Pour le premier commancement;
Puis après et consequamment
Quatre autres mille, qui yront
Frapper très vigoreusement,   2405
Qui les premiers refraichiront.
Et puis après, se nous voyons
Qu'ayez forte resistence,
Nous mesmes nous y mectrons
Incontinant, à grant puissance.   2410
Or sus, messeigneurs, qu'on commance,
Et criez pour les espouenter;
Puis, ce pendant, par ordonnance
Je feray trompetes sonner.

Alors grant nombre des Anglois feront un cry : *à l'arme! à l'assault! Saint George!* et entreront près du bouloart dedanz les fossez, à lances, traict et haches. Puis ceulx de la ville pareillement cryront *à l'arme! à l'assault!* dedans la ville, et sauldront à grant puissance pour venir secourir les Tourelles et bouloart. Et les femmes grant force apporteront de la ville au bouloart sceaulx pleins de gresse, huilles, cendres, chaulx, sacles boullant et fumier; et les gens d'armes les gecteront sur les Anglois; et gecteront chausses trappes, que les auront apportées les femmes, et y aura grant bataille main à main audit bouloart et grant fait d'armes. Et sonnera le baffroy de la ville sans cesser durant l'assault. Et y aura des Angloys gectez par terre de dessus le dit bouloart mors grant quantité, et des François pareillement, qu'on portera mors par sus le pont en la ville. Puis cessera la bataille et sonnera on une retraicte, que les Anglois se retrayeront, et n'auront point gaigné ledit bouloart. Puis, après la pose, dit

SALLEBRY.

F° 60 r°.
Mes amis, y nous fault retraire 2415
Et reposer sans nul deffault;
Que nous avons eu fort affaire
En ce merveilleux grant assault.
Jamès je n'en vis de plus chault,
Ne où je veisse tant morir 2420
De noz gens; c'est par leur deffault,
Que il ont esté trop hastiz;
Mais, par saint George et tous les sains,
Avant qu'i soit six jours entiers,
La bastille entre mes mains 2425

F° 60 v°.
Aray, et iray des premiers;
Et les ribaulx à mes levriers
Feray menger enmy la place,
Nobles marchans ou escuiers,
Sans avoir de moy autre grace. 2430
Pensez que j'ay grand desplaisance:
Tant de gens de bien qui sont mors,
Par deffault de inadvertence
Qu'i ne fussent puissans et fors.
J'en ay en moy si grans remors 2435
Que je ne scay à qui le dire.
Plus de trois mille suis recors,
A peine en pui ge parler de ire.
Si les fault prandre et emporter,
Mectre en terre honnorablement, 2440
Et pour iceulx faire chanter
Service, bien honnestement.

Et que en voise vistement
Prandre les corps de noz amis,
Et faire leur enterrement 2445
En terre saincte et leur obis.
Oultre plus, nous convient penser
De ceste très diverse guerre,
Et tous ensemble propenser
A ces Orlenois cy conquerre; 2450
Que je vueil les ruer par terre,
Eulx et la ville mectre à fin,
Ne aultre chose ne vueil querre
Que de en venir à une fin.
Sus, messeigneurs, conseillez nous : 2455
Le pis avons de la journée,
Et si ne scay par quel propoux
Ne comment s'est ainsi portée.
Nous l'avyons très bien ordonnée;
Mais ilz y ont eu grant secours, 2460
Qui a desvoyé nostre armée
Et leur a fait tourner le doux.

CLASIDAS.

Par tous les sains qui sont lassus,
De ce fait cy me vengeray.
Si j'en puis venir au dessus, 2465
Homme ne femme n'espargneray;
Et, des bourgeoises, en feray
A ma voulenté et plaisir,
Ne jamès je n'en partiray
Que je n'en face mon desir. 2470

LE CONTE DE SUFORT.

Messeigneurs, pour vous advertir,

Une besoigne j'ay songée,
Et le vous diray sans faillir,
Sans nul grever de nostre armée;
Mais que la chose soit celée 2475
Et menée bien secretement :
Leur bastille soit mynée
Toute jusques au fondement.

LE SIRE D'ESCALES.

Faire le nous fault voirement
Et le plus toust que on pourra; 2480
Y mectre bien et largement
Des pyonniers, qui m'en croira.
Incontinant elle cherra;
Et tous ceulx qui seront dedans,
Se j'en suis creu, on les pendra 2485
A ung gibet incontinent.

FOUQUAMBERGE.

Nous avons eté durement
Debatuz durant ceste guerre;
Travaillé en suis grandement,
Que je n'en scay quel conseil querre. 2490
Reculé m'en suis à grant erre
D'uylles et de gresses boillantes,
Qu'i sembloit que pluye et tonnerre
Cheussent du ciel par grans tourmantes.

LANCELOT DE LISLE, mareschal d'Angleterre.

J'ay esté tousjours en la presse 2495
Mes gens et moy, par telle façon
Que j'ay le corps plain d'uille et gresse
Aussi puante que poison;

LE MISTERE DU SIEGE D'ORLEANS.

Et en ont gecté à foison
La faulse chenaille d'Orleans,
Si en feray tel pugnicion
Que mengiez en seront aux chiens.

LE SIRE DE GRES.

Il nous convient avoir noz gens
Qui leans sont mors es fossez;
Y sont de trois à quatre cent
L'un sur l'autre tous amassez.
Il est temps, sire, en penser
Pour les mectre dedans la terre,
Et pour eulx on fera Dieu prier,
Pour noz bons amis d'Angleterre.

SALLEBRY.

Je l'ay dit qu'on les voise querre,
Et suis bien contant et d'acort,
Se les leur y veullent requerre,
Qu'i les ayent sans descort;
Et ne vueil pas, soit droit ou tort,
Que, durant qu'i les sarreront,
De guerre on leur face effort,
Nul de nous, tant qu'il y seront.
Allez, et leur dictes aussi
Que je suis bien contant qu'i preignent
Leurs gens, toutes foiz par ainsi
Que des nostres nul ne retiegnent;
Et aussi que bien leur souvieignent[1]
De leur assault rigorieulx,
Et que à la raison y viegnent
Ou que mal en sera pour eulx.

[1] Lisez *souviegne*, souvienne.

Pose. — Et vont emporter les corps chascun de sa part. Puis dit Sallebry durant qu'on les amasse :

SALLEBRY.

 Oultre plus vous avez cy dit,
 Par voz advis, qu'i seroit bon
 De myner sans nul contredit
 Leur bouloart, par grand rendon,   2530
 Adfin que avoir le puissons
 Par mine et par artillerie;
 Et croy bien que ceste façon
 Est bonne, je n'en doubte mie.
 Donques que tantoust, sans atendre,   2535
 Y soit mis deux cens pyonniers,
 Pour le faire de là descendre
 Avant qu'il soit deux jours entiers.
 Entre vous les cinquantiniers
 Faictes tantost ceste entreprise,   2540
 Et y prenez de bons ouvriers
 Qui en puissent savoir la guise.

PREMIER CINQUANTINIER.

 Messeigneurs, nous acomplirons
 Vostre voloir incontinant,
 Et leur bouloart mynerons   2545
 Du tout jusques au fondement;
 Mais convient neccessairement
 N'y toucher jusques à la nuyt,
 Car les François aucunement
 En pourroient bien oyr le bruit.   2550

SALLEBRY.

 Vous dictes bien : ainsi le faire
 Le devez et est très bien dit;

LE MISTERE DU SIEGE D'ORLEANS.

Je congnois qu'en ceste matiere
Estes saige et bien instruit,
Et vous pry que sans faire bruit
Le faciez, si secretement
Que les François ayent desduit
De leur derrenier sacrement.

IIe CINQUANTINIER.

Nous le ferons si saigement,
Par telle façon et telle voye,
Que homme soubz le firmament
N'en voyra riens parmy la voye.
La chose sera celée et coye,
Que des François nul n'en sara
Nouvelle, jusqu'à ce qu'i voye
Que dessoubz luy y tumbera.

SALLEBRY.

Je vous empry tant que je puis,
Que la chose soit ainsi faicte,
Et adfin qu'ilz soient surpris
De la mauvaistié qu'il ont faicte;
Que pensez que pas ne me haicte [1]
De tant de nos gens mectre à mort
Par voye faulce et contrefaicte,
Non pour avoir esté plus fort.
Allez et faictes diligence,
Puis, ce pendant, nous penserons
Pour nous venger de leur offence,
De l'oultraige que fait nous ont.
Avant que d'ici nous partions,

---

[1] Car vous pensez bien qu'il ne me plaît pas qu'ils aient mis à mort, etc.

Leur ville, faubours et cité, 2580
Par force d'armes nous l'arons,
Sans nulle difficulté.

Adont les pyonniers mineront et assortiront bombardes et canons contre le dit bouloart. Et puis dit

LE RECEVEUR.

Messeigneurs, avez veu comment
Nous ont assailliz rudement
En cest assault noz anemis, 2585
Qui a tenu incessamment
Quatre heures tout entierement,
Sans avoir aucun delay pris;
Mais nenpourtant ont eu le pis,
Que sur nous n'ont il riens conquis; 2590
Et nous est demouré la place
Où leur gens y sont mors et pris,
Plus de cinq cens, à mon advis,
Leans estans à l'enreverse.
L'assault a esté merveilleux 2595
En fait d'armes et oultraigeux,
Comme je dy, et longuement,
Dont la perte est tournée sur eulx;
Que nous sommes victorieux
Encontre leur grant hardement. 2600
Il avoyent en pensement
De mectre tout à finement
Et en fusion de bataille;
Mais ont trouvé resistement
Encontre leur faulz pensement, 2605
Que y n'ont fait chose qui vaille.
Si vous prions que au seurplus,
Pour obvyer à leur abus

Et à leur mauvaise entreprise,
Vous requerant de plus en plus
Que tousjours nous facions du mieulx
En fait d'armes et vaillantise,
Et aussi, comment qu'on advise,
Pour trouver moyen et la guise
A ces Angloys resister;
Car du tout à vostre devise
Voulons obeyr sans faintise
Et à voz bonnes voulentez.
Doncques, messeigneurs, s'il vous plaist,
Nous vous supplions par exprès
Que vous dyez qu'il est de faire.
Vous voyez le besoing qui est,
Comment noz anemis sont prestz,
De jour et de nuyt, pour mal faire.
Si est dont chose neccessaire
De conseil, en ceste matiere,
En fait de bien nous gouverner.
Vous savez qu'i tiennent frontiere,
Pour nous vouloir du tout deffaire,
Sans y vouloir riens espargner.
Pour ce, messeigneurs, advisez
En dire voz oppinions,
Et vous en veillez conseiller
De l'affaire que nous avons;
Que toutes noz intencions
Est de soustenir pour le Roy
Sa ville et les environs,
Ou y mourir en desarroy.

LE SIRE DE VILLARS.

Nous avons congnu les Angloys

De leur force et de leur puissance, 2640
Dont lesquelz, ainsi que congnois,
Il ont fait une grant vaillance.
L'assault a esté à oultrance,
Et de coraige merveilleux;
Nonobstant, resistance 2645
Y a esté faicte contre eulx.
Les bourgeoises y ont servy
D'uylles, gresses et autres choses,
Et aux Anglois a beaucoup nuyt
En cest assault, bien dire l'ose; 2650
Et le mal, comme je suppose,
Est tourné sur noz anemis.
Comme chascun dit et proppose,
Il leur est advenu le pis.
Et au regard du bouluart, 2655
Je n'oseroie conseiller
De le tenir ne toust ne tart,
Que y nous a fort travaillez.
Mieux vauldroit l'abactre et bruller,
Et le mectre tout au neant, 2660
Que par luy vensist encombrier,
Ne aucun inconvenient.

LE SIRE DE COURAS.

Quant à moy, je conseilleroye
Le bouluart estre abatu,
Par telle façon et par tel voye 2665
Qu'i fut de tous point demolu.
Vous savez, a esté batu
De bombardes et gros canons;
Il est froissé et tout rompu,
Et convient que l'abandonnons. 2670

Mais me semble qu'i convient faire
Autre bouluart sus le pont,
Pour aucunement nous retraire,
Se aucuns dangier nous voyons,
Et qu'i soit fait tout front à front 2675
Comme au droit de la Belle Croix[1] :
Par ce point le pont garderont[2],
Le passaige et les destroiz.

LE SIRE DE GUITRY.

Je croy qu'il n'est pas à tenir,
Et ne seroit que confusion 2680
Pour faire de noz gens morir,
Ny autre chose n'y gaignerons;
Que il n'est ne puissant ne bon,
Mais tout molu et affiné,
Et, qui pis est encore, dit on 2685
Que les Anglois l'ont tout myné.
Par quoy, le plus toust qu'on pourra,
Le faire bruller et abatre;
Ne qui ainsi le lessera,
Il pourroit noz Torrelles batre, 2690
Et, par icelui, nous combatre,
En nous faisant grant violence;
Dont nul ne s'en doit point debatre,
Et puis qu'il n'est pas de deffence.

LE SIRE MATHIAS.

Au regart de le faire abatre. 2695
Il est bien expedient,

[1] Croix en bronze doré, qui s'élevait, à cette époque, entre la onzième et la douzième arche du pont.
[2] Lisez *garderons*.

104　　　LE MISTERE DU SIEGE D'ORLEANS.

F° 66 r°.
Sans plus en parler ne debatre,
Que il ne proffite de riens;
Mais par luy inconvenient
Nous peut venir par le garder. 2700
Si conseille que incontinent
On le voist abatre et bruller.
Oultre plus, il nous convient faire
Sus le pont aultre bouluart,
Pour tenir la ville en frontiere, 2705
A la garder de celle part.
Puis y nous convient, d'autre part,
Rompre une arche de nostre pont,
Pour nous garder d'aucuns azart,
Ainsi que par fortune vont. 2710

LE SIRE DE SAINTRAILLES.

J'é ouy voz oppinions :
Me semble que faire se doit,
C'est ung bouluart sus le pont,
Comme au droit de la Belle Croix;
Que s'il advenoit aux destroix 2715
Nostre fortiffication,
Noz ennemis reculleroit[1],
Qui n'aront dominacion.
Encore pour nostre seureté
De rompre une arche il est mestier; 2720
S'i nous prenoit neccessité,
Y ne pourroient pas apresser,

F° 66 v°.
Et les pourroit on rebouter
Par force d'armes et puissance,
Et ne se pourroient efforcer 2725
A nostre ville faire offence.

[1] Lisez reculeroient, et plus haut, advenoient.

POTON.

Je conseille qu'on s'en avance,
Et faire tout le contenu,
Nous mectre tous en ordonnance;
Le temps est bref, je l'é cognu. 2730
Aucuns m'ont dit que en a veu
Des pyonniers tout à l'entour,
Qui l'ont myné et desmolu
Pour nous bailler ung mauvais tour.
Et dy que nous devons attendre 2735
D'ores en avant ne tant ne quant;
Le bouloart fault mectre en cendre,
Et rompre une arche incontinent;
Que, se vous [estoient]¹ surprenant,
Suyvre vous pourroient en la ville 2740
Voz anemis jusques dedans,
Et faire des maulx ung cent mille.

LE RECEVEUR.

Messeigneurs, du tout en la forme
Que verrez qui sera du mieulx;
Chascun de vous bien s'en informe, 2745
De le faire sommes joyeux;
Que pour certain nous sommes ceulx
De voloir à vous estre uniz
En toute place et en tous lieux,
Et voz volentez acomplir. 2750
Et de ceste heure, sans attendre,
Allons y dont mectre le feu,
Sans arrester en place et lieu,
Et l'abactre et le mectre en cendre.

¹. Le texte donne *estiez*.

LE SIRE DE SAINTRAILLES.

Chascun veille son harnoiz prandre, 2755
Puis qu'ainsi est qu'il est conclu.

LE SIRE DE VILLARS.

Et de ceste heure, sans atendre,
Allons y dont mectre le feu.

POTON.

Il nous convient aussi entendre
Aux Tourelles, ce n'est pas jeu. 2760
Que nul n'y voise sans adveu,
Et penser de se bien deffendre.

LE SIRE DE GUITRY.

Et de ceste heure, sans atendre,
Allons y dont mectre le feu,
Sans arrester en place et lieu, 2765
Et l'abatre et le mectre en cendre.

Lors partiront en armes et ordonnance, et yront mectre le feu dedans le bouloart. Et y a pause. — Et mectront à bas tout le dit bouloart, et en feront incontinent ung au droit de la croix, sus le pont, et abatront une arche devers la ville. Après cela fait, dit

SALLEBRY.

Seigneurs, ducz, [comtes] et barons,
Mectez vous tous en ordonnance;
Vous voyez que les François font,
Ne scay pour quelle esperance. 2770
Ilz ont abatu, par oultrance,
Leur bouloart et desmolu,
Tout à coup, en une instance.

LE MISTERE DU SIEGE D'ORLEANS.

Ne scay qu'il ont trouvé ou veu;
Conseillez nous qu'il est de faire, 2775
Durant que nous sommes icy.
Trouver nous convient la maniere
De les avoir par quelque si.
Vous avez veu comment aussi
Leur bouloart ont mis par terre; 2780
Je congnois assez par ainsi
Qu'i ne sont pas las de la guerre.

LE CONTE DE SUFFORT.

Quant à moy, je conseilleroye
Que on leur baillast ung assault,
Ainsi comme je le vouldroye, 2785
Qui leur fust fort cruel et chault,
Depuis le bas jusques en hault
De leurs Tourelles et muraille.
Vous les aurez, sans nul deffault,
Que ilz n'ont deffence qui vaille. 2790

MESSIRE JEHAN DE LA POLLE.

Mon frere dit bien vrayement :
Que, se vous avez leurs Tourelles,
Vous avez tout entierement,
Que y ne se fient qu'en icelles.
Vous avez gens qui, par eschelles, 2795
Les vous poursuivront de si près,
Que, maugré les villains rebelles,
Par force d'arme les arez.

LE SIRE D'ESCALLES.

Vous les aurez legierement,
De cela je ne doubte point. 2800

F° 68 v°.
Batuz sont jusqu'au fondement
De nostre trait, de nos angins;
Et conseille que, à toutes fins,
A ce beau matin de dimenche,
Les assaillez de point en point, 2805
Sans avoir le bras en la manche.

FOUQUAMBERGE.

Faictez sonner incontinent
Voz trompetes, comment qu'i soit,
Sans que on n'oye Dieu tonnant
Du bruit que ferez oreandroit, 2810
Et baillez l'assault si estroit,
Depuis le pié jusques à mont,
Se nul est qui se trouve au droit,
L'envoyerez pescher aux poissons.

LE BAILLY D'ESVREUX.

Je suis de vostre oppinion, 2815
Que, ce matin, vous y vueillez
Vous mectre en grant affection,
Et bien grandement employer.
Vous avez le jour bel et cler,
Et avez loisir et espasse; 2820
Frappez dedans comme un sanglier,
Et que vostre povoir tout passe.

F° 69 r°.
LANCELOT DE LISLE, bailly de Chartres.

Mes gens et moy, nous sommes prestz
De bailler l'assault promptement,
En ce fait vaillans et expers, 2825
Et pour escheller proprement.
Ne faictes que commandement

Pour commancer quant on vouldra,
Vous verrez merveilleusement
Que ma compaignie y sera.

CLASIDAS.

Promptement on commencera
A tirer grosse artillerie,
Que leur gresse leur tumbera
Ou au mains la greigneur partie.
Puis voz gens prestz pour la saillie,
A ce beau dimenche matin;
Vous les aurez n'en doubtez mie,
Nul d'eux n'atendra le hutin.

LE SIRE DE GRES.

Vous aurez, je croy, les Tourelles
Des François bien legierement,
Que, ou point qu'i sont et ytelles,
N'y a deffence aucunement.
Debrisées jusqu'au fondement
Sont de bombardes et canons;
Ilz y morront finablement,
Que nul abry leans y n'ont.

LE SIRE DE PONS.

Et, se leur Tourelles prenez,
Vous pourrez dire seurement
Que leur cité et ville avez,
Sans avoir nul destourbement;
Que vous batrez entierement
Leur ville, par telle façon,
Que nul d'eulx [n'osera][1] nullement
Saillir dehors de la maison.

---

[1] Le manuscrit porte : *ne sera*.

LE SIRE DE MOLINS.

Vivres ne leur pourront venir 2855
De nulle part, il est certain.
Vous pouvez la Beausse tenir
Et la riviere en vostre main;
Ils morront tous leans de fain,
Ne nul ne les garantira; 2860
Avant ung mois aurez la fin,
Sans coup ferir on les aura.

SALLEBRY.

Messeigneurs, je le croy ainsi,
Et n'en faiz doubte nullement.
L'assault sera baillé dessi, 2865
A ceste heure cy proprement;
Mais dire vueil mon pensement
D'un songe qui m'est advenu,
En ceste nuyt, en mon dormant,
Dont j'ay esté ung peu esmeu. 2870
Je vous diray m'estoit advis
Qu'en ung fort halier je chassoye
Après ung sanglier, que je vis,
Que je rencontré en ma voye;
Et tout ainsi que haloye 2875
Mes chiens après le sanglier,
Et comme je le regardoye,
Se transfigura en levrier.
Tantoust après, je ne vis plus
Levrier ne le sanglier aussi. 2880
Je m'avance à courre sus
A mes chiens, tretout ainsi,
En disant : Hare! ve le cy!

Firent semblant de reculler,
Et fuz pour certain esbay, 2885
Que ung loup me vint esgratigner;
Lequel loup me prist au visaige
Pour le premier commancement,
Et me fist ung villain oultraige.
Cuidant en morir proprement, 2890
Lors m'escriay en mon dormant.
Par si très grant merancollye,
F° 70 v°.   Me resveille subitement,
Cuidant qu'i fut fait de ma vie.

CONTE DE SUFFORT.

Puis, sire, qu'en voulez vous dire? 2895
Volez vous dont en songe croire?
Maintes foiz je le songe pire,
Et en ay encore bien memoire;
Mais vous savez et est notoire :
En songe nul ne doit penser; 2900
Chacun scet, et est chose voire,
Le songe est toujours mensonger.

CLASIDAS.

Comment! ce[1] songe estoit vrays,
Plusieurs ne fussent mès en vye.
Les bergiers des champs seroient roys, 2905
Et noblesse seroit bergerie.
L'ault'rier, sur une gallerye,
Je songe que du hault cheoye,
Par force de vent et de pluye,
Et à la fin que je noyaye. 2910

---

[1] *Ce* pour *se*, si.

LE SIRE D'ESCALLES.

F° 71 r°.
>Nulluy ne se doit arrester
>En songe n'en divinerie,
>Et s'en doit on du tout oster,
>Que cela n'est que resverye;
>Et vient cela par fantasie, 2915
>Par faulte de repoux avoir.
>Boutez vous en hors, je vous prie,
>Et pensons de l'assault prouvoir.

SALLEBRY.

>C'est très bien dit. Dont ordonnez
>Des premiers qui bailleront l'assault, 2920
>Et voz trompetes si sonnez,
>Pour donner dedans sans deffault.
>Faictes qu'i soit cruel et chault,
>Et frappez dedans de randon,
>Sans espargner nul tant soit hault 2925
>Ne à mercy ne à ranson.

Adont les trompetes des Anglois sonneront, et le baffroy de la ville pareillement; et cryront ceulx de la ville *à l'arme!* et chascun va sur le pont, et trouve l'en le sire de Saintrailles tout armé avec ses gens; et dit

LE SIRE DE SAINTRAILLES.

F° 71 v°.
>Messeigneurs, mectez vous en rant,
>Et y allez par ordonnance;
>Que à ung chacun je deffens
>Y aller, sans avoir licence. 2930
>Vous[1] qui estes gens de deffence,
>Montez à mont sus les Tourelles,

[1] S'adressant à une troupe des défenseurs de la ville.

LE MISTERE DU SIEGE D'ORLEANS.

Et y montrez vostre vaillance,
Ainsi comme sus infidelles.
Après, vous[1], pour les refreschir, 2935
Pour leur donner ayde et secours.
Puis les blessez, pour les guerir,
Faictes les apporter bien tous,
Afin que autres, sans sejours,
Se puissent bouter en leur place, 2940
Et secourir à tous propoux,
Sans faire faulte ne falace.

Puis se renouvellera l'assault en grant fait d'armes et longuement; et plusieurs morts et blessez des François; puis dit

LE SIRE DE SAINTRAILLES.

Enffans, enffans, retrayez vous,
Je voy que nous avons le pire,
Et sont fort plus puissans que nous. 2945
Noz gens endurent trop martire;
Retrayez vous, sans plus le dire,
Ou je voy que vous estes mors.
Que chascun de vous se retire,
Et se boute tout point dehors. 2950

Puis ici les trompetes des François sonneront une retraicte, et descendront tous des Tourelles, et apporteront des mors et blecez, et habandonneront lesdites Tourelles, se reculleront jusques en la ville; et y aura une arche rompue et plusieurs se tiendront au bouloart nouveau fait; et les Angloys monteront dedans les Tourelles, cryant *ville gaignée*, et mecteront leurs estandars dessus lesdites Tourelles et lances, faisant grant bruit. Puis dit

GLASIDAS.

Messeigneurs, nous avons gaigné,

[1] L'acteur désignait ici une seconde troupe.

A ce coup, honneur et chevance,
Sans avoir gueres barguigné,
Par force d'armes et puissance;
Et avez à vostre plaisance
Leurs Tourelles et boulouart,
Par vostre proesse et vaillance
Des bons amis de nostre part.

LE CONTE DE SUFFORT.

Vous voyez noz gens là dedans,
Comment il ont gaigné la place;
Bien povons dire que Orleans
Est nostre, pour peu de menace.
Sy fault bien que pardon ou grace
Leur faciez, ou y sont tous mors.
Vous les aurez en peu d'espasse,
Vers vous ne sont puissans ne forts.

FOUQUAMBERGE.

Nous devons bien faire grant chiere,
Et avoir bien le cueur en joye,
Quant leur bouloart et frontiere
Avez soubmiz par ceste voye.
De leur ville je ne donroye
Pas un bouton que ne l'ayez;
Elle est vostre, c'est chose vraye,
Nul ne vous en peut delayer.

SALLEBRY.

J'é grant desir que sus ce soir
De m'aler esbatre là mont[1],
Pour voir la ville à mon vouloir.

---

[1] Là-haut.

LE MISTERE DU SIEGE D'ORLEANS.

Leurs ediffices et maisons,
Et aussi que nous regardions,
Pour assieger, l'artillerye 2980
De noz bombardes et canons,
Pour mieulx faire nostre saillie.

LE PRINCE D'ESCALLES.

C'est bien dit. Quant il vous plaisa [1]
Nous yrons pour veoir leur cité;
A voir fort plaisant vous sera, 2985
Qu'elle est de grant auctorité.
Jamès n'eulrent adversité,
C'est ce qui les a fait tenir;
Et puis ayment de loyaulté
Leur roy Charles et pour morir. 2990

LANCELOT DE LISLE.

De trop l'aymer bien repentir
Y se pourroient, est grand folye [2].
Nul ne les peut plus secourir,
Ne leur ayder, quoy qu'on nous die;
Et est à eulx grant resverye 2995
De vouloir tenir longuement,
Que y luy [3] perdront tous la vie,
Et defineront piteusement.

SALLEBRY.

J'é volenté certainement
De monter en hault en presence, 3000
Pour voir la ville plainement,
Que à la voir je prens plaisance.

---

[1] *Sic*, pour *plaira*.   [3] *Que y luy....* car ils y perdront, etc.
[2] Le manuscrit porte : *et* grand folye.

F° 73 v°.
Glassidas, j'ay esperance
Que nous l'arons en peu de temps.

GLASSIDAS.

Il n'en fault avoir nulle doubtance 3005
Que ne l'ayez incontinent.

SALLEBRY.

J'é desir d'y vouloir aller,
Glassidas, et je vous emprie
Que avec moy vous en viengnez,
Et pour me tenir compaignie. 3010

GLASSIDAS.

Monseigneur, mais, je vous emprie,
Allons y sans atendre plus;
Que joyeux suis, je vous affie,
D'avoir les François ruez jus.

Puis y a pause. — Sallebry et Glasidas vont et montent aux Tourelles. Puis dit

LE RECEVEUR.

Messeigneurs et mes bons amis, 3015
Les Torrelles avons perdus,
F° 74 r°. Et sont dedans noz anemis,
Qui n'ont pas esté deffendus.
Si nous fault penser, au seurplus,
De bien garder nostre cité, 3020
Que par eulx ne soyons confuz,
Et mis en grant adversité.

LE SIRE DE VILLARS.

Y ne se fault point esbayr

Se perdus avons les Torrelles,
Qui n'estoient pas pour tenir, 3025
Pour deffence bonnes ne belles;
Mais mieulx vault leur lesser icelles
Que nous les tensisions à tort,
De nous soufrir mourir pour elles
Et noz gens de piteuse mort. 3030

LE SIRE DE SAINTRAILLES.

J'en suis de ceste oppinion,
Que moy j'ay fait noz gens retraire,
Les voyans à confusion
Navrez, morir à vitupere;
N'aultre chose n'y saurons faire, 3035
Qu'elles n'estoient pas de deffence.
Trouver nous fault aultre maniere
Pour faire à eulx resistence.

POTON.

Messeigneurs les bourgeois d'Orleans,
N'ayez point peur, je vous emprie; 3040
Je voys que vous estes dolans,
Et avez la chiere esbaye
Des Torelles, dont vous supplie
Que vous ne vous veillez soucier
De la ville, qu'i n'aront mie 3045
Legierement sans secouer.

MESSIRE MATHIAS.

Point esmouvoir ne vous veillez
A faire chiere ne semblant,
Que nullement troublez soyez
De maniere ne autrement. 3050

Que se estes esbayssant,
Aux anemis donrez coraige
De vous estre plus ravissant,
Et plus vous faire de dommaige.

LE SIRE DE GUITRY.

Ne vous esbayssez de riens, 3055
Que nous avons bonne deffence.
Des Tourelles, c'est mains que neant,
Ne n'en ayez nulle desplaisance;
Mais faictes mectre à puissance
Artillerie au bouloart, 3060
Pour les batre, comme je pence,
Incessamment et toust et tart.

LE SIRE DE CORRAS.

Y ne se fault nul esbayr,
Mais vaillamment resister;
Nous sommes pour les assaillir, 3065
Et pour les aller deffyer.
Si, vous devez dont ralyer
Sans demener merancolie,
Que à voz anemis donner
Coraige de chiere hardie. 3070

LE RECEVEUR.

Penser yueil de l'artillerie,
Pour renforcer le bouloart.

LE SIRE DE VILLARS.

Faictes le dont, je vous emprie,
Sans atendre qu'i soit plus tart.

LE RECEVEUR.

Nous y ferons, de nostre part,
En ce cas, toute diligence;
Que chascun y aura regart,
Ainsi que j'ay esperance.

Puis icy y a pause. — Et puis dit Glasidas à Sallebry à la fenestre des Tourrelles, que chascun le pourra bien voir.

GLASSIDAS.

Très noble conte Sallebry,
Venez voir à ceste fenestre.
Jamès ne fustes en party
Qui vous fut plus plaisant à estre;
Regarder[1] à destre à senestre,
Ne fut jamais plus gente place,
C'est comme ung paradis terrestre,
Et aussi comme un lieu de grace.
Or, est il vostre de present,
Nul ne le vous peut contredire,
Que vous estes comme dedans,
Il n'y a comme riens à dire.
Vous en serez seigneur et sire,
Pour le tenir en vostre main.
De France c'est le miel et cire,
Et où tout gist pour faire fin.
Vous n'avez plus trois pas de voye,
Que ne l'ayez pour heritaige.
Vous les tenez, c'est chose vraye,
Prisonniers comme en une caige.
Sur eulz avez tel avantaige

---

[1] *Sic*, pour *regardez*.

Qu'i ne savent plus où fouyr.
Leans sont en vostre servaige,
Pour les faire vivre ou morir.

SALLEBRY.

Je prans en moy ung grant plaisir
A voir ceste noble cité;
S'i convient les faire morir,
Ce sera grant adversité,
Et grant dommaige en verité;
Et n'est que par inadvertence,
Comme par une hostinité,
Où il ont bouté leur plaisance.
Clasidas, j'amasse trop mieulx
Qu'il eussent en eulx bon voloir
De leur rendre, quan, si mes dieux [1],
Je les vouldroye recevoir,
En voulant faire leur devoir
De nous estre bons et loyaulx.
Dont, je voy par leur nonchaloir
Qu'i souffreront beaucoup de maulx.
A mercy les vouldroie prandre;
Mais je croy qu'i n'en feront riens,
Par quoy, morir les feray et pendre,
Tous ceulx qui sont leans dedans,
Et leurs femmes et leurs enffans.
Ja personne n'espargneray,
Que tant qu'i sont, petis et grans,
Du tout à l'espée je mecteray.

---

[1] Telle est la leçon du manuscrit, qu'il faut sans doute corriger ainsi : *quant, si m'ait Dieux* (si Dieu m'aide), locution qui revient à chaque instant dans les anciens textes. Le sens paraît être celui-ci : «Clasidas, j'aimerais mieux qu'ils fussent disposés à se rendre (de leur rendre, de rendre eux), car, de par Dieu, je les recevrais volontiers à merci.»

LE MISTERE DU SIEGE D'ORLEANS.

Lors sortira ung canon d'une tour nommée Nostre Dame, qui viendra le frapper parmy la moictié de la teste, en la joue, et lui crevera ung œil. Puis cherra tout à l'enreverse, et Glasidas le cuidera relever. Et y a pause de trompetes; — et font grans admiracions les Englois estant aux Tourelles, qui auront veu le coup. Et puis s'ecrye Glasidas et dit

GLASSIDAS.

F° 77 r°.

Ha! hay! maudicte journée!
Voicy piteux cas advenu.
Or, est bien perdue nostre armée,
Et tout nostre estat devenu;
Luy qui a fait et soustenu
Du tout nostre ost par sa vaillance,
Et si très bien entretenu,
Qu'il avoit conquis toute France.

3130

Puis viennent les seigneurs à Glasidas, et dit

LE CONTE DE SUFFORT.

Glasidas, et quelle contenance!
Qui a il de cryer ainsi?

3135

GLASIDAS.

Messeigneurs, regardez l'offence!

MESSIRE JEHAN DE LA POLLE.

Glasidas, et quelle contenance!

GLASIDAS.

Vous voyez, en vostre presence,
Mort le bon conte Sallebry.

3140

LE SIRE D'ESCALLES.

F° 77 v°.

Glasidas, et quelle contenance!
Qui a il de cryer ainsi?

LE MISTERE DU SIEGE D'ORLEANS.

GLASSIDAS.

Helas! vous le voyez murtry,
En luy plus nous n'aurons fiance.

FOUQUAMBERGE.

Et comment? qui a fait cecy? 3145

GLASSIDAS.

Helas! vous le voyez murtry.

LANCELOT DE LISLE.

Vous parliez en present à luy,
Venu est en une instance.

GLASSIDAS.

Helas! vous le voyez murtry,
En luy nous n'aurons plus fiance. 3150
C'est ung coup de malle meschance
De canon frappé au visaige.

LE BAILLY D'ESVREUX.

Hé Dieu! voicy grant desplaisance,
Et à nous tous ung grant dommaige.

LE SIRE D'ESCALLES.

Ha! Sallebry, noble coraige, 3155
Ta mort nous sera vendue chiere;
Jamès ung tel de ton paraige
Ne se trouverra en frontiere.

CONTE DE SUFFORT.

Vous n'en devez cryer ne braire,

Ne faire lamentacion, 3160
Que les François, c'est chose voire,
En auront le cueur plus felon,
Qui sont nostres, se nous volons,
En mains de bailler ung assault.
Tenir secret, c'est la raison, 3165
Qu'ilz en levroient le cueur plus hault.

CLASIDAS.

Ha! se ce cas ne fust venu,
Bien estoit son intencion
Qu'i n'eust esté grant ne menu
Qu'i n'eust mis à destruction; 3170
Et eust eu, sans remission,
Orleans qu'il avoit entrepris,
Sans nulle variacion,
Noble vaillant prince de pris!

LE SIRE D'ESCALLES.

Dont, puisqu'ainsi nous est mespris, 3175
Si n'en fault il montrer semblant;
Nous donrions à nos anemis
Le coraige encores plus grant.
Anuyt, de nuyt[1], sur l'estrant[2]
Le conviendra mener à Meung, 3180
Et de le penser diligent,
Je vous empry, soit ung chascun.

FOUQUAMBERGE.

A Meung faut bien qu'il soit mené
Le plus brief et plus celement.

---
[1] *Anuyt, de nuyt*, aujourd'hui, de nuit.
[2] *Estrant*, estrain (*stramen*), litière.

Y luy sera mieulx ordonné 3185
Qu'i ne seroit icy vrayement.
Qu'i soit mené honnestement,
Je vous empry, sans faire bruit,
Que les François certainement
En meneroient grant joye et desduit. 3190

MESSIRE JEHAN DE LA POLLE.

Aussi, je vous vueil advertir,
Rompre fault deux arches du pont,
Que les François pourroient venir
A courrir à nous tout du long.
Vous savez que traveillez sont 3195
Nos gens de ce bruit et tempeste;
Plus seurement s'en reposeront,
Sans en avoir mal en leur teste.

LE CONTE DE SUFFORT.

Ainsi soit, qu'i soient rompuz,
Deux arches du pont promptement; 3200
Qu'i soit fait sans actendre plus,
Que nous en serons plus seurement.
Puis fault aussi diligamment
Mener le conte Sallebry
A Meung, le plus secretement 3205
Que on pourra, pour le jour d'uy.

Puis les Angloys romperont deux arches et meneront en une sentine[1] le conte de Sallebry à Meung bien tenu honnorablement d'orliers[2] et ornemens. Et y a pause longue. — Et puis dit

---

[1] *Sentine*, sorte de grand bateau en usage sur la Loire.

[2] *Orliers*, sans doute, oreillers.

LE RECEVEUR.

Messeigneurs, comme vous savez,
Les Anglois ont le siege mis;
Il y a douze jours passez,
Que cy devant nous ont assis; 3210
Lesquelz ont fait plusieurs saillies,
Et maint assault nous ont donné,
Que nous n'avons esté rassis,
Mais de guerroyer n'ont finé.
Je voy qu'il ont mauvais coraige, 3215
Et qu'ilz ont en ferme propoux
De destruire nostre heritaige,
Sans nous donner aucun repoux.
Si vous vueil dire devant tous
Qu'i seroit bon d'aller vers le Roy, 3220
Pour luy requerre du secours,
Et luy remonstrer le desroy.
Pour ce en direz voz advis,
Lesquelz seront pour y aller,
Et que du Roy nous soit permis 3225
De desmolir et debriser
Faubourgs, et eglises bruler,
Pour la seureté de la ville;
Qu'i luy plaise en disposer,
Pour garder nostre domicille. 3230

LE SIRE DE VILLARS.

Il est bien raison y aller,
Et luy raconter les nouvelles,
De nostre estat luy en parler,
Et comment il ont les Tourelles;
Mais que, non pourtant, pour icelles 3235

Nous avons bonne intencion
Que contre leur faulces querelles
D'estocer[1] fermes et tenir bon.

F° 81 r° [2].   LE SIRE DE SAINTRAILLES.

J'en suis bien de l'opinion
Que vous y devez envoyer.   3240
De gens de bien, il est raison,
Incontinant, sans delayer;
Qu'i luy plaise vous soulayer
Allencontre des anemis,
Qui veullent ainsi chalangier   3245
Son royaulme, le noble pays.

POTON.

Pour y envoyer, je conseille
Seullement bourgeois de la ville,
Desquelz qui vouldront si traveille[3]
De leur chambre et leur domicille,   3250
Ce qu'i congnoistront estre utille.
A eulx nous nous en rapportons;
Qu'i soient expers et habille,
Pour faire les conclusions.

LE SIRE DE COURAS.

Messeigneurs, les bourgeois yront;   3255
C'est raison et le fait leur touche,
Et au roy Charles parleront
Eux mesmes, à sa propre bouche;
F° 81 v°.   Et adfin que n'ayent reprouche,
Le temps advenir, de nulluy,   3260

[1] Estoquer, frapper d'estoc.   [3] Lisez traveillent, travaillent.
[2] Le feuillet 80 est en blanc.

Y convient poursuivre la soche
Et fondement par iceluy.

LE SIRE DE GUITRY.

Entre vous, messeigneurs d'Orleans,
Envoyez y qui vous vouldrez ;
Vous estes saiges et savans 3265
Pour en très bien disposer.
Du fait de la guerre savez,
Il ne vous en faut jà riens dire,
Là y viellez dont envoyer
Au Roy nostre souverain sire. 3270

LE RECEVEUR.

Messeigneurs, nous y envoyrons
De la ville de gens de bien,
Qui très bien faire le sauront
Le voyaige, sur toute rien.
Ce pendant, comme je soustien, 3275
Penserons au fait de la guerre,
Pour trouver la voye et moyen
Les bouter hors de nostre terre.

Puis dira à deux des eschevins de la ville illec presens ce qui s'ensuit :

LE RECEVEUR.

Çà, messeigneurs, y vous convient
Aller vous deux devers le Roy, 3280
Le plus toust et incontinent
Que vous pourrez et sans delay :
Luy remonstrant le grant desroy
Que font les Anglois cy devant,
Le soucy, la peine et l'esmoy 3285

Que nous en souffrons de present.
Vous luy prirez que y luy plaise
Nous envoyer, de bref, secours,
Que nous sommes en grant malaise,
Jour et nuyt, sans avoir repous. 3290
Pareillement, de noz fauxbours,
Qui sont beaux merveilleusement,
Et des eglises à l'entour,
Qu'i convient mectre à finement,
Vous savez bien qu'il est de dire. 3295
Allez, et faictes envers luy,
Comme nostre souverain sire,
Qu'i ne nous ait pas en oubly.

PREMIER BOURGEOIS.

Vostre vouloir sera acomply,
Devers le Roy nous en irons 3300
Incontinent, et aujourd'uy,
Pour y aller, nous partirons.

F° 82 v°.
LE II° BOURGEOIS.

Puis qu'i vous plaist, acomplirons
Le veaige devers le Roy,
Au mieulx que faire le pourrons, 3305
Vous asseure de bonne foy.

LE RECEVEUR.

Dictes luy bien le grant esmoy,
En tous les jours, en quoy nous sommes,
De jour et de nuyt à l'effroy,
Quant sommes en noz premiers sompnes. 3310

Puis partiront. Pose. — Puis dit Glasidas :

Helas! et Dieu et quel dommaige[1]
De nostre maistre Sallebry,
Garny d'un si gentil coraige,
Nul n'est qui appressast de luy!
En armes estoit fort hardy,   3315
Le plus vaillant dessus la terre,
Ne jamès prince ne nasquit
Plus vaillant que luy d'Angleterre.
Messeigneurs, y nous fault penser
D'envoyer querre du secours,   3320
Que nous ne sommes pas assez
Pour bien tenir ce siege cloux.
S'i vous plaist, vous en direz tous
Voz opinions en ce cas;
Que plusieurs ont deul et couroux   3325
Dont Sallebry a pris trespas.

LE CONTE DE SUFFORT.

Ce nous est deul et desplaisance
De Sallebry, lequel est mort;
Qu'il estoit tout nostre esperance
De nostre armée et le confort;   3330
Mais puisqu'ainsi, à droit ou tort,
Y nous convient en gré le prandre,
Tallebot est ung prince fort,
Mander le nous fault, sans atendre.

LE SIRE D'ESCALLES.

De messire Jehan Tallebot,   3335
Le convient bien envoyer querre;
N'est nul qui saiche son trippot

---

[1] Il faut lire, sans doute, au lieu de *et Dieu et quel dommaige*, eh Dieu! eh quel, etc.

Mieulx que luy, du fait de la guerre.
Mander luy convient à grant erre,
A Roan, je croy qu'i luy soit,[1]
Voire, jusques en Angleterre,
Se d'aventure il y estoit.

MESSIRE JEHAN DE LA POLLE.

Il luy fault mander voirement,
Et comment Sallebry est mort,
Qu'il avoit ung peu matalent[2],
Et dont il regentoit si fort,
Et l'avoit comme en discort,
Pour ce que lieutenant estoit;
Luy sembloit bien avoir ce port
Que l'onneur luy appartenoit.

FOUQUAMBERGE.

Je le vy au deppartement
De Roan, quant y luy requist[3]
A Tallebot, honnestement,
Que avecques nous y reusist;
Mais gueres de compte n'en fist,
Pour ce n'y veult onques venir.
Je ne scay pourquoy y le fist,
Mais nous doit venir secourir.

LANCELOT DE LISLE.

Je vous vueil aussi advertir
De faire faire ung bouloart,
Pour leur trait aussi retenir,
Et pour deffendre ceste part

---

[1] Lisez *qu'il y soit.*
[2] *Matalent,* lisez *maltalent.*
[3] Quand *il y requist.*

Qui sera au droit de leur esgart,
Pour fortiffier noz Tourelles;
Partout nous fault avoir regart, 3365
Et nous garder de leurs cautelles.

LE SIRE D'ESVREUX.

Y le convient envoyer querre,
Tout le plus toust que on pourra,
Et autres seigneurs d'Engleterre,
En Normendie qu'on trouvera, 3370
Pour les faire venir deçà,
Aussi pour nostre oust solayer[1];
Puis leur cité on assauldra
Incontinant, sans varier.

LE SIRE DE MOLINS.

Y luy fault doncques envoyer 3375
Promptement, sans atendre plus,
Si nous convient aussi penser
De nostre fait, quand au seurplus :
C'est que ung bouluart soit mis sus,
Pour noz Tourelles preserver 3380
De leur trait et de leur abus;
Sans cela, nous pourront grever.

LE SIRE DE PONS.

Vous avez, vous tous, très bien dit,
Et le convient ainsi le faire.
Nous avons perdu Sallebry, 3385
Qui estoit tout nostre frontiere,
Et pour vengier ce vitupere,

---

[1] *Solayer*, soulager.

Allencontre de ceulx d'Orleans,
En tous leurs lieux de deçà Loire
Je mectroye le feu dedans. 3390

GLASIDAS.

Il n'y aura maison ne bourg
Que dedans le feu je ne boute,
Leurs mestaieries, de bout en bout,
N'en lairay une seulle toute.
Leurs beaulx lieux seront mis en soute, 3395
Sans y lesser riens que la terre.
Compaignons, sus! en somme toute,
Allez, sans lesser une perriere.
Ainsi soit fait, sans plus atendre,
Ung bouloart icy devant, 3400
De fagoz, de terre et de cendre,
Pour estre en seureté dedans
Du trait qui pourroit survenir;
Et soit fait en telle maniere
Que de ceulx qui seront leans, 3405
On ne leur puisse nul mal faire.
Vous aussi, messagier, allez
Au puissant conte Tallebot,
Et ces lectres cy luy portez,
En luy en faisant le rapport 3410
De la très douloureuse mort
Du vaillant conte Sallebry,
Qui, par ung maleureux sort,
Est mort, Dieu ait l'ame de luy!
Luy diras que nous luy prions 3415
Qu'i viengne et toute sa puissance,
Et que besoing nous en avons
De son ayde et pourvoyance.

LE MISTERE DU SIEGE D'ORLEANS. 133

Va, et fays grant diligence,
Et qu'il amene avec luy 3420
Princes de son apartenance;
Mestier en est pour le jour d'uy.

MESSAGIER.

Monseigneur, auray acomply
Vostre messaige incontinant,
Je m'y en voys, adieu vous dy, 3425
Sans m'arrester ne tant ne quant.

Puis partira et dit :

Je voy là je ne scay quelz gens,
F° 85 v°. Et croy que ce soient espyes.

Puis survient à luy deux ou trois compaignons, les espées toutes nues sur luy;
et dit

LE PREMIER FRANÇOIS.

A mort! à mort!

LE MESSAGIER.

Las! je me rens.

LE IIe.

Tuez, c'est ung Angloys, cruys [1]. 3430

LE MESSAGIER.

Hai! messeigneurs, pour Dieu, mercy!
Je vous pry, sauvez moy la vie.

LE IIe.

As tu argent?

---

[1] *Cruys*, je crois. Forme fréquente dans les anciens textes : *ce cruis, ce truis*, je crois. je trouve cela.

LE MESSAGIER.

Helas! nenny.
Hai! messeigneurs, pour Dieu, mercy!

LE Ier.

Jamès ne partiras d'icy.
Je congnois que c'est une espye.

LE MESSAGIER.

Ha! messeigneurs, pour Dieu, mercy!
Je vous pry, sauvez moy la vie.
Ne me tuez pas, je vous pry,
Et je vous feray tous joyeux.

LE IIe.

Tu mens, ce n'est que baverye.
Le veés vous, c'est ung espieux.

MESSAGIER.

Non suis, messeigneurs, ce més Dieux[1];
Je suis seullement messagier,
Qui voys noncer en plusieurs lieux
Pour les Angloys grant encombrier.

LE IIIe.

Tu cuides, pour ton beau parler,
Eschapper, faulx Angloys infame!
Y le nous convient despecher,
Et en enfer voise son ame!

MESSAGIER.

Non faiz, seigneurs, par Nostre Dame!

---
[1] *Si m'ait Dieux*, si Dieu m'aide, comme ci-dessus, page 120.

Mès dire vous vueil verité,
Bien loyaument, sans aucun blasme,
S'i vous plaist donner seureté.

LE PREMIER.

Or, sus, avant nous soit compté 3455
Bonnes nouvelles que tu dis.

LE IIe.

Regardez, qu'il est affaicté !
De l'escouter je m'esbays.

MESSAGIER.

Helas ! mes doulx seigneurs gentilz,
Par l'ame de moy, est certain 3460
Que nostre maistre n'est plus vis[1].
Sallebry il est mis à fin.

LE IIIe.

Ha ! ha ! et Dieu ! que tu es fin !
Y dit que Sallebry est mort.

MESSAGIER.

Ouy, par ma foy.

PREMIER.

Quel pelerin ! 3465
Regardez comme il souffle fort !
Par Dieu, paillart villain et ort,
A ce coup icy tu en morras.
Nous fault il faire tel rapport ?
Et puis après tu t'en moqueras. 3470

[1] *Vis*, vivant.

MESSAGIER.

Messeigneurs, je voi cy le cas ;
Je vueil qu'on me face morir
S'il n'est ainsi. Ne doubtez pas
Que il est mort, sans en mentir.

LE IIe.

Y le nous convient retenir, 3475
Et le mener dedans la ville
A messeigneurs, pour enquerir.

MESSAGIER.

Il est vray comme l'evangille.

LE IIIe.

Menons luy[1], sans actendre plus,
Pour savoir qu'il en vouldroit dire. 3480

LE Ier.

Se tu nous bailles des abuz,
Je croy que tu auras le pire.

LE IIe.

Allons le dont mener, de tire,
Devers messeigneurs les bourgeois ;
Que, s'il est vray, c'est bien pour rire 3485
Et prouffit pour tous les François.

Puis amenent devant le receveur de la ville le messagier, et y a pause.—Puis dit

---

[1] *Menons luy*, lisez *menons l'y*.

LE IIIe.

Messeigneurs, voicy ung Anglois
Que nous avons pris là dehors,
Lequel, ainsi comme je crois,
Pour les François fait bon rapport,   3490
Pour sauver sa vie ou son corps.
Pour quoy il le fait je ne scay,
Mais dit de vray et se tient fort
Que Sallebry est trespassé..

LE RECEVEUR.

Mon amy, tu es dont Angloys,   3495
Venu en la grant compaignie?
Dy moy le voir, là où tu vois,
Ne quel lieu ne en quelle partie;
Aussy que tu ne mentes mie,
Mais dire toute verité,   3500
Je te promès sauver la vie,
Te renvoyer en seureté.
Et dy, quant party tu de l'oust?
Dy le moy icy, je te prie,
Et là où tu t'en voys si toust,   3505
Ne par devant quel seigneurie,
Et à qui tu es, ne mens mie.
Pareillement de Sallebry
N'en parles point en mocquerie,
Ne n'en dy riens que bien de luy.   3510

MESSAGIER.

Messeigneurs, je vous certiffie
Que Glasidas si est mon maistre,
Lequel m'envoye en Normendie

A Tallebot faire congnoistre
Comment que, par une fenestre, 3515
Sallebry a esté frappé
D'un canon, qui par la joue destre
L'a piteusement atrappé.

LE RECEVEUR.

Ce que tu dis je ne puis croire,
Que, dimenche derrenierement, 3520
De noz Tourelles eust victoire,
Et tous ses genz entierement,
Trois jours y a tant seullement.
Onques puis ne fut fait bataille,
Entendre ne puis bonnement, 3525
Que tu ne dis chose qui vaille.

MESSAGIER.

F° 88 v°.
Monseigneur, il est tout certain
Que, dimenche au soir proprement,
Voult voir la ville plus à plain,
Avecques mon maistre vrayement; 3530
Et ainsi qu'en la regardant,
D'une tour saillit ung canon,
Qui le vint frapper droictement
Parmy la joue et le menton.
Celle nuyt, fut mené à Meung, 3535
Le cuidant bonnement guerir;
Mais, pour verité, ung chascun
Dit qu'on l'a veu ensevelir.
Dont noz seigneurs, sans en mentir,
En font tant de dueil que c'est rage, 3540
Qu'i ne savent que devenir,
Tant est de deul en leur coraige;

Et n'a plus duré que trois jours,
Ce mercredi matin est mort.

LE RECEVEUR.

Les Anglois en font grant couroux,
S'il est vray, et grant desconfort.

MESSAGIER.

Je vueil morir sans nul depport,
S'i n'est vray, en ma conscience.

LE RECEVEUR.

F° 89 r°.   Nonobstant, soit droit ou tort,
Tu auras plaine delivrance.

LE MESSAGIER.

Monseigneur, de vostre presence
Je prens congié, puis qu'i vous plaist.

LE RECEVEUR.

Tu n'auras mal ne violence,
Va t'en, sans plus faire d'arrest.

Puis s'en va tout joyeulx, et y a pause. — Puis dit

LE RECEVEUR.

Messeigneurs, vous voyez que c'est
Des nouvelles de ce messaige;
Bien devons du cueur, par exprès,
Louer Dieu et de bon coraige.

LE SIRE DE VILLARS.

Pour voir, je ne fais nulle doubte
Qu'i ne soit mort certainement,
Que il eut esté en escoute,

F° 89 v°.

Sans faire effroy aucunement;
Mais esbay suis grandement
Du jour qu'i dit que fut frappé
D'un coup de canon vrayement;   3565
Se¹ soir n'en fut point eschappé.

LE SIRE DE SAINTRAILLES.

Je m'esbays d'ont cecy vient.
Nous fault aller sur la muraille;
De noz canons ne s'en fault riens,
Et ne croy pas que ung s'en faille.   3570
Sont tous chargez, pretz en bataille,
Dès le dimanche après disner;
Dont fault que le garson se raille,
Qu'i le face pour se moquer.

MESSIRE MATHIAS.

Je vous diray, allons y voir,   3575
Et y menons les canonniers,
Qui ont la charge à y prouvoir,
Et qui y sont officiers.
La verité vous congnoistriés
Par ce point; le voir ou mensonge   3580
Chascun en dira voulentiers,
Et pour s'en donner la louenge.

LE RECEVEUR.

Sus dont, messeigneurs, or allons,
Que ce fait n'est pas peu de chose;
F° 90 r°.   Ce² Sallebry perdu il ont,   3585
Y sont troublez, je le suppose.

¹ *Se* pour *ce*.
² *Ce* pour *se*, si.

POTON.

Messeigneurs, bien dire vous ose
Qu'il ont aucune affliction,
Mon cueur le dit et le proppose,
Ou bien mauvaise intencion. 3590

Puis vont sur la muraille, et y a pause ; — et regardent partout les canonniers, et trouvent le canon de la tour Nostre Dame, auquel il n'y a riens dedans ; et puis dit

LE RECEVEUR.

Messeigneurs, voicy ung canon,
Qui est en la tour Nostre Dame,
Auquel riens trouvé nous n'avon,
Dont le maistre en doit avoir blasme.
S'i convenoit cryer *à l'arme*, 3595
Ou que nous eussions quelque assault,
Ce nous seroit vilain diffame,
Et aux maistres très grant deffault.

LE CANONNIER.

Y n'y failloit riens vrayement ;
Dimenche au soir je l'assorty, 3600
Ne onques puis aucunement
Ne fut gecté, certain en suy
De par moy. Et d'ont vient cecy ?
Je scay bien que je l'é chargé,
Ne autre chose je n'en dy ; 3605
Je ne scay qui l'a deschargé.

LE RECEVEUR.

Et dea [1] ! n'avez vous pas la charge

F° 90 v°.

[1] Et dà !

De ceste tour entierement?
La garde en avez de l'ouvraige,
Sans nul autre totallement,
Ne nul n'y doit aucunement
Riens faire, à peine de la hart;
Et vous ne savez nullement
Qui l'a tiré de ceste part!

LE SIRE DE GUITRY.

Or, nous dictes, maistre, beau sire,
De ce canon, où est sa visée,
Ne où va la perre¹ au vray dire,
Puis après qu'elle est eschappée.

LE CANONNIER.

Il a tout fin droit sa visée
A frapper dedans la fenestre
Des Tourelles, qui est levée
Ainsi comme au millieu de l'estre.

LE SIRE DE COURAS.

En soupeçon ne devez estre,
Je congnois toute verité;
Que des Anglois est mort leur maistre,
Qui leur est grant adversité,
Et, comme par divinité,
Que du coup nulluy n'est vanté;
C'est Dieu qui le nous a ousté,
Ainsi je le croy et me vente.

LE RECEVEUR.

Sallebry si avoit promis

---

¹ *La perre*, le boulet de pierre.

A nostre naturel seigneur,
Qu'en sa terre n'en son pays
Y ne feroit mal ne douleur,
Dont lequel s'est trouvé menteur,   3635
Et aussi Dieu l'en a pugny;
Puis desroba par grant rigueur
La Bonne Dame de Clery.

LE SIRE DE VILLARS.

Croyez, c'est divin jugement,
Dont Sallebry a telle fin;   3640
Dieu vueille qu'en l'achevement
Y luy plaise mectre sa main.
Nous devons bien du cueur enclin
Le servir en devocion,
Quant il a osté du chemin   3645
Sallebry par permission.

LE SIRE DE SAINTRAILLES.

Or, devons nous prandre coraige,
Pour resister vaillamment
A rebouter hors du rivage
Noz anemis villainement,   3650
Lesquelz n'ont cause nullement
De venir en ceste heritaige,
Pour la ravyr ne tant ne quant,
Mais, croy, ce sera à leur dommaige.

POTON.

Messeigneurs, il nous convient faire   3655
Une bombarde merveilleuse,
Pour contre les Tourelles batre,
Qui soit grosse et adventureuse,

Portant la pierre vertueuse
Comme de huit vings livres pesant, 3660
Afin qu'elle soit sousteneuse
Pour les Angloys esbayssant.

LE RECEVEUR.

De la faire sommes contant,
La bombarde spacieuse,
Sans delay et incontinent, 3665
Qui gectera pierre oultrageuse.
Si m'en voys, tout de ceste aleuse [1],
La commander ung ouvrier,
Qu'i la nous face plantureuse,
Au mieulx qu'on la pourra ouvrer. 3670

Puis icy y a pause; — et doivent arriver les bourgeois de la ville à Chinon. Puis dit

LE PREMIER.

Or sommes nous cy arrivez
Dedans la ville de Chynon,
Si nous fault aller presenter
Devant le Roy, c'est bien raison.
Nostre ambassade luy diron, 3675
Et ce qui vers luy nous amayne.
Je vous pry que nous y aillons;
Voi le là [2] en son grant demaine.

IIe BOURGEOIS.

Allons y, sans actendre plus;
Faire nous convient diligence, 3680
Pour retourner, quant au seurplus,

---

[1] *Aleuse, aleure*, allure, comme ci-dessus *plaisa* pour *plaira*.
[2] *Voi le là*, le voilà.

LE MISTERE DU SIEGE D'ORLEANS.

Sans faire longue demourance,
Voylà le noble roy de France,
Nous convient à luy anoncer,
La doleur et la grant souffrance 3685
Qui est à Orleans sans cesser.

Puis s'agenoillent devant le Roy et dit

LE PREMIER BOURGEOIS.

Très hault et très redoubté sire,
Nostre noble roy souverain,
Vers vous voulons noncer et dire,
Se vous plaist oyr de certain 3690
Des nouvelles, du tout à plaisir,
Que voz bons, saiges et amys
D'Orleans qu'i vous mandent à fin
Qu'en vostre grace soient mis.
Très chier seigneur, il est bien vray 3695
Que les Anglois ont assiegé
Orleans et fait ung grant effroy,
Et ont le pays dommagé,
Les habitans fort oultraigé
Par plusieurs assaulx et saillies, 3700
Lesquelz si ont contraryé
Encontre leurs faulx anemis.
Dont, par nous vous prient humblement
Qu'i vous plaise les secourir,
Que y veullent totallement 3705
Pour vous, sire, vivre et morir,
Ainçois qu'i vueillent consentir
Jamès à aux Angloys leur rendre [1];

---

[1] *Leur rendre,* se rendre.

Mais à vous veulent obeyr
Et à tous voz plaisirs entendre. 3710
Et, avecques ce, vous requierent
Leur donner povoir et licence
A demolir maisons prestoires,
Qui pourroient faire nuysance
A la ville et viollence, 3715
Tous ediffices et eglises;
Sire, que c'est leur esperance
Eulx deffendre par toutes guises;
Et, s'i vous plaist leur envoyer,
De vostre grace, du secours 3720
Qui les peust ung peu solayer,
Qu'i y aront heure de repoux.
Il ont assigé les faubours,
Pris Tourelles et Portereau;
Il en sont maistres et des tours, 3725
Et tout jusques au rees de l'eau.

F° 93 v°.   LE ROY CHARLES, VII° de ce nom.

Nos chers et bons amys d'Orleans,
Joyeux suis de vostre venue,
Saichez ne vous fauldray en riens
De chose qui soit soubz la nue. 3730
Vostre voulenté j'é congnue,
Que vous estes bons et loyaulx,
Et en tout temps l'ay apperceue.
Vous estes mes amys feaulx,
Du siege qu'avez me desplaist, 3735
Dont noz anciens anemis,
Qui vous font des tors et des griefs,
Lesquelz si ont le siege mis.
Je vous prie tant que je puis,

Et sur la foy que me devez, 3740
Que, vous d'Orleans, soyez unyz,
Et en unyon vous tenez.
De tout ce que faire pourray,
Pour vous ayder et secourir,
De très bon cueur je le feray, 3745
Croyez le de vray, sans faillir;
Et vous vueillez pour sceurs tenir
Que, de mon povoir et puissance,
Je ne vous lairay encourir,
Mais y feray tout diligence. 3750
En oultre, ce que demandez,
De destruire bours et eglises,
Faictes en comme l'entendrez,
Je vueil que à vous soient soubmises,
En faire du tout par voz guises, 3755
Pour preserver vostre cité.
N'en ayez en vous nul faintises,
Vous donne toute liberté.
Tenez vous le plus que pourrez,
Que bien est mon intencion 3760
Du secours de vous envoyer,
Et ma deliberacion;
Que, de bref, visitacion
De gens de bien vous envoyeray,
Et toute consolacion 3765
A vous d'Orleans je vous feray.

LE IIe.

Chier sire, nous vous mercyons
Du grant bien et du bon voloir,
Et à Orleans le rapporterons,
Donques ainsi nous consoloir. 3770

Si ferons tous nostre devoir,
Et bien l'avons tous entrepris,
De nostre puissance et povoir,
A rachater noz anemis.
Sire, nous vous recommandons 3775
Vostre ville et les habitans,

F° 94 v°. Qui, tous les jours, pour le present,
En peine et en travail sont.

LE ROY.

Ainsi que nous esperons,
Y seront de nous bien contans. 3780

Ier BOURGEOIS.

Sire, nous vous recommandons
Vostre ville et les habitans.

LE ROY.

Mes vrays amys, je vous respons
Que, à tous jours, moy et les myens,
Ne vous fauldray pour nulle riens, 3785
Que trouvez vous ay loyaulx et bons.

LE IIe BOURGEOIS.

Sire, nous vous recommandons
Vostre ville et les habitans,
Qui, tous les jours, pour le present,
En peine et en travail sont. 3790

LE ROY.

Je scay bien à besoigner il ont,
Dont il me desplaist grandement;
F° 95 r°. Mais de brief y remedirons,

Et n'en doubtez aucunement.
Tenez vous vertueusement, 3795
Et ayez en moy esperance;
Je ne vous fauldray nullement
De tout mon povoir et puissance.

Ier BOURGEOIS.

A vostre congié et licence,
Chier sire, nous nous en allons. 3800

LE IIe.

Ne nous ayez en oubliance,
A vostre congié et licence.

LE ROY.

Dictes leur qu'il ayent fiance,
Que, de brief, secours il aront.

LE PREMIER.

A vostre congié et licence. 3805

LE IIe.

Chier sire, nous nous [en] allons.

Pose. — Puis dit
F° 95 v°.

LE ROY.

Venez çà, sire de Dunois,
Je vous pry, venez en avant.
Venuz sont noz loyaulx François,
Ce sont noz bons amys d'Orleans, 3810
En nous priant et requerant
Que leur veuillions donner secours
Encontre anemis anciens,

Qui sont à leur porte et faubours.
Si vous requiers tant que je puis, 3815
A ce faire vueillez pourveoir,
Et y mener de nos amyz,
De noz bons et loyaulx François ;
Que, pour certain, assez congnois
Se la ville d'Orleans perdoye, 3820
A grant peine la recouveroys,
Et fort desplaisant en seroie.
Y m'ayment, je croy, loyaulment,
Et jusques au morir se tendront ;
Jamès ne feirent autrement, 3825
Que tout temps sont loyaulx et bons.
Si vous pry que advisez dont
Et apenser[1] qu'il est deffaire,
Que, en ce fait, nous y voulons
Y pourveoir en toute maniere. 3830

F° 96 r°.   LE SIRE DE DUNOIS, bastard d'Orleans.

Je croy qu'il ont beaucoup à faire,
On m'a dit, y a près d'un mois,
Que le siege y est tout notoire,
Et à grant puissance d'Engloys.
Si est bien besoing y prouvoir, 3835
Que à Orleans sont gens de bien,
Et pour vous y morront ainçois
Que vous faillir sur toute riens.
Envoyer fault un messagier
Hastivement à voz amis, 3840
Incontinent, sans sejourner,
Viengnent à vous grans et petiz,

---

[1] *Sic*, pour *apensez*.

En armes et les plus hardis,
Pour aller Orleans secourir.

LE ROY.

Je vous en pry tant que je puis, 3845
Que vous le vueillez acomplir.

LE SIRE DE DUNOIS, bastard d'Orleans.

Messagier, amy, lieve sus,
Aller te convient, sans actendre,
Hastivement, sans tarder plus.
Vueille moy oyr et entendre : 3850
Y te convient ton chemin prandre,
Pour aller devers les seigneurs,
Leur dire qu'i se vueillent rendre
Devant le Roy, grans et mineurs.
Premier, te convient aller querre 3855
Le sire de Saincte Severe,
Que il est bien homme de guerre,
Et en luy très fort j'espere;
Le sire de Chaumont sur Loire,
Aussi au sire de Chambane. 3860
Ung autre dont on fait memoire,
C'est Theaulde de Vallepaigne.
Après, le sire de Brueil,
Qui est homme de grant façon;
Pour gens de guerre a bel recueil, 3865
Et a aussi très grant renom.
Puis tu t'en iras, de rendon,
Au très hault puissant cappitaine,
C'est La Hire, bien le devons
Aymer, c'est bien chose certaine. 3870
Tu leur diras honnestement

Que le Roy leur mande exprès
Qu'à luy viengnent hastivement,
En armes, habillez et prests.
Incontinent et sans arrest 3875
Viengnent, sans faire demourée,
Et tous leurs gens, que ainsi plaist
Au Roy, pour conduire une armée.

F° 97 r°.
LE MESSAGIER.

Mon très chier sire, ne doubtez,
Acompliray vostre messaige, 3880
Et les seigneurs feray haster
De venir, et de bon coraige
Je m'en voys faire le voyage,
Du tout au mieulx que je pourray.

LE ROY.

Fais le comme prudent et saige, 3885
Et ainsi pas ne te obliray.

Puis le messagier s'en yra, et doivent arriver ceulx d'Orleans, et, en presence
du receveur et d'autres seigneurs, diront :

LE PREMIER BOURGEOIS.

Messeigneurs, comme vous savez,
Et que, par la vostre ordonnance,
Vous a pleu de nous envoyer
Devers le noble roy de France, 3890
Auquel avons, en sa presence,
Denoncé tout vostre messaige,
De point en point, sans differance,
F° 97 v°. Et devant son noble bernaige.
Premierement, luy avons dit 3895
Du siege mis par les Anglois,

Et comment, de jour et de nuyt,
Nous chassent par diverses voyes,
Que nous n'avons repoux ainçois
Une seulle heure ne demye, 3900
Qu'i sont à guecter et à voir,
Pour nous vouloir tollir la vie.
Aussi plus, luy avons parlé
Des beaulx faubours et ediffices,
De ce qui a esté brullé, 3905
Qui pour la ville estoient propices;
Et de ceulx qui sont prejudicians
Vous en baille povoir, puissance,
Tant par vous que par voz complices,
En faire par vostre ordonnance. 3910
Pareillement, dit luy avons
Qu'i luy plust nous donner secours
Pour nostre ville et environs,
Et pour deffendre les faubours.
Dont lequel, par son bon propoux, 3915
Nous a donné bonne responce,
Et est fort desplaisant pour nous,
Ainsi que par nous vous denonce.
Nous a dit que nous vous dyons
Que vous tiengnez tant que pourrez; 3920
De par luy secours nous aurons,
Et vous en tenez asseurez;
Que du tout se veult disposer
A nous ayder de sa puissance,
Comme à ses amis preferez, 3925
Esquelz a parfaicte fiance.

LE RECEVEUR.

Messeigneurs, voyez, en presence,

Du Roy nostre souverain sire
Sa responce et son ordonnance,
Comme il ont volu icy dire. 3930
Si devons bien, sans contredire,
Mectre en ce fait resistence
Contre ceulx qui veullent destruire
Nostre terre et appartenance.
Anglois sont present esbahiz 3935
De Sallebry qu'il ont perdu,
Bien desplaisans et bien marriz,
Dont pour eulx leur est mal venu.
Si croy bien que Dieu l'a voulu,
Que il avoit trop grant coraige; 3940
S'il eust encores gueres vescu,
Nous eust fait ung vilain dommaige.

LE SIRE DE VILLARS.

Sallebry estoit oultrageux,
Et remply de tout mauvaiz vice;
Il estoit faulx et orguilleux, 3945
Et garny de tout malefice.
Par sa faulceté et malice
De Clery desroba l'eglise;
Mais Dieu en a fait la justice,
Que sa vie a esté surprise. 3950

MESSIRE MATHIAS.

Pareillement faulsa sa foy
Au duc d'Orleans, le bon seigneur,
Quant luy promist que nul desroy
Ne luy feroit ne nul rigueur;
Mais que, en tout bien et honneur, 3955
Lui garderoit son pays et terre

De crisme, de toute fureur
Et toute lesion de guerre.

LE SIRE DE GUITRY.

Par ce il s'est trouvé parjure,
Et aussi Dieu l'en a pugny. 3960
Pitié n'avoit de creature,
Et de tout mal estoit remply;
Si en est leur oust afoibly,
Que c'estoit toute leur deffence,
Ne en autre qu'an Sallebry 3965
N'avoient nulle esperance.

LE RECEVEUR.

Messeigneurs, voicy, en presence,
La bombarde nouvelle faicte,
Qui est de très belle apparence,
Bien composée et bien extraicte 3970
De bon metail, saine et parfaicte,
Pesant deux mille ou environ;
L'ouvrier l'a fait plaisante et necte,
Et *la Bergiere* a ainsi nom.

LE SIRE DE SAINTRAILLES.

La Bergiere est ung beau nom 3975
Et est honneste et delectable;
Bergiere dont la nommera on,
Que le nom est bien convenable
Pour une cité si notable;
D'Orleans, de saillir telle *bergiere*, 3980
La chose si est raisonnable,
Et en sera tousjours memoire.

POTON.

Messeigneurs, pour tout abregier,
Et sans plus faire de langaige,
Y la fault aller assieger 3985
Auprès du port sur le rivaige,
Et qu'elle puisse, à l'avantaige,
Tirer droit contre les Tourelles,
Que leur puisse faire dommaige
Que nous endurons pour icelles. 3990

LE SIRE DE CORAS.

Entre vous, bourgeois de la ville,
Allez vous mesmes l'asieger,
Et prenez ung ouvrier abille
Qui la puisse bien manyer,
Bien conduire et la gouverner, 3995
Que dedans les Tourelles frappe,
Que nul d'eux ne s'ose trouver
Dedans, que ne tue ou atrape.

Lors y a pause. — *Et menent la bombarde, et le messagier arrive devant Tallebot, et dit*

LE MESSAGIER.

Mercy à Dieu, je suis venu
Et arrivé en Normendie; 4000
Les François m'ont pris et tenu,
Mais, non pourtant, les remercie
Qu'i m'ont voulu sauver la vie,
Ainsi qu'en leur dangier j'estoie;
Que bien advis ne m'estoit mye 4005
Voir l'eure que j'en reschapperoye.
Je voy messire Tallebot,

Et autres plusieurs grans seigneurs;
Si luy vois faire mon rapport
A luy à qui sont tous honneurs, 4010
Et de mes peines et labeurs
Luy compteray de mon voyage,
Aussi des peines et douleurs
De ceulx qui sont sus le rivage.

[S'adressant à Talbot :]

Très chier et redoubté seigneur, 4015
Je viens cy en vostre presence,
De par les haults princes d'onneur,
De l'oust des Anglois l'excellance.
Glasidas, prince de vaillance,
Monseigneur, devers vous m'envoye, 4020
Lequel est en grant desplaisance,
Et bouté hors de toute joye.
Voicy lectres pour vous bailler,
En vous suppliant humblement
Que y vous plaise que veillez 4025
Venir vers eulx presentement.
Il ont eu grant destourbement,
Comme par lectres pourrez voir.

TALLEBOT.

Messagier, dea, die moy, comment!
Ne sont pas maistres les Anglois? 4030

MESSAGIER.

Nenny, sire, les Orlenois
Ont tenu grant resistence.

Lors lit les lectres, en faisant grant admiration; puis dit

TALLEBOT.

Par tous les sains, comme je crois,
C'est trayson et decepvance.
Ha! hay! voici grant desplaisance, 4035
Est mort le conte Sallebry?

LE MESSAGIER.

Ouy, monseigneur.

TALLEBOT.

     Quant je y pense,
J'en suis desplaisant et marry.
Je jure Dieu qui est lassus
Se je n'y vois en ma personne, 4040
Et sa mort vengeray sus et jus,
Contre François, qui que en groigne.
Retourne à eulx, sans plus d'aloigne,
Que devant Orleans m'en yray,
Et pour mieulx faire leur besoigne, 4045
Petit et grant n'espargneray.

LE MESSAGIER.

Monseigneur, à Dieu vous commant!
Je m'en revoys la droicte voye
A messeigneurs, devant Orleans,
Le grant trot, que Dieu me convoye! 4050

TALLEBOT.

Dy leur que je me mes en voye,
Pour les aller brief secourir,
Et qu'i m'est bien tart que je y soye,
Pour les François faire mourir.

Lors part le messagier, puis dit

TALLEBOT.

Çà, messeigneurs, sans demourance, 4055
Armez vous tout incontinant,
Et vous mectez en ordonnance,
Pour aller au siege d'Orleans.
Faictes et soyez diligens
De charger bombardes, canons, 4060
Serpentines à grant puissance,
Arbalestes, bez de faucons,
Pouldres, pierres, maillez de plon,
Jaques et auberjons à maille,
Lances, voulges à grant foison, 4065
Broches de fer, crochet, tenaille.
Je vueil que tout, comment qu'il aille,
Y soit mené devant Orleans,
Que je vueil raser leur muraille,
Ville mectre à feu et à sang. 4070

LE MARESCHAL TALLEBOT.

Monseigneur, ne vous en doubtez,
Quant y vous plaira, partirons.
Je vois faire tout aprester,
Et faire les provisions.
Vivres aussi nous menerons 4075
Avecques vostre artillerie,
Que les François ne dureront
Devant vous heure ne demye.

TALLEBOT.

Mareschal, mès je vous emprie,
Faictes en ce cas diligence, 4080

Que partir vueil, n'en doubtez mie,
Sans plus en faire demourance.

LE MARESCHAL TALLEBOT.

Monseigneur, je vois en presence,
Et ne vous doubtez autrement,
Que vous en verrez apparence 4085
Avant deux jours certainement.

Puis y a pause. — Et le messagier du Roy dit :

LE MESSAGIER.

Or, sui ge tant allé, venu,
Arrivé suis ou droit reperre,
Quant noble mareschal j'ay veu,
C'est le sire Sainte Sevaire. 4090
Je m'en voys vers luy me retraire
Pour luy annoncer mon messaige,
Ainsi comme c'est chose voire,
De par le Roy très noble et saige.
Puis est monseigneur de Bueil, 4095
Jaques de Chambannes aussi;
Je les voy là, de noble aqueil
Et de noblesse bien garny.
Leur vois denoncer tout ainsi
Comme enchargé m'a esté, 4100
Affin que tantoust acomply
Soit mon messaige et appoincté.

[S'adressant au maréchal :]

Vers vous, mareschal de valeur,
Je vous viens cy faire messaige,
De par le Roy, prince d'onneur. 4105
Vous mande, comme noble et saige,

F°. 102 r°.

LE MISTERE DU SIEGE D'ORLEANS.

Que vous et tout vostre bernage
Vous amenez pardevers luy,
Pour faire aucun beau vasselaige,
Comme vaillant, preux et hardi. 4110
Monseigneur de Bueil aussi,
Chargé je suis de le vous dire,
Comment le roy Charles vous pry
Que vous viengnez vers luy, de tire.
Et vous aussi, très noble sire, 4115
Monseigneur Jaques de Chambannes,
Venez à luy sans contredire,
Comme preux et vaillant en armes,
Incontinent et sans actendre;
M'a chargé que je le vous dye, 4120
Que vous et voz gens vueillez prandre,
Et mener vostre compaignie,
Que ainsi faire le vous prie,
Et que tous soyez diligent.

SAINTE SUAIRE.

Acomply sera, n'en doubte mie, 4125
Tout son plaisir incontinent.
Messeigneurs, vous avez ouy
Du Roy cy present son messaige,
Comment nous est mandé par luy,
Que nous et tout nostre bernaige 4130
Vers luy nous facions le voyaige;
Pour son vouloir aucunement,
Si dy que nous tous de coraige
Devons l'acomplir bonnement.

LE SIRE DE CHAMBANNES.

Vous dictes bien certainement; 4135

De luy obéyr c'est raison,
Et faire son commandement,
Luy complaire en toute saison,
Que je me tiens de sa maison
Pour luy obeyr et complaire, 4140
Et le servir sans mesprison
Du tout à son bon plaisir faire.

LE SIRE DE BEUEIL.

Au très noble Roy debonnaire
Servir le veuil sans difference.
De quelque cas qu'il ait affaire, 4145
M'y emploieray de ma puissance,
De mes gens et appartenance,
Du tout en tout, sans faillir riens,
De mon corps et de ma chevance,
A le servir sur toute riens. 4150

SAINTE SUAIRE.

Messagier, soye diligent
De retourner au Roy, luy dire
Que nous sommes tous desirant
Servir nostre souverain sire,
Ne nul de nous riens ne desire 4155
Que de luy voloir obeyr.

LE MESSAGIER.

Je feray qui devra suffire,
Luy rapporter vostre plaisir.
Vers Theaulde de Vallepraigne,
Me convient devers luy aller; 4160
C'est ung chevalier de montaigne,

Bien excellent, à bref parler.
Je luy vois mon fait reveler,
Aussi au sire de Chaulmont,
Je les voys tous deux saluer, 4165
Puis que ainsi assemblez sont.

[S'adressant à Theaulde de Vallepaigne et au sire de Chaumont :]

Très chiers et honnorez seigneurs,
Le Roy pardevers vous m'envoye,
Ainsi que ses amys greigneurs,
Et où y prant plaisir et joye. 4170
Ainsi comme c'est chose vroye,
A vous deux mande assemblement
Que vous plaise vous mectre en voye
D'aller vers luy presentement;
En armes, vous et tous voz gens, 4175
Vous prie que vous y viengnez,
Que, ainsi comme je l'entend,
Que c'est pour aucuns guerroyer,
Et, comme à ses amys privez,
Le vous mande expressement. 4180

THEAULDE DE VALLEPAIGNE.

Enten tu, dy luy, messagier,
Nous ferons son commandement.
Et vous, monseigneur de Chaumont,
Comme à moy le vous mande aussi;
Vous voyez comme y nous semont, 4185
De nous sera loyaulment servy.
Quant vous serez prest, je vous pry
Que nous y aillons tous ensemble,
Il en sera plus resjouy,
Et mieulx en serons, si me semble. 4190

LE SIRE DE CHAULMONT.

Quant à de moy, je vueil servir
Le Roy, mon chier seigneur et sire,
A son bon voloir et plaisir,
En tous ses faiz sans contredire,
Qu'i n'est riens que plus je desire 4195
Que de le servir loyaulment;
Et moy et mes gens, tout de tire,
Yrons vers luy presentement.

THEAULDE DE VALLEPAIGNE.

Aprestons nous legierement,
Sans en plus faire de demeure, 4200
Puis y alons honnestement,
Sans atendre ne pas ne heure;
Que, ainsi comme je procure,
Il a de nous neccessité.

LE SIRE DE CHAUMONT.

Venu luy est quelque advanture, 4205
Par quoy il nous a invité.

LE MESSAGIER.

Or, ay je jà fort exploicté
Mon voyage certainement,
Et, par tout là où j'ay esté,
Sont tous prestz à mon mandement. 4210
Ne me reste fors seullement
Parler au sire de Vignoilles,
Dit La Hire, puis proprement
Auray parfait en deux parolles.
Je le voy là, en son demaine, 4215

Si le me convient saluer,
Que c'est un vaillant cappitaine
Qu'on pourroit au monde trouver.

[S'adressant à La Hire :]

  Monseigneur, je vous viens noncer,
De par le roy Charles puissant,   4220
Qu'i vous mande que vous viengnez
Vers luy, en armes, et voz gens.

LA HIRE.

Messagier, bien soyez venant,
Joyeux suis de vostre venue,
Quant le Roy de moy luy souvient,   4225
Joye si m'en est survenue;
Que y n'est riens dessoubz la nue,
Chose que je desire mieulx,
Que le Roy de noble value
Le puisse servir en tous lieux.   4230
Tu luy diras que je luy mande
Que je m'en yray devers luy,
Et de gens de fait une bende
Luy merray, dont il sera servy.
Que s'il a de quelque ung ennuy,   4235
Ou qu'i soit en merancolie,
Incontinant sera pugny
De moy et de ma compaignie.

LE MESSAGIER.

Sire, de vostre seigneurie
Je prans congié, puis qu'il vous plaist,   4240
Et au Roy, à grant chiere lye,
Luy diray que vous estes prest.

LA HIRE.

Tu luy diras par exprès
Que je feray ce qu'i demande,
Et tout son plaisir loing et près;
Acompliray ce qu'i me mande.

LE MESSAGIER.

Or, ay je parfait mon message.
Au noble Roy vois denoncer
Comment chascun, de bon coraige,
Veult tout son plaisir avancer.

Lors y a pose. — *Et vient devers le Roy et dit :*

Chier sire, je viens, sans cesser,
De vostre messaige parfaire,
Lesquelz se sont tous efforcez
De tout vostre bon plaisir faire.
Si les verrez tantost venir,
Que plusieurs sont jà en la voye,
Et si ont trestouz grant desir
De vous servir à très grant joye.

LE ROY.

Ta venue fort je desiroie,
Pour savoir de toy des nouvelles.

MESSAGIER.

Chier sire, c'est bien chose vraye
Que y vous sont bonnes et belles.

Pose. — *Puis dit Tallebot, tout armé à blanc, à ses gens :*

TALLEBOT.

Mareschal, faictes, je vous prie,
Que nous partions, il en est temps,
Et menez nostre artillerie   4265
Avecques nous tout quant et quant;
Qu'i n'est riens que desire tant
Que la ville d'Orleans je voye,
Pour estre encontr'eux combatant,
Et que à mon vouloir je y soye.   4270

MARESCHAL.

Monseigneur, quant il vous plaisa,
Je voy cy voz gens tous en point,
Qui vouldroient y estre jà,
Les assaillir à toutes fins,
Qui sont preux vaillans et affins   4275
Qu'on pourroit en monde trouver,
De guerre aussi les plus certains,
Que riens n'est à eulx comparoir.

TALLEBOT.

Vous avez fait vostre devoir.
Or sus d'ont, partons sans demeure,   4280
Faictes les trompetes sonner,
Et allons, que Dieu nous seceurre.
Sans arrester ne pas ne heure,
Allons en leur oust tout le droit.

MARESCHAL.

Nous y serons tantoust en l'eure;   4285
Partez, quant verrez que bon soit.

Lors les trompetes sonneront, et puis partiront tous en ordonnance, et dit

TALLEBOT.

F° 106 v°.
On m'a dit que au Portereau
Noz gens si ont le siege mis,
Et qu'ils ont gaigné le chasteau
Qui est au bout du pont assis. 4290
Si vous prie, tant que je puis,
Que nous aillons tout droit à eulx,
Adfin que soient resjouys,
Que de nous voir seront joyeux.

MARESCHAL.

Sire, nous sommes en la voye 4295
Pour aller à eulx le plus droit.
Voylà Orleans, c'est chose vraye,
Et noz gens qui sont là endroit.
Voilà le pavillon extrait
Et l'estandart feux Sallebry, 4300
Où sont les armes bien pourtrait
De nostre noble roy Henry.

TALLEBOT.

Allons vers eulx, je vous emprie,
F° 107 r°.
Que fort je desire à les voir.
Je voy là la grant compaignie 4305
Des très nobles puissans Anglois,
Qui sont, ainsi comme je croys,
Bien parvenus à leur besoigne,
Que, ainsi comme je congnois,
Aux François il ont fait vergoigne. 4310

Puis arriveront devant l'ost des Anglois et devant les princes, lesquelz les salueront tous.

TALLEBOT.

Princes de très haulte excellance,
Rempliz de proesse et vaillance
Qui soient soubz le firmament,
Venu suys, par vostre ordonnance,
Pour vous ayder de ma puissance 4315
Icy à vostre mandement.
Dont, pour l'oust entretenement,
Ay fait venir certainement
Vivres et force artillerie,
Pour secourir aucunement, 4320
Que faulte ne soit nullement
De riens en vostre seigneurie.
Or, avez vous fort exploicté,
Quant vous avez jà conquesté
Leur chasteau de leur bout du pont. 4325
Au regard de l'autre cousté,
Il est assez de tous noté
Que nulz vivres de là n'aront.
La Beausse du tout nous avons,
Paris, Chartres que nous tenons, 4330
Pour nous ayder et secourir.
Secours avoir il ne pourront,
Vivres de nulle part n'yront;
Vous les aurez sans coup ferir.
Or, sui-ge venu devers vous, 4335
Pour vouloir servir à vous tous
Du tout, de mon petit povoir,
Contre François qui, sans propoux,
Possident ce qui est à nous,
Ainsi que chascun peüt savoir. 4340
Sy fault bien y faire devoir,

Que Orleans est besoin d'avoir,
Pour parvenir à nostre emprise,
Que c'est la clef, à dire voir,
A tout perdre ou à tout avoir, 4345
Et la fin de nostre entreprise.

LE CONTE DE SUFFORT.

Très noble et excellent baron,
Autant que nul qui soit sur terre,
Mandé devers nous vous avons,
Comme l'excellent d'Angleterre; 4350
Si vous avons envoyé querre,
Pour vostre bon secours avoir.
Sur tous, nous vous voulons requerre
Que chef de la guerre soyez.

LE SIRE D'ESCALLES.

Sire Tallebot, bien est vray, 4355
Nous est venu grant adventure,
Et à nostre oust ung grant effroy,
Par ung meschant coup de malleure;
Mais prandre en gré la forfaiture,
La dolleur, le mal et l'annuy, 4360
Si est de la sepulture
De Sallebry, qui est finy.

MESSIRE JEHAN DE LA POLLE.

Sallebry est mort voirement,
Par ung meschant cas de fortune,
Qui conduit avoit vaillamment 4365
Nostre oust de tout mal et rancune.
Grans et petiz, et la commune,
De luy chascun estoit contant;

Mès en mille heures ne fault que une,
Qui n'adviendra pas en mille ans.

LANCELOT DE LISLE.

De sa mort ne fault plus parler,
Seullement prier pour son ame.
Nous l'avons commis envoyer
En Angleterre, à sa femme,
Son corps, qui loyaulment, sans blasme,
A servy nostre roy Henry.
C'est bien raison qu'on le reclame,
Qu'i l'a bien et loyaulment servy.

FOUQUAMBERGE.

Dieu vueille avoir l'ame de luy,
Et de tout noz autres amis !
Pour le present, de Sallebry
Parler n'en fault, princes gentilz,
Puisque la mort si l'a desmis.
Nous mesmes, nous fault tous morir,
Que noz doleurs et noz gemir
Ne le feroient pas revenir.

GLASIDAS.

Vous dictes très bien, sans faillir ;
De luy ne fault avoir memoire,
Pour le present, ne souvenir
Ne nous doit en nulle maniere,
Si non pour luy faire priere,
Sans faire le deul de sa mort.
On n'en peut autre chose faire ;
Riens ne nous vault le desconfort.

LE BAILLY D'ESVREUX.

Tallebot, bien soyez venu, 4395
Baron, prince de grant valeur.
De nous tous vous estes esleu,
Pour estre sur nous gouverneur,
En vous priant tous, de bon cueur,
Que vueilliez conduire l'armée, 4400
Qui est en victoire et honneur,
Et, Dieu mercy, bien commancée.

TALLEBOT.

Messeigneurs, je vous remercye
De l'onneur que vous me vouloir;
Mais la charge n'accepteray mie, 4405
Que j'aye sur vous nul povoir,
Mais je vueil faire mon devoir,
En ce qui me sera possible,
Contre François, à mon povoir;
Leur vueil estre tousjours nuysible. 4410
Vous avez eu, par ci devant,
Le vaillant conte Sallebry,
Qui estoit grant entreprenant,
Corageux, prudent et hardy;
Lequel si vous a, jusques cy, 4415
Conduit vaillamment vostre armée.
Si suis bien desplaisant de luy,
Que sa vie est si toust finée;
Mais j'espoire certainement
Que la mort de luy vengeray 4420
Contre François, cruellement;
Que jà nul n'en espargneray,
Du tout à l'espée je mecteray,

Pour avoir de luy la vengeance,
Tellement qu'il en sera parlé 4425
Dedans cent ans, comme je pense.

LE SIRE DE GRES.

Nous avons parfaicte fiance
Et en vostre grant hardyment;
Si sommes tous sans différence
Vous obbeyr totallement; 4430
Que nous voulons entierement
Vous bailler du tout la poursuite,
Par le vostre gouvernement,
Et pour en faire la conduicte.

TALLEBOT.

Mes chiers seigneurs, je vous emprye 4435
Que la charge ne me baillez;
Car à moy il n'appartient mie,
Et de ce vous vous travaillez.
Plusieurs sont, pour vous conseillier,
Plus suffisant et plus apris, 4440
Pour vous conduire et gouverner,
Et plus duisant que je ne suis.

LE CONTE DE SUFFORT.

Ainsi le faire le voulons;
Aultre que vous n'aura la charge,
Conclud est de tous les barons, 4445
A vous appartient cest ouvrage.
Vous y estes prudent et saige,
Pour nostre oust très bien gouverner,
Et tous volons, de bon coraige,
Acomplir ce que ordonnerez. 4450

TALLEBOT.

Messeigneurs, dont, puisqu'ainsi est,
Et que ce soit vostre plaisir,
L'acompliray, puisqu'il vous plaist,
A mon povoir, sans deffaillir;
Non pourtant, j'auroye desir 4455
Ung autre en eust la gouvernance.
Si m'en doint Dieu à joye venir,
Acomplir vueil vostre ordonnance.
Si me semble qu'i seroit bon
De charger nostre artillerie, 4460
Puis les assaillir de rendon,
Monstrant avoir chiere hardie;
Que y savent, ne doubtez mie,
Comment Sallebry a pris fin,
Par quoy pensent que couardie 4465
Y soit en nous, et soir et main.
Sy fault faire mieulx que devant,
Les assaillir de toutes parts,
Et sans repoux, ne tant ne quant,
Monstrant corageux et expers. 4470
Hardiz soyez comme liepars,
Sans atendre ne pas ne heure;
Puis devant vous, comme renars,
Les verrez fouyr sans demeurre.

LE SIRE DE MOLINS.

Monseigneur, à vostre plaisir, 4475
Livré leur sera ung assault,
Vous voulant de cueur obbeyr,
A vous servir de tant qu'i fault.

TALLEBOT.

Faictes tantost et sans deffault
Que soit chargé l'artillerie, 4480
Pour batre leur ville et creneaux,
Et demain faire une saillie.

LE SIRE DE PONS.

Sire, ne vous en doubtez mie,
Que tout sera prest au matin,
Et bien en point, quel que nul die, 4485
A mectre Orleans en vostre main;
Et tous voz gens, soyez certain,
Tous prestz pour vous bien obeyr.

TALLEBOT.

Mon vouloir est à ceste fin
De mectre Orleans à mon plaisir. 4490

Puis y a pause. — Et les Anglois s'armeront en grant point; puis dit

LE SIRE DE SAINTE SUAIRE, mareschal de France.

Or çà, monseigneur de Brueil,
Et vous, monseigneur seneschal,
Presentement partir je vueil,
Je le vous dy en general;
Que mon voloir especial 4495
Est de servir de ma puissance
Le Roy, et luy estre loyal,
Ainsi que j'ay esperance.

LE SIRE DE BUEIL.

C'est bien mon voloir et plaisance

De servir le Roy loyaulment, 4500
De corps, d'armes et de chevance,
A mon povoir, entierement.
Vous voyez cy presentement
Moy et mes gens, qui sommes prestz
A faire son commandement, 4505
Où y luy plaisa, loing et près.

JAQUES DE CHAMBANNES.

Allons à luy assemblement,
Nous en serons mieulx, ce me semble,
Et aussi plus honnestement
A mener noz gens tous ensemble. 4510
Puis qu'ainsi est que on s'assemble,
Presentement, devers le Roy,
Ainçois que on se dessamble,
Allons ensemble en bel arroy.

Lors partiront. Puis dit

LE SIRE DE CHAUMONT.

Monseigneur, quant il vous plaisa, 4515
Partons vous et moy, je vous prie;
Que on nous atend de pieça
Devers le Roy, je vous affie.
Allons ensemble en compaignie,
Pour le roy Charles saluer, 4520
Que tout prest suis, ne doubtez mie,
Moy et mes gens, pour y aller.

THEAULDE DE VALLEPRAIGNE.

Je vous en voloye prier,
Que je ne demande autre chose.

Vous voyez mes gens appoinctez, 4525
Et bien en point, bien dire' l'ose.
Allons, sans plus y faire pose,
A son mandement, c'est raison ;
Que mon plaisir se dispose
Le servir en toute saison. 4530

Puis partent. — Et dit

LA HIRE.

Partir je vueil, sans plus atendre,
Au Roy, qui m'a present mandé,
Que à son plaisir vueil entendre,
Quant par luy je suis demandé.
A tous mes gens je commande 4535
Que ung chascun à moy se rende.
Pourtant, se j'ay ung peu tardé,
Luy merray une belle bende.

SON MAISTRE D'OSTEL.

Monseigneur, voicy tous voz gens
Armez, abillez et en point, 4540
Qui sont tous prest et diligent
A vous servir de point en point.
En leur harnois joliz et coings
Ne leur fault ardillon ne piece.

LA HIRE.

Or sus, Gascons, Biscquaïns, 4545
Venez pour acquerir noblesse !

Lors partiront, et y a pause. — Puis dit

SAINTE SUAIRE, mareschal de France.

Très chier sire, je viens vers vous,

Par vostre voloir et notice.
Souverain roy'pardessus tout,
A qui doy honneur et service, 4550
De ce qui sera en moy propice
Suis prest loyaulment vous servir.

LE ROY.

Pour maintenir paix et police,
De vous avoir j'ay grant desir.

LE SIRE DE BUEIL.

Sire, devers vous suis venu, 4555
En suivant vostre mandement,
Ainsi comme je y suis tenu,
Et tous mes gens entierement;
Pour acomplir totallement
Voz plaisirs et voz volantez. 4560

LE ROY.

Joyeulx me faictes grandement,
Quant mes bons plaisirs contantez.

JAQUES DE CHAMBANNES.

Roy souverain, à vous je viens
Vous faire service et honneur,
Ainsi comme il vous appartient, 4565
Et à mon souverain seigneur,
Dont je suis prest, du bon du cueur,
Faire vostre commandement.

LE ROY.

J'ay en vous fiance et faveur
Et en vostre grant hardiment. 4570

LE SIRE DE CHAUMONT.

Sire roy, par vostre ordonnance,
Venu suis vers vous humblement,
Vous faisant toute obeissance,
Comme tenu suis vrayement,
Soit en guerre ou autrement. 4575
Je suis prest, moy et mes gens tous.

LE ROY.

Mandez vous ay premierement,
Comme le plus me fiant en vous.

THEAULDE DE VALLEPAIGNE.

Chier sire, à vostre mandement
Suis venu pour vous obeyr, 4580
Et tous mes gens entierement,
Tous prest loyaument vous servir;
Ne n'avons nul autre desir
Que acomplir vostre plaisance.

LE ROY.

De vous voir je prens grant plaisir, 4585
Et me donnez resjouyssance.

LA HIRE.

A vous suis venu, noble roy,
Pour vous servir de ma puissance,
Et tous mes gens, en bel arroy.
Vous les voyez cy en presence, 4590
Esquelz ayez ferme fiance,
Qu'i vous seront loyaulx et bons.

LE ROY.

En vous j'ay parfaicte esperance
Et en voz gens, tous quant qu'i sont.
Messeigneurs, tous en general, 4595
Je vous remercye humblement,
Comme, de bon cueur et loyal,
Vers moy venez presentement.
Je congnois veritablement
Que me volez bien et plaisir, 4600
Quant ainsi à mon mandement
Vous estes venu sans faillir.
S'i vous plaist, en vostre presence,
Vous reciteray mon affaire,
Dont j'ay douleur et desplaisance, 4605
Qui à chascun est tout notoire.
Vostre roy suis, c'est chose voire,
De France, par droit et raison ;
Ne nul n'y doit estre contraire,

F° 114 v°. Mais obeyr sans mesprison. 4610
Or, est il, et savez assez,
Anglois ont voulu prandre terre,
Et, en grant puissance amassez,
Pour voloir mon pays conquerre,
Par force d'armes et de guerre, 4615
Si ont soubzmis la Normendie,
Paris, Chartres tiennent en serre,
En mon royaulme et grant seigneurie.
Et de rechief si sont venuz
Devant Orleans, ma bonne ville, 4620
Et les environs desmoluz,
Pour y prandre leur domicille ;
Et y est le pays fertille

Et cité que devons garder,
Qu'i n'en est point de plus utille 4625
Pour nous, comme bien l'entendez.
Doncques, messeigneurs et amis,
Je vous vueil humblement prier,
Vous et vos gens, grans et petis,
Je vous pry que vous y aillez, 4630
Pour encontr'eulx resister,
Et pour les habitans deffendre,
Lesquelz je vueil, à mon povoir,
A les conserver y entendre.
A Orleans j'ay grant esperance, 4635
Espoir et pour le present;
Que c'est de mon pays de France
La cité où plus je pretend.
Si vous pry soyez consentant
D'y aller pour la garder; 4640
Que par icelle je m'atend
Pour le demourant recouvrer.
Voicy le conte de Dunois,
Lequel vous tendra compaignie,
Pour secourir mes bons François, 4645
Esquelz parfaictement me fye,
Et contre Anglois, qui, par envye,
Par leur dampnable volunté,
Veullent mon royaulme et seigneurie
Tenir en tout leur liberté. 4650

LE SIRE DE DUNOIS.

Très nobles et vaillans seigneurs,
Vous voyez l'alegacion,
Les peines, travaulx et labeurs
Du Roy, et lamentacion.

Vous a fait icy mencion 4655
De son cas et de son affaire,
Aussi de son intencion ;
Devant ung chascun la declaire.
Il luy plaist que dedans Orleans
Nous y aillons les secourir, 4660
Auquel sont les Anglois devant,
Qui vont à leurs portes courir.
Et sommes assez advertiz
Comment il ont le siege mis,
Dont le Roy en a desplaisir, 4665
Et veult secourir ses amis.
Si suis prest et appareillé
A y aller avecques vous,
Tout resolu et conseillé,
Pour les secourir devant tout. 4670
Et, s'i vous plaist, cy voz propoux
En direz et voz volantez ;
Puis nous conclurrons, entre nous,
Voz plaisirs et voz libertez.

SAINTE SUAIRE.

Mon chier seigneur, jà Dieu ne vueille 4675
Que je soye contredisant ;
A vostre plaisir, m'apareille
De vous servir moy et mes gens.
Par vostre bon voloir plaisant,
M'avez fait vostre mareschal, 4680
Si vous vueil servir en tous sens,
Chier sire, à pié et à cheval.

LE SIRE DU BUEIL.

Je n'ay pas autre volanté,

LE MISTERE DU SIEGE D'ORLEANS.

Chier sire, que de vous servir,
Vostre je suis, de verité, 4685
A faire tout vostre plaisir,
Et dedans Orleans j'ay desir
A y aller, sans plus atendre,
Pour sur les faulx Anglois corir,
Pour voloir le pays deffendre. 4690

CHABANNES.

Sire, ne vous doubtez de moy,
Que ma volenté si est telle
De vous servir, comme je doy,
En vostre très juste querelle.
S'aucun est qui vous soit rebelle, 4695
Soit par guerre ou soit autrement,
Par voye diverse et cruelle,
J'en vueil acquerir vengement.

LE SIRE DE CHAUMONT.

Quant à de moy, j'é bon voloir
De corir sus noz anemis, 4700
Du tout en tout, à mon povoir,
Et y employer mes amis.
Sy est tout le plus grant desir
Que de vous servir, mon chier sire,
Acomplir du tout voz dis 4705
Devant chacun, sans contredire.

THEAULDE DE VALLEPAIGNE.

Quant il vous plaisa partirons,
Que moy et mes gens sommes prestz,
Et à Orleans nous en yrons,
Sans plus icy faire d'arrest, 4710

Que les Anglois sont au plus près.
De fait y ont le siege mis,
Et fait beaucoup de grans excès,
De noz gens navrez et occis.

LA HIRE.

Sire, vous nous avez mandé, 4715
Et venuz sommes en presence;
Si voy vostre voloir fondé
En toute bonne esperance.
Anglois si vous font violance
A Orleans, et si font ailleurs; 4720
Si convient mectre provoyance
All'encontre de leurs erreurs.
Je vous pry que sans tarder plus,
Que nous partions pour y aller.
De nous tenir ce sont abus, 4725
Riens ne nous vault le sejourner.
S'i vous plaist, congié nous donrez,
Et pour y aller partirons.
J'ay desir Anglois resveillier,
Et m'est tart que nous les voyons. 4730

LE ROY.

Mes bons seigneurs, je vous pry dont
Que vous y aillez sans demeure,
Et Orleans et les environs,
Je vous pry que on les seceure.
Y n'ont repoux une seulle heure, 4735
Tant sont des Anglois tormentez.
De jour, de nuyt, chascun labeure,
Y sont en grant peine boutez.

SAINTE SUAIRE.

Chier sire, nous nous en allons
Et prenons congié de vous, sire; 4740
Nul n'est de nous qui ne desire
De combatre et voir les Godons¹.

LE ROY.

Mes bons amis, vous mercyons,
Et Dieu vous vueille bien conduire.

LE SIRE DE DUNOIS, bastard d'Orleans.

Chier sire, nous nous en allons 4745
Et prenons congié de vous, sire.

LE ROY.

Ceulx d'Orleans vous recommandons
Principalement, pour le voir dire;
Les Anglois les veullent destruire,
Je vous pry qu'i remedyons. 4750

LA HIRE.

Chier sire, nous nous en allons
Et prenons congié de vous, sire.

CHABANNES.

Nul n'est de nous qui ne desire
De combatre et voir les Gondons.

Lors y a pause. — Et partiront, et puis rencontreront les Anglois vers Saint Jehan le Blanc, sur la turcie ²; et puis dit

---
¹ Les *Goddam*, les Anglais.
² *Turcie*, levée.

LA HIRE.

Sus, messeigneurs, en ordonnance. 4755
Je voy là Orleans, là devant,
Et l'ost des Anglois, sans doubtance,
Lesquelz nous viennent au devant.
Vous voyez une armée moult grant,
Tous arengez de bort à bort, 4760
Et là y voy tout evidant
Le grant estandart Tallebot.

SAINTE SUAIRE.

Il y sont plusieurs estandars.
Et y trouve grant seigneurie
De griffons, lyons et liepars, 4765
Qui y sont en grant compaignie.
Que nulluy ne se faigne mie
Pour encontr'eulx resister;
Qu'i nous convient perdre la vie.
Ou aujourd'uy les surmonter. 4770

TALLEBOT.

Seigneurs barons, sans arrester,
On m'a dit qu'i vient du secours
Aux François, sy se fault haster,
Pour se garder de leurs faulx tours,
Qui ne nous preignent en destours. 4775
Trompetes, sonnez vistement,
Soyez vaillans sans avoir pours,
Adfin d'acquerre vengement.

Lors les trompetes sonneront d'une part et d'autre, et chascun se boute en ordonnance. Puis dit

LE CONTE DE SUFFORT.

F° 118 v°.

Y sont là vers Saint Jehan le Blanc,
Je les voy là sans ordonnance ; 4780
Frappons sur eulx incontinent,
L'avantaige est à qui commance.

LE CONTE D'ESCALLES.

Allons à eulx sans differance,
Que nulluy d'eux n'en reschappera ;
Que y ne sont point grant puissance. 4785
Se volons, tout y demorra.

Adont icy La Hire vient contre les Anglois, et chascun le suyt. Ceulx de la ville sonneront *à l'arme*, et sauldront tous armez. Et y a grant fait d'armes, et plusieurs blessez et mors, d'une part et d'autre. Et entreront dedans la ville, maulgré les Anglois. Puis [dit]

LE SIRE DE DUNOIS, bastard d'Orleans.

Bien devons rendre grace à Dieu
De la très puissante journée,

F° 119 r.

Quant la victoire avons heu.
Et leur puissance subjuguée ; 4790
Que en la cité renommée
Nous sommes sains et saulfz venuz.
Sans riens avoir de nostre armée
Comme bien peu de gens perduz.

LE RECEVEUR.

Messeigneurs, bien soyez venus, 4795
Et tous voz gens entierement.
Long temps vous avons attenduz,
En grant peine et en grant torment :
Que, jour et nuyt, incessamment,

Anglois gectent artillerie, 4800
Que repoux n'avons nullement,
Une seule heure ne demye.

SAINCTE SUAIRE.

Dieu mercy, sommes arrivez,
Et venuz pour vous secourir.
Si nous fault maniere trouver, 4805
Pour sus noz anemis courrir.
Et pour les faire deppartir,
Es environs de ceste terre.
Chaudement les fault poursuivyr,
A force d'armes et de guerre. 4810

F° 119 v°.
MONSEIGNEUR DE BUEIL.

D'autre chose vous vueil acquerre,
Messeigneurs, et vous advertir.
Ainsi comme j'é peu enquerre,
Et pour à noz fins parvenir :
Si est qu'i nous fault desmolir 4815
Tous les faubours et les eglises;
Sans riens reserver ne tenir,
Soyent abatuz et soubzmises.

CHAMBANNES.

Messeigneurs, c'est le principal.
Abattre les fault sans faintises. 4820
Eglises, faubours, tout à val,
Pour venir à noz entreprises.
Vous savez que trop nous y nuysent.
Et sont trop prejudiciables;
S'i s'y logeoient, par milles guises, 4825
Il nous seroient trop dommagables.

CHAUMONT.

La chose est expedient
Qu'i fault tout raser et abatre,
A ung quart de lieu' en tous sens.
Tous ediffices, sans rabatre, 4830
Et nulluy ne s'en doit debatre;
Qu'il est prouffitable et utille,
Pour mieulx noz anemis combatre,
Et le sauvement pour la ville.

THEAULDE VALLEPAIGNE.

Aussi l'eglise Saint Aignan, 4835
Qui est ung moult bel ediffice,
Raser le fault sur toute riens,
Qu'i nous seroit trop prejudice.
Si une foiz vient à leur notice,
Et eulx fortiffier dedans, 4840
Par leurs engins et artifice,
Destruiront la cité d'Orleans.

LA HIRE.

Y convient et est neccessaire
Eglise, faubours n'espargner,
Que nul n'y puisse aucun repaire 4845
Y faire pour soy heberger.
Sans y vouloir plus barguigner,
Faictes du tout ruer par terre,
Et diligamment y besoigner,
Sans en plus parler ne enquerre. 4850

LE RECEVEUR.

Et vous, monseigneur de Dunois,
Conseillez vous ainsi le faire?

DUNOIS.

Ouy, seurement, je le congnois
Que vous le devez ainsi faire.

LE SIRE DE VILLARS.

Diligamment le fault parfaire,
Avant que mal vous en adviengne.

LE RECEVEUR.

Le faire est ung petit ravoire;
Mais non pourtant à nous ne tiengne.

Adont icy ceulx de la ville yront abatre tous les faubours et eglises, Saint Aignan, Saint Euvertre, Cordeliers, Jacobins, et mectre tout le feu dedans. Puis, cela fait, dit

TALLEBOT.

Messeigneurs, y nous fault penser
En nostre guerre mectre fin,
Que nous y devons, sans cesser.
Y bien besoigner à toute fin.
Nous avons cy des gens tout plain,
Nombré plus de .xl. mille;
Nous arions dont le cueur bien vain.
Se nous ne conquestions la ville.
Nous convient, de l'autre cousté.
Aller former ung siege clos;
Les tenir en captivité,
Et comme prisonniers à nous;
Que, ainsi que j'é en propoux.
N'aura nul qui ose saillir
De leur ville ne de leurs tours.
S'il ne veult la mort encourir.

Dedans l'eglise Saint Lorens, 4875
Et aussi à la Magdalene,
Nous nous fortiffirons dedans,
Qui est pour nous ung beau demaine.
En ce fait nous fault mectre peine,
Pour avoir Orleans sans deffault, 4880
Et morront tous de mort villaine.
S'i convient les avoir d'assault.

LE CONTE DE SUFFORT.

Nous sommes icy longuement,
Sans y faire gueres de chose,
Et sommes assez, largement, 4885
Pour les François leans enclorre.
Faire le fault, je le suppose,
Qu'i convient qu'i soient assailliz
De tous coustez; puis, dire l'ose,
Lors se trouverront esbayz. 4890

MESSIRE JEHAN DE LA POLLE.

Pour à nostre fait parvenir,
Nous fault trouver, sur toute rien,
Façon, voye pour les pugnir,
Par habilleté et moyen.
Si dy que vous ferez très bien 4895
Les enclorre de toutes pars,
Puis les prandrez, comme je tien,
En leur terrier, comme regnars.

D'ESCALLES.

Ainsi faire nous le devons,
Et en avons beaucoup tardé. 4900
Nous nous tenons cy à ce pont.

Où nous n'avons gueres amendé.
Comme j'ay ici regardé,
Il y a aujourd'uy trois mois
Que nous avons cy abordé
Grant nombre de puissans Anglois.

LANCELOT DE LISLE.

Le xiie jour d'octobre
Arrivasmes premierement,
Où y fut fait ung grant obprobre
D'armes très furieusement;
Or, sommes nous presentement
Au iiie de janvier :
Ce sont trois mois entierement,
Sans estre de ce port bougez.

FOUQUAMBERGE.

Il est vray. Donques, je conseille
Que promptement on les assaille,
Et que très fort on les resveille,
De tous coustez qu'on le leur baille.
Icy ferrez une bataille
Qui pour les Torrelles garder;
D'aultre costé, comment qu'il aille,
Conviendra que les assaillez.

LE BAILLI D'ESVREUX.

Sire Tallebot, c'est bien dit;
Traverser nous fault la riviere,
Et y mener, sans contredit,
Gens pour tenir bon de frontiere.
Puis, desployez vostre banniere,
Pour les assaillir sans deffault.

Je ne croy jamès, du contraire,
Que vous ne les ayez d'assault.   4930

LE SIRE DE GRES.

Messeigneurs, y fault adviser
Lesquelz vous merrez par delà;
Il est temps en disposer,
Tant ceulx qui demorront deçà;
Que ung chascun de nous fera   4935
Tout ce que avez propposé,
Et deust estre fait dès pieça.
Si croy, c'est beaucoup demoré.

LE SIRE DE MOLINS.

Il est encores assez à heure,
Tous les jours nostre ost se renforce;   4940
Ne fault que une bonne adventure
A qui Dieu envoyera la force.
Y convient que chascun s'efforce
A faire ung assault fort cruel,
Dont les François auront la force,   4945
Mais qu'on leur face bien nouvel.

LE SIRE DE PONT.

En ce fait, je conseilleroye
Que on y proveust chaudement,
De toutes parts les assailleroye,
Pour faire fin aucunement.   4950
Vous avez bon commancement,
Quant leur riviere vous avez;
Deçà ne sauldra nullement
Ung ozillon, vous le savez.

GLASIDAS.

Messeigneurs, vous savez assez, 4955
Longuement avez esté cy,
Dont les François avons grevez,
Et mis en tourment et soussy.
Si nous ont fort lassez aussi,
Mais, non pourtant, quelque rigueur 4960
De guerre ou traveil, par ainsi
François n'ont pas eu le meilleur.

TALLEBOT.

J'ay ouy les oppinions
De vous chascun, de part en part,
Si en fais les conclusions 4965
Icy present, que Dieu nous gart!
Glasidas, quant de ceste part,

F° 123 v°.
Les Torrelles vous garderez,
Et à voz gens aurez regart,
Pour les conduire et aourner. 4970
Vous, le sire de Fouquamberge,
Bailly d'Esvreux, sire de Gres,
Avecques luy, en ce passaige,
Si vous pry vous y demorez.
Sire de Pont, aussi serez 4975
Avec le sire de Molins,
Et la Sauloigne vous garderez,
Tout ce pays, à toute fins.
De l'autre cousté nous yrons,
Le vaillant conte de Suffort 4980
Et son frere nous y merons,
Qu'il est ung prince de grant port;
Le sire d'Escalles, le fort,

Ovec toute sa compaignie,
Nostre mareschal Lancelot, 4985
Qui conduira la seigneurie.
Me semble que sommes assez,
Avecques nostre artillerie
Et tous mes gens, qui, sans cesser,
Ne desarmeront, je vous affie. 4990
De deçà, ne vous faignez mie,
Quant viendra que l'assault baillerons;
Et croy que ne demorra mie
Gueres que la ville n'ayons.

GLASIDAS.

Monseigneur, par vostre ordonnance, 4995
F° 124 r°. Nous ferons ce qu'il vous plaisa.
Menez voz gens sans differance,
Et nous demorrons par deçà.
Si besoing est que aillons là,
Vous ne nous pourrez que mander. 5000
De vous et de nous en aura
Secours, ainsi que l'entendrez.

TALLEBOT.

Or sus, trompetes, sy sonnez,
Et toute nostre compaignie
Se vueille icy assembler 5005
A partir, en la seigneurie.
A Dieu, messeigneurs; je vous prie,
Faictes si bien de vostre part,
Affin que chascun de vous die
Que victoire aura le liepart. 5010

FOUQUAMBERGE.

Lieutenant, ne vous en doubtez,

De ceste part nous y ferons
Si bien que François maudiront
Qu'il ont voulu resister.

TALLEBOT.

Je vous vueil bien dire et noter 5015
Que avant huit jours les arons.

F° 124 v°.
GLASIDAS.

Lieutenant, ne vous en doubtez,
De ceste part nous y ferons.

TALLEBOT.

Adieu, nous allons aprester
Pour aller, et nos compaignons; 5020
Quant sur les François chargerons,
Gardez vous bien de tous coustez.

LE BAILLY D'ESVREUX.

Lieutenant, ne vous en doubtez,
De nostre part nous y ferons
Si bien que François maudiront 5025
Qu'il ont voulu resister.

Lors Tallebot part, et toutes ses gens, à trompetes et clarrons; et passent la riviere au droit de Saint Lorens; puis le baffray sonne d'Orleans; et tous les François seront ensemble, tous armez, et viennent au devant. Puis dit

MONSEIGNEUR DE DUNOIS, bastard d'Orleans.

Aux armes tous, comment qu'i soit.
Voylà les Anglois cy venir,
F° 125 r°.
Devers Saint Lorens, tout le droit.
Si nous convient sur eulx courir, 5030

Que y ne puissent parvenir
A leur très mauvaise entreprise.
Messeigneurs, pensez de saillir
En fait d'armes et vaillantise.

SAINTE SUAIRE.

Aller nous convient audevant,   5035
Qu'en riens ne nous puissent surprandre;
Chascun y vueille estre vaillant,
Et penser de soy bien deffendre.
Je congnois que y veullent tendre
A nostre cité assiger;   5040
Si nous convient bien y entendre,
Et songneusement y songer.

LA HIRE.

Partir fault, sans actendre plus,
Et, tant qu'i sont en desarroy,
Saillir y nous convient dessus,   5045
En coraige et en grant arroy.
Je suis tout prest, quant est de moy,
Et sont mes gens en ordonnance;
Qu'il est heure, comme je voy,
Sans en faire plus differance.   5050

THEAULDE DE VALLEPAIGNE.

Je les voy forment apresser,
Et descendant vers Saint Lorens.
Y nous peuvent trop fort enpresser,
Et nous enfermer cy dedans;
Si vault mieulx aller au devant   5055
Pour resister allencontre.

De souffrir venir trop avant,
C'est pour nous donner mal encombre.

POTON.

Faictes les trompetes sonner,
Qui donront à noz gens coraige, 5060
Pour nos anemis dommaiger,
Qui sont au long de ce rivage;
Adfin que ne facent dommaige
En apressant près de la ville,
Pour leur deffendre le passaige, 5065
Et leur mauvaistié est subtille.

LE SIRE DE SAINTRAILLES.

Quant vous vouldrez, nous sommes prest
A partir tout presentement;
Si n'en vueillez plus faire arrest.
Voicy voz gens entierement. 5070

LE SIRE DE DUNOIS, bastard d'Orleans.

Conduisez vous honnestement
Sans saillir sur eulx à la foulle,
Que vous pourriez aucunement
Peut estre y perdre coq et poulle.
Or sus, seigneurs, en ordonnance. 5075
Lahire fera l'avangarde,
Vous, seigneur mareschal de France,
Aussi vous vous en prandrez garde;
Nous autres, pour l'arriere garde
Fort de près nous vous suyverons. 5080
Que chascun en son fait regarde
Adfin que nous resistions.

Lors partiront. Puis dit

TALLEBOT.

    Messeigneurs, chascun bien entende,
Je voy noz anemis qui saillent
En une très notable bande, 5085
Et voy bien que y nous assaillent.
Mectez vous y tous en batailles
Pour resister leur assault,
Sans espargner boyaulx, ventrailles,
Tuez tout, soit petit ou hault. 5090

F° 126 v°.

LE CONTE DE SUFFORT.

    Je les voy appresser moult fort
Et ne sommes pas bien en point;
Que chascun soit de bon accort
Resister à toutes fins.
N'ayez point en vous les cueurs vains, 5095
Soyez hardiz, victorieux;
Se vous gaignez, soyez certains
Jamès ne sera parlé d'eulx.

LE SIRE D'ESCALLES.

    Enffans, ne vous doubtez de rien
Que nous sommes puissans pour eulx, 5100
Et sont nostres, je le voy bien,
Si serez tous victorieux.
De bien ferir soyez soigneux,
Vous les mectrez en desarroy,
Et, se vous estes vertueux, 5105
Orleans vous avez, je le croy.

LANCELOT DE LISLE.

    Seigneurs, ne faictes nulle doubte

Que ne soient tous mors ou pris.
Saillez sur eulx en une flote,
Incontinent seront surpris. 5110
Ne soyez de riens esbaïz,
Vous avez sur eulx l'avantaige,
Leur ville, faubours, seront pris
Et leur boucherez le passaige.

MESSIRE JEHAN DE LA POLLE.

Messeigneurs, voi les cy venir, 5115
Boutez vous dedans, il est heure.
Que nul ne pense de fouyr,
Mais que chascun bien y labeure.
Assaillir les fault sans demeure
Et aussi sans les espargner. 5120
Suyvez moy, et qu'on me seceurre,
Je vois le premier commancer.

Lors les trompetes sonneront, et les batailles s'entremesleront vers Saint Lorens, où plusieurs d'un cousté et d'autre seront mors et blessez prisonniers, et plusieurs seront apportez sur les pavez[1], ayant du tret es jambes et bras, et mors. Et seront contraincts de reculler les François dedans leur ville. Après cela dit

TALLEBOT.

Or avons nous, la Dieu mercy,
Sur eulx esté victorieux,
Quand chassés les avons ainsi 5125
Dedans leur ville pour le mieulx.
Ne vous doubtez jamès qu'yceulx
Vous fassent desormais effort,
Ne qu'i soyent plus vertueux
Que y recongnoissent leur tort. 5130

[1] Pour *pavois*.

LE CONTE DE SUFFORT.

Or avons nous eu la victoire
Contre les François vaillamment.
Ainsi comme c'est chose voire,
Il ont eu le tort grandement,
Que batuz très cruellement   5135
Ont esté en ceste rencontre,
Dont je croy bien certainement
Plus n'y vendront faire leur monstre.

MESSIRE JEHAN DE LA POLLE.

Y nous fault penser au seurplus
De noz tentes et pavillons,   5140
Et de faire de plus en plus
Noz taudiz et provisions;
Que de leur terre nous avons
Jusques aux portes de leur ville,
Pour en faire ce que vouldrons   5145
Comme de nostre domicille.

LE SIRE D'ESCALLES.

Or povons nous pour le present
Bien assiger tout à l'entour,
La ville et les habitans
Enfermer comme en une tour.   5150
Y sont pris comme le butour
Qui est dedans la sauterelle.
Il n'en sauldront ne nuyt ne jour,
Non feroit une torterelle.

LANCELOT DE LISLE.

Y nous fault noz gens qui sont mors   5155

Les avoir, et est le meilleur,
Et les oster de là dehors
Pour les mectre en terre à honneur.
Compaignons, prenez le labeur
D'aller choisir noz bons amis, 5160
Et des François lessez les leur,
Chascun en fera à son devis.

LE COMPAIGNON PREMIER.

Mon chier seigneur, nous y allons
Pour congnoistre de nostre terre
Ceux qui demorez ylà sont 5165
De nostre pays d'Angleterre.

LE IIe.

Nous les ferons bouter en terre
Et des principaulx rapporterons
Qu'i ne vous en fauldra enquerre,
Mais tout le vray vous en dirons. 5170

TALLEBOT.

Messeigneurs, y fault entretant
Penser chascun de son logis;
Que ainsi, comme je pretend,
Gueres ne serons au pays
Que les François ne soient soubzmis 5175
Par nous de très piteuse mort,
Puisque contre nous ce sont mis
En armes et fait leur effort.
Ung chascun meshuy se repouse,
Et puis demain nous penserons 5180
De tout point les villains enclorre,
Que jamais y n'en partiront.

LE MISTERE DU SIEGE D'ORLEANS

Faictes tentes et pavillons
Tous loger à vostre plaisance,
Que avant trois jours les aurons, 5185
N'en ayez aucune doubtance.

*Puis icy y a pause — et cependant l'on porte les corps d'une part et d'autre.
Et puis dit*

MESSIRE LOYS DE CULAN, admiral de France.

F° 129 r°.
Le Roy, par la sienne bonté,
M'a mandé, depuis douze jours,
Comment c'estoit sa voulenté
Que je partisse et mes gens tous, 5190
Pour aller donner du secours
A ceulx d'Orleans, ses bons amis,
Qui sont en peines et douleurs
Par Anglois, qui ont siege mis.
Si vueil partir sans plus attendre, 5195
Et y aller tout le plus droit,
Pour les conserver et deffendre
A mon povoir, comment qu'i soit.
Sus, mareschal, icy en droit ;
Partons toust et diligamment, 5200
Et que tout soit prest à son droit
Pour aller honnorablement.

SENESCHAL.

Sire admiral, certainement
Tout est prest il y a deux jours.
Voicy voz gens entierement, 5205
Tous vos subgectz et voz sejours,
Pour acomplir vostre propoux
Où il vous plaisa à aller,

Armez et abillez trestous
Là où vous les vouldrez mener.

MESSIRE LOYS DE CULAN.

Or sus dont, prens mon estandart
Et partons très dilligamment
Devers Orleans, que Dieu nous gart,
Pour entrer honnorablement.
Le commun dit certainement
Que des Anglois sont assailliz
De jour, de nuyt, incessamment;
Mais j'espoire les secourir.

Lors partiront, et à l'entrée viennent les Anglois au devant; et dit

TALLEBOT.

Messeigneurs, voilà venir gens,
Si cuide que ce sont François;
Y sont de trois ou quatre cens,
Et sont en point, comme je vois.
Gardez les passaiges destrois,
Et que à force on les reboute;
Que, ainsi comme je congnois,
Y sont en une belle rocte.

LOYS DE CULAN, l'admiral.

Messeigneurs, je voy là Orleans,
Qui est moult fort plaisant à voir,
Et là, à cousté, droictement
Y est logé l'oust des Anglois.
Si voy que y nous viennent voir,
J'en voy là pluseurs aprocher

Armez, abillez comme roys,
Qui vers nous viennent à toucher.

LE SENESCHAL.

Monseigneur, je voy gens venir, 5235
Et sont Anglois à mon advis;
Penser fault de les recueillir
Sans estre de riens esbays.
Frappez dedans grans et petis
Tant que nous soyons en la ville; 5240
Que les François, comme je dis,
Nous vendront secourir à file.

Lors le baffray de la ville sonnera et ceulx de la ville saudront. Et les Angloys viennent frapper sur l'admiral et ses gens, et y a bataille, tellement que les François et l'admiral se retrayront en la ville à force d'armes. Puis dit

LE SIRE DE DUNOIS, bastart d'Orleans.

Or sà, monseigneur l'admiral,
Vous soyez le très bien venu.
F° 130 v°. Les Anglois vous ont fait du mal, 5245
Et dont ils ont sur vous couru;
Mais vous vous estes deffendu
Allencontre d'eulx vaillamment.
Si en devons mercier Dieu
De vostre bon acquerement. 5250

SAINTE SUAIRE.

Monseigneur, vous devez savoir
Les Anglois nous font beaucoup peine;
Tant du matin comme du soir,
Nous boutent souvent hors d'alaine,

Voulant aquerir le domaine 5255
D'Orleans, et la noble cité
Qui est une clef souveraine
De France et de l'auctorité.

LE RECEVEUR.

Monseigneur, bien venu soyez,
De vostre ayde vous mercions, 5260
Et, se de riens à faire ayez
De la ville, le vous baillerons.
Voyez comme les choses sont :
Il y a plus de quatre mois
Que nul repoux certes n'avons 5265
Pour ces faulx desloyaux Anglois.

L'ADMIRAL CULAN.

Mes bons bourgeois, je vous mercye
De l'onneur et du grant plaisir
Et de la très grant courtoisie ;
Je desire le desservir. 5270
Et saichez que j'é grant desir
De vous ayder de ma puissance,
Et tous mes gens, sans deffaillir,
De corps, d'armes et de chevance.
Et vous, monseigneur de Dunois, 5275
Penser nous fault de ceste affaire
Contre ces desloyaulx Anglois
Qui vous font cy grant vitupere.
Advisez en ceste matiere
Pour ces Anglois bouter dehors, 5280
Faire morir de mort amere
Tous leurs aliez et consors.

LE SIRE DE DUNOIS, bastard d'Orleans.

Y me semble que nous devons
Raser, abatre les Tourelles
Situées tout au bout du pont,   5285
Qui nous sont de present rebelles
Et contre la ville cruelles.
C'est d'ont vient leur artillerie,
Bombardes, canons par icelles,
Qui nous font très grant villannye.   5290

POTON.

Messeigneurs, ainsi que me semble,
Y sont legierement à abatre,
Et je vous en diray l'exemple
Icy present, sans riens rabatre.
Vous avez ceans trois ou quatre   5295
Bonnes pieces d'artillerie,
Assortir les fault sans debatre
Au bouloart, je vous en prie.
Vous avez aussi *la Bergiere;*
Que sus le bouloart du pont   5300
Elle soit là mise pour traire.
Les Tourelles sont front à front;
D'un coup ou de deux vous respont
Que les Tourelles mectrez jus,
Et tous les Anglois qui y sont   5305
Cherront les jambes contre sus.

L'ADMIRAL CULAN.

Poton, c'est bien dit vrayement,
Je vous prie qu'ainsi soit fait
Bien toust et très diligamment,

Que, ceste heure, si soit parfait. 5310
Seigneurs d'Orleans, comment que soit,
La charge prandrez de ce faire,
Et pour la charger bien adroit
Pour contre les Tourelles traire.

F° 132 r°.

SAINTE SUAIRE.

C'est au droit de la Belle Croix 5315
Où est le bouloart assis;
Qu'elle[1] y soit mise, et je crois
Ung coup en vauldra mieulx que six.

LE RECEVEUR.

Messeigneurs, par voz bons advis
Voulons faire à vostre ordonnance, 5320
Et acomplir voz bons devis,
Et faire toute diligence.
La Bergere sera menée,
Ainsi que l'avez propposé,
Se Dieu plaist, et bien gouvernée 5325
Par ung ouvrier bien asseuré.

CHABANNES.

A vous c'est très bien advisé
Et fort nous greve les Torrelles;
Leur artillerie ont tiré
Qui nous ont esté fort cruelles. 5330

Adont icy y a pause et doit on tirer la grosse bombarde *la Bergere*, et du trait doit cheoir tout le feste des Tourelles, et un grant quartier de la tour, et doit cheoir six Anglois, les piez contre le mont à terre, mors du coup tiré de *la Bergere* du

---

[1] Lisez *que elle*.

bouloart de la Belle Croix. Et feront les François ung grant bruit à trompetes et clairons. Puis dit

MESSIRE JEHAN FACETOT.

Ad ce comme je puis entendre
Et qu'on m'a rescript plusieurs foiz,
Aller me fault, sans plus attendre,
Ayder à l'oust des Angloys,
Lesquelz, ainsi comme je croix, 5335
Devant Orleans ont fort à faire,
Qu'il y ont 'esté quatre mois
Sans leur intencion parfaire.
Jà, mes gens, sans attendre plus,
Partir je vueil, comment qu'i soit, 5340
Pour vouloir François ruer jus
Qui ont contre nous trop forfait.
Orleans qui est de petit fait,
M'esbays comme il y font tant;
Mais se je les mes en effait, 5345
N'aresteront ne tant ne quant.
Faictes charger artillerie,
Pouldres et tout abillement,
Je vueil faire une reverdie
Encontre Orleans cruellement, 5350
Que jà i seray si longuement,
Avant que de là m'en depparte,
Que les François certainement
Y auront une lourde perte.

LE SENESCHAL.

Monseigneur, quant il vous plaisa 5355
Voicy voz gens près à partir,
Et tous en point prestz de pieça

Pour bien loyaument vous servir,
Lesquelz si ont tous grant desir
De persecuter les François, 5360
Et de vouloir sur eulx courir
Par force d'armes et de drois.

FACETOT.

Donques, prenez nostre banniere
Et allons droit devant Orleans,
Pour nous tenir là en frontiere, 5365
Comme à nous desobeissant.
Il ont esté trop deffaillant,
D'avoir contre nous tant tenu;
Mès se ycy suis, incontinant
Leur meffait sera recongnu. 5370

Adont partiront, et y a pause. — Puis dit

FACETOT.

Je voy là Orleans, là devant,
Qui est une gente cité,
Laquelle, ainsi comme j'entend,
Se met en grant adversité,
Que tous princes d'auctorité 5375
De tout le pays d'Angleterre
Sont devant en triumpheté,
Pour ruer Orleans tout par terre.
Je voy de là l'oust des Anglois
Logez de logiz sousteneux, 5380
Assez pour vaincre les François
Et en estre victorieux.
Je m'ebays forment d'iceulx
Comment il ont ung tel coraige;

C'est que de morir ayment mieulx 5385
F° 134 r°.   Que sauver eulx et leur lignaige.

TALLEBOT.

Messeigneurs, je suis adverti
Que promptement nous vient secours
D'un très vaillant prince genti,
Qui scet de guerre tous les tours. 5390
Avecques luy sont ses sejours,
Nombrez seize ou dix huit cent;
Si seront les François secous
A ce coup cy, comme j'entent.
C'est messire Jehan Facetot, 5395
Gouverneur du roy d'Angleterre,
Lequel si a pris son complot
De nous ayder en ceste guerre.
Y nous convient aller grant erre
Au devant, pour le recevoir 5400
Et très humblement le requerre
Pour à nostre oust faire devoir.

LE CONTE DE SUFFORT.

Me semble voi le cy venir,
Que je voy là ung estandart
De roige et d'asur my parti, 5405
Et ou millieu a ung liepart.
C'est luy mesmes là, que Dieu gart,
F° 134 v°.   Si le fault aller saluer,
Que c'est le prince plus expert
Qu'on pourroit au monde trouver. 5410

Adont arriveront. Puis dit

TALLEBOT.

Très excellent prince de nom,
Le très bien venu vous soyez.
Grant besoing de vous nous avon
Et de voz gens, bien le croyez.
Nous sommes cy, comme voyez, 5415
Quatre mois y a tout entiers,
Dont nous avons fort devoyez
François, et fait des destourbiers.
Mais puisque vous estes venu,
Nous convient assaillir leur ville, 5420
Et tous noz gens, grant et menu,
Chascun se trouverra abille.
François plains de mauvais stille
Les fault avoir, comment qu'i soit,
Ou y mourra plus de vingt mille 5425
Avant que n'en n'ayons le droit.

FACETOT.

Messeigneurs, y me semble advis
Que la ville est aisée à prandre,
F° 135 r°. Et qu'i devroient estre soubzmis
Legierement et sans atendre. 5430
Ainsi comme je puis entendre,
Ne fut si très notable armée,
Depuis le grant roy Alixandre,
Que vous avez, ne composée.
Et croyez, je ne doubte riens 5435
Que, se l'assault nous leur donnons,
Ne les ayez incontinant,
Ou que les clefz vous apporteront.
Si vous pry que nous y pensions

LE MISTERE DU SIEGE D'ORLEANS.

A les assaillir sans demeure, 5440
Que ainsi riens noûs ne ferons,
Et ne perdons que temps et heure.

LE CONTE DE SUFFORT.

Mon chier seigneur, vous dictez bien,
Que nous avons assez puissance
Pour les avoir sur toute riens, 5445
Mès que nous facions diligence.
Faictes tout mectre en ordonnance,
Eschelles, cordes, et crochez,
Et gens de tret grant habondance,
Pour mieulx les François despecher. 5450

LE SIRE D'ESCALLES.

Y n'en fault plus dissimuler,
Assaillir les fault en presence
Pour leur grant orgueil ravaller,
Abatre leur oultre cuidance.
Nous sommes icy l'excellance, 5455
De toute Engleterre la fleur;
Y estre tant c'est desplaisance,
Et à nous tous grant deshonneur.

MESSIRE JEHAN DE LA POLLE.

Sire, pour vostre bien venue,
Que ung assault leur soit donné. 5460
Y sont longuement trop en mue,
Ung esbat leur soit ordonné.
Nostre oust c'est très bien gouverné
Jusques cy sans peu de domage,
Et si avons fort domagé, 5465
Que François n'ont pas l'avantage.

LANCELOT DE LISLE.

Messeigneurs, quant est de l'armée,
Toute preste est pour assaillir,
Bien en point et bien ordonnée
Pour voz voulentez acomplir ; 5470
Lesquelz si n'ont autre desir
Orleans leur soit habandonné,
Que y veullent vivre ou morir
Faisant ce que aurez ordonné.

FACETOT.

Quant Orleans leur habandonneroye 5475
Pour le mectre à feu et à sang,
Et du tout je le destruiroye,
Hommes, femmes et les enffans,
Qu'i n'y auroit petit ne grant
De leur ville que j'espargnasse, 5480
Que nul ne fust plus si engrant
De vouloir faire telle fallasse.

LE CONTE DE SUFFORT.

Vous ne devez riens espargner,
Que il ont contre vous failly
D'avoir volu resister 5485
Et de nous avoir assailly.
D'oppinion je suis celuy
Que on doit mectre tout à mort,
Sans avoir mercy de nulluy
Ne espargner foible ne fort. 5490

TALLEBOT.

J'en suis de vostre oppinion ;

De les espargner c'est follye,
Qu'i sont plains de rebellion,
De faulse mauvaistié remplye,
Quant, par leur desloyalle envie, 5495
Sy ont brullé tous leurs faubours,
Eglises, par grant villannye,
A tort, sans cause et sans propoux.

MESSIRE JEHAN DE LA POLLE.

Ilz ont mauvaise volanté
Et en eulx n'a nulle fiance, 5500
Si convient de neccessité
Les pugnir de leur grant offence.
Adfin que à tousjours souvenance
Soit de leur faulse iniquité,
Et à tousjours mès ramenbrance : 5505
C'est les mectre en captivité.

LE SIRE D'ESGALLES.

Nous avons très grosse puissance
Là, du cousté du Portereau,
Où nous avons bonne esperance.
Quant au regard de delà l'eau, 5510
Voicy ung temps jolis et beau,
Faictes estandars desployer,
Et gaignez ce noble joyeau :
Il est vostre, vous le voyez.

TALLEBOT.

Sà, messire Jehan Facetot, 5515
Que dictes vous ne que vous semble ?
Y fault ycy de bon estoq
Les assaillir trestous ensemble.

Nous povons aller, ce me semble,
Jusques au rees de leur muraille, 5520
Et y faire ung assault si ample
Comme verrez que faire faille.

FACESTOT.

Vous, messire Jehan Tallebot,
Esleu estes à ceste charge;
Vous y savez vostre trippot 5525
Et y estes prudent et saige.
Ordonnez, en vostre corage,
Ainsi comme vous l'entendez ;
Nous autres et tout le bernage
Vous voulons sauver et garder. 5530

TALLEBOT.

Puis qu'i vous plaist, ordonneray
Que vous et voz gens, s'i vous plaist,
Vous yrez, et puis vous suivray
Et de vous je me tiendray près.
A la porte Renart yrayz 5535
Avecques le conte de Suffort,
Et de bon cueur les assaudrayz,
Sans espargner foible ne fort.
Puis devers la porte Banier
Jusque à la porte Parisie, 5540
Monseigneur d'Escalles, serez
Avecques vostre compaignie.
Mareschal, à chere hardie
Assaillez les, à une foulle.
Pour vous secourir je supplie 5545
Messire Jehan de la Polle.
Fouquamberge, aussi Glasidas,

LE MISTERE DU SIEGE D'ORLEANS.

De l'autre cousté assaudront,
Qui sont stillez de leur cas;
Et croyez que devoir feront.   5550
Pour ce faictes que nous ayons
Victoire contre ces François,
Et qui tant traveillez nous ont
Et tant fait porter le harnois.

FACETOT.

De très bon cueur acompliray,   5555
Tallebot, tout vostre ordonnance,
Et mon estandart poseray
Sur leurs foussez à ma plaisance,
Et est bien mon esperance,
Orleans sera aujourd'uy destruit,   5560
Et mis en nostre obeissance
Devant chascun, sans contredit.

LE CONTE DE SUFFORT.

Je n'é pas autre intencion
Que aujourd'uy n'ayons victoire,
Et de mectre à destruction   5565
Les Orlenois, c'est chose voire.
Tout temps nous ont esté contraire
Et ont volu resister;
Mais y leur sera vendue chiere
Quant viendra à l'escot compter.   5570

LE SIRE D'ESCALES.

Messeigneurs, que chascun entende
Qu'i n'y faille plus retourner;
Se vous faillez de ceste bende,
A peine pourrez recouvrer.

Pensez de tout perdre ou avoir. 5575
En si très notable puissance,
Au monde en pourroit on trouver
Armée de si haulte excellance?

MESSIRE JEHAN DE LA POLLE.

Quant à moy, je ne fais nulle doubte
Que ne soyons victorieux, 5580
Et que n'ayons en somme toute
Tous les François, jeunes et vieulx,
Ne jamès parlé ne sera d'eulx,
Se chascun vieult faire devoir.
Soyons donc hardiz, vertueux, 5585
Orleans sera en vostre manoir.

LANCELOT DE LISLE.

Sà, messeigneurs, quant vous vouldrez
Voicy voz gens en ordonnance.
Quant il vous plaisa, assaudrez
Orleans, et à vostre plaisance. 5590
Voy les cy en vostre presence,
Et les voyez tous en grant point
De haches, d'espées et de lance,
Arcqs, arbalestres et engins.

TALLEBOT.

Or sus, trompetes et clairons, 5595
Sonnez pour assembler l'armée,
Adfin que ensemble nous partions
Et y allons d'une assemblée,
Faisans grant huc, de rendonnée[1],

---

[1] *Grant huc*, grande huée, grand bruit; d'où *hucher*, synonyme de *huer*. — *De rendonnée*, vivement, rapidement.

Pour vos enemis espoventer, 5600
Qu'i convient en ceste journée
Que les François vous surmontez.

Lors les trompetes sonneront des Anglois, et s'assembleront pour venir assaillir Orleans. Puis dit

F° 139 r°.   LE BASTARD D'ORLEANS.

Seigneurs, en toute diligence
Armez vous tous incontinant.
On m'a rapporté en presence 5605
Anglois font grant amast de gens
Et en point pour tenir les rans,
Si croy que y nous assauldront.
Pour ce soyez tous dilligens,
Hommes, femmes et citoyens. 5610

LA HIRE.

Monseigneur, ainsi que j'entend,
Aujourd'uy ont intencion
Assaillir la ville d'Orleans,
Et la mectre à destruction;
Et leur deliberacion 5615
Est de mectre à feu et à sang,
Sans en avoir remission,
Ainsi que chascun d'eulx pretend.

SAINTE SUAIRE.

Seigneurs, que chascun preigne garde
A soy, et monter sus les murs, 5620
Et ung chascun voyse en sa garde,
Pour soy garder des premiers heurs.
Oultre plus, entre vous, seigneurs
F° 139 v°.   Et gens d'armes, conseilleroye

De saillir hors en grant fureurs 5625
Pour resister à leur voye.

CHABANNES.

Pour voir, entre nous gens de guerre
Nous convient saillir au devant,
Pour les garder de prendre terre,
Et qu'i ne viengnent plus avant. 5630
Que s'i vous estoient surprenant,
Nous pourrions bien estre en dangier,
Et de ne venir pas à tant
Pour nous donner grant destourbier.

POTON.

Messeigneurs, pour tout abreger, 5635
Y nous convient tous saillir hors.
Se voyent que vous ne vous bougez,
Contre vous se tiendront plus forts.
Cependant, ferez vous effors
De bien garder vostre muraille; 5640
Se nous ne sommes assez fors,
Retrayons nous de la bataille.

THEAULDE DE VALLEPAIGNE.

Je ne scay comment on l'entend,
Ne m'en saroye conseiller;
C'est ung conseil doubteux et pesant 5645
Et dangereux, à mon cuider.
Se d'avanture vous saillez
Et contre eulx ne soyez puissant,
Vous ne vous pourrez reculler
De la presse bien aisement. 5650

LE SIRE DE VILLARS.

Messeigneurs, de vouloir saillir
C'est bien fait de resister;
Mais y ne fauldroit pas faillir,
Que vous ne peussiez retourner.
S'il advenoit que vous perdez 5655
Et que ne fussiez les plus fors,
Vous y estes tous demorez,
Et finablement trestous mors.

MESSIRE MATHIAS.

Messeigneurs, se nous vous perdions,
Il aroient de legier la ville; 5660
Y vault mieulx que nous demeurions
Sans saillir ainsi à la fille.
Y sont plus de quarante mille,
Et tous les jours leur vient secours;
Gardons bien nostre domicille 5665
Et nostre muraille et noz tours.

LE SIRE DE GUITRY.

Il me semble que de saillir,
Messeigneurs, que ce seroit simplesse;
Que, s'i vous convenoit faillir,
Vous leur donriez grant hardiesse, 5670
Et vous pourroient mectre en presse,
Quant vous vouldriez n'en saillir pas;
Et de perdre telle noblesse,
Le royaulme en seroit bien mis bas.

LE SIRE DE SAINTRAILLES.

Il ne fault tant craindre et doubter 5675

N'en faire difficulté;
Que, se y voyent que les doubtez,
Plus vous feront de cruaulté,
Et plus leur maise volenté
Ce croistra de plus vous mal faire, 5680
Disans que hors de vostre hosté
Vous n'oseriez saillir ne traire.

LE SIRE DE BUEIL.

En guerre nulluy ne doit craindre
Ne nul n'oseroit nul beau fait faire;
Aussi nulluy ne se doit faindre, 5685
Mais tousjours acquerir victoire.
Se vous saillez, sera memoire
Que vous serez preux et hardis,
Et craindront plus de vous malfaire
Cent fois que vous soyez faintis. 5690

LE BASTARD D'ORLEANS.

Mes bons seigneurs, grans et petiz,
Mectez vous tous en ordonnance,
Soyez tous vaillans et hardis
Et tous rempliz de grant vaillance.
Monstrez icy vostre puissance 5695
Et allons tous audevant d'eulx;
Se nous voyons resistence,
Nous retournerons tous en noz lieux.
Entre vous, bourgeois de la ville,
Faictes bon guet sur la muraille; 5700
Que chascun de vous soit habille
Et que chascun monstre qui vaille.
Gardez que le cueur ne vous faille
Allencontre voz anemis,

Et frappez d'estoc et de taille, 5705
Vous ne serez jamès soubzmis.

Adont icy les trompetes sonneront tant des Anglois que des François; et viendront corageusement les Anglois contre les François, qui seront sailliz de la ville; et y aura grant bruit et fait d'armes les ungs contre les autres; et sonnera le baffray de la ville sans cesser durant la bataille, tellement que les François reculleront jusques dedans leur ville, et le sieur Facetot viendra planter son estandart sur la dove des foussez; et eschelleront les murailles, et de traict grant force, d'une part et d'autre, tellement que, en la fin, les Anglois retrayront en leurs tantes et bastilles. Puis dit

LE BASTARD D'ORLEANS.

Çà, messeigneurs, retrayez vous
Et pensez de vous refraschir,
Si prenez ung peu de repoux
Pour voz grans travaulx alegir. 5710
Je voy les Anglois departir,
Eulx retraire dedans leurs tentes,
Ne scay s'i veullent revenir;
Guet nous fault en chemins et sentes.

Pose. — Puis dit

LE BASTARD D'ORLEANS.

Nous avons esté debatuz 5715
Par ces Anglois cruellement;
Mès nous nous sommes deffenduz,
Dieu mercy, bien et grandement,
Que nous avons resistamment
Obtenu contre leur emprise, 5720
Que y pensoient bien fermement
A venir à leur entreprise.

LA HIRE.

J'é cuidé aujourd'uy voir l'eure
Que la ville estoit en dangier;
Ne failloit que ung coup de maleure 5725
Pour nous griefment dommager.
Jamès ne les vy arrenger
Ne mieulx en plus grant ordonnance,
Et, pour tout dire et abreger,
Ilz se sont trouvez grant puissance. 5730

SAINTE SUAIRE.

Messeigneurs, il me semble advis
On doit aller devers le Roy,
Gens entenduz et bien apris,
Pour luy remonstrer le desroy
Que nous sommes cy à le boy [1], 5735
Sans oser les portes saillir;
Luy requerant que sans deloy
Y luy plaise nous secourir.

CHABANNES.

Il est bien expedient
A y aller, comme il me semble, 5740
Remonstrer l'inconvenient
Que povons avoir tous ensemble.
En l'ost des Anglois s'i assemble
Des gens d'armes de toutes parts,
Puis prennent en nous mauvais exemple, 5745
Je voy que nous ne croissons pas.

THEAULDE DE VALLEPAIGNE.

Nous appetissons tous les jours,

---

[1] Sic. Probablement à l'aboi, aux abois.

LE MISTERE DU SIEGE D'ORLEANS.

Les ungs sont mors, autres blessez,
Nous n'avons de nulluy secours
Ne qui nous puissent ayder. 5750
Si est bien, selon mon cuider,
Au Roy aller diligamment
Et tout le cas luy remonstrer,
La peine, le grief, le torment.

LE SIRE DE VILLARS.

Messeigneurs, c'est bien advisé. 5755
Y envoyer de gens de bien,
Ainsi que avez propposé,
Faire le fault sur toute rien,
Luy remonstrer quoy et combien
Et luy faire tout assavoir, 5760
Le travail, la peine et l'ahan
Qu'i fault tous les jours recevoir.

SAINTRAILLES.

Ce cas cy n'est pas peu de chose
De perdre une ytelle cité.
Vous voyez comme elle est enclose 5765
D'Englois, en grant adversité,
Tout le pays en verité,
Beaugenci, Meung, Saint Loup, Jargueau,
La Sauloigne d'aultre cousté;
Il ont en leurs mains terre et eau. 5770

LE SIRE DE GUITRY.

Nous ne pourrions resister
Longuement à leur grant puissance,
Qu'i leur vient gens de tous coustez,
Incessamment, de toute France.

Avoir en pevent à leur plaisance, 5775
Paris, Flandres et Picardie;
Nostre cas est en grant doubtance
Et en dangier, je vous affie.

POTON.

Quant au regart de leur puissance
Ne fault acomparoir la nostre : 5780
En cela n'a nulle apparence,
Chascun scet que la leur passe oultre;
Et pour tout acomplir et soudre,
Il est bien de neccessité
Que nostre bon roy et le vostre 5785
Luy soit tout ce cas recité.

MESSIRE MATHIAS.

Messeigneurs, vous avez bien dit,
Y envoyer c'est bien raison.
Ordonnez à vostre appetit
Pour y aller qui sera bon. 5790
Vous estes tous princes de nom,
Et n'est nul qui bien ne le face,
Suffisant, de noble maison
Autant qu'on peut trouver en place.

LE BASTARD D'ORLEANS.

Très nobles et vaillans seigneurs, 5795
Puis que vous plaist, nous envoyrons
Au Roy denoncer nos labeurs
Et les affaires que avons.
Dont, pour y aller, nous prendrons
Le vaillant sire de Villars, 5800
Poton, son frere, en baillerons
Toute la charge hault et bas.

Après me semble qu'i seroit bon
D'envoyer en l'oust des Anglois
Un herault, gentil compaignon, 5805
Pour parler à eulx et les voir,
Et que puissons tant faire ainçois
Avoir d'eux treves pour parler,
Comme de deux jours ou de trois,
Seullement à parlementer. 5810

LE SIRE DE VILLARS.

La chose seroit bien licite
De treves avoir vrayement,
Et pour faire aussi la poursuite
Des mors et leur enterrement,
Et pour savoir aucunement 5815
De leur très mauvaise entreprise,
Adfin qu'on y peust bonnement
Y penser et qu'on y advise.
Oultre plus, s'i vous plaist, la charge
A aultre que moy baillerez 5820
D'aller au Roy très noble et saige ;
Autrement en disposerez,
Que entre vous, comme savez,
Y sont que moy plus suffisant :
S'i vous plaist, vous en depporterez 5825
Et en commectez plus duisant.

POTON.

De moy aussi pareillement ;
Que vous estes tous plus expers
Que je ne suy certainement ;
Donques vous en depporter est. 5830
Au seurplus, je croy que bon est

De parlementer aux Anglois;
On pourra savoir loing ou près
De leur secret, comme je crois.

SAINTRAILLES.

Entre vous vous m'avez esleu, 5835
C'est pour aller devers le Roy.
Je vous pry qu'un autre en ce lieu
Vous prenez plus expert que moy;
Puis après, ainsi que je voy,
Treves vous devez demander, 5840
Pour savoir d'eulx, comme je croy,
Ainsi comme bien l'entendez.

LA HIRE.

Messeigneurs, vous estes esleuz,
Poton, Saintrailles et Villars;
Assez savez les contenuz 5845
Du gouvernement et estas.
Au Roy luy compterez le cas
Que ne vous en fault jà rien dire;
Vous luy raconterez hault et bas,
Ainsi que le cas le desire. 5850
En oultre, treves nous devons
Demander, et est bien raison.
Qu'i demandent nous ne savons
Ne qui est leur occasion,
Ouyr parler nous les devon, 5855
Et nul mal ne nous en peut estre.
Riens n'en ferons se ne voulon,
Ny n'en seront jà plus grant maistre.

SUAIRE.

Messeigneurs, faictes diligence

De partir très diligamment, 5860
Sans plus cy faire demourance,
Nous vous en prions humblement;
Que se le Roy aucunement
Nous peut envoyer du secours,
Vous luy prirez que briefvement 5865
Que ce soit et bien en brief jours.
Et cependant, vous envoyerez
Devers les Anglois ung herault
Pour les mors qui gisent là hault,
Adfin qu'i soient mis en sault; 5870
Et avecques ce leur offrez
A ung ou deux de leur consault
Vous voulez bien parlementer.

CHABANNES.

La chose est bien raisonnable
Demander treves voirement, 5875
Tel temps que leur sera agreable,
Deux ou trois jours tant seullement,
Ou, s'i veullent, plus largement;
Vous vous en rapporterez à eulx,
Aussi de faire parlement, 5880
De chascune part ung ou deux.

THEAULDE DE VILLEPAIGNE.

Envoyez y presentement
Ung herault qui soit bien propice
Pour parler à eulx proprement,
Et tout selon vostre notice, 5885
Expert à faire l'office,
Qu'i ne le puissent point reprendre

De chose et à nous prejudice,
Mès luy baillerez à entendre.

LE SIRE DE BUEIL.

Vous savez il y a longtemps 5890
Que y sont devant ceste ville,
A estre tousjours combatant
Et sans repoux est leur stille;
Ne nul qui soit, tant soit abille,
Ne s'est ingeré de parler, 5895
Qui n'est pas chose bien utille,
Que on peut bien parlementer.

CHAUMONT.

De parler on ne peut faillir,
Vous n'en ferez ne pis ne mieulx;
Mais vous pourront bien advertir 5900
De leur vouloir qui est en eulx.
Tenez vous tousjours vertueux,
Sans estre de riens esbayz,
Ne de leur diz n'en ayez peux[1],
Mès doivent croistre voz desirs. 5905

MESSIRE MATHIAS.

Il n'en fault nullement doubter
Que vous le devez ainsi faire.
On peut tousjours parlementer,
La chose si est neccessaire.
Aussi treves, c'est la maniere 5910
Sans batailler à tous propoux;
Guerre ne fut onc si contraire
Que on ne deust prendre repoux.

[1] *Peux*, peur.

GUITRY.

S'i veullent treves accorder,
On s'en rapporte bien à eulx; 5915
S'i les veulent desacorder,
Vous n'en valoir ne pis ne mieulx.
Je croy qu'i seront bien joyeux
Quant vous leur offrez ceste chose,
Ou y seront bien mal gracieux, 5920
Qu'i sont lassez, bien dire l'ose.

LE SIRE DE CORRAS.

Il n'ont pas eu le meilleur
En cest assault certainement,
Ne n'y ont acquis nul honneur
Ne nul prouffit pareillement; 5925
Mais de leurs gens piteusement
Y est demeuré ung grant nombre,
Lesquels desormais nullement
Ne vous y donront plus d'encombre.

LE BASTARD D'ORLEANS.

Messeigneurs, voz oppinions 5930
Vueil acomplir en diligence,
Et les princes qui esleuz sont
Acompliront vostre ordonnance.
Donques, sans nulle differance
Vous acomplirez le voyaige 5935
Devers le noble roy de France,
Sans plus en faire de langaige.
Pareillement toy, messagier,
Entens à moy diligemment :
Aller te fault, pour abreger, 5940

En l'oust des Anglois promptement.
A Tallebot principalment,
A luy premier te adresseras,
Et ton messaige entierement
De par les princes luy diras : 5945
Sy est que, ce s'est son plaisir,
Que treves ensemble nous eussions,
Et pour les corps ensevelir.
Qui gisent au long des buissons.
Des leurs et des nostres y sont 5950
Qui piteusement y sont mors;
Bien recuillir nous les devons
Sans voloir les lesser dehors.
Avecques ce luy pourras dire
Que, s'i veullent parlementer, 5955
De leur cousté vueillent eslire
Ung ou deux pour à nous parler,
Savoir qui viennent demander;
Et de nostre cousté aussi
Ung ou deux vouldrons ordonner, 5960
S'i leur plaist de le faire ainsi.
Or va, et fais bien la besoigne
Pour en rapporter la responce.

MESSAGIER.

Je l'accompliray sans esloigne;
Ainçois que le souleil reconche, 5965
Sans en faillir une seule once,
Vostre messaige acompliray;
Ne qu'à Tallebot ne prononce,
Tout vostre plaisir luy diray.

Adont icy y a pause. — Et doivent les seigneurs partir pour aller devers le Roy, et le messagier d'autre cousté. Puis dit

LE MESSAGIER.

Je voy là Tallebot assis   5970
En son pavillon fort plaisant,
Où sont plusieurs gens de hault pris
Très nobles princes et vaillant.
Je m'en voys vers luy tout devant
De par les très puissans François   5975
Que Dieu sauve et gart en tous cens,
Et confonde les faulx Anglois.
Tallebot, prince redoubté,
Venu suis en vostre presence
Du povoir et auctorité   5980
Des très nobles seigneurs de France;
Lesquelz tous, par leur ordonnance,
M'ont envoyé par devers vous
Pour ung peu avoir abstinence
De guerre, eulx et voz gens tous.   5985
Si est que de par moy vous mandent
De faire treve ung peu de temps,
Adfin que es mors il entendent
De les recueillir sur les champs.
Longues ou breves, entretant   5990
Chascun congnoistra ses amis;
S'i vous plaist en estre contant,
Affermées seront de noz parties.
Et m'ont enchargé de vous dire
Que, se parlementer vous plaist,   5995
Vous autres vous vueillez eslire
Ung prince ou deux, se bon vous est;
Et, de leur cousté, seront prest
Les vouloir oyr et entendre

Durant les treves, se ainsi est 6000
Que à mes dis vous veillez tendre.

TALLEBOT.

Messagier, bien soyes tu venu;
Des François je suis bien joyeux.
Doncques, il leur est souvenu
Avoir des nouvelles par eulx! 6005
Il ne nous souvenoit plus d'eulx
Qu'i nous voulsissent riens mander;
Mès c'est du bien qui est en eulx,
Sy leur vueil bien contremander.
Messeigneurs, vous voyez comment 6010
Les François, par leur messagier,
Vous mandent se aucunement
Y vous plaist de les solager,
Que il ont esté laidengez
En ceste derreniere bataille, 6015
Dont treves viennent demander.
Conseillez vous qu'on les leur baille?
Encores demandent autre chose,
C'est de vouloir parlamenter.
Il doubtent, comme je suppose, 6020
Leur doit on cecy accorder?
Des treves, selon mon cuider,
La chose est assez raisonnable;
Mès eulx à nous vouloir parler,
Advisez s'il est convenable. 6025

MESSIRE JEHAN FACETOT.

Quant au regart de leur requeste,
Elle est licite et raisonnable;
Et sans en plus faire d'enqueste,

LE MISTERE DU SIEGE D'ORLEANS. 235

Elle est licite et convenable,
Ne m'est point prejudiciable. 6030
De treves, il est bien raison;
De parler, aussi est notable
Pour vouloir ouyr leur raison.

LE CONTE DE SUFFORT.

Messeigneurs, il me semble advis
Que vous leur devez accorder, 6035
Pour recouvrer noz bons amis
F° 149 r°. Et aussi pour les enterrer.
Puis après, pour parlementer,
En cela ne povez faillir;
Que y vous veullent accorder 6040
Peut estre tout vostre plaisir.

LE SIRE D'ESCALLES.

Vous ne leur devez reffuser
Treves, ne de parler ensemble;
Autrement vous vous abusez
Et mal fait seroit, ce me semble. 6045
N'en faictes rien, se bon vous semble,
Ne povez que de les ouyr,
Pensez que tout le corps leur tramble
Et ne savent plus où fouyr.

MESSIRE JEHAN DE LA POLLE.

Ainsi faire nous le devons. 6050
Peut estre veullent accorder,
Ainsi que faire le voulons,
Ad ce que voulons demander.
Dire vueil et bien l'entendez
Que ad ce ne devez faillir; 6055

30.

Parlez à eulx et respondez,
Pis ne mieulx y n'en peut venir.

F° 149 v°.   LANCELOT DE LISLE.

Je suis de ceste oppinion
Que leur devez accorder treves,
Puis qu'i requerent, c'est raison;   6060
Mais vous leur devez bailler breves,
De trois ou de quatre heures plaines
Pour les corps prandre et enlever;
Il ne vous peut estre grevés,
Ce pendant parler vous devez.   6065

                     TALLEBOT.

Puis qu'ainsi va, j'en suis contant,
Treves quatre heures il aront,
Pour parler à eulx, entretant
Que les mors se recuilleront;
Et ung ou deux nous commectrons   6070
De parler à eulx sus la greve.
Et leur dy que nous leur mandons
Que il viengnent durant la treve.

                     LE MESSAGIER.

Messeigneurs, je vous remercye.
Vostre responce rapporteray   6075
Aux princes plains de baronnie
Et vostre voloir leur diray.
F° 150 r°.   De quatre heures, c'est vostre gré,
De treves pour parler ensemble;
Vostre rapport je leur feray,   6080
Comme dit avez, se me semble.

Lors part, et y a pause. — Et vient devant les princes de France et dit

LE MESSAGIER.

Messeigneurs, par vostre ordonnance,
Vous a pleu m'avoir envoyé
Vers l'oust des Anglois en presence,
Par vostre licence et congié ; 6085
Ausquelz j'é fait et denoncé
Et tout parfait vostre messaige,
Lesquelz y sont tout supployé
En l'acomplissant de coraige.
Si est que treves vous aurez 6090
Durant quatre heures seullement,
Pour les corps prandre et enterrer,
Les vostres et eulx pareillement.
Puis, pour faire à vous parlement,
En la greve vous envoyeront 6095
Ung prince ou deux certainement,
Ainsi que eslirre vouldront.

LE BASTARD D'ORLEANS.

Y n'ont pas fait la treve long,
Mès non pourtant il nous suffist.
Fault adviser lesquelz yront, 6100
Saiges, prudens et entantis,
De bien parler suppellatis[1],
Pour à eulx bien dire et respondre.
Vous, messeigneurs, princes gentis,
Eslisez en de vostre nombre. 6105
Le sire Estienne de Vignoilles,
Me semble qu'il y seroit bon,

---

[1] *Suppellatis*, superlatifs.

En fait de guerre et de parolles,
Bien entendu le trouve on
De vous dire son oppinion.
Pour y commectre homme savant,
N'est nul de vous qui n'y fust bon ;
Advisez l'expedient.

MESSIRE LOYS DE CULAN.

Au rapport que fait le messaige,
De treves n'avons que quatre heures ;
Ne nous fault tenir grant langaige,
Ne faire aussi longue demeure.
Je ne puis savoir qui procurent
Dont il ont fait si courte treve :
Nully ne scet des adventures,
La chose me semble trop breve.

SAINTE SUAIRE.

Je n'y entend riens nullement
En leurs parrolles n'en leurs dis.
Je voy qu'i fault premierement
Prandre les corps de noz amis ;
Oultre plus, y se sont soubzmis
Vouloir à nous parlementer,
En quatre heures tout est compris ;
Je n'en saroye riens appoincter.

CHABANNES.

Je n'en pourroye nul bien dire
De ces Anglois, ne tant ne quant.
Pour quatre heures, à le voir dire,
Quant à moy je n'y entend riens,
Sinon que chascun soit engrant

De soy maintenir en sa garde ; 6135
Que je doubte inconvenient
Quant viendra que l'eure se tarde.

MESSIRE MATHIAS.

Puis que l'eure est ordonnée,
La treve prinse, par ainsi
Y n'en fault plus faire assemblée, 6140
Ne de conseil avoir aussi.
Et de present donne dessi
Que sire Estienne de Vignoilles
Doit faire pour nostre party,
Leur rendre et donner les parolles. 6145

LE SIRE DE GUITRY.

J'en suis de ceste oppinion,
C'est que La Hire y doit aller ;
Pour leur donner bonne raison,
Commis soit pour à eulx parler.
Y ne font riens que fatroiller, 6150
En eulx n'a ryme ne raison ;
On les doit du tout là lesser,
Que en eulx n'est qu'abusion.

LE SIRE DE BUEIL.

Quant treves avez demandées
Et de parlementer aussi, 6155
Et il les vous ont accordées,
Acomplir les devez ainsi.
Si sont courtes, c'est sans soussy ;
Soyez tousjours prest vous garder,
Si leur faictes de mesmes cy 6160
Ne s'en voisent sans berguigner.

LE SIRE DE CORRAS.

Fº 152 rº.

Parler n'en fault ne hault ne bas,
Y fault acomplir ceste chose.
La Hire entend bien tout le cas,
Enffant n'est pas, je le suppose. 6165
Quant au seurplus, bien dire l'ose,
Incontinant la treve faicte,
Que nul de nous ne se repose,
Mès sur eulx soit faicte une traicte.

CHABANNES.

Vous avez vous tous très bien dit 6170
Et ne vous saroye que dire.
Les Anglois à leur appetit
Veullent faire sans contredire;
Sy ne les vueillez point desdire,
Quant treves leur sont demandées, 6175
Et du seurplus vous doit suffire,
Puis qu'il les vous ont accordées.

THEAULDE DE VALLEPAIGNE.

De plus en parler c'est simplesse,
La chose est assez debatue.
La Hire est plain de hardiesse, 6180
Renommé, de haulte value;
Et si est bien à leur value
De parler à tous les plus grant.
Ce n'est pas une beste mue,

Fº 152 vº.

Il est saige, hardy et prudant. 6185

LA HIRE.

Dea, messeigneurs, je vous emprie

LE MISTERE DU SIEGE D'ORLEANS.

Que de moy vous vous depportez,
Que es Anglois ne pourroie mie
Nostre cas pas bien raconter;
Et s'i vous plaist m'en supporter, 6190
Autres avez plus suffisant
Pour mieulx la besoigne noter;
Que ad ce ne suis congnoissant.

LE BASTARD D'ORLEANS.

Sire Estienne, nous vous prions
Que vous faciez ceste entreprise, 6195
Et en vous très bien congnoissons
Que la besoigne bien vous duise.
Si sera dont par vous premise
De l'acomplir entierement,
En vous la charge du tout mise, 6200
Sans contredire aucunement.

LA HIRE.

Bien, messeigneurs; puisque voloir,
Vostre plaisir accorderay,
Et y feray à mon povoir,
Du tout au mieulx que je pourray; 6205
Et aux Anglois je parleray
Touchant le fait de ceste guerre,
Et du tout vous rapporteray
De ce que je pourray enquerre.

MONSEIGNEUR LOYS DE CULAN.

Vous congnoissez assez Anglois, 6210
Y ne vous en fault jà riens dire.
Nous vous prions, allez les voir;
Y n'est point de nacion pire

Et sont tousjours prest de mesdire ;
En eulx nul ne se doit fyer. 6215

LA HIRE.

J'en feray qui devra suffire ;
A Dieu jusques au retourner.

Lors icy y a pause. — Et doit avoir ung messagier qui portera son guidon devant luy. Puis dit

TALLEBOT.

Çà, messeigneurs, y fault pencer
Qui yra devers les François,
Diligemment s'en advencer. 6220
D'eures n'avez que deux ou trois,
F° 153 v°. Et, pour abreger, je congnois
Messire Lancelot de Lisle,
Quant à moy, lui donne ma vois ;
Il est suffisant et habille. 6225

FASTOT.

Le cas requiert selerité ;
Puisque promis vous leur avez
De par vostre auctorité,
Pour donques faire le devez.
Leur fut accordé, vous savez, 6230
Treve par vous leur fut promise ;
Si la fault dont parachever,
Puisque ainsi l'avez premise.

D'ESCALLES.

C'est raison : y fault ainsi faire,
Et envoyer diligemment 6235
Ung prince de très noble affaire,

Qui ait sens et entendement,
Pour ouyr et savoir comment;
Que il ont treves demandées,
Et aussi voluntairement 6240
Vous les leur avez accordées.
Messire Lancelot de Lisle,
A luy, je luy donne ma vois;
En tel cas y scet le stille
Autant que je saiche pour voir. 6245
Et en rapportera tout le voir
De tout leur allegacion,
Et bien scay que y fera devoir
Pour en faire relacion.

TALBOT.

Dont vous, messire Lancelot, 6250
La charge vous est adjugée,
Et sommes tous de ce complot,
Que le ferez si vous agrée.
Et sans plus faire demeurer
Partez, je croy qu'il en est temps; 6255
La treve n'a gueres durée
On ne l'a pas accordée grant.

FASTOT.

Y dit voir : temps est de partir.
Je doubte que François y sont;
Si ne leur devez deffaillir, 6260
Puisque aller y devez dont.
Vous savez bien quelz gens ce sont :
Y sont fort divers à congnoistre;
Mès croy que le milleur pas n'ont,
Et on leur fera bien aparestre. 6265

MESSIRE JEHAN DE LA POLLE.

Tout selon leurs diz respondez,
Nous vous en baillons tout la charge.
F° 154 v°. Faictes comme vous l'entendez;
Que de ce estes bon et saige.
Pensez de faire ce voyaige; 6270
Que je voy l'eure qui est brefve,
Et croy que ce nous est dommaige
Avoir donné sy courte treve.

LANCELOT DE LISLE.

Messeigneurs, puisque y vous plaist
De m'avoir la charge baillée, 6275
A vous obeyr je suis prest,
Puisque la chose vous agrée;
Mès ce fust très bien ma pensée
Que prissiez ung autre que moy
Pour mieulx la besoigne menée, 6280
Et qui mieulx feroit, je le croy.

TALLEBOT.

Mareschal, vous le devez faire
Et l'acomplir de bon coraige,
Sans voloir aller au contraire.
Vous y estes prudent et saige; 6285
Des François oyez leur langaige,
Quant premier treves ont requises,
F° 155 r°. Qu'i doivent avoir l'avantage
De declairer leurs entreprises.

LANCELOT.

Puisque c'est dont vostre plaisir, 6290

Je n'y vueil en riens contredire;
Mais vueil le voyage acomplir
Sans vous voloir en riens desdire.
Vers les François, tout droit, de tire,
Vois à eulx pour parlementer; 6295
Puisqu'i vous a pleu moy eslire,
Vueil acomplir voz volentez.

Lors y a pause. — Et les heraulx d'une part et d'autre yront devant l'un l'autre;
ce pendant les mors seront recueillis. Puis dit

LA HIRE.

Messeigneurs nobles et vaillant,
Pour l'onneur de vostre noblesse,
Salut à vous tous je vous rends, 6300
Et à toute vostre gentillesse,
Devers vous cy present maistresse.
Pour vous voloir dire et noncer
Par les François plains de proesse,
En deux motz vous vueil prononcer : 6305

Premierement, dire vous vueil
Que vous avez en Engleterre
Le duc d'Orleans en grant traveil,
Prisonnier dedans vostre terre;
Lequel vous a volu requerre 6310
Que en son pays n'en ses lieux
Ne luy feissiez aucun mal erre,
Et que luy fussiez gracieux.
Et pour certain luy accordastes
Que à Orleans mal ne feriés, 6315
Et sur les sains vous luy jurastes
Et luy promistes voulentiers.

Or est il que cinq mois entiers
Vous estes devant ceste ville,
Pour y faire des destourbiers
Chascun jour à cent et à mille.

Puis après, comme vous savez,
Treves vous avons demandées ;
Dont voulentiers les nous avez
Liberalement accordées,
Bien breves, qui seront finées
Sans avoir loisir et espasse
De bien declairer ses pensées ;
Pourtant fault que chascun s'en passe.
Mais, pour abreger, s'i vous plaist,
Departirez devant Orleans,
Sans y faire mal loing ne près
Et sans autre inconvenient.
Nostre duc très noble et puissant
Est en voz mains, si le savez ;
Vous ne devez du remenant,
Se me semble, point le grever.
Mais que i soit venu, j'espere
Que vous serez de luy contant,
Sans luy faire aucun vitupere
A sa personne n'en ses biens,
A sa terre, ne tant ne quant ;
Et n'y acquerrez jà honneur.
Voloir le corps, voloir les biens
C'est fait à prince grant rigueur.
Pour donques vous deppartirez
Des environs de ceste terre,
Et de bref vous vous en yrez
En vostre pays d'Engleterre.

LE MISTERE DU SIEGE D'ORLEANS.

Vous n'avez avoir ne acquerre 6350
A Orleans, c'est la verité,
Et y venez à tort le querre,
Contre bon droit et equité.

LANCELOT DE LISLE.

Je vous ay escouté parler
Et avez dit ce qui vous plaist : 6355
Treves vous avons accordez,
Ainsi comme de raison est;
Puis dictes que par exprès
A monseigneur le duc d'Orleans
Promis luy avons que jamès 6360
Nous ne viendrons ycy devant.
Je vous responds, tout pour certain,
Que jamais ne luy fut promis.
Puis dictes que en nostre main
Le tenons et y est soubmis; 6365
Cela est vray, à nous conquis
En force d'armes et proesse;
Et que, par ce, en son pays
Ne devons faire nulle oppresse.
Je vous dy que, en cest endroit, 6370
Que ce pays nous appartient
Par querelle et juste droit,
Et toute la terre d'Orleans.
Si vous dis encore plus avant :
A nous est la terre de France, 6375
Et le pays tant qu'il est grant,
Par vraye et droicte sentence.
Roy de France et roy d'Engleterre,
C'est le tiltre de nostre roy;
N'aultruy n'y doit avoir ne querre; 6380

A luy appartient, c'est autroy.
Si ne vous devez dont pour quoy
Esmayer d'estre cy venuz;
Que Orleans aurons, je le croy,
Et en demourrez povres et nuz; 6385
Ne jamès nous n'en partirons
Sans parvenir à nostre entente,
Que vostre ville nous n'ayons,
Pour quelque delay ne atente.
Et vaulsist mieulx, selon m'entente, 6390
N'estre pas si resistant,
Que à la fin piteuse sante[1]
Sera de vous comme j'entant.

LA HIRE.

Vous parlez de haultain coraige,
Sans savoir de la verité 6395
Du duc d'Orleans. Pour bref langaige,
De par vous luy fut contracté,
Par foy et par serment presté,
Que nul desplaisir en sa terre
Ne luy feriés, et protesté 6400
Luy fut par vous en Engleterre.
Puis dictes que vous avez droit
A Orleans, ou royaulme de France;
Jamès cela ne s'entendroit,
C'est parlé à vostre plaisance. 6405
Ne fault que ayez telle loquence;
On congnoist bien vostre pays
Et aussi vostre appartenance;
Onques n'en saillit fleur de lyz.

---

[1] *Piteuse sante*, mauvaise voie? à moins que ce ne soit le mot *santé*, altéré pour le besoin de la rime.

Vostre roy Henry d'Engleterre
Ne fait pas souvent grant miracles,
On ne le va gueres requerre
Pour faire eprouver ses synacles[1] ;
Mès pour porter boetes, triacles[2],
Et bailler bourdes en paiement,
En voz tentes et tabernacles,
Vous y estes très bien savant.

LANCELOT DE LISLE.

Vous farcez voluntairement
Entre vous François, en injurant[3] ;
Mès ne demoura pas grammment
Que congnoissiez voz forfaitures,
En nostre oust, sous des miches dures,
Que nous vous donrons voulentiers.
Nul ne scet de ses adventures;
Il n'est que fouyr des premiers.

LA HIRE.

Vous avez fait les treves courtes;
Pour ce se fault chascun retraire.
De voz frivolles, de voz bourdes,
Anglois en savent très bien faire;
Mais se il vous vient en memoire
De cuider estre roys de France,
Fauldroit que le feissiez acroire
Aux foulz de vostre appartenance.

---

[1] *Synacle, signaculum,* signe de croix. Peut-être ici *marques d'écrouelles?*
[2] *Triacle,* thériaque, d'où *triacleur,* charlatan qui débite la thériaque.
[3] *Sic.* Supprimez *en,* ou prononcez *ent'vous, François.*

LANCELOT DE LISLE.

Vous usez de grosses parrolles,
Et autre chose n'y povoir. 6435
Face chascun bien son devoir;
Le musir[1] font les poires molles.

LA HIRE.

Se voz intencions sont folles,
De vous oyr on fait devoir.

LANCELOT.

Vous usez de grosses parolles, 6440
Et autre chose n'y povoir.

LA HIRE.

De tous voz diz ce sont frivolles,
Et ne les puis acomparoir;
Mieulx vaulsist en vostre manoir,
Engleterre, frire voz solles. 6445

F° 158 v°.
LANCELOT DE LISLE.

Vous usez de grosses parolles,
Et autre chose n'y povoir.
Face chascun bien son devoir;
Le musir font les poires molles.

Lors se deppartiront l'un de l'autre. Et tout incontinent vient ung canon d'Orleans qui enlieve la teste de Lancelot de Lisle, et y a grant bruit; et emporte on le corps devant Tallebot et les seigneurs. Et dit

TALLEBOT.

Hé Dieu! qui a fait cest oultrage 6450

[1] *Le musir*, le muser ou le moisir.

D'avoir ce prince mis à mort
Tant noble, prudent et tant saige?
Je voi cy ung grand desconfort.
Après Sallebry, le plus fort 6455
Estoit, et tant prudent en guerre
Que son pareil, ne de son port,
On peust finer en Engleterre.
A! Orleans, tu l'as bien trahy
Soubz l'ombre de treve et de paix;
Tu l'as piteusement meurtry, 6460
Luy qui mal n'y pensa jamès!

F° 159 r°. Nous as tu servy d'un tel mès
Soubz couleur de parlementer,
Par ton voloir faulx et mauvais
En trayson voulu traicter? 6465
Je renonce à Dieu et ses sains,
Que de ce cas me vengeray,
Et Orleans tiendray en mes mains,
Avant ung mois, ou je morray,
Ne homme nul n'espargneray, 6470
Ne enffant tant petit ou grant,
Que tout à l'espée je mecteray,
Sans jamès en espargner riens.

MESSIRE JEHAN FACETOT.

Voicy grant inconvenient,
Et ne puis pas cecy entendre : 6475
Y parloit à eulx en present
Par treves; je ne puis comprandre
Comment il ont fait cest esclandre,
De l'un l'autre en parlementant.
Y convient bien le leur chier vendre 6480
A la ville et es habitant.

LE CONTE DE SUFFORT.

Je croy bien, ainsi que j'entent,
Que de la treve estoit cessée,
Et a esté en revenant
Qu'il a eu la vie finée; 6485
Mais est trayson esprouvée.
On doit avoir temps et espace
De retourner en sa contrée
Chascun soy retraire en sa place.

MESSIRE JEHAN DE LA POLLE.

Voicy grant deul et grant dommaige 6490
Du sire Lancelot de Lisle,
Tant prudent, tant plaisant et saige,
Qu'i n'en fut onc de plus habille.
Par luy nous eussions eu la ville
Avant trois jours, par son moyen, 6495
Et luy estoit très bien facille;
Que tous ses faiz venoient à bien.

LE SIRE D'ESCALLES.

Quant à moy je n'y entant riens;
Voicy très mauvaise besoigne
De trayson, je le soustiens, 6500
Et est es François grant vergoigne :
Mès, que qui tarde ou qui esloigne,
Je me vengeray de sa mort;
Que n'est si grant que, qui en groigne,
Que j'espargne, foïble ne fort. 6505

TALLEBOT.

Il convient faire ses obsecres

Et l'enterrer honnestement.
Luy qui estoit bailly de Chartres,
Vouldroye qu'il y fu[s]t vrayement.
Penser nous en fault grandement   6510
De son obit en grant honneur;
Que conduit nous a loyaulment,
Comme prince de grant valleur.

FACETOT.

Il est raison certainement
De faire pour luy grant priere;   6515
En ung seurceur[1] honnestement
Soit conduit et en grant lumiere.
Puis, au seurplus, nous fault retraire
En noz tantes, avoir conseil
De ceste guerre cy parfaire,   6520
Qui nous donne tant de traveil.

Lors icy y a pause. — Et prandront le corps de Lancelot de Lisle; et ce pendant arriveront Villars, Saintrailles et Poton vers le Roy.

LE SIRE DE VILLARS.

Or sommes nous cy arrivez
A Chinon, sans nul forfaiture,
Ne sans que nul nous ait grevez
Et sans avoir nul adventure.   6525
Y nous fault aller sans demeure
Devant le Roy, luy reciter
Comme nostre cas le procure,
Et ne devons plus arrester.

SAINTRAILLES.

Je le voy là en son palais;   6530

[1] *Seurceur,* cercueil.

Y le fault aller saluer,
Et luy compter tout par exprès
Comme nostre fait peut aller.

POTON.

Sire de Villars, pour parler
Nous vous en baillerons la charge, 6535
Pour nostre cas bien propposer
Et le fait de nostre messaige.

VILLARS.

Très hault et excellent seigneur,
Roy de France, souverain sire,
Vers vous icy en tout honneur 6540
Volons vous denoncer et dire
Que on nous a voulu eslire
De venir en vostre presence
Des nouvelles pour vous redire,
Adfin y mectre pourvoyance. 6545
Vray est que sommes cy d'Orleans
Envoyez des princes qu'i sont,
Pareillement des habitans
Qui bien leur devoir, sire, font.
Des Anglois y sont ung grant mont 6550
Qui ont assigé vostre ville;
Sont es faubours et environs,
Et renfort leur vient à la fille.
Monseigneur le Bastart y est
Et plusieurs autres grans seigneurs, 6555
Lesquelz vous mandent, par exprès,
Que vous pensez de leurs labeurs;
Qu'il endurent de divers heurs,
Et plusieurs et divers assaulx;

LE MISTERE DU SIEGE D'ORLEANS.

Sy leur font Anglois grans rigueurs 6560
Sans avoir d'eulx aucuns consaulx.
Sire, si vous prient humblement
Que secours vous leur envoyez,
Pour secourir aucunement
Orleans, qu'i veullent devoyer, 6565
En peine et en doleurs noyer.
Sont qu'i ne savent plus que faire;
Dont, s'i vous plaist, les solager
De ce qui leur est neccessaire.

LE ROY.

Messeigneurs, bien venuz soyez; 6570
De vostre venue j'ay grant joye.
Je desire fort à savoir
Des nouvelles la droicte voye.
Et sachez que bien y pensoye
De mes bons amys secourir, 6575
Ne delesser ne les vouldroye,
Qu'en dangier peussent encourrir.
Depuis huit jours j'ay cy mandé
Les princes que vous voyez cy,
Et à tous leur ay demandé 6580
De leur bon voloir tout ainsi;
Dont lesquelz, leur bonne mercy,
Se offrent pour moy morir et vivre,
Et sont prest à partir dessy.
Vous les voyez cy à delivre : 6585
Messire Guillaume Estuart,
Avec le sire de Gaucourt;
Sire de Verdung, que Dieu gart,
Et ces gendarmes à l'entour
Sont tous prest, pour le faire court, 6590

Qui sont de mille à douze cent.
Vous les enmenrez sans sejour,
Lesquelz sont hardiz et vaillant.
Oultre plus, des vivres aussi
Avecques vous je vous en baille, 6595
Que vous n'aurez de riens soucy,
Que de maintenir la bataille.
Et de ce que pourray, sans faille,
Je vous aideray, ne doubtez,

F° 162 r°. De corps, de biens, comment qu'il aille, 6600
Du tout vous vouldré conforter.
Et du plaisir que vous me faictes,
Mes bons amis, je vous mercye,
En peine et en traveil vous estes
Pour moy, et je n'en doubte mie; 6605
Mès jamès, je vous certiffie,
Ne vous fauldray, ne près ne loing,
Ou soyez en quelque partie,
Se vous avez de moy besoing.

VILLARS.

Chier seigneur, nous vous mercyons 6610
De l'onneur et du grant plaisir;
Pour vous vivre et morir voulons,
A vous loyaulment vous servir,
De noz corps et biens secourir,
Vous ayder de nostre puissance, 6615
Sans en riens vers vous deffaillir,
Bien et loyaulment, sans difference.

SAINTRAILLES.

Chier seigneur, nous avons esté
Du premier et commancement,

LE MISTERE DU SIEGE D'ORLEANS.

Sans en partir, n'yver n'esté, 6620
Dedans Orleans certainement,
Où les Anglois cruellement
F° 162 v°. Y ont fait diverses saillies,
Et grans faiz d'armes vrayement,
Où plusieurs furent mors et pris. 6625
Sy avons tous resisté
Contre leur mauvaise entreprise,
Et ung chascun s'est bien porté
En fait d'armes et vaillantise.
Si fault penser par quelque guise 6630
On les puisse venir à chef,
Et q'un chascun de nous advise
Qu'i ne nous en viengne meschef.

POTON.

Noble roy, croyez de certain
Que ceulx d'Orleans ont beaucoup peine, 6635
Et ont enduré maint hutin
Et mainte mauvaise sepmaine.
Si vous ayment d'amour certaine,
Que y sont tous deliberez
De soustenir vostre demaine 6640
Jusques à mort, sans varyer.

LE ROY.

Certes, je le croy fermement;
En eulx j'ay parfaicte fiance
Qu'i ne me fauldront nullement,
F° 163 r°. Ne pour morir, comme je pense. 6645
C'est la ville de toute France
En laquelle plus je me fie,
Et où j'ay plus d'esperance

Pour recouvrer ma seigneurie.
Messeigneurs, quant il vous plaisa 6650
Vous partirez trestous ensemble,
Et chascun de nous en fera
A son povoir, comme il me semble.
Faictes tant que les autres exemple
Preignent garde à voz puissans faiz, 6655
Et que vous ayez l'oriflambe,
Qu'il en soit parlé à jamès.

MESSIRE GILLES ESTUART, frere du connestable d'Escosse.

Sire, ne vous doubtez de nous;
Que nous y ferons tel devoir
Que parlé en sera tousjours 6660
De nostre puissance et povoir.
Si ne desire que mouvoir
Pour voir les Anglois d'Engleterre,
Et pour encontre eulx me prouvoir
En hutin et force de guerre. 6665

LE SIRE DE GAUCOURT.

Sire, je vouldroye jà estre
Devant Orleans, pour assaillir
Les Anglois; je les vueil congnoistre
Et les visiter à plaisir.
Ma voulenté et mon desir 6670
Si est de les persecuter,
Et sur eulx fierement ferir
A mon vouloir, de tous coustez.

LE SIRE DE VERDUNG.

Roy très puissant, je prends congié
De vous icy presentement; 6675

Qu'i m'est tart que soye rengé
En bataille certainement
Encontre Anglois; que faulsement
Veullent le royaulme chalangier[1];
A tort, sans cause et aultrement   6680
Le veullent ainsi laidengier[2].

VILLARS.

Sire, de vous congié prenons,
Faire nous convient diligence;
Que ceulx d'Orleans joyeulx seront
De nous voir en telle puissance.   6685
Et leur est tart, comme je pense,
De savoir de nous des nouvelles,
Et aussi de vostre ordonnance;
Que y se fient tous en ycelles.

SAINTRAILLES.

A Orleans, sire, nous allons   6690
Pour eschever le demourant;
Bien à besoigner nous y arons,
Ce croy, ainsi que je pretant.
Si vous pry, soyez souvenant,
Ayant de voz amis memoire;   6695
Que nous ferons, se Dieu plaist, tant
Que ce sera à vostre gloire.

POTON.

Sire, ayez parfaicte fiance
Que loyaulment vous servirons
De corps, d'armes et de chevance;   6700

---

[1] Terme de droit, *revendiquer*.
[2] Outrager, couvrir d'ignominie.

Et de tout tant que nous pourrons
Voz anemis combaterons,
En deffendant vostre querelle,
Et de tout point les destruirons
De leur mauvaitié très rebelle. 6705

LE ROY.

Mes amis, à Dieu vous commant,
Que Dieu vous vueille bien conduire;
Faictes si bien qu'on puisse dire
Que acquis avez vengement.

LE SIRE ESTUART.

Nous y allons joyeusement, 6710
F° 164 v°.   Pour voz anemis desconfire.

LE ROY.

Mes amis, à Dieu vous commant,
Que Dieu vous vueille bien conduire.

GAUCOURT.

Nous n'avons autre pensement
Que les Anglois vouloir destruire, 6715
Qui contre vous veullent mesdire
Et vous donner empeschement.

LE ROY.

Mes amis, à Dieu vous commant,
Que Dieu vous vueille bien conduire;
Faictes si bien qu'on puisse dire 6720
Que acquis avez vengement.

Lors partiront, et y a pause. — Puis dit

LE SIRE DE VERDUNG.

Je voy là Orleans proprement
Et l'oust des Anglois au plus près;
Entendre à nous fault saigement
Et nous gouverner par exprès. 6725

F° 165 r°.
VILLARS.

Quant à des Anglois, lessons les;
Tirons vers la porte Bourgoingne,
Et n'apressons point d'eulx trop près,
Qu'i nous pourroient faire vergoigne.

Lors vont autour de la ville, et y a pause. — Puis dit

LE SIRE DE VILLARS.

Messeigneurs, Dieu vous doint la grace 6730
Acomplir tous voz bons desirs,
Et en tous lieux et toute place
A voz voulentez parvenir;
Aussi voz anemis pugnir,
A vostre voloir et plaisance, 6735
Ainsi comme j'é le desir
Et que Dieu vous en dont puissance.
Vous savez, par vostre ordonnance,
Devers le Roy avons esté,
Lequel, pour la sienne prudence, 6740
Nous a très grandement traicté;
Et de sa bonne voulenté
Vous a envoyé du secours,
Vivres et argent quantité,
Et prest vous ayder à tousjours. 6745

BASTARD D'ORLEANS.

Seigneurs, bien soyez vous venuz,
Joyeulx sommes de la venue;
Nous vous avons fort attenduz.
Recouvrez vostre survenue;
Que nous estions en une mue, 6750
Pas les portes n'osions saillir,
Ne n'avons entrée ne yssue
Que sur nous ne viengnent courir.

LE SIRE ESTUART.

Ne soyez de riens esbays,
Que nous sommes assez puissans 6755
Pour noz anemis assaillir.
Et contre tous noz mal vueillans,
Si sommes très fort desirans
De les rencontrer en bataille,
Et aussi pour donner dedans 6760
A frapper d'estoq et de taille.

GAUCOURT.

Messeigneurs, nous sommes venuz
Pour vous vouloir donner secours;
A vous servir sommes tenuz,
Et le voulons estre à tousjours. 6765
Pour vous soulager des doulours
Que font ainsi voz anemis,
Pour vous garder de leurs faulx tours,
Voulons à vous estre commis.

VERDUNG.

Saichez que nostre intencion 6770

Sy est loyaulment vous servir,
Et mectre à persecucion
Les anemis sans deffaillir;
Lesquelz si sont vouluz venir
Encontre vostre bonne ville, 6775
Et vous ont volu assaillir
Pour y faire leur domicille.
Mès ne vous doubtez nullement
Que en bref nous les chasserons
Par puissance, et si asprement 6780
Que jamès n'y retourneront.

BASTARD D'ORLEANS.

Messeigneurs, nous vous mercyons,
Et soyez tous les biens venuz.
De très bon cueur nous vous ferons,
Que nous y sommes bien tenuz. 6785
N'espargnez ne grans ne menuz
De vostre povoir et puissance,
Et de nous tous bien soustenuz
Vous serez à vostre plaisance.
Repousez vous tous à loisir 6790
Et tous voz gens refroichissez,
Ainçois qu'i puisse survenir
Par noz anemis encombrier.
Puis, demain, se bon vous voyez,
De saillir sur noz anemis, 6795
Pour ung peu les desavoyer,
Et qu'i puissent estre surpris.

ESTUART.

C'est la chose que plus desire :
Anglois grever de ma puissance,

Et employer or et chevance 6800
De tout mon povoir les destruire.

VILLARS.

Dont y viennent en ceste empire
En eulx n'y a nulle apparence.

GAUCOURT.

C'est la chose que plus desire :
Anglois grever de ma puissance. 6805

POTON.

On les doit du tout desconfire
De venir ou royaulme de France,
Ouquel n'ont nulle appartenance
Ne nul droit, chascun le peut dire.

F° 167 r°.

VERDUNG.

C'est la chose que plus desire : 6810
Anglois grever de ma puissance,
Et employer or et chevance
De tout mon povoir les destruire.

Lors icy y a pause longue. — Puis le roy de France se mettra à genoux devers paradis; et dit

LE ROY.

O Dieu très digne et glorieux,
Puissant, eternel roy des cieulx! 6815
Je vous pry, ayez souvenance
De moy desplaisant, soucieux,
Quant je regarde de mes yeulx
Mon royaume qui est en doubtance.
A ! Dieu du ciel, Dieu de puissance, 6820

LE MISTERE DU SIEGE D'ORLEANS.

Plaise vous avoir remembrance
De me secourir, il fust tant;
En moy n'est plus nulle esperance
Ne avoir de nul recouvrance,
De homme qui soit, tant soit il grant. 6825
Jhesus! se je vous ay meffait
Et que envers vous ay forfait,
F° 167 v°. Vous requiers pardon humblement,
Et que je ne soye deffait,
Ne le royaulme ainsi contrefait 6830
Par anemis villainement.
Y vous a pleu certainement
Me bailler le gouvernement
Du royaulme, par permission;
Se j'é fait faulte aucunement, 6835
Je m'en reprens très grandement,
Vous requerant remission.
O createur de tout le monde,
En qui tout pouvoir si habonde,
Et dont vient consolacion, 6840
Là où vostre vertu redonde,
Y n'est riens sur la terre ronde
Où n'ayez dominacion.
Or voy ge la destruction
Du royaulme et la perdicion, 6845
Se vous ne mectez à garant.
Helas! ayez compassion
Par la vostre redemption.
Plus n'ay d'espoir que à Orleans;
Or n'y scay plus qué confort querre 6850
Je voy, par fortune de guerre,
F° 168 r°. Et suffisant de la tenir.
Je vueil delesser le pays

Et me consent estre desmis,
Vray Dieu, se c'est vostre plaisir. 6855

NOSTRE DAME.

O chier filz ! très devotement
Et très affectueusement,
Je vous requiers tant que je puis
Que ne souffrez aucunement
Au monde tel encombrement 6860
Comme je voy qu'il est empris :
C'est que le roy des fleurs de liz,
Que en dignité avez mis
Conduire le royaulme de France,
Qu'i soit par estranges soubmis, 6865
Et que celuy roy soit desmis,
Chier filz, ce seroit viollence.
Ces Anglois, venuz d'Engleterre,
N'ont nul droit en icelle terre
De France, n'à eulx n'appartient. 6870
Or voy par fortune de guerre
Le veullent avoir et acquerre,
Et mectre le Roy au neant,
Qui est vray roy des crestiens
Et sur tous les roys parmanant, 6875
Esleu par la vostre clemence.
Si les anemis ont Orleans,
Y conquestront le remanant
A leur voulenté et plaisance.
O mon filz ! doulcement vous prie 6880
Que ce fait vous ne souffrez mie,
De nostre bon roy crestien,
Que perde ainsi la seigneurie
De France et noble monarchie.

Qui est si noble terrien. 6885
C'est le royaume qui tout soustien[t]
Crestienneté et la maintien[t],
Par la vostre divine essence,
Ne autre n'y doit avoir rien :
Au roy Charles luy appartien[t], 6890
Qu'il est droit heritier de France.

SAINT EUVERTRE.

Pere tout puissant ! humblement
Vous voulons prier et requerre
Que y vous plaise aucunement
Garder vostre bon roy de guerre, 6895
Lequel vous a voulu requerre,
Humblement, en misericorde,
Contre par qui il est en serre,
Sans avoir pitié ne concorde.
Chier Sire, vous savez aussi 6900
Quant vint à mon eslection,
Que evesque je fus par ainsi :
Fistes ma procreation
Par vostre salutation,
Moy indigne de vostre grace; 6905
De ma constitution
Fut à Orleans là mon espace.
Dont pour lesquelz je vous supplie
Qu'i vous plaise les preserver;
De celle greve villennye 6910
De guerre qu'i soient conservez.
Leur patron fuz, vous le savez,
Et par la vostre providence,
Sire, vueillez obtemperer
A les garder de ceste offence. 6915

SAINT AIGNAN.

Chier pere, ayez en ramenbrance
Pitié des habitans d'Orleans !
Y vous pleut par vostre ordonnance
Que evesque fuz, moy inocent.
Je vous pry, soyez souvenant, 6920
De la glorieuse premisse,
Quant vous fistes parler l'enffant
Pour m'octroyer ce benefice[1].
Pour iceulx je vous vueil prier,
En leur grande necessité, 6925
Que vous leur vueillez octroyer
La paix et la transquilité;
Qu'i sont en grant adversité
A tort, sans cause et sans raison,
Par genz rempliz d'iniquité, 6930
A qui n'appartient la maison.

DIEU.

Mere, j'é très bien entendu
Que m'avez fait une requeste
Pour mon peuple, qui est perdu
Par leur vie faulse et deshonneste. 6935
Je congnois que chascun s'apreste
A moy du tout desobeyr;
Nulluy ne fait riens qu'à sa teste,
Sans me voloir de riens servir.
Prestres, bourgeois et laboureux, 6940
Gens de pratique et autrement,
De present sont tous decepveurs

---

[1] Allusion à la manière dont saint Aignan fut élu évêque d'Orléans. Voyez la vie de ce saint.

LE MISTERE DU SIEGE D'ORLEANS.

D'eulx gouverner injustement.
Tout se maintient meschantement,
Sans nulluy de moy tenir compte; 6945
Dont les delesse povrement
Cheoir en deshonneur et honte.
Puis les plus grant d'auctorité,
Les haulz princes, ducs et barons,
Rempliz d'orgueil et vanité, 6950
Maugreeurs, jureurs et felons,
Que de moi nulle memoire n'ont
Ne ne vous ont en reverence,
Mais tout à opposite sont,
Vivent du tout à leur plaisance; 6955
Je ne puis ce fait consentir
Vostre requeste, chere mere,
Que l'air si est empuanty
Pour leur vie orde et deputaire[1],
Ne n'ont en aucune maniere 6960
De vous ne de moy ramembrance.
S'ilz endurent de la misere,
Vous savez, c'est droite sentence.

NOSTRE DAME.

Ah! mon filz, ayez congnoissance
De la bonne et humble priere 6965
Du roy Charles, qui en presence
Vous a requis de son affaire.
Y recongnoist son vitupere,
En vous en requerant pardon,
Dont il se humlie à memoire; 6970
Chier filz, ne le lessez pas don[2].

[1] *De pute aire*, ignoble, le contraire de *débonnaire (de bonne aire)*.
[2] Donc.

SAINT EUVERTRE.

 Pere puissant! nous vous prions
Vous plaise le Roy secourir,
Et ceux d'Orleans, tout tant qu'i sont,
En paix et union tenir.   6975
Je les ay aymez et cheriz,
Et pour ce que leur patron suis,
Par vostre saint nom, sans faillir,
Leur evesque je fus jadis.

SAINT AIGNAN.

 Chier Sire! vous ne lerez pas   6980
Le royaulme ainsi estre soubmis,
Par gens estranges mis au bas,
Le bon roy crestien desmis;
Pareillement noz bons amis
D'Orleans, dont evesque je fus,   6985
Qui en leur devoir se sont mis
Et bien loyaulment deffendus.

DIEU.

 Mere et vous, mez bons amis,
Vueil entendre à vostre requeste,
Combien les avoye permis   6990
A malediction celeste,
Pour leur vie faulse et deshonneste,
Et François principalement;
Et vueil que on les admonneste
Que pugniz seront grandement.   6995
Le royaulme je recouvreray
Au roy Charles par sa priere,

Et en honneur l'exauceray,
Que tout temps en sera memoire,
Sans que François ayent la gloire 7000
De avoir par eulx recouvert,
Ne leur en donray la victoire;
On les verra à descouvert.

 Michel ange, entend à moy :
Je veuil par toy faire messaige, 7005
Pour subvenir au desarroy
De France, le noble heritaige.
En Barois yras en voyaige,
Et feras ce que je te dy.
Au plus près d'un petit village 7010
Lequel est nommé Dompremy,
Qui est situé en la terre
Et seigneurie de Vaucoleur.
Là trouverras, sans plus enquerre,
Une pucelle par honneur. 7015
En elle est toute doulceur,
Bonne, juste et innocente,
Qui m'ayme du parfont du cueur,
Honneste, sage et bien prudente.
Tu luy diras que je luy mande 7020
Qu'en elle sera ma vertu,
Et que par elle on entende
L'orgueil des François abatu;
Et que je me suis consentu
Recouvrer le royaulme de France, 7025
Et par elle sera debatu
Contre les Anglois par oultrance.
Premierement, tu luy diras
Que par elle vueil qu'i soit fait,
Et de par moy luy commanderas 7030

Qu'i soit acomply et parfait.
Sy est qu'elle voise de fait
Pour lever le siege d'Orleans,
Chasser les Anglois à destroit,
S'y ne s'en vont incontinant. 7035
Puis après, elle le menra,
Le roy Charles, sacrer à Rains.
De par moy elle acomplira
Et en parviendra à ces fins ;
Que de ce ne se doubte point : 7040
Ma vertu sera avec elle,
Pour acomplir de point en point
Par icelle jeune pucelle.
Dy luy aussi pareillement
Qu'elle se veste en abit d'omme ; 7045
Je luy donray le hardiment,
Pour mieulx que le cas se consomme.
Puis elle s'en yra en somme
Devers Robert de Baudricourt,
Pour l'amener en ceste forme 7050
Devers le Roy et en sa court.

F° 172 r°.   MICHEL ANGE.

Mon chier seigneur, en grant coraige
Acompliray vostre ordonnance
Vers la pucelle bonne et saige ;
Le cas luy diray en presence ; 7055
Je y vois, sans nulle difference,
Faire vostre commandement.

DIEU.

Que elle aye bonne fiance,
Sans soy esbayr nullement.

LE MISTERE DU SIEGE D'ORLEANS.

Pose d'orgues. — Et vient devers la Pucelle gardant les brebiz de son pere et queusant[1] en linge.

MICHEL.

    Jeune pucelle bien eureuse,   7060
Le Dieu du ciel vers vous m'envoye,
Et ne soyez de rien peureuse,
Prenez en vous parfaicte joye.
Dieu vous mande, c'est chose vraye,
F° 172 v°.   Que y vieult estre avec[que] vous,   7065
Où vous soyez en quelque voye;
Si n'ayez point doncques de poux[2].
Sa voulenté et son plaisir
Est que vous aillez à Orleans,
Pour en faire Anglois saillir   7070
Et lever le siege devant.
Se de vous sont contredisant,
En armes vous les convaincrez,
Ne contre vous ne seront puissans;
Mès de tout point les subjugrez.   7075
Puis après, y vous conviendra
A Rains mener sacrer le Roy,
Que ainsi Dieu vous conduisa,
Et Charles oster hors d'esmoy.
Combien qu'il ait beaucoup desroy[3]   7080
Et pour le present fort à faire,
Dieu le fera paisible en soy,
Que il a ouy sa priere.
Et au seigneur de Baudricourt,
Vous luy direz que y vous mayne   7085
Incontinent, le chemin court,

---

[1] Cousant.
[2] *Poux*, peur.
[3] Le même que *desarroi*.

Que il est vostre cappitaine,
Ainsi que c'est chose certaine.
Devers le Roy vous menera,
En abit d'omme, toute seine, 7090
Que Dieu toujours vous conduira.

LA PUCELLE.

Mon bon seigneur, que dictes vous ?
Vous me faictes trop esbaye :
Cecy ne vient point à propoux,
En ce je ne scay que je die. 7095
Moy, povre pucelle, ravye
Des nouvelles que vous me dictes,
Sachez, je ne les entend mie,
Que y me sont trop auctentiques.
Je ne vous pourroye respondre 7100
Ainsi, moy, povre bergerete,
Vous qui cy me venez semondre.
Comme une simple pucelete,
Gardant es champs dessus l'erbete
Les povres bestes de mon pere, 7105
Une jeune simple fillete,
Vous dis sont à mon bien-contraire.

MICHEL ANGE.

Jehanne, ne vous en esmayez ;
Que Dieu l'a ainsi ordonné,
Et veut que l'onneur vous ayez 7110
Du royaulme, present fortuné,
Qui a esté habandonné
Par pechié commis des François ;
Par vous sera roy couronné
Et remis en ses nobles drois. 7115

PUCELLE.

En armes je ne me congnois,
Ne m'appartient la congnoissance,
Ainsi que vous le povez vois;
Et en moy n'est pas la puissance,
Ne ne treuve nulle apparence 7120
D'aller devers le cappitaine
Lui raconter vostre ordonnance :
C'est que devers le Roy me maine.

MICHEL.

Amye, y le fault ainsi
Le faire, que Dieu le commande, 7125
N'ayez de riens peur ne soucy,
Quand de par moy y le vous mande.

PUCELLE.

La chose, sachez, est si grande
Qu'i n'est nul qui le peust pencer,
Ne en moy n'est sens qui se tende 7130
A savoir cecy propencer.

MICHEL.

Fille, acomplissez la chose,
Et Dieu sera avecques vous,
Qui vous gardera, comme une rose,
De polucion contre tous. 7135
Ayez en luy ferme propoux
Et le faictes de bon coraige.
Y vous aidera, et n'ayez poux
De tout dangier et tout dommaige.

PUCELLE.

A Dieu je vouldroye obeyr 7140
Comme je doy é est raison,
Et très humblement le servir,
A mon povoir, sans mesprison;
Et tousjours, en toute saison,
Vueil estre sa povre servante, 7145
Actendant sa vraye maison
Lassus ou ciel, où est m'entente.

MICHEL.

A Dieu, Jehanne, vraye pucelle,
F° 174 v°. Qui est d'icelui bien aymée;
Ayez tousjours ferme pensée 7150
De Dieu estre sa pastorelle.

PUCELLE.

En nom Dieu, je vueil estre celle
De le servir, s'i luy agrée.

MICHEL.

A Dieu, Jehanne, vraye pucelle,
Qui est d'icelui bien aymée. 7155

PUCELLE.

Mon bon seigneur, vostre nouvelle
De par moy sera reclamée
Au seigneur de ceste contrée,
Par la voye que dictes telle.

MICHEL.

A Dieu, Jehanne, vraye pucelle, 7160

Qui est d'icelui bien aymée;
Ayez toujours ferme pensée
De Dieu estre sa pastorelle.

Puis s'en part, et y a pause.

F° 175 r°.   MICHEL.

Pere, j'ay du tout acomply
Le vostre messaige humblement,   7165
Sans riens avoir mis en oubly,
A la pucelle, vrayement;
Laquelle, debonnairement,
De tout son cueur, vous veult servir,
Et tout vostre commandement   7170
Le vouldra faire et acomplir.

                    DIEU.

Le royaulme je remetray sus,
Et les anemis confonduz,
Par la pucelle ruez jus
Et par elle tout convaincuz;   7175
Que, dès si qu'elle les aura veuz,
En elle sera telle vaillance
Que il en seront esperduz.
Ou royaulme n'auront plus puissance.

Pose. — Puis dit
                    LA PUCELLE.

O mon Dieu et mon createur,   7180
Plaise vous moy toujours conduire !
F° 175 v°. Vous estes mon pere et seigneur,
Auquel je ne vueil contredire.
Aller je vueil tout droit, de tire,

Devers Robert de Baudricourt, 7185
Pour mon cas reveler et dire,
Sans plus ici faire sejour.

La Pucelle vient à Baudricourt. Et y a pause.

PUCELLE.

Capitaine, Dieu vous doint joye.
Devers vous je viens humblement;
Que parler à vous je vouldroye, 7190
S'i vous plaisoit aucunement.

BAUDRICOURT.

M'amye, volùntairement
A vous certes je parleray :
Dictes moy vostre pensement,
Et voulentiers vous respondray. 7195

PUCELLE.

En non Dieu, sire, y vous convient
Que vous me menez devers le roy
De France, tout presentement;
Que il est en très grant esmoy.
Et convient aussi, sans delay 7200
Que m'abillez en abit d'omme,
Bien en point, ainsi que je voy,
Pour guerroyer en ceste forme;
Que y me convient, sans actendre,
Y aller tout incontinant, 7205
Pour oster le royaulme d'esclandre
Et lever le siege d'Orleans,
Où sont les ánemis devant,
Pour vouloir la cité destruire.

Par quoy y fault diligamment 7210
Y aller, pour les contredire.

BAUDRICOURT.

M'amye, c'est une grant chose
A faire, ce que vous me dictes.
Impossible est, bien dire l'ose,
Et sont choses fantastiques; 7215
Si ne sont bonnes ne licites
A une fille jeune et tendre :
Guerroyer et faire poursuites
Et de voloir les armes prandre.
Comment, fille, se peut il faire 7220
Que tous les hauls princes de France
Ne povent pas trouver la maniere
A y faire resistence ?.
Tant de gent de haulte excellence,
Qui ont foison d'or et d'argent, 7225
Et gens d'armes à leur plaisance;
Et encores n'en font il riens!
Et vous, qui n'estes c'un enffant,
Une povre simple bergiere,
En l'aage de douze ou treize ans, 7230
Demourant avec vostre mere;
Je ne croy pas que cest afaire
Voz parens l'ayent conseillé;
Et de voz dis, c'est chose voire,
En seroient fort esmerveillé. 7235

PUCELLE.

Capitaine, certainement,
Ce n'a esté pere ne mere,
Parent ne amy autrement;

LE MISTERE DU SIEGE D'ORLEANS.

 Mès est de Dieu mon très chier pere,
Qui le m'a commandé, ce faire ; 7240
Et convient que vous m'y menez
Devers le Roy, c'est chose voire ;
Et pensez de vous ordonner.

BAUDRICOURT.

Or, m'amye, je vous diray :
D'icy dedans deux jours ou trois, 7245
F° 177 r°. De ce cas cy je penseray ;
Et à vostre fait y provois,
J'é des gens, ainsi que je crois,
Cependant que vous festoisons ;
Puis après, comme pourrez vois, 7250
De vostre fait nous penserons.

PUCELLE.

Baudricourt, vous le faictes lonc
Et congnois vostre voulenté,
Voz voloirs et intencions ;
Dont mal faictes, de verité. 7255
Je m'en retouray à l'ousté[1]
De mon bon pere et de ma mere ;
Que vous avez cueur enhorté
C'est que ne me voloir pas croire.

BAUDRICOURT.

Fille, se volez demorer 7260
Je vous feray faire bonne chiere,
Et ceans vous repouserez ;
Puis penserons de vostre afaire.

---

[1] Je m'en retournerai à l'hôtel (à la demeure).

LE MISTERE DU SIEGE D'ORLEANS.

Pour le present m'est neccessaire
A une autre chose penser.   7265
Pour vous mener est fort à faire,
Le pays est fort [à passer]¹.

F° 177 v°.   LA PUCELLE.

Bien, Baudricourt, y me suffist,
Et entend bien vostre parolle.
Vous semble que mal je vous dis   7270
Et voy que m'en tenez à folle.
Si n'estes pas en bonne colle²
De moy croire pour le present,
Et le tenez tout à frivolle,
Je m'en rapporte au Dieu puissant. 7275

Lors s'en part, et y a pause d'orgues.

F° 178 r°. ³   GAQUET.

Verdille, mon frere et amy,
Je vous vueil dire ma pencée,
Comme en celuy qui plus me fy
Et où j'é plus m'amour donnée.
Nous sommes tous deux d'une armée 7280
Et subject d'un seul seigneur
Qui a chiere très redoubtée,
C'est La Hire, prince d'onneur.

Vous et moy sommes freres d'armes

---

¹ On lit dans le manuscrit *apassez*, en un mot, sans doute pour *à passer*. *Fort à passer*, difficile à passer.

² *Colle*, humeur, disposition.

³ Voyez la suite du feuillet 177 v° à la page 305 ci-après (folio 199 r° du manuscrit). Ici commence l'épisode de Gaquet et de Verdille. (Voyez ci-dessus, dans notre *Introduction*, la notice du manuscrit.)

Et dès longtemps l'avons esté, 7285
Portans haubergons et jusarmes
Tant en yver comme en esté ;
Et maint assault, de verité,
Avons soustenu et bataille,
Que nul ne nous a surmonté, 7290
Mais ont lessé boyaulx, ventrailles.

Or sommes nous cy combatant
Dedans Orleans, noble cité,
Encontre Anglois qui sont devant,
Rempliz de toute iniquité. 7295
Nostre prince est d'auctorité
Et le plus preux dessus la terre.
Dont, par son voloir et bonté,
Voluntiers froyes ung fait de guerre,

Et sus Anglois felons et fiers 7300
Voudroye acquerir renommée,
Par force d'armes et d'estriers,
Où ma force fu[s]t esprouvée ;
Et de me trouver en meslée,
Voloir ma puissance esprouver 7305
A frapper de lance et d'espée,
Suis deliberay me trouver.

VERDILLE.

Bien suis de vostre oppinion,
Que je me sens de corpulance
A vouloir frapper de rendon 7310
Encontre homme qui ait puissance ;
Et de le combatre à oultrance,
Seul à seul, bien et vaillamment,

A frapper d'espée et de lance,
Viengne à moy ne me chault comment.

Or est il que ce nous volons,
Nostre force se prouvera
Pour donner coups et horions;
Qui aura le bon trouvera.
Je vous diray que on fera :
Vous avez Anglois ci devant,
Que, qui aucuns en deffira,
De batailler seront contant;

Et si seroie bien d'accort
Que y fust mandé aux Anglois,
Que on leur en fist rapport.
Je croy que contant en serons
Que deux, qui sont de petit pois,
Serviteurs d'un prince de guerre,
Tenant le party des François
Deffis deux aultres d'Angleterre.

GASQUET.

Vous dictes bien, je m'y consans :
Deux contre deux suyvent l'armée,
Et de m'y trouver sus les rans,
En my la plaine, sus la prée.
Et pour resjouyr l'assemblée
Des princes et seigneurs barons,
Offrons deux de nostre assemblée
Contre deux de leurs garnisons.

VERDILLE.

Mès faire assavoir le fault dont

A nostre maistre cappitaine,
Que donner esbat nous volons
A la seigneurie souveraine;
Qu'i nous veille à la bonne estraine,
Veille du premier jour de l'an, 7345
Donner congié, en my la plaine,
Luytter à deux hommes de bien;

Et envoyer vers les Anglois
Ung plaisant gage de bataille,
Lequel soit fort plaisant à vois, 7350
De bon or fin, comment qu'il aille.
Que s'il y a nul d'eux qui vaille,
Si le montre à ce coup icy,
Et que de son houst viengne et saille,
Pour avoir honneur ou ennuy. 7355

VERDILLE.

Je suis contant que tout ainsi
Que vous dictes nous le facions,
Et que nous en allons dessy
Demander congié; nous l'arons.
Nous sommes tous deux gascons, 7360
Du territoire nostre maistre,
Et très joyeux nous le ferons
De luy faire ce fait congnoistre.

GAQUET.

Nous le trouverons au logis
A ceste heure, je le scay bien; 7365
Luy racontrons nostre entrepris.
Un fait d'armes sur toute rien
Luy plaise que, par son moyen,

Qu'i soit parfait et acomply.
Nous donne congié, et je tien 7370
Que il en sera rejouy.

VERDILLE.

Allons, vous ne sariés mieux dire.
Quant à de moy, je suis tout prest,
F° 180 v°. Et qu'i ne nous veille escondire,
Congié nous donne par exprest. 7375
Voilà le logis où il est,
C'est La Hire, noble seigneur,
Qui est toujours le premier prest
Acquerir loenge et honneur.

Lors vont devant La Hire, et y a pause de trompetes. — Puis dit

GAQUET.

Dieu vous dont bon jour, monseigneur. 7380
Nous venons ci par devers vous,
Comme vous servant par sus tous
A vous obayr de bon ceur.

LA HIRE.

Tousjours y a de la foleur,
Et tous temps vous faictes les foulz ! 7385

F° 181 r°. ### VERDILLE.

Dieu vous dont bon jour, monseigneur.
Nous venons ci par devers vous.

LA HIRE.

Maintenez vous tous en doulceur,
Et soyez tousjours humble et doux;

Que, se vous me donnez couroux, 7390
Croyez, vous monstray ma rigueur.

GAQUET.

Dieu vous dont bon jour, monseigneur.
Nous venons ci par devers vous,
Comme vous servant par sus tous
A vous obbayr de bon ceur. 7395

LA HIRE.

Or çà, qui est vostre clameur?
Que venez vous ci alleguer?
Ne me faictes point deshonneur,
Pensez de vous bien gouverner.
J'é bien ouy de vous parler, 7400
Que vous estes maulvais garsons,
Et ne vous en povez garder;
Mais je vous en chastiray dont.

Je vous congnois bien de tout temps
Que n'avez esté gueres bons, 7405
Et si m'en desplaist, et pourtant
Donques estes gascons.
Or sus, dictes moy voz raisons :
Qu'i a y, que voulez vous dire?
Et ne le me faictes pas lons, 7410
Que j'é aultre chose à conduire.

GAQUET.

Monseigneur, qu'i ne vous deplaise;
Que ce que dire vous volons,
Nulluy n'en doit avoir malaise,
Et pour vostre honneur le ferons, 7415

A la louenge des barons
Et de toute la seigneurie :
C'est que de vous congié ayons
Pour faire ung fait de vaillantie.

F° 182 r°.   Voicy mon compaignon et moy,   7420
Qui sommes en vostre service,
S'i vous plaist, nous donrez autroy
A faire ung chef d'armes propice.
Si est ou champ Turpin soit lice,
Pour voloir deux Anglois combatre,   7425
Deux contre deux, par artiffice,
A oultrance, sans rien rabatre.

VERDILLE.

Sire cappitaine, y dit voir;
C'est tout ce que nous demandons.
Congié de vous puissons avoir,   7430
Et puis assavoir leur ferons
Qu'i se trouvent deux compaignons
D'Angleterre, de leur party,
Que contre nous deux combatrons[1]
A oultrance et tout ainsi.   7435

Et les envoyerons deffier,
Presentant gaige de bataille,
Qu'i n'y veillent contrarier.
Nous leur offrons corps et ventraille
A frapper d'estoc et de taille,   7440
De jusarme, espée ou lance;
Y ne me chault, vaille que vaille,
F° 182 v°.   Mès que les voye en ma presence.

[1] *Combatrons.* Lisez *combattront.*

LA HIRE.

Y fault bien avoir attrempence
Et aussi ne se tant hastez [1];
Je voy que n'avez congnoissance
Que c'est de perdre ou conquester.
L'eur de guerre est bien à doubter :
Celuy qui cuide estre le maistre,
On le voit souvent debouter,
Et demeure s'onneur en l'aistre [2].

Puis dictes que volez combatre
Deux autres compaignons vous deux,
Dont ceulx qui s'i voudront embatre,
Vous n'en congnoissez nul d'entr'eux.
Et s'i vous baillayez [3] deux preux
En fait d'armes et vaillantises,
Vous demeurez là tous honteux
Et n'en pourez faire à vos guises.

Se vous vous santez fors, puissant,
Cuidez vous faire à vos devises ?
N'est il nul que vous en tous sens,
En fait d'armes et vaillantises ?
Lessez ces folles entreprises
Et vous gouvernez saigement ;
Se l'avez en voz testes mises,
Oustez le de l'entendement.

GAQUET.

Monseigneur, sachez fermement

---

[1] *Hastez (sic)*, lisez *haster*.
[2] *Et demeure son honneur en l'attre*, ou comme qui dirait : *dehors, à la porte ?*
[3] *Sic*, pour *et s'ils vous bailloient*.

Que du bon du ceur le ferons,
Et ne le croyez autrement,
Que, s'i vous plaist, y entendrons;
Ne autre desir nous n'avons
Fors aquerir louenge et gloire
Encontre Anglois faulx et felons,
Espoir d'avoir d'eux victoire.

VERDILLE.

Monseigneur, y dit tout le voir,
Et l'acomplirons, s'i vous plaist;
Que nous avons bon espoir
Qu'il en sera parlé à jamès
De noz très hault et puissant fais,
A vostre louenge et honneur,
Et que, qui soit ou loing ou près,
Luy montrerons nostre valleur.

LA HIRE.

De ce faire n'estes pas seur;
Mais en peut venir grant esclande,
Se vous perdez, grant deshonneur
A moy et à toute ma bende;
Qui est une chose trop grande
Et plus beaucoup que ne cuidez.
Veil que chascun de vous l'entende :
J'ay deshonneur se vous perdez.

GAQUET.

Sire, ne vous veillez doubter;
Que nous deux avons bon coraige,
Ne deshonneur point vous n'aurez,
De deplaisir, ne nul dommaige.

Nous sommes en vostre servage,
Vous voloir servir en tout bien;
Mais volons faire quelque ouvraige
A ceste veille jour de l'an.

VERDILLE.

Monseigneur, n'ayez nulle doubte 7500
Que de bon ceur nous le fairons;
Sans faire noise ne riote
S'i vous plaist, nous l'acomplirons;
Et vostre herault envoyrons
Savoir leur plaisir et vouloir. 7505
Deux contre deux, nous leur offrons
La jouste, pour le dire voir.

GAQUET.

Et se ne s'i veullent trouver,
Bien nous en rapportons à eux,
Ou, si ci veullent comparoir, 7510
Nous semble que sommes pour eux.
Et de nous n'ayez nulle peux
Que nous vous facions deshonneur;
S'i plaist à Dieu, victorieux
Nous serons, mon très chier seigneur. 7515

LA HIRE.

Je ne scay qui vous meult le ceur
Vouloir guerroyer à oultrance.
Homme ne s'en doit tenir seur
En cuider faire à sa plaisance,
Mais revient de ce que fol pence; 7520
Que y n'est si grant chevalier

LE MISTERE DU SIEGE D'ORLEANS. 291

A qui souvent tourne la chance
Et luy vient ung grant destourbier.

F° 184 v°.
Et en joustes sont grans dangiers
Que bien souvent le plus puissant 7525
On ne voit[1] perdre volentiers,
Et le maindre vient en avant.
Il n'est si hardi ne vaillant
Qui ne doit la jouste craindre;
Bien souvent le plus excellant 7530
On le voit abatre du maindre.

Et vous, qui vous tenez si fors,
Ne savez quieulx gens y viendront.
Agilles et puissans de corps,
Incontinant vous abattront, 7535
Et ne pourrez leurs orions
Soustenir, ne leurs coups de lance;
Que Anglois sont fiers et felons,
Et si a en eux grant vaillance.

Depportez vous de voz emprises 7540
Et vous gardez songneusement,
Que sur vous en riens y ne puissent
Mal faire ou dire aucunement.
Vous les voyez incessamment,
Tous les jours, venir à la fille 7545
A nous continuelment,
Pour cuider avoir ceste ville.

Bel y avez vous esprouver
Et y faire champs de bataille,

[1] *Voit*, au subjonctif.

Encontre eux ce vouloir trouver, 7550
Rasibus de nostre muraille.
Saillez, que chascun de vous veille
Acquerir louenge et honneur,
Et frappez d'estoc et de taille;
On verra qui sera le milleur. 7555

GAQUET.

Ce n'est pas cela, monseigneur,
Et nous pardonnez, s'il vous plaist;
En vous priant du bon du cueur
Nous volons voir ce qu'en nous est.
En tel cas ne fusmes jamès 7560
Ne ne vismes telle journée;
Mais nous le faisons par exprès,
Pour le dernier jour de l'année.

VERDILLE.

Il est vray, ce sont les estraines
Que nous leur volons presenter. 7565
Si leur sont bonnes et certaines,
On n'en saroit discuter,
Mès bien sommes entallantez
De l'acomplir, s'i vous agrée.

LA HIRE.

Bien voy que estés enhortez; 7570
Dieu vous dont bonne destinée !

Allez, et prenez mon herault;
Je m'en rapporte bien à vous.
Bien voy que de rien ne vous chault,
Et que vollez faire les foulz. 7575

LE MISTERE DU SIEGE D'ORLEANS.

Puisque vous l'avez en propoux,
Dieu vous en veille bien oyr;
Mès je fais doubte et ay grant poux,
Quelc'un s'en pourra repentir.

GAQUET.

Vous nous donnez joye et plaisir, 7580
Monseigneur, à Dieu vous comment.
Nous en allons presentement,
Pour nostre besoigne acomplir.

LA HIRE.

Je doubte qu'à vostre desir
Vous n'en faciez aucunement. 7585

VERDILLE.

Vous nous donnez joye et plaisir,
Monseigneur, à Dieu vous comment.

LA HIRE.

Or donques, pour vous advertir,
Quant viendra au commancement,
Ne vous effrayez nullement; 7590
Lessez voz anemis venir.

GAQUET.

Vous nous donnez joye et plaisir,
Monseigneur, à Dieu vous comment.

VERDILLE.

Nous en allons presentement,
Pour nostre besoigne acomplir. 7595

Lors y a pause de trompetes. — Puis dit

F° 186 v°.   GAQUET.

 Sà, advisons qu'il est de faire.
 Y nous fault avoir le herault,
 Luy dire par bonne maniere
 Tout ce que à faire nous fault;
 Et que, tantost et sans deffault,   7600
 Droit en l'ost des Anglois s'en aille
 Parler es princes des plus hault
 Presentement, comment qu'il aille.

     VERDILLE.

 Voylà venir le messagier,
 Allons à luy sans tarder plus.   7605
 Nostre cas convient abreger
 Et incontinent mectre sus.

     GAQUET.

 Puisque ainsi qu'il est conclus,
 Y le fault faire en diligence,
F° 187 r°. Et n'arrestons ne sus ne jus;   7610
 Voilà le herault en presence.

Pose. — Et dit :

 Gentil herault, Dieu vous dont joye
 Et acomplir vostre desir !
 Y fault que vous preignez la voye
 En l'ost des Anglois sans mentir.   7615
 Nous sommes icy de loisir
 Deux compaignons de nostre maistre,
 Qui est bien contant, sans mentir,
 Que ce fait vous veillez congnoistre :

Si est que en l'oust des Anglois 7620
Vous aillez par bonne ordonnance,
Et que soyez saige et courtois,
Savant et remply de prudence;
Car ce cas gist en grant doubtance,
Et fault leur parler humblement, 7625
En leur faisant grant reverence,
Denoncent amyablement.

Premierement au cappitaine
Tallebot ou autre seigneur
Luy diras, en la bonne estraine, 7630
Que le saluons par honneur,
Deux que sommes à monseigneur
Le cappitaine dit La Hire.
Pour passer ennuy et labeure
Ainsi que le jour le desire, 7635

C'est que par vous luy envoyons
Ung plaisant gaige de bataille :
Que, se il ont deux compaignons
De nostre estat, de nostre taille,
Pour demonstrer à qui mieulx vaille, 7640
Soit de hache, d'espée ou lance,
Deux contre deux, vaille qui vaille,
Nous les combastons à oultrance.

Aujourd'uy, en ceste journée,
Qui est la veille jour de l'an, 7645
Se veullent trouver sus la prée,
En tout honneur et en tout bien.
Entendez vous, n'oubliez rien,
Et de par vous nous soit mandé

Tout leur voloir et leur maintien, 7650
Et ce qu'il auront ordonné.

F° 188 r°.
LE HERAULT.

Messeigneurs, voulentiers iray
En l'ost des Anglois prontement,
Et le voyage acompliray
De très bon ceur entierement; 7655
Et de tout leur fray parlement
De ce que m'avez recité,
Et en rapporteray plainement
A vous leur plaine voulenté.

GAQUET.

Voylà le gaige de bataille, 7660
Qui est jolis, plaisant et beau;
Vous leur porterez, comment qu'il aille;
Fait faire l'avons tout nouveau.
Vous voyez, c'est ung rossigneau
Qui tout melodieusement chante : 7665
Presenter leur ce bel joyau;
La chose si est belle et gente.

F° 188 v°.
MESSAIGER.

Messeigneurs, ayez ferme entente
Que je feray vostre messaige;
Et m'y en voys la droicte sente 7670
Par devers eux, et de coraige.
Si leur presenteray le gaige
Et comment vous les deffiez,
Deux contre deux, à oultraige,
Vous voulez encontre eux luytez. 7675

VERDILLE.

Vous dictes bien; si n'arrestez
Ne tant ne quant, je vous emprie.
Veillez nous bien tout rapporter,
Et aujourd'uy, à chere lye.

MESSAIGER.

Messeigneurs, que Dieu vous begnye! 7680
Je m'y en vois tout de ce pas;
Croyez que je n'arrestray mye,
Quan[d] auray parfait vostre cas.

Lors s'en part, et y a pause. — Puis dit

LE HERAULT.

Messeigneurs, Dieu vous sault et gart,
Et à toute la baronnie! 7685
Devers vous je viens ceste part
Pour une ambassade jolye.
Il est vray que de la partie
Des François sont deux compaignons,
Suyvant l'armée et seigneurie 7690
De La Hire, et sont gascons.

Auquieulx leur est pris volanté
De deffier deux de voz gens,
Et selon leur faculté
Ainsi comm'eux, qui sont servent; 7695
Et si m'ont dit eux deux present,
Soit de hache, d'espée ou lance,
Deux contre deux, voloir justant,
Disant que ce soit à oultrance.

Et en signe, mes bons seigneurs, 7700
Voylà leur gaige de bataille
Qu'i vous presentent en honneurs,
Aussi que la chose le vaille.
Y sont deux de petite taille,
Qui esprouver se veullent bien, 7705
Et en partie le font, sans faille,
Tout pour la veille jour de l'an.

TALLEBOT.

Messagier, je ne doubte rien :
Ce sont deux foulx adventureux,
Et, ainsi comme je soustien, 7710
Y veullent faire parler d'eux.
Ne savent s'il auront du mieulx,
Se la chose vient à effect;
Que j'é des compaignons plusieurs
Qui leur rabesseront leur caquet. 7715

Sà, messeigneurs, que dictes vous ?
Vous avez oy ce messaige,
Qui a declairé son propoux
Pardevant vous, en brief langaige;
Lequel a presenté ung gaige, 7720
En deffiant deux de noz gens
Voire batailler à oultraige,
Qui n'est pas expedient.

CONTE SOMBRECET.

Y fault savoir quelz gens ce sont
Qui entreprennent la follie, 7725
Savoir ce sont ducz ou barons
De leur estat et seigneurie

Selon les gens, Dieu les begnye!
Pensez que ung prince d'estat
Ne fera pas telle villanie 7730
D'aller luister contre un soudart!

F° 190 v°.   MONSEIGNEUR DE LA POLLE.

Vous l'avez ouy en à part
Qui dit que sont deux compaignons
Servant La Hire toust et tart;
Et en tant qu'i sont gascons, 7735
Si croy bien que pas y ne sont,
Pensez, de grant auctorité;
Ainsi comme deux vaccabons
Qui sont plains de leur voulenté.

ESCALLES.

Je le croy, par ma verité, 7740
Que y ne se monstrent pas saiges.
Pour monstrer leur subtilité
Ne voudront que deux de mes paiges;
Mès qu'il eussent veu leur visaiges
Et donner eux ung coup ou deux, 7745
Se garderont de tieux suffrages
Et ne seront si corageux.

F° 191 r°.   FACESTOT.

Mès que respondrons nous à eux?
Devons nous ce fait accorder?
Adviser nous fault pour le mieulx 7750
Presentement, sans arrester.
Se volez ce cas contracter
Et faire à leur folle entreprise,
Y le convient executer
Et qu'elle le leur soit premise. 7755

Toutesfoiz ce seroit dommaige
Ung ou deux de nos gens fust mys
A perdicion par oultraige,
Et qu'i fust pery et occis.
Si en ay encore cinq ou six 7760
Qui seroient d'accort y aller;
Mès ne sont que toutes folies,
Je n'en saroye que parler.

MONSEIGNEUR SIMON MOYER, prevost de Paris.

Je vous diray, pour abreger,
Refuser on ne le doit mye; 7765
Nous en serions à despriser
Et nous en donrions villannie.
Pour ung, je vous le certifie;
Le vestiray de blans harnois,
Et joyeux sera, je vous affie, 7770
De faire un peu peux es François.

RAMETON.

Ung autre, ainsi que je le croys,
Ne fauldra pas à y aller,
Et tantoust abiller le vois
Prestement et luy en parler. 7775
Cependant, faictes habiller
Le vostre et qu'i soit bien en point;
Le mien est pour les resveiller
Et pour les mectre en petit point.

TALLEBOT.

Or, allez, sans plus de langaige, 7780
Aprester voz gens; il est temps;

LE MISTERE DU SIEGE D'ORLEANS. 301

F° 192 r°. Et je vois recevoir le gaige
De ce messagier là present.

Pose.

Or çà, baille moy ton presant,
Et leur dy, pour chose certaine, 7785
Je le reçoy joyeusement
Aujourd'uy, en la bonne estraine.

Dy leur, après digner, baillerons
Deux de noz gens emmy la prée,
Et que nous nous y consentons 7790
Aujourd'uy, en ceste journée;
Que bataille leur sera livrée
A deux contre deux, seullement,
Ainsi comme il ont procurée
En l'autre et non autrement. 7795

MESSAGIER.

Messeigneurs, à Dieu vous comment.
F° 192 v°. Je m'en vois faire mon messaige,
Tantost et bien diligamment,
En rapportant de bon coraige
Comme vous, noble prince et saige, 7800
Dictes, après digner, se rendent
Ou champ, pour parfaire louenge,
Et que pour ce faire y entendent.

TALLEBOT.

Que ne faillent pas les François
Eulx y trouver, comment qu'i soit; 7805
Car nous mesmes les irons vois,
Savoir qui aura meilleur droit.

MESSAGIER.

Partir je veil d'ici en droit
Leur aller porter la nouvelle,
Comment avez conclu et fait 7810
Que la chose se parfera telle.

Lors s'en part, et y a pose. — Puis dit

F° 193 r°.   LE MESSAGIER.

Messeigneurs, je suis revenu
De l'ost des Anglois proprement.
Il est vostre cas tout conclu,
Que la juste[1] aurez vrayement. 7815
De deux de leurs gens seullement
Vous bailleront, comme avez dit;
Et, après disner, proprement
Se trouverront en grant desduit.

Tallebot le m'a accordé, 7820
Et se doit trouver en personne,
Qui m'a tout mon fait recordé,
Et dit que ce soit sus la nonne.
Plusieurs s'i trouverront en somme,
Et present font armer leurs gens; 7825
Entendez à vostre besoigne,
Et ne soyez point negligens.

F° 193 v°.   GAQUET.

Joyeux en sommes et contens,
Tu as très bien fait nostre cas.
Or sus, toust et incontinant, 7830

[1] *Juste*, joute.

Armons nous et ne faillons pas.
Je prans grant plaisir et soulas
Me trouver en telle rencontre;
Que je ne les espargneray pas,
Ou y me viendra grant encombre. 7835

VERDILLE.

Je me trouverray à la monstre
Ne vous doubtez, mon très beau frere.
Et que je ne aille allenconstre
Tout homme qui porte banniere.
Retrayons nous en nostre affaire 7840
Et pensons de nous mectre en point.
Que, quant viendra à la barriere,
Nous nous portons plaisant et joingt.

F° 194 r°. Lors s'en vont habiller, et y a grant pause de trompetes, clairons. — Et puis dit

TALLEBOT.

Or çà, où sont ces compaignons ?
L'eure s'approche de la jouste; 7845
Je croy que les François y sont,
Il est une heure toute juste.
Y n'y fault taborin ne fleuste,
Car ce n'est pas jeu de plaisance :
Le jeu est de diverse leuste 7850
Quant combatre fault à oultrance.

FOUCAMBERGE.

Aussi se fault tenir en point
Qu'il n'y ait quelque trayson;
Es François je me fye point,
En eulx n'y a nulle raison. 7855

De sa tante et de sa maison
Chascun se donne bien de garde
Qu'i n'y ait nulle meprison;
Il est bien gardé qui Dieu garde.

MESSIRE GUILLAUME DE LA POLLE.

Pour aujourd'uy, on ne fra riens; 7860
Y convient bien les aller vois.
Pensez aussi que ceulx d'Orleans
Verront volentiers les Anglois.
Chascun soit garny de harnois
Et de tous bons abillement; 7865
De cela on se doit provois,
Pour doubte de inconvenient.

Adont icy tous les princes d'Angleterre sauldront et viendront honnorablement tous d'une part. Et pareillement La Hire et tous les seigneurs d'Orleans viendront, chascun honnestement abillé de harnois, et se tiendront tous d'une autre part.[1] [Et après ce toutes trompetes, clairons, tant des François comme des Anglois, trompilleront. [Puis après vient Gaquet tout armé à blanc, deux hommes après luy. [L'un portera deux lances; [l'autre homme portera après luy deux hallebardes et deux espées. [Verdille viendra incontinent après, tout armé, qui aussi aura deux hommes qui luy porteront deux lances, deux hallebardes et espées. Item, après cela, deux Anglois viendront de leur cousté des Anglois, qui seront ainsi armez de blans harnois. Et pareillement deux hommes après eux, embrigandinez et empoint, qui leur porteront à chascun deux lances, deux hallebardes et deux espées. Et là se tiendront ung peu en fiction l'un devant l'autre. Adont les trompetes et clairons sonneront amoderement; et marcheront les ungs contre les autres tout bellement, jusques ad ce qu'i se entrerenconteront de lances. Et romperont chascun sa lance contre leur homme; [après, encores chascun une autre lance, qui pareillement romperont durant le son des trom-

---

[1] Les pages du manuscrit sont ici divisées en paragraphes indiqués par les [. Ces paragraphes sont séparés par des blancs.

LE MISTERE DU SIEGE D'ORLEANS.

petes. [Puis après, prendront chascun hallebarde, et feront grans faiz d'armes les ungs contre les autres. [Et enfin Gaquet frappe son homme par la teste, tellement qu'il l'abat et le tue tout mort. [Et Verdille et l'autre font grans faiz d'armes. Puis les trompetes sonneront une retraicte. Et ce fait, et Verdille et son homme, chascun s'en retourne en son lieu, l'un du cousté des Anglois, et Verdille du cousté des François. Et se retrayent toutes les gens d'un cousté et d'autre. Et les Anglois serviteurs emporteront leur mort en leur tante. — Puis dit

F° 196 v°.

(Suite du f° 177 v°.)

TALLEBOT.

Messeigneurs, je conseilleroye
C'on envoyast dedans Paris
Commander que on nous envoye 7870
Vivres, et plus qu'i n'ont apris.
Nous sommes cy gens de hault pris,
Et croist tousjours nostre puissance;
Si seroit bon, à mon advis,
Y envoyer sans differance. 7875

SUFFORT.

Tallebot, c'est bien propposé :
Y envoyer il est besoing,
Et avez très bien composé.
Fault y adviser près et loing
Et à nostre oust avoir le soing, 7880
Sans deffaillir aucunement,
Ny ne fault avoir le cueur vain;
Mès y penser soigneusement.

F° 199 r°[1].

MESSIRE JEHAN DE LA POLLE.

Se messire Jehan Facetot
Luy plaisoit en prandre la charge; 7885

---

[1] Les feuillets 197 et 198 sont blancs. (Voir la note 3, p. 281.)

Pour y aller scet son trippot,
Et est aussi son heritaige;
Resident luy et son mesnaige,
N'est nulluy qui le peust mieulx faire,
Et est noble, prudent et saige 7890
Pour bien ce voyage parfaire.

LE SIRE D'ESCALLES.

Vous ne pourriez eslire mieulx.
Facetot, sire, s'il vous plaist,
Avecques le bailly d'Esvreux,
Vous deux ensemble, vous yrez 7895
A Paris, et par exprez
Amerez[1] vivres à puissance
(Vous savez le besoing qui est),
Et artillerie abondance.

FACETOT.

Messeigneurs, qu'i ne vous desplaise; 7900
Autres que moy y envoyerez,
Et vous supplie qu'i vous plaise
Autrement en disposer.
De plus suffisant trouverrez
Que moy, se est vostre plaisir; 7905
Et pour ce vous y pourvoirez,
Messeigneurs, à vostre loisir.

LE BAILLY D'ESVREUX.

De moy, je vous en vueil prier,
Messeigneurs, que point je n'y voise;
Et vous en vouldroie supplier, 7910

---

[1] *Amerez* pour *amenrez, amenerez.*

Que ceste chose cy trop poise.
Je ne vueil ne debat ne noise;
Mès vueil servir l'oust voulentiers;
Que qu'i me couste ou qu'i me poise,
A ferir je suis des premiers. 7915

TALLEBOT.

Vous, messire Jehan Facetot,
F° 200 r°. Aussi vous, le bailly d'Esvreux,
Vous deux ensemble, ce complot
Acomplirez de cueur joyeux.
Ne vous fault que estre soigneux 7920
Parler au prevost de Paris.
De vostre cas le fere mieux
Qui soit, qu'il est saige et apris :
C'est messire Symon Morchier.
Faictes le avec vous venir 7925
Pour la conduicte et despecher;
Vous pourra vostre fait fournir.
Et aussi, pour nous secourir,
Qu'i viengne avec l'artillerie,
Pour nostre armée entretenir; 7930
Qu'il est plain de chevallerie.

FACETOT.

Puis qu'il vous plaist, je suis content,
Et à moy il ne tendra mie;
Et de Paris, je vous affie,
Aurez secours comme j'entent. 7935

CONTE DE SUFFORT.

Vous aussi, soyez consentant,
Bailly d'Esvreux, je vous emprie.

BAILLY D'ESVREUX.

F° 200 v°.
Puis qu'il vous plaist, j'en suis contant,
Et à moy il ne tendra mie.

LE SIRE D'ESCALLES.

A vous du tout bien m'en atant; 7940
De vivres et artillerie
Faictes venir, je vous supplie,
Et vous en venez quant et quant.

FACETOT.

Puis qu'il vous plaist, j'en suis contant,
Et à moy y ne tendra mie; 7945
Et de Paris, je vous affie,
Aurez secours comme j'entent.

Lors partiront, et y a pause. — Puis dit

FACETOT.

Or sommes nous bien arrivez
Dedans Paris à seureté,
Où sont nos bons amis privez 7950
Et tous de grant auctorité,
De France l'extermynité,
Le triumphe et où gist la gloire
Qui est en nostre liberté,
F° 201 r°. Dont à tousjours sera memoire. 7955
Si nous convient tout droit aller
Noncer au prevost de Paris,
Nommé messire Simon Morchier,
Qui est ung prince de grant pris,

De ce que avons entrepris 7960
Pour l'oust des Anglois vitailler,
De toutes choses exquis
Pour y mener et detailler.

BAILLY D'ESVREUX.

Voy le là; y luy fault parler
Pour nostre voyage parfaire, 7965
Comment nous sommes envoyez
Pardevers luy, pour ceste afaire.

FACETOT.

Sire prevost, de noble afaire,
Pardevers vous sommes venuz
Denoncer chose neccessaire 7970
Qui sont à nostre oust survenuz.
Vous savez que devant Orleans
Nous avons là le siege mis,
Où sont nos princes les plus grans.
Il y a des mois desjà six 7975
Que nostre siege y est permis,
En nombre de soixante mille,
Tous gens de fait et exquis
Qui ont enclos toute la ville;
Ne jamès nous n'en partirons 7980
Que leur cité n'ayons acquise,
Les pays et les environs,
De par nous, et leur ville prise.
Dont, pour venir à nostre emprise,
Fault avoir vivres à foison, 7985
Harent, poissons de maintes guise,
Ainsi comme c'est la saison.

BAILLY D'ESVREUX.

Devans douze jours nous serons
Au jour de caresme prenant;
Pour quoy nous convient du poisson 7990
Avoir et force de harens,
Pour le mener devant Orleans,
En l'oust des princes d'Angleterre,
Qui assemblez sont là devant,
Tous les plus vaillans de la terre. 7995

PREVOST DE PARIS.

Messeigneurs, de vous j'ay grant joye
Et savoir de vous des nouvelles,
Et tous les jours en desiroye
Qui nous fussent bonnes et belles.
Les Orlenois vous sont rebelles, 8000
Ainsi que chascun nous raconte,
Et sont ainsi comme infidelles,
Que de morir ne tiennent compte.

FACETOT.

Vous en dictes la verité,
Semble ne leur chault de finir; 8005
Tant sont de leur roy encha[n]té
Qu'i ne se rendront pour morir.
Si ne saura mès où fouyr
Leur roy, se nous avons Orleans;
Que y se tient seur, sans mentir, 8010
Après aurons le demorant.

PREVOST DE PARIS.

Je le croy veritablement;

LE MISTERE DU SIEGE D'ORLEANS. 311

Mais me semble lache corage
Dont avez esté longuement
Sans avoir fait autre dommaige. 8015
Vous les tenez en une caige;
Bien les devez de court tenir,
Quant vous avez tel avantaige
Qu'i n'osent leurs portes ouvrir.

BAILLY D'ESVREUX.

Nous les avons fort assailliz 8020
Par plusieurs foiz cruellement;
Et, se y avons deffailliz,
Je ne scay pourquoy ne comment.
Si sommes tous presentement
Fermes et bien deliberez 8025
Y faire tant finablement
Que par nous seront ravoirez.

PREVOST DE PARIS.

Mes bons seigneurs, j'ay grand desir
De acomplir vostre demande:
Vivres vous aurez à plaisir 8030
Et artillerie belle et grande.
Et pour conduire vostre bande
Moy mesmes yray en personne;
Que je vueil que chascun entende
Que vostre querelle est très bonne. 8035

FACETOT.

Tous les princes et les barons
Vous mandent aussi que veignez,
Et amenez vivres foisons,
Vous priant les accompaignez,

Sans en voloir riens espargnez; 8040
Que il en ont neccessité.
Si ne vueillez plus berguigner;
Que tout soit en bref apresté.

F° 203 r°. PREVOST DE PARIS.

Ne vous en doubtez nullement.
Pour trois cens charioz, charretes, 8045
Chargez seront diligemment;
Et vos besoignes toutes nectes,
Avant deux jours, seront parfaictes,
Et gens de fait pour convoyer.
Ce pendant, bonne chiere faictes; 8050
De vostre cas vois provoyer.

Puis icy y a pause. — Et dit

PREVOST DE PARIS.

Sus, messagier, legierement
Va publier avau Paris,
De par roy Henry, vistement,
Chascun soit prest et ententis 8055
De soy armer, grans et petis,
Pour conduire l'artillerie
Et vivres, que en a commis.
Pour mener vers la seigneurie,
Laquelle, comme chascun scet, 8060
Est assise devant Orleans.
Pour ce, que tout homme de fait
Y viengne tout incontinent.

F° 203 v°. MESSAGIER.

Chier sire, comme obeissant,

Acompliray vostre voloir. 8065
Parmy Paris, comme sayant,
Le feray à tous assavoir.

Lors sonnera une trompete.—Puis dit

MESSAGIER.

Messeigneurs, vueillez tous entendre :
De par roy Henry très puissant,
Vueille chascun son harnois prandre, 8070
Tous gens de guerre très vaillant,
Pour conduire et aller avant
A Orleans, en l'oust des Anglois,
Qui tiengnent le siege devant,
Dont chascun y vueille provois. 8075
   Sire, j'ay du tout acomply
Et fait vostre commandement,
Sans avoir en riens deffailly,
Parmy Paris certainement.
Si verrez tantost prestement 8080
Gens de guerre vers vous venir.

FACETOT.

Tu as bien besoigné grandement,
Que de ce faire j'ay desir.

Pose.— Puis les Anglois dedans Paris ordonneront leur artillerie et vivres à partir de Paris. Puis dit

BASTARD D'ORLEANS.

Messeigneurs et mes bons amis,
Nouvelles me sont survenuz 8085
Que force de noz anemis

Mectent grant foison vivres sus
A Paris; pour ce je conclus
Que bon seroit aller au devant,
Et qui les pourroit ruer jus, 8090
Nous y arions prouffit très grant.
Or devez vous tous bien savoir
Que le conte de Cleremont
Il est à Blois, si est bien voir,
Et qui a des gens ung grant mont. 8095
Advisez de ceulx qui yront
Luy noncer qu'i se trouve en Beausse,
Puis nous d'Orleans nous partirons
Afin que nostre armée se hausse.

LA HIRE.

Pour y aller y seroit bon 8100
Messire Jacques de Chabannes,
Avecques luy prier devon
Le Bourt de Bart, Renault de Termes.
Ce sont gens de guerre bien fermes,
Bien savant et duiz de la guerre; 8105
Yront à Blois sans plus de termes
Ne sans autruy voloir requerre.

CHABANNES.

Messeigneurs, sans plus de demeure,
Je suis tous prest quant est de moy.

LE BOURT DE BART.

Je n'en demouray pas ne heure, 8110
Acompliray comme je doy,
Et mon devoir, comme je croy,
Y feray, se Dieu me seceure.

LE MISTERE DU SIEGE D'ORLEANS.

J'é tousjours bien servy le Roy
Et feray tant que guerre dure. 8115

REGNAULT DE TERMES.

Je ne vous vueil en riens dedire;
Quant il vous plaira partirons
F° 205 r°. Et à Blois tretout droit de tire,
Vers le conte de Cleremont;
Et tout nostre cas luy dirons, 8120
Comment en la Beausse se treuve,
Pour les Anglois qui passeront,
Afin y faire une belle euvre.

BASTARD D'ORLEANS.

Messeigneurs, je vous remercye.
Partez, je vous pry, il est temps, 8125
Et tous voz gens, je vous emprie.
Si vous gardez dessus les champs,
Et luy dictes que je m'atant
Que y se treuve à la rencontre,
Et que tous nous autres d'Orleans 8130
Nous yrons là faire une montre.

CHABANNES.

De vous tous congié nous prenons.
Chascun de nous se trouverra
Sur les champs, puis nous nous verrons,
Et fera on au mieulx qu'on pourra. 8135

BOURT DE BAR.

Ung chascun de nous y sera;
Aussi saillez, quant il sera heure.

F° 205 v°. BASTARD D'ORLEANS.

Ne vous doubtez, on le fera,
Et n'y aura nul qui demeure.

Pose. — Lors s'en vont. Puis dit

TALLEBOT.

Messeigneurs, je suis adverty 8140
Que vers Clery vont des François.
N'a gueres qu'il en est party
D'Orleans, ainsi comme je crois.
Y convient tantoust y provois
Et aler après, sans atendre, 8145
Les tuer et mectre à destrois,
Et le seurplus es arbres pendre.

CONTE DE SUFFORT.

Sus, messire Jehan de la Polle,
Et vous, sire conte d'Escalles,
Menez voz gens à une folle 8150
Et n'espargnez baheuz ne malles;
Y sont venduz ainsi que es halles,
Jamès ne vous eschapperont.
Faictes que vos armes lealles
Boutent les François tous au fons. 8155

F° 206 r°. Lors messire Jean de la Polle et d'Escalles et leurs gens vont après, et les trouvent sus les champs. Puis dit

CHABANNES.

Messeigneurs, entendez à nous :
Je voy venir foison Anglois.

LE BOUR DE BAR.

Mes amis, n'ayez point de poux ;
Nous les aurons, comme je crois.

REGNAULT DE TERMES.

Arrestons nous auprès ce bois, 8160
Et ne leur tournons point le doux.

MESSIRE JEHAN DE LA POLLE.

A mort! faulx desloyaux François,
De ceste heure il est faict de vous!

F° 206 v°. Lors les Anglois chargeront en grant fait d'armes, et y aura grant tuerie. Et à la fin le Bour de Bar sera pris prisonnier, et Chabannes et Regnault de Termes s'en fuyront et eschapperont. Puis dit

LE CONTE D'ESCALLES.

Or est il donc, Dieu mercy,
Que des François avons victoire, 8165
Comme il nous a pleu tout ainsi,
Fors ceulx qu'on a voulu retraire
Des prisonniers, en la maniere
Que avons volu retenir,
D'autres qui par eschappatoire 8170
L'ont volu gaigner à fouyr.

MESSIRE JEHAN DE LA POLLE.

J'é retenu ce prisonnier
Pour presenter à Tallebot ;
Il estoit orgueilleux et fier,
Maintenant y ne sonne mot. 8175
Il n'est plus dedans son trippot

A Orleans, dont il est yssu.
Il a esté ung saige sot,
Donques il s'est à nous rendu.

ESCALLES.

On dit que c'est le Bour de Bar 8180
Qui se disoit si très vaillant.
Vous ne deussiez avoir regar
Fust à petit, ou fust à grant;
Tuez tout et n'espargnez riens,
Que riens ne nous proffitent vis. 8185

MESSIRE JEHAN DE LA POLLE.

Pour cestuy j'en feray present,
Puis en feront à leur devis.

Lors ameneront leurs prisonniers, et pose à trompetes. — Et dit

TALLEBOT.

Seigneurs, ainsi comme j'entent,
Noz gens ont gaigné la journée;
Il nous fault aller au devant 8190
Pour remercier leur armée.

LE CONTE DE SUFFORT.

Je les voy là en celle préc
Qui viennent à nous roidement;
Leur bande est très bien acoustrée
Et abillée honnestement. 8195

MESSIRE JEHAN DE LA POLLE.

Sire Tallebot, nous avons
Trouvé les François sur les champs,

LE MISTERE DU SIEGE D'ORLEANS.

Dont desroquez nous les avons
Qui sont estenduz là devant.
Voicy dont je vous fais present
Du Bour de Bar, mon prisonnier,
Et entre voz mains je vous rent;
Faictes en comme vous vouldrez.

LE CONTE D'ESCALLES.

Des François n'est riens demouré,
Si non ung peu qui sont fouyz,
Que tout n'aist esté devouré,
Sur les champs navrez et murtriz.

TALLEBOT.

Mes amis, bien puissiez venir;
Vous avez très bien fait devoir.
Ceulx là ne vendront plus courrir
Encontre nous, pour dire voir.
Et du Bour de Bar, je conseille
Qu'i soit mené à Marchenoir,
Et la tour je luy appareille
Pour sa demourance et manoir.
Il nous a volu decepvoir,
Je le scay bien, par autres foiz,
Et si vous fais bien assavoir
Qu'i n'en partira de dix mois.

Lors menront le Bour de Bar à Marchesnoir prisonnier; et y a pose.

MESSIRE GUILLAUME D'ALLEBRET, s' d'Orval.

Or est il de present saison
De partir hors de la maison
Pour François vouloir secourir,

Comme il est de droit et raison,
Servir le Roy sans mesprison
Et luy voloir bien obeyr. 8225
Donques je n'ay pas eu loisir
Y aller plus toust, sans mentir;
Mais, de present, je suis tout prest
A y aller sans deffaillir,
Et à mon povoir le servir 8230
En fait d'armes et loing et près.
Vous, Gillebert de la Saiecte,
Qui estes mareschal de France,
Allons à Orleans, s'i vous haicte,
Que il est temps, comme je pense. 8235
Les Anglois y sont à oultrance
F° 208 v°. Qui leur font de divers assault;
Partons, se c'est vostre plaisance,
Et y allons sans nul deffault.

GILLEBERT DE LA SAIECTE, mareschal de France.

Quant à moy, dessy je propose 8240
A partir tout incontinant,
Ne je ne requiers autre chose
Que voir les Anglois combatant.
Je me sens, Dieu mercy, puissant
De corps, d'armes et de chevance, 8245
Pour m'y employer en tous sens;
C'est tout mon deduit et plaisance.

ALLEBRET.

Or allons donc en ordonnance,
Que je prie à Dieu qu'i nous gart,
Sans plus faire de demourance 8250
Ne actendre qu'i soit plus tart.

GILLEBERT DE LA SAIECTE.

Je suis tout prest quant de ma part;
Que chascun prengne sa baniere,
Son penonceau ou estandart,
Et allons en belle maniere.

ALLEBRET.

Je voy là Orleans proprement;
Arriver nous fault sur le soir,
Que les Anglois aucunement
Ne nous puissent appercevoir.

GILLEBERT DE LA SAIECTE.

Nous les pourrions bien esmouvoir
Peut estre à faire quelque oultraige,
Dont ceulx d'Orleans pourront avoir
Pour ceste chose aucun dommaige.

Lors icy y a pause. — Et entreront dedans Orleans; puis dit

ALLEBRET.

Dieu gard le bastard d'Orleans
Et tous les princes et barons
Qui tous assemblez icy sont,
Et les secourir en tous sens!

BASTARD D'ORLEANS.

Sire Allebret, noble et puissant,
De pieça nous vous actendons.

GILLEBERT DE LA SAIECTE.

Dieu gard le bastard d'Orleans
Et tous les princes et barons!

LA HIRE.

Messeigneurs, bien soyez venant,
Et tous voz gens qui icy sont;
Bien besoing de vous nous avons,
Que vous estes nobles vaillant. 8275

ALLEBRET.

Dieu gard le bastard d'Orleans
Et tous les princes et barons
Qui tous assemblez icy sont,
Et les secourir en tous sens !
Sachez j'é esté desplaisant 8280
Que plus toust je n'é peu provoir
A venir et moy et mes gens;
Volenté m'estoit de vous voir.

GILLEBERT DE LA SAIECTE.

J'é demeuré bien longuement;
Mès plus toust venir ne povoye, 8285
Et m'en desplaisoit grandement
Que mieulx faire je ne savoye.
Mès, puis que je suis cy en voye
Et que vers vous je suis venu,
Il m'est bien tart que je m'employe 8290
Encontre homme qui ait vertu.

BASTARD D'ORLEANS.

Messeigneurs, bien soyez venuz;
De vous nous avons fort affaire,
Que aucuns cas sont survenuz
Où vous nous serez neccessaire. 8295

Pensez en vos logeis retraire
Et vous reposer; il est temps.

ALLEBRET.

Nous sommes prest de vous complaire
Et de vous servir en tout temps.

Pose. — Puis vient Chabannes qui dit :

CHABANNES.

Grand doleur et grant desplaisance 8300
F° 210 v°. Nous est venu en ce voyage :
Les Anglois à tout grant puissance
Nous ont pris auprès d'un villaige,
Et nous ont fait un grand oultraige
De noz gens tuer, mectre à mort; 8305
Le Bour de Bar, dont c'est dommaige,
L'ont pris, et est navré très fort.

REGNAULT DE TERMES.

Ne scay qui les a advertiz;
Croy que avons esté venduz,
Que sur nous sont venuz courrir. 8310
Dont fort nous sommes deffenduz;
Mais ilz sont sur nous survenuz
Qu'ilz estoient bien vingt contre ung;
Puis, quant nous avons cela veu,
De nous s'est retraict ung chascun. 8315

BASTARD.

Vous ont il dont ainsi surpris
Et fait telle desconfiture ?
Nous nous en vengerons, se je puis,

41.

Se longuement la guerre dure.
Fort me desplaist ceste adventure 8320
Dont ilz ont pris le Bour de Bar,
Qu'i luy feront souffrir grant laidure
Sans avoir pitié ne regart.
Donques nous convient il penser
Nous mesmes aller dedans Blois 8325
Au conte Cleremont noncer
Le fait et venue des Anglois,
Afin que on puisse provoir
A leur desloyalle entreprise;
De leurs vivres, de leurs harnois, 8330
Ce nous seroit une belle prise.
Vous, messire Jehan Estuart,
Estes connestable d'Escosse :
Vous et moy yrons ceste part
Et pour demonstrer nostre force. 8335
Se aucun vient et qu'i s'efforce
Pour nous faire mal ou grevance,
Je croy que y prandra grand torce,
Ou il aura grande puissance.
Aussi le sire de la Tour 8340
Et le viconte de Thouars,
Nous vous supplions par amour
Que ad ce vous ne faillez pas.
Venez aveq nous de ce pas
Et partons sans atendre plus; 8345
Si yrons au pays d'embas
Pour nous vengier des faulz abus.
Vous autres, messeigneurs barons,
Trouvez vous tous à la journée;
Vous savez bien où nous serons 8350
Et là où sera nostre armée.

Mais que la chose soit celée
Et le jour du departement;
Conduisez bien vostre assemblée
Et y faictes tous vaillamment. 8355

LA HIRE.

Nous y ferons certainement
Si bien que il devra suffire.
Allez et partez vistement,
Que aucuns ne vous puissent nuyre,
Et pensez de vous bien conduire. 8360
Nous sarons bien le temps et l'eure,
Et ne nous en fault jà riens dire :
Que de son fait chascun labeure.

Pose.—Lors le bastard d'Orleans, Estuart, le sire de la Tour et leurs gens partiront tous pour aller à Blois. Puis dit le bastard d'Orleans arrivé :

LE BASTARD D'ORLEANS.

Noble conte de Cleremont,
En qui est honneur et vaillance, 8365
Proesse et vertu à grant mont,
Et où gist toute l'excellence,
Pardevers vous, cy en presence,
Sommes venuz dire nouvelles,
Que Anglois amenent puissance 8370
De vivres et autres sequelles;
Si voulons aller au devant
En Beausse, pour les destrousser,
Et faire une armée belle et grant
Pour ensemble nous amasser, 8375
Et pour estre recompancez
Des Anglois l'emprise perdue.

Nous ne pourrions mieulx propencer,
Puisque nous savons leur venue.

CONTE DE CLEREMONT.

Je suis bien contant y aller 8380
Et tous mes gens entierement;
De riens ne me pourriez parler
Qui mieulx me pleust certainement.
J'ay des gens d'armes largement,
Nombrez de trois à quatre mille, 8385
Qui s'i porteront vaillamment;
De guerre savent le stille.
Demain je suis prest à partir
Et mectre tout en ordonnance,
Puis y aller tout à loisir, 8390
Sans faire bruit n'aultre semblance.

ESTUART.

Ce pendant on fera diligence
De soy abiller et empoint,
Et de son cas la provoyance
De ce qu'i fault de point en point. 8395

Puis icy y a pause. — Et dit messire Jehan Facetot, à Paris :

FASCETOT.

Or çà, monseigneur le Prevost,
Sommes nous tous prest à partir?
Que vous semble, que dictes vous?
Faictes tout à vostre loisir.

PREVOST.

Sire, tout est prest sans faillir, 8400

N'aultre chose nous n'atendon
Que, pour avecques nous venir,
Messire Thomas Rameton.

MESSIRE THOMAS RAMETON.

Quant de par moy ne demoura,
Que je suis prest dès le matin 8405
A partir, quant il vous plaisa,
Et mes gens aussi de certain.
Si m'est tart que je voye à plain
Aucuns François pour moy esbatre,
En une lande ou en ung plain, 8410
Pour à mon aise les combatre.

BAILLY D'ESVREUX.

Messeigneurs, je conseilleroye
De partir tout incontinent,
Et que chascun se mist en voye;
Puis aller tout courtoisement, 8415
Que les François aucunement
Ne saichent de nostre venue,
Qui nous donroit empeschement
Pour nostre entreprise perdue.

MESSIRE THOMAS RAMETON.

C'est vray, il est temps de partir. 8420
Ne demourons plus, je vous prie;
Que noz gens n'ont aultre desir
Que de voir la chose acomplie.
Voicy tout prest l'artillerie
Et vivres en trois cens charroy; 8425
Que plus nul ne differe mye
Et pour peur d'aucuns desarroy.

Lors partiront tous en ordonnance; et y a pose.

LA HIRE.

Sà, seigneurs, il nous fault entendre
A tenir les champs promptement,
Et en Beausse nous aller rendre
Sans deffaillir aucunement.
Je croy que demain proprement
Le vaillant conte Cleremont
Partira de Blois vrayement,
Ainsi comme mandé le m'ont.
Pour ce, messeigneurs, advisez
De vous qui y vouldra venir
Et en vueillez disposer.
Aussi fault la ville garnir,
Qu'i ne nous puisse survenir,
Durant nostre departement,
A la ville nul desplaisir
Ne aultre nul encombrement.
Pour conduire ceste besoigne
Et pour la mectre en ordonnance,
Fault que chascun entende et soigne
En toute bonne diligence.
Pour nostre premiere deffence
Et pour la premiere avangarde,
Icy vueil bien estre en presence
Avecques gens de bonne garde;
Avecques moy sera Poton,
Canede, vaillant cappitaine,
Et aussi le puissant Sauton
Avec la compaignie qu'i mayne.
Ayez en fiance certaine
De rencontrer vos anemis,

Pour acquerir gloire haultaine
En deffendant la fleur de liz.
Soyez tous vaillans, je vous prie, 8460
Allebret le sire d'Orval,
Et y allez à chiere lye;
Vous, sire Guillaume Estuart,
Et messire Jehan de Vaillat,
Qui est seigneur de Chasteaubrun; 8465
Puis Loys de Rochechouart,
Avecques le sire de Verdun.

F° 214 v°. Après sera Loys de Culan
Avec messire Jehan Chabot,
Acompaignez de gens de bien 8470
Pour bien deffendre leur escot.
Gardez, quant viendra au complot,
Que vous n'ayez le cueur failly,
Qu'i ne fault c'un mauvais cahot
Bien souvent pour estre affoibly. 8475
Et pour vous dire en general,
Je vous prie que nous partions
Pour sercher amont et aval
Se noz anemis trouverrons.
On m'a dit que partiz y sont 8480
De Paris, il y a deux jours,
Et bien trois cens charroy il ont
Qui leur feront ung grant secours.

LOYS DE CULAN.

Tous noz gens sont en ordonnance
Et bien en point, prest à partir. 8485
N'en faictes plus de demourance;
Que c'est très bien nostre plaisir
De voloir sercher et querir

Les Anglois pour les desconfire,
Qui sans cause veullent venir 8490
En ce pays pour le destruire.

Lors partiront en ordonnance. — *Trompetes et grant* silete [1]. — *Puis dit*

LE CONTE DE CLEREMONT.

Or est il temps, comme je croy,
Que nous partions sans plus atendre;
Pour ce mectons nous en arroy
Et chascun à soy vueille entendre, 8495
Que on ne nous puisse surprandre.
Soyez saiges et ententis,
Et pensez de vous bien deffendre,
Que vous puissiez gaigner le pris.

LE BASTARD D'ORLEANS.

J'entend qu'i sont sur le pays 8500
Et qu'i sont partiz dès pieça,
Amenant vivres de Paris,
Et qu'i s'en viennent par deçà.
Me semble deussions estre jà
Sur les champs pour les rencontrer; 8505
Si fault envoyer çà et là
Des espies pour les nous creter [2].

CLEREMONT.

Or partons, que Dieu nous conduie!
Et nous en allons au devant
Sans faire bruit, ne grant crierye, 8510
Que de nous ilz n'oyent le vent.
Portez vous y tous bien vaillant,

---

[1] *Silete*, chant, antienne. — [2] *Sic*, sans doute pour *guetter*.

Que, se la destrousse gaignez,
Vous estes riches et puissant
Et ung grant honneur acquerez. 8515

Lors partiront, et y a pause.—Puis dit

LA HIRE.

Mes bons amis, entendez cy
Que on m'a present rapporté
Que les Anglois sont près d'icy,
Comme on me l'a dit et compté.
Et ne sont pas de verité 8520
Plus de seize à dix huit cens;
Par quoy sans difficulté
Y ne sont pas à nous puissans.

POTON.

Allez les nous fault ravissant
Ainsi que sont hors d'ordonnance; 8525
Vous les ferez esbayssant
Et raviz en une instance;
N'y feront point de delayance.
Frappons sur eulx, je vous emprie,
Que y m'est tart que je commance 8530
A faire sur eulx la saillie.

LE CONTE DE CLEREMONT.

Messeigneurs, on m'a adverti
Que les François si sont en voye,
Et que des Anglois ont ouy
Des nouvelles pour chose vraye. 8535
Adfin que l'oust ne se devoye,

A La Hire convient mander
Qu'i n'y touche par quelque voye,
Et qu'i vueille l'armée tarder.
   Messagier, va diligamment
Dire à La Hire et aux seigneurs
Qui sont en Beausse assemblement
Es Anglois ne facent rigueurs,
Ne travail ne autres labeurs,
Mais atendent nostre venue;
Qu'il en pourroit venir doleurs
Et nostre entreprise perdue.
Demain serons au plus matin
Avecques eulx, se nous povons,
Pour faire ensemble le hutin,
Et ensemble les assauldrons.
Dy leur qu'i nous atendent dont,
Sans nullement les assaillir.

MESSAGIER.

Je m'en voys sercher où ilz sont
Pour vostre messaige acomplir.

Pose. — Et arrive es François et dit

MESSAGIER.

Dieu sault les haulz princes de nom
Et toute la grant baronnie!
De par l'ainsné filz de Bourbon
Viens devers vostre seigneurie,
Qui affectueusement vous prie
Que es Anglois ne vous monstrez,
Tant que luy et sa compagnie
Les voyez demain arriver.

LA HIRE.

Par la mort bieu! nous n'en ferons riens.
Maintenant sont en desarroy; 8565
Y se parqueront cependant
Et s'enclorront de leur charroy,
De leur piques, comme je croy.
Nul ne les osera assaillir,
Se nous atendons tant soit poy, 8570
Et pourrons nostre fait faillir.

MESSIRE LOYS DE CULAN.

Qui ne les prandra de present,
Jamès vous n'en vendrez à chef;
Que y s'enclorront là dedans
Et nous feront beaucoup de meschief. 8575
Si vous dy encoires de rechief
Leur donrez loisir et espasse
Eulx fortiffier et boucher;
Point ne consens que [ce] cy passe.
Messagier, dy leur hardiment 8580
Que nous ne les attendrons pas;
Nous congnoissons visiblement
Que ce n'est pas bien nostre cas :
Y sont de present mats et laz
Et à une demye lyeue de nous. 8585

LE MESSAGIER.

Je m'en retourneray de ce pas,
Leur rapporteray vostre propos.

Pose.— Lors retourne, et puis dit

LE MESSAGIER.

Très noble et très puissant seigneur,
J'é acomply vostre messaige ;
Lesquelz m'ont du parfond du cueur 8590
Respondu du mauvais langaige,
Disans que ce seroit le dommaige,
Mes bons seigneurs, de vous actendre,
Et si m'ont dit à mon visaige
Qu'i ne vous vouldront contre atendre. 8595

F° 217 v°.
LE CONTE DE CLEREMONT.

Retourne à eulx, comment qu'i soit,
Et leur dy que tout est perdu,
S'il y vont par aucun endroit
Avant que je soye venu.
Dy leur que je l'ay deffendu 8600
Et leur deffens à toutes fins.

MESSAGIER.

Leur diray que avez conclu
Jusques à demain, pour le moins.

Lors retourne, et puis dit :

Messeigneurs, je suis retourné,
De par le comte Cleremont, 8605
Vous dire qu'il est ordonné
Que n'alliez aval ne amont,
Tant que luy et ceulx qui là sont
Soyent devers vous arrivez ;
Que demain j'espoir qu'i seront 8610
Avecques entre nous alliez.

LA HIRE.

Aille comme en pourra aller!
Je voy les Anglois là devant;
Ne cessent eulx appareiller
Et se fortiffient là dedans. 8615
Jamès ne recouvrons le temps
Qu'il estoient en beau gibier;
Que y se sont cloux maintenant
Et grandement fortiffiez.

FACESTOT.

Mes amis, voylà les François 8620
Qui sont à demye lieue de nous,
De noz charroy, de noz harnoiz;
Faisons tant que soyons enclos.
Je congnois que vous avez poux
Et vous atendez à morir; 8625
Mais prenez bon coraige en vous
Que vous ne povez où fouyr.

PREVOST DE PARIS.

Il nous fault deffendre ou morir,
C'est une chose bien certaine:
Mais j'espoir à parvenir 8630
A victoire, tant mectrons peine.
Faictes qu'i n'y ait que une vaine
Et une voye seullement
Pour saillir sur eulx en la plaine,
S'il est besoing aucunement. 8635

RAMESTON.

Nostre parc si est fosoyé,

Bien clos de charroy à l'entour,
De paux esguz fortiffié,
Qu'i n'y pevent par aucun tour
N'y entrer, par aucun destour. 8640
Pour la force d'artillerie,
Assortie comme en une tour,
Bien appoinctée et bien garnie.

LA HIRE.

Cecy je n'enduroye mie
Que je n'alasse visiter 8645
Les bois, et faire une saillie
Pour les faire dehors bouter.
Je m'y en vois sans arrester
Leur presenter ung coup de lance,
Savoir s'i se vouldront bouter 8650
Dehors de leur parc à puissance.

LOYS DE CULAN.

Je n'ay ne joye ne plaisance
De atendre icy longuement :
Les Anglois font leur ordonnance
Et se fortiffient grandement, 8655
F° 219 r°. Et ne cuide point autrement
Que nous n'y ayons grant dommaige.
Surpris les eussions proprement
Et gaigné eulx et leur bagage.

Lors sauldra La Hire et messire Guillaume Estuart, Loys de Culan et plusieurs gens de guerre, comme archiers. Puis un peu d'Anglois sauldront de leur parc, et y a des escarmouches. Puis les François viendront à folle et rechasseront les Anglois dedans leur parc, et y sont plusieurs mors, et y a une retraicte. Puis dit

LE MISTERE DU SIEGE D'ORLEANS.

LE BASTART D'ORLEANS.

Messeigneurs, on m'a rapporté 8660
Et est commune renommée
Que les François si ont esté
Es Anglois faire une levée,
Et que de fait qu'il ont chassée
Leur armée jusques à leur parc. 8665
Si vois à eulx de randonnée
Les secourir de part en part.

CLEREMONT.

S'i sont hastez, je n'en puis mès;
Je leur ay bien mandé assez.
S'il ont le bon, bien il me plaist; 8670
Se mal leur vient, le fault passer.
J'entent qu'i se sont amassez
Et ont fait ung peu de taudis
Près d'un bourc qu'i nous fault passer,
Nommé Rouveray Saint Denis; 8675
Je ne puis pas si toust mener
Trois ou quatre mille hommes d'armes;
Il les convient bien ordonner
Et ne peuvent pas courir en armes.
Dites leur qu'i se tiengnent fermes 8680
Et qu'il auront de moy secours,
Aussi et qu'i leur tiengnent termes,
En actendant le grant sejours.

Adont le Bastard d'Orleans, le connestable d'Escosse et autres lesseront l'armée du conte Cleremont, et viendront. Et dit

BASTART D'ORLEANS.

Enffans, prenez cueur et coraiges,

Je voi cy le secours venir ; 8685
Anglois ne sont pas pour les paiges ;
Pour ung Anglois nous sommes dix.
Faisons qu'i ne puissent fouyr,
Que ung seul d'eulx n'eschappera.

LE CONNESTABLE D'ESCOSSE.

Il les nous convient assaillir, 8690
Sans actendre qu'i soit plus tart.

FACESTOT.

Messeigneurs, entendons à nous
Ou autrement nous sommes mors :
Incessamment leur vient secours
Et de nully n'arons recors. 8695
Il nous convient venger noz corps
A ce coup, je voy qu'il est heure ;
Soyons vaillans, roides et forts,
Que en peu de heure Dieu labeure.

BAILLY D'ESVREUX.

Je congnois que il ont coraige 8700
De nous assaillir prestement ;
Si ne nous auront davantaige,
Que clos nous sommes grandement.
Et si avons pareillement
Force vivres et artillerie, 8705
Que pour ung huit jours plainement
Ceans ilz [ne] nous auront mie.

PREVOST DE PARIS.

Nous sommes très bien artillez,
Piques et d'aultres abillement,

LE MISTERE DU SIEGE D'ORLEANS. 339

Et sommes bien avitaillez 8710
Pour tenir icy longuement.
Se nous povons aucunement
Le faire assavoir à Paris
Et à Chartres, tout promptement
Secours aurions de nos amis. 8715

MESSIRE THOMAS RAMESTON.

Messeigneurs, nous sommes surpris
Et sommes mors sans nulle doutte :
J'ay veu là hault, ce m'est advis,
Des François merveilleuse rocte,
Et croy qu'i sont, en somme toute, 8720
Du nombre de cinq à six mille.
Regardez, ne voyez vous goute?
Voi les là venir à la fille.

FACETOT regarde :

Messeigneurs, il nous fault saillir
Sans atendre la grant bataille. 8725
Aussi ne povons que morir ;
Qu'on s'eschappe vaille que vaille.
Gardez que le cueur ne vous faille
Et criez pour les espouentez,
Puis frappez d'estoc et de taille 8730
Sans regarder de nulz coustez.

BAILLY D'ESVREUX.

Seigneurs, y nous fault ainsi faire :
Saillir nous fauldra à une flote
Qu'i ne demeure riens derriere.

PREVOST DE PARIS.

Seigneurs, il nous fault ainsi faire. 8735

RAMESTON.

Chascun desploye sa banniere,
Et garde bien chascun sa rocte.

FACETOT.

Seigneurs, il nous fault ainsi faire :
Saillir nous fault à une flote.

ESTUART, connestable d'Escosse.

Messeigneurs, sus, droit et avant! 8740
F° 221 v°. Que nous vault tant le sejourner?
Ung chascun se boute en son ranc
Comme on a volu ordonner.
Or sus, archiers, allez donner
Dedans pour le[s] faire saillir; 8745
Vostres sont et abandonnez
A en faire vostre plaisir.

Lors les trompetes sonneront d'une part et d'autre, et incontinant les Anglois sauldront tous à une flote, cryant et bruyant et frappant ainsi comme enragez, et tueront grant nombre de François, et les font descarter. Puis dit

LA HIRE.

Ha! messeigneurs, prenez coraige,
Raliez vous, je vous emprie;
Encoires avez vous l'avantaige 8750
Se vous voulez, quel que nul die.
Avant! fleur de chevalerie,
Vous lerez vous ainsi morir?
Suyvez moi tous, je vous supplie,
Et retournons sur eulx courir. 8755

F° 222 r°. Puis La Hire et plusieurs seigneurs viendront, et se renouvellera la bataille; et n'ont point de secours les François du conte de Cleremont ne de ses gens, mais les regardent sans coup ferir et les voyent morir et tuer devant eulx. Puis sonneront les François une retraicte et s'escartent, et les Anglois après en les tuant, et y a une grosse bataille, et demeure le hamp es Anglois et ont la victoire. Puis dit

LE BASTART D'ORLEANS.

Mes bons amys, retrayez vous :
Voicy la nuyt qui fort nous haste,
Et tirons à Orleans nous tous;
Je voy que tout se pert et gaste.
Hé Dieu et la Vierge benoiste, 8760
Voicy diverse destinée !
Fault il dont que [je] gouste et taste
Telle douleur, telle journée?

F° 222 v°. LA HIRE.

Il fault aller diligemment
A Orleans et sans mener bruit, 8765
Que les Anglois aucunement
N'en puissent savoir pour meshuit.
S'i savoient nostre desconfit
Et nostre oust en telle maniere,
Il en enprandroient grant desduit; 8770
Au aller nous donroient affaire.

Lors les Françoys se retrayront à Orleans et La Hire, et viendront à la queue des François bien dolans et en petit nombre. Puis après viendra le conte de Cleremont à toute son armée, qui n'y aura riens frappé, et entreront tous à Orleans sans bruit. Et ceulx des Anglois estans au champ trompilleront, et meneront grant bruit et grant joye. Puis dit

BASTART D'ORLEANS.

Messeigneurs et mes bons amis,

F° 223 r°.
Voicy ung moult piteux dommaige;
Qu'il me semble que je transis
D'avoir veu fait ce vasselaige. 8775
Puis[1] d'un povre meschant villaige,
Qui est Rouv[e]ray Saint Denis,
Est mort tout le noble barnaige
Qui deffendoit la fleur de lis.
Ha! le connestable d'Escosse, 8780
Le plus vaillant dessus la terre,
Est demeuré à fine force,
Qui estoit tant prudent en guerre.
On ne pourroit son bruit exquerre,
Tant estoit vaillant et hardi; 8785
Or le convient il mectre en terre.
Helas! Dieu ait l'ame de luy!
Messire Guillaume Estuart,
Lequel estoit son propre frere,
Et aussi le seigneur d'Orval 8790
Est demeuré à grant misere;
Qu'i convient iceulx mectre en biere
Ovec le prince de Verdun
Et qui estoit tant debonnaire.
C'est le seigneur de Chasteaubrun, 8795
Messire Guillaume d'Allebret,
Dont est grant doleur de sa mort;

F° 223 v°.
Plus preux ne vaillant nul n'estoit.
Aussi messire Jehan Chabot;
Sont tous demeurez en ung blot 8800
Qui estoit la fleur de noblesse.
J'en ay le cueur sarré si fort
Que j'en meurs de dueil et tristesse.
Puis le seigneur de Montpipeau

[1] *Puis* pour *près*.

Y est demeuré ceste part, 8805
Lequel estoit plaisant et beau,
C'est Loys de Rochechouart,
Et tant d'autres de nostre part
Que je ne scay que dire doye.
Mon cueur en est de part en part 8810
Navré sans jamès avoir joye!

CLEREMONT.

Il fault tout prandre en pacience;
Je ne vous saroie dire mieulx.
Puis qu'il est fait, nul desplaisance
N'en devez, ne estre piteux; 8815
Que qui pourroit recouvrer eulx
Pour cryer ou pour lamenter,
On en devroit estre soigneux;
Mais riens n'y povez proffiter.

SAINTE SUAIRE.

C'est grant doleur et desplaisance, 8820
Je n'en pourroye dire autrement :
La fleur et noblesse de France
Y est demeuré proprement,
Et n'en reste plus seullement
Que les prandre et enterrer 8825
En l'eglise honnorablement,
Laquelle est dicte Saincte Crois.
Au surplus, il nous fault penser
A bien garder le demourant,
Que nous ne soyons destroussez 8830
Ou pris par inconvenient.
Faisons que soyons diligent
Pour bien garder ceste cité,

Que les Anglois auront plus grant
De coraige et de auctorité. 8835

LOYS DE CULAN.

Il fault pencer de recouvrer
Les princes et les grans seigneurs,
Et gens y convient envoyer
Pour les enterrer en honneurs,
Lamentacion et doleurs. 8840
Si sont bien dignes de memoire,
Que onques nulz princes greigneurs
Ne furent de si noble affaire.

LA HIRE.

Si ne se fussent mis à pié,
Jamès n'eurent eu ceste torce; 8845
Mais le bon prince s'est fié
En sa puissance et en sa force :
C'est le connestable d'Escosse,
Lequel pensoit avoir secours,
Dont plusieurs n'y ont fait efforce, 8850
Par quoy il ont finé leurs jours.

SAINTRAILLES.

Le royaulme en est fort afoibly
Et la puissance des François;
Si voy bien que pour le jour d'uy
Le meilleur est pour les Anglois. 8855
J'en suis desplaisant et destrois
Du malleur de ceste aventure;
Du peu du nombre qu'il estoient
Ont fait telle desconfiture.

F° 225 r°.
POTON.

Aujourd'uy il est samedy, 8860
XIIe jour de fevrier,
Que la journée, comme je dy,
Nous a donné tel encombrier;
Jamès ne fut tel destourbier
Es François, ne si maleureux. 8865
Mais quoy! pensons de nous logier
Jusques à demain pour le mieulx,
Puis après nous aurons conseil
De nostre cas, de nostre affaire.
Nous avons héu grant travail, 8870
Ainsi comme chascun peut croire;
Que on pense de soy retraire
Jusques demain au point du jour,
En supportant nostre misaire
Et nostre très griefve doleur. 8875

Lors icy y a pause. — Et apportent les corps à Orleans, et sont mis à Sainte Croix en terre. Puis dit

FACESTOT.

O très nobles vaillans seigneurs
Rempliz de vertu et proesse,
F° 225 v°. Vous devez eslever vos cueurs
Et prandre plaisir et liesse,
Quant par vostre grant hardiesse 8880
Vous avez soubmis les François,
Et occis toute leur noblesse,
Tout par voz mains et par voz drois.
Ilz estoient plus de dix contre ung;
La chose si est merveilleuse. 8885
Dieu nous a proveu au besoing,

Par son euvre miraculeuse,
De vostre force sumptueuse
Dont leur armée avez destruicte,
Et par proesse vertueuse 8890
Vous les avez mis à la fuite.

LE BAILLY D'ESVREUX.

Les François à tout leur oultraige
Nous cuid[oi]ent bien faire morir;
Ilz ont rabessé leur coraige
Et honteusement sont fouiz. 8895
Leurs principaulx y sont finiz
Et sont demeurez en la place;
Es François pourra souvenir
A tous jours mès de ceste chasse.

PREVOST DE PARIS.

Sus les champs y font la grimasse 8900
Tout à l'anvers et estenduz;
On les peut bien suyvre à la trasse
De leur sang qu'ilz ont respanduz.
Ne se sont si bien deffenduz
Qu'i n'ayent la mort ensuivye; 8905
Mieulx leur vaulsist estre renduz
A mercy, pour sauver leur vie,

MESSIRE THOMAS RAMETON.

François ne cuidoient pas faillir
De nous avoir à leur plaisance;
Mais ilz sont cy venuz morir 8910
Par leur orgueil, par leur oultrance.
Trop mieulx leur fust en pacience
Eulx estre tenuz à Orleans,

LE MISTERE DU SIEGE D'ORLEANS.

Que avoir monstré leur vaillance
Ancontre nous icy devant. 8915

FACESTOT.

Il nous fault choisir proprement
De noz gens pour les enterrer,
Et lessez les leur sur les champs
Es loups, s'i les veullent mengier.
Puis pensons aussi de mener 8920
Vers nostre oust tout nostre mesnage,
Pour noz bons amis solayer
Et leur rafrachir le coraige.

F° 226 v°.

Lors icy y a pause.—Et vont arriver en leur houst. Dont dit

TALLEBOT.

Messeigneurs, j'ay ouy nouvelles
De noz gens venant de Paris, 8925
Qui nous sont très bonnes et belles,
Dont devons estre resjouyz.
Les François fort caulx et soubtiz
Estoient allez au devant;
Mais noz gens les ont tous occiz 8930
Et sont demeurez sur les champs.

ESCALLES.

Tallebot, voy les cy venir :
Il nous fault aller au devant
En grant joye les recueillir,
Qu'il ont bien desservy ytant; 8935
Plus de six mille tout contant
Ont mis à mort par leur proesse,

Et si ont, ainsi que j'entant,
De France occis tout la noblesse.

SUFFORT.

Jamès ne fut telle journée,
Ainsi comme on m'a rapporté,
De telle destrousse gaignée
Par ung cas de necessité ;
Que les François pour verité
Estoient de huit à dix mille,
Que noz gens ont tout surmonté,
Aussy vray comme l'Evangille.

Lors arriveront joyeusement à trompetes, clairons; Tallebot et autres vont au devant. Puis dit

TALLEBOT.

Messeigneurs, bien venuz soyez
Et toute vostre compaignie !
Vous avez eu grant destourbier
Et en grant dangier de la vie ;
Mais je ne le savoye mie,
Que secours vous eusse envoyé,
Et moy mesmes, je vous affie
Que de bon cueur y fusse allé ;
Mais vous avez très bien besoigné,
Ainsi qu'est venu la nouvelle,
Et si très grant honneur gaigné ;
La gloire en sera perpetuelle.
Bien appert que juste querelle
Nous avons, comme je le dis,
Que la chance est tournée ytelle
Que vous les avez desconfis.

LE MISTERE DU SIEGE D'ORLEANS. 349

MESSIRE JEHAN DE LA POLLE.

Vous avez à ce coup acquis
Par voz faiz honneur et chevance, 8965
Quant avez les François soubmis
Sans jamès avoir recouvrance.
Toute la fleur et excellance
De France avez abattue,
Que desormais, comme je pence, 8970
François ont leur force perdue.

FACESTOT.

Il a bien convenu entendre
A nostre cas certainement.
Ilz nous pensoyent bien surprandre
Et mectre tous à finement, 8975
Qu'ilz estoient abondamment
Plus que nous et en plus grant folle;
Mais les avons à sacquement
Boutez et gaigné leur despoille.

LE BAILLY D'ESVREUX.

Jamès ne sera qui ne souviengne 8980
Es François y estre venuz.
Et que aucuns d'eulx ne se plaigne,
Que il ont esté bien batuz;
Mieulx leur vaulsist estre tenuz
En leur logeis courtoisement 8985
Qu'eulx estre venuz embatuz,
Pour voloir avoir noz harens.

LE PREVOST DE PARIS.

De noz harens vouloient gouster.

Et savoir s'ilz estoient bons;
Mais n'ont eu loisir en tatter 8990
Ne de savoir quel goust il ont.
Desormais bien dire pourrons
Que de la journée des harans
S'i sont employez trop parfons
Et boutez aussi trop avant. 8995

THOMAS RAMETON.

Ilz ont esté trop bien secoux;
Si croy qu'i n'aront mès pensée
De venir sur nous comme foulx
Et par voye desordonnée.
Leur souviendra de la journée 9000
Auprès Rouvray Saint Denis,
Des harens et de la marée
Qu'on leur amenoit de Paris.

TALLEBOT.

Vous avez eu honneur et pris
Sur les François et grant victoire; 9005
Par quoy sera tousjours memoire
De voz haulx faiz ou temps jadis.

FACESTOT.

De brief, roy Henry sera mis
En grant triumphe et en grant gloire.

ESCALLES.

Vous avez eu honneur et pris 9010
Sur les François et grant victoire.

SUFFORT.

Nostre roy sera des fleurs de lis

De cela il est tout notoire,
Ainsi comme chascun peut croire,
Mès que Orleans ayons soubmis.

MESSIRE JEHAN DE LA POLLE.

Vous avez eu honneur et pris
Sur les François et grant victoire;
Par quoy sera tousjours memoire
De voz haulx faiz ou temps jadis.

TALLEBOT.

Reposez vous, mes bons amis,
Et ung peu vous refrachissez;
Que voz corps vous soient remis
Et que vous puissiez renforcez.
Puis après, nous fauldra pencer
Avoir Orleans, que trop me tarde.
Desormais je ne vueil cesser;
Me desplaist quant je les regarde.

Icy y a pause d'orgues. — Et puis dit

NOSTRE DAME.

Chier Filz, doulcement je vous prie
Que la promesse des Françoiz
Soit par vous faicte et acomplie,
Chier Filz, et y vueillez provois.
Vous voyez comment les Anglois
Sont au dessus et en puissance;
Ayez pitié, vous Roy des Roys,
Du roy et du royaulme de France.

SAINT EUVERTRE.

Sire, ayez en ramembrance

Le bon roy Charles et les siens,
Qui est de present en doubtance,
Que il ne s'atent plus à riens
Sinon à vous, Pere puissant, 9040
En vostre ayde de tout point,
Et pareillement ceulx d'Orleans,
Qui sont, Sire, en bien petit point.

SAINT AIGNAN.

Se sont noz amis bien prochains,
Vous le savez, mon très chier Sire; 9045
Si vous supply à jointes mains
Que ne me vueillez escondire.
Ne les souffrez aussi destruire,
Que jour et nuyt sont en priere;
Dont ne [les] lessez desconfire, 9050
Que y sont gens de bon affaire.

DIEU.

Michel, lieve sus et retourne
A la Pucelle, et si luy dy
Que je vueil ainsi et ordonne
Qu'elle voise dès aujourd'uy 9055
A Baudricourt, et acomply
Soit tantoust et diligemment
Son voyage; n'aura celuy
Qui la contredie nullement.

MICHEL.

Chier Seigneur, très benignement 9060
Acompliray vostre messaige
A la Pucelle, honnestement,
Qui est noble, prudente et saige.

LE MISTERE DU SIEGE D'ORLEANS.

DIEU.

Les François ont eu grant dommaige
Aujourd'uy et grant encombrier, 9065
Et ont Anglois grant avantage
De leur faire grant destourbier.

Pose. — Adont l'ange vient à la Pucelle; et dit

SAINT MICHEL.

Dieu vous sault, Jehanne, doulce amie!
Devers vous, fille, me renvoye
Que la chose soit acomplie, 9070
Ainsi que Dieu le vous octroye.
Si est que vous preignez la voye
Pour aller droit au Roy parler,
Et que Baudricourt vous convoye
Ou qu'i vous fasse convoyer. 9075
Les François ont eu très grant perte
Aujourd'uy en ceste journée,
Laquelle eust esté recouverte
Se plus toust y fussiez allée.

LA PUCELLE.

Seigneur, je suis acertainée 9080
Que Baudricourt n'en fera riens,
Et le tient à folle pensée,
Ainsi que une chose de neant.

MICHEL.

Allez y tout incontinant,
Que plus ne vous refusera, 9085

Et ne vous desdira de riens;
Vostre voloir acomplira.

F° 231 r°.

LA PUCELLE.

En nom de Dieu qui tout crea,
Je m'y en revoys prestement.

MICHEL.

Jehanne, avec vous Dieu sera, 9090
Et allez par tout seurement.

Pose.—Lors la Pucelle va et dit

LA PUCELLE.

Capitaine, Dieu vous doint joye!
Je retourne par devers vous,
Que vous vueillez prandre la voye
Pour en venir avec nous 9095
Devers le Roy courtois et doulx,
Qui est en grant neccessité,
En grant dangier et en grant poux
Par Anglois plains d'iniquité.

BAUDRICOURT.

Fille, que voulez vous que je face? 9100
A vous je vueil obtemperer
F° 231 v°. En tous lieux et en toute place;
Je ne vous vueil point refuser.

LA PUCELLE.

Vueillez vous dont disposer
De m'abiller en abit d'omme, 9105
Et des gens aussi preposer

Pour y venir en toute somme.
Si nous fault faire diligence,
Que aujourd'huy, de verité,
Les François ont eu grant offence
De guerre et grant adversité.

BAUDRICOURT.

De riens ne vous vueil contredire;
Mès ainçois vous vueil obeyr,
Et se vous ay volu mesdire,
Vous en requiers pardon ouyr.
Dame, je vueil bien acomplir
Vos diz et voz commandemens,
Et croy bien de vray, sans mentir,
Que Dieu soit en vous vrayement.
Dame, prenez ces vestemens
Et les essayez, s'il vous plaist;
Se faulte y a aucunement
Je voi cy ung ouvrier tout prest.
Oultre plus, voicy Jehan de Mes
Et sire Bertrand de Plongy:
Vous conduiront, puis qu'ainsi est
Que certes aller je ne puy.
Y sont deux de noble maison,
Honnestes en faiz et en diz;
Voz deux freres vous bailleron
Pour vous conduire le pays,
Et me desplaist que je ne puis
Y aller moy mesmes en personne.
Vous savez l'affaire où je suis;
Fault de ce pays que je ordonne.

Lors se abillera en abit d'omme, et luy aidera on honnestement de tous les abillemens à homme. Puis dit

JEHAN DE MES.

Monseigneur, je ne puis entendre
De la mener devers le Roy,
Ne je ne le puis pas comprandre,
Je le vous dy de bonne foy;
Et en suis en très grant esmoy, 9140
Qu'i n'est champ, ville ne village
Où ne soient Anglois à desroy,
Jour et nuyt gardant le passage.

BERTRAND DE PLONGY.

Capitaine, c'est grant folye
De voloir cecy entreprandre; 9145
Je scay que nous ne passerons mie
Et nous peut venir grant esclandre,
Peut estre nous faire tous pendre;
Qu'i n'est bourc, chasteau, forteresse,
Où ne seront gens pour nous surprendre 9150
Et faire morir à destresse.

LA PUCELLE.

Enffans, n'ayez de riens soussy;
En nom Dieu nous eschapperons,
Je le vous promès tout ainsi,
N'empeschement ne trouverrons. 9155

JEHAN DE MES.

Je m'en esmerveilleray dont,
Et ne puis pas bien cecy croire.

BERTRAND DE PLONGY.

D'icy à trois lieux ne pourriont
Aller que nous n'ayons à faire.

BAUDRICOURT.

Mes amis, en Dieu j'espere 9160
Que vous ne trouverrez que bien.
Vueillez le voyage parfaire,
Je vous empry sur toute rien;
Et vous pry que la servez bien, 9165
Et faictes ce qu'elle vous dira,
Que en elle et en son maintien
Voy bien que tout se portera.

LA PUCELLE.

Çà, mes deux freres, je vous prie,
Gouvernez vous honnestement,
Que de vous personne ne die 9170
Ne face mauvais jugement.
Portez vous gracieusement
Pour avoir vaillance et honneur,
Ne jurez Dieu aucunement
Et le servez de bon du cueur. 9175

PREMIER FRERE.

Ma chiere seur, nous le ferons
Et tout ce que il vous plaisa,
A vous du tout obeyrons,
Ne nul ne vous contredira;
Mès chascun vous obeyra 9180
De nous en toute diligence,
N'aultre voloir en nous ne sera
Que acomplir vostre ordonnance.

IIe FRERE.

Ma seur, je n'ay autre desir

Si non de vous faire service, 9185
Et de bon cueur vous obeyr
Par vostre voloir et notice,
Et me maintenir en office.
Comme il vous plaisa ordonner,
De ce qui sera en moy propice 9190
A voz plaisirs me gouverner.

LA PUCELLE.

Capitaine, je prens congié
De vous et de vostre maison ;
De voz biens Dieu soit gracié,
Le vous rende en brefve saison. 9195
Je m'en voys, comme il est raison,
Quant Dieu l'a ainsi ordonné.
Et vous gart de mal achoison ;
A Dieu soyez vous commandé !

BAUDRICOURT.

Fille, Dieu vous vueille conduire 9200
Et vous gart de mal, de dangier !
Desplaisant suis, pour le voir dire,
Dont vous ay esté estrangier ;
Vers vous me viens humilier,
Et me pardonnez de l'offence, 9205
Priant Dieu que nul encombrier
Vous n'ayez à aller en France.

LA PUCELLE.

Mon amy, à Dieu vous commant
Et à toute la seigneurie ;
Tenez la en paix et unye 9210
Et vivez bien et justement.

BAUDRICOURT.

Jehan de Mes, Bertrand mesmement,
Faictes luy bonne compaignie.

LA PUCELLE.

Mon amy, à Dieu vous commant
Et à toute la seigneurie. 9215

JEHAN DE MES.

F° 234 v°. Monseigneur, croyez fermement
Nous la garderons, n'en doubtez mie,
De mal, peril et villannie
Jusques à la mort vrayement.

LA PUCELLE.

Mon amy, à Dieu vous commant 9220
Et à toute la seigneurie;
Tenez la en paix et unye
Et vivez bien et justement.

Lors partiront en belle ordonnance, et y a pause d'orgues. — Puis dit

LE CONTE DE CLEREMONT.

Messeigneurs, entendez icy
Et ad ce que vous vueil dire : 9225
Nous sommes en peine et soussy
Et congnois que avons le pire.
Voloir m'est pris aller de tire
A Chinon, pour parler au Roy,
Remonstrer le dangier et l'ire 9230
Que Anglois font, comme je voy.
Vous savez, nous avons perdu

Le bon connestable d'Escosse,
Qui avoit en luy la vertu;
Nul ne comparoit à sa force. 9235
Or est il mort à fine force,
Aussi le sire de Verdung,
Alebret qui estoit renforce,
Et le sire de Chasteaubrun;
Puis le sire de Montpippeau, 9240
Aussi messire Jehan Chabot,
D'autres seigneurs ung grant monceau,
Qui nous est ung mauvais cahot.
Quant à moy, suis de ce complot
Que nous y aillons cinq ou six 9245
Des princes, d'un commun accort,
Pour provoir à leurs entrepris.
Vous, sire Estienne de Vignolles,
Besoing est que vous y veignez
Au Roy remonstrer ces parolles 9250
Et pour y voloir bien besoigner,
Aussi pour le royaulme espargner,
Que je voy en doubte et balance;
Jour et nuyt y devons soigner
Et y mectre resistence. 9255

LA HIRE.

Je croy bien que ce seroit le mieulx
De parler au Roy voirement,
Que ce cas est bien dangereulx,
Et n'y voy point appoinctement.
Nous luy dirons publicquement 9260
Comme le royaulme est en dangier
Pour y prouvoir aucunement,
Qu'i n'y viengne grant destourbier.

MESSIRE LOYS DE CULAN.

J'en suis bien de l'oppinion
Que nous le devons ainsi faire; 9265
De luy remonstrer c'est raison,
Et nous est très bien necessaire.
Que s'i nous venoit au contraire
Et on ne luy fist assavoir,
Reproche nous seroit bien contraire 9270
Et digne de mal gré avoir.

LE SIRE DE LA TOUR, baron d'Auvergne.

Je suis bien contant y aller,
Que à Orleans ne faisons riens.
Anglois se sont fort enforcez
De coraige et de hardiment; 9275
Nous n'osons pas pour le present
Desployer sur eulx la banniere,
Que y sont pour present puissant
Et leur puissance prospere.

REGNAULT DE CHARTRES, chancelier de France.

Pour y aller je suis contant; 9280
Moy qui suis chancelier de France,
Je doy regarder en tous sens,
Pour le royaulme garder d'offence.
Ceans sont assez de deffence
Pour es Anglois resister, 9285
Et pour tenir en asseurance
Et le garder de tous coustez.

MESSIRE JEHAN SAINT MICHEL, evesque d'Orleans.

Moy qui suis evesque d'Orleans,

Me desplaist beaucoup de la chose,
Que je voy qu'il est apparant 9290
Que nostre ville est toute close
D'Englois, ainsi que je suppose,
Et n'y povons remedier;
Par quoy bien conseiller vous ose
Au Roy se doit signiffier. 9295

CLEREMONT.

Messeigneurs, il me semble advis
Que vous avez bien propposé,
Et puis qu'ainsi est entrepris,
J'en suis aussi disposé.
Tout le cas au Roy sera posé, 9300
Comme bien dire luy saurez,
Afin que ne soit depposé
Le royaulme, mès le recouvrez.

F° 236 v°. Donques assemblez tous voz gens
Et partons, que il en est heure, 9305
Sans actendre ne tant ne quant,
Ensemble que Dieu nous seceure!

LA HIRE.

Je suis tousjours prest à toute heure
Et tous mes gens pareillement.

LOYS DE CULAN.

Je n'ay garde que je demeure; 9310
Je iray o vous certainement.

Pose. — Lors tous les dessus dits partiront d'Orleans et leurs gens, bien deux mille. Puis dit

LE RECEVEUR.

Messeigneurs, je suis esbay :
C'est du comte de Cleremont
Qui emmene avecques luy
Des princes et vaillans barons,   9315
La Hire et plusieurs qui là sont,
Du nombre de deux à trois mille.
Je m'esbays pour quoy le font,
De voloir desgarnir la ville.

F° 237 r°.   PREMIER BOURGEOIS.

Nous n'en sommes point bien contant,   9320
Et à eulx est ung très mal fait,
Veu que le besoing si est grant
Et nostre oust a esté deffait.
Cecy ne vient point de bon hait
Et nul de nous n'en est joyeulx;   9325
Mais leur a on baillé de fait
Tout tant qu'il ont volu et mieulx.

IIe.

Ce nous est esbayssement
Et y prenons mauvais coraige,
Nous lesser ainsi seullement,   9330
Consideré le grant dommaige
Que nous avons eu et l'oultraige
En ceste derreniere bataille.
Il semble, à voir à leur voyage,
Qu'il ont peur et que cueur leur faille.   9335

VILLARS.

Je n'y prans nul bon espoir,

Je le vous dy certainement,
Et ne font pas bien leur devoir,
Que y s'en vont honteusement
Eulx en aller assemblement,
Faignant aller devers le Roy;
Mais il l'entendent autrement
Et je n'y prans point bon espoy.

SAINTRAILLES.

Vous savez que nous sommes clos
Et n'osons les portes saillir;
Es Anglois leur survient secours,
Et noz gens veullent deffaillir.
Je conseilleroie, sans mentir,
Que nous trovissions le moyen
Au duc Phelippes luy requerir
Que nous voulsist faire aucun bien.

BASTARD D'ORLEANS.

Au regard du duc de Bourgoigne,
Il est parent à monseigneur;
Qui luy parleroit de la besoigne,
De luy pourrions avoir faveur
Et nous ayder du bon du cueur.
Pour faire en aller les Anglois
D'icy devant, seroit le plus seur,
Et seroit bien fait y prouvoir.

CHABANNES.

Je croy que qui l'en requeroit
Que il le feroit voulentiers,
Et ce pays cy garderoit
De y faire aucun destourbier.

Il y a jà six mois entiers
Que vous n'avez ne bien ne joye, 9365
Fors que peine et encombrier,
Et n'avez nul qui y prouvoye.

SAINTE SUAIRE.

Quant à moy, je conseilleroye
Deux ou trois bourgeois de la ville
Ovec Poton prissent la voye; 9370
A y aller il est utille,
Luy remonstrer le domicille
D'Orleans et qu'il ont leur seigneur,
Qui est à eulx enorme et vile
Et es Anglois grant deshonneur. 9375

THEAULDE DE VALLEPAIGNE.

J'en suis de ceste oppinion
Que ainsi vous le devez faire :
Deux bourgeois avecques Poton
En luy remonstrant nostre affaire,
Qu'i luy plaise faire retraire 9380
Les Anglois de devant Orleans;
Il vous bouteroit hors de misaire
Et vous feroit ung très grant biens.

CHAULMONT.

Vous ne devez point differer
A y aller, vaille qui vaille; 9385
Il ne vous peult que refuser
Et puis vous n'y perdez pas maille.
S'i vous fait prouffit et que vaille,
Vous en serez tenuz à luy.

On dit souvent : Bonne est la maille
Qui souvent sauve le pery.

CORAS.

Vous avez vous tous très bien dit :
Qu'on y voise diligemment;
Nous y pourrons avoir prouffit
Et quelque bon appoinctement.
Que se, par son commandement,
Anglois s'en vouloient retourner,
Ung grant bien nous feroit vrayement
Et en devrions Dieu guerdonner.

LE BASTARD D'ORLEANS.

Or sus, Poton, sans sejourner,
Allez toust et incontinant,
Et deux bourgeois, pour vous mener,
Entenduz et bien suffisans,
Au duc Phelippe, luy remonstrant
Que nostre duc est prisonnier :
Il ont le corps; voloir ses biens,
Le coraige est à eulx trop fier.

POTON.

Messeigneurs, puis que le voulez
Je ne vueil en riens contredire.
Je suis bien contant y aller
Et deux bourgeois, pour le voir dire;
Luy remonstrant le deul et yre
Incessamment font les Anglois;
Et si ont, dont leur deust suffire,
Le bon duc Charles de Vallois.

LE RECEVEUR.

Il vous fault faire ce messaige
Vous deux, messeigneurs les bourgeois,
Luy remonstrant le grant oultraige
Incessamment font les Anglois;
Jour et nuyt vestir le harnois 9420
Nous font comme gens forcenez,
Que ad ce y vueille prouvoir
Et de ceste guerre ordonner.

PREMIER BOURGEOIS.

Nous yrons donc, puis qu'il vous plaist,
Et au duc Phelippe parlerons, 9425
Remonstrant le cas tel qu'il est
Et ainsi que nous le voyons.

F° 239 v°.

II° BOURGEOIS.

De present nous nous en allons
Et pour ce voyage acomplir;
La responce vous rapporterons 9430
Du duc Phelippe et son plaisir.

Lors Poton et deux bourgeois yront devant le duc de Bourgoigne, et y a pause.
— Puis dit

POTON.

Messeigneurs, je voy là assis
Monseigneur le duc de Bourgoigne,
Très saige, prudent et rassis,
Noble et puissant en patrimoigne. 9435

LE II° BOURGEOIS.

Parlons luy de nostre besoigne;
Poton, vous luy saurez bien dire.

PREMIER BOURGEOIS.

De ce n'en faictes nul esloigne,
Poton; y vous appartient, sire.

POTON.

Très hault puissant prince de nom, 9440
Dieu vous doint acomplissement
De vostre voloir et selon
Vostre desir entierement.
Vers vous, sire, presentement
Nous sommes à vous cy venuz 9445
Pour aucuns cas certainement
Qui sont à Orleans survenuz.
Voicy les bourgeois de la ville
Envoyez par les habitans,
Pour ung fait desloyal et vile 9450
Des Anglois qui sont là devant.
Six mois a qu'i sont là estant
Pour voloir la cité destruire,
Où il n'ont droit ne tant ne quant,
Chascun le peut savoir et dire. 9455
A tort, sans cause et sans raison,
Sont venuz desordonnement,
Volant destruire la maison
Du duc d'Orleans entierement.
Monseigneur, vous savez comment 9460
Il ont son corps en Engleterre;
Puis veullent destruire ses biens,
Degaster et avoir sa terre.
S'i vous plaist y remedier
Et nous donner provision 9465
Des Englois et du destourbier

LE MISTERE DU SIEGE D'ORLEANS.

Lesquelz nous font contre raison,
C'est qu'i delessent la maison
D'Orleans et où il n'ont nul droit,
Sans faire telle mesprison 9470
Les tenir ainsi à destroit.
Voicy ceulx d'Orleans qui vous prient
Que il vous plaise ainsi le faire,
Et de par nous vous ont requis
Qu'i vous plaise avoir d'eulx memoire, 9475
Et de voloir faire retraire
Les Englois de devant Orleans,
Et que ne leur soyez contraire,
Mès leur aydez en tous sens.

PREMIER BOURGEOIS.

Monseigneur, nous vous supplions 9480
Que y vous plaise à nous entendre,
Et tenuz à vous nous serons
De la peine qu'en vouldrez prendre.

IIe BOURGEOIS.

Vueillez nous garder et deffendre,
Tenir la ville en seureté, 9485
Desirant le vous voloir rendre,
Monseigneur, en bonne equité.

DUC DE BOURGOIGNE.

Mes bons amis, de verité,
Joyeux suis de vostre venue,
Et en bonne fidelité 9490
Vostre requeste j'ay receue.
De la bonne amour que j'ay veue
Qui est en mes amis d'Orleans,

Recongnoistront que j'é congnue,
Que je leur vueil faire des biens, 9495
Et pour honneur de mon parent
Lequel tiennent en Engleterre,
Je leur feray lesser Orleans;
Les en vueil prier et requerre,
Et que nullement en la terre 9500
D'Orleans n'y aillent ne ne viengnent,
S'i veullent mon amour acquerre
Et qu'en mon plaisir se maintiennent.
J'ay mon herault que j'envoyeray
Avecques vous pour leur noncer, 9505
Et es Anglois commanderay
Qu'i vueillent leur guerre cesser,
Et tout le pays delesser
Contenant la duché d'Orleans,
Et de dix lieux [n']en appresser 9510
De toute la terre en tous sens.

POTON.

Monseigneur, nous vous mercyons
De l'onneur et du grant plaisir
Que il vous plaist de nous offrir,
Sans que desservy nous l'ayons. 9515

DUC DE BOURGOIGNE.

Je feray que y s'en yront,
Ou je leur feray desplaisir.

Ier BOURGEOIS.

Monseigneur, nous vous mercyons
De l'onneur et du grant plaisir.

LE DUC DE BOURGOIGNE.

Et se les Anglois ne le font, 9520
Je feray tous mes gens venir,
Sans ung seul homme retenir,
De mes pays ez environs.

POTON.

Monseigneur, nous vous mercyons
De l'onneur et du grant plaisir 9525
Que il vous plaist de nous offrir,
Sans que desservy nous l'ayons.

LE DUC DE BOURGOIGNE.

Trompete, entens mes raisons :
Avecques ses gens tu yras ;
Jusques à Orleans te menront, 9530
Auprès des Englois tu seras.
A Tallebot feras messaige :
C'est que, de par toy, je luy mande
Luy, princes et tout leur barnaige
Ne facent Orleans nulle escande, 9535
Mès vueillent partir de la lande
Sans plus leur mener de malerre,
Et que je leur prie et commande
Qu'i vueillent cesser ceste guerre.
Et se de ce sont reffusant, 9540
Tu publiras à haulte vois
Que, sans delay, incontinant,
Vide[nt] hors de l'oust des Englois
Tous mes subgectz et mes convois
Qui sont de mon obeissance, 9545

Sans plus guerroyer les François
Ne faire aucune violence.

LE HERAULT.

Monseigneur, à vostre plaisance
Je l'acompliray de bon cueur,
Et es Anglois feray deffence 9550
De ne mener plus de rigueur
En la terre de monseigneur
Le duc d'Orleans, vostre parent.

LE DUC DE BOURGOIGNE

Or va, et te pry deffens leur
Et que je n'en suis pas content. 9555

Lors y a pause.—Et partent pour eulx retourner avec le herault. Puis dit

POTON.

Messeigneurs, je voy là Orleans
Et l'oust des Englois au plus près;
Si vous volez venir dedans,
Et puis en l'oust yrez après.

F° 243 r°.

LE MESSAGIER.

Premier je m'en voys par exprès 9560
Acomplir tout vostre messaige,
Et, sans en plus faire d'arrest,
Je m'y en voys de bon coraige.

Lors arriveront les François à Orleans, et y a une petite pose.—Puis dit

POTON.

Messeigneurs, par vostre congié

Et par vostre bonne entreprise, 9565
Comme nous avez envoyé
Pour une besoigne exquise,
Ainsi que par vostre devise,
C'est devers le duc de Bourgoigne
Que nostre ambassade promise 9570
Pour le cas de nostre besoigne.
Lequel a esté fort joyeux,
Et nous a très bien recueilliz,
Nous voulant faire tout le mieulx
De nostre voloir acomplir; 9575
Que, s'i peut, fera deppartir
Le siege de devant Orleans,
Et s'i ne veullent consentir,
Si fera il en aller les siens.

PREMIER BOURGEOIS.

Il est venu ung messagier 9580
De par luy en l'oust des Englois
Pour les faire de là bouger
Et les separer des François [1],
De Flandres, de Bourgoigne, Artois.
Tous ceulx qui sont de ce pays 9585
Deslogier fera, comme je crois,
Sans plus estre noz anemis.

IIe BOURGEOIS.

De cela le nous a promis,
Et y est venu sa trompette
Commander à grans et petiz 9590
Que ceste chose sy soit faicte.

---

[1] *François* est la leçon primitive, que nous maintenons. Ce mot a été rayé postérieurement et remplacé par *Anglois*.

RECEVEUR.

Vous avez pour vray bien besoigné,
Et vous tous vous en remercye.
Poton vous a acompaigné
Par sa très bonne courtoisie. 9595
De chose qui soit je vous prie
Que nous puissions faire pour vous;
Poton, ne nous espargnez mie
De ce qui pourra estre en nous.

F° 244 r°.

LE MESSAGIER.

Dieu gart les princes d'Angleterre 9600
Et la très haulte baronnie!
Devers vous suis venu grant erre;
Ung messaige fault que je vous die
Par le duc Philippe, qui vous prie
Que vous faciez ce qu'i vous mande : 9605
C'est que d'Orleans, sans tarder mie,
Vous deppartez et vostre bande,
Plus que à Orleans ne facez
D'ores en avant, ne tant ne quant,
Ne que plus vous les pourchassez; 9610
Mès vous separez de devant.
Et, se de ce n'estes contant,
Veult que tous gens y s'en aillent,
Ceulx qui sont ses appartenant
Tout et incontinent s'en voisent. 9615

TALLEBOT.

Comment dea! le duc de Bourgoigne
Devers nous t'a il envoyé
Nous mander de ceste besoigne,

Luy qui est tant nostre allié?
Je ne scay qui l'a desvoyé 9620
De nous mander telles parolles;
Mais il me semble forvoyé,
Ne scay dont vient ces parabolles.
Dy luy hardiment quant à moy
Jamès ne m'y consentiroie, 9625
Ne tel deshonneur à mon roy
Faire pour riens je ne vouldroye.
Je vueil qu'i saiche bien et croye
Que d'icy je ne partiray
Tant que Orleans gaingné je voye; 9630
Ainçois avant y demorray.

SUFFORT.

Au duc de Bourgoigne c'est honte
De nous mander telles nouvelles,
Ne de nostre oust ne tient pas conte
Tant du Roy ne de ses querelles. 9635
Despendu avons bas et selles,
Et ainsi qu'un million d'or;
Puis, par ces façons et cautelles,
Nous veut tollir un tel tresor.

LE SIRE D'ESCALLES.

S'i veult emmener tous ses gens, 9640
Les emmene, ne nous en chault!
Que nous sommes assez puissant
Et plus de gens qu'i ne nous fault.
Il est malicieux et cault,
Et scait bien pourquoy il le fait; 9645
Mais tout cela riens ne nous vault,
Pour luy n'en feroie ung fault trait.

FACETOT.

Nous avons batu les buissons,
Il en veut avoir les prunelles;
Je n'en donne pas deux botons 9650
Pour ses gens ne pour ses querelles.
Ces façons sont tousjours ytelles;
Je le voy bien venir et dire :
Par iceulx façons et cautelles
Veult avoir le miel et la cire. 9655

MESSIRE JEHAN DE LA POLLE.

Je ne l'en vouldroie supplier;
En face du pis qu'i pourra.
Ces gens nous font plus destourbier;
Ne me chault qui les enmenra.
Je vouldroie, et qui m'en croira 9660
Homme ne suivra ceste guerre
(Et mieulx nostre fait se portera),
Qui ne soit natif d'Engleterre.

LE MESSAGIER.

Messeigneurs, puisqu'il ne vous plaist,
Je veul en vostre oust publier, 9665
De par monseigneur, mon arrest
Et à tous le signiffier.

TALLEBOT.

Publie fort et le fais cryer;
Je n'en donne pas une maille.
S'en voise qui vouldra aller, 9670
Tu n'enmenras chose qui vaille.

Messagier sonne une trompete et dit :

>De par monseigneur de Bourgoigne,
>Je fais cy à tous assavoir
>Que chascun s'en voise et s'eloigne,
>Et le siege desamparer; 9675
>Plus aussi de n'y comparer
>Tous ceulx de ses pays et terre,
>Ne plus nullement eulx trouver
>Desormais pour y mener guerre.

Lors le messagier retourne au duc de Bourgoigne, et y a pause. — Et dit

F° 246 r°.

MESSAGIER.

>Monseigneur, j'ay tout acomply 9680
>Et fait vostre commandement,
>Et es Anglois, je vous affy,
>Leur ay dit vostre mandement :
>Qu'i voulsissent totallement
>Lever leur siege et en aller, 9685
>Dont très mal gracieusement
>M'ont respondu, comme savez.
>M'ont dit qu'i n'en partiront point,
>Et que Orleans ainçois auront,
>Et que de vous ne leur chault point, 9690
>Et pour vous riens y n'en feront,
>Et que assez puissant y sont
>Sans voz gens, et qu'i n'en ont cure,
>Et qu'il auront à toutes fins
>Orleans, où il ont mis leur cure. 9695

DUC DE BOURGOIGNE.

>Comment! ont il dont respondu

Contre moy inreveramment?
En ma vie je ne l'eusse creu.
Desobeyr mon mandement!
Mieulx leur vaulsist certainement 9700
Avoir ung cent mille perdu;
Desplaisant en suis grandement,
Et leur rendray en place et lieu.

Pose. — Lors la Pucelle et ses gens arriveront à Chinon; et dit

JEHAN DE MES.

Dame Jehanne, la mercy Dieu,
Nous sommes à point arrivez 9705
A Chinon, et ou propre lieu
Où le bon Roy devons trouver.

LA PUCELLE.

Jehan de Mes, comme vous savez,
Au Roy yrez premierement
Dire que nous volons parler 9710
A luy, s'il luy plaist bonnement.

JEHAN DE MES.

Dame, très debonnairement
Au Roy je vois faire assavoir
De vostre venue, et commant
Y luy plaise vous recevoir. 9715

Lors va devant le Roy, et dit

JEHAN DE MES.

Celuy qui a sur tous povoir
Vous doint du tout sans contredire
Acomplir bon vostre voloir,

LE MISTERE DU SIEGE D'ORLEANS.

Ainsi que vostre cueur desire.
Des nouvelles je vous viens dire, 9720
Que une pucelle amenons,
Juste et bonne, très chier sire,
Et de certain nous le creons,
Que en elle trouvé avons
Toute parolle veritable, 9725
Dont en elle nous esperons
Qu'elle soit très digne et notable;
Laquelle veult parler à vous,
Sire, se c'est vostre plaisir,
Que dire vous veult son propoux 9730
Et aussi qui l'a fait venir.
Si vous plaise donques d'ele ouyr,
Devers vous viendra en presence.

LE ROY.

Amy, tu me fais esbayr
Qu'i soit en elle tant science. 9735
Vous luy direz que bien me plaist
Et voulentiers parleray à elle;
Mès qu'elle attende, s'i luy plaist,
Jusques à demain ma nouvelle.
Pour aujourd'uy, la chose est telle 9740
Que je suis ung peu empesché;
Mès vous direz à la Pucelle
Son fait sera demain despeché.

JEHAN DE MES.

Sire, voulentiers luy diray
Que demain à elle parlerez, 9745
Et vostre rapport lui feray,
Ainsi que dit vous me l'avez.

LE ROY.

Qu'elle se vueille reposer
Pour aujourd'uy, et je l'emprie;
De mes biens luy vueil envoyer, 9750
Et que ne les espargne mie.

Jehan de Mes vient à la Pucelle, et dit

JEHAN DE MES.

Dame Jehanne, je viens vers vous,
Et au Roy j'ay fait le messaige.
Dit que prenez vostre repoux
Aujourd'uy, comme bonne et saige, 9755
Que, pour ce jour, en son bernage
Il a ung bien peu à besoigner;
Si supportez vostre voyage
Jusque à demain, sans esloigner.

LA PUCELLE.

Puis qu'i luy plaist, c'est bien raison; 9760
Mès le delayer riens n'y vault,
Que y fust bien temps et saison
De parler à luy sans deffault.
Je voy que le besoing nous fault
Et croist tousjours la maladie; 9765
Par quoy, se au Roy ne luy chault,
Sa voulenté soit acomplie.

LE ROY.

Or çà, messeigneurs et barons,
Je vous pry, entendez icy :
De ce fait conseillez moy dont 9770

Que je doy faire tout ainsi.
Vous savez et avez aussi
Sceu des nouvelles de la fille;
A vous m'en rapporte dessi
Se la chose est bonne et utille. 9775
J'entant que veult parler à moy
Et touchant le fait de ma guerre;
Dictes moy se faire le doy,
Vous en vueil prier et requerre.
Venue est de lointaine terre, 9780
De Barois, pays de Loraine;
Je ne scay que cy elle vient querre,
Que de moy j'en suis en grant paine.

PREMIER CONSEILLER.

Sire, je vous conseilleroie,
Pour savoir de la verité, 9785
Que vous feissiez venir en voye
Ces deux qui ont icy esté,
Qui vous diront en loyaulté
Le cas de ceste fille cy,
Que c'est, ne qui a contracté 9790
De l'avoir amenée ainsi.

IIe CONSEILLER.

Avecques elle deux gentilz hommes,
Sire, sont qui l'ont amenée;
Par iceulx deux vous saurez commes
De la besoigne est commancée. 9795
Convient qu'elle soit declairée
Pour quoy et le savoir sans pause.
De faire une telle assemblée,
Il fault bien qu'il y ait grant cause.

LE ROY.

F° 249 r°.

C'est bien dit. Qu'on fasse venir 9800
Les deux que l'ont cy convoyée,
Et interrogez à loisir
Pourquoy y l'ont cy amenée,
Ne qui a la fille enortée
De voloir cy parler à moy. 9805
Y fault bien que soit esprouvée,
Que j'en suis ung peu en esmoy.

PREMIER CONSEIL.

Messagier, va droit au logis
De la fille qui est venue,
Et à ces deux princes gentilz 9810
Leur diras ta desconvenue :
Sy est que sans plus d'attendue
Viengnent au Roy present parler.

MESSAGIER.

Quant vostre voulenté j'ay sceue,
Tout de present je y vueil aller. 9815

Alors y a pause.—Et dit

MESSAGIER.

F° 249 v°.

Messeigneurs, Dieu vous croisse honneur,
Joye, santé et bonne vie !
Devers vous, princes de valleur,
Ung messaige fault que vous die :
Si est que le Roy si vous prie 9820
Que vous veignez parler à luy,
Vous deux, en sa chambre jolye,
Presentement, je vous supply.

JEHAN DE MES.

Son bon voloir sera acomply,
Messagier, et de bon coraige ; 9825
Je ne vouldroye avoir failly
Au Roy, qui est si noble et saige.

BERTRAND DE PLONGY.

Messagier, sans plus de langaige
.Sa voulenté acomplirons,
Et à tout son noble bernage 9830
A tousjours luy obeyrons.

Lors viegnent devant le Roy; et dit

JEHAN DE MES.

Chier sire, à vostre mandement
Sommes venuz, puisqu'il vous plaist.

BERTRAND DE PLONGY.

Sire, vostre commandement
Volons obeyr par exprès. 9835

LE ROY.

Bien venuz soyez loing et près.
De parler à vous desiroie,
Que vous me diez pourquoy c'est
Vous entreprenez ceste voye.
On dit que amenée avez 9840
Une pucelle fort honneste,
Dont l'abit d'elle, vous savez,
A fille il est deshonneste ;
Et est bien chose magnifeste

Que à fille il n'appartient 9845
Abit d'omme. Pour quelle requeste
Elle fait, nous n'en savons riens,
Ne pourquoy l'avez amenée
De si loingtain de ce pays;
Et aussi qui l'a advisée 9850
De venir, je m'en esbays.
Vous estes deux princes gentilz
Pour parvenir à grant puissance;
Comment vous estes vous dont mis
A mener ceste fille en France? 9855

JEHAN DE MES.

Sire, sachez de verité
Que nous avons pris le voyage
Tout contre nostre volenté
Et tout contre nostre coraige;
Mès est si prudent et si saige, 9860
Nous a convenu l'amener,
Par son beau parler et langaige;
Ne nous en sommes peu garder.
Elle est venue à Baudricourt,
Capitaine de Vaucouleur, 9865
Et plusieurs fois luy fist le sourt,
Cuidant luy oster son erreur;
Mès, à la fin, le bon seigneur
Luy a baillé consentement,
Nous en a chargé par honneur 9870
La vous amener doulcement,
Sire, et voicy unes lectres
Que le dit seigneur vous envoye.
D'elle ce sont choses secretes;
Fors que vous nulluy ne le voye. 9875

Ne en ma vie je ne pensoie
Arriver sans empeschement,
Et avons trouvé plaine voye.
Tousjours Anglois, incessamment;
Mais onques ne se sont offers 9880
De nous faire nul desplaisir.
Par passaiges, ports et travers
Du tout nous en sommes sailliz
De tout mal et de tous perilz,
Qui est une chose impossible, 9885
Pour voloir à vous cy venir,
Et qui est chose incompasible.

BERTRAND DE PLONGY.

Certes on ne croiroit jamès
Les dangiers que sommes passez :
Englois, Bourguignons, à grans frais, 9890
Tous les jours passans destroussez;
Nous ont veu passer, rapasser,
Sans nous voloir dire au contraire.
Aussi nous promist elle assez
Que nous passerions sans nul affaire. 9895
Puis dit qu'elle veult parler à vous
De voz affaires par exprès;
Et au seurplus, quant est de nous,
Sire, nous ne savons que c'est.
Commis suis avec Jehan de Mes, 9900
La vous amener et conduire;
En elle toute bonté est,
Autre chose n'en pourroie dire.

LE ROY.

Mes amis, je suis très joieulx

Des nouvelles que vous me dictes. 9905
Vous avez des dangiers perileux
Beaucoup passé, dont estes quictes;
Vous avez fait bonnes conduictes
Et estes sains et saulfz venuz,
Dont par voz moyens et poursuites, 9910
Vous serez de moy bien receuz.
Retournez vous en à la fille,
A elle me recommandez.
Et des biens qui sont en la ville
Je veulx que vous en demandez; 9915
Et à tous je vueil commander
Que de tout tant qu'il vous fauldra
On vous delivre sans tarder,
Du tout ainsi qu'i vous plaisa.

JEHAN DE MES.

Chier sire, nous vous mercyons 9920
De l'onneur et du grant plaisir;
A la Pucelle luy dirons
Vostre bon voloir sans faillir.

F° 252 r°. LE ROY.

Je seray demain de loisir,
Et puis je parleray à elle. 9925

BERTRAND DE PLONGY.

La Pucelle yrons resjouyr
De vostre très bonne nouvelle.

Puis le Roy parle à ses seigneurs et dit

LE ROY.

Or çà, messeigneurs, que vous semble,

Doy ge parler à ceste fille?
Y nous ont icy dit exemple, 9930
Chose comme à croire infacille;
De si lointain son domicile
Le lesser pour venir à nous!
Si la chose est bonne et utile,
M'en rapporte et metz à vous tous. 9935

PREMIER CONSEIL.

Sire, vous ne povez faillir,
Me semble, de parler à elle,
Que elle veult ici querir
Pour quelque cause, ne querelle.
Elle est une jeune pucelle; 9940
Et qué mal ferez de l'ouyr[1]?
Vous savez qu'elle ne peut riens d'elle,
Ne vous peut faire desplaisir.

II°.

Ils sont deux gentilz compaignons
Qui en font grand relacion, 9945
Et vous en ont dit tout du long
Le cas et leur intencion,
Et comment y font mencion
Que se a esté chose divine
De leur garde et protection. 9950

III°.

Il me semble que povez bien
Parler à elle, très chier sire,
Et sans faire doubte de rien,

F° 252 v°.

[1] Pour *Et quel mal ferez de l'ouyr?*

Que ne vous peut sourdre ne nuyre.
Vous oyriez bien ung molin bruyre 9955
Ou ung bateleux par les champs;
Vous ne la devez escondire,
Quant pour une fille n'est riens.

IIIIe.

Je vous diray que on fera
Pour l'esprouver, comme je pense : 9960
Aucuns de vostre court fauldra
Et que ce soit vostre presence,
Savoir s'elle aura congnoissance
Que ce ne soit pas vous, chier sire;
Derriere oirrez sa loquence 9965
Et tout ce qu'elle vouldra dire.

PREMIER CONSEIL.

Je conseille qu'ainsi soit fait.
Ung autre sera en lieu de vous
Et derriere serez en retrait,
Que vous orrez tout comme nous : 9970
Assavoir s'elle muera propoux
De ce que luy demanderons.
Cecy ne vous donne ne toult [1];
S'i vous plaist, ainsi le ferons.

LE ROY.

Quant à moy, j'en suis bien content 9975
Que vous le faciez tout ainsi;
Et prenez de mes vestemens,
Puis la mandez pour venir cy.
La charge vous baille dessy

---

[1] Ni enlève.

Et du tout pour l'interroger; 9980
Je seray de vous près d'icy,
Que je vueil bien l'ouyr parler.

IIe.

Çà, messagier, diligemment
Vous yrez devers la Pucelle,
Et la saluerez doulcement, 9985
Que elle est gente, bonne et belle;
Et luy rapportez la nouvelle
Qu'elle viengne devers le Roy.
De present veult parler à elle;
Il atand qu'elle viegne à soy. 9990

MESSAGIER.

Je luy vois faire le messaige
Le plus toust que faire pourray.
A la dame de hault parage
Le voloir du Roy luy diray;
Avecques moy l'ameneray 9995
Pardevers luy presentement.

IIe.

Or va, et icy l'atendray
Pour la recevoir humblement.

MESSAGIER.

Dame, le vray Dieu vous salue!
Le Roy par devers vous m'envoye, 10,000
Qui desire vostre venue,
Et luy est bien tart qu'i vous voye.
S'i vous plaist, vous mectrez en voye,
Que en son palais vous atant.

LA PUCELLE.

 Mon amy, que Dieu vous provoye!   10,005
 Y aller très bien me consens.

Pose. — Puis vient devers le Roy et princes. Dont le IIe conseillier dit à l'entrée de la salle ce qui s'ensuit :

IIe CONSEILLIER.

 Jehanne, bien soyez vous venue
 Et toute vostre compaignie.
 Du Roy humblement serez receue
 A grant joie et à chiere lye.   10,010
 Voy le là en salle jollie,
F° 254 v°. Belle fille, où il vous atant;
 Saluez le, je vous emprie,
 C'est le roy de France excellant.

Lors la Pucelle le regarde, et tout à l'entour d'elle, puis dit

LA PUCELLE.

 A nom Dieu, qu'i ne vous desplaise,   10,015
 Se n'est il pas, je le scay bien,
 Cestui qui est assis en chaise;
 Il ne luy ressemble de rien.
 Le vray Roy et bon crestien
 Le congnoistray mès que le voye;   10,020
 Et nonpourtant vostre maintien
 Mon esperit ne se desvoye.

LE ROY.

 Plus dissimuler n'en pourroye.
 Fille, comment vous portez vous?

LA PUCELLE.

Vous estes cil que je queroye,   10,025
Vray roy de France par sus tous.

F° 255 r°. Lors la Pucelle se agenouille devant luy et lui baise les piez, et dit

LA PUCELLE.

Vous avez héu du couroux
Et de l'annuy pour vostre royaulme,
Que Anglois, sans cause et propoux,
Veuillent avoir vostre heaulme;   10,030
Chier sire, vueil à vous parler
Comme il m'est en commandement,
Que Dieu m'a volu reveler
De ses secrectz aucunement.
Vostre royaume est en grant torment   10,035
Pour le present et en dangier;
Si veult que ayez recouvrement
Par mes faiz et vous solágier.
Et m'a commandé que vous die
Que par moy le siege d'Orleans   10,040
Soit levé, sans quel que nul die,
Des Anglois qui sont là devant.
Il y ont esté longuement
En esperant de l'avoir,
Doncques Dieu n'en est pas contant;   10,045
Les en feray deremparoir[1].
Puis après, vous merray sacrer
F° 255 v°.   A Rains, comme vray roy de France,
A qui est le droit droicturier,

---

[1] Désemparer. — On trouve souvent dans ce poëme *plaisa* pour *plaira* ou *s* pour *r*; c'est ici la permutation contraire.

Sans que autre y ait joïssance. 10,050
Dieu vous a eu en souvenance
D'une priere d'un tel jour
Que luy fistes en reverance,
Dont il vous a pris en amour.
Si faictes donc diligemment 10,055
Que je soye en present armée,
Et me baillez gens mesmement
Que à Orleans soye menée,
Que par ma longue demourée
Les François n'ont pas eu du mieulx. 10,060
Faictes que je soye abillée
De harnois et gens vertueux;
Que je vueil bouter les Anglois
Dehors du royaulme entierement,
En le delessant es François 10,065
A qui il est totallement;
Et se par mon commandement
Ne retournent en leur pays,
Pugniz par moy très grievement,
Qu'ilz en seront tous esbays. 10,070

LE ROY.

Fille, je suis très fort joyeux
De voz parolles, doulce amie,
Priant à Dieu, le roy des cieulx,
Qu'i vous dont joye et bonne vie,
Et que bien la chose acomplie 10,075
Puisse estre par vostre moyen;
Tenu à vous, je vous affie,
Je le seray sur toute rien.
Messeigneurs et mes bons amis,
Faictes qu'elle soit convoyée 10,080

LE MISTERE DU SIEGE D'ORLEANS.

De par vous jusque en son logis
Et très grandement honnorée,
De noz biens aussi festoyée
Tout au mieulx que faire pourra,
Que elle est de nous bien aymée, 10,085
Et tout plaisir on luy fera.

IIIe CONSEILLIER.

Chier sire, nous la convoyrons
En son logis honnestement,
Et grandement la festairons,
Tous ses gens honnorablement. 10,090

LE ROY.

Aujourd'uy adviseray comment
A pencer dont vous m'avez dit.

LA PUCELLE.

Faictes le et diligemment;
Je le dy pour vostre prouffit.

Adont la convoyent jusques à son logeis; puis retourneront, et dit

LE ROY.

Or avez vous, vous tous, ouye 10,095
Present sa proposition :
Que chascun de vous si en die
Tout selon son intencion.
A vostre deliberacion
Vueil faire ce que [vous] direz, 10,100
Et la consultacion
Feray comme vous ordonnerez.

PREMIER CONSEILLER.

Sire, c'est une grant matiere
Que ceste fille cy propose,
Et une chose fort à faire 10,105
De ce qu'elle dit et qu'elle ose;
Onques de si estrange chose
Je n'ouy parler en ma vie.
Tant plus y pense et mains ose
En parler, je vous certiffie. 10,110
Se je dy que la devez prandre,
Et il adviengne le contraire,
Ce sera une grant esclandre
Ou royaume et un grant vitupere;
Par quoy je n'y congnois maniere 10,115
Pour vous bonnement conseiller,
Et ainsi que le devez faire,
Je ne scay comment en parler.

IIe.

Qui vous conseillera du non
Que ne la devez recevoir, 10,120
Peut estre qu'i ne seroit pas bon,
Et seroit pour vous decevoir.
Par quoy, sire, pour dire voir
Et en estre ferme et entiers,
Je l'envoyeroie interroger 10,125
A vostre conseil, à Poictiers.

IIIe CONSEILLIER.

Me semble que ne povez mieulx :
Tout le conseil de toute France
Sont assemblez, jeunes et vieulx

Et expers en toute science,
Toute la fleur et excellence
De pratique et theologie.
Pour l'interroger à plaisance
De mieux faire ne povez mie.

IIIe.

Par ce point ne povez faillir
De faire ce qu'i conseilleront.
Se c'est bien, ce vous sera plaisir;
Se mal est, ce ne sera pas lont.
Vous ferez ce qu'i vous diront
Et par leur conseil besoignerez;
Repris n'en povez estre dont,
Quant par leur fait ordonnerez.

LE ROY.

Bien donques y la fault mener
A Poictiers, bien diligemment,
Et grandement la gouvernez,
La conduire honnorablement;
Et dire à nostre parlement
Que à ceste fille entendent
Pour nous conseiller loyaument,
Et à la despescher y tendent.

PREMIER CONSEILLER.

Puis qu'il vous plaist, luy menerons
A vostre conseil, à Poictiers,
Et la Pucelle conduisons
De bon cueur et bien volentiers.

LE ROY.

Vous direz à mes conseilliers

Que ceste fille leur envoye
Pour l'interroger de ses faiz,
Adfin que ad ce je provoye.

Lors viendront deux à la Pucelle, et dit

PREMIER CONSEILLER.

Jehanne, c'est le plaisir du Roy
Que nous vous menyons à Poitiers, 10,160
Pour appoincter de vostre arroy
Et pour pencer de voz deniers,
De voz gens d'armes et archiers,
Pour adviser à vostre estat.

LA PUCELLE.

Son plaisir feray voulentiers 10,165
Et tout son voloir sans debat.

Lors vont à Poictiers.

Et allons dont, de par Dieu!
Puis qu'i luy plaist, j'en suis contante.
Je scais bien que je vois en lieu
Où auray ung peu de tormente 10,170
Et à faire; mès l'excellente

F° 258 v°. Puissance de mon Dieu m'aydera,
En laquelle est mon entente,
Et envers tous me gardera.

Puis arriveront à Poictiers, et y a pose. — Puis dit

II° CONSEILLER.

Jehanne, nous sommes à Poictiers 10,175

Et bien arrivez seurement.
Parler nous fault es conseilliers
Du Roy, qui tiennent parlement,
Leur denoncer aussi comment
Le Roy devers eulx vous envoye.

LA PUCELLE.

Faictes à vostre entendement,
Que son plaisir faire vouldroye.

Premier conseillier va, et dit

Ier CONSEILLIER.

Très chiers et honnorez seigneurs,
Le Roy de par nous si vous mande
Pour ses affaires et clameurs.
Veult que chascun de vous entende
Pour une besoigne très grande :
C'est que parlez à ceste fille,
Laquelle cy vous recommande,
Que elle est prudente et abille.

LE PREMIER PRESIDENT.

Au Roy devons tous obeyr
A toujours, en toute saison,
Et son bon voloir acomplir
De tout son cueur, sans mesprison.
Or çà, fille, de quelle maison
Ne de quel pays estes vous?
En vous si est sens et raison
Pour en dire vostre propoux.

LA PUCELLE.

Quant est de l'ostel de mon pere,

Il est en pays de Barois, 10,200
Gentilhomme et de noble afaire,
Honneste et loyal François.

PREMIER PRESIDENT.

Ce que vous dictes, je le croys,
Que vous avez dit verité.
Mès qui vous maine? Ne congnois 10,205
Dont avez lessé vostre hostel,
Vostre pere et vostre mere,
Pour venir cy en ce pays;
A une fille est bien contraire,
Et avoir lessé ses amis. 10,210

LA PUCELLE.

Celuy de par qui venue suis
A puissance et auctorité :
C'est Dieu qui ainsi l'a permis
Et commandé y m'a esté.

PREMIER PRESIDENT.

Or dont, de vostre intencion, 10,215
Fille, quelle est vostre pensée
Et vostre ymaginacion,
Ne d'ont procede vostre allée,
Que vous estes si arrivée
Et venue de si loin pays, 10,220
Ainsi comme fille esgarée,
Hors de vos parens et amis?

LA PUCELLE.

Du voyage que j'ay empris,
Je le fais par commandement;

LE MISTERE DU SIEGE D'ORLEANS.

Que de moy seulle je ne puis 10,225
Avoir sens ne l'entendement,
Si non de Dieu du firmament
F° 260 r°. Qui m'en a donné la puissance;
Et est son voloir vrayement
Pour quoy je suis venue en France. 10,230

PREMIER PRESIDENT.

Or çà, Jehanne, et au seurplus,
Que pensez vous de voloir faire?
Plusieurs sont qui font des abus,
Qui est à eulx diffamatoire.
On doit tousjours acquerir gloire, 10,235
Louenge de Dieu et du monde,
Sans voloir aucun traicté faire
Par quoy à la fin le confonde.

LA PUCELLE.

Je ne suis point icy venue
Que pour euvre juste et loyalle : 10,240
Bonne sera l'entrée et l'issue,
Et partout sera generalle,
Pour le royaulme especialle,
Qui par mes faiz et par mes diz,
La grant majesté royalle 10,245
Releveray, les fleurs de liz.
Premierement, je vueil ce faire :
C'est lever le siege d'Orleans,
Et les oster hors de misaire
Dont y sont fort leans dedans; 10,250
F° 260 v°. Et les Englois qui sont devant,
Les chasser hors de ceste terre,
Par grans faiz d'armes et puissans,

Oultre la mer en Engleterre,
Puis après, mon intencion 10,255
Est de mener le Roy à Rains
Sacrer en grant devocion,
Comme vray roy doubté et craint,
Et de saint huille son corps oint,
Ainsi que vray Roy crestien, 10,260
Et en parvenir à mes fins
Seurement, et n'en doubtez rien.

IIe PRESIDENT.

Jehanne, vous avez dit très bien :
Que la chose ainsi advensist,
Et croy que ce seroit grant bien 10,265
Pour le royaulme et pour le pays ;
Fille, certain pas je n'en suis,
Et est comme chose impossible.
De voz parolles et de voz dis,
De ce faire à vous n'est facille. 10,270

IIIe PRESIDENT.

Fille, vous dictes chose horrible,
Et ne sont point voz diz à croire.
L'armée de France bien paisible
Ensemble ne le pourroit faire ;
Et vous qui de simple maniere 10,275
Estes et de simple maintien,
Contre anemis tenir frontiere !
En voz diz je ne congnois de rien.

IIIIe PRESIDENT.

Çà, Jehanne, comment dictes vous ?
De lever le siege d'Orleans ! 10,280

Tous les princes et les suppoux
Le Roy a envoyé dedans,
Et encoires n'y font il riens;
Mès en dangier d'estre soubmise
Par les Englois qui sont devant, 10,285
Et n'atendent que ne soit prise.

LA PUCELLE.

Elle est tous les jours en dangier
La ville et les habitans.
Pour ce me fausist abreger
Et y aller incontinant; 10,290
Que Dieu veult que je sois presant
Pour les chasser hors du pays,
Et que on me baille des gens
Pour rebouter noz anemis.

L'ENQUISITEUR DE LA FOY.

Fille, le Dieu de Paradis 10,295
A le povoir et audience
De convaincre ses anemis
Sans frapper ung seul coup de lance,
Ne sans hommes n'aultre puissance,
Quant y luy plaisa ainsi faire, 10,300
Sans vous ne sans vostre presence,
Les faire fouyr et retraire.

LA PUCELLE.

Dieu le peut faire voyrement;
Mès ne luy plaist ainsi le faire.
Veult que je y soie proprement 10,305
Pour ceste besoigne parfaire,
Et que j'aye soubz ma baniere

Ung peu de gens pour batailler,
A qui Dieu donra la victoire,
Ainsi que à son bon chevalier. 10,310

L'INQUISITEUR DE LA FOY.

Oultre plus, vous vueil demander
Pour quoy vous prenez l'abit d'omme,
Et que vostre abit ne prenez
De fille, comme y est consonne.
Ne n'est pas vostre estat, en somme, 10,315
Ne comme il vous appartient;
Et m'esbays dont ainsi comme
Le prenez, qui n'est pas plaisant.

LA PUCELLE.

Puis que c'est le voloir de Dieu
Et qu'i m'est permis en l'office, 10,320
Me fault gouverner en ce lieu
Pour luy acomplir son service.
Et l'estat qui est plus propice
Pour guerroyer et batailler,
En abit d'omme est plus notice 10,325
Que de femme pour travailler.

L'INQUISITEUR.

Et comment dea! que pensez vous?
Cuidez vous enfin parvenir
Comme voz diz et voz propoux
Sans aucunement deffaillir? 10,330
Vous pensez vous de seur tenir
Que la chose ainsi adviendra?
De la parfaire et acomplir,
Fille, croy qu'il en demourra.

LE MISTERE DU SIEGE D'ORLEANS.

LA PUCELLE.

F° 262 v°.

En non Dieu j'ay ceste fiance 10,335
Que la chose se parfera,
Et y ay bonne esperance
Aussi que Dieu nous gardera.
Et la victoire nous donra
All'encontre des anemis, 10,340
Et en France n'en demourra
Qui ne soient ou mors ou pris.

L'INQUISITEUR DE LA FOY.

Quant à de moy, plus je n'en dis
Ne m'en vueil plus discuter.
Je croy en ses faiz et en diz 10,345
Et n'y vueil plus riens ajuster.
Au Roy on la doit presenter
Pour pareschever ceste chose,
Sans plus longuement arrester
Ceste euvre de Dieu, je suppose. 10,350

PREMIER PRESIDENT.

Je ne vouldroye conseiller
Autrement que sa volonté,
Et se doit on appareiller
A en faire sa liberté.
Elle a sens et auctorité, 10,355
Et croy que on s'i doit fire
Sans nulle difficulté,
Ne envers elle varier.

F° 263 r°.

LE II° PRESIDENT.

Je suis de ce consentement
Que soit ramenée vers le Roy, 10,360

51.

Et luy dire tout plainement
Que c'est euvre Dieu, je le croy.
Et qu'elle soit mise en arroy
Tout ainsi comme elle desire;
Que en elle riens je ne voy 10,365
C'un deust nullement contredire.

IIIe PRESIDENT.

C'est une notable pucelle
Fort honneste, prudente et saige,
Ne n'avons rien trouvé en elle
Fors tout bien et plaisant langaige; 10,370
Et a bon vouloir et couraige
De voloir ce fait acomplir.
Par quoy je dy que son voyaige
Nulluy ne l'en doit detenir.

IIIIe PRESIDENT.

Je suis de vostre oppinion 10,375
Et croy que c'est chose divine.
Remener la fault à Chinon;
Qu'il est raison qu'elle domyne
Et qu'on ensuyve sa doictrine
En luy baillant ce qu'elle demande. 10,380
Ma voulenté se determine
Qu'il est droit que à elle on entende.

PREMIER PRESIDENT.

Çà, messeigneurs, vous voyez cy
Vous present l'alegacion
De la fille, et tout ainsi 10,385
Tout selon la conclusion,
Nostre deliberacion

De nous tous, sans riens excepter :
Son voloir et intencion
On doit faire et executer. 10,390

IIe PRESIDENT.

Vous direz au Roy, s'i luy plaist,
Que nous avons parlé à elle
Et que très bonne fille est,
Prudente et savante pucelle.
Et se doit fyer en icelle 10,395
Pour acomplir son entreprise,
En sa bonne et juste querelle,
En laquelle est du tout soubzmise.

Ier CONSEILLIER.

Messeigneurs, nous luy rapporterons
Tout vostre plaisir en ce cas, 10,400
Et la Pucelle luy menrons
En honneur et en grant solas;
Qu'elle est honneste en tous estas
Et en parler tant advisée
Que, pour verité, ne croy pas 10,405
Que ne soit de Dieu envoyée.

IIIe PRESIDENT.

Retournez vous en, de par Dieu,
Au Roy et menez la Pucelle.
Luy direz que avons conclu
Que bien se doit fyer en elle; 10,410
Tout son parlement et sequelle
Y avons trestous la main mise,
Et de docteurs la jouvencelle
D'arguer a esté requise.

IIᵉ CONSEILLIER.

Messeigneurs, nous nous en allons 10,415
La mener au Roy, sans plus dire,
Et honnestement la conduire,
Auquel vostre rapport ferons.

PREMIER PRESIDENT.

Dictes au Roy que nous avons
Cy besoigné tant qu'il doit suffire. 10,420

Fº 264 vº.
Iᵉʳ CONSEILLIER.

Messeigneurs, nous nous en allons
La mener au Roy, sans plus dire.

IVᵉ PRESIDENT.

En elle tout bien esperons,
Ne nulluy n'en sauroit mesdire
Ne aucunement contredire; 10,425
De Dieu toutes ses euvres sont.

PREMIER CONSEILLIER.

Messeigneurs, nous nous en allons
La mener au Roy, sans plus dire,
Et honnestement la conduire,
Auquel vostre rapport ferons. 10,430

IIᵉ CONSEILLIER.

Jehanne, de par Dieu, retournons
Devers le Roy, je vous emprie.

LA PUCELLE.

Quant il vous plaisa partirons;
Le tarder ne prouffite mie.

F° 265 r°. Lors partiront. Puis il y a pause. — Puis dit le premier conseillier:

LE PREMIER CONSEILLIER.

Jehanne, voylà le Roy assis; 10,435
Y le fault aller saluer,
Lequel sera, à mon advis,
Joyeux de vous voir arriver.

LA PUCELLE.

Allons à luy sans delayer;
J'é desir de parler à luy. 10,440

IIe CONSEILLIER.

Dame, puis que vous le voulez,
Vostre vouloir sera acomply.

Lors arriveront devant le Roy; puis dit le premier conseillier :

PREMIER CONSEILLIER.

Chier seigneur, sommes revenuz
De Poictiers avec la Pucelle,
Où nous avons esté receuz 10,445
Très grandement pour l'onneur d'elle.

F° 265 v°. Ont parlé à la jouvencelle
Parlement, docteurs en l'eglise;
L'ont trouvée ferme, vraye ancelle,
Saige, prudente, bien aprise. 10,450
Ne en elle riens n'ont trouvé
Que tout bien, vertu et honneur;
Et tout son fait bien esprouvé,
Tout est de Dieu le createur.
Par quoy vous mandent de bon cueur 10,455
Que faciez tout le gré de luy

Par vous comme vray et seigneur,
Et soit son vouloir acomply.

LE ROY.

Messeigneurs, très joieulx en suy;
Et avoye bien en pensée 10,460
Que Dieu l'avoit voulu ainsi
Par sa puissance redoubtée;
Que Jehanne, pucelle honnorée,
M'a revelé de mon secret
Qu'i n'y avoit personne née 10,465
Que le sceust, que Dieu qui tout scet.
Pareillement de Baudricourt
La lectre qu'i m'a envoyée;
Comment elle vient en sa court,
Ferme de corps et de pensée, 10,470
Qui est chose bien esprouvée
Que c'est tout par euvre divin.
A Dieu soit elle commandée;
Mon royaulme veut mectre en sa main.
Or çà, Jehanne, ma doulce fille, 10,475
Vollez vous donques estre armée?
Vous sentez vous assez agille
Que vous n'en soyez point grevée?
Que tout du lonc d'une journée
Porter harnoiz sus vostre doux, 10,480
Vous en serez bien toust lassée :
Belle fille, qu'en dictes vous?

LA PUCELLE.

An non Dieu, je le porteray bien.
Faictes qu'i soit puissant et fort,

LE MISTERE DU SIEGE D'ORLEANS.

Que je ne m'en soussye en riens.
Je me sens puissante et de port.

LE ROY.

M'amye, j'en suis bien d'acort;
Faire vous en feray ung plaisant,
Et le plus bel, je m'en fais fort,.
Qui onques fut et plus puissant.
Oultre plus, y vous fault avoir
Une espée; devisez la.
Je la vous feray faire, pour voir,
Ytelle comme il vous plaisa.

LA PUCELLE.

D'espée point on n'en fera,
Que j'en ay une toute guise[1];
Et, s'i vous plaist, querre on yra
En ung lieu où elle assise.
Dès long temps y a esté mise,
Du temps des grans princes et roys,
Derriere l'autel et eglise
Saincte Katherine Fierbois.
Entre autres en y a une
Qui a cinq croix en la croisée,
Et n'est pas de façon commune;
Je vueil que me soit apportée.

LE ROY.

Mès qui la vous a enseignée?
L'avez vous donc autreffoy veue?
Se vous estes acertenée
Qu'elle y soit, comme l'avez sceue?

[1] Ou *quise?*

LA PUCELLE.

Sire, je ne la viz jamès,
Ne je n'y fuz onques en ma vie;
Mais je scay bien qu'elle y est,
Et luy trouverrez, vous affie.

LE ROY.

Je y envoieray, n'en doubtez mie.
Sus, messagier, legierement
Va querre l'espée à m'amye,
Et faiz bien et diligemment.

LA PUCELLE.

Mon amy, vous la trouverrez
Derriere l'autel proprement,
Et au prestre vous luy direz
Qu'i la vous baille seurement.
Elle a cinq croix entierement,
Et n'y a qu'elle qui les aye.
Lessez les autres là dedans;
Mès convient que icelle j'aye.

MESSAGIER.

Madame, je y vois à grant joye
Et reviendray incontinent;
Que y m'est bien tart que je y soie
Pour acomplir vostre tallent.

LA PUCELLE.

Or va, et soye diligent
De la porter, et je t'emprie.

LE MISTERE DU SIEGE D'ORLEANS. 411

F° 267 v°.
LE ROY.

Or çà, Jehanne, puis cependant
Vous fault un' estandart jolie;
Je vous prie, devisez la 10,535
De quel façon vous la voulez.
Incontinent faicte sera
A vostre plaisir et voloir.

LA PUCELLE.

Un estandart avoir je vueil[1]
Tout blanc, sans nulle autre couleur, 10,540
Où dedans sera ung souleil
Reluisant ainsi qu'en chaleur.
Et ou millieu, en grant honneur,
En lectre d'or escript sera
Ces deux mots de digne valleur, 10,545
Qui sont cest : *Ave Maria*.
Et audessus notablement
Sera une majesté
Pourtraite bien et jolyment,
Faicte de grant auctorité. 10,550
Aux deux coustez seront assis
Deux anges, que chascun tiendra
En leur main une fleur de liz;
L'aultre le souleil soustiendra.

---

[1] En marge est écrit, d'une main plus moderne : *Estandart de la Pucelle*. La description de cet étendard diffère en quelques points de celle que l'on trouve dans les procès de condamnation et de réhabilitation de la Pucelle. (Voy. Quicherat, I, 98, 181; III, 103.) D'après les témoignages de Jehanne et de son chapelain, Dieu, tenant le monde, y était figuré assis sur l'arc-en-ciel, les pieds sur les nuées; devant lui deux anges agenouillés, l'un desquels présentait une fleur de lis, l'autre se tenait en prière : à côté, les mots JHESUS MARIA.

Puis après, y me conviendra
Avoir ung cheval de poil blanc,
Lequel cheval me portera,
Et que y soit fort et puissant.

LE ROY.

Jehanne, tout vostre bon plaisir
Sera fait, ma fille et m'amye.
Je ne vous vouldré deffaillir
En riens, je le vous certiffie.
Vostre voulenté acomplie
Sera par moy, ne doubtez point;
Que en vous, fille, je me fie,
Ma guerre mes entre voz mains.

Puis icy y a pause. — Et dit

LE MESSAGIER.

Je voy là Sainte Katherine
De Fierbois, où me fault aller
Pour la Pucelle noble et digne.
Au prestre me convient parler.

Lors parle et dit :

Le Roy si vous fait saluer
De par moy et vers vous m'envoye,
C'est que luy vueillez envoyer
Une espée que avez en voye.
M'a dit que derriere l'autel
Sont plusieurs espées enfermées,
Dont une y est là, non pareille,
Qui a ou pommeau cinq croisées.

Faictes qu'i soient deffermées,
Je vous pry, et qu'on y regarde. 10,580

LE PRESTRE.

Il me fault dont avoir les clefz
Des seigneurs qui les ont en garde.

MESSAGIER.

Faictes bien toust, que y me tarde,
Que le Roy a neccessité.
Aussi que mon temps je ne perde, 10,585
Et pour cause de brefveté.

LE PRESTRE.

Mon bon amy, de verité
Ne pour certain, je ne congnois
Que de celle faculté
Y soit une qui ait cinq croix. 10,590

MESSAGIER.

F° 269 r°.

Je vous pry qu'on y voise voir
Et ne me faictes plus atendre.

LE PRESTRE.

Il n'en y a point, je le crois,
Ne je ne le puis pas entendre.

Lors ouvre le coffre et trouve l'en plusieurs, dont à la fin la vont trouver. Puis dit

LE PRESTRE.

Je ne puis pas cecy comprandre : 10,595
Je trouve l'espée, mon beau filz,
Qui est dès le temps d'Alixandre
Et des haulx preux du temps jadis.

MESSAGIER.

Onques en ma vie je ne vis
Cinq croix en ung pommeau d'espée. 10,600
Long temps y a, à mon advis,
F° 269 v°. Qu'elle fut leans enfermée.
Je m'en revoys de randonnée
Devers le Roy, luy presenter
Sans plus faire de demourée. 10,605
Adieu, plus ne puis arrester.

LE PRESTRE.

Mon amy, vueilles luy porter
L'espée telle qu'i demande.
Quant c'est son plaisir l'en ouster,
Acompliray ce qu'i me mande. 10,610
Elle est belle, honneste et grande,
Ne onques mès ne l'avoye veue;
Et vueil bien que chascun entende,
Je ne scay dont elle est venue.

Lors s'en part.

LE MESSAGIER.

Dieu mercy, arrivé je suis 10,615
A Chinon, à toute l'espée.
Au Roy je vois tant que je puis,
Que par moy luy sera presentée.
Chier sire, j'ay pareschevée
La besoigne et vostre messaige: 10,620
L'espée vous ay apportée;
Jamès on n'en vit la pareille.

F° 270 r°. LE ROY.

Jehanne, regardez que voicy.

Esse l'espée que demandez?
Elle a cinq croix; tout ainsi
Est celle que vous entendez.
Prenez la et la regardez,
Je la vous feray mectre à point
De tel façon que vous vouldrez,
Et la garnir de point en point.

LA PUCELLE.

En nom Dieu, seigneur, c'est elle
L'espée que je demandoye.
Elle est bonne et si est belle;
Que fust abillée je vouldroye.
Incontinant je partiroye
Pour m'en aller droit à Orleans,
Se en point et preste j'estoye
Et que vous m'eussiez baillé gens.

LE ROY.

Fille, ne vous doubtez de riens,
Que devant deux jours sera prest
Gens d'armes et or et argent
A faire tout ce qu'i vous plaist.
Et croyez que mon vouloir est
Vous ayder en vostre entreprise,
Sans deffaillir ne loing ne près,
Pour du tout faire à vostre guise.

Lors icy y a pause. — Et puis dit

LE CONTE DE SUFFORT.

Çà, messire Jehan Tallebot,
Vous aussi, monseigneur d'Escalles,

Y nous faulsist trouver complot
Et penser de nos intervalles. 10,650
Nous sommes comme en unes halles
Icy, au vent et à la pluye;
Nos besoignes se portent malles,
Se de brief on [n']y remedye.

ESCALLES.

Il nous fault faire une saillie 10,655
Sur les François, il en fust tant,
Et que on ne les espargne mie
Tant soit petit ou tant soit grant,
Mectre tout à feu et à sanc
Et faire fin de leur cité; 10,660
Que, quant à moy, riens n'y entent :
Trop faisons difficulté.

LE SIRE DE GRES.

C'est trop mis, par ma verité,
Veu que nous avons la puissance,
La proesse et l'auctorité 10,665
Pour subjuguer toute la France.
Près de sept mois a sans doubtance
Que nous sommes devant à Orleans;
Ce n'est que honte et desplaisance
Et reproche de toutes gens. 10,670

TALLEBOT.

Les assaillir y nous convient,
Et que de près fort on les touche
De hache et d'espée poignant,
Et que sur eulx fort on approche.
Vous les mectrez en une poche 10,675

LE MISTERE DU SIEGE D'ORLEANS.

Où en faire ce que vouldrez;
Jamès ne les pinsa tel moche
Que si toust que les assauldrez.

FACESTOT.

Y ne fault plus dissimuller,
Mais convient en faire une fin ; 10,680
Et ne les fault point chatoiller,
Mès les combatre main à main.
Avoir les nous fault en ung plain,
Faire saillir de leur taniere,
Après, leur clore le chemin, 10,685
Sans qu'i recouvrent leur barriere.

CONTE DE SUFFORT.

Je vous diray que je vueil faire,
Si est ung present es François.
Et pour congnoistre leur maniere,
Savoir s'i sont doulx et courtois, 10,690
Au bastard d'Orleans je envoys
Ung plat plain de raisins et figues,
Et de tater afin de vois
Leur voulenté et leur repliques.
Et luy manderay qu'i m'envoye, 10,695
S'i luy plaist, de la panne noire,
Pour fourrer comme je vouldroye
Une robbe que je fais faire.

ESCALLES.

C'est bien dit, conte de Suffort;
En cela n'est qu'esbatement. 10,700
Et vous, le sire Tallebot,
Il le doit faire voirement?

TALLEBOT.

Y ne peult faillir nullement;
On congnoistra sa courtoisie.
Le preigne en bien ou autrement, 10,705
Comme il vouldra, en farcerie,
Envoyez luy, je vous emprie.
Vous verrez qu'i vous mandera,
S'i luy plaist ou s'il luy ennuye;
Vous congnoistrez qu'i vous dira. 10,710

CONTE DE SUFFORT.

Messagier, lieve sus et vien;
Y te convient faire messaige.
Si fault [il] que entendes bien,
Et que tu soys prudent et saige,
Pour bien parfaire ton voyaige. 10,715
Au bastard d'Orleans tu yras,
Et ce present par beau langaige,
De par moy, luy presenteras.
Après, luy diras que luy prie
Qu'i m'envoye de la panne noire 10,720
Pour une robbe bien jolie,

F° 272 v°.   La forrer en ceste maniere.
Et s'il veult riens, le me requerre,
Que faire puisse bonnement;
Je suis à son bon plaisir faire 10,725
Et à tout son commandement.

MESSAGIER.

Monseigneur, bien diligemment
Vostre messaige acompliray,
Et vostre present humblement

Au bastard d'Orleans porteray. 10,730
De la panne luy demanderay,
Ainsi que chargé le m'avez.

CONTE DE SUFFORT.

Or va, puis ici t'atendray
Tant que tu puisses retourner.

MESSAGIER.

Or doncques, me convient aller 10,735
A Orleans, porter ce present,
Et au bastard d'Orleans parler
Pour ce don icy luy offrant.
Voy le là, ainsi que j'entant;
Y le me convient saluer. 10,740
　O très noble et très prudent,
Et qui est tant à honnorer,
Monseigneur, Dieu vous doint honneur,
Ainsi comme il vous appartient!
Le conte Suffort, mon seigneur, 10,745
Par moy vous envoye ce present,
Et à vous se recommandant
Que en gré vous le vueillez prandre.
Y vous envoye de ses biens,
Ainsi que vous povez entendre, 10,750
Et m'a dit que y vous supplie
Que vous luy veuillez envoyer
De la panne, et y vous emprye.
Faire veult sa robbe fourrer
De panne noire, se povez 10,755
Luy en envoyer, s'i vous plaist;
Et se de luy besoing avez,
Vous le trouverrez toujours prest.

BASTARD D'ORLEANS.

Mon amy, je scay bien que c'est ; 10,760
De son present le remercye.
Je vouldroye bien ung autre mes
A ma voulenté acomplie.
De la panne, ne doubte mie,
Luy en envoyeray de bon cueur,
De noire comme y me supplie, 10,765
Tout de la plus belle et meilleur.
Et au bon conte de Suffort,
Ceste panne cy porteras,
Et à luy et à Tallebot ;
De par moy les remercyras, 10,770
A eulx me recommanderas,
Au seigneur d'Escalles aussi,
Pareillement à Glassidas,
Desirant qu'i fussent icy.

MESSAGIER.

Monseigneur, je vous remercy. 10,775
De par vous luy sera portée,
Et la response tout ainsi
Comme vous l'avez propposée.
Je m'en revoys, sans demourée,
Leur presenter vostre present. 10,780

BASTARD D'ORLEANS.

Dy leur que c'est bien ma pensée
De les festoyer à Orleans.

MESSAGIER.

Monseigneur conte de Suffort,

Viens de vers le bastard d'Orleans,
Auquel j'ay fait vostre rapport, 10,785
A luy, plusieurs seigneurs presens.
Si a receu vostre presant
Comme gracieux et courtois,
Chier seigneur, en vous mercyant,
Ainsi que vous le povez vois; 10,790
Que de la panne vous envoye
Noire, comme le demandez,
De la meilleur qui soit en voye,
Comme il a voulu commander.
Et c'est volu recommander 10,795
A vous, messeigneurs, cy presens,
Disant qu'i vouldroit que fussiez
A son plaisir dedans Orleans.

CONTE DE SUFFORT.

Je l'en croy veritablement,
Et n'est en luy que bon coraige; 10,800
Mès nous y entrerons voirement,
Qu'i ne l'aura pas d'avantaige.
Si a fait que prudent et saige
De la panne avoir envoyée;
Elle sera pour mon usaige 10,805
Et pour l'amour de luy portée.

TALLEBOT.

Messeigneurs, y nous fault penser
De parfaire nostre entreprise,
De jour et de nuyt pourpenser
Comment ceste cité sera prise. 10,810
C'est trop tardé, quant je m'avise,
Et y sommes trop longuement;

Fault trouver la façon et guise
De les avoir aucunement.

MESSIRE JEHAN FACESTOT.

C'est à vous bien dit voirement; 10,815
Le tarder n'est chose qui vaille.
Tous les jours croist abondamment
Et renforce nostre bataille.
Fault que devant Orleans on aille
Pour les vouloir faire saillir, 10,820
Faire tant que chascun d'eux saille,
Les enclorre et faire morir.

F° 275 r°. LE CONTE DE SUFFORT.

Sire de Gres yra courrir
A Orleans, jusques à leurs portes,
Pour faire semblant de fouyr, 10,825
Que François sauldront à grans flotes.
Nous ferons deux batailles fortes
Qui ensemble se joingneront,
Pour leur sarrer de près leurs crotes[1],
Et qui les François enclorront. 10,830

SIRE DE GRES.

Quant à de moy, je suis content
De fournir la premiere armée,
Et aller frapper sur Orleans,
Faire la premiere levée.
Voicy mes gens toute journée 10,835
Qui anuyt ne sont desarmez,
Pour voloir aller en meslée
Et pour les François guerroyer.

[1] *Sic*, peut-être *rotes* pour *routes?*

MESSIRE JEHAN DE LA POLLE.

Mes gens sont pretz pareillement,
Et ne demandent que besoigne.
Faictes et advisez comment,
Et pour Dieu que nul ne se faigne!
Nous ferons icy longue esloigne,
Veu la puissance que avons,
Qui est à nous honte et vergoigne
Que une fin nous n'en faisons.

TALLEBOT.

Vous yrez descouvrir l'embuche,
Monseigneur de Gres, s'i vous plaist;
Et afin que rien ne trebuche
D'Escalles sera au plus près.
Conte de Suffort, vous serez
Comme à ung trait d'arc de l'armée ;
Vous et voz gens vous vous tiendrez
Tous serrez en une vallée.
Puis, messire Jehan Facestot,
Avec le prevost de Paris,
Le frere au conte de Suffort,
Vous estes puissans et hardis;
Vous serez, comme je vous dis,
D'aultre cousté vers la riviere,
Sans faire ne noise ne bruys,
Mès vous tenez tous en frontiere.
Puis menray la grant assemblée,
Comme faisant l'arriere garde,
Trestous les nobles de l'armée,
Qui de tout se donront de garde.
Vous estes, quant je vous regarde,

Les plus puissans de tout le monde;
Bien m'esbays à quoy il tarde
Que nostre oust Orleans ne confonde. 10,870
Boutez au vent voz estandars,
Quant viendra en champ de meslée,
Voz croix roiges et voz liepars,
Afin que gaignez la journée.
Faictes tant ceste matinée, 10,875
Par voz armes et par vous sault,
Que François boutez à l'espée,
Et que ayez Orleans d'assault.

Lors icy y a pause. — Puis dit

LE BASTARD D'ORLEANS.

Messeigneurs et mes bons amis,
Ceulx du guet si m'ont adverti 10,880
Que les Anglois ont entrepris
Qu'i nous assauldront aujourd'uy.
Pour ce, messeigneurs, je vous pry
Que faciez sonner les trompetes
Dedans Orleans; je vous supply, 10,885
Gardez le dangier où vous estes.

LE SIRE DE GRAVILLE.

Armer ce fault incontinent,
Qu'i marchent pour il y venir.
Monstrez vous aujourd'huy vaillant,
Qu'i vous convient vivre ou morir. 10,890
Chascun pense de soy tenir
Sur les murs chascun en sa garde,
Et de l'artillerie fournir
Pour la gecter à l'estrade.

Lors y a pause de trompetes. — Puis dit

BASTARD D'ORLEANS.

Regnault Guillaume et vous, Vernade, 10,895
Y vous fault aller au devant;
Vous et voz gens ferez l'avant garde,
Et vous monstrez fors et puissans.
Vous, mareschal noble et vaillant,
Avec le sire de Bueil, 10,900
Vous yrez vous deux quant et quant,
Pour les Anglois faire requeil.
Puis, sire Jaques de Chambannes,
Et vous, monseigneur de Chaulmont,
F° 277 r°. Je vous pry que tenez vous termes[1] 10,905
Allencontre de ces Gordons,
Qui assailliz nous ainsi ont
A tort, sans cause et sans raison;
Nous devons bien du cueur parfont
Deffendre la noble maison. 10,910
Vous, Theaulde de Vaillepaigne,
Avecq le sire de Thouars,
Je vous pry que nul ne se faigne :
Soyez hardiz comme liepars,
Deffendez vous de toutes pars, 10,915
Que nous ayons sur eulx victoire,
Et pour Dieu ne soyons couars;
Garder devons nostre repere.
Poton, le sire de Graville,
Bien vous convient resister; 10,920
Pensons de garder nostre ville
Dont on nous veult desheriter.
Vous aussi, vueillez vous bouter,

[1] *Sic,* sans doute pour *fermes.*

426 LE MISTERE DU SIEGE D'ORLEANS.

Le cappitaine de Villars :
Aujourd'uy nous fault surmonter 10,925
Les croix roiges et les liepars.
Aussi le sire de Guitry,
Avecq le sire de Couras,
Monstrez la puissance aujourd'uy,
La force qui est en voz bras, 10,930
Et que de guerre n'estes las ;

F° 277 v°. Mais prenez corraige et vigueur,
Que les Anglois soient mis au bas,
Pour acquerir ung grant honneur.
Or sus, partons, il en est temps, 10,935
Et allons, que Dieu nous sequeure !
Noz anemis tiennent les champs
Et seront près en petit de heure.
Pour la ville, fault qu'i demeure
Les habitans pour la garder, 10,940
Et sur les murs chascun procure
Entendre à soy et regarder.

Lors icy les trompetes sonneront des François et pareillement les trompetes des Anglois. Et viendra le sire de Grez poser son estandart sur la dove des foussez, et doit on tirer ung canon d'Orleans qui tue le dit sire de Gres, et demeure mort. Puis après, ses gens reculleront et Vernade et Regnault Guillaume poursuivront les Anglois ; et les deux batailles des Anglois viennent, qui enclorront les ditz Regnault Guillaume et Vernade, tueront tous leurs gens et prandront prisonnier le dit

F° 278 r°. Regnault Guillaume et Vernade. Puis après, le bastard d'Orleans et tous les François viennent et saillent sur les dits Anglois, et là y a ung beau fait d'armes, et, en la fin, beaucoup de mors d'une part et d'autre, dont de chascun cousté fait son deul tant François que font les Anglois. Et seront contrains les François de eulx retraire en leur ville, et poursuivys seront jusques aux portes de la ville. Puis dit

TALLEBOT.

Messeigneurs, chascun se retraye,

Voicy merveilleuse rencontre!
Les François ont eu froide joye 10,945
Qu'i est mort d'eulx un très grant nombre;
Leur ville fault tumber et fondre
Avant qu'i soit six jours entiers.
Y sont venuz faire une monstre
Dont n'est pas reschappé le tiers. 10,950

CONTE DE SUFFORT.

Bon mestier y leur a esté
Avoir trouvé portes ouvertes;
Je cuide que de cest esté
Ne les verrez faire penades.
Il ont eu deux grosses pertes, 10,955
Compris la journée des Harans;
Mieulx leur vaulsist jouer es cartes
Que d'eulx estre mis si avant.

D'ESCALLES.

Je croy que vous ne savez riens
Du sire de Gres, qui est mort, 10,960
Qui c'estoit mis jusques dedans
Leur ville par son grant effort,
Son estandart mis sur le bort
Des foussez, auprès de la porte;
Mès est venu par meschant sort 10,965
Ung canon qui sa teste emporte.

FACESTOT.

Vous nous dictes grant desconfort
De la mort du sire de Gres,
Le plus vaillant et le plus fort

Qui fut onques ne sera jamès. 10,970
De luy trop fort y me desplait,
Et trop desplaisant suis du fait.
F° 279 r°. Orleans, Orleans! le comparest[1],
Et en serez destruit et deffait.

MESSIRE JEHAN DE LA POLLE.

J'en ay deul et grant desplaisance 10,975
Du sire de Gres, vrayement.
Or a esté par sa vaillance
Qu'il est mort oultrageusement;
Mès en morra finablement
Pour sa mort des François dix mille, 10,980
Et Orleans mis à finement,
Que rasée en sera leur ville.

TALLEBOT.

Il estoit ung prince vaillant,
Honneste en fais et en dis,
Et de sa mort fort desplaisant 10,985
Et très dolent, pensez, je suis.
Y fault qu'en un seurceur[2] soit mis,
Puis de son obit penserons;
L'envoyer en nostre pays,
Ou se icy l'enterr[er]ons. 10,990
Je vous pry qu'on le voise querre,
Et les autres que nous avons
De noz bons amis d'Engleterre,
F° 279 v°. Ceulx que trouverrez qui en sont.
Puis, au seurplus, nous penserons 10,995
Ung bien peu de nous refraichir,

[1] *Sic,* pour *le comparrez, le paierez.*
[2] Cercueil.

Puis après nous retournerons
Derechief, pour les assaillir.

BASTARD D'ORLEANS.

Nous avons eu ung grant dommaige,
Et de noz gens beaucoup perduz,   11,000
Des plus vaillans et bon coraige
Et qui plus avoient de vertuz.
Plusieurs princes et bien esleuz
Y sont demeurez des premiers;
Nous en avons esté deçeuz   11,005
De saillir hors de noz terriers.

GRAVILLE.

Nous avons eu du tout le pire
En ceste derniere bataille.
De plus saillir nous doit suffire;
Nous ne faisons chose qui vaille.   11,010
Tenir nous fault, comment qu'il aille,
Nostre cité close et fermée,
Et entendre à nostre muraille
Qu'elle soit tousjours bien gardée.

LE SIRE DE SAINTRAILLES.

Je voy ceulx d'Orleans esbayz   11,015
Pour leurs amys qui y sont mors;
Femmes pleurent pour leurs mariz
Qui y ont lessé ame et corps.
De plus saillir delà dehors,
Plus n'en suis de consentement;   11,020
J'en voy plusieurs grans desconfors,
Femmes en grans gemissement.

CHABANNES.

Encore ne savez vous rien
De la perte que avons eue
Des bourgeois, manans, habitans,   11,025
Lesquelz avoient fait yssue.
Quant à la retraicte venue,
Qu'il a convenu se retraire,
Les Anglois l'ont tant poursuiveue
Qu'i nous ont fait grant vitupere.   11,030

SAINTE SUAIRE.

Je croy cecy n'est gueres moins
Que de la journée des Harans,
F° 280 v°. Que y tiennent entre leurs mains
De noz princes des plus vaillans :
Regnault Guillaume, le puissant,   11,035
Et Vernade sont mors ou pris;
Furent enclos incontinant
Et ne les vit on onques puis.

POTON.

Je cuide bien qu'i soient pris,
Que ung Anglois, que pris avoye,   11,040
Es enseignes que y me dis,
Des nouvelles luy demandoye :
Si me dist qu'i vit par la voye
Des François emmener plusieurs,
Si congneu, c'est bien chose vraye,   11,045
A ses dis que c'estoient iceulx.

VILLARS.

Il y a eu grand desarroy,

LE MISTERE DU SIEGE D'ORLEANS.

Et sommes trop sailliz à foulle,
Que nul n'a peu, comme je voy,
Revenir à son preembolle. 11,050
Les mors sont mors, Dieu les absoille!
De leur obbiz nous fault penser.
Une foiz la mort tout engoulle;
Y nous convient tous la passer.

THEAULDE DE VALLEPAIGNE.

Il convient les faire enterrer 11,055
Et faire priere pour eulx,
Sans les lamenter ne plourer;
Nul prouffit n'en est pour eulx.
Puis nous convient estre soigneux,
Resister au demourant, 11,060
Et estre fors et vertueux
Pour garder la cité d'Orleans.

CHAULMONT.

Il fault aller choisir noz gens
Qu'i ne demeurent là dehors;
Ils les lerroient es chyens 11,065
Devorer sans misericors.
Et nous fauldra avoir rappors
De ceulx qui auront cognoissance
Des plus excellans et plus fors,
Et pour en faire ramembrance. 11,070

LE RECEVEUR.

Messeigneurs, nous avons perdu
Plusieurs habitans de la ville,
Dont il nous est mal advenu,

Par une façon orde et ville.
Y sont tous sailliz à la fille,
Comme sans ordre et sans mesure,
Par voye et par mauvais stille,
Qui nous est tourné à laidure.

BASTARD D'ORLEANS.

Il est vray, c'est chose mal faicte
Et mauvais conseil en ce cas;
Mès, quant la chose est ainsi faicte,
Plus n'en fault parler hault ne bas,
Quant, de fait, vous ne povez pas
Y remedier autrement.
Ung autre fois, mieulx par compas
On y ouvra plus sagement.

Lors icy y a pause. — *Et puis dit*

LE ROY.

Or çà, Jehanne, gente Pucelle,
J'é fait penser de vostre estat,
Que je voy que vous estes celle
Qui nous donra joye et esbat.
Mon royaulme si est ou clymat
Et en dangier des anemis;
Mès vous osterez le debat
Par vos puissans fais et hardis.
Fille, voicy vostre harnois,
Et vos chevaulx pour vous monter;
Vous le povez vestir, et voir
S'il y fault mectre ou ouster.
Essayez le de tous coustez
Et le vestez, je vous emprie,

Que s'il y fault riens appoincter,
Fait sera, ma fille et m'amye.

Pose. — Lors sera vestue d'un harnoiz toùt blanc devant le Roy ; puis dit

LE ROY.

Dame Jehanne, que dictes vous,
Le harnoiz est il à vostre aise ?
S'il y a riens, dictes le nous, 11,105
Et n'endurez point de malaise.
Prenez harnoiz que il vous plaise
A vostre disposicion,
Et n'en prenez qui vous desplaise,
Mès selon vostre intencion. 11,110

LA PUCELLE.

Sire, le harnoiz m'est bien faict,
Ne le vueil en riens contredire ;
Il est honneste et bien complait,
Dont je vous remercye, chier sire.

LE ROY.

Puisqu'il vous plaist, me doit suffire, 11,115
Et en suis, fille, bien joyeux,
Qu'en riens je ne vous vueil desdire,
Mès bien vous complaire en tous lieux.
Puis, fille, regardez icy :
Voicy vostre espée abillée. 11,120
Vous est elle bien faicte ainsi,
Et à vostre gré ordonnée ?
Seignez la, ma fille et aymée,
Et, s'i vous plaist, ainsi garnie,
De par moy vous sera livrée 11,125

En ordre de chevallerie.
Voici les esperons dorez
Pareillement que je vous baille,
Ainsi que ung bon chevalier
Qui est ordonné en bataille.
Et n'ayez peur que je vous faille,
Ma fille, tant que je vivray;
Tant que j'aye denier ne maille,
Dame Jehanne, ne vous fauldray.
Après voyez vostre estandart
Ainsi que avez devisé;
Regardez le de part en part,
S'il est bien fait à vostre gré.
Et, pour vous servir, bailleray
Jehan d'Aulon, de noble lignaige;
Et pour paige vous ordonneray
Loys de Contes, noble et saige;
Et pour vous conduire voz gens
Aurez le mareschal de Rais,
Et ung gentilhomme vaillant,
Ambroise de Loré arés,
Esquelz je commande exprès.
Où il vous plaisa vous conduisent,
En quelque lieu, soit loing ou près,
Que vostre voyage fournissent.
Puis, pour evitaller Orleans,
Vous baille vivres abondance,
Que vous menrez et vous present
Pour en faire à vostre plaisance,
Et artillerie à puissance
Que menrez o vous, quant et quant
De mon or et de ma chevance,
Pour soudoyer vous et voz gens.

LE MISTERE DU SIEGE D'ORLEANS.

LA PUCELLE.

En non Dieu, sire, doulcement
Vous me faictes et voulentiers,
Et bien en point certainement
Je suis à mes desirs entiers.
De voz nobles et chevaliers,
Que me baillez pour moy conduire,
Et de vos gentilz escuiers
Vous remercye, mon très chier sire,
Et de tous les autres biens faiz
Je vous remercye humblement.
Pour vous je vois porter le fais
De vostre guerre entierement,
Et lever tout premierement
Le siege d'Orleans, par exprès,
Et en rebouter laydement
Tous voz anemis, se Dieu plaist.
Puis après je vous conduiray
A Rains, pour vous mener sacrer;
Moy en personne vous menray
Sans trouver aucun encombrier.
Soyez tousjours bon et entier,
Aymez Dieu; vous donra victoire,
Que vostre royaulme recouverrez,
Qu'il en sera tousjours memoire.
Sire, il est temps de partir,
Et congié de vous je vueil prandre.
Vueillez vous tousjours souvenir
De Dieu et y vueilliez entendre;
De vostre grace vous vueille rendre
Salut, comme il vous appartient,

Priant Dieu qu'i vueille deffendre
Vostre royaulme, tant qu'il est grant. 11,190

LE ROY.

Jehanne, belle fille et amye,
De vous voir je prans grant plaisir;
En pryant la Vierge Marie
Qu'i vous garde de desplaisir.
Tout mon comfort, tout mon desir 11,195
Si est en vous, doulce Pucelle,
Desirant que puissiez venir
A vostre intencion formelle.
J'ay en vous parfaicte fiance,
Fille, que vous m'ayderez, 11,200
Et par vous auray recouvrance,
Ainsi que promis me l'avez.
Dieu vous doint bien perseverer
Et estre tousjours en sa garde,
Que j'espoir de recouvrer 11,205
Mon royaulme, mès que ne vous perde.

LA PUCELLE.

Roy, soyez tousjours humble et doulx
Envers Dieu; il vous gardera,
Et de ses biens il vous donra.
A Dieu, je prans congié de vous. 11,210

LE ROY.

Se besoing vous avez de nous,
Mandez, fille; on l'acomplira.

LA PUCELLE.

Roy, soyez tousjours humble et doulx
Envers Dieu; il vous aydera.

LE MISTERE DU SIEGE D'ORLEANS.

LE ROY.

Fille, je n'ay autre propoux
Que faire ce qu'il vous plaisa,
Et se Dieu plaist, vous gardera
De mal, de dangier contre tous.

LA PUCELLE.

Roy, soyez tousjours humble et doulx
Envers Dieu; il vous aydera,
Et de ses biens il vous donra.
A Dieu, je prans congié de vous.

Lors icy partiront tous en ordonnance. Et le Roy se mectera à genoulx devant paradis, et dit

LE ROY.

O Dieu du ciel, par la vostre puissance
Conduisez dont la très noble Pucelle,
Qui pour moy va porter harnois et lance
En soustenant du royaulme la querelle.
Or n'ai ge plus fiance qu'en icelle,
Ne en autruy plus secours je n'atant;
Mon très doulx Dieu, gardez la jouvencelle
De peril, de mort et d'inconvenient.
Se offencé vous ay aucunement,
Je vous requiers pardon, mon vray seigneur;
N'en pugnissez mon peuple nullement,
Supporté soit par la vostre doulceur :
Celuy je suis pour porter la douleur
Et reparer vostre vraye sentence.
Si vous supply, Sire, du bon du cueur
Que de mon fait vous ayez souvenance;
Servir je vueil, doulcement obeyr

Et acomplir voz bons commandement. 11,240
Faictes de moy à vostre bon plaisir,
Vous requerant mercy benignement.
Ceste pucelle est venue doulcement
Par devers moy, pour moy donner secours;
Gardez la dont, je vous pry humblement, 11,245
Des anemis et de leurs divers tours.
Se je la pers et Orleans soit soubzmis,
Dire je puis que plus n'ay esperance,
Prest à partir et lesser le pays
Et de quicter le bon royaulme de France. 11,250
O Dieu du ciel, ta divine puissance
Demonstre moy, vray Dieu, à ce besoing,
Quant je n'é plus nulle autre recouvrance
Qu'an ceste fille, qui est venue de loing.

LE MARESCHAL DE RAIS.

Dame, que vous plaist il de faire? 11,255
Nous sommes au plus près de Blois :
Se vous y voulez point retraire
Et reposer deux jours ou trois,
Pour savoir où sont les Anglois,
Aussi pour refrachir vos gens, 11,260
Ou se vous aymez mieulx ainçois
Aller droit jusques à Orleans?

LA PUCELLE.

Monseigneur, je suis bien contans
Que à Blois donques nous aillons
Pour noz gens là contre atendans; 11,265
Ce pendant, aussi penserons
De noz affaires, et manderons
Es Anglois que devant Orleans

S'en voisent, ou combatuz seront,
En nom Dieu, de moy et mes gens. 11,270

Lors vont à Blois. Puis dit

AMBROISE DE LORÉ.

Madame, à vostre bon plaisir
F° 286 r°. Nous sommes à Blois arrivez,
Pour vous et voz gens refraichir
Et tous voz bons amys privez.
Plusieurs sont, comme vous savez, 11,275
Qui viennent après vous à fille,
Lesquelz n'estoient pas abillez,
Mès viendront tous en ceste ville.

LA PUCELLE.

Es Anglois je vueil envoyer
Ung herault tout presentement, 11,280
Que y vueillent deremparer
Leur siege tout entierement,
Et une lectre aussi comment
De par moy je leur rescripray.
Si escrivez diligemment 11,285
Ainsi que je vous nommeray.

Adont ung clerc escripra unes lectres, et y a pause. — Puis après dit

LA PUCELLE.

Mon amy, lisez moy les lectres
Tout hault, que chascun les entende,
F° 286 v°. Et pour savoir s'i sont bien faictes
Ainsi comme je les demande. 11,290
Je vueil qu'on saiche que je mande

Es Anglois, et que chascun l'oyt,
Comment, en nom Dieu, leur commande
Qu'i deppartent hors de la voye.

Adont le clerc prandra les lectres, et les doit lire tout hault. Et y a ce qui s'en suit, et y á en marge escript : Jhesus, Maria.

Roy d'Engleterre, faictes raison au Roy du ciel de son sang royal : rendez les clefz à la Pucelle et toutes les bonnes villes que vous avez enforcées. Et elle est venue de par Dieu pour reclamer le sang royal et est toute preste de faire paix, si vous voulez faire raison, par ainsi que vous mectez jus et paiez de ce que l'avez tenue. Roy d'Angleterre, se ainsi ne le faictes, je suis chef de guerre; en quelque lieu que je actendré voz gens en France, se ilz ne veullent obeyr, je les ferai yssir, vueillent ou non; et s'i veullent obeyr, à mercy je les prandray. Croyez que s'i ne veullent obeyr, la Pucelle vient pour les occire. Elle vient, de par le Roy du ciel, corps pour corps, vous bouter hors de France. Et vous promects et certiffie la Pucelle qu'elle y fera si gros hahay que depuis mil ans en France ne fut veu si grant, se vous ne luy faictes raison. Et croyez fermement que le Roy du ciel luy envoyera plus de force, à elle et à ses bonnes gens d'armes, que ne saurez avoir à cent assaulx, entre vous archiers, compaignons d'armes gentilz et vaillans, qui estes devant Orleans. Allez vous en en vostre pays, de par Dieu, et, se ainsi ne le faictes, donnez vous garde de la Pucelle, et de voz dommaiges vous souviengne. Ne prenez mie vostre oppinion que vous ne tendrez mie France du Roy du ciel, du filz de saincte Marie; mais la tiendra Charles, vray heritier à qui Dieu l'a donnée, qui entrera à Paris en belle compaignie. Se vous ne croyez les nouvelles de Dieu et de la Pucelle, en quelque lieu que vous trouverrons, nous ferrons dedans à horyons, et si verrez lesquelz meilleur droit auront de Dieu ou de vous. Guillaume de la Polle, conte de Suffort, Jehan sire Tallebot, Thomas sire d'Escalles, lieutenant du duc de Betthefort, soy disant regent du royaulme de France pour le roy d'Angleterre, faictes responce se vous voulez faire paix ou non à la cité d'Orleans. Se ainsi ne le faictes, de vos dommaiges vous souviengne. Duc de Bethefort, qui vous dictes regent de France pour le roy d'Angleterre, la Pucelle vous requiert et prie que vous ne faciez mye destruyre. Se vous ne luy faictes raison, elle fera tant que les François

LE MISTERE DU SIEGE D'ORLEANS. 441

feront le plus beau fait qui oncques fut fait en la Xristieneté. Escript le mardi en la grant sepmaine. Entendez les nouvelles de Dieu et de la Pucelle. — Au duc de Bethefort, qui se dit regent du royaulme de France pour le roy d'Angleterre[1].

F° 287 v°.

LA PUCELLE.

Y sont faictes comme je vueil, 11,295
Et vueil que present on les porte
A Tallebot, à son conseil,
A tous les princes de la flote.
Herault, mon amy, vien et note :
En l'oust des Anglois porteras 11,300
Ces lectres, et puis m'en rapporte
Responce, plus bref que pourras.

HERAULT.

Madame, je n'y fauldray pas
A bien faire vostre messaige,
Et de present, tout de ce pas, 11,305
Je vois vers eulx de grant coraige.

LA PUCELLE.

Que tu soyes prudent et saige
A rapporter ce qu'i diront ;
Que s'i ne font à mon langaige,
Je les yray voir front à front. 11,310

F° 288 r°.

HERAULT.

Dame, ne vous doubtez de riens
Que vostre messaige feray,
Et es Anglois, devant Orleans,

---

[1] Le texte de la lettre de la Pucelle aux chefs anglais n'offre presque aucune différence avec celui que l'on trouve dans le Journal du siége. (Cf. Quicherat, IV, 140.)

Voz lectres je leur porteray,
Et avecques ce leur diray 11,315
Comment à Blois estes venue.

LA PUCELLE.

Or va, puis après penseray,
Mès que leur responce soit sceue.

Lors s'en part et trouve tous les princes d'Angleterre ensemble, et dit

LE HERAULT.

A vous, très haulx puissans seigneurs,
Ducs, contes de grant baronnie 11,320
D'Angleterre, et tous les greigneurs
Qui ont passé la mer saisie [1],
Pardevant vostre seigneurie,
Je vous viens denoncer messaige.

F° 288 v°. De par la Pucelle jolye, 11,325
Qui est garnie d'un gent coraige,
Vous mande que vous deppartiés
De devant Orleans, sans atendre,
Et que le siege vous levyez,
Sans y commectre aucune esclandre, 11,330
Comme pourrez voir et entendre
Es lectres qu'elle vous envoye,
Si les vueillez voir et comprandre
Ainsi comme c'est chose vraye.
Elle est à Blois, où elle atant 11,335
Vostre responce, s'il vous plaist.
Que si voulez estre contant,
De vous n'apressera loing ne près
Pour vous faire aucun interest,

[1] *Sic.*

Mès que ces dis vueillez parfaire; 11,340
Ou autrement et vous promest
Qu'elle vous fera vitupere.

Tallebot prant les lectres et les lit, puis dit

TALLEBOT.

Messeigneurs, voicy grant merveille
De ceste truande paillarde!
Qui la meult ne qui la conseille 11,345
De nous mander telle baverde?
Mès n'est elle pas bien couarde
Faire telle abusion?
Et si fait, quant bien je regarde,
Es François grant confusion. 11,350

ESCALLES.

C'est leur fin, leur destruction,
Chascun le voit evidamment;
Qu'i n'ont plus autre affection
Qu'en une fille seullement.
Pensent il donques bonnement 11,355
Qu'en elle avoir recouvrance?
C'est bien faulte d'entendement,
Et es François n'est pas science.

CONTE DE SUFFORT.

Je n'y congnois nul apparence
De se vouloir moquer de nous. 11,360
Comment cuide le roy de France
Estre par elle bien recoux?
Pert bien que les François sont foulx
Et qu'i n'ont plus d'esperance,

Que une pucelle sans propoux 11,365
Viengne assaillir nostre puissance.

FACESTOT.

On m'en avoit aucunement
Touché qu'elle devoit venir.
Je scay de son gouvernement;
On ne la doit pour riens souffrir. 11,370
Elle s'est voulue deppartir,
Et lesser son pere et sa mere
Qui n'en savoient comment chevir,
Et n'est que une simple bergiere.

PREVOST DE PARIS.

Pour luy abesser son coraige 11,375
Vous ne luy devez riens mander;
Comme vous si noble bernage
Ne se doit ainsi abesser.
Et si vueil dire que devez
Retenir lectres et herault, 11,380
Et en vous s'est l'emprisonner
D'avoir vers vous parlé si hault.

THOMAS RAMESTON.

Ce qu'i font n'est que moquerie,
Et ne le devez soustenir.
Pour leur remonstrer leur follie 11,385
Devez leur herault retenir,
Et en voz prisons detenir,
Qu'il a parlé arrogamment,
Et le lesser leans morir
Pour monstrer leur follyement. 11,390

TALLEBOT.

J'en suis de ce consentement
Que nulle responce n'aura,
Et son herault finablement
En mes prisons le comparra,
Ne jamès il n'en partira 11,395
En despit de la faulce garce;
Ne de mort jamès n'eschappera,
Se je la puis trouver en place.
Or sus, prenez le vistement
Et en noz prisons le boutez; 11,400
Là y morra vilaynement
Par ses faulx dis et cruautez.
Nous viens tu icy apporter
Nouvelles en abusion?
Pence tu te venir froter 11,405
Sans faire reparacion?

LE HERAULT.

Seigneurs, par ma redempcion,
Croyez que nul mal n'y pensoye,
Et à sa supplication
Devers vous me suis mis en voye. 11,410
Pour la Pucelle gente et coye
J'é voulu faire ce voyage;
Comme herault, mal ne devroye
Avoir en faisant mon messaige.

ESCALLES.

Il est garny de mal langaige 11,415
Et est treffort obstiné;
Pour lui abesser son coraige
Qu'il soit tantoust emprisonné.

TALLEBOT.

Sus, faictes qu'il y soit mené
Tout en la fosse, au plus parfont, 11,420
Que pain et eaue lui soit donné,
Que trop fierement nous respont.

Lors menront le herault en prison. Et Jehan de Mes dit à la Pucelle :

JEHAN DE MES.

Madame, j'ay ouy nouvelles
De vostre herault, n'en doubtez,
Qui ne sont ne bonnes ne belles. 11,425
Les Anglois l'ont fait arrester
Et dedans leurs prisons bouter,
Vous desprisant et diffament
Et fait beaucoup de cruaulter;
Je le scay veritablement. 11,430

LA PUCELLE.

En nom Dieu, y n'ont pas bien fait.
Pour certain s'en repentiront,
De bref, de leur mal et meffait;
Je croy qu'i le recognoistront.
Or sus, chevaliers et barons, 11,435
Aller nous convient à Orleans,
Tout le plus droit que nous pourrons;
Je vous pry, soyons diligent.

LE MARESCHAL DE RAIS.

Madame, tout incontinant
Vostre vouloir acomplirons; 11,440
Nous ferons assembler noz gens,

Et presentement partirons.
Droit à Orleans nous vous menrons,
Dame Jehanne, sans plus atendre.

LA PUCELLE.

Je vous empry, faictes le dont, 11,445
Et vous pry y vueillez entendre.

MESSIRE AMBROISE DE LORÉ.

Messeigneurs, il fault adviser
Quel chemin il nous fault tenir,
Et ensemble en disposer,
Qu'i nous en puisse bien venir, 11,450
Sans nous vouloir aller offrir
Dedans l'oust de noz anemis;
Nous pourrions bien estre destruiz
Par inconvenient et pris.

JEHAN DE MES.

Vous qui congnoissez le pays 11,455
Et le dangier, je vous emprie,
Que nous ne soyons point surpris
Ne que nous n'ayons villannye.
A dame Jehanne ne chault mye
Où elle voist, ne doubtez riens; 11,460
Mès je crains fort et me deffye
De doubte de inconvenient.

BERTHRAN DE CONTES.

Je scay bien qu'elle ne vouldroit
Point differer le grant chemin,
Ne destourner ne s'en vouldroit; 11,465

Que ne demande que hutin
Et que de rencontrer à plain
Les anemis, pour les combattre,
Et ne pretend à autre fin;
Mès ne scay comment m'y esbatre.

LE SIRE DE RAIS.

Je doubte aller par la Beausse :
Le plus fort des Anglois y est,
Toute leur puissance et force,
Et tout le pays à eulx est.
Y nous pourroient donner arrest,
S'i savoyent nostre venue,
Et peut estre grant interest
Seroit à nostre survenue.
Si me semble que vauldroit mieulx
Y aller devers la Sauloigne;
Le dangier n'est pas si perilleux
Et n'y a pas fort grant esloigne.
Mieulx vault faire nostre besoigne
Et le dangier passer ainsi,
Entrer par la porte Bourgoigne[1];
Et yrons passer à Checy[2].

AMBROISE DE LORÉ.

Vous avez très bien devisé :
A Checy nous y fault aller,
Et est à vous bien advisé;
Vous ne pourriez mieulx conseiller.
Si n'en conviendra point parler
A la Pucelle nullement,

---

[1] La porte Bourgogne ou de Saint-Aignan, à l'est d'Orléans.
[2] Bourg situé sur la rive droite de la Loire, à 10 kilomètres est d'Orléans.

LE MISTERE DU SIEGE D'ORLEANS.

Si non que on la veult mener
Droit à Orleans, tant seullement.

JEHAN DE MES.

Faictes à vostre entendement, 11,495
Messeigneurs : vous avez la charge,
Et y besoignez si saigement,
Au mieulx et à vostre advantaige.
Vous congnoissez tous le passaige,
Lequel est le bon ou mauvais; 11,500
Regardez au mains de dommaige :
Vous avez la charge et le fais.

BERTHRAN DE CONTES.

Çà, messeigneurs, estes vous prest?
Y le convient dire à Madame,
Que je scay bien que preste elle est. 11,505
Ne luy fault ardillon ne lame;
Elle n'atant heure ne terme
A partir, quant il vous plaisa.

RAIS.

Je suis prest aussi, par mon ame,
A aller quant elle vouldra. 11,510
Dame, se il vous plaist partir,
Voicy en point trestouz voz gens,
Pour vostre vouloir acomplir
A vous convoyer à Orleans.

LA PUCELLE.

En nom Dieu, croy que il est tant 11,515
Et avons beaucoup demeuré,
Que, ainsi comme je l'entend,

Orleans a beaucoup enduré.
Or, mes amys, je vous diray
Cy, avant mon deppartement, 11,520
Et en bref vous remonstreray
Par maniere d'enseignement :
Si est, que à tous je command
Devotement vous confesser,
Et que aussi finablement 11,525
Vos folles fammes delessez.
Ne jurez plus Dieu ne sa mere;

F° 293 v°. Ne renyez, ne maugreez
Saints ne saintes, pour nul affaire
Ne quelque chose que ayez. 11,530
Delessez tout sans delayer
Voz vices très deraisonnables,
Et aymez Dieu et le priez;
Tous voz faiz seront prouffitables.
Et gardez ces faiz et ces diz; 11,535
Si le faictes, comment qu'i soit,
Vous serez à Dieu ses amys
Et vous gardera vostre bon droit,
Ne jamès ne vous delayroit
En gardant ses commandemens, 11,540
Et sur tout, pour voir, vous donroit
Victoire et grans accroissemens.
Or, sus, enffans, honnestement
Partons, et que Dieu nous conduye,
Sans plus delayer nullement; 11,545
Mes bons amys, je vous emprie.

RAIS.

Dame, voyez la compaignie
Qui est en point et en bataille,

Pour vous servir à chiere lye
En quelque lieu que aller faille.   11,550

F° 294 r°. Lors partiront, et y a pause. — Et yront du cousté de la Souloigne, droit à Checy. Et dit

RAIS.

Dame Jehanne, la Dieu mercy,
Vous estes bien icy venue,
En ceste ville de Checy,
Sans nulle fortune avoir eue.
Vous n'estes pas que à une lieue   11,555
D'Orleans, comme je puis entendre;
Ferons icy une repeue,
Puis à Orleans yrons descendre.

LA PUCELLE.

Chascun pense soy refraichir,
Et puis à Orleans nous yrons   11,560
Pour bonnement les secourir,
Ainsi que nous esperons.
Je scay bien que joyeulx seront
Aujourd'uy de nostre venue,
Que les pouvres gens, certes, l'ont   11,565
Bien et longuement atandue.

F° 294 v°. Lors y a pause. — Puis dit

LE PROCUREUR.

Très chiers et honnorez seigneurs,
Grans nouvelles sont survenus,
Qui fort esjoïssent nos cueurs,

Ainsi que les avons cognus : 11,570
Que nagueres si sont venus
Grant force vivres à la ville,
Artillerie grosse, menus,
Qui est prouffitable et utille.
Et sachez que c'est la Pucelle 11,575
Qui les a conduit jusques cy,
Laquelle, très courtoise et belle,
Est arrivée devant Checy,
Qui nous vient secourir ainsi
Comme pieça nous fut promis; 11,580
Si vous pry, advisez dessy
Qu'il est de faire, à voz advis.

BASTARD D'ORLEANS.

Bien devons estre resjoyz
Des nouvelles que vous nous dictes,
Et croyez que joyeulx en suis; 11,585
Dieu nous aydera par ces merites.
Je cognois qu'il nous est licites
Que nous voisions par devers elle,
Pour l'amener, à grant conduicte,
A Orleans, la noble Pucelle. 11,590

SAINTE SUAIRE.

Vous devez aller au devant,
L'aller querir et luy faire honneur;
Et très bien y luy appartient,
Qu'elle est digne de grant valeur
Et Pucelle en noble cueur. 11,595
Puisque le Roy la nous envoye,
Pensez que Dieu le createur
Lui a permis, c'est chose vraye.

VILLARS.

Je suis bien contant y aller
Pour la conduire jusques cy.   11,600
Bien la vouldroye ouyr parler,
Et aller vers elle à Checy,
Si m'y offre à aller dessi
Avecques vous en compaignie,
Et dy qu'on le doit faire ainsi;   11,605
Elle en sera plus resjouye.

F° 295 v°.
LE PROCUREUR.

Nous sommes plusieurs de la ville
Lesquelz yront avecques vous,
Pour recevoir la noble fille
Et la mener icy à nous,   11,610
Pour la conserver devant tous,
Et qu'elle ne soit rencontrée
Des Anglois; que il ont propoux
Que par eulx sera arse et brullée.

BASTARD D'ORLEANS.

Messeigneurs, qui vouldra venir   11,615
Droit à Checy, nous y allons;
Mès aussi, pour vous advertir,
A Saint Loup[1] les Anglois y sont,
Et ung grant bouloart y font.
Dangier y est, comme je croy;   11,620
Pour y passer, ne le ferons,
Mais yrons passer à Semoy.

---

[1] Ancien couvent situé à 3 kilomètres d'Orléans, où les Anglais avaient construit une forte bastille.

Lors le Bastard d'Orleans accompaigné de plusieurs seigneurs, avecques des bourgeois de la ville, yront à Checy, et là trouveront la Pucelle, toute armée à blanc, et la salue le Bastard d'Orleans :

LE BASTARD D'ORLEANS.

Jehanne de excellant renom,
En qui est vertu et prudence,
Dieu vous dont faire à vostre bon 11,625
Et acomplir vostre plaisence !
Je viens devant vostre presance
Vous recevoir pour les François,
Qui ont en vous grant confiance
Et très joieulx sont de vous vois. 11,630
Je voi cy aussi les bourgeois
De la ville et cité d'Orleans,
Qui sont gens humbles et courtois
Et nous ont fait beaucoup de biens.
Voy les cy, je les vous presente, 11,635
Et bien je les vous recommande :
Ayment leur roy sur toutes riens ;
Jamès amour ne fut si grande.

LA PUCELLE.

De vostre salut humblement,
Monseigneur, je vous remercye ; 11,640
Et estre venu si avant
Devers moy y n'appartient mye.
Dieu vous rende la courtoisie,
Et à vous, mes amys d'Orleans.
En vostre ville la jolye 11,645
Je vueil aller incontinant.

LE RECEVEUR.

Dame, bien soyez vous venue

Et toute vostre compaignie.
Vous serez à joye receue
A Orleans, la cité garnie,   11,650
Et toute vostre baronnie,
En ce que faire nous pourrons,
Sans nous espargner, je vous prie,
Mais tous obbeyr vous voulons.

LA PUCELLE.

Quant il vous plaisa partirons,   11,655
Messeigneurs, et je vous emprie,
Et à Orleans nous en yrons
Ensemble et nostre compaignie.

BASTARD D'ORLEANS.

Dame, ne vous en hastez mie,
Que le plus tart si vault le mieulx,   11,660
De peur du bruit, je vous affie,
Et du peuple qui sera joyeulx.

LA PUCELLE.

Ce qui vous plaisa je le vieulx.
Allons donques tout bellement;
Que pour aujourduy, ce mes dieux[1],   11,665
Toust ou tart, ne me chault comment.

Lors y a pause. — Et se metteront tous en ordonnance. Puis dit

LE BASTARD D'ORLEANS.

Çà, dame Jehanne, y nous convient
Aller, se c'est vostre plaisir;
Que l'eure si est convenant
Pour mieulx sus le soir parvenir.   11,670

[1] Pour *se m'aït*, si m'aide Dieu.

456 LE MISTERE DU SIEGE D'ORLEANS.

 Et aussi, pour vous advertir,
 Anglois ont une bastille
 Sus nostre chemin, sans mentir,
 A Saint Loup, auprès de la ville;
 Mès nous yrons autre cousté,   11,675
 De doubte avoir encombrement;
 Que s'i savoyent, de verité,
F° 297 v°. Nostre venue aucunement,
 Nous donroyent empeschement
 Et feroient des maulx merveilleux.   11,680

   LA PUCELLE.

 Ne vous en chaille nullement;
 Passons hardiment devant eulx.

Adont partiront, et viennent le chemin tout droit, et y a pause. — Et passeront par devant Saint Loup où seront les Anglois en leur bastille, desquelz nul d'eulx ne sauldra ne ne feront aucun semblant de riens; et viendront à la porte Bourgogne. Et à l'entrée, la Pucelle fait porter son estandart, au soir, à torches devant elle, armée et montée sur ung gros cheval blanc. Et chascun de la ville va au devant d'elle. Et puis, après qu'elle est arrivée, dit

   BASTARD D'ORLEANS.

 Dame Jehanne, la mercy Dieu,
 A Orleans vous estes venue.
F° 298 r°. En France n'est place ne lieu   11,685
 Où vous soyez mieulx soustenue;
 Que y n'est chose soubz la nue
 Où vous ayez vostre pensée,
 Soit petite, grande ou menue,
 Qu'elle ne vous soit accordée.   11,690
 Les bons bourgeois de ceste ville
 Offrent vous faire tout plaisir
 De ce qui vous sera agille,

LE MISTERE DU SIEGE D'ORLEANS.

Pour voz volentez acomplir.
Et les bourgeoises, sans faillir, 11,695
Sont prestes vous faire service,
Et vous festoyer à plaisir
En tout qui vous sera propice.

LA PUCELLE.

Monseigneur, je vous remercye,
Bourgeois et bourgeoises d'Orleans, 11,700
De vostre noble compaignie
Et dont vous me offrez tant de biens.
Le Dieu du ciel qui trestout rent,
Mes amys, le vous veuille rendre,
Et des anemis anciens 11,705
Vous veuille garder et deffendre !
Je vueil de present envoyer
Deux herault devers les Anglois,
Qu'i me renvoyent mon messagier,
Qu'ilz ont retenu par faulx drois. 11,710
Et ont fait comme mal courtois
Des lectres que leur envoye;
A tout le moins les povoient vois,
Mais retenir n'est pas la voye.

BASTARD D'ORLEANS.

Dame Jehanne, ainsi sera fait : 11,715
Vostre herault leur manderons,
Et comment il ont trop forfait
Dont ainsi retenu [vous] l'ont.
Si croy que y le vous rendront
Si toust que leur auray mandé, 11,720
Ou tous les prisonniers que avons
Morront, que je l'é commandé.

Sus, herault, faictes diligence
Et entendez bien à mes dis :
Aller vous fault sans demourance
Vers les Anglois, noz anemis,
Leur dire que desplaisant suis
Du messagier de la Pucelle,
Dont i l'ont retenu et pris,
Qui n'est ne licite ne belle;
Qu'i lui renvoyent sans atendre
Et qu'il en ont trop mal ouvré;
Que messagier n'est à reprandre
Ne nul n'en doit savoir mal gré;

F° 299 r°.

Que quant ung messaige est livré
Et leur allegances produictes,
Le doit ung chascun prendre en gré,
Et s'en doivent retourner quictes.
Dy leur aussi pareillement
La Pucelle en est mal contante,
Qu'i le renvoyent diligamment,
Sans en faire plus longue atente;
Et que je tiens plus de quarante
En mes mains de leurs prisonniers,
Que morir feray à tourmente,
S'i ne le m'envoyent voulantiers.

PREMIER MESSAGIER.

Monseigneur, nous acomplirons
De très bon cueur vostre messaige,
Et en l'oust des Anglois yrons
Leur denoncer en bref langaige.

II° MESSAGIER.

Nous acomplirons le voyage,

Et le messagier ramerrons
Par devers Jehanne, noble et saige,
Et tout leur voulloir rapporterons.

LA PUCELLE.

Je vous pry que vous faciez dont
Que mon messagier je recouvre.

BASTARD D'ORLEANS.

Ne vous doubtez que nous l'aurons,
Et n'ayez jà peur qu'i demeure.

PREMIER MESSAGIER.

Y nous fault aller grant aleure
Devers les princes des Anglois,
Qui sont de grant estature
Et fort terribles gens à vois.

Ier MESSAGIER.

Très nobles et puissans barons,
Duc et contes de grant valleur,
Possidans terres, regions,
En qui est proesse et honneur,
Ainsi que par ambassadeur,
De par le Bastart d'Orleans
Et de par Jehanne, au noble cueur,
Noble, saige et advenant,
Vous mandent que leur envoyez
Le messagier de la Pucelle.
Incontinant, sans delayer,
Sans extorcion cruelle,
Renvoyez le par devers elle
Et ne le vueillez retenir;

Mal ne doit avoir pour icelle,
Ne nulle autre peine encourir.

IIᵉ MESSAGIER.

Monseigneur le Bastard vous prie
Que vous ne le retenez plus ; 11,780
Ung ambassadeur ne doit mye
Avoir aucun mal, sus ne jus.
Pour quelque façon ou abus
Ou quelque chose qu'il apporte,
N'en doit avoir aucun rebus ; 11,785
Tout temps messagier en supporte.

TALLEBOT.

C'est à toy parlé hardiment !
Et comment es tu si hardy
De parler si villainement?
Saiche que tu en seras pugny. 11,790
Ne comment ose tu venir
Ambassader pour la paillarde,
Que je feray en ung feu morir,
Et le luy promès, que qu'i tarde?
C'est une ribaude prouvée, 11,795
Venue d'estrange pays ;
Le diable l'a bien amenée
Et fait delesser ses amys.
En despit d'elle si est mis
Au plus destroit de mes prisons 11,800
Son messagier, et est soubzmis
Endurer tous les jours grillons.

PREMIER MESSAGIER.

Messeigneurs, je vous diray dont

Que Bastard d'Orleans si vous mande
Tous voz prisonniers qui là sont 11,805
A Orleans et de vostre bande,
En fera une grande escande.
Si est qu'i les fera tous morir,
Si le messagier qu'i demande,
Ne le veullent lesser venir. 11,810

IIe MESSAGIER.

Dit aussi voz ambassadeurs
Qui de present sont à Orleans,
Pour paier les rançons d'iceulx
Qui sont prisonniers de present,
Ne lerra venir plus avant, 11,815
Se le dit herault ne rendez.

TALLEBOT.

Il est maleureux et meschant
De celle putin contanter!

FACESTOT.

Lieutenant, pour Dieu ne vous chaille :
Luy bailleroie leur messagier. 11,820
D'elle ne luy n'est rien qui vaille;
Baillez leur pour tout abreger.
Y nous en peut venir dangier
Et traveil à noz bons amis;
Pour ung peu se vouloir vengier, 11,825
Cela n'est que faulte d'avis.

SUFFORT.

De ceste oppinion je suis,
Et est bien raison voirement.

Puisqu'elle a en sa teste mis,
Ne s'en depportera autrement. 11,830
Vous savez que communement
Que quant une femme s'arreste
A peu de chose ou autrement,
Jamès n'en fera riens qu'à sa teste.

ESCALLES.

Cela ne vault pas le parler; 11,835
Envoyer vous le devez faire.
F° 301 v°. Le Bastard veult obtemperer
Tant seullement pour luy complaire.
Vous savez, c'est une bergiere
Qui vient encore tout droit des champs; 11,840
Y se moquent d'elle en derriere,
Et ne sera d'elle que tout vent.

TALLEBOT.

Sà, messagier, je suis contant
Luy complaire pour ceste foiz,
Au très noble Bastard d'Orleans, 11,845
Qui me requiert de cueur courtois;
Mès non pourtant, avant ung mois,
De la faulce putin, ribaulde,
Je feray par armes et droit
Que je la garderay estre baude. 11,850

Lors luy bailleront leur herault lyé et enferré. Puis le deferrent et deslyent, et dit

PREMIER MESSAGIER.

Tu peux bien compter maintenant
Et dire de ton adventure.

MESSAGIER DE LA PUCELLE.

Jamès je n'enduray autant.

F° 302 r°.
IIe MESSAGIER.

Tu peuz bien compter maintenant.

LE HERAULT DE LA PUCELLE.

Englois sont pires que chiens ; 11,855
Y n'ont pitié de creature.

PREMIER MESSAGIER.

Tu peuz bien compter maintenant
Et dire de ton adventure.

IIe MESSAGIER.

Tu es sailly de grant ordure,
D'estre hors des mains des Anglois. 11,860

PREMIER MESSAGIER.

Mort tu fusses de pourriture
Avant qu'il eust esté ung mois.

IIe MESSAGIER.

Y nous fault present aller voir
Madame Jehanne, la Pucelle.

LE HERAULT.

C'est bien raison, je m'y en voys ; 11,865
C'est une fille gente et belle.

F° 302 v°. Lors s'agenoille devant la Pucelle et dit :

Las! Madame, vous estes celle
Qui m'avez recouvert de mort.

LA PUCELLE.

De leur rebellion cruelle
Pugniz en seront de leur tort. 11,870
En nom Dieu, je vueil aller voir
Les Anglois qui sont es Torelles,
Afin que y vueillent prouvoir
Et qu'i sachent de mes nouvelles.
Je scay bien qu'i sont fort rebelles 11,875
Et qu'i n'y vouldront obeyr.

LE RECEVEUR.

Anglois usent de grans cautelles,
Et, s'i pevent, vous feront desplaisir.

Lors partira la Pucelle toute armée et plusieurs avec elle à tous instrumens. Et viendra sur le bouloart de la Belle Croix sur le pont, puis parlera hault es Anglois qui seront es Torelles, et dit

F° 303 r°.

LA PUCELLE.

Glasidas, puissant cappitaine,
Et vous tous autres grans seigneurs, 11,880
Qui prenez et avez tant peine
En grans traveil et grans labeurs,
Delesser vous fault ces erreurs
Et en voz pays retourner,
Sans estre plus detracteurs, 11,885
Ne plus icy ne sejournez.
Saichez que je suis cy venue
De par Dieu, qui est tout puissant,
Vous dire que nulle tenue
Ne faciez plus ne tant ne quant. 11,890

Levez le siege incontinant
Sans plus y commectre de guerre,
Et vous en allez de present
En vostre pays d'Angleterre.
En France vous n'avez nul droit 11,895
Ne ne vous compete nullement;
C'est au daulphin, qui a le droit
A avoir le gouvernement.
Par droit et par vray jugement,
Luy appartient la fleur de liz. 11,900
Si vous en allez vistement
Et delessez tout son pays.
Et se ainsi ne voulez faire,
Je suis celle pour vous combatre,
Et morez tous de mort amere. 11,905
Ne pensez point en riens rabatre,

F° 3o3 v°. Que je suis seulle contre quatre,
Et ung seul en combatra dix.
Ne vous lessez donques point batre,
Et entendez bien à mes dis. 11,910

GLASIDAS.

Toy, faulce, truande, vachiere,
Comment ose tu cy venir,
Orde, très villaine sorciere,
Nous dire nostre desplaisir?
Par le sang Dieu, te feray morir 11,915
Et en ung feu ardre et bruller;
Nul ne t'en pourra garantir,
Dont t'es volu ainsi parler.

FAUQUEMBERGE.

Fille, tu es bien oultrageuse

Et bien folle demonyacle, 11,920
Bien enragée et maleureuse
De voloir tenir tel sinacle[1].
Tu cuides dont faire miracle
Pour croire en tes diz et clameurs?
Mès va ailleurs vendre triacle; 11,925
Nous ne sommes pas enchanteurs.

LE SIRE DE MOLINS.

Va garder tes brebiz et bestes
En Barois, avecques ta mere;
Les François á tes diz s'arrestent,
C'est qu'i ne savent plus que faire. 11,930
Dezelau, dezelau[2], bergiere!
Tu pense garder tes motons;
Y te fault une panetiere
Ainsi comme les autres ont.

BAILLI D'ESVREUX.

Et comment n'as tu point de honte, 11,935
Garce, toy armer contre nous?
Veuls tu devenir duc ou conte
Ou baron, quel est ton propoux?
Quant ce viendra à donner coups,
Se tu te trouves en meslée, 11,940
Je parise que mau repoux
Tu auras et maise nuytée.

LE SIRE DE PONT.

Apresse toy que je te voye,
Assavoir se tu as puissance.

---

[1] Tenir telle assemblée, cénacle? ou telle marque d'élection, *signaculum?*

[2] Est-ce là un mot à l'usage des bergers de l'époque, que l'on répète à la Pucelle par dérision?

LE MISTERE DU SIEGE D'ORLEANS.

Que trouver te peusse en ma voye, 11,945
En fait de guerre, à ma plaisance!
Tu pourras bien dire qu'en France
Y es venue en la maleure.
- Folle garce, sans demorance
Va t'en garder ta nourriture. 11,950

F° 3o4 v°.
LA PUCELLE.

Vous me dictes beaucoup d'injure,
Messeigneurs, et avez grant tort;
Mès par raison et par droiture
Vous en endurrez desconfort.
Vous vous boutez tous en effort 11,955
De moy voloir injuryer;
Mès vous le comparrez si fort
Que l'eure vous en maudirez.

GLASIDAS.

Tu es une putin prouvée,
Je le scay veritablement. 11,960
Telle tu es et reputée;
Chascun le scet certainement.

LA PUCELLE.

Vous avez menti faulsement,
Or[d], vilain paillart, Glasidas!
Infame! maleureusement 11,965
Avant douze jours tu morras.

Adont se descend du dit bouloart et riviere comme dessus, à grans instrumens, à la ville. Puis dit
BASTARD D'ORLEANS.

Dame Jehanne, que dictes vous?

468 LE MISTERE DU SIEGE D'ORLEANS.

F° 3o5 r°.
Vous avez parlé es Anglois,
Qui ont tousjours ferme propoux
Voloir destruire les François. 11,970
Vous ont il esté mal courtois?
Qu'en dictes vous, je vous emprie?
Y sont puissant, comme je croiz,
Et ont grant force artillerie.

LA PUCELLE.

Peu de chose est, je vous affie; 11,975
En eulx n'est honneur ne prudence,
Proesse ne chevallerie,
Mès sont rempliz d'oultrecuidence,
Demeure de ce que fol pence,
Et plusieurs foiz en sont deceuz. 11,980
On dit par experience :
L'anfourner fait les pains cornuz.
Je veuil encore retourner
Devers les Anglois, deçà Loire,
S'i se vouldront point ordonner 11,985
Aussi de voloir mes dis croire;
Je ne scay qu'il en vouldront faire :
Pour leur meilleur [ils] me croiront
Sans voloir aller au contraire,
Et mes dis il ensuyvront. 11,990

F° 3o5 v°.
LE BASTARD D'ORLEANS.

Dame Jehanne, vous conduisons
Où y vous plaisa à aller.
Anglois fort à congnoistre sont :
En eulx ne se fault rigoller,
N'en leur maintien, n'en leur parler; 11,995
Frappent et tuent sans dire gare.

Ne fyer ne vous y vueillez,
Que il y aroit beaucoup tare.

LA PUCELLE.

Je vueil aller presentement
Au bouloart, pour voir à plain   12,000
L'oust des Anglois entierement,
Qui est près de la Croix Morin,
Que je les puisse voir afin,
Et que parler à eulx je peusse
Anuyt, sans atendre à demain,   12,005
Et que leur voulenté je sceusse.

Adont partira la Pucelle et plusieurs seigneurs, tous en grand point, avecques elle. Et dit, après qu'elle sera montée,

LA PUCELLE.

Çà, messire Jehan Tallebot,
Et vous tous autres chefs de guerre,
F° 306 r°. Où est le duc de Bedesfort,
Qui se dit regent d'Angleterre?   12,010
Je vous vueil prier et requerre
Que d'Orleans vous vous en aillez;
Car icy vous n'avez que querre
Et sans cause vous travaillez.
Je vous denonce pour le mieulx   12,015
Que vous partez diligemment,
Et vous en allez en voz lieux,
Oultre la mer, tout doulcement.
Vos vyes saulvez tant seullement,
D'acort suis vous lesser aller,   12,020
Sans coups ferir aucunement,
Et que ce siege vous levez.

Le Dieu du ciel vers vous m'envoye
Le vous dire, et le vous annonce,
Qu'an France n'avez droit ne voye; 12,025
Pour ce le vous fault delesser.
Vueillez vostre guerre cesser
Et lessez France tout en paix;
Autrement, vous feray couroucer
Et morir vous tous par mes faiz. 12,030

TALLEBOT.

Faulce, truande, deshonneste,
Bergiere, ribaude, putin,
Nous viens tu faire ceste feste,
Et venir à nous de si loing?
Tu es d'un pays tant lointin, 12,035
De Barrois, lessant pere et mere,
Comme folle courant chemin,
Pour à ta voulenté complaire.

CONTE DE SUFFORT.

Garce, du duc de Bedesfort
En ose tu parler et dire? 12,040
Je suis cy comte de Suffort
Pour luy te voloir contredire;
Et pour bien te garder de rire,
Se aucunement te rencontre,
Morir te feray à martire, 12,045
Qu'i fault que ton maleur se monstre.

FACESTOT.

Dy moy, qui te meult de venir
A porter harnoiz contre nous?
Nous pense tu faire fouyr

Et que pour toy nous ayons poux ? 12,050
Encor sont les François plus foulx
En tes parolles voloir croire ;
A princes c'est bien au rebouz,
Chetis et de povre memoire !

LE SIRE D'ESCALLES.

Es François c'est grant deshonneur 12,055
De soustenir une vachiere,
Pour cuyder venir à honneur,
Que jamès ne fut que bergiere.
Vous estes bien de pouvre afaire,
De povre maleureux coraige, 12,060
De lesser la guerre à parfaire
A une garce de villaige.

MESSIRE THOMAS RAMETON.

Messeigneurs, c'est à vous grant honte
De vouloir avoir ce reproche ;
Comme bergiere vous surmonte, 12,065
Et si grant deshonneur vous touche.
Y semble que en une poche
Vous mettroit se elle vouloit ;
Ne convient souffrir qu'elle approche
En armes pour faire aucun fait. 12,070

PREVOST DE PARIS.

Or pert il bien evidemment
Que François n'ont plus de puissance,
D'eulx atendre tant seullement
En elle avoir recouvrance.
Mieulx vous fust, dea, de lesser France, 12,075
Et la paillarde remener

En son pays et demorance,
Puisque en estes abusez.

TALLEBOT.

Garce, de très vilain coraige
Tu nous es venue ataingner.   12,080
Sorciere et remplie de rage,
Au gibet te feray traingner.
Mieulx y te vaulsist pourmener
En ton pays, par quelque guise,
Que de voloir venir regner   12,085
Cy en France, en ta paillardise.

LA PUCELLE.

Tallebot, or[d], vilain paillart,
Menteux et rempli de laidure,
Deshonnete comme un soillart,
Et dont de toy n'ysist que ordure,   12,090
Ton ort parler et ton injure
Te tournera en desarroy,
Et congnoistras ta forfaiture,
Que tu morras des gens du Roy.
Et vous tous autres, cappitaines,   12,095
Vous recongnoistrez la follye
De voz folles parolles vaines,
Dont vous me dictes villannie,
Laquelle chose n[e] est mie;
Mès mentez maleureusement   12,100
Et en perderez vous tous la vie
Et definerez piteusement.
Si vous deffenderay le povoir
De conquester nul heritaige;
En France n'aurez nul manoir   12,105

Ne n'y aurez nul avantaige.
Mès du tout à vostre dommaige
Je vous en feray deppartir,
Sans plus jamès avoir coraige
Ne puissance mès de finir. 12,110

Adont se descend et retourne à Orleans, et va ouyr vespres à Saincte Croix. — Et y a pause.

LA PUCELLE.

En nom Dieu, j'ai grant voulenté
Après disner que nous aillons
Voir le bien et honnesteté
Des Anglois, qui à Saint Loup sont.
En m'a dit que du mal y font, 12,115
F° 308 v°. Que par là nul François ne passent
Qui ne soient pris, mis à ransons,
Et que tout alentour tout gastent.
Bastard d'Orleans, je vous supplie
Que nous les aillons visiter, 12,120
Les assaillir, quel que nul die,
Pour les vouloir dehors bouter.
Il est temps les persecuter,
Que il ont leans trop esté;
Si vous vueillez tous aprester. 12,125
Et armer pour la seureté.

BASTARD D'ORLEANS.

Dame, à vostre voulenté
Ce qui vous plaisa nous ferons;
Mès y sont très grant quantité,
Ainsi que rapporté nous ont, 12,130
Bien cinq cens, tous fors compaignons,
Par quoy y seront fors à prandre;

Et bien fortiffiez ce sont,
Ainsi comme je puis entendre.

LA PUCELLE.

En nom Dieu, si yrons nous vois 12,135
Comme nous les pourrons avoir;
Y sont leans comme en ung bois,
Et ne font riens que larronner.
F° 309 r°. Seigneurs, faictes vostre devoir :
Lahire, soyez des premiers 12,140
Et vous y vueillez esprouvoir;
Vous, messire Fleurant d'Illiers,
Alan Giron, vous et voz gens,
Et aussi Jamet du Tillay,
Monstrez vous aujourd'uy vaillant 12,145
En armes et bien esveillay.
Soyez prest et appareillé
De bien voz anemis combatre,
Que aujourd'huy les assauldray
Pour vouloir leur orgueil abatre. 12,150
Vous, Monseigneur le mareschal,
Baron de Colonces, Graville,
Vous garderez en general
Avecques les gens de la ville,
Et sauldrez près la bastille 12,155
De Saint Poair[1], vous et voz gens tous,
Que Anglois ne saillent à la fille
Pour leur vouloir donner secours.
Or sus, messeigneurs et amys,
Faictes trestous, je vous emprie, 12,160
Et allons voir noz anemis

---

[1] Bastille élevée au nord d'Orléans, et que les Anglois avaient nommée Paris.

Plains d'orgueil et de villannie.
Il est temps, l'eure est acomplie,
Que nul n'en differe ne tryve;
Mès ayez tous chiere hardie, 12,165
Et cil qui m'aymera me suyve.

F° 309 v°. Lors les trompetes sonneront, et partiront le Bastard d'Orleans et plusieurs grant nombre de gens d'armes, bien en point. Et à Saint Loup sonnera une cloiche à l'effroy, et cryront *à l'arme*. Et vient la Pucelle en grant devoir, faisant grant admiracion, une espée nue en sa main. Et plusieurs eschellent leur fortresse à force d'armes, et à force entreront dedans et tueront tout ce qu'i rencontreront des Anglois tous mors, et feront saillir du hault de la tour des Anglois à terre, et seront tuez de deux à trois cens, et prisonniers grant quantité. Puis dit

LA PUCELLE.

Enffans, y fault tout mectre jus,
Bastilles et bouloars,
Qu'i ne puissent plus faire abus,
Et que tout soit brullé et ars. 12,170
Et n'estoient leans que paillars,
Gens de mauvaiz gouvernement,
De roberies de toutes pars,
Lesquelz ont eu leur paiement.

F° 310 r°. ### LE BASTARD D'ORLEANS.

Dame Jehanne, voicy beau fait, 12,175
Bien besoigné pour commencement;
Pour les Anglois ung mauvais trait
Et pour eulx grant encombrement.
Se sont fiez totallement
En leur fortiffication; 12,180
Mès sont tous mors à grans tormens
Et à leur grant destruction.

LA PUCELLE.

Il est bien temps de nous retraire,
Voicy la nuit qui est venue.
Noz gens ont éu fort à faire, 12,185
Et des Anglois bien deffendue;
Mès, Dieu mercy, avons eue
Victoire allencontre d'iceulx,
Que reschappé, ne pié ne queue,
Y n'en est pas ung tout seul d'eulx. 12,190

Lors viendra à Orleans, et y a pause. — Et tous en belle ordonnance, clairons, trompetes, amenent grant foison prisonniers à tous les roiges croix lyez; et puis dit la Pucelle :

F° 310 v°. LA PUCELLE.

Messeigneurs et mes bons amis,
Trouver fault expedient
De despecher noz anemis
Qui ont esté par cidevant,
Vous savez, il y a longtemps. 12,195
Huit mois y sont bien acompliz
Qu'il ont tousjours, comme j'entent,
Volu faire grant desplaisir.
Si nous est chose neccessaire
De les ouster du bout du pont, 12,200
Que il ont toute la frontiere
De la Sauloigne et environs,
Par quoy vous ne povez pas dont
Avoir vivres bien à vostre aise.
Pour les ouster de là où y sont, 12,205
Je conseille que on y voise;
Que se vous avez les Torrelles
Et leurs fortifficacions,

Plus ne vous seront si rebelles
Ne plus tant ne vous greveront; 12,210
Que de là gectent leurs canons
Qui font des maulx parmy la ville,
Et est de là où y vous font
Plus de mal ad ce domicille.
Si en vueillez disposer 12,215
Par quel point nous les assauldrons,
Et tous ensemble propposer
En disant voz oppinions.
Pour aujourd'uy riens n'en ferons
Qu'il est jour de l'Ascension, 12,220
Mès nonobstant bien pourrons
En faire la conclusion.
Et pour dire mon advis,
En sauvant l'onneur de vous tous,
Ainsi comme entendre je puis, 12,225
Dire je le vueil devant vous:
Si est que, selon mon propoux,
Entre la Tour Neufve et Saint Leu,
Que nous passions demain nostre oust,
Et ainsi comme au point du jour. 12,230
Il ont aussi Saint Jehan le Blanc,
Qu'il ont très fort fortiffié,
Et se sont logez là dedans
Qui nous a prejudicié;
Si sera demain defyé 12,235
Pareillement leur bouloart;
Mès que par vous notiffié
Y soit present de vostre part.

BASTARD D'ORLEANS.

Dame Jehanne, pour verité

Je ne vous say que conseiller ; 12,240
Faictes à vostre liberté,
Je n'en vueil autrement parler.
F° 311 v°. Vous savez que l'on peut aller
Mieulx que nous, et bien le savons ;
Faictes et vous appareillez, 12,245
Nous tous autres nous vous suyvrons.

SAINTE SUAIRE.

Vous avez bon commancement,
Dame Jehanne, il est bien certin,
Quant ainsi vigoureusement
Avez ouvré de vostre main. 12,250
Des Anglois avez fait la fin
A Saint Loup, là où il estoient,
Dont enclos estoit le chemin,
Et tout ce pays là gastoyent.

GRAVILLE.

Vous avez victoire et honneur 12,255
Dont vous avez Saint Lou conquist ;
N'est prince de si grant valeur
En France qui autant acquist.
C'est ung assault par vous exquis,
Et dont y sera toujours memoire ; 12,260
N'estoit nul de nous qui le fist,
A vous est louenge et la gloire.

MESSIRE FLEURANT D'ILLIERS.

C'estoit une place imprenable
F° 312 r°. De leur taudis et bouloart,
Pour les François fort dommageable ; 12,265
Nul n'osoit aller celle part.

Or avez vous de part en part
Nestoyé ceste truandaille;
Chascun doit bien avoir regart
De bien suyvre vostre bataille. 12,270

BARON DE COULONCES.

Dame Jehanne, avez bien besoigné
En cest assault derrenierement.
Honneur et pris avez gaigné
Devant tous generallement;
Que, par vostre grant hardyment, 12,275
Vous avez la place gaingnée,
Et mis Anglois à finement
Par vostre puissance esprouvée.

THIBAULT DE TERMES.

Dame Jehanne très redoubtée,
En vous est proesse et honneur, 12,280
Et vostre vaillance esprouvée
Par devers tous en grant valleur.
Et par vostre très loyal cueur
Voloir les Anglois assaillir,
Qui nous ont fait mainte doleur; 12,285
C'est bien droit qu'i soyent pugniz.

ALAIN GIRON.

Vous parlez de Saint Jehan le Blanc
Courre sur eulx et assaillir;
Mès sont fortiffiez leans
Que à peine en pourrez chevir. 12,290
Et joins, les viendront secourir
La grant puissance des Torrelles,
Qui viendront sur nous tous ferir,

Que y sont puissant et rebelles.
Et sera une forte chose 12,295
Entreprandre ung si grant affaire,
Que vostre armée sera close,
Sans que nul vous puisse bien faire.
Y sont bien, comme j'espere,
De neuf à dix mille Anglois, 12,300
Et puis vous avez la riviere,
Que nul ne vous sauroit provois.

JAMET DU TILLAY.

Je ne scay comment entendez
De les vouloir par là surprandre.
Tantoust pourront contremander 12,305
Leurs gens, qui viendront, sans atendre,
De toutes parts vers eulx se rendre,
Qui à toute heure peuvent passer.
Vous pourront decepvoir et prandre,
Voire jusques à Jargueau chasser. 12,310

F° 313 r°. ### DENIS DE CHAILLY.

La besoigne si est doubteuse
Et bien forte à consulter,
Pour les François bien dangereuse
D'eulx aller vers eulx presenter,
Qui pevent avoir de tous coustez 12,315
Secours par au droit Saint Privé;
Il y passent sans arrester,
Leur chemin leur est tout privé.

CANEDE.

Y fait bon soy donner de garde
Qu'un tel oust ne soit desconfit; 12,320

Ce seroit trop vilaine perte
Et l'oust des François seroit frit :
Que de nous tous sans contredit
Seroit leur puissance perdue,
Ne plus seroit qui s'i offrit 12,325
Pour y faire aucune tenue.

GAUCOURT.

Ne fault pas aussi regarder
Du tout à l'inconvenient;
Volez vous dont tousjours tarder,
Et delesser ainsi le temps ? 12,330
Ces loups qui nous sont ravissans
A tort, sans cause et sans querelle,
Ung de nous en vault mieulx que cent
Soubz l'estandart de la Pucelle.

VILLARS.

Messeigneurs, comme povez voir, 12,335
Il y ont esté longuement;
Vous savez, passé a huit mois,
Nous ont fait grant encombrement,
Et ne voyez aucunement
Nulle voye pour y mectre fin 12,340
Emplus que du commancement :
C'est comme une chose sans fin.

LA HIRE.

N'en fault jà tant dissimuler,
Mais faire fault en la maniere
De Jehanne, pour à bref parler. 12,345
Elle en scet ce qui est à faire,
De ce qui nous est neccessaire;

Et à son propoux vueil entendre,
Sans voloir dire au contraire,
Que y ne nous en peut mal prandre. 12,350

LA PUCELLE.

En nom Dieu, je le croy ainsi
Fermement, que Dieu aydera,
Et n'ayez ne peur ne soussy.
S'i luy plaist, y nous conduira,
Et en la ville on fera 12,355
Aujourd'uy trestous les aprest,
Et puis demain on partira.
Au point du jour que tout soit prest :
Eschelles, cordes et crochez,
Lances de feu et bien ardant, 12,360
Coulevrynes pour despescher,
Grosses arbalestres passant,
Maillez de plomb gros et pesant;
Et que tout soit prest, que riens faille,
Puis demain, en nom Dieu, devant 12,365
Nous yrons en belle bataille.

Lors icy y a pause. — *Et chascun fait grand aprest et s'armeront. Puis dit*

TALLEBOT.

Ha! messeigneurs, je meurs de deul,
De doleur que j'é en corraige,
Que la larme m'en vient à l'eul
De voir advenir tel dommaige 12,370
Que voicy et plus grant oultraige
De Saint Loup avoir esté pris;
Tant de gens de si hault lignaige
Y ont esté mors et premis!

LE MISTERE DU SIEGE D'ORLEANS.

Ha! la faulce et tristre putin! 12,375
F° 314 v°. Par elle nous vient ceste chose;
Mais, se je la tiens en ma main,
Son corps n'a garde qu'i repose :
Traquer le feray, je le propose,
Desmembrer à quatre chevaulx. 12,380
D'elle, qui est si peu de chose,
Les François en font leurs basteaulx.

CONTE DE SUFFORT.

Ce nous est ung grant desplaisir,
Et en suis treffort courroucé;
Y nous fault bien entretenir 12,385
Que nostre oust ne soit renversé.
Le cueur des François est haulsé,
Et ne vient que pour la ribaulde;
Tel en sera recompensé
Et en suera la sueur chaulde. 12,390

MESSIRE JEHAN DE LA POLLE.

La truande nous a gastez
Et mis en desolacion;
Mès luy chanteray ses pastez
En sa grande confusion.
Il n'est plus d'aultre mencion 12,395
Que des faiz et vertuz d'icelle,
Qui est une derision,
Disant tous que c'est la Pucelle.

F° 315 r°. ### LE SIRE D'ESCALLES.

Y fault entendre à nostre fait,
Resister à la deablesse. 12,400
Chascun dit qu'elle a tout fait,

Emporté l'onneur de noblesse,
De France toute la proesse
Et l'onneur de chevallerie;
Chascun devers elle s'adresse : 12,405
N'est si grant qui ne la supplie.

FACESTOT.

Je vous diray, pour abreger,
Y n'en fault plus cryer ne braire;
Mès pensons de nous en vengier
Et nous tenir tous en frontiere. 12,410
Puis aussi mandez la maniere
Au vaillant prince Glasidas,
Et que, s'il a de nous affaire,
Nous yrons plus toust que le pas.

TALLEBOT.

Assez saige il est en ce cas. 12,415
Il ont bien veu l'assault bailler;
Mès y n'eust peu ne hault ne bas
Les secourir ne soulager.
Il eust bien volu y aller;
Mès y estoit Loire entre deulx; 12,420
F° 315 v°. Pour neant se fust travaillez,
Qu'i ne povoit aller à eulx.

Pose. — Et puis dit
GLASIDAS.

Messeigneurs, voicy mal venu
De Saint Lou, qui est ainsi pris.
Demeuré n'est grant ne menu; 12,425
Je croy qu'il ont tout à mort mis.
Il estoient gens de très hault pris

Tant duc, contes et chevalliers,
Qui ont esté ainsi surpris;
Ce nous sont très grant destourbiers. 12,430

FOUQUEMBERGE.

C'est ceste mauldite Pucelle
Qui a fait cest ouvraige cy.
François se sont fiez en elle;
Je ne le puis comprandre ainsi.
N'avons eu que peine et soussi 12,435
De onques puis qu'elle arriva,
Ne ne puis entendre ceci;
C'est le dyable qui l'amena.

LE BAILLY D'ESVREUX.

Onques depuis nous n'eusmes joye;
Que de Dieu soit elle maudite! 12,440
Et tout nostre oust elle desvoye,
Par son iniquité induicte.
Elle est enchanteuse producte,
Sorciere, et chascun le peut vois.
Que morir puist elle en soubite, 12,445
Et tous les François qui la croyent!

LE BAILLY DE MENTE.

Vous povez bien congnoistre et vois
A sa façon dyabolique
Que vaudoise est, je la congnois,
Desloyalle, faulce, lubrique; 12,450
Et est chose fantastique
De voir une femme en armée,
Et es François ung grant replique
Que sur tous eulx soit renommée.

MOLINS.

Quant à moy je n'y entend riens. 12,455
Y fault provoir à nostre fait,
Nous fortiffier cy dedans,
Et nous mectre tous en effait.
Y ne leur fault qu'un mauvais traict,
C'est que leur Pucelle on peust prandre; 12,460
Tout leur oust seroit tout deffait
Pour vous bailler clefz et tout rendre.

PONS.

Y nous fault tacher à l'avoir;
C'est leur escu, c'est leur deffence.
François n'ont plus autre povoir, 12,465
Et est tout l'espoir de France,
Qui est à eulx grant insolance
Qu'an une paillarde putin
Mectent tout leur oust en balance,
Et n'atendent plus autre fin. 12,470

GLASIDAS.

Y nous fault tendre ce chemin,
C'est fortiffier ceste place,
Avoir artillerie tout plain
Pour gecter contre cette garce;
Qu'en ung feu puisse elle estre arse! 12,475
Si luy feray, si je la tiens,
N'y trouverra nul controverse,
Et Orleans en feu et en sanc.
Mès oultre me suis advisé,
Pour pugnir François cautement, 12,480
Anuyt, de nuyt, soit debrisé

Deux arches du pont proprement,
Sans faire bruit aucunement,
Couvertes de palissonnys ;
François sauldront abondamment   12,485
Sur nous, puis seront noyez ou pris.

FOUQUAMBERGE.

Glasidas, vous avez bien dit :
Par une planche bonne et seure
Retrairons petit à petit
Noz gens, pour la chose doubteuse.   12,490
François viendront de grant aleuze
Et de grant puissance sur nous,
Puis en l'eaue parfonde et creuse
Seront noyez leans trestous.

EVREUX.

Or sus donques, ainsi soit fait.   12,495
La chose est très bien advisée,
Que s'i se trouvent là endroit,
Leur vie n'aura plus de durée.
Faire y fault une grande allée
Afin qu'i viengnent à monceaulx,   12,500
Que se l'on mange chair sallée,
On leur fera boire des eaux.

MENTE.

Faire le fault secretement
Devers la nuyt, comment qu'i soit,
Sans faire bruit aucunement,   12,505
Par bons ouvriers et gens de fait.
Et, qui vouldra, j'en prans le fait
De ceste chose là parfaire,

Et de faire vostre retrait,
Que j'entend toute la matiere. 12,510

GLASIDAS.

Monseigneur, mès je vous emprie
Qu'i vous plaise en prendre la charge;
Que ceste femme trop m'ennuye
Et qui nous a fait tant oultraige.
Mesmement, si luy meult coraige, 12,515
Elle nous vendra assaillir;
Faisons dont à vostre avantaige
Pour les François faire perir.

MENTE.

Ne vous en doubtez nullement.
Je feray si bien la besoigne 12,520
Que il en morra largement,
Dont François auront grant vergoigne.
Et se la folle ne s'esloigne,
Elle pourra venir cy près
Qu'elle y demourra, qui qu'an groigne, 12,525
Et ceulx qui la suyvent après.

*Lors yront rompre deux arches du pont, et feront une planche. — Pose longue.
— Et puis dit*

F° 318 r°. NOSTRE DAME.

O chier filz, doulcement vous prie,
Vueillez conduire la Pucelle;
Que la chose soit atomplie,
Ainsi l'avez promis à elle. 12,530
Elle vous est très humble et belle,
Obeissant en tous voz dis;
Plaise vous donc par icelle

De recouvrer les fleurs de lis.
C'est vostre petite servante; 12,535
Veuillez la, mon chier filz, conduire.
En vous elle met son entante,
Comme luy avez fait produire.
Elle est en danger de martire,
Et très grant besoigne entrepris; 12,540
Secourez la, mon très doulx sire,
A confondre ses anemis.

SAINT EUVERTRE.

Mon chier seigneur, tant que je puis,
Vueillez vostre fille garder,
Et ceulx d'Orleans, vos bons amis, 12,545
Vueillez en pitié regarder;
Que se ne les contregardez,
Il auront de bref fort à faire.
Pere, se vous n'y entendez,
Pourront cheoir en grant misere. 12,550

SAINT AIGNAN.

O Dieu très digne et glorieux,
Ayez pitié de vostre fille,
Laquelle est en dangier perilleux,
Qu'i n'en est de plus difficille;
Aussi à vostre povre ville, 12,555
Dont vous pleust que fusse patron,
Que par fortune layde et ville
Ne soit mis à destruction.

DIEU.

J'ay bien à mon intention

La vouloir garder et deffendre, 12,560
Et mectre à execution
Ainsi que luy ay fait entendre.
Non pourtant qu'elle est jeune et tendre,
Endurra beaucoup de diffame;
Mès, à la fin, je la vueil prandre 12,565
Et mectre en mon royaulme son ame.
Ad ce que je dis parvendra,
Dont ne sera sans grant torment,
Et beaucoup de peine endurra
Pour le royaulme tant seullement. 12,570
Le Roy aura recouvrement
Par elle, ainsi que je l'ay dit,
Sans que les François nullement
Y ayent honneur ne esdit.
Vous Euvertre, et vous Aignan, 12,575
Allez à Orleans la garder,
Et aydez sur toute rien
A la Pucelle et entendez.
Gardez la ville et deffendez
Que ne soit gastée et destruicte, 12,580
Et à ceste fin contendez;
Je vous en baille la conduicte.

SAINT EUVERTRE.

Chier sire, je vous remercye
De l'onneur et du grant plaisir
Que la cité ne soit perye, 12,585
Laquelle estoit en grant peril.
Nous voulons à vous obeyr
Et ensuyvre vostre ordonnance.
Puis qu'i vous plaist la secourir,
C'est par vostre begnivolance. 12,590

SAINT AIGNAN.

O Dieu, de divine puissance
Quel don faictes vous à Orleans,
Quant leur monstrez tel excellance
Et leur conservez tant de biens!
Jamès ne sera eulx ne les siens,   12,595
Toute leur generacion,
Que de ce ne soyent souvenant
Vers vous, en grant devocion.

DIEU.

Allez et partez d'icy sus;
Voz anemis convainquerez   12,600
Par la Pucelle et subjuguerez,
D'icy à cent ans, voire plus.

SAINT EUVERTRE.

Puisque ainsi avez conclus,
Nous yrons Orleans conserver.

DIEU.

Allez et partez d'icy sus;   12,605
Voz anemis convainquerez.

SAINT AIGNAN.

Vostre voloir sera mis sus
Et les anemis conjurez,
Qui ne pourront perseverer
A leurs faulx deliz et abus.   12,610

DIEU.

Allez et partez d'icy sus;

Voz anemis convainquerez
Par la Pucelle et subjuguerez
D'icy à cent ans, voire plus.

Adont y a pause de tous instrumens. — Et viendront saint Euverte et saint Aignan sur les murs de la ville d'Orleans, et puis feront le signe de la croix par toute la ville, et sur les Anglois les seigneront, et benisteront la Pucelle et les François. Puis dit

LA PUCELLE.

Messeigneurs et mes bons amis,   12,615
Il est temps d'icy de partir,
Pour aller voir noz anemis
Qu'i sont ainsi volu venir.
Il les fault faire deppartir
Et les chasser d'autre cousté,   12,620
Qu'i vous ont fait grant desplaisir
Bien huit mois qu'il y ont esté.
Traverser nous fault la riviere,
Puis aller à Saint Jehan le Blanc[1],
Desployer là nostre baniere,   12,625
Qu'i sont fortiffiez dedans.
Soyez vertueux et puissans,
Aujourd'uy aurez fort à faire;
Mès en Dieu soyez confians,
Et y vous donra la victoire.   12,630

LE BASTARD D'ORLEANS.

Dame Jehanne, à vostre voloir
Nous ferons et vostre ordonnance,
Et chascun y fera devoir
A frapper d'espieu et de lance.
Et avons fait grant diligence   12,635

---

[1] Village sur la rive gauche de la Loire, qui touche aujourd'hui au faubourg du Portereau.

Que on a besoigné ceste nuyt,
Et fait très grande provoyance,
Sans avoir fait noise ne bruyt.

LA HIRE.

Quant y vous plaisa partirons,
Que tous voz gens sont appoinctez,
Abillez, gentilz compaignons,
De quatre mille bien comptez.
Où y vous plaisa les bouter
Et employer à vostre guise,
A vous servir de tous coustez
Et en faire à vostre devise.

GRAVILLE.

Vous voyez très belle entreprise,
Dame Jehanne, et bien ordonnée,
De grant façon gens exquise
Et tous de très grant renommée,
Pour vous servir disposée
En tous cas à vivre et morir.
Si partez dont, si vous agrée;
Loyaulment vous veullent servir.

LA PUCELLE.

En nom Dieu, je prans grant plaisir
Et croy qu'i sont loyaulx et bons;
Aujourd'uy pourront acquerir
Victoire dessus ces Godons.
Et vous pry que advisez dont
A y aller sans plus attendre,
Et comme au droit des Bouterons
Nous conviendra là tous descendre.

YLLIERS.

Tout est prest, n'en differez plus,
Et toute vostre artillerie;
N'est celuy qui ne soit mis sus
A vous servir à chiere lye.
Vous avez belle compaignie,
Dame Jehanne, et très fort honneste.

LA PUCELLE.

Vous tous, messeigneurs, vous mercye.
De par Dieu! partons; je suis preste.

Adont icy y a pause de trompetes, clairons. — Et tous, en belle ordonnance, leurs estandars desployez, partent et yront descendre au droit des Boulerons, et là s'assembleront tout ensemble. Puis dit

LA PUCELLE.

Vous, Bastard d'Orleans, je vous prie
Que nous pragnions Saint Jehan le Blanc;
Derriere ne les lessons mie,
Que y nous seroit trop nuysant.
Soyez hardy, preux et vaillant,
Et gardez que nul n'en eschappe;
Suyvez moy, venez en avant,
Que je vois assaillir la place.

Puis icy les François feront ung grand cry, et viendra la Pucelle contre Saint Jehan le Blanc et tous les François, qui impetueusement, de force d'armes, prandront Saint Jehan le Blanc; et ce pendant de là saillent ceulx des Torrelles : sonneront leur beffray et se armeront et se metteront tous en belle ordonnance pour venir secourir Saint Jehan le Blanc; mès avant la Pucelle entrera dedans la bastille Saint Jehan le Blanc, et tueront tous les Anglois de dedans. Puis dit

GLASSIDAS.

Messeigneurs, voilà les François
Qui assaillent Saint Jehan le Blanc ; 12,680
Ad ce nous y fault bien provois,
Qu'i mettront à mort tous noz gens.
Mes amys, soyez diligens,
Et les allons tous secourir,
Si ne soyons negligens, 12,685
Qu'i sont pour les faire morir.

FOUQUAMBERGE.

F° 322 v°.

C'est ceste infame paillarde
Qui a les François amenez ;
Y nous fault prandre la coquarde,
Qui veult les François gouverner. 12,690
Or sommes nous mal fortunez
Que, pour ceste faulce truande,
Nous ne savons quel part tourner,
Qui nous est une grande escande.

BAILLY D'ESVREUX.

Pour y aller nous fault entendre 12,695
Sans nous effrayer nullement,
Et tacher tous la voloir prandre,
Y entendre soigneusement.
En armes tous generalement
Nous sommes de cinq à six mille, 12,700
Pour les destruire vaillamment
Et pour prandre aujourd'uy leur ville.

MENTE.

Messeigneurs, tous en ordonnance

Voy les là vers le champ aux cordes;
Monstrer nous fault nostre vaillance. 12,705
N'ayez en vous nulles discordes,
Et tuez sans misericordes
Les François, sans les espargner,
Et n'ayez pas peur qu'i vous mordent;
En leur sanc me feray baigner. 12,710

F° 323 r°.

MOLINS.

Regardez, voylà l'estandart
De ceste maudicte sorciere.
Je congnois qu'elle est ceste part,
Et est la premiere en frontiere.
Se nous est ung grant vitupere, 12,715
Se de par nous n'est confondue,
L'orde, vile, faulce lodiere;
Elle deust tenir la charrue.

PONT.

Encore esse plus grant honte
A ces François de la souffrir, 12,720
Et leur deshonneur les surmonte
Qu'i la veullent ainsi suyvir.
Ne savoyent plus où fouyr;
Mès sont en ceste fantasie
Qu'i vont après comme berbiz, 12,725
Par son art et enchanterie.

GLASIDAS.

Las! messeigneurs, je vous emprie,
Allons sur eulx diligemment;
Se nous tardons, je vous affie,
Metrons noz gens à sacquement. 12,730

F° 323 v°.
    Et de vray, je scay vrayement
    Que noz gens y ont fort à faire;
    Secourir les fault prestement
    Et courrir sur ceste bergiere.

    Lors, tous en ordonnance, les Anglois sauldront des Torrelles et bouloart, et viendront à Saint Jehan le Blanc, où y trouverront tous les Anglois mors et Saint Jehan le Blanc pris de la Pucelle. Et les François et la Pucelle se seront tous retraiz en un ysle sur la riviere, audessus de Saint Jehan le Blanc. Et adont les Anglois se metteront tous en bataille devant les François. Et incontinent sault la Pucelle et puis La Hire après contre la puissance des Anglois. Et puis après tous les François suyveront et entreront très impetueusement, et y a grant bruit et fait d'armes et grant vaillantises, tellement que les Anglois seront contraincts eux reculler et poursuys jusques à leur bouloart et Torrelles. Et la Pucelle et les Fran-

F° 324 r°.
çois prandront les Augustins fortiffiez des Anglois, et y trouverront grant quantité de prisonniers enferrez et lyez, François que les Anglois là tenoient. Et la Pucelle et les François tiendront là le siege, et y vouldra coucher toute la nuyt. Et dit

          LA PUCELLE.

    Il est aujourd'uy vendredi,   12,735
    Ce VIe jour de may,
    Où nous avons, la Dieu mercy,
    Noz anemis mis en esmay,
    Que, ainsi comme je le croy,
    Y n'ont pas éu l'avantaige,   12,740
    Mès un très piteux desarroy
    Ont éu et ung grant dommaige.
    Y nous convient meshuit tenir
    Cy devant contre les Torrelles,
    Que nul d'eulx n'en puisse saillir   12,745
    Par quelques façons ou cautelles.
    Y nous sont divers et rebelles
    Et en France les maistres font;

Mès en bref temps froides nouvelles
De leur cruaulté en auront.

BASTARD D'ORLEANS.

Dame Jehanne, vous estes lasse
Et avez très fort travaillé ;
Prenez loisir, temps et espace
Que vostre corps ait sommeillé.
Vous avez aujourd'uy veillé
Sans avoir eu aucun repoux,
Et grant assault avez baillé,
Qu'il ont esté très bien secoux.

LA HIRE.

Dame Jehanne, nous ferons tous
Vostre plaisir, n'en doubtez point.
Saint Jehan le Blanc si est à vous
Avecques les Augustins,
Où des prisonniers avoit mains
François, souffrans tormens divers,
Lesquelz avons mis en voz mains,
Quant par vous y sont recouvers.

GRAVILLE.

Jehanne, vous avez cy conquis
Honneur et très grant vaillantise,
Quant vous avez voz anemis
Combatuz, tout à vostre guise,
Et leur armée avez soubmise,
Deschacée en leur bouloart.
Bonne a esté vostre entreprise,
Je congnois qu'i sont à desert.

YLLIERS.

Jehanne, par vostre bon conduit   12,775
François sont venuz au dessus;
Saint Jehan le Blanc avez destruit,
Et sont fort les Anglois confuz.
Si ne reste mès au seurplus
Que puissiez avoir les Tourelles,   12,780
Ainsi que vous avez conclus;
Se leur seroit maises nouvelles.

SAINTE SUAIRE.

Dame Jehanne, que dictes vous?
Volez vous cy siege tenir,
Ainsi que par vostre propoux   12,785
Vous avez volu maintenir?
A peine y pourrez parvenir;
Leur bouloart est deffensable,
Puis les Tourelles sans mentir,
Qui est ung lieu trop imprenable.   12,790

BARON DE COLUNCES.

Dame, je ne puis y comprandre
Les Torelles puissiez avoir,
Ne je ne le puis pas entendre;
Que les Anglois ont grant povoir,
Comme povez appercevoir,   12,795
De leurs fortifficacions,
Et ont leans ung grant manoir,
Artillerie, pouldres, canons.

THIBAULT DE TERMES.

De trois à quatre mille sont

Leans, je l'ose très bien dire,   12,800
Des plus vaillans et des plus prous
Que on pourroit dire n'escripre.
A peine les pourrez destruire
Que vostre oust ne soit diffamé,
Et sont gens pour nous desconfire;   12,805
De leur povoir suis informé.

DENIS DE CHAILLI.

A très grant peine les aurez,
Dame, je le vous certiffie;
Mès ainçois vous pourront grever
Et voz gens par artillerie.   12,810
Il ont leans grant seigneurie,
Tous gens de fait, gens de puissance,
Que pour morir ne souffront mie
Perdre la place en leur presance.

CANEDE.

Je n'y voy nulle esperance   12,815
Que le bouloart vous ayez,
Que il ont trop belle deffence
Pour tout vostre oust contraryer.
Y sont leans fortiffiez
De pouldres et artillerie,   12,820
Que à grant peine les aurez,
Et croy que ne les aurez mie.

VILLARS.

Je scay bien Glasidas y est,
Fouquamberge et autres seigneurs,
Qui ont fait leans grant aprest   12,825

Pour tenir et porter tous heurs.
Et se tiennent leans bien sceurs
Que nul ne les pourroit avoir,
Et vous en peut venir doleurs
Par quoy vostre oust s'en peut doloir. 12,830

ALAIN GIRON.

En ce cas je ne scay que dire :
Vous estes saige et prudente
Pour bien la besoigne conduire
Et parvenir à vostre entente.
Fait avez ouvraige excellante 12,835
A Saint Lou et Saint Jehan le Blanc,
Qui estoit une chose pesante
Dont estes venue en avant.

LA PUCELLE.

Bonnes sont vos oppinions,
Et en voz diz est apparence; 12,840
Mès les batailles qui se font
Ne viennent pas tous par puissance,
Mès par divine providence,
Ainsi comme chascun peut croire :
Ung en vault dix par excellance 12,845
A qui Dieu veult donner victoire.
Au nom Dieu, c'est ma voulenté
De tenir icy siege clos,
Et demain, en ma liberté,
Assaillir bouloart et tours, 12,850
Que de moy n'auront nul repoux
Tant que soyent leans en place;
Les auray et y morront tous
Avant que jamès j'en desplace.

BASTARD D'ORLEANS.

 Dame Jehanne, à vostre plaisir.   12,855
Nous ferons ce qui vous plaisa;
Puisqu'i vous plaist les assaillir,
Chascun de nous s'i trouverra,
Et à vous on obbeyra.
Ne vous doubtez, ayez fiance,   12,860
Ne nul ne vous contredira
Qui ne face à vostre plaisance.

F° 327 r°.

Lors y a pause.

GLASIDAS.

Très hault puissant princes de non,
Qui avez partout eu renon,
Tant que le monde a eu durée,   12,865
Et de present nous nous voyon
Que nulle puissance nous n'avon
Encontre une petite armée,
Laquelle nous a reboutée,
Comme par vois desordonnée   12,870
Et sans conduite ou autrement.
Une seule fille esgarée,
Nous a nostre armée devoyée,
Et ne scay pour quoy ne commant.
Vous la voyez cy devant nous,   12,875
Qui sans cause et sans propoux,
Elle nous vient cy assiger;
Qui est deshonneur à nous tous
De reculler contre ces coupz,
Et pour tout nostre oust laidenger,   12,880
Qu'elle nous face ainsi renger
Et honteusement desloger,

Qui sommes la fleur d'Angleterre.
J'aymeroie mieulx enrager
Que je ne m'en peusse venger, 12,885
Et estre à cent piez soubz terre.

FOUQUAMBERGE.

Je n'y sarois quel conseil querre
Ne je ne scay que c'est à dire.
Par tous les sains! le cueur me serre,
Tant suis rempli doleur et d'ire; 12,890
Et en souffre si grief martire
Que je ne scay que je doy faire,
Et croy de vray, sans contredire,
Qu'elle est une esprouvée sorciere.

EVREUX.

Elle nous a ensorcelez; 12,895
Mès comment ne l'avons nous prise
Qu'elle s'est venue presenter
Encontre nostre oust, sans faintise?
Ne ne scay par quel voys ne guise
Elle s'en est peu eschapper, 12,900
Si a fait ung grant vaillantise
Que ne l'avons peu atraper.

MENTE.

Devant moy s'est venue ranger,
En sa main tenant une espée,
Faisant merveilles de trancher; 12,905
A plusieurs a la vie finée.
Je l'é congnu en la meslée
Que nul n'osoit approcher d'elle;
C'est une deablesse enragée
Et croy qu'elle soit infidelle. 12,910

PONS.

Nous sommes icy tous enclos;
Voilà son tauldis et sa tante
Et tous ses subgez et suppous,
Qui ont en elle tant atante.
Et voy que chascun se garmente 12,915
Des François de la vouloir suyvre;
C'est ung dyable qui la tormente,
A qui s'est donnée et se livre.

LE SIRE DE HONGREFORT.

Une fille, croyez, n'est pas;
Ung dyable, qui est en lieu d'elle, 12,920
Comme elle frappe à tour de bras,
Qu'i n'est celuy qui ne chancelle,
Depuis qu'el le tient soubz son elle
Et qu'elle le peut atrapper.
Elle est si faulse et si cruelle 12,925
Que nul ne luy peut eschapper.
Je ne scay que nous en facions;
Y fault mander à Tallebot
Qu'i viengne à nous, tous tant qu'i sont,
Avec le conte Facestot, 12,930
Puis, l'assaillir trestous d'un blot,
Afin que nous la puissions prandre;
Et puis au duc de Bedefort
Luy envoyrons pour mectre en cendre.

GLASIDAS.

Seigneurs, pensons de nous deffendre, 12,935
Que je croy qu'i nous assauldront,
Ainsi comme je puis entendre,

Et que de bref nous poursuyvront.
Mès l'avantaige nous avons,
Les Tourelles et bouloart, 12,940
Qui fortiffiez par nous sont
D'artillerié de part en part;
Et puis nous avons notre pont
Ordonné par soubtil moyen,
Que tous les François qui viendront 12,945
Il n'en eschappera lien.
Pour iceulx je ne doubte rien
Ne la faulce, putin, paillarde,
Que, ainsi comme je soutien,
En mes mains l'auray, qui que tarde. 12,950

F° 329 r°. Lors ycy y a pause. — Puis dit

TALLEBOT.

Messeigneurs, ce sont grans merveilles
De ceste garce maleureuse;
De jour, de nuyt, noz gens travaille
Pour ceste maudite baveuse,
Qui n'est de son meffait honteuse 12,955
En plus que putin de bordeau;
Mès est cruelle et oultrageuse,
Et vault piz cent foiz qu'un bourreau.
Elle a gaigné Saint Jehan le Blanc
Et tous noz amis mis à mort, 12,960
Aussi Saint Lou, deux jours devant,
Sans avoir pitié ne confort.
Qu'an volez vous dire, Suffort?
Puis, nos genz qui sont assigez,
Y leur fault donner reconfort 12,965
Et aucunement solager.

J'enrage se je ne m'en venge,
Que tout nostre mal vient par elle
Et à elle chascun se renge;
Si n'est bruit que de la Pucelle, 12,970
Et a tout mis à sa cordelle;
Si croy c'est un dyable d'enfer,
Qui nous mayne guerre mortelle,
Et qui vault pis que Lucifer.

SUFFORT.

Nous avyons bon commancement; 12,975
Mès, depuis qu'elle est cy venue,
N'avons eu que peine et tourment
Et maleureté advenue.
Pleust à Dieu que tansist là, nue,
Ou que fust cent foiz par de là; 12,980
Nostre besoigne diminue,
Et ne scay comment il en va.

FACESTOT.

Elle me fait fort esbayr;
Ne scay se c'est Dieu ou le dyable.
Tout le monde la veult suyvir, 12,985
Comme ung roy ou ung connestable.
A noz amis est espouentable,
Que chascun d'icelle a frayeur;
C'est une chose detestable,
Ne jamès ne fut telle erreur. 12,990

MESSIRE JEHAN DE LA POLLE.

Y nous conviendra secourir
Glasidas et ses compaignons.
Que s'il leur convenoit fynir,

En très grant doubte nous serions;
Et se les Tourelles perdions, 12,995
Laquelle chose Dieu ne vueille,
Trop fort noz gens s'esbayrions,
Et nous seroit ung grant merveille.

ESCALLES.

Glasidas est bien appoincté;
Avecques luy est Fauquemberge, 13,000
Et sont là en grant seureté,
Que y sont une belle barge.
Dix ou douze princes à large
Sont leans fors et renommez,
Qui sont garanz d'escu et targe, 13,005
Et ne les lairons pas chomer.

PREVOST DE PARIS.

Y sont de trois à quatre mille,
Et vingt ou trente grans seigneurs,
Tous expers, saichant le stille
De guerre et d'endurer tous heurs. 13,010
Ne vous doubtez qu'i sont bien seurs
Pour guerroyer et bien apris;
Au monde n'en sont de milleurs
Ne plus vaillans ne plus hardis.

MESSIRE THOMAS RAMESTON.

François ne les pourroient avoir 13,015
D'icy à ung an ou à deux;
Quelque puissance ou povoir,
Je me fie bien de tant en eulx.
Mès ainçois seront maleureux
Eulx amuser à les combatre, 13,020

Que tout le plus bel et le mieulx
Ont fait depuis trois jours ou quatre.

TALLEBOT.

On m'a dit qu'il ont delivray
Les prisonniers que nous avyons,
Et ung qui le scet tout de vray, 13,025
Dont fort desplaisant nos gens sont.
Il eussent paié des rensons
Et grant finance pour le moins,
Lesquelz estoient en leurs prisons,
Ou cloistre des Augustins. 13,030
Mès se j'en puis nulz rencontrer
Ou viengnent à ma congnoissance,
Je les feray pendre ou noyer,
Et sans payer autre finance.
Pour meshuit, chascun de soy pence 13,035
Soy tenir en sa tante et garde
Jusques demain, en ma presence
A venir que nul ne retarde.

Lors icy y a pause longue. — Puis dit

LA PUCELLE.

Il est aujourd'uy samedi
Qui est de may le VIIe, 13,040
Si nous fault penser aujourd'uy
En nom Dieu, venir à nostre aisme.
Chascun soit ungny et de mesme,
Et prenez coraige et vigueur,
Que mieulx fauldroit que fussiez boisme[1] 13,045
Qu'Anglois eussent sur vous l'onneur.

Boisme, peut-être *bohême*.

Y fault nestoyer le pays
Et les vider de ceste terre,
Qu'i soient par vous mors et pris
Et renvoyez en Engleterre. 13,050
Si vous vueil prier et requerre
Que chascun si face devoir,
Que j'espoir de les conquerre,
Et Dieu nous donra le pouvoir.
Bastard d'Orleans, je vous supplie, 13,055
Portez vous aujourd'uy vaillant.
La Hire, ne vous faignez mie,
Et l'enchargez bien à voz gens.
Vous, mareschal noble et puissant,
Et vous sire Fleurant d'Illiers, 13,060
Soyez ennuyt bons combatant,
Et vous, Graville, des premiers.
Jamet du Tillay, je vous prie
Que avecques Thibault de Termes
Ayez en vous chiere hardie, 13,065
Et mectez voz gens en bons termes.
Alain Giron, soyez tous fermes,
Vous aussi, baron de Colunces;
N'espargnez haches ne juzarmes,
Soyez aussi piquant qu'aronces. 13,070
Après, vous Denis de Chailly,
Monstrez icy vostre vaillance,
Canede et Villars aussi,
Saintrailles, qui avez puissance,
Poton, où j'ai très grant fiance, 13,075
Avec messire Mathias,
Ayez aujourd'uy souvenance
Que honneur aurez en ce cas.
Après, vous sire de Chaulmont,

Et Theaulde de Vallepaigne, 13,080
Mareschal, sire de Grant Mont,
Messire Jacques de Chambane,
Je vous pry que nul ne s'espargne;
Soyez tous gentilz chevalliers.
Et vous, Corras, à vous ne tiengne; 13,085
Venir y devez voulentiers.
Et vous tous autres, nobles gens,
Gentilz hommes de noble afaire,
Soyez vous tous particippant
De ceste très noble victoire; 13,090
Que, ainsi que chascun peut croire,
En nom Dieu, nous les convaincrons
Qu'il en sera tout tant memoire
Des très hauls faiz que fait aurons.
Mes très chiers et mes bons amis, 13,095
Ayez vigueur et grant coraige
De rebouter voz anemis
Dehors vostre noble heritaige;
Qu'i veulent, par leur grant oultraige,
De vostre terre [vous] frustrer, 13,100
Pour vous tenir tous en servaige
En tout temps, sans resister.
Vous avez vostre bon roy Charles
Et à qui le royaulme appartient;
Ne luy faictes nulles intervalles, 13,105
Mès le secourez en tous sens,
Contre anemis anciens
Qui l'ont voulu desheriter,
Lesquelz sont desloyaulx, meschant,
Qui le veullent precipiter. 13,110
Aujourd'uy vous aurez victoire
Encontre eulx, et n'en doubtez rien;

Mès que vous y vueillez tous faire
Ainsi que vous l'entendez bien.
Soustenir le roy crestien, 13,115
Le bon roy Charles, bien aymé,
Devez bien tous, comme je tien,
Que à tousjours soyez renommé.
Il est daulphin pour le present;
Sacré roy sera en bref terme. 13,120
Mès que ayons fait cy devant,
Abregé sera de son terme;
Mès tant que d'Anglois soit gendarme
A Orleans, soit petit ou grant,
Du saint huille ne aura larme 13,125
Qu'i ne soyent chassez avant.

F° 332 v°.
Et pour le present plus n'en dis;
Baillons l'assault, il en est heure,
Et frappons sur noz anemis
Vaillamment, que Dieu nous seceurre! 13,130
Que de vous ung chascun labeure,
Et faictes sonner ses trompetes,
Pour donner coraige et faiture
A noz intencions parfaictes.

Adont icy sonneront les trompetes, et y aura ung grant et merveilleux assault au bouluart. Et gecteront de l'artillerie si abondamment que ce sera merveilles, montans par eschelles de cordes et autrement, et feront trebucher Anglois dedans les foussez grant nombre. Et doit avoir ung tret de flesche la Pucelle entre l'espaulle et la gorge, et traversera son harnois. Adont le Bastard d'Orleans dit :

BASTARD D'ORLEANS.

Dame Jehanne, retrayons nous, 13,135
Je voy bien que estes blecée,
Qui nous sera ung grant couroux
Et grant desplaisir pour l'armée.

Faictes que soyez abillée
De tous les meilleurs cirurgiens
Du tret qui vous a fort navrée,
Dont nous sommes trop desplaisant.

LA HIRE.

Voicy une douleur moult grant,
Qui à mal pour nous se consomme;
Nostre oust seroit mis au neant
Et la chose ne seroit pas bonne.
Vostre personne se abandonne
De se bouter trop en la presse,
Dont ung chascun vous en blasonne
De vostre trop grant hardiesse.

SUAIRE.

Jehanne, se vous avyons perdue,
Nous n'avions plus nul espoir
Et seroit nostre armée rompue,
Pour cheoir en desespoir.
Par quoy je dy que ne povoir
Vous y bouter pour nulle rien,
Et gardez de vous y trouvoir;
Par ce nous ferez trop de bien.

SAINTRAILLES.

Je voy qu'il est temps nous retraire,
Sans plus meshuit bailler assault;
Noz gens y ont trop eu à faire,
A peine que le cueur leur fault.
Jamais n'en fut fait de si chault,
Ne où y lui eut tant fait d'armes;
Les faiz ont esté les plus hault
Qu'i advint onques à gendarmes.

LE MISTERE DU SIEGE D'ORLEANS.

GRAVILLE.

Plusieurs de noz gens sont blessez,
Qu'i les convient faire guerir,
Et grant nombre mors es fossez,
Si les fault faire refroichir. 13,170
Et puis, nous sommes esbayz
Dont vous estes si fort blessée;
Dolant en sommes et marriz,
Dont vous estes tant apressée.

BARON DE COLUNCES.

Nous n'en devons meshuy plus faire, 13,175
Et le conseille pour le mieulx;
Mais ung chascun se doit retraire,
Et penser de soy soit soigneux.
Onques nen fut dessoubz les cieulx
Plus cruel assault que cestuy, 13,180
Ne qui fut aussi dangereux;
Si n'en faut plus faire meshuy.

FLEURANT D'ILLIERS.

Quant à moy je conseilleroye
N'en faire plus pour le present,
Et qu'on deremparast la voye, 13,185
Et pour peur d'inconvenient.
Je regarde que tous noz gens
Sont de cest assault tant lassez
Qu'i ne peuvent plus tirer avant,
Les ungs mors, les autres blessez. 13,190

VILLARS.

C'est une chose difficille

De soustenir cest assault cy,
Qui trop fort nous prejudicie[1]
Et pour l'avoir trop de soucy.
Fortiffiez sont par ainsi   13,195
Que pour eulx est fort deffensable;
Je le vous dy à tous dessy
Que elle nous est imprenable.

LA PUCELLE.

Mes bons amis, je vous supplie
Que ne vueillez desamparer   13,200
Et très humblement vous en prie
Que me vuillez obtemperer.
Leur bouloart recouvrerez
Et Tourelles, n'ayez doubtance.
Buvez et vous refraichissez,   13,205
Et ayez tous bonne esperance.
De ma blessure ne vous chaille;
En nom Dieu, ce ne sera riens.
Ne delessez ceste bataille,
Et ne vous esmayez de riens;   13,210
Que je scay bien ce que je sens :
Je ne suis point si fort blessée
Que je n'y retourne en tous sens,
Et en banniere desployée.

Lors boivent et menjuent, et y a pause. — Puis dit la Pucelle à Jehan de Mes :

LA PUCELLE.

Jehan de Mes, gentil escuier,   13,215
Entendez à moy je vous prie,
Et faictes de bon cueur entier

---

[1] En interligne, on lit cette correction : *prejudicille*.

Ce que vous ne reffusez mie :
C'est que mon estandart jolie,
Que vous voyez là droictement, 13,220
Soyez soigneux, je vous supplie;
La regardez incessamment.
Et dessi toust que la verrez,
Apressez près de la muraille.
Entendez bien et regardez, 13,225
Celle y touchera sans nulle faille;
Et se vous voyez qu'elle y aille
L'estandart, et que soit si près
Qu'elle y touche, comment qu'il aille,
Venez à moy tout par exprès. 13,230
Je ne seray pas loing d'icy;
Derriere les Augustins
Me trouverrez, n'ayez soussy,
Et là venez à toutes fins.
Entendez y de point en point, 13,235
Amy, et le me venez dire
Incontinant, et sus ce point
Qu'elle y touchera, mon très doux sire.

JEHAN DE MES.

Dame Jehanne, je le feray,
Ne vous doubtez aucunement; 13,240
A vostre estandart regarderay.
Que se il touche nullement,
Savoir le vous feray bonnement,
Ainsi que chargé le m'avez.

LA PUCELLE.

Je vous en pry parfaictement, 13,245
Ainsi que faire le savez.

516 LE MISTERE DU SIEGE D'ORLEANS.

Lors la Pucelle se va mectre à genoulx et dit :

F° 335 v°.

O Dieu du ciel, où du tout je me fie,
Vostre puissance eternelle, infinie!
A ce besoing, las! ayez souvenance,
Que les François vous ne delessez mie; 13,250
Que la victoire par vous soit acomplie,
Et que Anglois n'ayent sur eulx puissance.
Donnez leur dont qu'ils ayent recouvrance
De ce dangier et dont sont en doubtance,
Et que par vous ayent misericorde. 13,255
Ne les ayez point mis en oubliance;
Secourrez les, par la vostre prudence,
En acquerant la victoire et concorde.

NOSTRE DAME.

Mon très chier filz, vueillez obtemperer
A la Pucelle qu'oyez presentement, 13,260
Et sa priere, la vueillez exaulcer,
En son affaire victorieusement.
Necessité y est certainement,
Et le dangier d'elle et de son armée;
Ne l'oubliez, je vous pry, nullement, 13,265
Et sa priere soit par vous exaulcée.

DIEU.

C'est bien raison, ma mere très aymée.
Or sus, Michel, allez diligemment
A la Pucelle, que soit reconfortée,

F° 336 r°.
Que sa requeste j'é ouye bonnement. 13,270
Si luy direz que vigoreusement
Elle parfera du tout son entreprise,
Que convaincra les Anglois vrayement,
Et parviendra pour en faire à sa guise.

MICHEL.

O Roy divin, tout vostre bon voloir
Acompliray à la noble Pucelle,
Et de par vous luy feray assavoir,
Mon chier seigneur, vostre bonne nouvelle.
A vostre fille, qui est très doulce et belle,
Signiffier luy vois vostre plaisir.

DIEU.

D'ores en avant ne trouverra rebelle
Ses anemis, mès fera definir.

Pose.

MICHEL.

Fille, le Dieu du ciel m'envoye
Par devers vous presentement,
Que vous preignez plaisir et joye,
Sans estre doloureusement.
Voz anemis certainement
Subjuguerez à vostre plaisir,
Et poursuyvez entierement,
Que desormais n'auront puissance.

LA PUCELLE.

O Dieu, la vostre providence,
Très humblement le remercie;
Obeyr vueil à sa plaisance
Comme sa servante et amye.

MICHEL.

Parseverez, ne doubtez mie,
Que vous pervendrez à vos fins.

LA PUCELLE.

Mon amy, je vous regracie
Et remercye à toutes mains.

Adont l'estandart touchera de la queue contre la muraille, et viendra Jehan de Mes à la Pucelle, laquelle il trouvera à genoulx, et dit

JEHAN DE MES.

Jehanne, ma très honnorée dame,
La queue de vostre estandart 13,300
Touche au murs, je le vous afferme;
F° 337 r°. Chascun le voit de part en part.

LA PUCELLE.

Jehan de Mes, amy, Dieu vous gart!
Joyeuse suis de ces nouvelles.
Il est bien gardé qui Dieu gart : 13,305
Allons visiter les Tourelles.

Lors viendra en armes et fera sonner les trompetes, et puis dit

LA PUCELLE.

Messeigneurs et mes bons amis,
Puisque vous estes refraichiz,
Assaillons dont noz anemis
Pour les faire d'icy partir. 13,310
Ne vous peut il point souvenir
Qu'il y a jà près de neuf mois
Qu'i ne vous ont donné loisir
De vous reposer une fois?

BASTARD D'ORLEANS.

Dame Jehanne, il n'est pas saison 13,315

De volloir tousjours batailler;
Il n'y auroit point de raison,
Que noz gens sont tous travaillez.
Une autre foiz pourrez bailler
Et recouvrer une autre fois;
Mès vous mesmes vous reposerez :
C'est le meilleur, comme je crois.

GRAVILLE.

Voulez vous donc recommancer
Nouvel assault presentement,
Et ne le voulez point cesser?
Simplesse seroit bonnement.
Vous savez veritablement
La peine que vous avez eue :
Tant blessez, tant mis à tourment!
Il n'est celuy qui n'en tressue.

LA HIRE.

Je ne dy point pour couardie;
Mès je dy qu'i n'est point mestier
De recommancer la saillie,
Que y sont fort fortiffiez.
Nous les avons fort deffiez,
Et baillé maint divers assault;
Si nous ont tous contrariez,
Et n'y avons fait rien qui vault.

D'ILLIERS.

Je ne pourrois cecy entendre,
Si promptement recommancer.
Ny n'est nul qui le peut comprandre,
Ne qui s'en voulsist avancer.

Plus de quatre heures sans cesser
Avons esté icy devant,
Et comme vous povez penser 13,345
Advancez ne sommes de riens.

SAINTRAILLES.

Noz gens estoient frois, reposez,
Preux, vaillant et victorieux,
Et s'estoient disposez
De faire l'assault oultrageux, 13,350
Lequel a esté merveilleux;
Mès encore n'y avons riens fait.
Y retourner n'est pas le mieulx;
C'est pour nostre oust estre deffait.

SUAIRE.

Dame Jehanne, nul n'est contant 13,355
De presentement y retourner,
Et aussi, comme je l'entant,
Y fault des blessez ordonner,
Et qu'i soient bien gouvernez,
Que les plus vaillant navrez sont. 13,360
Si ne vueillez determiner
Que meshuit beau fait n'y feront.

F° 338 v°.

LA PUCELLE.

Mes amis, c'est mal conseillé,
Et je vous diray bien comment :
Vous avez icy esveillé 13,365
Et monstré un grant hardement,
Où vous avez certainement
Travaillé fort vos anemis,

LE MISTERE DU SIEGE D'ORLEANS.

Et les avez en grant torment
Boutez plus qu'i ne vous ont mis. 13,370
Quant de present les assauldrez,
Y se trouverront esbayz,
Que y sont beaucoup travaillez,
Qu'i ne savent que devenir.
Et s'esbayront sans mentir 13,375
Où aurez pris ceste puissance;
Y se trouverront desconfiz
Et tous boutez hors d'ordonnance.
Vous savez qu'i sont mas et las,
N'y ont plus force ne puissance; 13,380
Delesser ne les devez pas,
Mès les assaillir à oultrance.
Y ne pevent avoir recouvrance
De nul qui soit pour le present;
Par quoy n'ont nulle esperance 13,385
Resister aucunement.

POTON.

Dame Jehanne, je vous suivray,
F° 339 r°. Et croy en voz dis fermement;
L'assault je recommanceray
Encor plus oultrageusement. 13,390
Faictes sonner diligemment
Trompetes et grant bruit ensemble;
Les espoventez aucunement :
N'y aura d'eulx nul qui ne tramble.

BARON DE COLUNCES.

Je ne demeuray pas derriere, 13,395
Quant la Pucelle se presente.
Mes gens, qui sont soubz ma baniere,

Me suivront la droicte sante,
Et y feront bien, je me vante,
Leur devoir, sans nul contredit.
Sy n'en vueil plus faire atante,
Puis que ainsi a esté dit.

    BASTARD D'ORLEANS.

Dame Jehanne, puis qu'i vous plaist,
A voz diz on obbeyra,
Et quant vous vouldrez tout est prest.
Ung chascun de nous vous suyvra,
Et tout le mieulx que on pourra
On parfera vostre entreprise,
Ne nul ne vous contredira
Que n'en faciez à vostre guise.

    LA PUCELLE.

Messeigneurs, ayez bon coraige,
Aujourd'uy serez victorieux,
Et se vous avez ce passaige,
Jamès ne sera parlé d'eulx.
Si devez bien estre soigneux,
De voloir avoir ceste place,
Qui vous est le plus dommageux
Et qui plus de mal vous prochasse.
En nom Dieu, je vois commancer,
Et qui m'aymera si me suyve,
Pour noz anemis dechasser,
Afin que du royaulme on les prive,
Ne qu'i n'ayent nulle baillyve
En France, ne ung seul pié de terre,
Ne que plus nul Anglois y vive,
Mès s'en aillent en Engleterre.

LE MISTERE DU SIEGE D'ORLEANS.

F° 340 r°.

Lors les trompetes sonneront de plus fort en plus fort, et seront les Anglois tout esbayz de voir telle puissance revenir sur eulx, et y a ung grant assault. Et ceulx de la ville sonneront et sauldront pour venir secourir la Pucelle et gens d'armes, et feront des planches de bois pour venir aux Tourelles et passer sur les arches rompues, et puis viendront ayder au bouluart de la Belle Croix, et de si grant force d'un cousté et d'autre que les François gaigneront le bouluart des Tourelles. Et se retrayront Glasidas et autres cappitaines, grand nombre d'Anglois sur le pont, lequel avoyent rompu; et tout à coup cherra ledit pont soubz lesdits Anglois, et seront tous noyez : c'est assavoir Glasidas, le sire de Pont, le sire de Molins, le bailly de Mente et plusieurs autres. Et furent prises les Tourelles d'assault et tout tué, fors que ung peu de prisonniers qu'on amena en la ville. Et puis [après] icelle pause et bataille dit

LA PUCELLE.

F° 340 v°.

Nobles et vaillans chevaliers,
Qui par voz puissans faiz entiers
Avez acquis louenge et gloire,
Encontre Anglois felons et fiers, 13,430
Qui tant ont fait de destourbiers,
Il est evident et notoire,
Or est vray et c'est chose voire
Que sur eulx avez eu victoire,
Allencontre vos anemis; 13,435
Mès doit ung chascun de vous croire
Que Dieu a volu cecy faire,
Et par luy les avez soubzmis.
Si ne vous fault plus riens doubter,
Puisque les avez deboutez 13,440
Des Tourelles et ruez jus,
Et que les avez surmontez;
De leur grant orgueil desmontez
Les avez et de leurs abus.
Je dy à ce coup sont confus 13,445

Que de puissance n'auront plus
Encontre vous, loyaulx François.
Y sont tous noyez et perdus
Et sont vostres, il est conclus,
Mercy à Dieu, le roy des roys. 13,450
Si fault adviser nous retraire,
Remercyer le Roy de gloire,
Qui a conduit ceste euvre ci;
Puis penserons de nostre affaire,
De nostre entreprise parfaire, 13,455
Pour nous bouter hors de soucy;
Que avant peu de temps d'icy
J'é espoir, la Dieu mercy,
Que jamès d'eulx ne sera nouvelle.
Quelque cueur qu'il ayent endurcy, 13,460
Y n'en auront autre mercy,
Que il ont mauvaise querelle.
Des Anglois n'est nul rechappé
Qui ne soit pris et atrappé,
Ainsi comme est l'oiseau en caige; 13,465
Leur passaige avez estouppé
Et ung chascun d'eux occuppé
Si bien qu'il ont eu le dommaige.
Mesmement eulx, par leur oultraige,
Ont produit la voye et passaige 13,470
Pour nous vouloir desavoyer;
Mès souvent qui brasse potaige
Ne vient pas à son avantaige,
Car eulx mesmes ce sont noyez.
Et de vray, ainsi que j'entant, 13,475
De leurs chefs et tous les plus grans
Estoient en leur compaignie,
Les plus nobles, les plus vaillans

F° 341 r°.

Des Anglois estoient leans,
Lesquelz ont tous perdu la vie. 13,480
Donques devons à chiere lye
Remercyer Dieu et Marie
De la grace qu'i nous a faicte,
F° 341 v°. De nous oster telle mesgnie,
Tel gent du royaulme anemie, 13,485
Nacion de gens imparfaicte.

BASTARD D'ORLEANS.

Certes, Jehanne, vous dictes bien;
Nous devons tous mener grant joye
Et louer Dieu sur toute rien :
Chascun en doit prandre la voye. 13,490
Je voi cy la plus belle proye
Qui ou royaulme fust onques faicte,
Et dont à vous l'onneur octroye,
Que ceste chose avez parfaicte.

LE VICONTE DE TOUARS, sire d'Amboise.

Glasidas est noyé sans doubte, 13,495
Avecques luy plusieurs barons
Qui avoyent une grant route,
Et tous fors hardiz compaignons,
Les plus vaillans qui furent ont
Sailliz et venuz d'Angleterre; 13,500
Si sont avecques les poissons :
Y ne les fault point ailleurs querre.

F° 342 r°. ### LE SIRE DE LA TOUR, baron d'Auvergne.

Le sire de Pont est noyé,
Qui estoit avec Glasidas,

Prince cruel et desvoyé
Pour faire des maux ung grant tas,
Lequel ne nous espargnoit pas.
Aussi bien le bailly de Mente,
De Molins a passé le pas;
Il est en Loire, je me vente.

MESSIRE LOYS DE CULAN.

Y sont noyez plus de trois cens
Comment disent noz prisonniers,
Les plus nobles, les plus vaillans,
Et les plus hardiz chevaliers,
Qui eussent paié grands deniers
Quant à renson se fussent mis,
Quant la mort les en a desmis.

LA HIRE.

Nous y avons ung grant dommaige
Qu'i ne sont dedans noz prisons,
Que d'or et d'argent grant truaige
Eussent paié pour leurs ransons.
Mès, puisque noyez ainsi sont,
D'iceulx ne nous fault plus enquerre;
Leurs compaignons dire pourront
Que plus n'iront en Angleterre.

POTON.

Jamès ne fut telle conqueste
Sur les anemis anciens,
Ne en assault, bruit ne tempeste
Ny en fait d'armes si vaillant.
Anuyt, depuis souleil levant,
N'a onques cessé la bataille,

Jusque près de souleil couchant,
A frapper d'estoc et de taille.

MESSIRE CERNAY, arragonnois.

Pucelle, dame de renom,
A vous en appartient l'onneur,
Et le bailler le vous doit on
Sans qu'il y ait autre seigneur.
Avez esté le conducteur
De ceste besoigne cy faire;
A vous, Pucelle de valleur,
Si en est le lous et victoire.

LE SIRE DE CHAULMONT SUR LOIRE.

Point ne fault dire du contraire :
Par vous la chose est obtenue,
Et par vous la noble victoire
Aux bons François est advenue.
Noble Pucelle de vallue,
Par vous le royaulme est recouvert;
Des Anglois la force perdue,
Et leur fin venue il appert.

THEAULDE DE VALLEPAIGNE.

Dame, y ne nous reste plus
Sinon pencer du demourant.
Je vois les Anglois ruez jus
Et venir à leur finement;
N'est plus riens que du remanant
Puis qu'il ont perdu les Tourelles.
Y fault aller droit et avant,
Puisque les besoignes sont telles.

MESSIRE JEHAN DE LESGOT.

Dame Jehanne, retrayons nous,
Que voz gens sont fort travaillez
Pour meshuit, et prenons repoux, 13,560
Sans que plus faille guerroyer.
Les Anglois sont mors et noyez,
Que rechappé n'en est ung seul;
Et si sont très desavoyez,
Que nul d'eulx n'ose lever l'eul. 13,565

PIERRE DE LA CHAPPELLE.

L'assault a esté oultrageux,
Que du matin, souleil levant,
On n'a point eu repoux contre eux
Qu'i n'ait esté souleil couchant.
Il est samedi, et pourtant 13,570
Me semble estre bon soy retraire
Et se refroichir à Orleans,
Que n'est nul Anglois qui appere.

LA PUCELLE.

Bien dictes, mes loyaulx amis,
Mès y ne se fault pas haster 13,575
Que par nous bon guet ne soit mis
Par la ville et de tous coustez.
Anglois si sont à redoubter
De leur faulce et maise pencée,
Que croyez qu'i sont irritez 13,580
Dont il ont perdu la journée.
Sur les murs nous fault mectre gens
Et faire garder les Tourelles,
Que plus depiz sont que chiens

Dont leurs besoignes sont ytelles, 13,585
Qui leur sont rudes et cruelles
A leur voir souffrir ceste chose,
Que de leur chappeau et querelle
Il ont perdu leur belle rose.
Or allons donques, par Jhesus, 13,590
Ung peu nous reposer meshuit,
Et puis penserons au seurplus
A nostre fait sans mener bruit.
Puisqu'ainsi que Dieu nous conduit,
Tenuz sommes le mercyer, 13,595
De très bon cueur, de jour, de nuyt,
Et grandement le regracier.

Lors viendront, et à l'entrée de la ville les douze de la ville viennent au devant. Et dit

LE RECEPVEUR.

Dame, bien soyez vous venue
Et toute vostre compaignie!
Par vous grant joye est survenue 13,600
Aux citoyens que Dieu begnye,
Quant, par vostre chevallerie,
Nous apportez telles nouvelles,
Que de nostre gent anemye
Avez bouté hors des Tourelles. 13,605

II° BOURGEOIS.

Dame, humblement vous mercyons
De la grant peine que avez prise,
Quant par voz faiz ainsi voyons,
Et par vostre noble entreprise,
Que ceste cité avez mise 13,610
En joye et en solempnité;

F° 344 v°.

Que ceste place qu'avez prise
Nous tenoit en captivité.

IIIe BOURGEOIS.

Pucelle de haulte excellance,
Bien sommes tous tenuz à vous, 13,615
Quant par vostre très grant vaillance
Les Tourelles avez recous,
Qui est ung si grand bien pour nous
Et pour ceste cité notable;
Vostre renom par de sus tous[1] 13,620
Tant que le monde sera estable.

LA PUCELLE.

Mes amis, Dieu en soit loué,
De la victoire à nous donnée;
Chascun doit bien estre voué
F° 345 r°. Le mercyer de la journée. 13,625
Faictes sonner toute nuytée
Toutes voz cloches sus et jus,
Et à haulte voix desployée
Chantez *Te Deum laudamus.*

Lors yci y a grant pause et grant bruit en la ville de joye et resjouyssement;
toute nuyt sonner, trompiller et cryer Noé. — Puis dit

TALLEBOT.

Dolleur et angoisse m'estraint 13,630
Que je ne scay à qui le dire;
Du deul que j'ay le cueur me taint
Tant suis remply de deul et d'ire.
Mon corps endure tel martire

---

[1] Ancienne leçon :

Que tenuz nous sommes à vous.

Qu'il est prest à desespoir ; 13,635
Jamès ne le puis avoir pire
Ne que me pourroit tant doloir.
O et Dieu quelle journée !
Or sont tous mes bons amis mors,
Noyez, tuez, mis à l'espée, 13,640
Sans en estre misericors !
O faulce putin, de ton corps
Je m'en vengeray se je puis,
Que, avant qu'i soit ung an hors,
Morir te feray sans mercy. 13,645
Glasidas, vaillant cappitaine,
D'Angleterre le plus vaillant,
Pour vous j'endure moult de paine
Autant que homme qui soit vivant.
Donner vouldroye mon pesant 13,650
D'or fin, et vous fussiez en vie ;
Ou avec vous estre presant :
Helas ! mort tu ne fusse mie.
Vous aussi, le sire de Pons,
Vous estes mort avecques luy ; 13,655
Vous estes ung des vaillans hons
Qui fut en tout nostre party,
Le sire de Molins aussi,
Et le noble bailli de Mente,
Et d'autres dont j'ay tel souci 13,660
Qu'à peine que je ne carvente.
O fleur de toute noblesse,
Fleur de vaillance et hardiesse,
A ce coup cy estre perdue !
D'Angleterre la grant proesse 13,665
Honneur, vaillantise et largesse,
Bien vous avez esté deceue.

Je ne scay qui vous a demeue,
Ni qui vous a ainsi polue,
Veu que vous estiés si puissant;
Je ne croy pas que soubz la nue
Y eust gens à vostre value,
Ne qui fussent si suffisant.
Par le hault Dieu où je me fie,
Je renonce à chevallerie
Si de la putin ne me venge,
Et des François leur felonnye;
Dix mille en perdront la vie.
Se jamès en guerre me renge,
Mon cheval feray baigner en fange
Des François, jusques à la sangle,
En leur sang, de ce me fais fort;
Ny aura privé ne estrange
Ne sy hupé que je ne plange,
Et que je ne le boute à mort.
Arou! arou! arou! j'enrage.
Je sens en mon cueur telle rage
Que je ne say que devenir,
Quant y me souvient du dommaige
Que je voy, devant mon visaige,
Ainsi povrement advenir,
Et mes bons amis definir,
Les plus vaillans qu'on peust choisir,
Tuez, noyez piteusement.
Plus ne demande que morir,
Ou m'en venger du desplaisir
Contre François cruellement.

DUC DE BETEFORT.

Sachez, le desplaisir est grant,

Et n'est nul à qui n'en desplaise;
Mès si ne faut il pas pourtant
Que en souffrez telle malaise.
Y convient que on se rapaise
Sans demener tel desplaisir;
De ce dommaige ce nous poise,
Et en sommes tous bien marriz.

LE SIRE D'ESCALLES.

Y fault penser de recouvrer,
Les mors mectre en sepulture,
Et pescher ceulx qui sont noyez
Pour mectre en terre saincte et pure.
Et supportez ceste adventure
Tous le plus gracieusement,
Combien qu'elle nous soit fort dure;
Mès aller n'en peut autrement.

LE DUC DE SOMBRESET.

Sire Tallebot, je vous prie,
Que vous preignez coraige en vous,
Et ne vous desconfortez mie;
Je vous empry, amy très doulx.
Vostre deul et vostre couroux
Nous fait nostre sens bestourner,
Et ne pouvons avoir repoux
Dont tellement vous demenez.

CONTE DE SUFFORT.

Tallebot, vous estes prudent
Et bien apris de toute guerre;
Soubz le ciel n'est nul plus vaillant
Que vous qui soit dessus la terre,

Et qui pour perdre ou pour conquerre,
De cela vous estes apris :
Si dy encor povez acquerre
Et à la fin avoir le pris.

LE SIRE HONGREFORT.

Point ne se fault desconforter,
Que encor n'avez tout perdu;
Orleans pourrez reconquester
Une autre foiz, en temps et lieu.
Se de present nous est esleu
Avoir fortune en nostre guerre,
Y n'est pas dont pour tant conclu
Autre foiz ne doyons acquerre.

MESSIRE JEHAN DE LA POLLE.

Sire Tallebot, vous savez
Toute fortune de bataille,
Et considerer le devez :
Fortune à qui elle[1] veult le baille.
Peu de gent et de menu taille
Abat souvent grosse puissance;
Fortune en fait et en detaille
Tout bien souvent à sa plaisance.

ALIXANDRE DE LA POLLE.

Nulluy ne se doit esmouvoir
Des grans fortunes de la guerre;
C'est pour y perdre ou pour avoir :
Nulluy n'est point sceur y conquerre.
A qui y survient le tonnerre
Ne se peut de ce garantir;

---

[1] Lisez comme s'il y avait *el*.

C'est la planete qui defferre
Les combatans, à son plaisir.

FOUCAMBERGE.

Ne parlons plus de tout cecy.
Penser nous convient autre affaire   13,755
Et lesser tout cela ainsi,
Sans soy donner tant de misaire.
Noz amis nous convient retraire
Qui sont mors, et chanter pour eulx,
En faisant à Dieu la priere   13,760
Que leurs ames preigne en ces cieulx.

LE SIRE D'ESCALLES.

Oultre plus, fault tenir conseil
Et assembler nostre puissance,
Et de nostre dueil et traveil
Y mectre aucune pourvoyance.   13,765
A Saint Poais avez abondance
De nobles gens et vertueux;
Faictes les venir en presence,
Et puis vous parlerez à eulx.

MESSIRE SIMON MOYHIER.

Le pleur n'y vault ne le gemir;   13,770
Y fault que ce deul nous passions.
Tous voz gens fault faire venir
Et ouyr leurs oppinions,
Et aussi leurs intencions.
En ceste nuyt de samedi   13,775
Et ne fault pas que nous dormions;
Mès faisons bon guet, je vous pry.

MESSIRE THOMAS RAMETON.

Tallebot, vous commanderez
A voz trompetes, je vous prie,
Chascun se vueille preparer 13,780
Venir vers vostre seigneurie,
Sans leur monstrer chiere esbaye
Ne qu'i vous touche tant au cueur.
Faictes ainsi, je vous supplie,
Et demonstrez force et vigueur. 13,785

TALLEBOT.

Ha! quelle journée doloreuse,
D'avoir perdu ce bel joyau
De ceste place vertueuse,
Et qui tant François menoit beau!
Nous croyons tout le Portereau 13,790
Et la ville jà presque prise;
A recommancer de nouveau
Sommes et de nostre entreprise.
Et encore ay plus de doleur
De Glasidas et de sa bande, 13,795
Qui me touche tretout au cueur,
Qu'onques je n'euz doleur si grande.
Mès à voz diz vueil qu'on entende,
Que tous nos princes assemblions,
Et puis après qu'on leur demande 13,800
Leurs advis et conclusions.
Sus, messagier, va sans atendre
En la bastille de Saint Pois :
Que chascun d'eulx se vueille rendre
Devant moy, à tous leurs harnois. 13,805
Aux aultres compaignyes yras

LE MISTERE DU SIEGE D'ORLEANS.

Leur faire par moy ce messaige,
Et à tretous tu leur diras
Qu'i viengnent sans plus de langaige.

MESSAGIER.

Monseigneur, de très bon coraige 13,810
Le vois faire à tous assavoir.

TALLEBOT.

Va et faiz bien ton messaige;
Et qui s'en viengent dès ce soir.

MESSAGIER.

Monseigneur, je feray devoir
Envers toute la seigneurie : 13,815
Vous en pourrez appercevoir.

TALLEBOT.

Fais diligence, je te prie.

Lors y a pause.

MESSAGIER.

Messeigneurs, Dieu vous doint honneur,
Joye, santé et bonne vie.

ROBIN HERON, cappitaine.

Qui a yl?

MESSAGIER.

Il y a douleur. 13,820

ROBIN HERON.

N'a pas [joye]?

MESSAGIER.

N'en doubtez mie.
Monseigneur vous mande et vous prie
Que tous viengnez par devers luy,
Et toute vostre compaignie,
Bien armée et en point aussy.

ROBIN HERON.

Par tous les sains, nous doubtons bien
Qu'il y a ung très grant dommaige
En noz gens, ainsi que je tien,
Et ung très grant vilain oultraige.
Glasidas gardoit le passaige
Et tout le pays de là l'eau,
Et tenoit à son avantaige
Les Torrelles et Portereau.

MESSAGIER.

Messeigneurs, venez vistement
Dès ce soir, ainsi qu'i commande.

ROBIN HERON.

Il a à besoigner grandement,
Et fault que chascun y entende.

MESSAGIER.

Je voys icy en autre bende
Qui est devers la Madalaine;
Si fault bien que chascun s'y rende,
Si ne veult mal avoir et paine.

Pose.

Messeigneurs, Dieu vous dont santé!
Tallebot devers vous m'envoye.
Que chascun soit entalanté
Venir vers luy la droicte voye, 13,845
Et que chascun de vous se voye,
Monté de harnois et en point.

LE SIRE FASTOT.

Messagier, nous savons assez
Des nouvelles de delà Loire.
Noz gens ont esté fort pressez 13,850
Et y ont eu beaucoup à faire,
Dont à nous tous doit bien desplaire
D'un ytel oust estre deffait;
Que nul homme ne sauroit croire
La vaillance qu'en eulx estoit. 13,855
Va t en, nous allons après toy
Pour reconforter Tallebot,
Qui endure, comme je croy,
En son cueur un divers sanglot;
Que c'estoit tout nostre complot 13,860
Et toute nostre esperance,
Que y tenoient pour leur lot
Le passaige et la clef de France.

MESSAGIER.

Je m'en revoys sans demourance
Devers les seigneurs qui là sont, 13,865
Qui vous prient que chascun s'avance,
Ainsi que enchargé le m'ont.

Pose. — Lors vient.

Dieu vous sault, messeigneurs barons!

Je viens de vers la seigneurie
Et en toutes les garnisons, 13,870
Lesquelz viennent, ne doubtez mie.

F° 351 r°.

TALLEBOT.

Messagier, fais toust, je te prie ;
Sonnez tous clairons et trompetes,
Jusques à une heure et demie,
Que noz besoignes soient faictes. 13,875
Et sonnez ainsi que retraictes
Pour amasser icy nostre oust.

MESSAGIER.

Voz diz et voz raisons parfaictes,
Mon cher seigneur, seront tantost.
Or sus, trompetes et clairons, 13,880
Sonnez sans que plus on le die,
Pour assembler tous les barons
Et princes de nostre partie.
Ne cessez heure ne demie,
Que ainsi m'est il commandé. 13,885
Ne vous faignez, je vous emprie,
Que vous avez beaucoup tardé.

Lors tous, clairons, trompetes et autres instrumens sonneront jusques
F° 351 v°. que les Anglois seront arrivez devant Tallebot, et se serront sus des bans.
Et puis se lieve Tallebot et dit

TALLEBOT.

Messeigneurs, vous savez comment
Nous sommes venuz cy, devant
Ceste cité, Orleans nommée; 13,890

LE MISTERE DU SIEGE D'ORLEANS.

Et avons esté longuement.
Il y a neuf mois proprement
Que fut la premiere arrivée,
En la quelle grant assemblée
Y arriva, et noble entrée,
Des plus haultz princes d'Angleterre,
Lesquelz si ont conduit l'armée
Si à point et bien ordonnée
Que on peust faire en fait de guerre.
Dieu ayt l'ame de Sallebry,
Lieutenant du bon roy Henry,
Qui son parent prochain estoit!
Et de la vaillance de luy
N'est à comparoir à nulluy
Ne du sens qui en luy gisoit;
Que de ce qu'il entreprenoit
Tousjours à bonne fin venoit,
Et au dessus de son affaire.
Jamès bataille ne perdoit,
Et chascun luy obeissoit :
Riens ne trouvoit à luy contraire.
Vray est que de plaine arrivée
Quant y vint, luy et son armée,
Les Tourelles du pont gaingna;
Dont la ville fut effrayée
Et griefment molestée,
Si que chascun d'eulx le doubta.
Et du premier qu'il arriva
Aux Orlenois notiffia
Qu'il les auroit dedans six jours;
Mès la mort vint qui le tua
D'ung tret qui sa teste emporta,
Dont ne peut fournir son propoux.

Depuis, ainsi que vous savez,
Y vous a pleu de moy mander 13,925
A venir à vostre assemblée,
Et, comme à mes amis privez,
Ay volu vers vous arriver
En personne et tout mon armée.
Et advint que à mon entrée 13,930
Charge me fut par vous baillée
Estre lieutenant dessus vous,
Dont, se je ne l'ay excersée
Suffisamment, s'i vous agrée,
Vous le me pardonnez vous tous. 13,935
En oultre vous savez aussi
Glasidas, nostre bon amy,
Fut esleu garde des Torelles

F° 352 v°.

Et du Portereau, par ainsi
Que il auroit avecques lui 3,940
Gens de bien, pour garder les elles;
Dont l'avoir de tous fussent telles
Que pour garder donques ycelles
Le sire de Pons y seroit,
Qui savoit des tours et cautelles 13,945
En fait de guerre, et si cruelles
Que homme vivant n'en craignoit.
Avecques eulx, en celle tante,
Y fust mis le bailli de Mente,
Aussi le sire de Molins, 13,950
Et des chevaliers bien quarante,
Qui eussent osé faire atante
A mille François bien en point.
Et y estoient de point en point
Hommes d'armes les plus certains, 13,955
Bien cinq cens en leur compaignie,

LE MISTERE DU SIEGE D'ORLEANS.

Lesquelz sont tous morts et estains,
Noyez, tués et mis à fins,
Par art ou par enchanterye.
Je en ay en moy tel douleur 13,960
Je n'en puis avoir joie au cueur,
Quant de ce fait cy me souvient.
Helas! quant j'eusse esté bien sceur,
Pas y n'eussent eu ce malheur.
Je y fusse bien allé à tant; 13,965
Mès jamès ne pensoie à riens,
Qu'il estoient si suffisans
Pour atendre toute puissance!
Il estoient artillez leans,
Fortiffiez hors et dedans, 13,970
Et de vivres grant abondance.
 Messeigneurs, je vous ay mandez
Pour tenir conseil en ce cas,
Et à vous tous pour demander
Que nous devons faire en ce pas. 13,975
Dictes en icy hault et bas
Ce nous devons plus cy tenir;
Que autrement je ne vueil pas
Sinon voz voloir acomplir.

DUC DE BETEFORT.

En ce fait cy ne say que dire: 13,980
Je voy devant nous le maleur,
Et voy que nous avons le pire.
Pour le present, j'en suis bien seur,
Que nous avons perdu la fleur
De nostre armée ou autant vault. 13,985
Si croy que ce seroit le milleur
De ne leur donner plus d'assault.

LE SIRE D'ESCALES.

Ceste place cy qu'il ont prise
Nous donne esbayssement;
Ne scay comment i l'ont surprise.
Je n'y entent riens nullement.
Je ne cuide point autrement
Que ce ne soit ceste Pucelle;
Que, depuis que vint, vrayement
Nous n'avons eu bonne nouvelle.
C'est celle qui nous a gastez.
Par avant, obtenyons victoyre,
Nulluy ne nous contredisoit,
Et nul ne disoit du contraire.
La faulce, maudite bergiere,
Qui nous a ainsi desvoyez!
Par la mort bieu! elle est sorciere;
Elle a fait Glasidas noyer.

DUC DE SOMBRESET.

Messeigneurs, je croy et me semble
Qu'i vault mieulx nous dessemparer,
Demain au matin, tous ensemble,
Estre en point et bien armez,
Et bien en bataille rangez,
En nous en allant doulcement;
Et se sur nous viennent frapper,
Deffendre se fault vaillamment.

CONTE DE SUFFORT.

Ainsi faire conseilleroye.
Au plus matin nous assemblons;
De harnoiz chascun se pourvoye,

Que peut estre nous assauldrons. 14,015
A tout le moins nous deffendrons;
Et ayons trestout bon coraige,
Que nous perdrons ou gaignerons
Et ne l'aront pas davantaige.

LE SIRE DE HONGREFORT.

Demain, savez, il est dimenche; 14,020
Y ne se doubteront point de nous.
S'i viennent, chascun se revenche,
Et ne doubtez à donner coups;
Mès s'i nous lessent en repoux
Sans aucunnement guerroyer, 14,025
Allons nous en en nostre oust
Et pensons du siege lever.

MESSIRE JEHAN DE LA POLLE.

Puis qu'ainsi fortune a volu
Ceste journée cy avenir,
Et que je voy qu'il est conclu, 14,030
Simplesse est nous y plus tenir.
En piece pourrions parvenir
Recouvrer ce qui est perdu,
Et nous vault mieulx abstenir
Que estre tout point confondu. 14,035

ALIXANDRE DE LA POLLE.

Y me fait grant mal de cecy;
Mais quoy! il n'y a nul remede.
Il le fault prandre tout ainsi;
Priant Dieu autreffois nous ayde,
Et que puissions, par sa conduite, 14,040
Sur François acquerir vengence,

Et sur la Pucelle maudite
Qui tant nous fait de desplaisance.

FOUQUAMBERGE.

Au regard du fait de la guerre,
Souvent le plus fort ne l'a pas. 14,045
Quant les François nous vindrent querre,
Il estoient dix contre trois,
Que nous amenyons le harnois
Et les vivres devers Paris;
N'eussent pas le bon les François 14,050
Au près de Rouvray Saint Denis.

LE SIRE D'ESCALLES.

Pour eulx ne fut pas la journée;
Toute la noblesse de France
Y fut là soubmise et tuée,
Et tout par leur oultrecuidance : 14,055
Que bien souvent qui trop s'avance
Son fait ne vient pas en avant.
Bien y parrut par leur oultrance,
Quant vint la journée des Harans.

MESSIRE SIMON MOYHIER.

Se de present nous en allons, 14,060
Ce n'est point nostre deshonneur,
Que les François blessez avons
De nostre puissance et vigueur.
Nous avons destruit leur labeur,
Leur ville, fauxbours et eglises, 14,065
Que de cent ans, j'en suis bien seur,
De leur perte ne seront remises.

MESSIRE THOMAS RAMETON.

Messeigneurs, je congnois en vous
Que voullez le siege lever,
Et je suis bien de ce propoux   14,070
Que ainsi faire le devez.
Mès aussi fault voye trouver
Avoir Glasidas et les princes,
Et en noz pays les mener,
En priant pour eulx saint et saintes.   14,075

ROBIN HERON, cappitaine.

Bien suis de ce consentement
Que levyons le siege demain,
Et que soyons totallement
Tous armez et au plus matin ;
Que se François nous font hutin,   14,080
A tout le moins serons nous prest
Pour nous deffendre main à main,
L'espée et la lance en arrest.

TALLEBOT.

Çà, messeigneurs, puisqu'il vous plaist,
Avez dit vos oppinions,   14,085
Les acompliray sans arrest
Et aussi vos intencions.
Demain donques nous partirons
Au plus matin, trestous ensemble
En bataille, et nous en yrons   14,090
A Meung ; il est bon, ce me semble.
Les mors, je les feray mener
A Chartres, en la grande eglise,

548   LE MISTERE DU SIEGE D'ORLEANS.

   Et là feray pour eulx prier
   De tous les prestres, sans faintise,   14,095
   Et en terre par bonne guise,
   Ainsi que il ont bien desservi,
F° 356 r°. Priant Dieu qu'i les preigne et vise
   Trestous ensemble avecques luy.

Adont icy y a pause. — Et chascun des Anglois fera son bagaige, et serront leurs biens toute la nuyt et se armeront. Puis après vient à la Pucelle ung faiseur de guet :

LE FAISEUR DE GUET.

   Très noble et très puissante dame,   14,100
   Plaise vous ouyr et entendre
   Ce que dire vueil, sans nul blasme,
   Et ainsi que le puis comprandre :
   Sus les murs, anuyt, sans mesprandre,
   Ay fait le guet toute la nuyt ;   14,105
   Mès nul ne pourroit pas comprandre
   Comment Anglois ont fait de bruit.
   Les ay veuz aller et venir
   Toute la nuyt, à grandes tourbes,
   Sy pensent quelque desplaisir   14,110
   Nous faire ou donner des coups orbes.
   Dame, je ne say de leurs forbes
   Ne aussi leurs intencions ;
   Mès se François ne les destorbes,
   Je croy que des maulx nous feront.   14,115

F° 356 v°.   ### LA PUCELLE.

   Mon amy, de riens ne doubtez ;
   Lessez faire leurs entreprises :
   Y sont assez las et matez,
   Qu'i ne sont pas à leurs devises.

Bien souvent de grans convoitises
On ne vient pas où on pretent :
Vient souvent aucuns qui le brisent,
Que tout si devient à neant.

BASTARD D'ORLEANS.

Dame Jehanne, Dieu vous salue
Et vous doint aujourd'uy bon jour !
M'estoit tart que vous eusse veue,
Que vous estes notre recour.
Si avoye de vous grant pour
Dont vous fustes hyer blessée
D'un tret, que je voy à l'entour
De vous, dont fustes trespercée.

LA PUCELLE.

Bastard d'Orleans, mon chier amy,
De cela, se Dieu plaist, n'est riens.
Dieu ne m'a pas mis en oubly :
Resconforte tousjours les siens.
Si vous plaist, que incontinant
Faciez les trompetes sonner,
Pour faire venir tous noz gens
Et pour icy les assembler.

BASTARD D'ORLEANS.

Dame Jehanne, y sera fait
Incontinant, puisqu'i vous plaist.
Trompetes, sus, sans plus de plait,
Avancez vous, soyez tous prest ;
Faictes que noz gens loing et près
Viengnent cy en nostre presance.

TROMPETES.

Nous l'acomplirons par exprès,
Monseigneur, n'en ayez doubtance.

Lors icy une pause. — Et doit venir la Pucelle en place, desarmée, à tout une robbe de drap d'or vestue, et aussi tous les princes françois y viendront devant elle à grant assemblée, et grant pose. — Et puis dit

LA PUCELLE.

Or, messeigneurs, comme savez,
Ouyr la messe vous devez,
Et, pour l'onneur du saint dimenche,   14,150
Louez Dieu et le merciez
Des biens qu'i vous donna yer,
Par sa volanté pure et franche.
Quant des mains de personne estrange
Vous a desmis, et fait un change   14,155
En joye et consolacion,
Appartient que chascun se renge
De faire priere et louenge,
Qu'il ait de nous remission.

F° 357 v°.

BASTARD D'ORLEANS.

Certes, Jehanne, vous dictes bien,   14,160
Et le ferons, ne doubtez mie.
Mès Anglois, ainsi que je tien,
Sont ensemble en grant compaignie,
En point, en bataille fournie,
Et ne savons que veullent faire :   14,165
Se c'est pour faire une saillie,
Ou se c'est point pour eulx retraire.

LE SIRE DE GUITRY.

Messeigneurs, ainsi que j'entant,
Le siege y veullent lever,
Que il ont sarré tous leurs biens   14,170
Et en fardeaulx enveloppez.
Ceulx qui les ont veu cordeler
Et qui ont fait le guet la nuyt,
L'ont rapporté et dit tout cler,
F° 358 r°.   Et en est partout ung grant bruit.   14,175

LE SIRE DE GRAVILLE.

Plusieurs l'ont ainsi rapporté :
Ceste nuyt ont fait leurs aprestes
Et ont tout pris et emporté,
Leurs harnois, ars et arbalestes;
Et sont ylà où y s'arrestent   14,180
Pour vider tousjours leur bagaige.
Si seroit bon, sans plus d'enquestes,
Leur aller close le passaige.

LE SIRE DE RAYS.

C'est bien dit et bien advisé;
Et tant qu'i sont en desarroy,   14,185
Que leur oust si est divisé,
Allez au devant du charroy.
Vous les mectrez en tel arroy
Et en telle subjection
Que nul n'eschappera, je le croy,   14,190
Qu'i ne soit à perdicion.

LE BARON DE COLONCES.

En ce cas, ne fault faire atante,

Mès soy armer diligemment,
Aller à eulx la droicte sente,
Vostres sont, croyez fermement, 14,195
Et les assaillir roidement,
Que de nulluy n'ont plus recors,
Et si croy veritablement
Qu'i vouldroient jà estre mors.

MESSIRE FLEURANT D'ILLIERS.

J'en suis de ceste oppinion 14,200
Que nous le devons ainsi faire.
Nostres sont, sans remission,
Et je ne voy riens au contraire.
Ceste chose de nous parfaire
Tout prestement, sans longue espasse; 14,205
Et croy que de nostre victoire
Parlé en sera en toute place.

LE SIRE DE GAUCOURT.

Point ne les fault lesser aller
Ainsi legierement de nous;
Et se aller vous n'y volez, 14,210
Y diront que nous avons poux,
Et si leur donrez en propoux
Sur nous autre foiz retourner.
Par quoy je dy ci devant tous
Qu'on ne les doit point espargner. 14,215

LA HIRE.

Ce nous seroit ung grant reproche
Eulx en aller sans coups ferir,
Et perdre si belle destrouce
Pour nous à tousjours enrichir.

LE MISTERE DU SIEGE D'ORLEANS.

J'emeroye autant morir 14,220
Que tel reproche recepvoir,
Quant nous aurons temps et loisir
Pour les bien combatre et avoir.

POTON.

Aller y convient, c'est raison.
Puis qu'an si beau gibier y sont, 14,225
Chacer fault telle venoison
Comme ces desloyaulx Godons,
Qui à jamès ne furent bons,
Mès tant fait de doleur et paine.
Lesser aller pas ne devons 14,230
De nostre pays et demaine.

LE CAPPITAINE CAVEDE.

Dame Jehanne, qu'an dictes vous?
Les devons nous point assaillir?
Vous voyez ci la voir[1] de tous;
F° 359 v°. Faictes en à vostre plaisir. 14,235
Quant à moy, je suis de loisir;
Moy et tous mes gens sommes prest
A vostre voloir acomplir,
Et à faire ce qui vous plaist.

LA PUCELLE.

Mes bons seigneurs, or entendez : 14,240
J'é ouy vos oppinions
Et tout ce que vous pretendez,
Avecques voz intencions;
Dont vous dis voz affections
Si est les Anglois assaillir. 14,245

[1] *Sic*. sans doute pour *la voix*, l'opinion.

Mais, sauve voz corrections,
Ne scay se à Dieu est son plaisir.
Bien je conseille vous armer
Et vous bouter en ordonnance,
Et avecques vous vueil aller 14,250
Pour aller voir leur contenance;
Mès à vous tous je fais deffance
Que nulz assault on ne leur baillent,
Et pour l'onneur du saint dimenche,
Que premier y ne vous assaillent. 14,255
Mès s'il advient aucunement
Que commancent nous assaillir,
Defendez vous si vaillamment
Que vous les faciez tous perir;
Mès s'i ne se viennent offrir, 14,260
Et qu'i s'en aillent doulcement,
Lessez les, et, sans coup ferir,
Ne leur donnez destourbement.

BASTARD D'ORLEANS.

Dea Jehanne! pour quoy et comment?
Y sont icy en plain pays, 14,265
Tout à nostre commandement,
Et puis y sont noz anemis.

LA PUCELLE.

De cela ne vous chaille, et puis
Une autreffoiz les recouvrons.

BASTARD D'ORLEANS.

Nous ferons à vostre devis, 14,270
Et quant vous vouldrez partirons.

LA PUCELLE.

Y convient que nous nous armyons,
Et y allez par bonne voye.

SAINTE SUAIRE.

Ce qui vous plaisa nous ferons ;
Que tout vostre plaisir octroye. 14,275

LA PUCELLE.

Chascun de harnois se provoye ;
Je ne say s'i nous assaudront.

LE SIRE DE COURAS.

Dame Jehanne, je le vouldroye,
Que desir de frapper avons.

Lors icy y a grant pause. — Et se doit armer la Pucelle de blans harnois, et tous les autres. Et puis dit

LA PUCELLE.

Vous, Bastard d'Orleans, mon chier sire, 14,280
Vous semble temps que nous partions ?

BASTARD D'ORLEANS.

Tout est prest, n'y a que redire,
Et tous noz gens abillez sont.
Devisez ce que nous ferons,
Et de par nous sera acomply. 14,285

LA PUCELLE.

Devant les Anglois nous yrons
Pour les vois, et de cueur hardi ;
Et au seurplus, je vous supplie

Que chascun se tiengne en son rant,
Et que nul ne demarche mie 14,290
Sans congié, soit petit ou grant.
Messeigneurs, gouvernez voz gens
Que sus Anglois nulluy ne saille,
Tant que je voye qu'i soit tant;
Mès vous tenez tous en bataille. 14,295

BASTARD D'ORLEANS.

Ne vous doubtez que nul y faille;
Fait sera selon vostre dit,
Et, comme vouldrez qu'on y aille,
On acomplira vostre esdit.
Voyez ci l'armée en grant bruit, 14,300
Pour en faire à vostre ordonnance.

LA PUCELLE.

Or, allons dont vois le desduit
Des Anglois et leur contenance.

F° 361 v°. Lors la Pucelle et tous les seigneurs, tous armez, avecques leurs gens et estandars, partiront d'Orleans en belle ordonnance et viendront devant l'oust des Anglois qui seront aussi en grant point; et sonneront trompetes, clairons, tant d'un cousté que d'autre. Et y seront tant et si longuement que les Anglois s'en yront droit à Meung, et les François tout bellement apressant, tant que les dits François les perdront de veue. Et alors les gens d'armes trouverront vesselle d'argent, d'estain, robbes fourrées de martres, en leurs tantes, qu'ilz auront lessez, de haste d'eulx en aller. Puis dira

LA PUCELLE.

Messeigneurs, nous ne voyons plus
Les Anglois; y sont evaguez, 14,305
Et, comme dolant et confuz,
Honteusement s'en sont allez.

LE MISTERE DU SIEGE D'ORLEANS.

Jamès d'eulx vous n'oirez parler
Pour venir devant vostre ville,
Ne pour vous voloir exciller,
Ne pour faire autre chose vile.
Retrayons nous tous à Orleans,
Que il est aujourd'uy dimenche,
Mercyant Dieu sur toutes riens.
A luy appartient la louenge
Que de ceste gent ci estrange
Vous a ainsi du tout chacée,
Et vostre cité pure et franche
Vous a preservée et gardée.
Neuf mois il y a tous entiers
Que y vindrent premierement,
Dont par eulx deul et destourbiers
Avez souffert et griefvement,
Grans peines et grant encombrement,
Ainsi que c'est chose certaine.
Souviengne vous d'où et comment
Estes rachatez de la paine :
Que l'an III^c XXIX,
Le VIIIe[1] jour de may,
Fut rediffié tout de neuf
Orleans estant en grant esmay,
Que ce propre jour, sans delay,
Honteusement se deslogerent
Les Anglois, en grant desarroy,
Et droit à Meung y s'en allerent.
Mes amis, bien vous en souviengne,
Et ceulx qui viendront après vous :
Que ceste chose vous enseigne
Que Dieu vous a esté bien doux,

[1] Correction; le texte portait d'abord IXe.

Et que de ce vous a recoux 14,340
Par sa divine Providence.
Si faictes memoire à tousjours
De ceste belle delivrance.

F° 362 v°. Lors y a une pause. — Et se doivent appresser de la ville. Puis viennent les bourgeois de la ville, et dit

LE RECEPVEUR.

Vous, très noble et puissante dame,
Humblement vous remercions; 14,345
Chascun de nous si vous proclame
Que par vous la victoire avons
Encontre ces Anglois felons
Ayant ceste ville assigée :
De la perdre en dangier estions, 14,350
Se vous ne l'eussiez recouvrée.

Ier BOURGEOIS.

O chiere Pucelle honnorée,
Trop à vous nous sommes tenuz,
Quant par vostre puissante armée
Les Anglois avez confonduz, 14,355
Lesquelz nous ont icy tenuz
L'espasse de neuf mois entiers,
Ainsi comme gens esperduz
Et comme povres prisonniers.

IIe BOURGEOIS.

Or nous avez vous delivrez 14,360
De la main de noz anemis,
F° 363 r°. Qui à mort nous vouloient livrer
Et degecter de ce pays,

LE MISTERE DU SIEGE D'ORLEANS.

Dont par voz puissans faiz et dis
Vous avez obtenu victoire.　　　　　　　　14,365
Très haulte dame de hault pris,
A vous en est louenge et gloire.

LA PUCELLE.

Mes amis, ce n'est pas à moy,
C'est à Dieu, qui a cecy fait :
Pitié a eu de vostre esmoy,　　　　　　　　14,370
De votre doloreux exploit.
Si ayez tous, tant que qui soit,
Dieu devant vous et en memoire,
Puisque ainsi vous a parfait
Avoir eu ceste grant victoire.　　　　　　　14,375
Et si ayez en souvenance
De ce jour icy, mes amis,
Comment Orleans eult delivrance
De ces anciens anemis,
Comment il ont esté soumis　　　　　　　　14,380
L'an mil iiii^c xxix ;
Faictes en memoire tous dis ;
Des jours de may ce fut le neuf.
Et comme j'ay ci recité,
Qu'il en soit memoire après vous,　　　　　14,385
Comment ceste noble cité
De Dieu si a esté recoux
Encontre Anglois, qui en propoux
Avoient de tout point la prandre,
Dont Dieu, qui est courtois et doux,　　　　14,390
L'a volu garder et deffendre.
Si me vueil d'icy deppartir,
Et m'en aller devers le Roy,
Et j'é voulanté et desir

De faire ce qui est en moy; 14,395
Que de bref, ainsi que je croy,
Me convient le mener à Rains
Sacrer, ainsi comme je doy.
Et pour parvenir à ces fins,
Dont vous tous vous remercie 14,400
De l'onneur et du grant plaisir,
Et de vostre chere planie
Que vous m'avez volu offrir.
Jamès ne vous vueil deffaillir
Qu'en vostre besoin je ne soye, 14,405
Quant vous plaisa me requerir
Pour vous faire ce que pourroye.
Si veul de vous, bourgeois, marchans,
En present, de vous congié prandre,
De voz femmes saiges, prudans, 14,410
Lesquelles ont volu entendre
A vostre cité bien deffendre,
De bon cueur et soigneusement,
Et, en grant diligance prandre,
Y ont besoigné notablement. 14,415
Et de tout feray relacion
Au bon roy Charles bien aymé,
De vostre grant perfection
Et bon voloir bien confermé,
Lequel avez eu afermé 14,420
Au bon droit, comme il appartient;
Puis Dieu le vous a consommé,
Que jamès n'oublie les siens.
Aussi des biens que m'avez fais
A vous je suis très fort tenue; 14,425
Je ne les oubliray jamès,
Je pry Dieu qu'i les vous value.

Honnestement m'avez receue
Et donné planté de vos biens;
Dont, mes amys, à mon yssue 14,430
Grace et louenge je vous rens.

LE PROCUREUR.

Has! dame Jehanne, ce n'est riens :
Ce que avons fait suffist pas;
Plus grant chose vous appartient
Cent mille foiz, ne doubtez pas. 14,435
Et qu'i vous plust que vostre cas
Fust avecques nous demeurer,
En ceste ville hault et bas,
Nous le vous vouldrons delivrer.

IIe BOURGEOIS.

Plaise pardonner la deffaulte 14,440
Que envers vous avons mesprise,
Dont à vous, personne très haulte,
N'avons pas la chose premise
Qui vous appartenoit, et mise,
Pour vous servir comme devions; 14,445
Dont en ce que avons mesprise,
Dame, s'i vous plaist, l'amendrons.

LA PUCELLE.

Mes amis, y suffist assez;
Je me tiens bien contant de vous.
De present vous vueil delesser, 14,450
Mès vous reviendray voir bien toust.
Soyez tousjours courtois et doux,
Envers vostre roy bien servir,

Dieu vous gardera, n'ayez poux,
De tous maulx et de tous periz. 14,455

Lors icy y a pause. — Et puis dit :

Vous, messeigneurs en general,
D'avecques vous me fault partir,
Et devers le bon Roy loyal
Aller me convient, sans faillir,
Que certainement je desir 14,460
Acomplir mon intencion,
Luy faisant service et plaisir
De toute mon affection.
Vous, monseigneur Bastard d'Orleans,
Je vous remercie de l'onneur 14,465
Que vous m'avez fait en tous sens,
F° 365 r°. A moy de petite valeur.
Tant que je vivray, de bon cueur
Vous feray service et plaisir,
A mon povoir, mon chier seigneur, 14,470
De ce que vous pourray servir.
Vous tous autres, mes bons seigneurs,
Pareillement vous remercye
De voz plaisirs, de voz honneurs
Et de vostre grant courtoisie, 14,475
Qu'é eue en vostre compaignie
Durant le fait de ceste guerre,
Priant à Dieu, le filz Marie,
Que son royaulme puissiez acquerre.
A vous tous je vous dy à Dieu; 14,480
Pour le present m'en vueil aller.
Je vous lairay tous en ce lieu,
Fors ceulx que je vueil emmener,

S'y leur plaist de me convoyer
Tant que devers le Roy je soye, 14,485
A qui je vueil ung peu parler
Et luy donner confort et joye.
Si est le baron de Colunces;
Viendra avecq moy, si luy plaist.
De par moy luy prie et denonces 14,490
Que luy et ses gens soient prest,
Avecques le sire de Rais,
Se c'est son plaisir y venir.
Je les en supplie par exprest
Compaignie me veullent tenir. 14,495
F° 365 v°. Mes gens aussi pareillement
Je meneray avecques moy.
Sans plus demeurer longuement,
Aller je vueil devers le Roy,
Que, tout ainsi comme je croy, 14,500
Y desire fort ma venue,
Que couronné sera sans delay,
En bref tans, sans longue atendue.

LE BASTARD D'ORLEANS.

Dame Jehanne, fort nous desplaist
Dont vous faictes departement; 14,505
Que vostre personne nous plaist
Que nulle sous le firmament.
Nostre voloir et pencement
Si est faire selon voz dis,
Vous obeyr entierement 14,510
A vostre voloir et advis.

LE SIRE DE GRAVILLE.

Dame, se c'est vostre plaisir

De vous tenir avecques nous,
Il n'est nul de nous, sans mentir,
Qui ne vueille obbeyr à vous.
Vous estes nostre seul recoux,
Vous estes tout nostre esperance,
Qu'il n'est nul, sachez, de nous tous
Qui ne face à vostre plaisance.

LA HIRE.

Dame de très haulte excellence,
Vous estes la protection,
La sauve garde et providence,
Des François la redempcion.
Par quoy doit estre mencion
De vous et de voz nobles fais,
Et à tout temps relacion,
De vous memoire à tousjours mès.

FLEURANT D'ILLIERS.

Jehanne, se c'est vostre plaisir,
Avecques vous nous en yrons,
Pour compaignie vous tenir,
Ainsi que faire le devons,
Et comme faire le volons.
Si n'espargnez nul qui que soit,
Que nous tous vous obbeyrons
En tous voz faiz, comment qu'i soit.

MESSIRE DENIS DE CHAILLI.

Dame Jehanne, puis qu'ainsi est
Qu'i vous plaist faire departie,
Vostre[1] depart très fort desplaist

---

[1] Le manuscrit donne *vous*.

A toute vostre compaignie.
Mais se vous estes establie
Et que ce soit vostre plaisir,
Chascun de nous vous remercie
De voz enseignemens et fruiz.

JAMET DE TILLAY.

Je croy, dame, qu'i sera besoing
De revenir bref par deçà,
Que les Anglois ne sont pas loing;
A Jargueau, à Meung en y a.
Ne soyez gueres par delà;
Tous vous en prions de cueur fin,
Que sans vous nul de nous n'yra,
Et tous tandons à ceste fin.

LE SIRE DE COLONCES.

Dame Jehanne, esleu vous m'avez
Aller en vostre compaignie,
Dont grant honneur fait vous avez
A moy et à ma seigneurie.
Vostre je suis, ne doubtez mie,
Pour vos bons plaisiz acomplir,
Et loyaulment toute ma vye
De bon cueur je vous vueil servir.

LE SIRE DE RAIS.

Aussi moy, dame, ne doubtez,
Faire vueil ce qui vous plaira;
Mes aliez et depputez,
Dame, sachez, tout y vendra.
Et vostre voloir on fera

Du tout en tout, à vostre guise, 14,565
Et quand vouldrez on partira,
En faisant à vostre devise.

LA PUCELLE.

Mes bons seigneurs, je vous mercie,
Tant comme faire je le puis,
De vostre haulte courtoisie. 14,570
Nobles, vaillans princes gentilz,
Quant ainsi vous estes soubmis
A mes bons voloirs acomplir,
Je vous en rens cinq cens mercis
Qu'i vous plaist cest honneur m'offrir. 14,575
Donques je prans congié de vous,
Mes bons loyaulx seigneurs de France;
Que Dieu vous doint paix et repoux
Ensemble et bonne concordance.
Ne soyez point en differance, 14,580
Mès vous tenez tousjours ungniz;
Nul ne vous peut faire nuysance,
Ne dommaige ne desplaisir.
A Dieu vous dy pareillement
Aux vaillans bourgeois et bourgeoises. 14,585
Portez vous estes vaillamment,
Sans avoir eu ne bruit ne noises;
Mès, comme saiges et courtoises,
Y avez ouvré saigement,
Que le renom des Orlenoises 14,590
Dura perpetuelment.
A Dieu je vous dy de present,
Que devers le Roy je m'en vois;
De bref vous revendré je vois,
Avant qu'i soit gueres de temps. 14,595

BASTARD D'ORLEANS.

Dame, nous sommes desplaisant
Quant vostre depart nous fault vois.

LA PUCELLE.

A Dieu je vous dy de present,
Que devers le Roy je m'en voys.

LE PROCUREUR DE LA VILLE.

En nous n'est nul plaisir si grant, 14,600
Dame Jehanne, que de vous vois,
En priant Dieu, le roy des roys,
Qu'i soit en vous tousjours garant.

LA PUCELLE.

A Dieu je vous dy de present,
Que devers le Roy je m'en vois; 14,605
De bref vous revendré ge vois,
Avant qu'i soit guere de temps.

Lors trompetes et clairons sonneront et partiront. Et après ce, dit

LA PUCELLE.

Mon amy, sans atendre plus,
Je te pry, va devers le Roy,
Et luy dy que nous sommes sus 14,610
Pour aller vers luy sans delay;
Dedans six jours, comme je croy,
Devers luy nous arriverons.

MESSAGIER.

Vostre plaisir, comme je doy,
Acompliray tretout du lonc. 14,615

Pose.

LE MESSAGIER.

Très cher seigneur, vueillez entendre
Et ouyr certaine nouvelle,
De par madame jeune et tendre,
Nommée Jehanne la Pucelle,
Qui m'a dit que je vous revelle 14,620
F° 368 v°. Que elle vient par devers vous,
Avecq son armée gente et belle,
Et sera cy devant trois jours.

LE ROY.

Messagier, bien soyez venu.
De la Pucelle j'ay grant joye, 14,625
Que d'elle j'ay assez congnu,
De son fait et la droite voye.
Si ay desir que je la voye
Et suis fort joyeux qu'elle viengne,
Que à la voir fort desiroye, 14,630
Qu'i n'est riens que mieulx se maintiengne.
Va et retourne vistement,
Que de bon cueur la recepvray,
Et tous ses gens pareillement;
Aussi voulentiers la verray, 14,635
Et bonne chiere luy feray,
Ainsi comme à elle appartient.

MESSAGIER.

Mon chier Sire, je luy diray;
A elle m'en vois audevant.

Lors y a pose. — Et dit

LE MESSAGIER.

Ma très chiere et honnorée dame, 14,640
Devers le Roy j'é acompli
Vostre messaige, sans nul blasme,
Comment vous allez devers lui,
Lequel si en est resjouy
Et a grant desir de vous vois. 14,645

LA PUCELLE.

Nous y arriverons aujourd'uy,
Au plus noble de tous les roys.

Adont icy y a pause. — Et arrive la Pucelle devant le Roy, laquelle se gette à ses piez et les baise. Et puis dit le

ROY.

Ma belle fille, levez vous,
Et soyez la très bien venue;
Vostre maintien plaisant et doux 14,650
Me resjouyst dont vous ay veue.
A grant joye serez receue
Et toute vostre compaignie,
Que riens ne sera soubz la nue
Qu'espargné vous soit, chiere amye. 14,655
Et s'i vous plaist riens demander
En mon royaulme que faire puisse,
Je vueil que vous y entendez,
Vostre voloir qu'on acomplisse;
Et tout ce qui vous sera propice, 14,660
Jehanne, que vueil que vous l'ayez,
Sans que aucun vous contredise,
Ne autrement en delayer.

J'ay tousjours eu de vous nouvelles
Depuis vostre departement, 14,665
Lesquelles sont doulces et belles,
Par vous conduites saigement;
Que ouvré avez tellement
Sus Anglois, et fait reculler
De devant Orleans tellement 14,670
Que leur siege avez fait lever.
Dont, de ce je vous remercie,
De vostre conduite et proesse,
Ne jamès ne vous fauldray mie
Que de mes biens n'ayez largesse. 14,675
Ayez en vous joye et leesse
Comme faire le povez bien;
Que pour vous n'est or ne richesse
Que j'espargne, ne doubtez rien.
Or est donques, la mercy Dieu, 14,680
Le siege de devant Orleans
Par vous levé, comme j'ay sceu;
En fait d'armes ont esté grans
Par vous faits et par voz moyens,
Ainsi comme j'é peu savoir. 14,685
Dont, fille, salut je vous rens
De vostre excellant devoir;

F° 370 r°. Que je scay veritablement
De vostre très haulte proesse
Y avez fait si vaillamment 14,690
Que le renon dura grant piesse,
Et vostre nom en grant noblesse
Sera à tousjours renommé,
Et vostre très grant hardiesse
Sera de tous gens confermé. 14,695
Si ne vous doubtez du contraire,

Jehanne, que ainsi sera fait
Que tout temps de vous sera memoire
De vostre hault excellant fait.
Mon bon voloir avez parfait 14,700
D'avoir chassé dehors d'Orleans
L'oust des Anglois, qui me grevoit
Et dont j'estoye desplaisant.
Sachez que jamès ne sera
Qu'i ne me souviengne de vous, 14,705
Et qui mal faire vous vouldra
De moy ne sera à repoux.
Je vous garderay pardessus tous,
Ainsi que ma fille et amye,
De tous perilz et de tous couroux, 14,710
Je le vous promez et affie.
Or çà, bien soyez vous venue,
Et vostre compaignie aussi;
Pour vous ay eu paine et souci
Qu'esclande vous fust advenue. 14,715

LA PUCELLE.

Sire roy, à vous suis tenue
Du bien que me offrez ainsi.

LE ROY.

Or çà, bien soyez vous venue,
Et vostre compaignie aussi.

LA PUCELLE.

Sire, moy de pauvre value 14,720
Très humblement je vous mercy;
A moy n'appartient pas cecy,
Ne telle chose ne m'est deue.

LE ROY.

Or çà, bien soyez vous venue,
Et vostre compaignie aussi; 14,725
Pour vous ay eu peine et souci
Qu'esclande vous fust advenue.
Pour vous joye m'est survenue,
Quant vostre santé corporelle
Devant mes yeulx ay apperçue, 14,730
Qui m'est une joye nouvelle.

LA PUCELLE.

De vostre bonté eternelle,
F° 371 r°. Noble roy, je vous remercie.
A moy n'appartient chose telle;
C'est de vostre grant courtoisie 14,735
Et de vostre grace planie
Que me presentez tant de biens :
Dont, vous et vostre seigneurie
Salut et graces je vous rens.
S'i vous plaist, en bref vous diray 14,740
Du siege d'Orleans dont je viens,
Comme il a esté delivré
De voz anemis anciens.
Sachez, Sire, que ceulx d'Orleans
Y ont fait grandement devoir; 14,745
Tant hommes, femmes et enffans,
Vous ont servy de bon voloir.
Et lesquelz de très bon coraige
Ont employé eulx et leurs biens;
En deffendant vostre heritaige 14,750
N'ont espargné or ne argent.
Et à moy, du service grant

M'ont fait, Sire, ne doubtez point,
Et sont François bons et vaillans,
Desirant venir à voz fins. 14,755
Sont ceulx d'Orleans, ne doubtez mie,
Pour vous servir jusques à morir,
Et ne vous fauldront de leur vie,
Que y vous ayment sans faillir,
Et tousjours prest à vous servir 14,760
Comme à leur roy souverain;
Si les vueillez entretenir,
Je vous en supply, de cueur fin.
Oultre plus, vers vous suis venue
Vous deprier et denoncer, 14,765
Ainsi comme je suis tenue
De le vous dire et prononcer,
Vous plaise vous disposer
A faire ce present voyaige,
Vous mener à Rains couronner, 14,770
Vous noble roy, prudent et saige.
Et sachez le temps est venu,
Ainsi que à vous appartient,
Comme de Dieu estes esleu
Vray roy sur tous les crestiens, 14,775
Roy de France noble et puissant.
Je vous pry, plus n'en differez,
Que ainsi faire le convient;
A Rains je vous mene sacrer

LE ROY.

Ma fille, vostre beau parler 14,780
Me plaist moult, je vous certiffie.
Ce qu'i vous plaist me conseiller
Acomply sera, ne doubtez mie.

De ceulx d'Orleans, où je me fie,
Je les tiens de mes bons amis, 14,785
Et s'i vous ont loyaument servy,
Croyez que très joyeux en suis.
F° 372 r°. Je say bien veritablement
Que pour morir ne me fauldront;
Jamès ne firent autrement. 14,790
Y me sont très loyaulx et bons,
Et très grant joye ay dont y sont
Delivrez de noz anemis,
Que grant travail éu il ont;
Dont à vous fort tenu je suis. 14,795
Reposez vous, vous et voz gens,
Puis de nostre fait penserons,
Et vous pry que n'espargnez riens
Tout ce que faire nous pourrons,
Que voz plaisirs faire volons, 14,800
Voz bons enseignemens et dis,
Que bon conseil trouvé avons
En vous, fille de très hault pris.
Voyez cy Jehan, duc d'Alanson,
Qui de nouvel est cy venu 14,805
D'Angleterre, paiant renson
En laquelle il estoit tenu;
Si sera de par nous esleu,
Jehanne, vous tenir compaignie.
Il est puissant et de hault lieu, 14,810
De guerre apris, ne doubtez mie.

LA PUCELLE.

Noble roy, je vous remercie
Dont de tant de biens me offrez,
Que à moy y n'appartient mie,

F° 372 v°.
    Ne faire pas ne le devez.
    De monseigneur dont vous parlez,
    J'ay ouy de sa retournée,
    Qu'il est à priser et louer
    Et pour gouverner une armée.
    Quant à moy, bien je suis joyeuse
    Que monseigneur duc d'Alenson,
    Qui a puissance vertueuse
    Et est prince de grant façon,
    Que ensemble nous parfason
    Le remenant de ceste guerre,
    Et croy que ensemble y feron
    Autant que nulz qui soient sus terre.

LE ROY.

Çà, ma fille, reposez vous
Pour meshuy, et je vous emprie;
Et de tout ce qui sera en nous,
Jehanne, ne nous espargnez mie.

LA PUCELLE.

Vostre volanté acomplie,
Chier Sire, de par moy sera.
A Dieu toute la compaignie.

LE ROY.

Ce que vous plaisa on fera.

F° 373 r°. Lors icy y a pause. — Et dit

LE ROY.

Mes amis et mes bons seigneurs,
A qui sont deuz toutes honneurs,

Plaise vous icy nous entendre :
Vous estes mes conservateurs
Et aussi mes protecteurs, 14,840
Ainsi comme je puis comprandre;
Vueillez nostre conseil entendre
En ce cas icy, et espandre
De ce que volons proposer,
Afin que ne puissons mesprandre. 14,845
A ceste voye volons tandre
Sur nous on ne puisse gloser.
Or est il, comme chascun sait,
Des Anglois le grief et meffait
Que devant Orleans ont commis, 14,850
Lesquelz pensoient bien de fait
Les avoir, et bien leur sembloit,
Quant il y ont le siege mis
Et assemblé tous leurs amis,
Tous les plus vaillans et hardis 14,855
Que il ont onques peu acquerre,
Et y ont esté là assis
Neuf mois entiers et acomplis
A incessamment faire guerre.
Et ainsi que je croy de vray, 14,860
Ceulx d'Orleans en grant desarroy
Y ont souffert douleur et paine,
Lesquelz y ont fait, je le croy,
Tout leur devoir de bonne foy;
Cela, c'est chose bien certaine. 14,865
Leurs corps, leurs biens et leur domaine
Ont employé en voye plaine,
Sans espargner chose qui soit,
Et par leur volanté haultaine,
Comme la chose est souveraine, 14,870

Si ont deffendu le bon droit.
Après aussi devez savoir
Que Dieu de son propre voloir
Nous a envoyé ceste fille,
Laquelle j'ay fait esprouvoir 14,875
Et en mon grant conseil provoir,
Savoir se c'estoit chose utile.
Interrogée de son stille,
De son savoir la plus habille
Que on peult au monde trouvoir, 14,880
Saige, prudente et fertille
A respondre, honneste et agille,
Sans luy savoir riens reprouvoir.
Ce dont par le rapport d'iceulx
Du conseil qu'ay trouvé en eulx, 14,885
L'é fait abiller et armer,
Et vers Orleans, de cueur joyeulx,
Est allée avecques plusieulx
Pour bien son voloir confermer,
Laquelle me veult affermer 14,890
Que brief elle feroit defermer
Le siege clos devant Orleans,
Dont iceulx estoient enfermez
Par Anglois venuz d'oultre mer,
Qui sont anemis anciens. 14,895
Vous savez qu'elle y a esté,
Ainsi qu'elle avoit volanté
Y aller sans nulle differance,
Pour conserver de verité
Orleans, la très noble cité, 14,900
Qui estoit en bien grant doubtance.
Dont y a fait par sa puissance,
Par son sens et par sa prudence,

Que ledit siege a fait lever,
Et mis Anglois en grant souffrance,   14,905
De chasser par grant diligence,
Que on ne les sayt où trouver.
Or est elle icy venue,
Ainsi comme vous l'avez veue,
Pour moy mener sacrer à Rains;   14,910
Si vous supply sans atandue
Que vostre oppinion soit seue,
Se mettre me dois en ses mains.
Conseillez m'en à toutes fins
Que faire je doy sus ce point,   14,915
Et qu'il est bon de luy respondre :
C'est une fille à tout le mains
Qui est bien venue à ses fins,
Et qui a eu bonne rencontre.

F° 374 v°. DUC D'ALANSON, lieutenant general.

Sachez, Sire, de verité   14,920
Que grant vertu si est en elle,
Ainsi comme on a rapporté;
C'est une très noble pucelle,
Vertueuse, plaisant et belle,
Très honneste en fais et en dis,   14,925
Et croy de vray que sera celle
Qui confondra noz anemis.
Vous devez faire son voloir
Et luy obbeyr, c'est raison;
Que Dieu l'a volu envoyer   14,930
Garder vostre noble maison.
Si devez en toute saison
Luy faire service et plaisir,
Et luy bailler tout à bandon

Tout ce qu'elle vouldra choisir. 14,935
Au regard vous mener à Rains,
Se c'est son plaisir, qu'el le face;
Chascun le doubte, chascun le craint.
N'ayez jà peur qu'on vous melface;
Que je croy que soit en la grace 14,940
De Dieu qui a sus tout povoir :
Si devez en tous lieux et place
Acomplir tout son bon voloir.
Mès est ung point que vous diray,
Et me semble bien neccessaire, 14,945
Ainsi comme de vray je say,
Et est aussi bien exemplaire.
Vous savez que le lonc de Loire
Y est Jargueau, Meung, Baugenci;
Seroit bon nestoyer le repere 14,950
Des Anglois qui y sont ainsi,
Et de retourner à Orleans
Pour faire là une assemblée
A ces Anglois, maudites gens,
Pour les dechacer à l'espée. 14,955
Et suis d'acort, s'i vous agrée,
Y aller avecq la Pucelle,
Et de combattre à main armée
En sa presence, avecques elle,
Puis après, vous mener sacrer; 14,960
C'est bien raison, ne doubtez mie,
Et à Orleans vous en vendrez,
Puis nous vous tiendrons compaignie.
Vous avez en presence ouye
Ma volunté et mon vouloir; 14,965
S'i n'est bon, que chascun en die,
Et au mieulx je vueil concevoir.

LE SIRE DE RAYS.

Monseigneur a bien propposé
Et a dit tout le voir sans doubte,
Sy a bien le cas exposé, 14,970
Et n'en a on deffailli goute.
De la Pucelle, en somme toute,
On ne luy doit riens refuser,
Et que son plaisir on escoute
Que bel vois luy fait propposer. 14,975
Des places qui sont à avoir
Au lonc la riviere de Loire,
Bon seroit premier les avoir,
Que y nous sont trop en frontiere,
Et en nestoyer le repere 14,980
Ains que proceder plus avant;
Et ne vous doubtez de victoire,
Que elle vous est preminant.

LE BARON DE COLONCES.

Je suis de ceste oppinion
Que à Orleans devez aller 14,985
Avecques la fille de nom,
Cela je vueil bien conseiller
Et que vous devez regaller
Voz villes d'environ Orleans,
Et faire Anglois tant reculler 14,990
Qu'i n'y reviengnent de mil ans.
Après, pour la Pucelle entendre,
Pour vous mener à Rains sacrer,
Je croy que y devez entendre
Et n'en devez point differer. 14,995
Elle est à priser et aymer;

Chascun d'elle bien en proppose :
De toutes gens est à louer
Et de Dieu est, je le suppose.

DUC D'ALANSON.

Faictes la Pucelle venir,
Que la voir[1] d'un chascun est telle
Si est que voloir acomplir
Le bon voloir qui est en elle,
Et que par vous on luy revelle
Vostre volanté en ce cas ;
Si la trouverrez bonne et belle,
Qu'elle ne vous desdira pas.

LE ROY.

Messeigneurs, par vostre ordonnance
Faire vueil, et selon voz dis ;
Si feray venir en presence
La Pucelle de très hault pris,
Qui n'a encore en riens mespris,
Mès chascun la craint et la doubte,
Et n'est nul ne grans ne petis
Que de ses dis chascun l'escoute.
Messagier, va diligemment
Devers la Pucelle, et luy dy
Qu'elle viengne à nous prestement,
Sans tarder, et que je l'empry.

MESSAGIER.

Chier seigneur, tantoust devers lui
Vostre messaige à la Pucelle

---

[1] Pour *voix*, opinion ?

Par moy sera fait et acompli,
Que bref en orrez la nouvelle.

Pose.

Madame, Dieu vous doint honneur,
Joye, santé et bonne vie! 15,025
Le Roy si vous pry de bon cueur
Qu'aillez vers luy sans tarder mie.

LA PUCELLE.

Sa volanté sera acomplie,
Mon chier amy, incontinant.
Vat en devant, et je t'emprie, 15,030
Sans arrester ne tant ne quant.

MESSAGIER.

Plaise vous savoir que je viens,
Chier Sire, de vers la Pucelle;
Laquelle verrez en presant
Par devers vous, plaisant et belle. 15,035

Lors y a pose. — Et dit
LA PUCELLE.

Noble roy, Dieu vous dont salut
Et à tout vostre seigneurie,
Du hault paradis le tribut,
Ouquel si est joye infinie!

LE ROY.

Grant mercy, ma fille et amye. 15,040
Sachez que je vous ay mandée
Pour nous tenir cy compaignie,
Et pour savoir vostre pencée.

Nous sommes icy assemblez
Touchant ce que nous avez dit, 15,045
Pour en faire et en deviser
Tout selon vostre bon esdit;
Et sommes tous sans contredit
A en faire à vostre ordonnance,
Et de nul ne sera escondit 15,050
Vostre bon voloir et plaisance.
Vous les voyez ci en presence,
Lesquelz sont d'un commun accord
A vostre grant sens et science,
De l'acomplir sans nul deport; 15,055
Et ung chascun d'eulx se fait fort
De compaignie vous tenir
Où vouldrez aller à l'efort,
Et avec vous vivre et morir.
Pour tant, fille, si est concleu, 15,060
Sauve qu'i vous plaise le faire,
Tout bien consideré et veu
Que c'est chose neccessaire;
Que sus la riviere de Loire
Au tour d'Orleans a plusieurs places 15,065
Que tiennent Anglois pour frontieres,
Pour faire des maulx et falaces :
C'est Jargueau, Meung et Baugenci.
Vous savez, Anglois sont dedans,
Et comme chascun sait aussi 15,070
Que il ne sont point loing d'Orleans,
Et y pevent faire amast de gens
Pour Orleans encore defier,
Bon seroit les gecter de leans
Et aultre part les envoyer. 15,075
Je ordonne duc d'Alanson

Pour mon lieutenant general,
Avecques gens de grant façon,
Et tant à pié comme à cheval,
Vous servir à mont et à val 15,080
A tout vostre bon plaisir faire,
Enjoinct, en especial,
Du tout vostre plaisir parfaire.
Puis après, tout incontinant,
Je suis bien content de me rendre 15,085
Avecques vous dedans Orleans,
Et que vous m'y voulez atendre.
De là yrons couronne prandre
A Rains, ainsi que avez dit,
Et se ad ce voulez entendre, 15,090
Nous ferons à vostre appetit.

DUC D'ALANSON.

Dame Jehanne, je suis joyeux
Vous faire service et plaisir
Et aller à vous en tous lieux;
Croyez que j'en ay grant desir. 15,095
Se plus toust j'eusse peu venir
D'Angleterre, là où j'estoye,
Voulu vous eusse secourir;
Mès acomplir ne le povoye.
Sachez que le renom de vous 15,100
Traverse de là Angleterre;
A tous anemis faictes poux,
Que nul n'y sait quel confort querre.
Anglois si ont tenu en serre
Le royaulme trente ans plainement; 15,105
Mais par vous sera leur desserre,
Leur fin et leur definement.

LA PUCELLE.

Vostre voloir entierement
Vueil acomplir de ma puissance :
C'est que voloir premierement 15,110
Mectre Anglois en obbeyssance,
Et les places à delivrance,
Baugenci, Meung et Jargueau.
Bien je suis de ceste acordance
Qu'on n'espargne bourc ne chasteau. 15,115

DUC D'ALANSON.

F° 378 v°.

Jehanne, je le conseilleroye,
Et me semble que c'est le mieulx.
Vostre plaisir faire vouldroye
Plus toust que nul dessoubz les cieulx.
Anglois sont en deux ou trois lieux 15,120
Environnez autour d'Orleans;
De les avoir soyons soigneux
Et les desloiger de leans.

LA PUCELLE.

Puisque vous estes tous contans,
Desdire n'en vueil vostre entante, 15,125
Et à ce faire me consens,
Si en suis aussi bien contante.
Dont ne ferons ci plus d'atante,
Et y allons diligemment,
Que bref me fault prandre la sante 15,130
D'acomplir mon veil bonnement.

LE ROY.

Ma fille, sachez, je desir

LE MISTERE DU SIEGE D'ORLEANS.

De faire ce qui vous plaira,
Et vostre voloir acomplir;
Devers moy, y s'acomplira. 15,135
Le duc d'Alanson s'en yra
Avecques vous, fille très chere,
Et lequel vous obbeyra
En tout ce que aurez à faire.
Or çà, beau cousin, je vous prie 15,140
Que la Pucelle conduisez,
Et pour Dieu ne luy faillez mie
Que de dangier la preservez,
En vous priant que la gardez
Aussi chiere que vostre enffant, 15,145
Que j'aroye grand encombrier
Se mal avoit aucunement.

DUC D'ALANSON.

Croyez que j'en seray engrant
Et de la garder bien soigneux;
Si seroye trop desplaisant 15,150
Qu'elle eust mal, et bien doloureux.

LE ROY.

Je prie à Dieu le roy des cieulx
Qu'i vous tiengne tous en sa garde,
Et vous dont que victorieux
Puissez retourner, que qui tarde. 15,155

Adont les trompetes sonneront. Et puis dit

DUC D'ALANSON.

Dame Jehanne, estes vous preste?
Y nous convient d'ici partir.

LE MISTERE DU SIEGE D'ORLEANS.

A moy plus rien y ne me reste
De quoy y me peust souvenir.
Donques, se c'est vostre plaisir, 15,160
Je croy que de partir est heure :
Tous mes gens j'é fait ci venir;
Pour moy plus nului ne demeure.

LA PUCELLE.

Sire roy, de vous prans congié,
Vous remercyant de l'onneur; 15,165
Et de vostre noble valeur
Soyez de Dieu regracié.

LE ROY.

Fille, jamès ne vous fauldray;
Je le vous promès de bon cueur.

LA PUCELLE.

Sire roy, de vous prans congié, 15,170
Vous remercyant de l'onneur.

LE ROY.

En vous, belle, me suis fié
Où je trouve cause et couleur,
Tout bien en vous et tout honneur :
De ce je suis certiffié. 15,175

LA PUCELLE.

Sire roy, de vous prans congié,
Vous remercyant de l'onneur;
Et de vostre bonne valleur
Soyez de Dieu regracié;

Vous pryant par grant amytié 15,180
Que veillez faire diligence
De acomplir ce bel traictié,
Estre couronné roy de France.

LE ROY.

Fille, de ce n'ayez doubtance. 15,185
Vostre bon voloir je feray,
Croyez, en toute diligence,
Et de bon cueur l'acompliray.
A Dieu, tant que vous reveray,
Aurai doubte de vostre absence.

LA PUCELLE.

Tenez vous pour moy asseuré 15,190
Que Dieu me gardera d'offence.

Lors s'en part, et dit
LA PUCELLE.

Or sus, monseigneur d'Alanson,
Partons d'ici quant vous plaira;
F° 380 v°. Il est tant que nous en pansion,
Que je vouldroye estre desjà. 15,195

DUC D'ALANSON.

Trompetes, sonnez çà et là
Pour assembler toutes noz gens,
Et tenez le chemin qui va
Tout le plus droit juques Orleans.

Adont icy y a une pause de trompetes et autres instrumens. — Et viendront vers Orleans, et au devant viennent les bourgeois de la ville, et dit

LE MISTERE DU SIEGE D'ORLEANS.

LE RECEPVEUR.

Dame Jehanne, noble princesse, 15,200
Vous soyez la très bien venue;
De vous vois nous est grant liesse
Et très grant joye survenue.
Vous serez à Orleans receue,
Aussi monseigneur d'Alanson, 15,205
Qu'i ne sera riens soubz la nue
Que n'ayez à vostre bandon.

Ier BOURGEOIS.

Plus de joye avoir ne penson,
Noble dame, que de vous vois,
N'aultre chose ne desiron, 15,210
Vous, le reconfort des François !
Quant par voz armes les Anglois
Avez dechacez du pays,
Il y a desjà plus d'un mois,
Ne en ne les a veuz depuis. 15,215

IIe BOURGEOIS.

Cryer Noel, grans et petis,
Devons pour vous tous, noble dame;
Et sommes tous à vous soumis
De voz servir de corps et d'ame,
Que vous estes celle qu'on clame 15,220
La reduction de la ville,
Et ung chascun de nous l'afferme :
Le vray est comme l'evangille.

LA PUCELLE.

Mes amis, je vous remercie

De vostre honneur et plaisir, 15,225
Et vostre suis, ne doubtez mie,
En ce que vous pourray servir;
Que j'é bon voloir et desir
De vous rendre la courtoisie
Que vous m'avez volu offrir : 15,230
Je ne l'obliray de ma vie.

F° 381 v°.   Lors icy entreront dedans Orleans, tous cryant Noel. Et puis dit

LE BASTARD D'ORLEANS.

Noble dame, comment vous va?
De vous vois je suis fort joyeux.
Depuis que ne fustes deçà,
Avons esté tousjours oyseux, 15,235
Que il n'est Anglois soubz les cieulx
Qui ose plus sus nous venir,
Et sont de repoux en leurs lieux,
Qu'i ne savent que devenir.
Et vous, monseigneur d'Alanson, 15,240
Vous avez fait longue demeure,
Dont, croyez, pas joyeux n'estion
De vostre mal, je vous asseure.
Bien soyez venu! je procure
Des Anglois, qui vous ont tenu, 15,245
Tel en paiera la forfaiture
Qui n'en sera en riens tenu.

MONSEIGNEUR D'ALANSON.

Soyez bien certain en ce cas
Que, ainçois qu'il soit peu de temps,
Je metray Anglois si au bas 15,250

Que quelcun n'en sera pas contant.
Et sachez de vray, je pretant
Que de ma ranson et dommaige
Aucun qui se fait fort du grant
En paiera partie du voyage; 15,255
Que, par tous les sains, j'emeroye
Mieulx morir que n'estre vengé,
Et que je ne me trouve en voye
Pour en estre desdommaigé.
Jà Dieu ne plaise que songé 15,260
J'eusse aultrement de ce faire,
Et mon coraige fust changé
De delesser ce vitupere.

BASTARD D'ORLEANS.

Nous vous ayderons à ce faire,
Ne vous doubtez, et de bon cueur; 15,265
Voire et avant qu'i soit guaire,
Quelqu'un en paiera le maleur.
Mès pour estre le conducteur
Parler convient à la Pucelle,
Que de vaillantise et honneur 15,270
Le vray avons trouvé en elle.

DUC D'ALANSON.

J'en ay ouy dire merveille
De son sens et de son savoir,
Si veil estre dessoubz son elle
Et la servir à mon povoir, 15,275
Que le Roy m'a prié pour voir
Qu'en nulle façon ne la lesse.
Si y feray tout mon devoir
De la tirer hors de la presse.

LE CONTE DE VENDOSME.

Demander luy fault son advis 15,280
Et le faire sus toute chose;
Qu'elle est plaisante en fais, en dis,
Belle et blanche comme la rose,
En conseil si bien disposée
De guerre, qu'on ne pourroit mieux 15,285
De ce qu'elle dit et proppose :
Ce sont faiz et dis sousteneux.

LA HIRE.

Pour le present, n'est sous les cieux
Anglois qui l'ose plus atandre;
Ses assaulx sont si merveilleux 15,290
Qu'i n'est nul qui peust comprandre.
Y nous convient vers elle rendre,
D'elle savoir sa volanté.

THUDUAL DE CARMOISI.

C'est bien dit. Dont, sans plus atandre,
Que son fait luy soit recité. 15,295

Lors le duc d'Alanson vient à la Pucelle, et luy dit

LE DUC D'ALANSON.

Or çà, Jehanne, que dictes vous ?
Que vous semble qu'il soit de faire ?
Si vous prions, conseillez nous,
Que à voz dis voulons complaire.
Pour nostre besoigne parfaire, 15,300
Dictes nous la voye et moyen

De ce que nous avons à faire ;
Nous ne vous desdirons de riens.

LA PUCELLE.

Mes amis, comme je soustien,
Chascun de vous le feroit mieulx ; 15,305
En vous est proesse et maintien
Et tous estes vaillant et preux.
Mès, puis qu'il vous plaist, bien je vieulx
Vous dire mon oppinion,
Devant vous tous, jeunes et vieux, 15,310
Sauve vostre correction.
Sy me semble que nous devons
Premier aller devant Jargueau,
Et croy que quant devant serons,
Les aurons par force ou par beau. 15,315
Y sont leans ung grant tropeau
Bien expers en fait de guerre,
Fortiffiez comme ung chasteau,
Tant par eau comme par la terre.
Le conte de Suffort y est 15,320
Et deux de ses freres ensemble,
Nobles et vaillans chevalliers,
Et plus de cinq cens, ce me semble ;
Messire Jehan et Alixandre
Par leurs noms nommez de la Polle. 15,325
Si convient qu'on les dessemble
Et que sus eulx aillons à folle.
Y pevent faire du mal beaucoup
A l'entour de ce pays cy :
Bon est de leur rompre leur coup 15,330
Et les dechasser du party.
Ceans nous avons, Dieu mercy,

Force de bonne artillerie;
La *Bergiere* si fault aussi
Y mener, et je vous emprie; 15,335
Que je say la Polle et ses freres
Ne se rendront jusques morir,
Et nous donront beaucoup d'afaires,
Je vous en vueil bien advertir.
Si nous convient sans deffaillir 15,340
Y aller à grosse puissance,
Pour les faire de là partir
Et mectre en nostre obeissance.

f° 384 r°.

ALANSON.

Nous sommes de vostre acordance,
Dame Jehanne, et avez bien dit, 15,345
Et y fault mener abondance
D'artillerie, sans contredit,
Et, pour leur donner le desduit,
La bombarde nommée *Bergere;*
Pour en faire à vostre appetit, 15,350
Elle ne demourra pas derriere.

BASTARD D'ORLEANS.

A Jargueau y nous fault aller,
Et avez très bien propposé;
Vous ne pourriez mieulx conseiller
Qu'ainsi vous avez disposé. 15,355
Chascun de nous c'est reposé
Il y a ung mois, plainement,
Que nul harnois ne fut posé
Sus nul de nous aucunement,
Qui est entre nous une honte 15,360
Estre de present à repoux.

LE MISTERE DU SIEGE D'ORLEANS.

Y semble que ne tiengnons conte
Ou que volons craindre les coups,
Quant nous voyons cy devant nous
Que nous sommes environnez
D'Anglois, qui ont mauvais propoux
Pour nous voloir mal gouverner.

LE CONTE DE VENDOSME.

Vous dictes toute verité :
Le delayer rien ne nous vault;
Point ne sommes en seureté,
Et semble que ne nous en chault.
On ne doit point craindre l'assault
De Jargueau ou en autre part;
Mès y doit on, sans nul deffault,
Les assaillir de part en part.
Noz gens sont frais et refraichiz,
Et perdent leur force et coraige
Pour tant en repoux les tenir
Que ainsi que en reclusaige.
Y convient faire ce voyage
Droit à Jargueau, y n'est pas loing,
Et la Polle qui est en cage,
La resveiller à ung matin[1].

MESSIRE FLEURANT D'ILLIERS.

Messire Jehan et Alixandre,
Ses deux freres, sont avec lui;
De là les fault faire descendre
Et leur donner ung peu d'ennuy.
Si vouldroye que aujourd'uy

---

[1] Jeu de mots sur le nom du chef anglais, qu'on prononçait *La Poule*.

Nous partissions pour y aller;
Croyez que desplaisant je suy
Que je ne les vois resveiller.

JAMET DU TILLAY.

Dame, ne fault que commander
A partir quant y vous plaisa.
Faictes comme vous l'antendez,
Et ung chascun si vous suyvra;
Tout vostre voloir on fera,
Chiere dame, n'ayez doubtance,
Et chascun de nous s'armera
Pour acomplir vostre ordonnance.

SAINTE SUAIRE.

De ce qu'i dit ayez fiance,
Que nul ne le veult autrement.
Ordonner à vostre plaisance,
On le fera totallement.
Propposé avez vrayement
Comme il est licite de faire;
S'i vous plaist, dame, entierement
Vueillez la besoigne parfaire.

LA PUCELLE.

A voz dis je vueil bien complaire.
Faictes tantoust et sans atendre
Que on mette sus la *Bergere*;
Pour la mener y fault entandre.
Pareillement y nous fault prandre
Une partie de voz canons,
Que, ainsi que je puis comprandre,
Je say bien qu'i se deffendront.

LE MISTERE DU SIEGE D'ORLEANS.

DUC D'ALANSON.

Tout vostre plaisir nous ferons,
Madame, ne doubtez de rien.
La *Bergere* nous menerons
Et des canons tout aussi bien.
Et dès anuyt, comme je tien,   15,420
Tout sera chargé pour mener,
Sans y faillir, fer ne lien;
Demain y sera à desjeuner.

LA PUCELLE.

Oultre plus, aussi je vous prie
Que demain tous soyez armez,   15,425
Au plus matin, je vous supplie,
Pour nostre besoigne affermer
Tellement que puissions fermer
Demain et tenir siege clos,
Et qu'i puissent estre enfermez,   15,430
Ainsi comme j'ay en propoux.
Et que pour resveiller noz gens
Vous faciez trompetes sonner,
Au plus matin, soyez contant;
Partir je vueil sans sejourner   15,435
Et dès demain assault donner
Es Anglois qui sont à Jargueau :
Par moy seront abandonnez,
Et y feray ung peuple nouveau.

ALANSON.

Tout vostre voloir sera fait,   15,440
Et ne vous doubtez du contraire.

598   LE MISTERE DU SIEGE D'ORLEANS.

Chascun suyvra vostre banniere
De coraige et de cueur parfait.

VENDOSME.

Y m'est bien tart que demain soit
Pour vois les Anglois en frontiere.   15,445

THUDUAL DE CARMOISI.

Tout vostre voloir sera fait,
Et ne vous doubtez du contraire.

LA PUCELLE.

F° 386 v°.   Mes bons seigneurs, comment qu'i soit,
Vueillez y demain si bien faire
Que en puissiez louenge et gloire   15,450
Acquerir tant que monde soit.

ALANSON.

Tout vostre voloir sera fait,
Et ne vous doubtez du contraire.

VENDOSME.

Chascun suyvra vostre baniere
De coraige et de cueur parfait.   15,455

Lors la Pucelle et tous les seigneurs se retrayeront et se arriveront. Et cependant ung herault anglois dit :

LE HERAULT.

Je m'envoys, sans atendre plus,
A Jargueau dire la nouvelle
Comment François se mectent sus,
Acompagnez de la Pucelle,
Par une façon très cruelle,   15,460
Qui demain au matin s'en part.

LE MISTERE DU SIEGE D'ORLEANS.

Si convient que je le revelle
A mon maistre, ains qu'i soit plus tart.

Pose.
LE HERAULT.

Monseigneur conte de Suffort,
Plaise vous ouyr et entandre
Dont je vous vois faire rapport
Et à monseigneur Alixandre.
Deux jours a que j'é volu prandre
Mon chemin aller à Orleans,
Pour ouyr, pour vois et aprandre
Et savoir qu'on faisoit leans;
Si est bien mauvaise nouvelle,
Et me pardonnez, s'i vous plaist,
Que demain sera la Pucelle
Devant Jargueau, dont me desplaist.
Et suis venu tout exprès
Pour vous denoncer ceste chose,
Et plusieurs François sont après
Pour vous venir cy tous enclose.

CONTE DE SUFFORT.

Comment, messagier, que dy tu?
Est il vray ce que tu me dis?
Mon coraige en est fort esmeu,
Et ne say en quel point je suis.
Je te requier tant que je puis
Que tu me comptes hault et bas :
Bien certin je cuide estre et suis
Que la Pucelle n'y est pas.

LE HERAULT.

Monseigneur, ne le croyez pas,

Que, par ma foy, je lui ay veue;
Et ovec des gens ung grant tas 15,490
Depuis deux jours elle est venue.
Et disoit on parmi la rue
Que demain elle doit venir.
C'est verité toute congnue;
Ne m'en sachez nul desplaisir. 15,495

CONTE DE SUFFORT.

Par tous les sains, j'ay grant despit
De ceste maudite truende;
Assez croy ce que tu as dit:
Faire me vouldra quelque escande.
Maudit sois tu, toy et ta bande, 15,500
Faulce, desloyale, putin!
En un gibet veil qu'on me pande
Se par moy tu n'es mise à fin.
Çà, messeigneurs, pensez ici;
Je me doubte de la Pucelle, 15,505
Et mettra nos gens en souci,
Que ung chascun si a peur d'elle.
Je croy qu'elle soit immortelle
Ou que au deable et soit donnée;
Jaymès n'ouyz parler de telle, 15,510
Je ne say s'elle est deable en fer[1].

MESSIRE JEHAN DE LA POLLE.

Ma pencée en est fort troblée,
Et en ay deul en mon coraige.
Je pansois que s'en fust allée

---

[1] Sic. Peut-être faut-il lire *ou fer*, à moins de restituer :
Je ne say s'est deable d'enfer.

LE MISTERE DU SIEGE D'ORLEANS.

Demeurer en quelque villaige, 15,515
Faire du lait et du fromage,
Qu'il y a desjà plus d'un mois,
Cuidant que fust en reclusage,
Et ne pansoye plus la vois.
Mès quoy! y nous fault tenir tous 15,520
Et faire bon guait jour et nuyt,
Garder noz murailles et tours
Très gentement, sans mener bruit.
Que chascun de noz gens soit duit
A gouverner l'artillerie, 15,525
Pour bien la tirer à proffit,
Et que on ne leur faille mie.

MESSIRE ALIXANDRE.

Plus à elle je ne pansoye,
Et depuis le siege d'Orleans
On disoit qu'elle estoit en voye 15,530
Et que d'elle n'estoit plus riens.
Elle a fait du mal si très grant
Que nul ne le saroit pencer :
Par ces fais, ainsi que j'entant,
Elle fist Glasidas noyer, 15,535
Qui estoit puissant cappitaine,
Très fort hardi et corageux;
Si luy fist souffrir tant de paine,
Puis l'a mort oveques plusieurs,
Par assaulx si très merveilleux 15,540
Que nul ne les pourroit comprandre.
Mès une faulte fut en eulx
Qu'i se lesserent trop surprandre.
Il avoit divisé un pont
Assis sur deux arches coppées; 15,545

Mès y n'y adviserent onc
Quant vint es batailles données.
Dessus ce pont à grant volées
Vindrent chacer leurs adversaires,
Puis la pesanteur fonsa les pées, 15,550
Dont en l'eau trestous trebucherent.
Non pourtant ne la devons craindre
Ne tant doubter; je suis asseure
Que nul ne pence de ce faire,
Mès tous à elle courrir seure. 15,555
Que se je la tiens, je vous jure,
Trayner je la feray es champs,
Et morir de mort laide et dure,
Et estrangler à mes chiens.

MESSIRE GUILLAUME DE LA POLLE, conte de Suffort.

Or sus, pensons du remenant, 15,560
Et ne soyons point esbaïz
Quant nous les verrons ci devant.
Soyons preux, vaillans et hardis,
Et, tant que nous avons loisir,
Y nous convient fortiffier 15,565
De bois, de terre et de paliz,
Que y nous vendront defier.
Y sont gens pour nous cuider prandre
A ung soir ou à ung matin;
Je vous pry, mon frere Alixandre, 15,570
Que vous y tiengnez bien la main.
Vous, messire Jehan, de cueur fin
Je vous en pry tant que je puis;
Faisons tellement qu'en la fin
François soient par nous desconfis. 15,575
Qui pourroit avoir la Pucelle

Ou de tret la faire morir,
François n'ont fiance qu'en elle,
Par ce pouriés à chef venir.
Par les champs les verriés fouyr
En tel voye et en tel façon
Que sus vous jamès revenir
Ne les verriés, je vous faiz bon.
Si convient le faire assavoir
A tous noz vaillans chevaliers,
Comment chascun face devoir.
Bourgois, marchans, gens de mestiers,
Que tous y facent volantiers
Devoir pour deffendre la ville,
Tant archiers et arbalestriers,
Ung chascun selon son stille.
Et qu'i soit crié, publié
Par tout la ville de Jargueau,
Es environs notiffié,
A Saint Denis[1] et de çà l'eau,
Pour mectre à ung chascun creneau
Gens et garniz d'abillement.
Qui sara riens le monstre beau
Et se deffende vaillamment.
Puis fault avoir des chauces trapes,
Des gresses et huylles boylantes,
Puis en croix soit cloué des sacles
Et autres choses excellantes,
Qui les assaillant fort tonnantes
Et leur font de grief le possible.
Que tous y boutent leurs entantes
A leur faire chose nuysible.

---

[1] Saint-Denis-de-l'Hôtel, sur la rive droite de la Loire, vis-à-vis Jargeau.

MESSIRE JEHAN.

Ce que vous dictes sera fait,
Mon très beau frere, incontinant;
Chascun y fera si bon guet
Que vous en serez bien content.
Et de vray, ainsi que j'entant,
Devant trois jours certin je suis
Que secours nous aurons très grans
Amenant vivres de Paris.
Le conte de Suffort y est
Qui nous a promis, vous savez,
Et l'a mandé tout par exprès,
Qu'i nous viendra avitailler,
Et aveques luy amener
Mille hommes de fait, j'en suis seur.
Dont, ne vous devez esmayer :
François n'aront pas le milleur.

MESSIRE ALIXANDRE.

Je vous pry que prenez bon cueur,
Que, s'il y venent, j'é couraige
De leur faire telle rigeur
Qu'i ne l'aront pas daventaige.
Leur souvient il point du voyage
Qu'i nous vindrent ci assaillir,
Dont plusieurs d'eulx sont en ostage
En terre, oveques les fromiz?
Ung de leur puissant cappitaine,
Qui se nommoit le Gasecon,
Pour sa bien venue, à l'estraine,
Reçut ung coup de vireton,
Qui trespersa son auqueton

LE MISTERE DU SIEGE D'ORLEANS.

Et son harnois de fin acier.
Encore le trouveroit on
Gisant tout mort en ces fossez.

MESSIRE GUILLAUME DE LA POLLE.

Je ne les crains point ne ne doubte, 15,640
Et y viengnent quant y vouldront;
Serviz seront en somme toute
De bombardes et de canons.
Arbalestes assez avons,
Foison de bonnes couleuvrines, 15,645
Tret de passe à gros raillons
Qui après ne fault medevines¹.
Frere, faictes aller crier
Parmy la ville et à trompete
Chascun se vueille preparer 15,650
Pour demain et sa chose preste.

MESSIRE JEHAN.

Vostre volanté sera faicte;
Je le vois faire sans atandre.
F° 391 r°. Herault, prenez vostre trompete
A coup et vueillez ci entandre : 15,655
Cryer fault sus peine d'amende
A tous, de quelque estat qu'i soyent,
Demain au plus matin se rende,
Et de bon harnois se provoyent,
A soy sortir ainsi qu'i doyent, 15,660
Dont y savent le mieulx jouer,
Contre François qui sont en voyent²
Pour nous venir ci assiger.

¹ *Sic.* Il faut lire sans doute *medessines*, médecines.
² *Sic*, pour *en voie*, afin de rimer pour l'œil.

HERAULT.

Je le vois haultement crier, </br>
Ne vous en doubtez du contraire, 15,665 </br>
A son de trompe publier </br>
Qui à tous sera bien notoire.

Lors trompete sonnera; puis dit

HERAULT.

Veillez tous ouyr et retraire, </br>
De par le conte de Suffort, </br>
Sur peine d'amende arbitraire. 15,670 </br>
Escoter tous sans nul deport : </br>
Est que ledit seigneur vous mande </br>
Que tous, demain, diligemment, </br>
Expressement vous commande </br>
Que entendez soigneusement 15,675 </br>
A vous provoir de ferrement, </br>
Ung chascun selon son estat, </br>
Pardevant luy, honnestement, </br>
Sans bruit, sans noise et sans debat ; </br>
Que y luy est venu nouvelles 15,680 </br>
Comment François doyvent venir, </br>
Acompagnez de la Pucelle, </br>
Comme on l'a volu advertir. </br>
Si ne vueille ung chascun faillir, </br>
Sur peine de pugnicion 15,685 </br>
Et sa malle grace encourir, </br>
Aussi son indignation. </br>
Monseigneur, j'é tout acompli </br>
Ce que par vous m'est commandé, </br>
Et n'en ay riens mis en obli 15,690

De ce qui m'a esté mandé ;
Et le cas ay recommandé
Que ung chascun fera devoir :
Arbaleste et à arc bandé
Demain les verrez comparoir. 15,695

SUFFORT.

Çà, beaux freres, que dictes vous ?
Sommes nous pas assez puissans
A nous deffendre contre tous
Et garder la ville en tous sans ?
Nous sommes de neuf à huit cens 15,700
Tous escuiers et chevalliers,
Expers et bons combatans,
Et garniz de bons artilliers.
En oultre, nous esperons
Secours du sire Facestot, 15,705
Et que vivres nous ameront
De Paris : en ont pris complot,
Et deux mille sont en ung blot
Qui partiz sont pour venir ci ;
Et y est sire Tallebot, 15,710
Qui ne nous laira pas ainsi.

MESSIRE JEHAN DE LA POLLE.

Chier frere, ne vous en doubtez
Que François nous ne devons craindre ;
S'i venent, y seront frotez,
Que je ne pence pas me faindre ; 15,715
Et autant le grant que le maindre,
Ung chascun de nous a coraige,
Et se sur eulx povons ataindre,
Il en maudiront le voyage.

MESSIRE ALIXANDRE.

Freres, bien je conseilleroye 15,720
De nous retraire pour meshuit;
Mès commectre gens par la voye,
Sans en faire noise ne bruyt,
Qui bon guet feront toute nuyt
Environ et sus la muraille, 15,725
Dont ung chascun d'eulx sera duyt
Y entandre, comment qu'il aille.

MESSIRE GUILLAUME.

Y nous convient ainsi le faire,
Et est bien expediant
De nous aller meshuit retraire. 15,730

MESSIRE JEHAN.

Y nous convient ainsi le faire,
Que demain nous tandrons frontiere
Et main armée à tous venant.

MESSIRE ALIXANDRE.

Y nous convient ainsi le faire,
Et est bien expedient. 15,735

Adont icy y a pause de trompetes longue. — Et doit venir la Pucelle armée, son estandart, ses gens. Et puis se assembleront tous les seigneurs devant elle, tous armez et en point. Puis dit

LA PUCELLE.

Messeigneurs et mes bons amis,
Où j'é en vous mon espoir mis,

Vous voyez ci l'eure venue
Qu'il est bien tant, ce m'est advis,
A aller vers noz anemis   15,740
Qui ont trop la terre tenue
De France, gastée et polue
La substance et revenue
Où il n'ont nul droit nullement.
Si convient qu'elle soit rendue   15,745
Au bon roy à qui elle est deue,
Et non à aultre vrayement.
Donques, s'i vous plaist, partirons,
Et tous ensemble nous yrons
A Jargueau bailler ung assault,   15,750
Et, se Dieu plaist, tant y serons
Que par nous confonduz seront;
Car estre fait ainsi se fault,
Que d'Anglois n'est si grant ne hault
A qui on ne baille l'assault,   15,755
Ou y partiront de la terre,
Combien qu'i soyent soutilz et caulx.

F° 393 v°. Avant trois jours, se je ne fault,
Leur feray lesser la deferre.
Vous savez, nous sommes puissans,   15,760
Nombrez huit mille combatans,
Qui est fort belle compaignie;
Et croy que sommes tous vaillans
Pour faire comme il appartient,
Et que nuluy n'y fauldra mie.   15,765
Si devons bien à chere lye,
De bonne volanté hardye,
Y aller, comme il est raison,
En deffendant la seigneurie,
La noble fleur de lis jolie   15,770

Qui est de si noble maison.
Si vous supply tant que je puis
Que de vaillant cueur et hardis
Nous y aillons trestous ensemble,
Ce samedi gay et jolis 15,775
Que le temps est bel et rassis,
Et pour y besoigner, ce me semble,
En si belle armée noble et ample
Que il n'est Anglois qui ne tramble
Quant parler veullent de noz faiz. 15,780
Dont, pour deffendre l'oriflambe,
Faisons que chascun s'i assemble
Pour ces Anglois estre deffaiz.
Ce jourd'uy, qui est xiieme
De ce mois de juing proprement, 15,785
Nous povons venir à nostre esme
Pour besoigner vertueusement.

F° 394 r°. Duc d'Alanson, premierement,
S'i vous plaist, la premiere armée
Ovec voz gens entierement 15,790
Vous conduisez, s'i vous agrée.
Et pour la seconde assemblée
Sera le conte de Vendosme,
Noble et vaillant portant espée
Autant que nul qui soit en somme; 15,795
Et lequel n'espargnera homme,
Tant soit il vaillant ou hardi,
Que de proesse on le renomme :
A tous je l'afferme et le di.
Vous après, le Bastard d'Orleans, 15,800
Et le mareschal de Suaire,
Vous serez vous deux quant et quant,
Et ne serez guiere derriere.

Lahire, qui a bonne chiere,
Vous suyvra et Fleurant d'Illiers.   15,805
Jamet du Tillay et son frere,
Thudual yront volantiers.
Et au regart de ma personne
Ne de mes gens, ne doubtez point
Que nous serons en la besoigne,   15,810
Et des premiers ne fauldrons point.
Dont, s'i vous plaist faire ce point
Et acomplir ceste ordonnance,
Je croy bien que de point en point
Parvendrons à nostre audience.   15,815

F° 394 v°.

DUC D'ALANSON.

Jehanne, de rien n'ayez doubtance,
Que bien m'estes recommandée;
Faire veil à vostre plaisance
Et ainsi que avez ordonné.
Par vous sera conduit l'armée,   15,820
Et chascun vous obbayra :
Vostre puissance est esprouvée;
Nul de nous ne vous dedira.

CONTE DE VENDOSME.

Jehanne, très noble et redoubtée,
Bien savons ce qui est en vous;   15,825
Conduit sera par vous l'armée,
Et vous obbayront trestous.
Savoir devez que nul de nous,
Tant soit petit et tant soit grant,
Acomplira vostre propoux,   15,830
Sans en estre contredisant.

BASTARD D'ORLEANS.

Vous avez très bien ordonné,
Nuluy ne vous veult contredire;
Que par vous tout sera gouverné
Et fait comme le vouldrez dire. 15,835
Nuluy ne vous en veult dedire,
Mès faire selon vostre entante;
Et comme avez volu eslire
Le chemin tandrons et la sante.

MARESCHAL DE SAINTE SUAIRE.

Jamès je ne vy proposer 15,840
Ne deviser mieux que l'a fait;
Dont chascun se doit preparer
Et mectre ses diz à effait.
Quant à moy, mon cas est parfait,
Que moy et mes gens sommes prest 15,845
De assaillir de très bon hait
Mes anemis, soit loing ou près.

LA HIRE.

Ici ne fault plus sejourner,
Il est heure de prandre tarre.
Pour parler ne pour sermonner 15,850
Nous ne faisons ung fait de guerre.
Partir nous fault sans plus enquerre;
Nous voyons le soleil levé :
Le conquereur qui veult aquerre
Pour chomer est souvent grevé. 15,855

MESSIRE FLEURANT D'ILLIERS.

Messeigneurs, commant l'entandez?

Vous voyez l'armée toute preste,
Que, s'i vous plaist riens commander,
Fait sera à vostre requeste.
Jamès n'en vistes plus honneste   15,860
Ne mieux en point, je vous asseure,
Et est, sans plus faire enqueste,
Preste à partir de cest heure.

JAMET DE TILLAY.

Le plus toust partir vault le mieux
A surprandre noz anemis.   15,865
Anglois sont fort sedicieux;
Ançois que y soient surpris,
Aussi pourroient il leurs amys
Mander pour leur donner secours :
Pour avoir un peu trop tart mys,   15,870
Nostre cas yroit au rebours.

THUDUAL, le Bourgeois.

Vous voyez l'armée bien en point :
Plus de huit mille à mon cuider,
Bien abillez de point en point,
A qui ne fault fer ne acier.   15,875
Où y vous plaira les mener,
Tous expers au fait de la guerre,
Ne demandent que à besoigner
Et lieu où il pourront conquerre.

LA PUCELLE.

Or partons, que Dieu nous conduye   15,880
Aujourd'uy tous à sauveté
Devant Jargueau, à chiere lye,
En puissance et auctorité !

Tant que de nous y soit noté
Que nous y ayons siege clos, 15,885
Pour voloir en captivité
Y mectre leur ville et faubours.
Si partirons en ordonnance
Donques, comme il a esté dit,
En coraige et en excellance 15,890
De franc voloir et appetit;
En aquerant louenge et bruit
Que à tousjours la renommée,
Tant que le monde sera produit,
Sera parlé de vostre armée. 15,895
Or sus! trompetes et clairons,
Pour donner corage et vigueur
Es François, très loyaulx et bons,
Rempliz de vertuz et d'onneur,
Qui pour leur souverain seigneur 15,900

F° 396 v°. Veullent employer corps et armes,
Encontre Anglois plains de rigueur
A qui fault abatre leurs armes.

Adont icy y a pause de trompetes et d'instrumens. — Et partiront tous en l'ordonnance de la Pucelle, chascun son estandart et guidon en très belle ordonnance et bien en point, avecques grant quantité de couleuvrines, canons, la *Bergiere* qui sera devant partie; et y aura une belle pause. — Et puis dit ung herault anglois ce qui s'en suit :

LE HERAULT ANGLOIS.

Monseigneur conte de Suffort,
Je viens à vous dire nouvelles : 15,950
François vennent à grant effort,
Espanduz par champs et ruelles,
Reluisant comme estincelles
De blans harnois ainsi que signes;

Et si sont leurs volantez telles 15,910
Mectre voz villes en ruynes.

F° 397 r°.   CONTE DE SUFFORT.

Comment, herault, les a tu veuz?
Sont il beaucoup? dy moy comment.
Sont il grosses gens ou menuz,
Quel nombre sont il proprement? 15,915

HERAULT.

Bien dix mille sont vrayement
Qui venent devant ceste ville,
Bien en point merveilleusement,
Et vray est comme l'evangille.

CONTE DE SUFFORT.

Çà, messeigneurs, chascun entande : 15,920
Je voi cy les François venir;
Arcs et arbalestes en bande
Nous convient avoir sans faillir,
Et artillerie à plaisir;
En ceste premiere rencontre 15,925
Et que chascun à son loisir
Son voloir et sa force monstre.

Lors icy arrivera la Pucelle devant Jargueau en belle ordonnance.
F° 397 v°. Et y a pause. — Et puis mectront le siege devant la ville. Et puis dit

LA PUCELLE.

Seigneurs, nous sommes arrivez
Devant la ville de Jargueau,
Laquelle fault, comme savez, 15,930
L'enclorre autour pour le plus beau.
Chascun advise son creneau

Metre au droit son artillerie,
Et de bon trait frais et nouveau
Pour y tirer, je vous emprie. 15,935
Faictes la *Bergiere* asouoir
Et tous les canons à l'entour
Pour muraille abatre et avoir,
Et au droit de la grosse tour,
Puis y faire assault gros et lourt 15,940
Pour les Anglois espoventer,
Qu'i ne sachent par quelque tour
Encontre nous resister.
Çà, bailler leur fault ung assault
A nostre premiere venue, 15,945
Qui leur soit fort boillant et chault,
Et gecter à pierre perdue,
Que sus leurs meurs ne en leur rue
Nul d'eulx ne s'i ose trouvoir;
D'artillerie grosse et menue 15,950
Donques servir vous les povoir.

F° 398 r°. Lors les trompetes sonneront et fera on ung merveilleux cry; que ceulx de dedens la ville cryent *à l'arme!* les François *à l'assault!* Et sera gecté trait tant de ceulx de dedans comme de ceulx de dehors, à grant confusion et impetuosité, et plusieurs navrez, tuez; et gecter gens et eschelles au bas des fossez, par grant force de couleuvrines et canons de ceulx de dedans et de ceulx de dehors pareillement. Et entre les autres ung noble chevallier du pays d'Anjou, de la compaignie de Monseigneur d'Alanson, y aura esté tué, dont ledit seigneur d'Alanson en fera deul et sera fort desplaisant. Et après ce que l'assault et bataille aura duré longuement, les trompetes des François sonneront une retraicte, et se retireront à part lesdits François, et ne feront riens contre les Anglois en cestuy assault. Et puis dit

MARESCHAL SAINTE SUAIRE.

Messeigneurs, adverti je suis

D'une besoigne très doubteuse,
Par quoy bien dire je vous puis
Que nous peut estre dommageuse. 15,955
Vous avez veu la sumptueuse
Deffence qu'Anglois nous ont faicte,
Qui a esté moult merveilleuse
Et encontre nous mal extraicte,
Et dont y se tennent si fors ; 15,960
Je vous diré chose pourquoy,
Comme j'é ouy les rappors
Et comme on le dit tout de vray :
Si est qu'i leur vient grant charroy
De vivres et de très grant demaine 15,965
De devers Paris, et le croy ;
Chascun le dit et acertaine.
Si me semble qu'i seroit bon
De lever le siege d'yci,
Et que audevant nous aillons, 15,970
Que nous ne faisons rien yci
Fors y estre en paine et souci,
Voir tuer noz gens à foison :
Bien avons le cueur endurci
De souffrir telle desraison. 15,975

FLEURANT D'ILLIERS.

Il est commune renommée
Que secours leur vient voirement,
Et sont deux mille en l'assemblée,
Tous gens de fait certainement ;
Si nous pourroient encombrement 15,980
Donner, se cy les atandons,
Et vaudroit mieulx faire autrement :
Si est que vers eulx nous aillons,

Que y sont leans pour tenir
D'icy à ung mois ou à deux, 15,985
Et povons avoir desplaisir,
Se une foiz sommes surpris d'eulx.
Vous voyez qu'i sont corageux,
Qu'is atandent bien le secours;
Si dy que le cas est douteux 15,990
Et que on n'en doit avoir pours.

JAMET DE TILLAY.

De cela n'est rien plus certin,
Que messire Jehan Facestot
Conduit l'armée et tout le train,
Et messire Jehan Tallebot. 15,995
Si dy que nul ne soit si sot
Soy plus tenir devant la ville,
Que on nous pourroit en ung blot
Tous tuer icy à la fille.
Mès pour aller au devant d'eulx 16,000
Les deroquer aucunement,
Me semble que ce seroit le mieulx
Sans le voloir faire autrement.
Vous voyez icy clairement
Que riens n'y povons conquester, 16,005
Mès noz gens morir à torment,
Les ungs blessez et degastez.

THUDUAL, le Bourgeois.

On dit que la chose est certaine,
Qu'i sont deux mille combatant,
Et que Facestot les amaine 16,010
Avecques vivres largement.
Par quoy me semble bonnement

Que nous devons desamparer
Plus toust que tenir longuement,
Et nous y devons preparer.   16,015
Vous aurez veu la griefve paine
Qu'il a convenu endurer;
Il n'y a eu ne ner ne vaine
Qui n'y ait falu labourer.
De noz gens plusieurs sont blessez   16,020
Et mors une grant quantité;
Dont de plus icy se amuser
Il n'est point de neccessité.

DUC D'ALANSON.

Messeigneurs, vous dictes tous bien,
Que pas n'avons eu le milleur;   16,025
Mès, comme je croy et soustien,
Point n'y avons de deshonneur.
Chascun y a fait grant labeur,
Et tant d'un cousté comme d'autre;
Eu ont la moictié de la peur   16,030
Et n'y ont riens gaigné du nostre.
Mès pour desamparer ce siege,
Je n'en say bonnement que dire;
Vostre voloir voulantiers ferè ge,
Et ne veil nul aucun dedire.   16,035
Toutes foiz faut il bien elire
D'un chascun les oppinions,
Faire tant que doyve souffire,
Puis faire les conclusions.
Ung de mes amis y est mort,   16,040
Et estoit d'Anjou proprement,
Dont j'en ay deul et desconfort
Et m'en desplaist bien grandement.

Et sans atandre longuement, 16,045
Mès que Dieu me preste santé,
Quelq'un en fera le paiement,
Se je puis, à ma volanté.

VENDOSME.

Messeigneurs, nous ne faisons rien;
Y fault savoir de la Pucelle,
Que, s'i vient inconvenient, 16,050
Tout le resort tournera sur elle.

F° 400 v°. Elle est si très savante et belle
Et en ses diz, qu'i n'est riens mieulx
Que à son plaisir m'apareille,
Et luy obbayr en tous lieux. 16,055

BASTARD D'ORLEANS.

Mon beau cousin, vous dictes bien :
Savoir fault son oppinion,
Luy obbayr sur toute rien,
Acomplir son intancion.
Remplye est de devocion, 16,060
Saincté et debonnaireté,
Que à tousjours mès mencion
En sera de sa sainteté.
Çà, dame Jehanne, que vous semble
De cest assault ici dernier ? 16,065
Tant que sommes ici ensemble,
Bon seroit de en adviser.
Plusieurs en sont fort esmayez
Dont n'avons esté les plus fors;
Les ungs sont las, aultres blessez, 16,070
Et autres plusieurs en sont mors.
Puis on dit qu'i leur vient secours

De Paris, à très grant puissance;
Plusieurs de noz gens en ont pours
Que surpris soyent par oultrance,   16,075
Disant qu'an toute diligence
En doit aller au devant d'eulx,
Sans soy tenir ci en doubtance,
Et disent tous que c'est le mieulx.

        LA PUCELLE.

O mes bons amis vertueux,   16,080
Monstrez icy vostre vaillance,
Ne vous souciez, n'ayez peux;
Tout fera bien, n'ayez doubtance.
Ayez en Dieu ferme fiance
A garder le bon loyal droit,   16,085
Et soyez tous en asseurance,
Sans avoir peur de rien qui soit.
Vous, La Hire, que dictes vous?
Ne veillez point desamparer
Et ne vous doubtez de secours,   16,090
Que point ne vous pourra grever;
Et avant deux jours vous aurez
Ceste ville à vostre bandon,
Où grans avoir y guaingneron.
Helas! ne la lessez pas don!   16,095
Si ne vous devez esbayr
Pour ung seul assault seullement,
Vous qui estes à parvenir
En si grans honneurs noblement.
Vous avez fait si vaillamment   16,100
Qu'on peust jamès dire de bouche,
Puis voloir deshonnestement
Desamparer à grant reproche!

Je vous requiers tant que je puis
Que vous ne veillez departir,
Et ayez cueurs preux et hardis
Pour voz anemis assaillir.
Aujourd'uy pensez parvenir
A aquerir louenge et gloire,
Que à tousjours mès, sans mentir,
De voz grans faiz sera memoire.

LA HIRE.

Dame Jehanne, ne vous doubtez
Que je vous tiendray compaignie,
Et où il vous plaist me boutez;
Je ne vous en dediré mie
Ne tous mes gens, je vous affie.
Pour vostre voloir acomplir,
Y emploiray mon corps et vie,
Croyez de vray, et pour morir.

DUC D'ALANSON.

Certes, dame, j'ay grant desir
De faire à vostre volanté,
Et quel qu'i m'en doye advenir,
Vous servir suis entalanté;
Nonobstant que j'ay esté
Très fort pressé en cest assault,
Mès vous proviez de verité,
Que morir veil, se je vous fault.

VENDOSME.

Ne moy aussy pareillement,
Jà n'en veil faire la retraicte,
Combien je say certainement

Que aucuns si l'ont desjà faicte.
Mès faictes sonner la trompete,
Puis ung chascun s'assemblera,
Et par vous sera la chose faicte;
Ung chascun vous obbayra.

BASTARD D'ORLEANS.

Dame, tout vostre bon plaisir
Acompli sera sus toute chose,
Et tous volons vivre et morir
Aveques vous, bien dire l'ose.
L'amour de vous si est enclose
Aveques nous si ardamment,
Desobbayr nul ne vous ose
Pour vostre hault gouvernement.

SAINTE SUAIRE.

Faictes en ce qui vous plaira,
Que à vous du tout m'en atant;
Je ne say comme il en yra.
Se Dieu plaist, bien comme j'entant,
De nous tenir icy devant,
Quant c'est le gré de la Pucelle
De demeurer, j'en suis contant;
Je m'en rapporte bien à elle.

FLEURANT D'ILLIERS.

En ce cas, je ne say que dire :
La chose me semble doubtable;
Mès nului je n'en veil dedire;
En soit fait le plus convenable.
La compaignie est tant notable,
Par quoy à vous tous me sommès,

Et à avoir tout agreable
Tous voz beaux diz et tous voz faiz.

JAMET DU TILLAY.

Pas n'estoie d'oppinion
Que nous deussions plus demeurer;
Mès je voy la conclusion,
Par quoy je n'y veil differer,
Mès veil à tous obtemperer
Et mesmement en dame Jehanne,
Que ces faiz sont deliberez
De Dieu, comme la sainte manne.

THUDUAL.

J'estoie tout prest à partir
Et tous mes gens certenement;
Mès je vous voy tous subvertiz
De demeurer entierement :
Jà à Dieu ne plaise nullement
Que je desampare l'armée,
Lessez ung tel gouvernement
Ne une si noble assemblée.

LA PUCELLE.

Messeigneurs, je vous remercie
De l'onneur et du bon plaisir,
Que, à l'ayde Dieu, ne sera mye
Ne ne tournera à desplaisir.
Et tant que nous avons loisir,
Que on charge l'artillerie
Diligemment, sans deffaillir,
Et qu'elle soit bien assortye.
Premierement, devant la tour

Y sera assis la *Bergere*, 16,185
Et des canons tout à l'antour,
Qu'i n'y demorra pierre entiere.
Et moy, presenteray ma baniere
Jusques auprès de la muraille,
Et commanceray la premiere. 16,190
Aujourd'uy, en ceste bataille
Ne soyons point ici venuz
Que ne facions aucun fait d'armes;
Nous nous sommes tousjours tenuz
En fait et en diz tretous fermes. 16,195
Nous avons aussi des gendarmes
Qui est la fleur de toute France,
Si devons dont tenir bons termes
Allencontre toute puissance.
Se de present nous retournyons 16,200
Sans ceste ville subjuguer,
Desormais honneur nous n'arions,
Et, de toutes gens evoquez,
Chascun disoit que desroquez
Arions esté de peu de gens, 16,205
Qui seroit pour nous desvroquez
En nostre deshonneur très grant;
En vous priant tant que je puis
Que ung chascun preigne coraige,
Et faire tant que soient sommis, 16,210
Deschassez hors de l'eritaige
Du noble roy puissant et saige,
A qui le bon droit appartient.
Voz anemis sont ci en caige
A en faire à vostre talant; 16,215
Croyez qu'i seront esbaïz
De nous vois retourner sus eulx,

LE MISTERE DU SIEGE D'ORLEANS.

Que y sont las et refroidiz
Et si n'ont eu guiere de mieulx;
Que j'é veu de leurs gens plussieux 16,220
Tuez, navrez et fort blessez :
Si devons dont estre soigneux
De aujourd'uy les prochasser.

Lors icy y a une petite pose de trompetes, ce pendant que chascun soy assortist son artillerie et prepare pour bailler l'assaut. — Et puis dit

CONTE DE SUFFORT.

Mes freres et mes bons seigneurs,
Vous savez les très grans labeurs 16,225
En ce present assault premier,
F° 404 v°.   Le traveil et les villains heurs,
Dont plusieurs sont en grans doleurs
Tant des mors comme des blessez.
François nous ont fort oppressez, 16,230
Très fort matez et fort lassez,
Par une euvre fort oultrageuse;
Ne say qu'en dire ne penser,
Mès nos malades fault penser
Par une voie très [s]oigneuse. 16,235
Touteffoiz, quant bien je regarde,
Nous avons eu si bonne garde
Et gens de si bonne deffance
Que les François (que feu les arde
Aveques leur faulce paillarde 16,240
Remplie de toute insolance!)
N'y ont eu nulle recouvrance,
Fort maleureté et meschance,
Sans aucune chose y aquerre,
Leurs gens tuez à grant oultrance, 16,245

LE MISTERE DU SIEGE D'ORLEANS.

Navrez et blessez abondance
Qu'on en eust peu couvrir la terre.
De retourner je n'en say plus;
Mès y n'aront pas le dessus
De leur desloyalle entreprise. 16,250
Y pert bien de leur faulx abus,
De penser estre remis sus
Par une fille mal aprise,
Qui de faulceté est reprise
Et de paillardise surprise : 16,255
Cela il est tout evident.
Mès, par la mort Dieu! s'el' est prise,
Nue comme ung ver, sera mise
Toute vive en ung feu ardant.

MESSIRE JEHAN DE LA POLLE.

Mon très chier frere, je vous prie 16,260
Que ne vous esmayez de riens;
Victoire arez, je vous affie,
Contre ces desloyaulx chiens,
Que à nous y ne sont puissant,
Quant victoire avons eu sur eulx. 16,265
Le coup premier vault toujours cent;
Qui bien en fait ung en fait deux.
Nous avons de leurs gens à mort
Mis, des plus hault et plus vaillant;
Je les ay veuz charger au port 16,270
En ung basteau devers Orleans.
Ceulx là n'apresseront plus avant,
Ne ceulx qui sont en noz fossez,
Qui y gisent là tout edant[1],
Murtriz, mors et tous renversez. 16,275

---

[1] Sans doute pour *adens*, à plat ventre.

Toutes foiz j'é veu la Pucelle;
Mieulx luy fust filler sa quenoille
Que proceder ceste querelle,
Ou qu'on luy monstrat à l'escolle.
Et si n'a pas esté si folle
Soy voloir trouver en mon rent;
La teste luy eusse fait molle :
Jamès n'eust esté plus avant.
Ne vous doubtez, nous les arons,
Se gueres sont icy devant,
Que noz gens qui viengnent seront
Arrivez cy incontinant,
Et n'y ara petit ne grans
Des François qui s'ose monstrer,
Ne la Pucelle tant ne quant;
Pensera ses bagues trousser.

MESSIRE ALIXANDRE.

Je advise à leurs façons;
Mès tousjours sont en parlement,
Et ne say se y c'en yront
Ou s'i demouront longuement.
Et si croy, à mon jugement,
Qu'i pourront icy sejourner,
Que partiz en estoit gramment
Dont lesquelz j'é veu retourner.
Et selon mon intencion,
Y font une grosse assemblée,
Et sont là comme en ficquecion,
Comme à deviser leur armée.
Leur volenté ne leur pencée
Je ne le puis pas bien savoir;
Mès faire guet jour et nuytée

Nous en devons faire devoir.
S'i retournent et nous guaingnons,
Destruiz seront à tousjours mès;
Plus puissance sur nous n'aront 16,310
Et desconfiz seront desormais,
Que serviz les avons d'un mes
Qui pain et potaige a valu;
S'il ont encore ung entremès,
Il [l]'aront tous cuit et mollu. 16,315
Pensons à nostre artillerie,
Et la charger, comment qu'i soit,
Afin qu'i ne nous preignent mie
En desarroy par nul endroit.
Qui bien se garde, bien se voit 16,320
Et bien se treuve bien souvent :
Qui deffault, souvent se deçoit
Et en vient inconvenient.

CONTE DE SUFFORT.

Messeigneurs, à vous m'en atant :
Faictes tous à vostre plaisir, 16,325
Que non n'arreste tant ne quant
A voz volantez acomplir.
Faictes charger sans deffaillir
L'artillerie grosse et menue,
Que quant viendra à l'assaillir, 16,330
Que leur armée soit confondue.
Puis après, faictes porter pierres
De fais tantoust sus la muraille,
Broches ardant à grosses quarres
Pour percer jaserans à maille, 16,335
Maillez de plon, autre ferraille,
Aussi ars, piques et raillons,

Jusarmes, hallebardes de taille,
Vouges et grant bec de faucons,
Salades et grans bassinez, 16,340
Oveq arbalestes de passe,
Lances et fers bien affinez,
Qu'i ne soit riens qu'on ne trespasse.
Et pour batailler face à face,
Espées fines, dagues d'acier : 16,345
De tout ce diligence on face,
D'en finer qu'il en est mestier.

MESSIRE JEHAN DE LA POLLE.

De tout ce ne vous souciez,
Que en ren n'y aura deffault;
De ce que nous avons mestier 16,350
Fourny en sera bas et hault,
Ne ne say comment il leur chault
De voloir sur nous retourner;
Y semble qu'i ne leur en chault
D'eulx volloir faire definer. 16,355

MESSIRE ALIXANDRE DE LA POLLE.

Ne vous en chaille, mon cher frere,
Que se celle folle y retourne,
La venue luy costera si chere
Que vouldroit estre en Babillonne.
Veu fais à Marie de Bolongne 16,360
Que, se entre mes mains repere,
Morir la fray de tel vergoigne
Plus que Neron ne fist sa mere!
Faictes noz trompetes sonner
Pour ralyer tousjours noz gens, 16,365
Et sus les murs, sans sejourner,

Soit porté pierres de grant pesant,
Pour acraventer toutes gent
Qui voudront monter par eschelles;
Sans espargner petit ne grant,   16,370
Faictes y euvres immortelles.

F° 407 v°. Lors icy ceulx de la ville feront leurs aprestes de pierre, lances et autres habillemens de guerre qui se doivent faire en assault, et y a une pose de trompetes et taborins, clairons. — Puis après, la Pucelle vient et dit

LA PUCELLE.

Au nom Dieu, mes loyaulx amis,
Il est heure les assaillir.
Soyez tous vaillant et hardis
Et prenez coraige et plaisir,   16,375
Afin que puissiez parvenir
A acquerir louenge et gloire,
Que Dieu vous donra, sans faillir,
Grace aujourd'uy d'avoir victoire.

F° 408 r°. Lors icy, après que la Pucelle aura parlé, tous ensemble les François cryront : à l'assault, à mort ! Ceux de dedans pareillement feront ung merveilleux cry et cryeront : à l'arme ! sonneront trompetes et clairons; bien effrement comme en ung assault sonneront. Et ceulx de dedans gecteront huilles, sacles, pierres, coulevrines, canons, et durera cest assault assez longuement. Puis les trompetes sonneront une retraicte, et les François se retrayront. Et demourra la Pucelle seulle au pié de la muraille de ladite ville; et ung Anglois prandra une grant pierre forz grosse et espée et la gectera droit sur la teste de la Pucelle. Et de ce coup ladite Pucelle cherra sur les genoux et les mains à terre, et dont ladite pierre se doit emyer en pieces, combien qu'elle fust de pierre de taille et pesante, et chascun la doit voir cheoir sur la teste de la Pucelle. Puis dit Monseigneur d'Alanson :

MONSEIGNEUR D'ALANSON.

Trompetes, sonnez la retraicte.   16,380

632 LE MISTERE DU SIEGE D'ORLEANS.

La Pucelle est morte ou blessée,
Que j'é véu choir sus sa teste
Une pierre grosse et carrée,
Pesante et desmesurée,
Qui l'a fait à terre chéoir. 16,385
Y convient que soit gouvernée,
Vois aussi qu'elle peut avoir.

F° 408 v°. MONSEIGNEUR DE VENDOSME.

J'é veu la pierre proprement
Grant et large comme de fais,
Si suis esmerveillé comment 16,390
Elle a peu soustenir ce fais.
Allons à elle par exprès
Et savoir comment elle se porte,
Que je croy, moy, que loing ou près
Qu'elle en mourra, s'elle n'est morte. 16,395

Lors viennent et la trouverront assise au long de la muraille. Et dit

LE BASTARD D'ORLEANS.

Dame Jehanne, comment vous est
De ce coup que vous avez eu
D'une grosse pierre de fais?
Choir sur vous chascun l'a véu.
J'en ay le cueur si fort esmeu 16,400
Que je ne say que dire doye,
Et de vray je suis resoleu
De vous bouter hors de la voye.

F° 409 r°. MARESCHAL SAINTE SUAIRE.

J'é esté fort espoventé
Quant j'é véu choir ceste pierre, 16,405

LE MISTERE DU SIEGE D'ORLEANS.

Qui tout droit sus elle a esté;
Mès s'est esgrenée comme ung verre.
Toutesfoiz si est cheute à terre
Pour le moins, les genoulx flechiz,
Et bien pensons sans plus enquerre 16,410
Qu'elle deust de ce coup morir.

LA HIRE.

Je say bien comment il en va,
Que j'estoys tout au plus près d'elle.
L'Anglois qui la pierre lacha
Estoit auprès d'une torrelle; 16,415
La pierre estoit grosse à merveille
Et droit sus sa teste est chouate,
Cuydant luy frucer sa cervelle,
Mès c'est emyée comme paste.

MESSIRE FLEURANT D'ILLIERS.

Messeigneurs, je conseilleroie 16,420
Chascun retourner en sa tente,
Et puis demain prandre la voye,
Devers Orleans la droicte sante;
Que je vous asseure et me vente
Que icy nous ne ferons riens, 16,425
Et n'y perdons que nostre atante,
Morir noz gens en degoustant.

JAMET DU TILLAY.

Y sont fort leans asseurez,
Et croy qu'i sont grosse puissance;
Si dy que vous vous abusez 16,430
Et y avez folle fience.
Vous voyez morir à oultrance,

LE MISTERE DU SIEGE D'ORLEANS.

Noz gens finer piteusement,
Et si n'y voyez apparance
En plus que du commancement.

THUDUAL.

Mès pensez l'inconvenient
Et le dangier de la Pucelle,
Que le dommaige eust esté grant
Deshonneur à nostre sequelle,
Et par tout eust esté nouvelle;
Jamès ne fust cheust le chappeau
Qu'on n'eust mené Jehanne la belle
Faire morir devant Jargueau.

ALANSON.

Dame Jehanne, y fault tout cesser
Et reposer nous et noz gens;
Trois heures a que, sans cesser,
N'avons eu repoux tant ne quant.
Puis vous avez eu traveil grant
Du grant coup que receu avez;
Si volons tous sur toutes riens
Bien soigneusement vous garder.

VENDOSME.

Jehanne, y nous fault retirer,
Et vous mesme, de ceste presse.
Anglois ne tachent qu'à tirer
Droit à vous, pour vous faire oppresse,
Et voy que chascun d'eulx ne cesse
De tacher à vous courir seure,
Qui nous seroit deul et destresse,
S'i vous venoit quelque adventure.

LA PUCELLE.

Mes amis, ad ce ne pensez, 16,460
Que de partir n'est pas saison.
Quant verray qu'y faille cesser,
Je le vous diray, c'est raison ;
Mès perdre si noble maison
Qui vostre sera aujourd'uy, 16,465
Ce nous seroit grant deraison
Avoir ainsi le cueur failly.
De la pierre dessus moy cheute,
Je vous pry que ne vous en chaille ;
Le mal que m'a fait ne rebute. 16,470
Ce n'est riens que à parler faille
Que je ne retourne en bataille ;
Ne jamès je n'en partiray
D'icy auprès de la muraille,
Qu'i m'aront ou je les aray. 16,475
N'ayez point de peurs, je vous prie,
Et donnez dedans sans atandre.
Tirez la grosse artillerie
Et me faictes la tour descendre,
Ceste grosse muraille fendre, 16,480
Que nous puissions entrer dedans ;
La ville vous feray anuyt rendre
Maugré tous les contredisans.

ALANSON.

Jà n'en seray contredisant ;
Faire en veil à vostre devise. 16,485

LA PUCELLE.

Messeigneurs, tirez en avant.

VENDOSME.

Je n'en seray contredisant.

LA PUCELLE.

De la ville et des habitans
Ferez anuyt à vostre guise.

LE BASTARD D'ORLEANS.

Jà n'en seray contredisant ; 6,490
Faire en veil à vostre devise.

Lors icy tous les François retourneront à grand cry, et fera on ung merveilleux assault, tant de dehors que de ceulx de dedans, qui se deffendront vaillamment. Et l'artillerie des François abatra la tour et de la muraille grant partie, et y aura grant tuerie. Et les François et la Pucelle entreront dans la ville de Jargueau. Et en sortira pour guaignier le pont Messire Guillaume de la Polle, conte de Suffort, Messire Jehan de la Polle, son frere, et Messire Alixandre, qui sauldra après ; mais sera enclos de François qu'i sera occis avant qu'il soit au pont. Et dit un gentilhomme au dit Alixandre, nommé Guillaume Renault :

GUILLAUME RENAULT.

Vaillant chevalier Alixandre,
A ce coup n'yras plus avant ;
Pence hardiment de te deffendre ;
Pas ne seras le plus puissant. 16,495
Où sont tes freres maintenant
Qu'i ne te viennent secourir ?
Regarde à ce coup s'il est pesant,
Qu'i le te convient soustenir.

ALIXANDRE.

J'ayme trop cher mieulx à morir 16,500
Que me rendre es mains des François.

Encontre tous me vueil offrir
A combattre seul contre trois,
Disant que vous estes Vaudois
De soustenir une querelle, 16,505
De croire une fille des bois
Et que vous abourez Pucelle.

Lors Guillaume Regnault et Alixandre s'entrebateront, et puis cherra tout mort Alixandre à terre. Et dit après au conte de Suffort, qu'i rencontre en sa voye,

GUILLAUME REGNAULT.

Rendez vous, conte de Suffort,
Ou morir vous fré de mort dure;
Jamès vous n'en n'arez support 16,510
A ce coup, je le vous asseure.
Je vous ay poursuiveu une heure
Et fait que je vous ay ataint;
Rendez vous à moy, ou je jure
Par moy serez mort et estaint. 16,515

SUFFORT.

Je suis contant estre en tes mains,
Mès que tu soyes gentil homme.

GUILLAUME REGNAULT.

Gentil homme suis, c'est du mains.

SUFFORT.

Je suis contant estre en tes mains.

GUILLAUME RENAULT.

Ren toy à moy à toutes fins, 16,520
Ou morir te feray en somme.

SUFFORT.

Je suis contant estre en tes mains,
Mès que tu soyes gentil homme.

GUILLAUME RENAULT.

Suffort, ren toy!

SUFFORT.

A qui?

GUILLAUME RENAULT.

A moy.

SUFFORT.

Qui es tu?

GUILLAUME RENAULT.

Guillaume Renault.

SUFFORT.

Es tu gentil homme?

GUILLAUME RENAULT.

Ouy.

SUFFORT.

Je le croy.

GUILLAUME REGNAULT.

Suffort, ren toy!

SUFFORT.

A qui?

GUILLAUME REGNAULT.

A moy.

SUFFORT.

Es tu chevalier?

GUILLAUME REGNAULT.

Nenny; pour quoy?

SUFFORT.

Faire le te vueil, qu'i le fault.

GUILLAUME REGNAULT.

Suffort, ren toy!

SUFFORT.

A qui?

GUILLAUME REGNAULT.

A moy. 16,530

SUFFORT.

Qui es tu?

GUILLAUME RENAULT.

Guillaume Renault.

SUFFORT.

Chevalier vous fray sans deffault,
Et puis à vous je me rendray,
A faire du tout bas et haut
De moy, et tout acompliray. 16,535
Je vous sains de l'espée dorée

Comme preux vaillant chevalier,
Que vous ne refusez journée
En quelque lieu où vous aillez ;
Aussi les esperons dorez, 16,540
Que voyez que je vous presente,
Foy de noblesse garderez
A vostre povoir et entante.

Lors le baise et luy saint l'espée dorée :

Or çà dont, messire Guillaume,
Prisonnier vous suis de present ; 16,545
Guaingné dont vous avez mon heaulme,
F° 414 r°. Que vostre je suis maintenant
A acomplir vostre tallant,
Ainsi qu'à chevallier doit faire,
Et comme à noblesse appartient ; 16,550
Que ne le veillez point forfaire.

MESSIRE GUILLAUME REGNAULT.

Conte de Suffort, ne doubtez
Que traicté serez honnestement,
Ne ne vous veil molester,
Mès vous tenir paisiblement. 16,555
Vous estes mien certainement
Que pris vous ay en bonne guerre,
Si vous garderay soigneusement
Sans que souffrez nulle malerre.
Ordonné m'avez chevalier, 16,560
Et de ce je vous remercye ;
Si croyez de bon cueur entier
Je maintiendray toute ma vye
Bonne ordre de chevallerie,

Tant soit à petit ou à grant :
Traicté sera en ma compaignie
Tout ainsi comme il appartient.

CONTE DE SUFFORT.

Vous ferez que vaillant seigneur;
Par ce acquerrez renommée,
Comme prince de grant valeur
Et à qui louenge est donnée.
N'ayez en vous fiere pencée,
Soyez tousjours humble et courtois;
De tout le monde sera prisée
Vostre personne, et entre roys.

MESSIRE GUILLAUME RENAULT.

Ne vous en doubtez du contraire
Que faire le veille autrement;
Mon voloir est du tout parfaire
Voz diz et voz enseignement,
Dont vous remercye humblement.
Mès, de present, il est saison
Vous retraire presentement
Et vous mener en ma maison,
Que de ce soir sans plus atandre
Vous meneray dedans Orleans,
Que sur vous on ne veille prandre
Aucun debat d'aucunes gens.
Et pourroit inconvenient
Advenir sur vostre personne,
Par quoy seroie mal contant,
S'i vous advenoit quelque essoine;
Que desjà j'é ouy debat,

Et menacer les prisonniers
De les tuer et mectre à plat
Par commune gens et archiers. 16,595
Si vueil que partions des premiers
Pour doubte de leur destourbier,
Qu'il en peut sourdre des dangiers
Et ung très vilain encombrier.

SUFFORT.

Faictes en à vostre plaisance, 16,600
Et croy bien que ce sera le mieulx.
Mès j'ay au cueur grant desplaisance,
Que les larmes me cheent des yeulx,
De mes freres tant vertueux,
Tant honnestes, tant excellant; 16,605
Or ne sai ge où il sont eulx deux,
Dont je seuffre doleur moult grant.
Du jeune, mon frere Alixandre,
Je doubte qu'i soit mis à mort,
Tant plaisant, tant jeune et tant tandre! 16,610
Helas! quel deul! quel desconfort!
Hardi, corageux estant fort,
Plus que nuluy de sa jeunesse!
Hé Dieux! François, vous avez tort
D'avoir occis telle noblesse. 16,615
A peine que le cueur me fault,
Tant de doleur je suis surpris;
L'un est mort et l'autre autant vault :
Je ne say s'il est mort ou viz.
Mais se il advient que y soit pris, 16,620
A son maistre le recommande,
Que d'or et d'argent ung grant pris
Il ara, mès qu'i me le rende.

LE MISTERE DU SIEGE D'ORLEANS.

MESSIRE GUILLAUME RENAULT.

Çà, gentil conte de Suffort,
Venez vous en diligemment, 16,625
Que j'é ung basteau sur le port
Qui vous merra courtoisement.
Et n'ayez esbayssement
De voz deux freres vifz ou mors;
Pensez de vous tant seullement, 16,630
Et à preserver vostre corps.

Lors le mene, et les trompetes sonneront, et sera pillée la ville de Jargueau : vesselle d'argent, estain, liz, mesnaige, draps, couvertures et tous autres utancilles de mesnaige, qui à prise d'assault se doit faire ou que on a acoustumé de faire, et pris prisonniers, que ung chascun tendra son prisonnier lyé de cordes, et mené devant luy, et deschassé deshonnetement. Et après ce, y a pouse. — Et dit la Pucelle :

F° 416 r°.

LA PUCELLE.

O nobles et vaillans seigneurs,
Bien devez eslever voz cueurs
Envers le vray Dieu tout puissant
Des grans biens et des grans honneurs, 16,635
Que sur terre ne sont greigneurs,
Qu'i vous a donnez de present.
Dont vous seriez trop mal faisant,
Se vous n'allez recongnoissant
La belle louenge et gloire 16,640
Qu'i producte a de present,
Quant y vous a fait premenant
D'avoir eu si noble victoire.
Or est il, comme vous savez,
Que ceste ville cy avez 16,645
Guaingnée, et est à vous soumise,

Dont très bien garder la devez.
Et de noz bons amis privez
Devez lesser tant que suffise;
Et que garnison y soit mise 16,650
De noz gens, et qu'on y advise
Au nom du noble roy françois,
Afin que plus on ne nous nuyse,
Ne nul n'y boute sa devise
Ne autres armes que Valois. 16,655

F° 416 v°. Puis après, je conseilleroye
Que ung chascun si prist la voye
De retourner droit à Orleans,
Et là y emmener sa proye,
Soit prisonnier, or, ou monnoye, 16,660
Que desamparer il est tant.
Duc d'Alanson, soyez contant
De voloir commectre des gens
A la garnison de Jargueau,
Que vous y estes suffisant, 16,665
Bien expert, saige et prudent;
Faictes comme il vous semblera beau.

DUC D'ALANSON.

A y mectre gens, c'est raison,
Avecques ung chef capitaine
Qui pourra garder la maison, 16,670
Ayant puissance toute plaine,
Voire de la cour souveraine,
Et estre lieutenant du Roy
De toute la terre et demaine
De Jargueau; ainsi je l'octroy. 16,675
Voilà messire Thudual;
Luy et ses gens je luy octroye

A en faire amont et aval,
A son plaisir, de ceste voye.
Et autant que nul que je voye, 16,680
Sans nul blasmer, est suffisant;
Dont, s'il luy plaist, à très grant joye,
De Jargueau sera gouvernant.

VENDOSME.

Il est bien expedient
Garnison y soit ordonnée, 16,685
Et y mectre gens suffisant,
A qui la charge soit donnée
Pour gouverner ceste contrée.
Dont ma voix si sera baillée
Au bon messire Thudual, 16,690
Et tandray la chose asseurée;
Chevalier est droit et loyal.

BASTARD D'ORLEANS.

Messeigneurs, cy en general
Avez fait bonne ellection :
C'est que messire Thudual 16,695
Aura ceste commission
De garder ceste region;
Et suffisant y est sans faulte,
Que, selon mon intencion,
On [n']en doit point elire d'autre. 16,700

MESSIRE THUDUAL.

Messeigneurs, je vous remercye
De l'onneur que vous me voloir;
Mès la charge ne accepteré mie,
Que c'est tout contre mon voloir.

Et plusieurs sont pour y provoir, 16,705
Qui sont que moy plus suffisant
Pour gouverner ung tel manoir
Que je ne suis, et plus duisant.

SAINTE SUAIRE.

Quant la charge vous est donnée,
Plus ne le devez reffuser; 16,710
Vostre personne est honnorée
Dont on vous y veult imposer.
Aussi y saurez disposer,
Et y estes propre et savant;
Ne vous y veillez opposer, 16,715
Que la chose vous appartient.

LA HIRE.

Je vous ayderay de mes gens
Moy mesmes, se besoing avez;
N'en soyez point contredisant,
Que ainsi faire le devez, 16,720
Quant honneur aquis y avez.
Et pour ce n'en differez plus;
Nous sommes vos amis privez
A vous servir de plus en plus.

MESSIRE FLEURANT D'ILLIERS.

F° 418 r°.

Mon cher amy, je vous supplie 16,725
Que vous veillez obtemperer
A ceste charge, et si vous prie
Que ne la veillez reffuser.
Je ne vous puis excuser
Que vous ne le doyez bien faire; 16,730

Et n'en veillez point differer,
Que c'est à vostre honneur et gloire.

JAMET DE TILLAY.

Beau cousin, vous ne devez pas
Delesser ceste charge cy,
Que la chose est pour vostre cas   16,735
Hors de dangier, la Dieu mercy.
Que se besoing aviez icy,
Ou gens qui vous vousissent close,
N'en ayez en vous nul soucy;
Secours aurez sus toute chose.   16,740

LA PUCELLE.

Çà, messire Jehan Thudual,
Y vous fault garder ceste place;
Vous estes chevalier loyal
Et de chascun estes en grace.
N'ayez peur que nul vous mefface;   16,745
Que s'aucun est qui viengne à vous,
Nous ferons après telle chace
Qu'i ne retorront pas trestous.
Croyez nous, ne vous lairons point
De loing sans avoir voz nouvelles,   16,750
Et des nostres, à toutes fins,
Y vous seront continuelles.
Et s'aucuns vers vous sont rebelles,
Ou que mestier ayez de nous,
Nous nous trouverons soubz voz elles   16,755
Incontinant et devant tous.

THUDUAL.

Vous, dame, et tous messeigneurs,

Qu'i vous a pleu de moy eslire,
Vous remercye de voz honneurs
Sans plus vous vouloir contredire.
Combien pour la chose conduire
En sont cy de plus suffisant
Et plus savant, je le veil dire;
Mais vous veil estre obeissant.
Et du tout au mieulx que pourray
Je feray, ne vous doubtez mie,
Et la place vous garderay
Soigneusement et sus ma vye,
En priant Dieu qu'i vous conduie
Et vous face tousjours joyeux,
Et en tous lieux, à chere lie,
Puissiez estre victorieux.

Pose.

LA PUCELLE.

Çà, messeigneurs, sans plus enquerre,
Que chascun tire vers Orleans,
Et tant par eaue comme par terre.
Partez, mes amis, il est tant;
N'arestons plus ne tant ne quant.
Sus, trompetes, venez en place.
Nostre artillerie quant et quant,
Faictes qu'après nous on la chace.

Lors trompetes sonneront. Et partiront tous en belle ordonnance, et chascun enmerra ses prisonniers, le conte de Suffort, Messire Jehan de la Polle et plusieurs autres. Puis ceulx d'Orleans dient ce qui s'en suit :

LE RECEPVEUR.

Messeigneurs et mes compaignons,

LE MISTERE DU SIEGE D'ORLEANS.

Vous savez assez les nouvelles
F° 419 v°. De noz gens et que fait il ont
Euvres très puissantes et belles,
Qu'i n'en fut onques les pareilles, 16,785
Ne fait de guerre si vaillant :
Sembloit qu'i fussent immortelles,
Ainsi que disent les passant.
Et est vray, comme vous savez,
La ville de Jargueau est prise, 16,790
Les gens de dedans pris, tuez,
Prisonniers et fait à leur guise,
Par les haulx fais et vaillantise
De la noble excellant Pucelle :
A la paine qu'elle y a mise 16,795
Jargueau est de nostre querelle.

PREMIER BOURGEOIS.

Y n'en fault point faire de doubte
Que tout ce fait par sa conduite ;
Ce que dit et fait, somme toute,
Est toute besoigne d'elite. 16,800
C'est Dieu qui la nous a produite
Et envoyée en ce pays,
Que par elle et par sa merite
Sont confonduz nos anemis.
Touttefoiz, il est grant nouvelle 16,805
Que aujourd'uy vient à Orleans,
Et tous les princes d'entour elle,
Qui sont très nobles et vaillant.
F° 420 r°. Si conseille que au devant
Nous y aillons les saluer, 16,810
Quant des anemis anciens
Y nous ont volu delivrer.

IIᵉ BOURGEOIS.

C'est raison, on y doit aller
Et les mercyer humblement,
Que il ont esté travaillez   16,815
Et mitrayez bien longuement.
Aussi ont il honteusement
Deschacé par force et puissance
Les Anglois, qui villainement
Ont tenu le pays de France.   16,820
Il ont usurpé le pays
A tort, sans cause et sans raison,
Cuidant guaingner la fleur de liz
Qui est de si noble maison,
Où y n'avoient nul achoison   16,825
Y venir en nulle maniere.
Si l'ont tenue longue saison;
Mès plus n'y feront leur repere.

Pose. — Et trompetes sonneront et se appresceront de la ville; et, à l'entrée, dit le recepveur :

Fº 420 vº.

LE RECEPVEUR.

Dame, bien soyez vous venue,
Et tous messeigneurs que ci sont;   16,830
A joye vous serez receue
De tout ce que faire pourrons,
Et de telz biens que nous avons
Cy en nostre ville d'Orleans,
Faire plaisir vous en voulons,   16,835
Ainsi comme il vous appartient.

LA PUCELLE.

Mes amis, je vous remercye;

Tenue suis à vous grandement.
Dieu vous rende la courtoisie
Et vous remunere voz biens ! 16,840
Chascun pregne pour le present
Son logis pour soy reposer,
Puis demain, ainsi que j'entant,
Voudrons quelque edit proposer.

Pose. — Et puis dit un messagier anglois :

MESSAGIER.

Or, me convient sans arrester 16,845
Aller en toute diligence
Devers messeigneurs, raconter
La doleur et la grant offence :
Que François, par oultrecuidence,
Ont la noble ville destruite 16,850
De Jargueau, et la grant puissance
Ont mis à mort et à la fuyte.
On m'a dit que dedans Estampes
Est messire Jehan Facestot,
Et sont en armes excellantes 16,855
Avec le sire Tallebot :
Lesquieux ensemble par complot
Venoyent Jargueau secourir ;
Mès les princes tous en ung blot
Ont esté perduz et meurtriz. 16,860
Je leur vois dire la nouvelle
Et la chose si très piteuse
Qu'i n'en fut onques point de telle,
Si villaine ne oultrageuse,
Et pour Anglois tant dommageuse 16,865
Que nului ne saroit pencer

D'euvre qui fust si maleuseuse :
Ne say qui la pourra passer.

Pose. — Et s'en va devers les seigneurs et princes anglois, et dit

MESSAGIER.

Mes chiers seigneurs, Dieu vous dont joye
Et acomplir vos bons desiz! 16,870
Devers vous me suis mis en voye
Pour nouvelles vous advertiz ;
Que dire vous veil sans mentir
De Jargueau, dont je suis venu,
Ung grant deul et grant desplaisir 16,875
Qui à voz gens est advenu.

TALLEBOT.

Comment, Vallepas, qui a y?
Quieux nouvelles, que font noz gens?
Dy nous, ne soyes point esbay ;
Compte nous tout cy en present. 16,880

MESSAGIER VALLEPAS.

Has! messeigneurs, le cas est grant!
Il est vray que Jargueau est pris ;
Tout tué, pillé, mis à sang,
Et d'assault ont esté surpris.

TALLEBOT.

Harou! sandieu! veeci le pis ; 16,885
Tu me compte dure nouvelle.
Des François desloyaulx, fuytiz,
M'en vengeray, de l'euvre cruelle.

MESSAGIER.

Chascun dit que c'est la Pucelle
Qui a conduit cest euvre cy.   16,890

TALLEBOT.

Comment dy tu? y estoit elle?

MESSAGIER.

Ouy, monseigneur, certin en suy.
Et est le conte de Suffort
Prisonnier aveques son frere;
Le vaillant Alixandre mort :   16,895
L'ont occis à grant vitupere;
Et bien viiie gisant en biere,
Gentilz hommes et chevaliers;
Puis ce sont tous allez retraire
A Orleans et leurs prisonniers.   16,900

TALLEBOT.

Messeigneurs, je ne say que dire:
Tant ay de deul et desconfort,
F° 422 v°.   Et tant ay mon cueur rempli d'ire,
Ne say si je suis vif ou mort.
Et! vaillant conte de Suffort,   16,905
Avecques tes freres ensemble,
Au monde n'estoit rien plus fort.
Pour vous subjuguer, ce me semble,
Fault qu'il y ait eu trayson;
Je ne le croy point autrement,   16,910
Que jamès telle deraison
Ne vous fust venue nullement,
Vous, qui estiés totallement

La conduite de nostre guerre,
Et tout nostre gouvernement, 16,915
Tout des plus nobles d'Angleterre.
O quel tresor avoir perdu!
O quelle noblesse est soumise!
En vous estoit toute vertu
Et nostre esperance mise. 16,920
Et je fais veu à sainte eglise,
Avant qu'i soit ung mois entier,
Sur François feray telle prise
Cryer mercy leur sera mestier.
Et toy aussi, faulce Pucelle, 16,925
Qui au diable tu t'es donnée,
Tu en auras froide nouvelle,
Et en maudiras la journée,
Voire, de quoy tu fuz onc née
Et le pere qui t'engendra. 16,930
Se entre mes mains es rencontrée,
Nului ne te rachetera.
Par toi le vaillant Alixandre,
Tant noble et vaillant chevalier
Qu'on peut finer, tant jeune et tendre, 16,935
Si loyal, si franc et entier,
As tu eu coraige si fier
L'avoir volu ainsi occire?
Que vous l'eussiez pris prisonnier,
J'eusse paié qui deust suffire. 16,940
De messire Jehan, vostre frere,
Je ne say s'il est vif ou mort;
Se prisonnier est, n'y sera guiere,
Que je l'aré, je m'en fais fort.
Et vous, le conte de Suffort, 16,945
A quelque renson soyez mis,

Je vous auray, soit droit ou tort,
Par force d'argent ou amis.

LE SIRE FACESTOT.

Troublé suis merveilleusement
De ceste maudite adventure, 16,950
Qui venue est soudainement
A noz gens, sans en savoir l'eure.
Allez y fussions sans demeure,
Que nous n'en n'estions pas fort loing,
Qui nous est une doleur dure 16,955
Avoir failly à ce besoing.

F° 423 v°. Helas ! mès qu'il eussent tenu
Ung jour ou deux tant seullement,
Nostre oust à tant y fust venu,
Je le say veritablement. 16,960
Has ! faulte de gouvernement
Ou trayson y a esté,
Croire ne le puis autrement ;
Aucuns est qui tout a gasté.
Tallebot, mon loyal ami, 16,965
Ne vous en troublez, je vous prie,
Ne en vous n'en prenez ennuy
Ne aucune melancollie.
Puisque Suffort si est en vye
Et son frere, messire Jehan, 16,970
Bien les aurons, n'en doubtez mie,
Et si ne nous costera rien ;
Que j'espoir avant ung mois
De me trouver en lieu et place
Où rencontreray les François, 16,975
Esquieux feray belle verdase ;
Que sur eulx feray telle chace

LE MISTERE DU SIEGE D'ORLEANS.

Que maudiront l'eure et le jour
De leur naissance et leur entrace,
Ne dont sus nous fissent estour.
Y ne se fault de rien troubler,
Seullement apecter vengence
Et lieu où nous pourrons trouver
Les avoir à nostre plaisance.
Nous avons très grosse puissance
A Meung, Baugenci et ailleurs,
Chartres, à Paris l'excellence,
Tous noz princes et les grigneurs.
Ne nous fault seullement mander
Que il nous envoyent secours,
Ou aultrement le commander.
Vous l'arez ains qu'i soit deux jours;
Et des faulx abus et faulx tours
Des François et de la Pucelle
Vengez serez, par tant de tours
Que d'eulx ne sera plus nouvelle.

LE SIRE D'ESCALLES.

Sire Tallebot, y dit voir,
Faire n'en fault tel marrement :
Guerre est pour perdre ou avoir ;
C'est l'eur qui ne fault ne ne ment.
Vous arez veu evidemment
Que souvent ung peu de puissance
Abat grant oust certainement,
Et le met en obeissance.
Dont, se le conte de Suffort,
S'il a perdu aucunement,
Qu'i n'ait pas esté le plus fort
Ou qu'il ait eu encombrement.

LE MISTERE DU SIEGE D'ORLEANS.

On pert et ne sait on comment;
Que celuy qui cuide estre maistre,
Par malheur et par aultrement,
Bien souvent on l'envoye pestre.
Vous savez de l'eur de fortune
Que cil qui cuide estre avancé,
En mains de cuillir une prune,
Incontinant est renvercé,
Et de nul n'est recompencé;
Car ce que fortune ordonne
Soit bien, soit mal, il est tancé :
A son voloir elle en besoigne.
Moy, qui ay maintenu la guerre
Il y a .xxx. ans plainement,
J'é esté à perdre et conquerre
Et veuz fais d'armes largement,
Sang espandre abondamment
Souventes foiz en ma presence;
Esbayr ne se fault pour tant :
On a tousjours esperance.

MESSIRE THOMAS RAMETON.

Mès de quoy vous souciez vous,
Tallebot? A vous c'est simplesse.
Pour ung bien petit de corous
Vous prenez une grant detresse.
Y fault que vostre deul se cesse
Sans vous demener tellement,
Se volez acquerir proesse
Et à voz amis hardement.
Du vaillant conte de Suffort
Ne de messire Jehan son frere,
J'entant que nul d'eulx deux n'est mort,

Et que à Orleans font grant chere. 17,040
Pensez voloir la vendre chere
A quelcun la folle entreprise;
Que j'ay tousjours ung hart derriere
Dont chascun ne sait pas la guise.
Depuis que party d'Angleterre, 17,045
Je n'é cessé d'estre en hutin
Tant à perdre comme à conquerre;
Tousjours j'ay esté au butin,
Et n'é cessé soir et matin
De tenir les rens roidement; 17,050
Si ne devez prandre desdin
De perdre ou guaingner nullement.
A la grant journée de Gincourt[1],
Paige estoye d'un chevalier
D'Angleterre, tenant estour 17,055
Autant vaillant qu'on peust finer.
Des François y avoit assez,
Et toute la grant seigneurie
De France, comme vous savez,
Y fut là occis et murtry. 17,060
François estoient .x. contre ung,
Et pensions entre nous Anglois
Morir tous ensemble en commeung
Par les mains des tristres François,
En disent tous à une vois 17,065
Que, pour nous, n'estions pour leurs pages;
Mès eulx tous, ducs, contes et roys,
Y demeurerent pour les gaiges.
Si ne se fault point esbayr
Pour une petite villete, 17,070
Que quant vouldrons la recouvrir,

F° 425 v°.

[1] *Sic*, pour d'Azincourt.

LE MISTERE DU SIEGE D'ORLEANS.

En peu d'eure l'aurons retraicte;
Que Jargueau ne sert que pour guiecte.
Pour regarder les gens venir,
Ne que soit ville de retraicte   17,075
Point ne le voudrois soustenir.
Du vaillant conte de Suffort,
Qui est prisonnier à Orleans,
Et son frere, bien suis d'acort :
Qu'on les recouvre pour argent,   17,080
Ou, si non, prandre de leurs gens
Tant et à si grande foison,
Soient menuz, petis ou grans,
Qu'i puissent paier leur renson.
Et croy que, ains d'un mois d'ici,   17,085
Les François, de leur bon coraige,
Rendront Suffort, son frere aussi,
Voulentiers et tout leur bagaige.
Sans paier argent ne truage,
Très volantiers les nous rendront,   17,090
Voire en despit de leur visaige,
F° 426 r°.   Et nostre injure repareront.

LE CAPPITAINE ROUGEFORT.

Messeigneurs, je congnois Jargueau
Et y ay esté aultrefois,
Ung petit lieu plaisant et beau,   17,095
Et est bien plaisant à le vois;
Mès que y nous soit de grant pois
Pour le tenir et le garder,
Jamès consentir ne vouldroys :
Qui premier vient le doit avoir.   17,100
Se c'estoit ville de tenue,
Comme Orleans ou autre cité,

Ou qu'elle fust à la value
De la tenir en seureté,
En puissance et auctorité,
De cela seroye d'acort
La garder en solanité,
Vaillamment juques à la mort.
Mès de ce n'en fault plus parler
N'en faire lamentacion;
Fault penser de avant aller
De corage et presumpcion,
Et par deliberacion
Les voloir confondre et destruire
De leur folle ostination
Qu'il ont volu sur nous produire.

DUC DE BETEFORT.

Puisque Jargueau avons perdu,
Qui est peu de chose pour nous,
Pencer nous fault d'un autre lieu
Mectre noz vivres en repoux.
A Meung, à Baugenci sont tous
Noz chefs de guerre et nostre armée,
Si y devons pardessus tous
Aller vers eulx sans demeurée.
Nous sommes ici à Estampes,
Mès plus n'y devons sejourner,
Et aller par bois et par landes
Tant que François puissions trouver,
Pour nous voloir dedommager
De l'offance qu'i nous ont faicte,
Et tant aussi pour nous venger
De nostre petite villete.
Et ne devez plus differer

N'arrester icy longuement,
Ainçois nous devons preparer
Pour nous venger des faulx tormens,
Et aller sur eulx plainement
Les assaillir d'un franc coraige,
Et les mectre à definement.
Pour estre vengez de l'oultraige
Et pour prandre le droit chemin,
Tirer nous fault à Baugenci.
Vous savez que Meung n'est pas loing,
A une lieue ou tout ainsi,
Où y avons des gens aussi,
Qui gardent la ville et le pont;
Si devons tous partir d'ici
Et aller là vois que y font.

TALLEBOT.

Messeigneurs et nobles barons,
Je vous ay voulentiers ouyz,
Escouté voz oppinions
Et bien je les veil ensuyvir;
Que pour verité je desir
Faire tout par vostre ordonnance,
Et acomplir vostre plaisir
Par vostre bon sens et science.
Et par tout bien consideray
Voz oppinions en ce cas,
Mon volloir est deliberay
De vous obbayr en ce pas,
Et en faire, soit hault soit bas,
Voz volantez entierement,
Qu'an riens dedire ne veil pas
Encontre voz enseignement,

Nonobstant la grant destresse 17,165
Que j'ay eu et ay en coraige
De Jargueau, nostre forteresse
Où estoit si noble bernage,
Estre si tost mis en servage
Des François, et hors de noz mains. 17,170
Endurer ne puis ce dommaige,
Et ay cause se je m'en plains;
Que, en mains de .xxiiii. heures,
François baillerent trois assault,
Dont les plus fors pas y ne furent, 17,175
Que batuz furent sans deffault,
Si bien que si grant ne si hault
Y n'avoit cause de se plaindre,
Qu'i s'en allerent, autant vault,
Que François vouloient leur mort craindre. 17,180
Mès la Pucelle soy voyant,
Ainsi comme on m'a rapporté,
Son fait estoit mis au neant
Et comme ell'avoit tout gasté,
Si luy fut de necessité 17,185
Les ralyer à sa cordelle,
Que plus riens d'elle n'eust esté
Emplus que d'une patorelle.
Que maudit soit l'eure et le jour
Que ne m'y trouvé en presence! 17,190
Je vous eusse joué d'un tour
Que j'eusse fait à ma plaisance,
Dont il eust esté remembrance
D'ici à cent ans, voire plus,
Et n'eussiez pas eu la licence 17,195
De acomplir voz faulx abus.
Çà, messire Jehan Facestot,

Vous aussi, le conte d'Escalles,
Fault il endurer ce sanglot
Ainsi comme huistres de Quancalles, 17,200
Et le porter dedans noz malles
Tant qu'i les faille deffermer;
Après, montrons noz triqueballes
Qui à aucuns seront amer.
Non pourtant que très bien me plaises 17,205
Voz dis, voz fais sus toute rien,
Et, quelques doleurs ou malaises,
Nous fault trouver aucun moyen,
Et faire comme gens de bien
Pour nous venger des forfaitures 17,210
Que nous ont fait, comme je tien,
A tort François, et grans injures.
Et ne nous fault tant seullement
Que l'eur d'une bonne journée
Pour François mectre à saquement, 17,215
A fureur de pointe espée,
Et pour destruire leur armée
Comme à la journée de Verneil :
Toute France y fut consommée,
Et encore en dure le deul. 17,220
Ne onques puis beau fait ne fisent,
Mès seullement de definer;
Que trop grant folie entreprisent
Dont ilz furent ostinez,
Quant nous voudrent jour assigner 17,225
En journée et champs de bataille.
De leur coraige gros et fier
Ne leur proffita une maille.
Jurerent et firent serment
Que nul homme de leur party, 17,230

S'i n'estoit noble et vaillant,
Chevalier ou seigneur genti,
Que de ce y fust adverti
Aveques eulx ne se trouvast,
Sur peine de en estre pugny 17,235
Et que tantoust s'en retournast;
Qu'i ne voloient seullement
Y avoir que toute noblesse.
Fut publié tout haultement,
Par tout leur oust, en grant liesse, 17,240
Que nul si hardi n'en apresse
S'i n'estoit duc, baron, ou conte
Ou chevalier, ne en noblesse,
Sans de tous autres tenir compte.
Et quant ce vint à l'assaillir, 17,245
Eulx reluisant en leur harnois,
Quant vint aux horions ferir,
Ne savoient où il estois,
Ne savoient que devenir,
Et furent vingt contre nous trois; 17,250
Et les tuez on par les vois
Ainsi que motons et brebiz.

MESSIRE FACESTOT.

Et à la journée de Gincourt,
Vous savez, en firent autant.
Y reluisoient comme le jour 17,255
Et ainsi que soleil ardant;
Mès, quant il advint au comptant
A donner coups et horions,
Y fuyoyent parmy les champs,
Ainsi que brebiz et motons. 17,260

DUC DE BETEFORT.

Et encore nous en avons
Des plus hault et noble de France,
Qu'en nostre pays nous tenons
A nostre voloir et plaisance.
Et pour ce dont, n'ayez doubtance
Avoir François quelque matin,
Que souvent leur oultrecuidance
Les fait venir à malle fin.

TALLEBOT.

Mon intencion si est bien
Les voloir aller reveiller,
Et charcher la voye et moyen,
Le lieu où les pourray trouver.
Partons d'icy sans delayer
Et n'y faisons nul demorance.
Que chascun s'en veille advancer,
Et tous bouter en ordonnance,
Que je ne puis en oubliance
Mectre mon deul et mon tourmant,
Juques ce que j'aye vengence
A mon voloir entierement.
Endurci en suis tellement
De voloir les François conquerre,
Les dechacer si laidement
Qu'on ne les sara plus où querre.
Faictes charger l'artillerie,
Et que nous partions dès demain
De corage et chere hardie,
Et n'ayez en vous le cueur vain;
Que je n'espargneray sang humain,

Du tout je metré à l'espée,
Que des François feray la fin
Ou je mouray en la journée.
Plus ne le veult dissimuler,
Qu'i m'ont courroucé à oultrance.
Par devers eulx je veil aller
A escu, d'espée et de lance,
Que venger me veil de l'offance
Que ainsi ont fait à Jargueau,
Et n'ay pas mis en oubliance
Glasidas et le Portereau.

HONGRESFORT.

On ne sauroit mieulx propouser,
Sire Tallebot, c'est bien dit.
Vous estes saige et instruit;
Partons d'icy quant vous voudrez.

TALLEBOT.

Faictes noz trompetes sonner,
Si acomplirons mon edit.

MESSIRE JEHAN FACESTOT.

On ne saroit mieulx propouser,
Sire Tallebot, c'est bien dit.

MESSIRE THOMAS RAMETON.

Je me vueil du tout disposer
De partir, ains qu'i soit mynuyt,
Moy et mes gens, sans mener bruit;
D'Estampes veil desamparer.

LE MISTERE DU SIEGE D'ORLEANS.

CAPPITAINE RENGEFORT.

On ne saroit mieulx propouser,
Sire Tallebot, c'est bien dit.

MESSIRE JEHAN FACESTOT.

Vous estes saige et instruit; 17,315
F° 430 v°. Partons d'icy quant vous voudrez.

Lors icy partiront, et sonneront trompetes et clairons. — *Puis après la pose dit*

LA PUCELLE.

En nom Dieu, je voy qu'il est temps
Et saison de partir d'ici,
Que nous voyons ci le prinstemps
Et le jour bel et esclarci. 17,320
Si ne fault plus demeurer ci,
Mès aler vois nos anemis,
Qui ont fort le cueur endurci
Encontre nous, certaine en suis.
Mès, nonobstant toute chose, 17,325
Au bon roy Charles fault mander
De nostre estat, que je suppose
Qu'i desire fort en savoir.
Dont, pour luy en faire apparoir,
Envoyer lui fault un messaige, 17,330
Qui luy saura dire le voir
De Jargueau, tout nostre voyage.
Messager, veille cy entendre :
Va incontinant vers le Roy,
Diligemment, sans plus atandre, 17,335
F° 431 r°. Et le saluras de par moy,
Aussi de tout le noble arroy

De nostre haulte seigneurie,
Qui est icy en grant conroy
Et en très noble compaigine. 17,340
Tu luy diras que de Jargueau
Qui est comme à .v. lieux d'Orleans,
Sus la riviere auprès de l'eau,
Où estoient Anglois puissans,
Le tenoyent depuis lonc temps 17,345
Et en estoient seigneurs et maistres;
Mès y sont ses obeissans
Et de present tous clercs et prestres.
Après aussi pareillement
Le suppli qu'i se veille rendre 17,350
Et qu'i luy plaist que à Orleans
Y luy veille son chemin prandre,
Pour aller couronnement prandre
Et partir ains qu'i soit ung mois.
Cependant, nous luy ferons rendre 17,355
Places que tenent les Angloys.
Et luy dy que partir volons
Pour aller droit à Beaugenci,
Et à Meung, où les Anglois sont,
Lesquieulx font des maulx sans merci. 17,360
Mès, avant .xv. jours d'ici,
Dy luy que nostre intencion
Est nestoyer ce pays ci
Et les mectre à confusion.

LE MESSAGIER.

Très noble dame de renom, 17,365
Vostre messaige acompliray
Au bon roy, qui est à Chynon,
Et tout le cas je luy diray.

Incontinant je partiray
De cest heure, sans plus atandre, 17,370
Et grant diligence feray
Pour luy bailler mon fait entendre.
Madame, à Dieu vous comment,
Que partir m'en voys de cest heure
Faire vostre commandement 17,375
Devers le Roy, et sans demeure.

LA PUCELLE.

Je prie à Dieu qu'i te seccure,
Messager, va diligemment,
Et à bien parler met ta cure
Pour faire mon commandement. 17,380

Pose.

LA PUCELLE.

Or çà, messeigneurs, que vous sanble?
F° 432 r°. Il est droit que chascun s'asamble
Et vous veniez nouvellement,
Que depuis deux jours, ce me semble,
Deux freres sont venuz ensemble 17,385
Très nobles excellentement,
Rempliz de très grant hardement :
Dont le premier certainement
Si est le sire de Laval,
Son frere aussi pareillement 17,390
Renommé autentiquement,
Qui est le sire de Lochat.
Si est aussi ung cappitaine
Qui est renommé en Touraine,
Nommé le sire Chammigny, 17,395
Qui a volanté très haultaine,

Ainsi comme je suis certaine,
De soustenir ce pays ci.
Pareillement certaine sui
Que il est arrivé aussi 17,400
Le sire de la Tour d'Auvergne;
A amené aveques lui
Notables gens de son parti,
Des plus vaillant de la Lymagne.
Donques à vous, seigneurs françois, 17,405
Qui tous icy estes venuz
Pour voloir deffendre les droiz,
Ainsi que y sommes tenuz,
F° 432 v°. Que faulx Anglois ont maintenu
Il y a .xxx. ans plainement, 17,410
Sans que y soient parvenuz
Y remedier nullement.
Mais bien voy que il ne plaist plus
A Dieu que soyent en ce royaulme;
Fault qu'i soyent de leurs abus 17,415
Pugniz et chacez sans heaulme,
A ung seul baston en leur paulme,
Et definent piteusement,
Sans jamès retenir la baulme,
Qu'i l'ont tenu trop longuement. 17,420
Et pour poursuivre la besoigne,
Droit à Baugenci fault aller,
Comme chascun dit et tesmoigne,
Que les Anglois s'i sont logez,
Et que leans ce sont retraiz 17,425
Pour faire maulx impetueux.
Mès en leur logis et retraiz
Nous les irons vois pour le mieux,
Et nostre chemin passerons

LE MISTERE DU SIEGE D'ORLEANS. 671

Pardevant Meung, mès qu'i vous plaise, 17,430
Et en passant savoir pourrons
S'il y a riens qui nous desplaise,
Qui nous puisse donner mallaise
Ou quelque petit encombrier :
Sans faire guere bruyt ne noise 17,435
Yrons à leurs portes hurter.
Et à vous tous, seigneurs, supplie
Que dire en veillez voz advis,
Par vous soit la chose acomplie
En voz enseignemens et dis. 17,440
Vous estes saiges et subtilz
Pour en dire et determiner,
Plus expers que je ne suis :
Veillez en dire et ordonner.

DUC D'ALANSON.

Sauve à tous les bonnes raisons, 17,445
En deux mots dire je vous veil
Que faire cest edit devons,
Que il est digne de requeil,
Ne contredire ne le veil,
L'oppinion de dame Jehanne, 17,450
Ne en moy n'est milleur conseil
Que d'icelle; je m'y condampne.

VENDOSME.

J'en suis de ceste oppinion
Que à Baugenci fault aller 17,455
Et à Meung, comme nous verron
Que nous nous devrons gouverner;
Si nous fault du tout nestoyer

Les villes d'icy à l'antour,
Et noz anemis dechacer
A force de guerre et d'estour.

BASTARD D'ORLEANS.

Jaymès n'é volu contredire
De dame Jehanne le voloir,
Ne en riens ne la veil desdire;
Mès son plaisir veil concepvoir
Et acomplir de mon povoir,
Moy et mes gens, en diligence,
Et y faire si grand devoir
Que à tousjours sera souvenance.

LE SIRE DE LAVAL.

Messeigneurs, au regard de moy,
Je suis venu nouvellement
Pour vous servir, vous et le Roy,
A mon povoir entierement,
Et y faire toutallement
Tout à mon devoir et puissance,
Y employer abondamment
De mon or et de ma chevance.
Si ay desiray fort à voir
Dame Jehanne, noble Pucelle,
Que sa grant prudence et savoir,
En court loing d'ici la nouvelle,
Laquelle est plaisante et belle
Et en son parler et maintien,
Au monde n'en fut onc de telle.
Dedire ne la veil en rien,
Mès son voloir veil acomplir

LE MISTERE DU SIEGE D'ORLEANS.

Et faire par son ordonnance.
Avec elle vivre et morir,
C'est mon voloir et ma plaisance,
Que elle a belle contenance, 17,490
Bien instruicte en fait de guerre.
Servir la veil sans differance
Autant que soit dessus la terre.

LE SIRE DE LOCHAT.

Messeigneurs, vous devez savoir
Que nous sommes vers vous venuz 17,495
Pour vous ayder et consoloir,
Et comme y sommes tenuz.
Nous et noz gens, grans et menuz,
Vous volons faire obeissance,
Sans que de nous espargnez nuz 17,500
A acomplir vostre plaisance;
Que nous sommes très desirant
Servir le noble roy de France
De nostre corps et de noz biens,
Sans espargner or ne chevance, 17,505
Et faire par vostre ordonnance,
Soit en bataille ou autrement,
Que des Angloys nostre esperance
Est de les mectre à finement.
Et vous, Pucelle de renon, 17,510
Où en vous est tant de prudence,
Que par tous pays est le non
De vostre proesse excellance,
Avecques vous veil ma puissance
Demonstrer, ma force et vertu, 17,515
Afin que ayez cognoissance
Que avecques vous m'avez veu.

MARESCHAL DE SAINTE SUAIRE.

Dame Jehanne, comme je voy,
De nous ung chascun est contans
A acomplir de bonne foy   17,520
Voz oppinions en tous sans;
Par voz diz et par voz moyens,
De ce qu'i vous plaisa de faire
Nului n'en est contredisant,
Mès vostre bon plaisir parfaire.   17,525

POTON.

Tousjours j'é suyveu ceste guerre,
Voire dès le commancement,
Et me suis fort trouvé en serre
Par plusieurs foiz et bien souvent;
Mès puis le bon advenement   17,530
De Jehanne, la noble Pucelle,
Nous n'avons eu encombrement,
Mès sommes demeurés en selle.

F° 435 r°.

LA HIRE.

Pour vous en dire mon advis,
Aller devons à Baugenci,   17,535
Passant par Meung, selon les dis
De Jehanne, je l'entent ainsi,
Et acomplir du tout aussi
Ainsi qu'elle dit et propose,
Que avec elle n'ay soussi :   17,540
En son voloir me dispose.

MESSIRE FLEURANT D'ILLIERS.

J'en suis de ceste oppinion;

Je ne veil nului contredire
Ne la Pucelle de renon.
Ce que veult acomplir desire ;   17,545
Que pour la besoigne conduire
N'est nul de nous qui puisse mieux :
Par quoy je dy, sans nul medire,
Servir la devons en tous lieux.

JAYMET DE TILLAY.

Je n'en veil point faire de doubte   17,550
Ne oppiner aucunement,
Que ma volanté si est toute
A son plaisir entierement ;
Qu'elle nous a si noblement
Gouvernez puis qu'elle est venue,   17,555
Que tousjours en accroissement
La chose est tousjours parvenue.

THUDUAL DE CARMOISON.

Messeigneurs, de ce cas icy
En dire n'est necessité ;
La Pucelle du bien de lui   17,560
Nous a nostre fait tout noté,
Ne que je soye entallanté
Voloir dire allencontre d'elle
Il ne sera jà rapporté,
Qu'ensuivre je veil sa querelle.   17,565

JAQUES DE DIGNAN, Seigneur de Beaumanoir.

Jamès ne voudroye au contraire
Aller de son oppinion,
Que en tous lieux, il est notoire,
Ces dis sont de permission ;

Car tout à son intencion 17,570
Où y lui plaist elle parvient :
f° 436 r°. Par quoy ma resolucion
Si est faire comme elle entant.

THIBAULT DE THERMES, vidame de Chartres.

Je vous diray, mes bons seigneurs,
Et comme je voy et me semble, 17,575
Que vous avez fiché vos cœurs
A Jehanne, qui les vous assemble,
Et que vous estes tous ensemble
Uniz et d'une oppinion,
Dont mes fais et mes dis resemble 17,580
Tous à la vostre intencion.

ALANSON.

Çà, dame Jehanne, pour conclure
Ferez ce que avez entrepris,
Et quant verrez qu'i sera heure
Mandez le nous à quelque pris, 17,585
Et que nous ne soyons surpris
Quant vous plaisa le nous mander,
Que de guerre sommes apris,
Et je croy que bien l'entendez.

LA PUCELLE.

Je vous diray pour abreger 17,590
F° 436 v°. Meshuit nous ne partirons point;
Chascun pense de soy loger
Et mectre son harnois à point.
Que demain y n'y faille point,
Qui a harnois ni aultre chose, 17,595
Et que chascun de point en point

De soy armer se dispose;
Que, en nom Dieu, comme je pance,
Au plus matin nous partirons
Et tous yrons courir la lance, 17,600
Vois ci Anglois nous trouverons,
Que, se je puis, nous les arons.
Ou y delayront le pays
De France, que trop tenu l'ont,
Ou yl y seront mors ou pris. 17,605

Pose de trompetes, menestriers et autres instrumens. — Puis après arrive le messagier devant le Roy et dit

LE MESSAGIER.

Or sui ge bien à point venu
Et ay fait bonne diligence,
Quant le bon roy Charles j'é veu
Et que je le voy en presence.
A luy m'en voys sans demourance 17,610
Lui raconter mon vray message,
De par la dame d'excellance,
C'est dame Jehanne, au gent corsage.
Très chier seigneur, Dieu vous dont joye!
Devers vous vien message faire 17,615
De par la Pucelle humble et coye,
Laquelle est remply de bonn'aire,
Qui de son cas et son affaire
Vous en mande, roy excellant,
De par moy, comme il est notoire 17,620
Et que vous diray en presant.
De ses nouvelles vous apporte,
Comment Jargueau a esté pris
Par elle et des gens de sa rotte,

Qui avec elle estoient commis, 17,625
Et tous les Anglois à mort mis,
Fors que le comte de Suffort
Qui à grant ranson est sommis,
Et son frere Alixandre mort.
Si dit on que messire Jehan, 17,630
Son frere, aussi est prisonnier,
Et à Orleans, je le say bien,
Y sont soigneusement gardez
Par voz princes et voz subgectz,
Qui ont pour le present corage 17,635
Plus fier que n'aroit le sanglier
Qui chacé est ou vert boucage.
Lesquieux sont très grosse puissance,
Et de toutes parts en survient,
Vous faisant tous obeissance 17,640
En vous servant soigneusement,
Obbeyssant entierement
A la noble vaillant Pucelle.
Chascun quiert la vois bonnement
Et estre obeyssant à elle. 17,645
Et ainsi que partir voloye,
Disoient aller à Baugenci,
Où des Anglois très grant monnoye
Y avoit, et à Meung aussi.
Et leur voloir estoit ainsi, 17,650
Que de .xx. lieux entour Orleans
Ne queudront sauge ne percy
D'Anglois qui reperait leans.
Et me dist la noble Pucelle
Qu'i vous plust à Orleans venir 17,655
Incontinant ceste nouvelle,
Que de vous vois avoit desir;

F° 437 v°.

Et aussi que pour parvenir
A sa très noble intencion
Y vous plust de ne luy faillir,
Que luy a grant affection.

LE ROY.

Amy, bien soye tu venu.
De tes nouvelles j'ay grant joye,
Et du cas qui est advenu.
Plus plaisir avoir ne pourroye,
Que je cognois en toute voye
Ma belle fille prospere,
Dont je pry Dieu qu'i luy octroye
Bien parvenir à son affaire.
De Jargueau je suis très joyeux
Qu'i soit en nostre obeissance,
Que y nous estoit fort nuyseux
Et nous povoit faire nuyssance.
Mès voy que divine puissance
Y a mis la main en ce cas,
Que tous les jours sans differance
Ma puissance croist hault et bas,
Et onques puis que ceste fille
Fut arrivée en ce païs,
De toutes pars gens à la fille
Sont venuz comme vrais amis.
Et mes anciens anemis,
Sur eux a tousjours eu victoire,
Et du tout les a au bas mis
Que à tousjours en sera memoire.
Je say que c'est chose divine
Et à moy de Dieu envoyée,
Comme à son servant moy indigne.

Si a ma terre recouvrée
Qui estoit fort debiletée, 17,690
Degastée et mise au neant,
Dont Dieu et la Vierge honnorée,
Je les remercye en tous sans.
Messager, je suis fort joyeux
Des nouvelles que me rapporte; 17,695
Loé en soit le roy des cieux
Qui en tous sens me reconforte !
Vat en diligemment et porte
Mes nouvelles à la Pucelle,
C'est que à son plaisir ne deporte 17,700
Et acomplir le voloir d'elle.
Dy lui que je me recommande
A elle tant comme je puis,
A tous les seigneurs de sa bande,
Qui sont noz parens et amis, 17,705
Et que de bon cueur les mercis
De leur hault' et bonne victoire
Qu'il ont eu sus mes anemis :
A Dieu et à eulx soit la gloire !
Pareillement tu leur diras 17,710
Que devers eulx je veil aller,
De bref tu leur rapporteras
Et que à eulx je veil parler,
Pour noz besoignes conseiller
D'aucuns faiz que j'é en propoux, 17,715
Et à Orleans leur reveller
Comme à mes amis par sus tous.
Or, va et leur faiz ce messaige
Diligemment, et je t'en prie,
A la Pucelle noble et saige 17,720
Et à toute la seigneurie :

Que de très bon cueur les mercie
Et que à eux suis fort tenu,
Dont leur rendrai la courtoisie,
Et autant au grant que au menu. 17,725

MESSAGIER.

Sire roy, en grant diligence
Je leur vois faire le message,
A la Pucelle d'excellence
Et à tout le noble bernage,
Comment leur mandez de corage 17,730
Que à eux vous recommandez,
Et que de bref prandrez voyage
Vers eux, ainsi que l'entendez.

LE ROY.

Messagier, tu es bon et saige.
Di leur bien que fort suis joyeux 17,735
Du très hault et bel vacelage,
Que pour moy font si vertueux.

MESSAGIER.

A l'ayde du vray roy des cieux
Feray vostre commandement
Vers la Pucelle, et à tous ceulx 17,740
Qui ont tout le gouvernement.

Pose. — Et puis dit

MESSAGIER.

Or, me convient, sans sejourner
Ne sans arrester pas ne heure,
Devers la belle retourner

La excellant oultre mesure, 17,745
Qu'i n'est au monde creature
Pour donner victoire aux François,
Et est eureux qui sa faiture
Une foiz le jour la peut vois.

Pose.

Or sui ge, Dieu mercy, venu 17,750
Bien à point quant je vois la belle;
Tout plaisir si m'est survenu
Ne riens ne en mon cueur rebelle,
Que au monde croy que c'est celle
Qui convincra noz ennemis, 17,755
Et les François metra en selle
En relevant les fleurs de lis.
Très noble et excellant princesse,
De devers le Roy suis venu,
Ainsi que par vostre autesse 17,760
Y m'estoit par vous convenu,
Et auquel tout le contenu
De vostre hault et bon message
Dit luy ay, et l'a retenu,
Dont y vous mercie de corage, 17,765
Pareillement tous les seigneurs
De son sang et ses vrais amis,
Et de leurs paines et labeurs
Leur en rant graces et mercis.
Et de Jargueau que avez pris 17,770
Si en est son ceur fort joyeux,
Dont avez sur ces anemis
Ainsi esté victorieux.
Et si m'a dit que je vous die

LE MISTERE DU SIEGE D'ORLEANS.

Que dedans Orleans, en bref jours, 17,775
Vous viendra vois à chiere lie,
Ainsi comme il a de propous,
Et que grant desir a tousjours
De complaire à voz volantez,
Comme à ses amis par sus tous, 17,780
A voz desiz et libertez.

LA PUCELLE.

Messagier, bien soye tu venu.
De tes nouvelles suis joyeuse
Et dont tu as le contenu
De ma nouvelle souteneuse 17,785
Dit au Roy, que fort bien eureuse
Est pour luy et doit avoir joye;
Que c'est chose miraculeuse
De Dieu, lequel en tient la voye.
Or sà, messeigneurs et amis, 17,790
Nous convient mectre en ordonnance,
En vous priant tant que je puis
Ordonner à vostre plaisance,
Que en vous est toute prudence
En faiz d'armes et autrement, 17,795
Pour conduire nostre puissance
Et l'ordonner entierement.

ALANSON.

Dame Jehanne, totallement
De ceste armée aurez la charge,
Pour l'ordonner certainement. 17,800
Aultre que vous pour le voyage,
Vous y estes prudente et sage
Et à vous tous nous somme tous.

Ne m'en parlez plus de langage,
Que ainsi faire le voulons.

LA PUCELLE.

Puis que sont voz oppinions
Et qu'i vous plaist ainsi de faire,
A voz dis m'acorderay dont
Et pour vostre voloir complaire,
Combien que le pourez mieux faire
Que moy plus magnifiquement.
Mès pour la chose ainsi parfaire,
Feray à mon entendement.
Jaymès je ne me suis trouvée
En si bel nombre que nous sommes,
N'en si très excellante armée
Tant de gens de fait et nobles hommes;
Et croy bien de vray que en sommes
Estes quatre mille et mieux.
Si devons avoir ainsi commes
Ceurs de lions fiers, corageux.
Et sommes assez, ce me semble,
Pour confondre noz anemis,
Et, fussent il trestous ensemble,
Par nous devroient estre soumis,
Et en nestoyer le païs
De France, la loyalle terre,
Et tous Anglois grans et petits
Les renvoyer en Angleterre.
Et dont pour ordonner l'armée,
Puis qu'il vous plaist, l'ordonneray,
Prient Dieu qu'elle soit gardée,
Et à voz dis obtemperay.
Du tout ou mieux que je pouray

Feray la preparacion 17,835
Et comme faire le sauray,
Puis que c'est vostre intencion.
F° 441 v°. Vous, monseigneur duc d'Alanson,
Menerez la premiere armée,
En quelque lieu que nous aillon 17,840
Voire ou en quelque contrée,
Aveques gens de renommée
Qui aveques vous se tiendront,
Gens de fait, de chere asseurée
Qui pour morir ne vous faudront. 17,845
Si est le seigneur de Laval,
S'i luy plaist et je l'en supplie,
Avec le seigneur de Lochat
Son frere, à la chere hardie,
Qui ont très belle compaignie 17,850
De quatre à cinq cens combatant,
Qui sont pour faire une saillie
Allencontre de tout venant.
Après, monseigneur de Vendosme,
Oveques La Hire et Poton, 17,855
Je croy que devant vous nul homme
Sur vous ne levra le menton,
Que de puissance et de renon
Avez sus tous chevallerie,
Informez et bien le savon, 17,860
Et n'est nul qui vous en dedye.
Vous aussi, le Bastard d'Orleans,
N'ayez point la chere esbaye;
Vostre personne en vaudra cent,
Et de ce en vous je me fye. 17,865
F° 442 r°. Aurez en vostre compaignie
Le bon sire de Beaumanoir,

Qui a chere noble et hardie
Et pour y faire bon devoir.
Aussi, monseigneur de Graville, 17,870
Avec le sire de Culant,
Que tous deux savez le setille
Vous entretenir en tous sans.
Vous estes nobles et vaillant
Autant que nulz qu'on peust finer, 17,875
Si ne soyez contredisant
De voloir ainsi ordonner.
Messire Ambroise de Loré
Et messire Fleurant d'Illiers,
Au plus près de vous je seray, 17,880
Aveques mes genz près à près,
Qui vous secouront par exprès,
S'aucun besoing avez de nous;
Si acomplirez, s'i vous plaist,
A fournir à faire nostre oust. 17,885
Puis, monseigneur de Chammigny,
Avec le vidame de Chartres,
Vous fournirez tretout ainsi
Et y ferez à bonnes certes.
Si vous garderons avoir pertes 17,890
Et qu'en rien ne soyez surpris.
Bien say de vous, Thibault de Termes,
Que de guerre estes apris.
Le sire de la Tour d'Auvergne,
Aveques Jaymet de Tillay 17,895
Et le sire de Vallepaigne,
Aveques moy je meneray,
Et le remenant conduiray,
Nobles princes et chevaliers,
Ne point les abandonneray, 17,900

LE MISTERE DU SIEGE D'ORLEANS.

Quelque destourbier ou dangiers.
Donques, s'i vous plaist, partirons
Pour aller vois noz anemis
Vers Baugenci, où croy que sont,
Pour en despecher le païs.   17,905
Soyons tous vaillant et hardis,
Sans avoir peurs ne nulle doubte,
Que j'espoir à mon advis
Des Anglois de rompre leur rotte.
Faictes les trompetes sonner,   17,910
Et allons, que Dieu nous conduye !
Qu'une si haute seigneurie
Ne doit jaymès craindre et doubter.

ALANSON.

Icy ne volons sejourner,
Que prest sommes, n'en doubtez mye.   17,915

LA PUCELLE.

Faictes les trompetes sonner,
Et allons, que Dieu nous conduye !

VENDOSME.

F° 443 r°.   Comme avez volu ordonner,
Jehanne, vous serez obbaye,
Et du tout nostre compaignie   17,920
Se consent que la gouvernez.

LA PUCELLE.

Faictes les trompetes sonner,
Et allons, que Dieu nous conduye !
C'une si haulte seigneurie
Ne doit jamès craindre et doubter.   17,925

Lors icy se partent, et y a grant pause de instrumens et trompetes. — Et font tant qu'ils viennent devant le port de Meung, ainsi par l'ordonnance de la Pucelle, chascun en son rant. Puis dit un Anglois compaignon qui voit arriver de loing l'armée des François, dit

LA GUIETE, Anglois.

F° 443 v°.

Messeigneurs, je voy gens venir
Parmy les champs de toutes pars,
Et sont François sans en mentir ;
Je le voy à leurs estandars.
Il ont lances, vouges, pavast, 17,930
Et sont une grosse puissance
Garniz d'arbalestes et ars,
Et vennent droit ci sans doubtance.

MESSIRE GAULTIER RONGEFORT, Anglois.

Que dy tu ? voici grant offance.
Sont il guieres à ton advis ? 17,935
De François as tu congnoissance,
Y voi tu nulles fleurs de lis,
Où qu'i soient de noz amis
Pour nous voloir donner secours ?
Regarde bien, ce seroit le pis, 17,940
Que François savent de faulx tours.

LA GUETTE.

Messeigneurs, je suis bien certin
Que ce sont François voirement,
Et viennent à nous pour hutin
A nous donner aucunement, 17,945
Que y chemynent rondement
Droit ci et en grant ordonnance.

F° 444 r°. Armez vous tous, que prestement
Les verrez icy en presance.

Lors icy marcheront les François près de la bastille de leur pont de Meung. Et alors les Anglois de dedans cryront tous ensemble à l'arme! Et y viendront ceulx de la ville tous armez aveques ceulx du bouloart du pont. Puis dit

LA PUCELLE.

Messeigneurs, je voy là devant 17,950
Au bout du pont la bastille,
Et Anglois qui sont là dedans;
Si fault aller vois leur setille.
Que chascun soit pront et abille
Pour ung assault leur presenter 17,955
De coraige et de ceur agille,
Et ne veillez de rien doubter.

ALANSON.

Je vois l'assault executer
Moy et mes gens, sans plus atandre.
Du premier je m'y veil bouter, 17,960
Et à ferir je veil entandre,
Que tous les feray pendre, ou rendre
Le pont et la ville de Meung,
Ou ainsi que je puis comprandre
D'Anglois il n'en n'eschappera ung. 17,965

F° 444 v°.

Adont icy y a pause de trompetes. — Et tous les François assauldront ledit boulouart des Anglois, de lances, haches, canons et artillerie à grant force. Et ceulx de dedans se deffendront vaillamment et tiendront longuement, et y aura grant fait d'armes les ungs contre les autres. Et enfin les François par eschelles monteront dedans la bastille et tueront les Anglois, réservé que plusieurs se retrayront en la ville du dit Meung et fermeront leurs portes sur eulx. Puis dit

LA PUCELLE.

Çà, messeigneurs, la merci Dieu,
Nous avons guangné ceste place,

Qui estoit pour ung petit lieu
Fortiffiée par grant odasse.
Si veil que on la detarasse 17,970
Sans y lesser riens que la terre,
Afin que desormais plus trasse
D'Anglois n'y puisse riens conquerre.
Plusieurs nous avons mis à mort
Qui nous avoient donné paine 17,975
Et deffenduz s'estoient fort,
Ainsi que c'est chose certaine;
Lesquieux pensoient leur demaine
Y faire à tousjours demourance,
Mès a esté leur pencée vaine, 17,980
Mis en ruyne et decadence.
Plus ne nous fault arrester ci,
Mès fault en especial
Faire que ayons Baugenci,
Qui est tout nostre principal, 17,985
Que pour ung bien peu de travail
Recouvrons Meung, quant nous voudrons;
Et seront les Anglois bien mal
Ce Baugenci avoir povons.
Demain nous fault au point du jour 17,990
Y estre à leurs portes ouvrant,
Sans plus faire ci de cejour
Ne arrester ne tant ne quant.
Nous les trouverrons tous dormant
Quant viendra à bailler l'assault, 17,995
Qu'i ne sauront quoy ne comment
On les aura pris en sursault.

ALANSON.

Dame Jehanne, à vostre plaisir

LE MISTERE DU SIEGE D'ORLEANS. 691

La chose sera acomplie,
Et quant il vous plaisa partir 18,000
Tous vous suyvrons, n'en doubtez mie.
Vous compagnerons à chere lie,
Que tout vostre voloir volons,
Et par voz diz, ma belle amie,
Tout ceste armée nous conduirons. 18,005

VENDOSME.

Fille, ne croyez autrement
Que vostre voloir sera fait,
Et acomply entierement
De coraige et de cueur parfait.
Vous avez conduit cet explait 18,010
Contre le pont de Meung sans doubte,
Que bien peu d'eulx en est retrait,
Au mains est demeuré leur rotte.

BASTARD D'ORLEANS.

F° 446 r°.

Y leur devra bien souvenir
Du .xv°. jour de juing 18,015
Desormais le temps advenir,
Qu'il ont perdu le pont de Meung,
Et n'en est pas rechappé ung
Que n'aye esté à l'espée,
Fors ung bien petit de commung 18,020
Qui ont la ville recouvrée.

LE SIRE DE LAVAL.

Y convient que leur bastille
Soit ruée et mise par terre,
Qu'i ne demeure que la ville,
Laquelle nous reviendrons querre, 18,025

Et de partir sans plus enquerre
Ceste nuyt sans atandre plus;
Puis demain penserons aquerre
Baugenci et le mectre jus.

LOHEAT.

J'en suis de ceste oppinion, 18,030
Et n'en devons point differer.
F° 446 v°. Nostre oust si est en unyon
En coraige et deliberez;
Par quoy devons perseverer
Allencontre toute personne, 18,035
Et ne devons rien espargner
Quant l'eur de fortune nous donne.

LE SIRE DE GRAVILLE.

Pour ung bien peu se reposer
Me semble que ce seroit le mieux,
Sans vouloir le harnois poser 18,040
Ne delesser jeunes ne vieux.
D'ici-là deux petites lieux;
Mès que soyons au point du jour
Tous fraiz, puissans et vertueux,
Heure sera de bailler l'estour. 18,045

LE SIRE DE CHAUMIGNY DE BERRY.

Je suis de ce consentement,
Ne partir plus toust que mynuit;
Nous y serons assez à tant
Et y aller sans mener bruit.
Chascun se repose la nuyt 18,050
Sans soy desarmer nullement,

Puis au point du jour le desduit
A leur bailler l'esbastement.

   LE VIDAME DE CHARTRES.

Nous tous de ce consentement
Sommes sans difficulté,   18,055
Dame Jehanne, et entierement
Ferons à vostre volanté.
Comme vous avez appointé
Sera fait par vous la conduite,
Que chascun est entallanté   18,060
Vous servir et on s'i delitte.

   LE SIRE DE LA TOUR D'AUVERGNE.

Chere dame, quant vous verrez
L'eure et le temps qu'i sera bon,
Faictes vos trompetes sonner :
Incontinant prest nous seron,   18,065
Et vostre plaisir nous feron
Par vostre bon sens et advis,
Que acomplir tous nous voulon
Voz bonnes parolles et dis.

   LA PUCELLE.

Il est aujourd'uy mecredy   18,070
Du mois de juing le .xve.,
Et demain qui sera jeudy
Que nous disons le .xvie.
Dont j'espoir que à nostr'esme
Pervendrons et à bonne fin,   18,075
Ne plus en France n'auront cresme
Anglois, mès de bref prandront fin.
Demain donques, au point du jour,

Vous serez prest, et vous emprie.
Prenez ung petit de sejour, 18,080
Vous reposant ceste nuytée;
Quant je verray l'eure acomplie
Que il sera tans de partir,
Soyez prest et la compaignie
Pour à nostre cas parvenir. 18,085
Messeigneurs, chascun se repose
Jusques ce qu'il faille partir,
Et vous reposez à loisir
Sans desarmer, sur toute chose.

BASTARD D'ORLEANS.

Dame, chascun se dispose 18,090
Vostre volanté acomplir.

F° 448 r°. LA HIRE.

Messeigneurs, chascun se repose
Juques ce qu'i faille partir.

DUC D'ALANSON.

Dame plus plaisant que la rose,
En laquelle est joye et plaisir, 18,095
De tous François le souvenir,
Et où est leur amour enclose.

VENDOSME.

Messeigneurs, chascun se repose
Juques ce qu'i faille partir,
Et vous reposez à loisir 18,100
Sans desarmer, sus toute chose.

Lors icy y a pause longue. — Et puis après, dit le cappitaine de Baugenci :

LE CAPPITAINE DE BAUGENCI.

Messeigneurs, voici grant merveille
De ces nouvelles advenus!
Onques je n'ouy la pareille;
Je croy que sommes tous perdus.   18,105
Mès d'où procede ces abus,
Les griefvesmes pertes et essoines?
Il y a cent ans, voire plus,
Qu'Anglois n'eurent de si villaines.
Esbay suis d'ont vient ceci,   18,110
Nous vois telle desconfiture,
Ne comment nous perdons ainsi
Noz corps et biens oultre mesure.
Que ce n'est d'Anglois creature
Qui François ose plus atandre,   18,115
Que devant eux n'est nul qui dure :
Ce cas yci ne puis entandre.
Or, ay ge veu depuis .x. ans
Qu'i ne furent que .xx. Anglois,
Qui deroquerent de tous sans   18,120
La quantité de cent François;
N'en rechappa ne deux ne trois
Que tous ne fussent à l'epée,
Fors aucuns qui furent de pris :
Par ranson fut leur vie sauvée.   18,125
De present va bien autrement;
Jargueau nagueres a esté pris,
Où d'Angleterre entierement
Estoient chevalliers de pris;
En moins d'un jour estre sommis   18,130
Et y faire tel desarroy
Que tout a esté mort ou pris

En ung moment, comme je croy.
Puis en après le pont de Meung,
Là où estoit la garnison 18,135
Si très noble que d'un chascun
De toutes gens avoit le non,
Fortiffiez de tel façon,
Cuidant que nul le peust surprandre :
En ce cas n'est nulle raison 18,140
Ne ce fait je ne puis comprandre.
Il est bien vray que onques puis
Que ceste mauldicte Pucelle
Vint en France et en ce pais,
Guerre nous a esté rebelle; 18,145
Si croy qu'elle soit infidelle
Ou engendrée de l'Antecrist,
Voire ou ung deable en lieu d'elle,
Et que Lucifer la conduit.
Je voy que, s'elle regne plus 18,150
Par sa faulce et damnable voye,
Nous tous Anglois sommes confus,
Que nous metra en malle voye.
Lucifer luy dont malle joye,
Sathan et le faulx Belezebust 18,155
Et l'etrangle d'une coroye,
Puis es enfers soit son tribust !
Çà, messeigneurs, je vous diray
Penser nous fault de nostre affaire.
Vers nous viendront, très bien le say, 18,160
Pour nous voloir aucun mal faire,
Et pour nous gecter du repere
De Baugenci, là où nous sommes,
Pour nous occire et mectre en bierre,
Petitz enffans, femmes et hommes. 18,165

LE SIRE D'ESCALLES.

Capitaine, bien je voudroye
Que vous n'eussiez point tant de peur :
Frayeur souvent l'omme devoye
Et n'en est on point si fort seur.
Y fault que vous ayez bon ceur   18,170
Pour encontre eux resister,
Soy monstrant remply de fureur
Devant voz gens, sans rens doubter,
Vous demonstrant fort et hardi,
Et que François on ne doit craindre,   18,175
Sans soy se monstrer esbay
Envers nul tant que grant ou maindre;
Que en ce cas ne se fault faindre,
Mès se tenir très vertueux,
Sans soy voloir doloir ou plaindre,   18,180
Ainsi comme victorieux.

PREVOST DE PARIS.

Vous doubtez que les François viengnent
En bref temps devant ceste ville,
Comme les heraulx le tesmoignent
Et comme est le commun setille;   18,185
Si fault trouver voye utille
Pour encontre eulx remedier,
Par cautelle bonne, sutille
Sonieusement y ovier.
Premierement, je vous diray   18,190
Qu'i sera bon que nous facions
Ainsi comme j'é advisay,
Et que ensi faire devons.
Vous savez bien que nous avons

Foison masures et cavernes
Qui sont vers la porte du pont,
Caves en façons de citernes
Où vous pourez de voz gens metre,
.V. ou .vi^c. bons combatant
Embucher leans et sommettre,
Des plus fors et des plus puissant.
François voudront entrer dedans
Et y faire leur grant effort,
Puis alors sortiront voz gens
Qui les pourront tous mectre à mort.
Et quant y ce verront surpris,
Croyez qu'i seront esbayz,
Et par ce point seront sommis.
Enclos seront comme berbiz
Et ne saront qué part fouyz,
Que là sera leur semetiere
Et en ferez à vostre plaisiz ;
Nulluy ne vous sera contraire.

ROBIN HERON.

Ce conseil yci devez croire
Et acomplir sans differance,
Si le devez du tout parfaire
En toute bonne diligence ;
Que, ainsi que je croy et pence
Et comme est le dit d'ung chascun,
François viendront, et leur puissance,
Que desjà sont au pont de Meung,
Et croyez que n'arresteront guieres
A venir juques ci devant.
Trouver fault façons et manieres
Resister quant il est temps,

Afin que inconvenyent
Y ne nous en puisse advenir,
Et que soyons resistans
Pour nous garder d'en encourir.
Si est que devez sans atandre 18,230
Eslire de vos gens de fait
Et leur baillez le cas entendre,
Qui jour et nuyt seront d'aguet,
Armez de bon harnois comptant,
Gens puissant et fors corageux, 18,235
Pour sus les François faire exploit
Tant qu'i soyent victorieux.

SENESCHAL BOYENCY.

Nous autres, nous tandrons armée
Encontr'eulx et resistance
A force de lance et espée. 18,240
Pour eulx avons assez puissance
A tenir l'oust en instance
Tant que noz gens soient sailliz,
Lesquieux qui à grant abondance
Viendront sus les François ferir, 18,245
Qui leur sera grant destourbier
Par ce point et très grant oultrage.
Et pourront bien estre en danger,
Qui leur sera ung grant dommage,
Pour y perdre leur vasselaige 18,250
Esbaïz et estre confus,
Quant y verront par tel ouvrage
Estre enclos et ruez tous jus.

LE CAPPITAINE DE BAUGENCI.

A voz dis très bien je conclus,

F° 451 v°.
>Et congnois qu'il est bon ce faire. 18,255
Diligemment, sans tarder plus,
Devons ceste chose parfaire;
Que il est tout cler et notoire
De ce ne nous peut mal venir,
Mais à François grant vitupere 18,260
Pour les faire perdre et finir.
S'i vous plaisoit, vous seneschal,
De ceste besoigne conduire,
Vous congnoissez en general
Comment et ce peut bien produire, 18,265
Et estes aussi pour eslire
Ceulx qui seront pour ceci faire,
Leur remonstrer et introduire
Ainsi que ce devra parfaire.
Prenez des gens aveques vous, 18,270
Et tous desquieux que vous voudrez,
Sans espargner nul de nous tous,
Vous prient que vous choisissiez
Pour les conduire et adresier,
S'i vous plaist en prandre la charge, 18,275
Et le plus toust vous embucher :
Me semble que on fera que sage.

DUC DE SOMBRESET.

Capitaine, vous dictes bien,
Il est ad ce faire propice;
Bailler luy fault sur toute rien 18,280
F° 452 r°.
>Ceste besoigne et ceste office.
S'i luy plaist, fera ce service
Et de luy en sera memoire,
Que par son art et artifice
Aura aquis renon et gloire. 18,285

FOUQUAMBERGE.

S'i vous plaist, faictes diligence,
Seneschal, et prenez des gens
Des meilleurs à vostre plaisance
Et à ce faire suffisans.
Puis, saudrez quant y sera temps, 18,290
Quant ce viendra à l'escarmoche,
Et donnez hardiment dedans
Tellement que n'ayez reproche.
Si le faictes secretement
Es François ne soit rapporté; 18,295
Que, s'i le savoient nullement,
Tout nostre cas seroit gasté,
Et ne serions en seureté;
Que ad ce y remedisoient,
Et tumberions en neccessité 18,300
Peut estre par aucunes voyent.

LE SENESCHAL.

Messeigneurs, pour vous je feroye
Le possible certainement,
Et voz dis acomplir voudroye,
Si je savoye aucunement; 18,305
Mès ce fait, ne puis bonnement
Le parfaire ni acomplir,
Ne ne pourrai suffisamment
A un si grant fait parvenir.
Si me pardonnerez, je vous prie, 18,310
Et à aultre baillez la charge,
Que ma personne si n'est mie
Pour conduire un tel ouvrage.

Y fault que ce soit homme sage,
Bien entendu en fait de guerre, 18,315
Et qui aultre foiz tel passage
A passé : ung tel devéz querre.
Mès très bien pour luy ayder
Et de bon ceur le secourir,
Du tout m'y veil abandonner, 18,320
Et très volantiers le servir.
Si ne me veillez requerir
Que moy seul en preigne le fait,
Mès vous, seigneurs ; que pour morir
Je ne le feroye jaymès. 18,325

CAPPITAINE BAUGENCY.

Et vous le ferez, s'i vous plaist,
Ne plus à autre n'en parlerons.
Vous estes esleu par exprest
Et de tous les seigneurs qui sont ;
Que en vous du tout nous fions, 18,330
Ne à autre bailler la charge.
Si ne nous escondissez dont
Et le faictes de bon corage.

LE SIRE HONGREFORT.

Monseigneur, vous le devez faire
Et n'en devez point differer. 18,335
Faictes, et vous allez retraire,
Et prenez de nos gens assez.
Il est temps de s'en despescher,
Et n'y faictes plus de sejour,
Que vous y soyez embuchez 18,340
Dès demain, comme au point du jour.

LE MISTERE DU SIEGE D'ORLEANS.

LE SENESCHAL.

Messeigneurs, puisque le voloir,
Je n'y saroye contredire;
J'en feray volantiers devoir
Puisque m'avez volu eslire. 18,345
Si voudroye, pour le voir dire,
Que ung autre y eussiez commis;
Mès je ne veil nului dedire,
Je l'acompliray, se je puis.
Je m'en voys donques de present 18,350
Pour ordonner de ceste armée;
Mais, pour Dieu, qu'elle soit cellée!
Dommaige y pouroit avoir grent.

CAPPITAINE.

Allez et assemblez voz gens,
Sans faire longue demeurée. 18,355

SENESCHAL.

Je m'en vois donques de present
Pour ordonner de ceste armée.

CAPPITAINE.

Faictes diligence très grant
De voz gens en ceste nuytée;
Puis, quant viendra à l'ajournée, 18,360
Que vous soyez prest combatant.

SENESCHAL.

Je m'en vois donques de present
Pour ordonner de ceste armée;

LE MISTERE DU SIEGE D'ORLEANS.

Mais, pour Dieu, qu'elle soit celée!
F° 454 r°. Dommaige y pourroit avoir grant. 18,365

Lors icy y a pose grande. — Et puis dit le comte de Richemont, nommé Artus, connestable de France :

CONTE DE RICHEMONT, connestable de France.

Je voy qu'il est temps et saison,
Ainsi que de droit et raison,
Aller secourir les François,
Qui sont de si noble maison
De France, dont grant meprison 18,370
Ont fait ces desloyaulx Anglois;
Que le bon Charles de Vallois
Ont frustré de ces beaux drois
Et de ces païs ung grant nombre.
Donques, avant qu'i soit deux mois, 18,375
J'ay intencion de les vois,
Où je leur donray grant encombre.
L'ost des François, comme je croy,
A Orleans est en noble arroy,
Où sont grant nombre de seigneurs 18,380
Tous parens et amis du Roy,
Qui le servent de bonne foy
F° 454 v°. En grans peine et en grans labeurs,
Encontre gens diffamateurs,
Maleuseurs, larrons, decepveurs, 18,385
Qui sont Anglois de tel nature,
Pires que Sarrazins ou Teurs,
Qui n'ont en eux bien ne honneurs,
Mès sont gens de malle adventure.
Si ont eu, depuis quatre mois, 18,390
Beaucoup à faire, je le crois,

Et n'ont pas eu tout le milleur ;
Que, comme j'entant, les François
Si ont debouté les Anglois
Par force, puissance et vigueur, 18,395
Que, pour le present, le malleur
Est tourné sur eulx en rigueur,
Comme chascun dit et racompte,
Et de present sont en doleur
En malleureté et labeur. 18,400
Plus de leur fait n'est tenu compte,
Si est, par le commun pays
Comme chascun dit, que depuis
Vint en France ceste Pucelle,
Anglois si ont esté soumis, 18,405
Abatuz, cassez et desmis,
Et si ont perdu leur querelle
Que chascun s'enfuyt devant elle ;
Nul ne se trouve soubz son elle,
Ne nul ne l'ose plus atandre. 18,410
Quant à moy, je croy que c'est celle
Qui rachetera la perte telle
Que François ont eu et l'esclandre.
Je suis comte de Richemont
Nommé Artus, par mes droiz noms, 18,415
Et suis connestable de France,
Si doy pleurer de ceur parfont
Que moy et tous mes gens ne sont
Aveques eux en ordonnance,
Moy qui suis chef de tel puissance 18,420
Et que deusse par excellance
Estre le premier appellé !
J'en ay en moy grant desplaisance,
Que je deusse avoir premynance,

Estre de tout l'ost consolé. 18,425
Si veil aller sans differer
Devers eulx et me presenter,
Leur faire plaisir et service.
Nonostant je doy doubter
Avoir crainte et peur y aller 18,430
La fureur du Roy et justice;
Que je say bien que, par mon vice,
Au Roy est venu la notice
De la mort du seigneur de Grat
Que je commis par ma malice, 18,435
Dont de faire m'estoit propice,
Mès le Roy m'en sait ung grant mal.
Si ay advisay prestement
Que je m'en yray promtement
F° 455 v°. Presenter devant la Pucelle, 18,440
A laquelle tout plainement
Luy diray mon encombrement,
Et me mectre à mercy d'elle,
Laquelle est gracieuse et belle,
Humble comme la torterelle; 18,445
Luy requerant qu'elle me face
Que envers le Roy me revelle,
Et qu'i lui plaist à sa querelle
Luy prier que pardon me face.
Sus, seneschal, venez avant! 18,450
Faictes abiller tous noz gens
Et partir, sans atandre plus,
Tous abillez de harnois blans,
Sans que à nul ne faille riens
En quelque lieu, ne sus ne jus; 18,455
Que je veil montrer mes vertus
Contre les Anglois plains d'abus;

LE MISTERE DU SIEGE D'ORLEANS.

Qui au Roy font tant de mallerre.
Donques, je fais veu à Jhesus
Que, ainsi comme je conclus,
Je leur merray très forte guerre.
Faictes noz trompetes sonner,
Que je veil partir sans atandre,
Et que chascun se veille armer
En present et devant moy rendre,
Et tous ses abillemens prendre
Qui en guerre s'i appartenent,
Sur paine envers moy de meprandre
Et encourir très grosses paines.

SENESCHAL.

Monseigneur, de ce ne doubtez,
Tout sera prest incontinent,
Et seront tantoust aprestez,
Qu'i n'arresteront tant ne quant.
Trompetes, sonnez cependant
Et faictes nos gens assambler,
Armez comme preux et vaillant
Pour faire ces lances branler.

Lors les trompetes sonneront, et tous les gens du connestable viendront, tous armez de harnois blancs, devant luy en grans pompes et magnificence ; puis dit le seneschal :

LE SENESCHAL.

Monseigneur, voici tous vos gens
Bien en point, en grant compaignie,
Tous bien vestuz de harnois blans,
Aveques ce chere hardie,
Garniz de toute artillerie,
Desirant entrer en butin

Et vois Anglois sur la prarie
Aujourd'uy ainçois que demain. 18,485

RICHEMONT.

On m'a dit et j'en suis certain
Que l'ost si est à Meung sur Loire,
Et qu'i depart au plus matin
Vers Baugenci, en très grant gloire.
Si nous y convient les retraire 18,490
Pour l'ost trouvir certainement,
Que il aura de nous afaire,
Si y allons hastivement.

Lors icy y a pause. — Et partira luy et ses gens. Et puis dit

LA PUCELLE.

De present est l'eure venue
Qu'i est tans d'ici departir 18,495
Pour nostre entreprise tenue
Et pour la voloir acomplir,
Desirant que puisse venir

F° 457 r°. A joye et à vostre victoire;
Et nous y dont Dieu parvenir 18,500
Auquel en appartient la gloire.
Çà, messagier, diligemment
Vat en les trompetes querir,
Qui viengnent à moy prestement
Toutes prestes, sans deffaillir. 18,505
Va toust et les me faiz venir,
Que j'é de present d'eux affaire.

MESSAIGER.

Vostre voloir veil acomplir
Diligemment, à bonne chere.

Lors le messaiger va, et dit

LE MESSAGIER.

Çà, trompetes, levez vous sus, 18,510
Venez à Madame parler,
Et soyez en point sus et jus
Pour devant elle trompiller.
Je ne say où et veut aller,
Mès dit que faciez diligence. 18,515

F° 457 v°. ### TROMPETES.

Nous ne volons point delayer,
Mès faire volons sa plaisance.

Lors viennent; puis dit
LA PUCELLE.

Mes bons amys, je vous diray
Allez trompiller parmy l'oust,
Tant que tout soit appareillay 18,520
Et mis son harnois sur le doux,
Pour assembler noz gens trestoux;
Puis sera advisé que ferons.

LES TROMPETES.

Obbaïz nous volons à vous;
Aultre chose ne desirons. 18,525

Lors les trompetes sonneront, et y a pause. — Puis tous les seigneurs viendront devant la Pucelle en belle ordonnance, tous armez. Puis dit

F° 458 r°. ### LA PUCELLE.

Mes bons seigneurs, comme savez
L'entreprise qui fut yer,

Bien me semble l'eure venue
Que nous ne devons differer,
Mès de bon ceur perseverer, 18,530
Ainsi comme elle fut conclue.
Vous estes tous gens de vallue,
Des plus nobles dessoubz la nue,
Et si très bien encommencez
Qu'i me semble sans atandue 18,535
La chose doit estre tenue
Et diligemment en penser.
De plus, vous diray l'ordonnance,
Elle est faicte à vostre plaisance
Et ung chascun en fut contens; 18,540
Par icelle est apparence
Qu'el' est venue à consequence,
A proffit et honneur très grant.
Vous savez, en ung instant
Le pont de Meung incontinant 18,545
Devant vous n'a point arresté,
Qui est par vostre entretenant;
Que chascun si garde son rent
En puissance et auctorité,
Et, se Dieu plaist, le remenant 18,550
F° 458 v°. Se parfera comme j'entant
Et y arons honneur et gloire.
Dont nos anemis anciens
Ceront par nous mis à neant,
Ainsi comme chascun peut croire, 18,555
Et hors de nostre territoire
Boutez à honte et vitupere,
Et dechacez jusques en leur terre;
Que en France n'ont il que faire
Ne nul droit en nulle maniere : 18,560

S'en aillent dont en Engleterre.
Si vous supply tant que je puis,
Ou nom des nobles fleurs de lis,
Que partions d'ici, qu'il est heure.
L'aube du jour si esclardis, 18,565
.iii. heures sont selon mes dis,
Si ne devons faire demeure;
Pour nostre besoigne plus seure,
Ainsi que en moy je procure,
Le plus matin devons poursuir. 18,570
En la nuyt qui est obscure
Il ont fait le guet par droiture;
Au matin, chascun veult dormir.

ALANSON.

Dame Jehanne, à vostre plaisir.
Faictes ainsi que l'entendez, 18,575
Que nous vous volons obbayr
A ce qu'i vous plaist commander;
Et ce que voudrez demander
Ou dire en quelque maniere,
Nous l'acomplirons sans tarder, 18,580
Et ne vous doubtez du contraire.

VENDOSME.

Nous savons assez l'entreprise
Qui fut dicte icy et nottée;
Qu'elle soit de present reprise
Ainsi qu'elle fut procurée. 18,585
De par nous fut deliberée
En toute bonne intencion;
Que par nous soit executée
Et mise à execucion.

BASTARD D'ORLEANS.

Plus n'en fault faire mencion, 18,590
Que de partir il en est temps
Par ordre et par premicion,
Comme chascun sait et l'entant.
Si veillez tirer en avant
Le droit chemin, il est bon heure, 18,595
Sans varier ne tant ne quant,
Et partons, que Dieu nous seceure !

F° 459 v°.
LA PUCELLE.

En nom Dieu, vous dictes très bien.
Sus ! que l'avant garde commance,
Puis les aultres sans faillir rien 18,600
Vous suivront en belle ordonnance,
En vous prient faire silance
Et sans nul bruyt aucunement,
Sans reveler la convenance,
De nostre estat ne autrement. 18,605

Lors partiront tous par l'ordonnance dicte de la Pucelle, et tous les seigneurs et leurs gens aussi, lesquelz viennent devant Baugenci, où ilz ne trouveront pas grant resistence, et entreront dedans. Puis ceulx du chasteau commenceront à cryer : à l'arme, à l'assault ! Et viendront au devant des François en bataille. Après, ceulx de l'ambuche sortiront sus les François et les assauldront d'un cousté et d'aultre. Et y en eut plusieurs de mors d'une part et d'autre, et y eut une grosse escarmouche, F° 460 r°. tellement que les Anglois se retrayeront tous au chasteau. Puis, après qu'i furent retirez, les trompetes sonneront une retraicte. Et alors dit le connestable Richemont :

LE CONTE DE RICHEMONT.

Je congnois que appressons fort

De Baugenci, car je le voy;
Si veil c'on leur face rapport
Comme je vien en l'ost du Roy,
Et le faire assavoir par moy 18,610
A la bonne et noble Pucelle.
Pour ce, messager, sans deloy
Te convient aller devers elle,
Et lui anoncer ma venue,
Aux bons seigneurs pareillement, 18,615
Voloir estre en leur retenue
Et tous mes gens entierement,
A les servir totallement
Allencontre leurs adversaires.

MESSAGIER.

Voz plaisiz et voz mandement 18,620
Parferay en toutes manieres;
F° 460 v°. Si vois faire vostre message
Diligemment, ne doubtez mie,
A la Pucelle noble et saige
Et à toute la seigneurie. 18,625

RICHEMONT.

Fais diligence, je te prie,
Et puis viens à nous au devant.

MESSAGIER.

Je le feray à chere lie,
Et si bien que serez contant.

Lors s'en va, et y a pause.

MESSAGIER.

Dieu sault la très noble Pucelle, 18,630

Aussi tous les seigneurs de l'oust!
S'i vous plaist ouyr ma nouvelle,
Je le vous diray devant tous :
Si est que present devers vous
Vient le conte de Richemont, 18,635
Qui a volanté et propoux
Vous secourir par vau par mont;
Et lequel n'est pas loing d'ici,
Qui à vous tous se recommande.

LA PUCELLE.

Mon amy, la sienne merci 18,640
De son service Dieu luy rende !
Dites luy que, luy et sa bande,
Sommes joyeux de sa venue,
Et à chere lie très grande
Luy et sa bande sera receu. 18,645

MESSAGIER.

Madame, je vous remercie
De l'onneur et du grant plaisir;
Je m'en revoys, n'en doubtez mie,
Luy raconter sans deffaillir
Et comment est vostre desir 18,650
De le vois et sa compaignie.

LA PUCELLE.

En ce tu ne pourras faillir,
Que en luy très fort je me fie.

Pose.

MESSAGIER.

Mon cher et redoubté seigneur,

Vostre message ay acomply 18,655
Devers la Pucelle d'onneur,
Qui m'a volantiers requeully.
De bon cueur elle m'a ouy
Ce dont vous m'avez baillé charge,
Et en est son cuer rejouy 18,660
Dont vous plaist faire ce voyage.
Et desire fort de vous vois
Aveques vostre compaignie,
Que aujourd'uy, comme je crois,
Il y a eu grant baterie, 18,665
Que par leur grant chevallerie
Dedans Baugenci sont entrés,
Et y a eu très grant tuerie
D'Englois mors et acraventez.

RICHEMONT.

Je ne veil plus ci arrester; 18,670
Devers eux m'en vois sans atandre
Moy et mes gens me presenter,
Pour les conserver et deffandre.
Chascun de vous s'i veille entandre,
Que en son fait n'ayt que redire, 18,675
Ne que on vous puisse reprandre
D'aucune chose ne medire.
Çà, monseigneur de Beaumanoir,
Je voy Baugenci là devant;
Y nous y fault faire devoir 18,680
Et y estre tous combatant,
Que reproche ne tant ne quant
Aucun de nous ne puisse avoir,
Mès honneur de petis et grans
Et gloire y puissons recepvoir. 18,685

BEAUMANOIR.

Mon chier seigneur, croyez pour voir
Honneur aurez et renommée,
Que voz gens y feront devoir,
La chose en est bien asseurée.
Plus que nulz qui soit en l'armée, 18,690
De cela j'en suis bien certin
Que leur desir et leur pencée
N'est que se trouver en utin.

F° 462 v°. Lors y a pose. — Et trompetes sonneront, et viendra le conte de Richemont devant la Pucelle, et la saluera haultement, tous armez et en point; puis dit

RICHEMONT.

Jehanne, Dieu vous dont bonne vie,
Bien acomplir vostre desir, 18,695
Et à toute la seigneurie
Luy dont parfaire son plaisir !
De vous vois avoie desir
Et estre en vostre compaignie,
Prest à y vivre ou à morir 18,700
Et vous suyvre toute ma vie.
Je suis à vous et tous mes gens
A faire vostre volanté,
En bataille et tenir le rant
Comme par vous sera apointé, 18,705
Vous obbayr de verité
Et faire par vostre ordonnance.

LA PUCELLE.

De vostre salut et bonté

Vous remercie de ma puissance.
J'é en mon cœur rejouyssance 18,710
De vostre visitacion,
Que je say que vostre presance
Nous donra consolacion.
Aujourd'uy, par permission
De Dieu, sommes ceans entrez, 18,715
En très grant variacion.
Anglois nous cuidoient deroquer,
Et, par une cautelle voye,
Aucuns s'estoient embuchez
En cavernes, c'est chose vraye, 18,720
Pour nous abatre et subjuguer
Et pour nous voloir enfermer,
Saillir sur nous pour nous enclose;
Mès nous les avons dechacez,
Ne nul d'eux plus montrer ne s'ose. 18,725
Et ce sont tous leans retraiz
En ce chasteau et abbaye,
Que par artillerie et traiz
Le fault avoir, quel que nul die.
Si volons faire une saillie 18,730
Encontre eulx et un gref assault,
Et sortir nostre artillerie,
Que ainsi faire le nous fault
Si comment les faire saillir
Pour savoir quel puissance il ont 18,735
Et aprement les poursuyvir,
Aussi bien ceulx du bout du pont.
Plusieurs là retrayez ce sont
En ung petit mechant taudis,
Où de bref il en partiront 18,740
Sans retourner en leur païs.

RICHEMONT.

Dame Jehanne, vous dictes bien,
La chose est bonne ainsi le fere.
Si ne m'espargnez dont en rien,
Que du tout je vous veil complaire, 18,745
Et tous mes gens tenir frontiere
En quelque lieu qui vous plaira;
Sans que nul en die au contraire,
Ung chascun vous obbayra.
Mès d'une chose je voudroye 18,750
Vous requerir à toutes fins :
Sy est, si vous trouvez en voye,
Et que vous y trouvez à point,
Devers le Roy, ung peu le crains,
C'est que par vous ma paix ce face 18,755
Et que mon cas peust estre estains,
Que peusse retourner en grace.
Vous me ferez ung grant plaisir
Et à vous tout temps seray tenu,
S'i vous plaisoit vous souvenir 18,760
De mon fait et du contenu.
Et pensez que j'en suis esmeu,
Dont devers luy je n'ose aller;
Mès par vous je seray receu
A pardon et à grace avoir. 18,765
Si vous prie tant que je puis
Que vous plaise luy en parler,
Et que son serviteur je suis;
Partout où y voudra aller
Le suivray sans varier, 18,770
Tout à son voloir et plaisance,

Ne envers luy pour nul denier
Jamès je ne feray offance.

LA PUCELLE.

Monseigneur, n'en ayez doubtance,
Que de bon ceur je le feray,   18,775
Voire et de tout ma puissance
Très volontiers l'en requerray
Et humblement l'en suppliray,
Qu'i le fera à mon povoir;
Et devers luy vous meneray   18,780
De bon ceur et de bon voloir.

RICHEMONT.

F° 464 v°.

Dame, je vous en remercie;
Tenu suis à vous grandement
Et le seray touté ma vie,
Vous remercyant humblement.   18,785
Je scay bien veritablement
Que, si toust lui en parlerez,
Vous accordera entierement;
Rien ne vous voudroit refuser.

DUC D'ALANSON.

Dame Jehanne, nous prions   18,790
Que en veillez parler au Roy.
Artus, conte de Richemont,
Si est noble et de grant arroy,
Et pour ayder, je le croy,
Au Roy à recouvrer son royaulme,   18,795
N'est plus puissant ne mieux de quoy
Que luy qui soit portant heaulme.

VENDOSME.

Dame Jehanne, vous le ferez;
Nous vous en prions tous ensemble.
Ce que demandrez vous l'arez 18,800
Et plus grand chose, ce me samble,
Que vous estes son oriflambe
Et celle en qui mieux y se fie;
Son affection est plus ample
En vous que nul, quoy qu'on en die. 18,805

LA PUCELLE.

Messeigneurs, saichez de bon ceur
Que volantiers le requerray,
Et au Roy mon loyal seigneur
Très volantiers l'en suppliray,
Et tout au mieux que je pouray 18,810
Pour aquerir sa delivrance,
De bon ceur je m'y emploiray,
Croyez, de toute ma puissance.
Oultre plus, y nous fault pencer
De voloir ce siege parfaire, 18,815
Et ces Anglois ci desloger
En aquerant sur eulx victoire,
Lesquelz se sont voluz retraire
Ou chasteau et ou bout du pont,
Les assiger devant, derriere, 18,820
Et les avoir tout tant qu'i sont.
Y convient que devers la Beausse
Nous y ayons un siege assis,
Que de leur art et façon faulce
Se fault garder d'estre surpris. 18,825
Secours de Chartres ou Paris

LE MISTERE DU SIEGE D'ORLEANS.

Leur pourroit venir plainement,
Qui pourroit donner des ennuys
A nostre armée certainement.
Vous, monseigneur duc d'Alanson, 18,830
Voz gens et vostre artillerie,
Y serez là pour tenir bon,
S'i vous plaist; et je vous en prie;
Et pour vous tenir compaignie,
Le bon conte de Richemont 18,835
Et ses gens à chere hardie,
Qui de bon ceur vous serviront.
Après, pour le siege du pont
Où ils ont une bastille,
Tantoust nous en ordonnerons 18,840
Et mectre gardes pour la ville,
Que nul ne sera si abille
D'Anglois, si osé ne hardi
De saillir hors son domicile
Qu'i ne soit tantoust reverdi. 18,845

ALANSON.

De monseigneur le connestable
Vieu ge bien avec moy avoir,
Que il est ung prince notable
De corps, de biens et de savoir.
Et sachez que y ferons devoir 18,850
Encontre ceste forteresse,
On s'en pourra appercevoir
D'ici à lonc temps, et grant presse.

RICHEMONT.

Monseigneur, je vous remercie
De vostre honneur et plaisir. 18,855

Quant y vous plaist ma compaignie,
Je le vous voudray desservir,
Et à vous je veil obbayr
Et mes gens durant ceste guerre,
Pour vous à vivre et à morir, 18,860
En quel part les voudrez requerre.

ALANSON.

Monseigneur, ne doubtez en riens
Que je vous ayme de bon ceur;
Pour frere d'armes je vous tiens
A faire plaisir et honneur, 18,865
Et vous tenez hardiment seur
Pour nulle rien ne vous fauldray,
Pour quelque cause ne couleur,
A tousjours tant que je vivray.
Mès dont, puis que sommes commis 18,870
Assiger ceste forteresse,
Noz aliez et nos amys
Et toute nostre grant noblesse
Fault que vers nous viengne et appresse
Aveques nostre artillerie, 18,875
Et que par très grant hardiesse
Elle soit par nous assaillie.

RICHEMONT.

Mon cher seigneur, vous dictes bien;
Assemblez voz gens, il est temps,
Que le delayer n'y vault rien : 18,880
Y fault tirer droit et avant.

ALANSON.

Or sus dont, chascun en son rant.

LE MISTERE DU SIEGE D'ORLEANS.

Trompetes, faictes assembler
Tous mes gens icy en presant
Pour faire ces Anglois trambler. 18,885

F° 467 r°. *Lors icy les trompetes sonneront. Et gens d'armes de tout coustez viendront devant Alanson, Richemont en grant puissance, la Pucelle estant d'autre cousté aveques une autre grosse armée. Puis dit le bailli d'Evreux qui vient es fenestres du chasteau :*

LE BAILLY D'EVREUX.

Messeigneurs, très bien je voudroye,
Mès que ce fust vostre plaisir,
Parlamenter par bonne voye
A l'un de vous; c'est, sans mentir,
Pour le mains de mal advenir 18,890
Ainsi que d'une part et d'aultre.
S'i vous plaist me faire venir
Monseigneur d'Alanson ou aultre?

MONSEIGNEUR D'ALANSON.

Cappitaine, que dictes vous?
Sachez que Alanson je suis, 18,895
Et se avez rien en propoux,
Escouté sera et voz dis,
F° 467 v°. Promtement, present nos amys,
S'aucune chose volez dire.

LE BAILLY D'EVREUX.

Monseigneur, je vous remercie 18,900
Dont ne me volez escondire.
Monseigneur, comme vous savez
De l'introduction de guerre,
Ung chascun appete à gaigner
Et à voloir son droit aquerre. 18,905

Pour Henry, le roy d'Engleterre,
Qui est pour le present enffant,
Droit est que lui gardons sa terre,
Ainsi que le droit appartient.
Voloir sostenir nostre roy, 18,910
Cela est de droit et raison
Que le facions de bonne foy
En tout temps et toute saison,
Garder, deffendre sa maison,
Comme à son souverain seigneur, 18,915
Et le garder de trayson
De tout mal et de tout doleur.
Pareillement pour nulle riens
Nous ne luy devons defaillir,
Mès le garder luy et les siens, 18,920
En ce cas et vivre et morir.
Et s'i vous plaist à me ouyr

F° 468 r°. Tant pour la fortune ovier
Qui à chascun peut encourir,
Où nullui ne se peut fier, 18,925
Messeigneurs, s'i vous plaist, ferons
Pour differer le sang espandre,
Qui de fortune ne savons
A qui sera le fort ou mendre :
Ceste place vous volons rendre 18,930
Moyennant noz vies et noz corps,
Tous noz biens emporter et prendre
Et saillir anuyt trestous hors
De la bastille du pont.
Pour iceulx je me tien bien fort 18,935
Que pareillement vous lerront
En paix et sans nul discort.
Nului ne se doit tenir fort

En la fortune de la guerre,
Que cil qui cuide avoir le fort 18,940
Bien souvent est rué par terre.
S'i vous plaist de ainsi le faire
Et voyent que ce soit du mieux,
Pour la vie à plusieurs retraire
Et le dangier trefurieux 18,945
A nobles et à vertueux,
Autant de nous comme des vostres,
Nous nous en yrons aultres lieux
Enmenant les biens qui sont nostres.
Et de ce nous donnez responce 18,950
De vostre bonne volanté
A ce que vous dy et prononce,
Et tout à la vraye equité,
Que en bonne fidelité
Le tendrons ferme et estable 18,955
Ce que par nous sera apointé,
Et par edit irrevocable.

ALANSON.

Monseigneur le bailly d'Evreux,
Je vous ay volantiers ouy,
Et pour vous seray curieux, 18,960
Si ne le metré en oubly.
Nonnostant je suis celuy
Avecques plusieurs grans seigneurs
Qui par nous serez assailly
De gens de fait et vertueux. 18,965
Mès, pour l'onneur de gentillesse,
Vostre message je feray
A la fleur de toute noblesse,
C'est à la Pucelle, où yray

Et vostre cas je luy diray 18,970
En la presence des seigneurs,
Et tantoust vous rapporteray
Tout la volanté de leurs ceurs.
Çà, monseigneur de Richemont,
Vous avez ouy comme moy 18,975
L'esdit que les Angloys nous font;
Se tenir en leur doit l'autroy,
Qu'en dictes-vous? Comme je croy,
Nul de nous n'en sera contant,
Que nostres sont, comme je voy, 18,980
Et ne sont envers nous puissant.

RICHEMONT.

Puisque vous leur avez promis,
Ne leur fault faillir de promesse,
Mès fault aller vers noz amys
Et devant toute la noblesse; 18,985
Que à eulx la chose s'adresse,
Pour en dire et determiner
Par leur sens et [par] leur sagesse
Comme on s'i devra gouverner.
Et bien appartient ceste chose 18,990
Leur dire et magnifester,
Que de guerre, homme en proppose
Mès fortune en veult discuter.
Sy les povons nous surmonter
Et les avoir sans nul deffault; 18,995
De cela y n'en fault doubter
A les avoir de plain assault.

ALANSON.

Allons, et ferons diligence

F° 469 v°.
>Pour savoir leur oppinion,
>Et leur declairer en presence 19,000
>Des Anglois leur affection.

RICHEMONT.

>Plus n'en fault de dilacion
>Ne plus en faire de sejour;
>Breve deliberacion
>Requiert ce cas et sans demour. 19,005

Lors vont, et y a pose. — Puis dit

LA PUCELLE.

>Donques, monseigneur de Vendosme,
>Aveques le bastard d'Orleans,
>Vous deux ensemble serez comme
>Freres d'armes et très vaillans,
>Avec de notables gens : 19,010
>Vous aurez La Hire et Poton,
>Qui ont gens hardiz et puissans
>Et en fait de guerre renon.
>Vous après, sire de Loyat
>Et vostre frere, je vous prie, 19,015
>Avec monseigneur l'amiral,
>Lequel vous tiendra compaignie

F° 470 r°.
>Aveques noble seigneurie,
>Garderez le pays de Sauloigne
>En noblesse et chevallerie, 19,020
>Que nul Anglois ne s'en esloigne.

Lors Alanson et Richemont arrivent devers la Pucelle, et dit

ALANSON.

>Dame Jehanne, veillez ouyr

Les nouvelles que vous veil dire
De par les Anglois sans faillir,
Lesquelles m'ont volu produire 19,025
Et dont je n'é volu dedire
Que rapport je ne vous en fisse,
Consideré qu'i ne peut nuyre
Et que riens ne nous prejudice.
Vray est ainsi que nous estions 19,030
A regarder nostre entreprise
Et assiger noz pavillons
Comme chascun doit et devise,
Et aussi ung chascun advise
A bien sortir l'artillerie, 19,035
Pour bien l'employer à sa guise
F° 470 v°. Et qu'elle soit bien assortie,
Et comme nous parlions ensemble
Estant le connestable et moy,
Le bailly d'Evreux, ce me semble, 19,040
Et est luy, ainsi que je croy,
Lequel en très notable arroy
C'est monstré par une fenestre,
Me prient que lui fisse octroy
Parlementer là enmy l'aistre, 19,045
Disant des fortunes diverses
Qui peuent à plusieurs advenir
Et que souventes foiz renverses
Ceulx qui cuident à bien venir,
Et que nul ne se doit tenir 19,050
Seur de fortune, tant ne quant,
Et qu'elle peut tout survertir
Qui n'est si petit ne si grant.
Et en toutes autres choses
M'a prié que luy acordions 19,055

LE MISTERE DU SIEGE D'ORLEANS. 729

Traicté de paix, fermes bien closes
Et qu'ainsi faire vousions ;
Si estoit que nous y lairont
La ville et tout le chasteau
Et la bastille du pont 19,060
Fortiffiée auprès de l'eau,
Moiennant aussi qu'i vous plaise
Les lesser aller franchement,
F° 471 r°. Sans leur donner aucun malaise,
Aveques aussi tous leurs biens, 19,065
Sans que vous en retenez riens
Soit or ou argent ou menage,
Et s'en yront incontinant
En vous delessant l'eritage.
Et dont, s'i vous plaist, advisez 19,070
Que responce leur soit donnée,
Et de ce vous disposez,
S'elle leur sera accordée ;
Que ma foy je leur ay jurée
Assavoir je le vous feroye 19,075
Aujourd'uy, et de relevée
Vostre responce leur diroye.

LA PUCELLE.

Vostre bon plaisir je voudroye
Vous accorder sus toute rien,
Et est raison c'on y provoye, 19,080
Que en ce n'y a que tout bien,
Et de trouver aucun moyen
De paix et bonne concordance
Au prouffit du Roy, je soustien
On y doit mectre provoyance. 19,085
Vous tous, vous avez bien ouy

Que le lieutenant general
Vous a recité de par lui,
Aussi comme bon et loyal :
Si nous a dit en principal
Que tous les Anglois de ceans
Partiront amont et aval,
Emmenant eux et tous leurs biens.
S'i vous plaist en disposer,
Ce qui vous en semble de faire,
Leur acorder ou delesier
Et en dire aucune maniere,
Ung chascun de vous s'en declaire
Presentement, sans plus atandre,
Et que nul de vous n'en diffaire :
Breve responce leur fault rendre.

VENDOSME.

En ce cas y n'est que deux moz :
De le tenir ou delesser,
Et ne vient en riens à propoux
Que on leur doyve ceci passer.
Y voient bien et savent assez
Qu'i sont nostres, si nous volons,
Et se trouvent si fort pressez
Que plus ne savent qu'i feront ;
Mès, pour l'onneur duc d'Alanson
Qui a rapporté ce message,
Aucune chose leur feron,
Voire et ung grant avantaige.
Si est qu'i lessent ce passaige,
Leurs vies sauves tant seulement,
Sans enporter de leur bagage,
Arnois, chevaux, n'or ne argent.

LE MISTERE DU SIEGE D'ORLEANS.

DUC D'ALANSON.

Bien suis de ceste oppinion
Que pour leur vie seulement,
Puisqu'i requierent le pardon, 19,120
On leur octroye bonnement,
Voire et que diligemment
Vident anuyt ains que matin,
Sans enporter riens nullement
Fors ung baton blanc en leur poing. 19,125

BASTARD D'ORLEANS.

Je say bien que se nous volons
D'eux nului n'en rechappera;
Mès de la paine nous donront
Et du temps perdu y sera.
Des nostres aucuns demorra 19,130
Peut estre, dont sera dommage;
Sy leur fra on, qui me croyra,
Ung bien petit plus d'avantage.

GRAVILLE.

Sy est qu'i s'en pourront aller
A tout leurs chevaux et harnois, 19,135
Et sans autre chose emporter
De leurs biens qui vaille ung tournois,
Et dès anuyt les volons vois
Devant nous tous les deppartir,
Qu'i ny demorra nul Anglois 19,140
S'i ne veult la mort encourir.

POTON.

Puisqu'i sont venuz à merci

Semble c'on les doit recepvoir.
Sont gens de guerre et nous aussi;
Ne sait où on ce peut trouvoir.
Bien say, se les voloir avoir,
Vous les aurez sans nulle faulte,
Et n'arrestront ne main ne soir
Devant vostre armée noble et haulte.

LA HIRE.

Mès comme on m'a yci dit,
Pour leurs harnois et leurs chevaux
Ne leur doit point estre escondit;
N'est pas chose qui guiere vault.
Dès aujourd'uy par mons et vault
S'en yront à leur adventure,
Et leur octroyez, ne vous chault :
Les recouvrez, se ce temps dure.

FLEURANT D'ILLIERS.

En ce cas je ne say que dire
De ce que cy vous proposez,
Que des Anglois y n'est rien pire
Et de faulceté asseurez.
Y diront que vous n'oserez
Les assaillir pour nulle rien,
Et corage vous leur donrez,
Que jamès ne vous firent bien.
Vous les avez, se vous voulez;
Jamès y n'en eschappera ung,
Que on y fera tel devoir
Plus que n'avez au pont de Meung.
Et comme disoit ung chascun
Que le pont vous n'auriez du moys,

LE MISTERE DU SIEGE D'ORLEANS.

D'Anglois n'en demourra aucun
En main de deux heures ou trois.

JAMET DE TILLAY.

Bien suis de ceste oppinion
C'on ne leur doit point acorder.
Es Angloys n'est que trayson,
Et nului ne s'i doit fier;
Que s'i vous savoyent lapider
Et que vous fussiez en leurs mains,
Mercy n'ariez d'eux, l'entandez,
Mains que de Teurs et Sarrazins.
Et pour ce, selon mon advis,
On les doit tous faire morir,
Et n'espargnez grans ne petis,
Que trop nous font de desplaisir.
Y sont icy bien sans mentir
De mille à .xii^c. et plus,
Que tenez à vostre plaisir :
Les lesser aller, c'est abus.

THUDUAL DE CARMOISON.

Assez toust je m'acorderoye
C'on ne les deust lesser aller;
Mès fault adviser aultre voye
Et bien sur ce se conseiller.
Je say bien qu'i sont travaillez
Et bien pensent avoir le pire;
Pour tant il ont volu parler
D'apointement, je l'ouy dire.
Et puisqu'il ont requis la chose
Et qu'elle vient de leur motiz,
De parler à eulx je suppose

N'y avoir que bien sans mentir,
Moyennant à bon port venir
Et à nostre honneur et proffit,
Leur volant quelque chose offrir
Sans que leur ost soit escondit. 19,205

SAINCTE SUAIRE.

C'est de leurs chevaux et harnois,
Ainsi comme on a recité;
Ce sera honneur es François
Leur avoir donné sauveté,
Et cognoistront l'onnesteté 19,210
De France pour une aultre fois,
La grant vertu, la liberté
Du grant dangier où il estoys.

JAQUES DE DIGNAN, seigneur de Beaumanoir.

Messeigneurs, y fault adviser
Que guerre n'est pas peu de chose; 19,215
C'est la fin où y fault viser
Et se conseiller sus la glose,
Que ainsi comme je suppose,
Que cil qui est requis de paix,
A son proffit, bien dire l'ose, 19,220
Refuser ne le doit jamès;
Que bien souvente fois j'é veu
Cil qui cuidoit estre le maistre
A la fin se trouvoit deceu,
Et se trouvoit souvent en l'aistre. 19,225
Non pourtant que je veille estre
Contraire à voz oppinions;
Chascun de vous peut bien congnoistre
Ce que à faire nous avons.

Mès, pour ceste chose abreger,
Apointement leur acorderoye,
Pour eviter tretout danger
Et pour les chacer de la voye.
Leurs chevaux, harnois leur donroye
Et eux en aller vistement,
Sans enporter or ni monnoye
Et riens, fors leur abillement.

LE SIRE DE LAVAL.

De ceste oppinion je suis
Qu'i vident hors diligemment,
Que de Chartres ou de Paris
Peult avoir secours bonnement.
Et si dit on certainement
Que messire Jehan Tallebot
Vient, et Anglois largement,
Et messire Jehan Facestot.
Pour ce dont, sans plus differer,
Et veu que de ce vous requierent,
On ne leur doit point refuser.
Et puisqu'i viennent par prieres,
En ce cas ne perderez vous gueres
Et sera l'onneur des François ;
Puis en quelque lieu de frontieres
Aultrefoiz les pourrez revois.

LE SIRE DE LOYAT.

Je suis de ce consentement
Et qu'y videz[1] sans difference,
Dès aujourd'uy presentement
Partent, et en nostre presence,

[1] Lisez : *qu'ils vident*, c'est-à-dire *partent*.

Sans plus en faire demorance,
Ne sans atandre pas ne heure,
Sur peine de desobeissance
Et estre reputé parjure.
De ce que leur voudrez donner
Je m'en rapporte bien à vous;
Faictes en et en ordonnez,
Je le vous dy ci devant tous,
Ce qui vous viendra à prepoux.
Je croy bien que seront contant,
Qu'i ce voyent de nous enclos
Et en ung dangier très fort grant.

LA PUCELLE.

Donques, monseigneur d'Alanson,
Vous oyez les oppinions :
Si est temps que nous parfacion
Sans en plus de dilacions;
Responce fault que leur donnons
Comme leur avez acordé,
Et, s'i vous plaist, adviserons
Touchant ce qu'il ont demandé.
Vous voyez la vois des seigneurs
Et lesquelles sont differantes,
Bien dictes et de grans faveurs,
Et aussi sont très excellantes,
Très haultes et magnificentes;
Nonpourtant fault faire devoir
Que de noz personnes presentes
Anglois puissent responce avoir.
Sy me semble que sera bon,
Sauve l'onneur de vous tretous,
Que responce nous leur donnon

LE MISTERE DU SIEGE D'ORLEANS.

Et que soit de gré d'entre vous.
Leur sera octroyé par non
Que le traicté leur acordons,
Moiennant que ferme et bien clos
Sans deffaillir le garderons :
Si est que pour le sang humain
Eviter et garder d'espandre,
Et que nostre roy est begnain,
Prest à tous de à mercy prandre,
Dès aujourd'uy, sans plus atandre,
Partiront et n'arestront plus ;
Le chasteau et le pont nous rendent
En bonne paix et sans abus,
Et par ce s'en pourront aller,
Leur vie sauve et en seureté,
Leurs harnois, leurs chevaux sellez,
Sans nulle difficulté,
En promectant de verité
Que de dix jours ne s'armeront,
Pour guerre en quelque cousté
Ne en quelque lieu que facions.
Oultre plus leur sera deffandu
Que de leur menage et biens,
Et à paine d'estre pandu
A celui qui en portera riens
Qui vaille plus d'un marc d'argent
En bagues ne or ne monnoye.
Et se de ce ne sont contens,
Du traicté plus on ne les oye.
Dont, monseigneur le lieutenant
Du roy, vous ferez le rapport,
Et que chascun en soit contant
Vous tous, messeigneurs, de l'acort.

Y fait bon eviter leur mort,
Et sans estre trop furieux,
Que y recongnoissent leur tort,
Y convient leur estre piteux. 19,325

ALANSON.

Nuluy ne sauroit dire mieux,
Et est la chose fort honneste.
Si veil aller par devers eux,
Afin que je leur magnifeste,
Et puis qu'il m'ont fait la requeste, 19,330
Moy mesmes y vois de present.
Sans plus tarder ne faire enqueste,
De vous, messeigneurs, congié prant.

Lors y a pose de trompetes longuement. — Puis vient le bailly d'Esvreux à la fenestre, et puis dit monseigneur d'Alanson :

ALANSON.

F° 477 r°. Monseigneur le bailly d'Evreux,
J'ay acompli vostre message, 19,335
Et si ay assemblé plusieurs
Des plus grans de nostre barnage.
Donques, vous orrez mon langage
Et le rapport que je vous fais.

BAILLY D'ESVREUX.

Monseigneur, du tout mon corage 19,340
Vous remectré, puis qu'il vous plaist.

ALANSON.

Je vous diray comme il en est

Et du propoux deliberé
Ordonné comme par arrest.
Tout le cas je le vous diray : 19,345
Qu'i vous a esté octroyé,
Grace de pitié et concorde.
Envers vous, ce present traicté
Dont en vous fait misericorde.
Que qui eust volu aucuns croire 19,350
F° 477 v°. Et selon leur intencion,
Pour verité c'est chose voire,
Point n'eussiez de remission;
Mès Jehanne, qui de devocion
Et qui est toujours piteable, 19,355
Vous donne composicion
Comme très bonne et charitable.
Si est qu'au jourd'uy pour le jour
Vous partirez de ceste place,
Tant du pont, du chasteau et tour; 19,360
D'Anglois n'y en demorra trace,
Et de voz vies vous en fait grace,
Que vous partirez seurement
Sans aucune fraude ou falace
Ne sans aucun empeschement. 19,365
Oveques pourrez enmener
Tous voz harnois et voz chevaux
Enarnochez et abillez
Des abillement qu'i leur fault,
Sans vous en faire nul deffault 19,370
Ne nul empeschement quicunques,
Qui vous est ung don qui vous vault :
Refuser ne devez pas donques.
Oultre ne pourrez enporter
De voz biens meubles seullement 19,375

F° 478 r°.

Qui vaille oultre nombre et compter
Que la valleur d'un marc d'argent.
Se aucuns le font autrement,
Sommis à juridicion
De mort souffrir amerement 19,380
Sans nulle autre informacion.
Oultre plus, on deffant à tous
Que nul d'entre vous, quel qu'i soit,
Vous ne vous armez de dix jours
Que le terme passé ne soit. 19,385
Et le prometrez orândroit
De l'avoir et tenir estable,
Sans contredire en riens qui soit,
Que vous l'ayez tous agreable,
Ou, si non, je n'é aultre charge 19,390
Que de savoir vostre responce,
Sans en plus faire de langage
A faire ce que vous denonce.
Ou s'aucuns de vous le renonce,
Le me die sans plus atandre, 19,395
Que nous n'en rabatrons une once.
Si veillez à ce fait entandre.

LE BAILLY D'ESVREUX.

Monseigneur, je vous remercie
De la paine que avez eue;

F° 478 v°.

Mès le traicté, je vous affie, 19,400
Nous seroit de petite vallue,
Qui avons nostre revenue
Atirée en ce pays ci,
Et qu'elle nous fust retenue,
Souffrir ne le devez ainsi. 19,405
Pour nostre harnois et chevaux

LE MISTERE DU SIEGE D'ORLEANS.

Et ne nous armer de dix jours,
Puisque ainsi faire le fault,
Nous consentons bien ce propoux;
Mès que nul qui soit d'entre nous 19,410
N'enporte que ung marc d'argent,
S'i vous plaist et advisez tous
Et que ne soyons tant perdans.

ALANSON.

Se vous volez, n'en faictes riens,
Que vous n'en aurez autre chose; 19,415
Et plusieurs en sont mal contant
Que la chose ainsi se compose.
Et encor bien dire vous ose
Que se present le refusez
Et que ne soit promise et close, 19,420
Jamès vous n'y recouverez.

BAILLY D'ESVREUX.

Monseigneur, puisque le voloir,
De vous le consent et l'acorde.
Vous estes volu travailler
Pour moy, par amour et concorde; 19,425
Si ne veil avoir discorde
A vous ne à tous les François.
Puisqu'i leur plaist, je m'y acorde
Faire leur volenté ainçois,
Nonostant que nous soit grief. 19,430
Mès, puisqu'il vous plest, le ferons,
Et dont que le voloir si brief,
Dès aujourd'uy nous partirons,
Et ainsi le vous prometons
Et sans aucune chose enfraindre, 19,435

Et nous tous nous l'acomplirons
Autant bien le grant que le maindre.

ALANSON.

Je vois dont faire le rapport
Que de ce faire estes contant,
Et partirez incontinant, 19,440
Ensemble, d'un commun accort.

ESVREUX.

De moy et mes gens me fais fort,
Que nul n'en sera contredisant.

ALANSON.

Je vois donc faire le rapport
Que de ce faire estes contant. 19,445

ESVREUX.

Je m'en voys aussi sans depport
Faire appareiller tous mes gens,
Qu'i soient tretous diligens
De partir sans nul discort.

ALANSON.

Je vois dont faire le rapport 19,450
Que de ce faire estes contant,
Et partirez incontinant,
Ensemble, d'un commun acort.

Lors y a pause. — Puis Alanson vient devant la Pucelle et seigneurs, et dit

ALANSON.

Dieu vous sault, Jehanne! je revient

De devers le bailly d'Esvreux, 19,455
Auquel j'é esté denonçant
Le voloir de vous et plusieurs,
Et tous les poins j'é, ce mes Dieux,
Leur recitez en brief langaige,
Dont, s'i sont dolant ou joyeux, 19,460
Present vous lessent ce passage.
Ont promis qu'i n'enporteront
Aveq leurs chevaux et harnois
C'ung marc d'argent, et ne s'armeront
De dix jours que passez ne sois. 19,465
Et s'i vous plaist les venir vois
A faire leur deppartement;
Que à leur fait y fault provois
Pour acomplir leur tenement,
Accordé tout entierement 19,470
Promis et juré sus la foy
Qu'i ne l'enfraindront nullement,
Mais l'acompliront sans delay,
Vous remercyant et le Roy
En vous delessant ceste terre, 19,475
Ainsi que contient vostre octroy
De leurs biens et de leur deferre.

LA PUCELLE.

C'est bien dit, il y fault aller
Pour les vois devant nous partir,
Car prestement, sans reculer, 19,480
Je les veuls vois tretous saillir.
Plaise vous vous tous y venir,
Et vous tenez en ordonnance,
Pour les vois à nostre plaisir
Departir de nostre presence. 19,485

VENDOSME.

Très volantiers leur contenance
Verray et leur façon de faire,
Que à tousjours mès sans doubtance
Leur doit souvenir du repere,
Et en avoir toutemps memoire
Du mois de juing le .xviii.,
De la redempcion planiere
De Baugenci sans contredit.

RICHEMONT.

De ces Anglois en estoit fait
Que ung seul n'en fust rechappé,
Qui n'eust esté mort et deffait,
Ne nul d'eux n'en fust eschappé.
Leur pertuys estoit estouppé
Et n'en savoyent plus saillir ;
Cil qui a ci developpé
Leur a fait ung très grant plaisir.

BASTARD D'ORLEANS.

Je say bien de vray, sans mentir,
Incontinant, en peu d'espasse,
On les eust fait tretous morir,
Qui ne leur eust fait ceste grace.
Pris estoient comme en une nasse,
Si n'eussent trouvé cest accort ;
Mès ils ont eu temps et espasse
Qu'i se sont garantiz de mort.

GRAVILLE.

Messeigneurs, ils ont fait que sages

Avoir trouvé l'abilleté,
Qu'i n'estoyent pas pour noz pages;
Et l'ont bien seu de verité,
Qu'i n'estoyent pas en seureté,
Et se de leur vie ont proveu,   19,515
Bon mestier leur en a esté
Que il leur en fust mal venu.

LA HIRE.

Puisque la chose si est faicte
Et que le conseil en est pris,
Y convient qu'elle soit parfaite   19,520
Et à execucion mys.
Puisque l'acort leur est promis
Y n'en fault plus parler ne dire;
Quant il priront pour leurs amis
La priere ne vous peut nuyre.   19,525
Mès fault aller presentement
F° 482 r°. Les faire de ceans partir,
Et qu'i vident diligemment,
Sur peine de mort encourir.

LA PUCELLE.

Or sus dont, faictes ci venir   19,530
Les trompetes, et sans atandre,
Et en ordre ce maintenir
Qu'i n'y ait nulluy à reprandre.

Lors pose de trompetes. — Et yront tous en ordonnance devant le chasteau, tous armez. Et ceulx du pont se mettront avec ceulx du chasteau, et puis par ordonnance sortiront tous, deux et deux, la teste nue, combien qu'ilz soient tous armez, leurs salades en leurs mains, et passeront entre les François et la Pucelle, et s'en yront tous hors de Baugenci, en saluant la Pucelle et les seigneurs. Puis, après que tout sera party, la Pucelle dit :

LA PUCELLE.

Je croy bien que tout est party
Et que ung seul n'est demeuray, 19,535
Si s'en vont en aultre party :
Dieu en soit benys et loué !
Espoir ay que les verray
Ainçois qu'i soit guieres de temps,
Et ung assault je leur donray 19,540
Où y s'en iront bien avant.
Mais veu que la nuyt si s'aproche
Et tant de paine eu avons,
Que chascun s'en aille et se couche,
Et pour meshuit nous reposerons ; 19,545
Que pour l'eure garde n'avons
De nul qui nous viengne assaillir.
Donques reposer nous devons
Juques à demain à loisir ;
Puis en après nous penserons 19,550
Pour achever nostre entreprise,
Et sur ce conseil nous arons
D'aviser la façon et guise
Pour chasser hors ceste menuyse
D'Englichement très mal induicte, 19,555
Et que paix, union soit mise
En la terre de Dieu eslicte.

ALANSON.

Dame Jehanne, vostre plaisir
Sera fait tout incontinant ;
Pour ce reposez à loisir, 19,560
Faire le devons de present,
Qu'en la ville ne au devant

N'est nul qui ose lever l'ueil,
Tant soit seigneur petit ou grant,
Mès sont trestous en très grant dueil.

VENDOSME.

Messeigneurs, je conseilleroye
Que on fist sonner la trompete,
Afin que chascun se provoye
De son logis, de sa retraite.
Et ceux qui pour faire la guiecte
Sont commis à leur fait entandent,
Et, s'il ont aucune directe,
Incontinant si le nous mandent.

RICHEMONT.

Or sus, trompetes, vistement
Trompillez, que savez assez,
Pour donner repoux noblement
A noz gens qui sont fort lassez.
Que chascun se veille amasser
Pour eulx retraire en leur logis,
Et aussi qu'i veillent pencer
D'eulx reposer à leur devis.

Lors les trompetes sonneront; chascun des François se retrayeront. Puis dit le bailly d'Esvreux :

BAILLY D'ESVREUX.

Messeigneurs, je ne say que dire
De ceste maudicte journée;
J'en ay le cueur si rempli d'yre,
Comme personne devoyée.
Je voy bien que deshonnorée
Est du tout nostre compaignie;

Tant que le monde aura durée
Nous n'endurons que villannie.

F° 484 r°. Quant je songe au vilain reproche 19,590
Que nous arons, soit droit ou tort,
Et que je voy bien qui s'aproche,
Je voudroys desjà estre mort.
De nului nous n'aurons confort
En plus que ung povre questeux ; 19,595
Le deshonneur tant me remort
Que j'en suis tout mat et honteux.
Helas! et Dieu! et que dira
Le cappitaine Tallebot,
Et pareillement que fera 19,600
Le vaillant conte Facestot,
Quant nous avons de plain estot
Ainsi delessé Baugenci ?
J'en ay au ceur un tel sanglot
Qu'il est tout navré et noirci. 19,605

MESSIRE THOMAS RAMETON.

N'en prenez point tant de souci,
Que nous avons fait pour le mieux.
Perduz estions et sans merci,
Et tous occis, jeunes et vieux,
Que resister encontr'eulx 19,610
Nous n'eussions peu par nulle guise.
Puissans estoyent et vertueux,
F° 484 v°. Et si avoyent la ville prise ;
Qu'eussions nous fait quant au seurplus
Allencontre telle puissance ? 19,615
Il estoyent .xx. contre deux,
Et y estoit la fleur de France.
Y n'y avoit nulle apparance

Resister aucunement;
Mès nous est belle delivrance 19,620
Rechapper tel encombrement.

MESSIRE SIMON MOYER.

Si conseille que nous aillons
Droit à Meung en grant diligence.
Là trouverrons noz compaignons
Qui sont une grosse puissance, 19,625
Et confort et resjouyssance
D'eux aurons, ainsi que je croy,
De nostre grieve desplaisance,
Dont nous sommes en grant esmoy.

ESVREUX.

Allons y dont diligemment, 19,630
Sans plus yci faire demeure,
Et ne arrestons nullement
A aller; que Dieu nous seceure!
J'é le ceur aussi noir que meure
Dont n'avons peu resister, 19,635
Qu'i nous est tourné à laideure
Et aussi bien grant encombrier.

Pose de trompetes. — Puis le cappitaine de Meung dit :

CAPPITAINE DE MEUNG.

Je voy là devant arriver
De noz gens une grosse armée,
Qui semblent las et agravez 19,640
Et avoir la chere troublée.
Je ne say qu'il ont en pencée,
Si y fault aller au devant,

Afin qu'elle soit honnorée
Et receue de nous grandement.

HONGREFORT.

Je congnois veritablement
Que sont noz gens de Baugenci,
A leurs enseignes proprement
Et à leurs estandars aussi.
Ne say pourquoi y vennent ci
Et pourquoy sont desemparez :
De le savoir suis en souci,
Dont y sont ainsi separez.

Lors pose. — Puis dit

LE CAPPITAINE DE MEUNG.

Puis, messeigneurs, comment vous est?
Comment delessez Baugenci?
Croyez que fort nous en deplaist
De l'avoir delessé ainsi.

ESVREUX.

N'en ayez esmoy ne souci,
Que les François y sont venuz,
Lesquieux nous ont pris à merci,
Aultrement estions tous perduz;
Que y sont si grosse puissance
Et une si terrible armée
Et de si grant magnificence
Que n'eussions peu faire durée.
La Pucelle desmesurée
Y est triumphant que c'est rage,
Que jamès creature née

Ne vit armée de tel coraige.
Et vous conseille pour le mieux 19,670
Que plus yci ne nous tenons;
Nous ne sommes point gens pour eux
Et say bien que icy viendrons.
Si seroit bon que nous alissions
Nous rendre tous dedans Yenville; 19,675
Tallebot là y trouverrons
Et de noz gens plus de .vi. mille.

DUC DE SOMBRESET.

Vous nous dictes chose terrible
Et dont je suis fort desplaisant.
Jamès je ne vis si orrible 19,680
Chose, ne qui tant fust nuysant,
De desamparer de ceans,
De Meung, qu'an noz mains nous tenons :
Ce nous sera reproche grans
Et grant deshonneur en arons. 19,685

MESSIRE JEHAN FACESTOT.

Faire le fault, ou nous morons
Avant qu'i soit deux jours entiers.
Et nous sauvons se nous volons,
Ou voloir morir volantiers.
Il ont ars et arbalestiers 19,690
Et artillerie à puissance,
Lances, vouges, craneqneniers;
A eux ne ferez resistance.

MESSIRE SIMON MOYER.

Bien je conseille c'on s'avance

LE MISTERE DU SIEGE D'ORLEANS.

De partir tout à ce matin 19,695
En estat et en ordonnance
Vers Yenville, le droit chemin.
Bien say Tallebot n'est pas loing;
Aujourd'uy les devrez trouver,
Puis ensemble verrons à plain 19,700
Comment François pourrons avoir.

F° 487 r°.
MESSIRE THOMAS RAMETON.

Cappitaine, je vous asseure
Qu'i nous convient ainsi le faire,
Et partons d'ici sans demeure
Pour en Yenville nous retraire, 19,705
Laquelle est ville de frontiere
Et près de Chartres et Paris,
Pour faire aux François cemetiere
Comme à Rouveray Saint Denis.

FOQUAMBERGE.

Y fault mander à Tallebot 19,710
Que y viengne au devant de nous,
Luy et le sire Facestot,
Et qu'il assemblent leurs gens tous,
Pour vois ce François seront si foux
De venir à nous à Yenville. 19,715
S'il y vennent, seront estoux
D'y adresser leur bastille.
Messager, va diligemment
Vois se noz gens tu trouverras;
F° 487 v°. Qu'i viegnent à nous vistement 19,720
Dy leur bien, et ne faille pas.
Vers Yenville tu en devras
Certaines nouvelles ouyr,

Et de par nous tu leur diras
Qu'i se hastent d'eux en venir. 19,725

MESSAGER.

Messeigneurs, à vostre plaisir.
Je m'en vois dont parmy la Bausse,
Pour escouter et pour ouyr,
Ainçois que nuluy ne debauche.
Se je trouve vilain qui fauche 19,730
Et y ne me die le chemin,
Conviendra que mon bras lui hausse
Pour luy assener sur le groin.

Lors part et y a pose. — Puis dit :

Or ay ge tant fait par mes pas
Que je suis bien à point venu, 19,735
Quand je voy droit le contrebas
Du peuple très grant et menu.
Si est, comme j'é apperceu,
De Tallebot droit son enseigne,
Qui porte un espagneau velu 19,740
Et ung petit gars qui le peigne.
Si m'en voys droit à eux parler
Et leur denoncer mon message,
Comme y se veille haster
De venir et tout son barnage. 19,745

Pose. — Lors vient et dit

MESSAGIER.

Dieu sault de danger et dommaige
Les seigneurs et la compaignie,

Et sur tous avoir adventage
Par puissance et chevallerie.
Messeigneurs, je vien devers vous 19,750
Pour vous dire que vous hastez
De venir, et voz gens trestous,
Pour voz amis reconforter,
Qui se sont sus les champs boutez
Pour aller droit dedans Yenville. 19,755

F° 488 v°.

TALLEBOT.

Messaiger, veille m'en compter :
Ont il desemparé leur ville?

MESSAGIER.

Aussi vray comme l'evangille
Y tennent les champs vaillamment,
Et croy qu'i sont plus de .vi. mille 19,760
Abillez bien notablement;
Et marchent très puissantement,
Et les ay lessez près d'ici.

TALLEBOT.

Esbay suis trop grandement
Se il ont laissé Baugenci. 19,765
Allons à eux, je vous empry;
Y fault qu'il y ait eu utin.
Depuis deux jours suis adverti
Que le siege y estoit à plain,
Et qu'i combatoient main à main 19,770
Devant Baugenci proprement,
Et dont nous estions à chemain
F° 489 r°. Pour siege lever vrayment.

FACESTOT.

Allons à eux diligemment,
Puis nous declairont leur afaire, 19,775
Et sarons d'eux entierement
Toute la verité entiere.
Quant à moy, tout bien j'espere
Puisque noz gens n'ont point de mal,
Et tenent bataille planiere 19,780
Estant à pié et à cheval.

D'ESCALLES.

Je les voy venir là aval
Et sont une belle puissance,
Armez en especial,
Garniz de harnois et de lance. 19,785
Et prans en moy rejouyssance
De vois une si belle armée,
Pour combatre trestoute France,
Quant et seroit ci assemblée.

DUC DE SOMBRESET.

Je les voy ci de rendonnée, 19,790
Et s'apressent très fort de nous;
De pieça ne vy assemblée
Mieulx en point, je le dy à tous.
Lieutenant, y fauldra que vous
Les recepvoir honnestement, 19,795
Sans leur montrer aucun coroux,
Mès liesse et esbatement.

Lors yci y a pose de trompetes d'un cousté et d'autre. — Puis dit

TALLEBOT.

Messeigneurs, Dieu vous dont honneur
Et joye pardurablement!
Si vous dont Dieu telle vigueur 19,800
Que puissiez avoir vengement
De voz anemis, tellement
Que à tous temps en soit memoire.

ESVREUX.

Nous esperons vrayement
De bref avoir sus eux victoire. 19,805

F° 490 r°.

TALLEBOT.

Or çà, messeigneurs, qui vous maine
Ne où tirez vous à present?
Je voy bien, c'est chose certaine,
Que de Baugenci n'est plus riens,
Et que nul de vous n'est dedans 19,810
Ne de Meung, ainsi que je tien;
Si venyons à vous acourant
Vous secourir sur toute rien.

ESVREUX.

Lieutenant, je vous en croy bien
Et tous les jours vous atandions; 19,815
Mès n'avons seu trouver moyen,
Que trop pressez esté avons.
Ceux de Meung perdirent leur pont,
Le .xve. jour de jeuing,
Et lequel y n'arresta ont 19,820
Pas deux heures, ce dit chascun.

LE MISTERE DU SIEGE D'ORLEANS. 757

  Puis l'endemain, ou point du jour,
  Nous vindrent bailler ung assault
  Si orrible que nul sejour
  Juques au soir, cruel et chault.   19,825
F° 490 v°.   Et n'y eut si grant ne si hault
  Qui nous peust nullement avoir,
  Par ung moyen soubtil et cault
  Que nous y fismes, pour tout voir.
  Et si vous y eussiez esté,   19,830
  François estoient tous perduz
  Sans nulle difficulté,
  Que y se trouverent deceuz;
  Car bien .vi^c. furent esleuz
  D'eulx allez musser en cavernes,   19,835
  Puis sus François vindrent si druz
  Assailliz d'espieux et jusarmes.
  Toutesfois à leur grant puissance
  Nous ne peusmes resister,
  Combien que très bonne deffance   19,840
  Encontr'eulx fismes, ne doubtez.
  De leurs gens occire et tuer[1]
  Furent à grant confusion,
  Qu'i les convenoit emporter
  Sus clayes sans remission.   19,845
  A la fin nous fusmes contraint
  Nous retraire au port et chasteau.
  Et après que tout fut estaint,
  Nous parlames par ung creneau
  A eux, et qui leur sembla beau,   19,850
  Que traité de paix accordasmes,
  Par ung appoinctement nouveau

---

[1] Pour *occis et tués*. Cet emploi de l'infinitif au lieu du participe, qui revient fréquemment, nuit beaucoup à la clarté du sens.

Fº 491 rº.

Ville et chasteau leur lessasmes.
Puis après nous advisasmes
Que de nous tenir dedans Meung 19,855
N'estoit pas seur; puis consommasmes
En saillir dehors ung chascun,
Pour sauver le peuple commun,
Que tous partirent à la fille
Delessans Baugenci et Meung 19,860
Et pour nous retraire en Yenville.
Si est encore pour le mieux
Que nous tous y aillons retraire.
Elle est en pays southeneux
Pour nous garder de nul mal faire, 19,865
Que elle est ville de frontiere
En pays plat, de toutes gens :
Ung siege y auroit fort à faire
De nous assiger en tous sens.

TALLEBOT.

Ce nous est ung desplaisir grant 19,870
Que autrement n'avez tenu
Ung jour ou deux tant seullement;
Vostre honneur eussiez obtenu
Et aveu n'eussiez riens perdu,
Mès eussiez eu honneur et gloire, 19,875
Et l'ost des François confondu

Fº 491 vº.

Eust esté et à nous victoire.
Mès quoy! y n'en fault plus parler;
Aller à Yenville nous fault,
Aylle comme en pourra aller! 19,880
Mès de deul tout le cueur me fault
Quant je voy que l'onneur deffault
A une si très noble armée.

LE MISTERE DU SIEGE D'ORLEANS. 759

J'en suis si très emeu et chault,
En desirant ma vie finée. 19,885

D'ESCALLES.

Lieutenant, de ce ne vous chault :
De Meung et Baugenci n'est riens ;
Quant nous voudrons de plain assault
Nous les aurons incontinant.
Puisque perduz n'avons nos gens 19,890
Et qu'i sont sains, la merci Dieu,
Ainçois qu'i soit gueres de temps
Se vengeront en place et lieu.

FACESTOT.

On ne se doit point esbaïr
De Baugenci, qu'i l'ont lessé, 19,895
Et n'y ont en riens deffailli,
Mès ainçois ont bien prochassé,
Et à leur proffit ont pensé ;
Et au deshonneur des François
On peut dire qu'i n'ont ousé 19,900
Assaillir contre les Anglois.

BETEFORT.

En ce fait n'y a que tout bien
De leur conseil et leur advis ;
Si ont fait comme gens de bien
De lesser là leurs anemis 19,905
Par promesse et par compromis.
Ce n'est pas por force de guerre ;
Mès François si se sont soumis
Ad ce qu'il ont voulu requerre.

PREVOST DE PARIS.

Tout veu et bien consideré 19,910
Qu'i sont bien de .vii. à .viii. mille,
En eux ont mal deliberé
Et ont bien le corage ville,
F° 492 v°. Veu aussi qu'i tenoyent la ville,
Puis à noz gens traicté donner : 19,915
A puissans gens y n'est facille
En voloir ainsi ordonner.

MESSIRE THOMAS REMETON.

Tallebot, de ce ne vous chaille;
Je dy que noz gens ont bien fait.
Y les fault trouver en bataille; 19,920
A ung jour leur ost sera deffait
Et nostre bon voloir parfait,
Sans que du nostre enportent riens.
Là recongnoistrons leur meffait,
Comme à la journée des Harans. 19,925

TALLEBOT.

De dire ne vous veil de riens
Contre voz bonnes volantez,
Et à tous voz dis je consans
En tous voz faiz et libertez.
Et dont, puisque vous consentez 19,930
Que à Yenville nous aillons,
F° 493 r°. Contre vous ne veil repeter
Que voz volantez ne facions;
Mès prie à tous, comment qu'i soit,
Chacun se tiengne sus sa garde : 19,935
Des aventures nul ne sait.

LE MISTERE DU SIEGE D'ORLEANS.

Pour tant que en se donne garde :
Y ne fault qu'un coup pour tout perdre
Ou pour estre victorieux.
Allons, et que Dieu bien nous garde   19,940
En ordre tous, jeunes et vieux.

Lors icy y a pose de trompetes tant des Anglois que des François longuement.
— Et partiront les Anglois par l'ordonnance de Tallebot. Puis dit

LA PUCELLE.

En non Dieu, seigneurs, il est temps
De prochacer nos anemiz.
On m'a dit qu'i sont sus les champs
En grans pompes et en grans pris,   19,945
F° 493 v°. Et en oultre que de Paris
Tallebot et plusieurs seigneurs
Sont ensemble sus le pays,
En triomphe et en grans honneurs.
Si conseille que nous aillons   19,950
Courir sur eulx à quelque pris,
Et ainsi faire le devons,
Les suyvre tous, grans et petis.
En plain champ sont, ce m'est advis,
Ainsi comme on m'a rapporté;   19,955
Avoir les fault à quelque pris
En ce beau plaisant jour d'esté.

ALANSON.

Bien suis de ce consentement
Que nous y aillons en presence.
De Meung ont fait deppartement,   19,960
Je le say de vray, sans doubtance,
Que aujourd'uy en ma presence

M'a dit ung homme de village
Qu'i les a veuz en ordonnance
Saillir de Meung et leur bagage. 19,965

F° 494 r°.   VENDOSME.

Plus n'en fault tenir de langage,
Partiz sont de Meung voirement,
Et s'en vont à leur avantage
Si ne sait on où proprement.
Mès disent qu'i sont largement, 19,970
Voire et en belle ordonnance,
Et s'en vont, mès quoy ne comment,
Je ne say en ma conscience.

RICHEMONT.

J'en ay aucune congnoissance
D'un de mes gens qui est venu, 19,975
Qui leur depart et contenance
De leur fait a aujourd'uy veu,
Et que ensemble il ont conclu
Eulx aller retraire en Yenville;
Et ont lessé Meung deproveu, 19,980
Fors seullement ceux de la ville.

F° 494 v°.   BASTART D'ORLEANS.

Je l'é bien ainsi ouy dire;
Et vont au devant Tallebot,
Du conte d'Escalles et desire
De leur lieutenant Facestot. 19,985
Et croy que tous en ung tripot
Se doivent trouver tous ensemble;
Qui leur feroit payer l'escot
Ce seroit bien fait, ce me semble.

LE MISTERE DU SIEGE D'ORLEANS.

BEAUMANOIR.

Messeigneurs, je conseilleroye 19,990
Le faire savoir à Orleans,
Que aucuns aront très grant joye
De saillir et venir avant,
Que il en y a de puissant
Et pour ayder à l'armée, 19,995
Lesquieux si ont couraige grant
De eux trouver en la meslée.

LAVAL.

Y fault bien adviser comment,
Que de saillir seroit simplesse
Qui ne saroit premierement 20,000
De leur estat savoir et qu'esse.
Je say bien qu'i sont grant noblesse,
Et Tallebot est avec eulx;
Et de ce trouver fort en presse
Aucune foiz n'est pas le mieulx. 20,005

LA HIRE.

Prenons qu'i soyent tous ensemble,
Sy y convient il y aller,
Et nous vault trop mieulx, ce me semble,
Se haster que dissimuler.
S'unne foiz y sont assemblez 20,010
Tous ensemble en champs de bataille
Et que les puissiez subcomber,
D'eux je ne dorois une maille.

POTON.

Y ne se doubtent point de nous,

Je le say veritablement ; 20,015
Pensent que soyons à repoux
Sans penser à eulx nullement.
Y s'en vont là tout bellement
Fortiffier dedans Yenville,
Que pour les avoir bonnement 20,020
Leans costera plus de deux mille.

JAMET DU TILLAY.

Puisque nous volons nestoyer
Le pays de ces Anglois ci,
Et que les voyons en gibier,
Pour quoy demoront il ainsi ? 20,025
Conseille de partir d'ici
Sans plus en parler ne enquerre,
Que à tousjours seront ainsi,
Sans avoir fin de ceste guerre.

AMBROISE DE LORÉ.

Y ne les fault lesser aller 20,030
Ne en ville ne en village,
Qu'i sont vostres, se vous vollez,
Et y avez grant avantage.
Il n'y a ne bois ne bocaige
Qui vous nuyse pour les avoir. 20,035
Si vous faillez, ce sera dommage,
Et ne les pourrez recouvrer.

DUC D'ALANSON.

Çà, Jehanne, vous voyez assez
Que toutes les oppinions
Sont contans que vous parfacez 20,040
A voz bonnes intencions ;

LE MISTERE DU SIEGE D'ORLEANS.

Que ce que voudrez nous ferons
Sans en plus de parlement faire,
Et tous ensemble nous volons
Du tout vostre plaisir parfaire. 20,045

LA PUCELLE.

En non Dieu, c'est bien mon advis
Que nous y devons tous aller;
En plain champs et sus le pays
Nous ne devons point reculler.
Nostre puissance, à vray parler, 20,050
Est plus grant qu'elle ne fut onques;
Pour tant riens craindre ne veillez
Et ne vous esbayssez doncques.
Sà vous, lieutenant general,
Les gens que vous avez à pris, 20,055
Et vous trestous en general,
Lesquieux vous ont esté commis,
Y n'en fault plus faire de pris
Ne vous ordonner nullement;
Faictes comme avez apris : 20,060
Plus ne vous fault d'ordenement.
Mès très bien prier vous voudroye,
La Hire, que vous et voz gens
Vous allissiez la droite voye
Vers nos anemis anciens, 20,065
Pour les arrester sur les champs
Par maniere de deffier,
Qu'i ne s'avansissent pas tant
En quelque lieu fortiffier;
Que s'une fois y sont logez 20,070
En quelque ville, en quelque bourc,
Nous ne les pourions devoyer

Et nous seroit ung mais destourt.
Mès enmy les champs, à plain jour,
Que vous les puissiez retenir, 20,075
Ce nous sera ung grant secour
Pour en faire à nostre plaisir.

LA HIRE.

Ne vous souciez, j'entant bien;
Devant les vois à ce drader [1],
Lesquieux n'osent pas, comme je tien, 20,080
Ville ne chasteau regarder
Que je ne les face tarder
Tant que vostre armée soit venue;
Et me fais fort de les garder
Ainsi que les berbiz en mue. 20,085

LA PUCELLE.

Or allez, nous allons après
Tout bellement en ordonnance,
En bataille tous par exprès,
Sans que nul de nous trop s'avance.
Et que nului par son oultrance 20,090
Ne perde son pas ne alaine,
Que cela donne grant grevance,
Grant inconvenient et paine.
Et est par ce que maintefois
Plusieurs ont perdu la journée, 20,095
Mains barons, ducs, contes et roys,
De n'avoir alaine gardée;
Que, quant ce vient à la meslée,
Et que ung hons est hors d'alaine,

---

[1] *Sic*. Serait-ce un verbe fait sur l'anglais *dread*, terrible, redouté (je vais devant les tenir en respect)?

Sa vertu si est demourée 20,100
Et n'en est sa force certaine.

Lors icy y a pause. — Puis s'en va La Hire visiter les Anglois, et regardent l'un l'autre, et y a pose de trompetes d'une part et d'autre. — Puis vient le messagier de La Hire à la Pucelle, et luy dit

LE MESSAGIER.

Madame, voici les Anglois
Qui sont auprès d'ung gros village ;
Sont lassez, ainsi que je crois,
Mès y sont trestant que c'est rage, 20,105
En plain champs, sans bois ni bocaige,
Cuidans dedans le bourc entrer,
Qui est très fort puissant et large
Et lequel se nomme Patay.

LA PUCELLE.

Je les voy là tous espanduz 20,110
Sus les champs, auprès du village,
Mal acostrez et mal vestuz,
Matez de corps et de corage.
Si leur fault garder le passage
Que dedans Patay nullement 20,115
Ne se boutent, que advantage
Seroit pour eulx aucunement.
Connestable, je vous supplie
Leur aller trancher le chemin,
Que de Patay n'apressent mye, 20,120
Mès les tenez qu'i soient en plain
Pour combatre à eux main à main,
Puisque fortune nous demonstre.
Et n'ayez le corage vain,

Mès qui sara rien si le monstre. 20,125
Duc d'Alanson, et vous, Vendosme,
Vous tandrez l'elle de la destre.
Richemont, et vous autres en somme,
F° 498 v°.   Vous tandrez le costé senestre,
Qui garderont la ville champestre 20,130
Que les Anglois ne s'i retrayent.
Je voy qu'il y tirent y estre,
Dont leans se fortiffiroyent.
Or sus, marchons par ordonnance,
Sans soy trop haster nullement, 20,135
De ceur, de corage et puissance,
Sans avoir peur aucunement;
Et je m'en vois premierement
Les assaillir de plaine face.
Or et avoir abondamment 20,140
Vous gaingnerez en ceste place.

TALLEBOT.

Vous, Facestot, et vous, d'Escalles,
Et vous trestous mes bons amys,
Pour Dieu, tenez vous icy fermes
Quant vous voyez voz anemis. 20,145
S'une fois vous guaingnez le pris
Et que vous ayez la victoire,
François seront si au bas mys
Que jaymès n'en sera memoire.
F° 499 r°.   Bien voy que la faulce putin 20,150
Y est à toute sa baniere;
Que puisse cheoir en ma main!
Elle morra de mort amere,
La faulce vaudoise, sorciere,
Truande et putin publicque, 20,155

Malleuseuse povre bergere
Qui à telle folie s'aplique !

FACESTOT.

Mectez vous tous en ordonnance,
Que je voy que sur nous s'aprochent,
En bataille et en grant puissance, 20,160
Et que furieusement marchent.
Sy congnois que y nous prochassent
Et que y requierent journée :
Fault que leur voloir et menassent
Soit par nous anuyt subjuguée. 20,165

DUC DE SOMBRESSET.

Je voy qu'i sont très grosse armée
Et se sont mis en trois parties,
Si requierent avoir meslée
Et batailler à quelque pris.
Noz gens sont matez et pensis, 20,170
Que de ce y ne se doubtoyent ;
Si fault avoir frans ceur hardis,
Puisque on voit qu'i nous assaillent.

HONGRESFORT.

Lieutenant, faictes arrester
Voz gens en reprenant alaine ; 20,175
Je doubte que seront hastez
Que je les voy enmy la plaine.
La folle y est, qui les amaine
Et qui tient toute l'avangarde,
Qui sera pour nous donner paine 20,180
C'en nostre cas ne prenons garde.

DUC DE BETESFORT.

Faictes noz trompetes sonner
Et que chacun à soy entande,
Que y viendront sans sejourner;
Si fault que chascun se deffande.
Y sont une très grosse bande
Et de propoux deliberez;
A son fait chascun pence et tande
Pour encontre eulx resister.

ESCALLES.

Messeigneurs, ayez bon corage
Sans vous esbayr nullement,
Que jamès vous n'eustes pillage
Où vous amendissiez de tant.
Et ce que vous demandez tant,
Qui vous fait trestant de rudesse,
C'est la Pucelle, que je atant
Pour faire morir à destresse.

PREVOST DE PARIS.

De riens ne se fault esbayr,
Pour tant se voyez les François
Plus de .viii. mille sans mentir.
Sommes tous bons loyaulx Anglois,
Tous les principaulx de hault pris;
Ayons tous corage et vigeur,
Que, se plus trois foiz il estois,
Si les mectrons nous à doleur.

ROBIN HERON.

Tallebot, faictes l'avangarde

Et ung chascun vous suyvra;
Escalles sera l'arriere garde
Et Facestot o luy sera.
Entre nous autres, on fera   20,210
Par eilles ce qu'il appartient,
Si croy que victoire on aura
Comme à la journée des Harant.

DUC DE SOMBRESSET.

Dix estoient contre nous ung,
Et si guangnasmes la journée;   20,215
Si ne doit s'ebayr aucung
Pour vois des François leur armée.
Se n'est rien que vent et fumée
De toute leur force et leur dis;
Et, se par nous est consommée,   20,220
Maistres sommes des fleurs de lis.

F° 501 r°.

THOMAS REMETON.

Mès se nous avons leur Pucelle
Que je voy venir là devant,
Jointe comme une creserelle
Et armée d'un harnois blanc,   20,225
Vous les verrez aller fuyant
Parmy le pays çà et là.
En elle chascun d'eux s'atant;
N'ont espoir que cestuy là.

TALLEBOT.

Messeigneurs, sans plus de langage,   20,230
Mectez vous trestous en bataille,
Et ayez aussi tous corage
A frapper d'estot et de taille.

772 LE MISTERE DU SIEGE D'ORLEANS.

Faictes ung cry, comment qu'il aille,
Les espouentez aucunement, 20,235
Que prestement fault que je y aille
Tout le premier frapper dedans.

F° 501 v°. Lors tous les Anglois feront ung merveilleux cry, et si feront les François. Et y a une merveilleuse bataille tant d'un cousté que d'autre. Et toutes trompetes sonneront durant la bataille, main à main; et enfin d'icelle bataille les Anglois seront trestous tuez et en fuicte. Et demeure debout Tallebot, pris des François, d'Escalles..... Et dura la bataille longuement. Puis enfin la Pucelle va parmy les mors qui sont à terre et dit :

LA PUCELLE.

Messeigneurs et mes bons amys,
Or avons nous eu la victoire
De ces Angloys, noz anemis, 20,240
Dont a tousjours sera memoire.
Sachez que le vray Dieu de gloire
L'a volu donner à nous tous;
Ne le veillez autrement croire,
Qu'elle n'est pas venue de vous. 20,245

F° 502 r°. Bien .VI. mille, comme je pence,
Sont demeurez mors sur les champs,
Tous gens de grant magnificence,
Nobles chevaliers et puissans.
Et croy s'estoyent les plus vaillans 20,250
Qui saillirent onc d'Angleterre,
Dont ce pays ci en tous sans
En demora en paix sans guerre.
Amenez tous voz prisonniers
A Orleans, ce que pris avez, 20,255
Sans leur faire nulz destourbiers,
Ne nullement ne les grevez.
Entretenir vous les devez

Selon leur estat noblement,
Ainsi que bien faire savez, 20,260
Ne molester nullement.
Je croy que tenez Tallebot,
Qui est lieutenant general,
D'Escalles et Facestot,
Qui ne sont pas à mectre aval. 20,265
Vous pry leur soyez cordial
Sans les traicter de faire effort,
Aussi en especial
Sire Gaultier de Hongresfort.
Tous prisonniers vous recommande 20,270
Que leur soyez douz et traytis;
Et est vertu très noble et grande
Estre envers cil qui est soumis,
Quant il s'est rendu à mercis,
A la deliberacion, 20,275
Traiter et mectre à juste pris
Par bonne composicion.

ALANSON.

Dame Jehanne, que dictes vous?
Voici belle desconfiture :
Que mors, que pris, y luy sont tous; 20,280
Eschappé n'en est creature,
Si non, et est bien d'avanture,
On m'a dit que en grant travail
Que Facestot à grant aleure
S'en est fouy juqu'à Corbeil; 20,285
Et croy ne le verrez du mois
Venir contre nous faire guerre,
Que la puissance des Angloys
Aujourd'uy est rué par terre.

774 LE MISTERE DU SIEGE D'ORLEANS.

F° 5o3 r°.

Jamès n'yront en Angleterre 20,290
Bien .vi. mille que voyez mors
Estanduz lessé là de ferre,
Tous les plus hardiz et plus fors;
Puis messire Jehan Tallebot
Et aussi le seigneur d'Escalles. 20,295
Ne souete que Facestot
Qui emmene ses triqueballes
Dedans Corbeil, enmy les halles,
Qui s'est recullé de l'effort,
Mès n'a pas emmené ses malles. 20,300
Non n'a pas messire Hongresfort
Ne messire Jehan Rameton,
Lesquieux nous tenons prisonniers,
Plusieurs autres de grant renon,
Qui nous rendront de grans deniers; 20,305
Et les paines et destourbiers
Que par iceulx nous avons euz,
De jour et de nuyt en dangiers,
Nous seront de present renduz.
Desormaiz devra souvenir 20,310
Es Anglois de ceste journée,
Que à tousjours mès sans mentir
Sera de Patay renommée;
Que leur puissance y est finée,
Et croy que pardurablement 20,315

F° 5o3 v°.

En auront malle destinée
Les Anglois, je croy fermement.

LA PUCELLE.

Louer en devez haultement
Le glorieux Dieu et sa mere;
Que c'est luy mesmes proprement 20,320

Qui vous a donné la victoire
De ceste besoigne parfaire
Ainsi comme vous la voyez,
Ne aultrement ne devez croire :
Conduit nous a et convoyez. 20,325
Si nous fault aller à Orleans
Et les prisonniers y mener,
Puis à ces mors commettre gens
Qui les veillent tous enterrer,
Et qu'i soyent d'ici hostez 20,330
Qu'i ne soyent mengez des bestes,
Ne leurs corps aussi degastez :
Crestiens sont comme vous estes.

VENDOSME.

Dame Jehanne, onn'y a proveu,
Que les bonnes gens du villaige 20,335
Y sont desjà à nous venuz,
A qui on a baillé la charge.
Si ne reste plus du veage
Que de retourner à Orleans,
Et enmener nostre bagage, 20,340
Noz prisonniers, nous et noz biens.

LA PUCELLE.

Or partons donques de present
En louant Dieu de paradis,
Qui nous a fait grace si grant
D'avoir guaingné noz anemis; 20,345
Que doresenavant, je vous dis,
Plus sus vous rien ne guaingneront.
Mès desormais de pys en pys
Piteusement defineront.

Lors icy trompetes sonneront. Et s'en yront à Orleans enmennant
Tallebot et autres prisonniers et en grant solempnité. Puis dit

F° 5o4 v°.

LE RECEPVEUR DE LA VILLE.

Voicy nouvelles excellantes 20,350
De la glorieuse victoire,
Et comme par lectres patantes
Nous est mandé pour tout notoire.
A Dieu en soit louenge et gloire,
Et à la Pucelle de non, 20,355
Qui par son sens, c'est chose voire,
Elle en a acquis le renon.
Bien .vi. mille Anglois en flocte
Si sont demeurez sus les champs,
Et n'est rechappé de leur rocte 20,360
Que ung bien peu, comme j'entant.
Tallebot est leur lieutenant;
Il est pris, et l'amene on;
D'Escalles, le noble vaillant,
Oveques Thomas Remeton. 20,365

Iᵉʳ BOURGEOIS.

Voire, et le sire d'Ongresfort,
L'amenent prisonnier aussi,
Qui est si vaillant et si fort;
Nul n'osoit appresser de lui.
Et d'aultres nobles sans merci 20,370
Sont demeurez à la journée,
Que cent ans a ne fut aussi
Pour Anglois malle destinée.

F° 5o5 r°.

IIᵉ BOURGEOIS.

On peut bien dire desormais

Que Anglois n'ont plus de puissance ; 20,375
Tel rencontre n'eussent jamais
Qui leur tournast à telle offance.
Perdu ont leur esperance
Et la fleur de toute proesse ;
Car icy estoit l'excellance 20,380
De toute leur force et noblesse.

LE RECEPVEUR.

Y nous convient tous preparer
Aller au devant de noz gens,
Les regracier, honnorer
Et recepvoir joyeusement. 20,385
Nous voyons le definement
Des Anglois et de leur puissance,
Dont la Pucelle vrayement
Est cause de la delivrance.

Iᵉʳ BOURGEOIS.

Englois, vous devra souvenir 20,390
De Patay et de la journée
Qui vous tourne à grant deplaisir.
.VI. mille y ont la vie finée,
Ainsi comme il est renommée,
Et des plus vaillans d'Engleterre. 20,395
Dieu si a la terre gardée ;
Ceux là ne feront plus de guerre.

IIᵉ BOURGEOIS.

De vous, Anglois, suis esbays,
Se jamès vous osez venir
Devers Orleans n'en ce pays, 20,400

Qu'i vous en pourra souvenir.
A vostre très grant desplaisir
Et à dommaige irreparable,
Vous y estes venuz finir
Par Jehanne, Pucelle honnorable. 20,405

Lors icy y a pose de trompetes et clairons. — Et vendront les seigneurs et la Pucelle dedans Orleans. Et ceulx de la ville viendront au devant, et chascun crira Noé!

LE RECEPVEUR.

Vous, dame, bien soyez venue
Et voz très honnorez seigneurs!
De la victoire que avez eue
Bien sommes joyeux en noz ceurs,
Et des plaisirs et des honneurs 20,410
Que nous faictes en ceste terre.

f° 506 v°. Gardes et conservateurs,
Vous mercyons de vostre guerre,
Et vous disons en general
Que de nos biens n'espargnez mye. 20,415
Du bon du cueur franc et loyal
Les vous offrons à chere lye,
A toute vostre seigneurie,
Qui par puissance avez sommis,
Toute la hault chevallerie 20,420
Des Anglois vous avez occis.
Dont humblement vous mercyons,
Ainsi que nous sommes tenuz,
Et desservir le vous volons;
Et tous soyez les biens venuz. 20,425

LA PUCELLE.

Mes amys, Dieu vous a proveuz,

LE MISTERE DU SIEGE D'ORLEANS.

Vous a regardez en pitié;
Si ne soyez point deproveuz
Que par vous ne soit mercié.

F° 507 r°. Lors entreront tous dedans la ville à grant joye, et y a une petite pose de trompetes. — Puis dit

LA PUCELLE.

Vous tous, très hault et très puissant seigneurs, 20,430
A qui louenge est due et tous honneurs;
Parler je veil cy en vostre presance,
Comme mes gardes et mynistrateurs
De mal avoir et mes conservateurs,
Dont vous mercie de toute ma puissance. 20,435
Or m'est il dont venu à cognoissance
Que le dauphin, qui sera roy de France,
Et que roy est aussi pour le present,
Mès que de l'uille et divine puissance
Et estre oinct, comme c'est la plaisance 20,440
De Jhesu Crist, qui est le tout puissant,
Or tous pencions que vensist à Orleans,
Comme mandé avoit par ses servant;
Mès de vray say que il est à Seuli[1],
F° 507 v°. Et que là, vous et moy, il nous atant, 20,445
Comme mandé y le m'a de presant,
Et que nous tous nous aillons devers lui.
Obayr tous nous devons à celui;
C'est nostre roy, c'est le bien obay,
C'est nostre prince et nostre souverain. 20,450
Mal fait seroit de luy avoir failli,

---

[1] Lisez *Sully*.

Et ne devons pas le mectre en obly,
Que c'est le roy qui est de droit divin.
Or sommes nous ci toute la noblesse
De toute France, de renom et proesse, 20,455
Qui soit sus terre, je le croy fermement;
Si devons bien aller en grans liesse
Devers le roy courtois et plain d'umblesse,
Quant lui a pleu nous faire mandement,
Pour aller aveq lui faire son sacrement. 20,460
Convoyer le devons tous honnorablement
Et servir le devons de corps et de puissance;
Aultre que luy n'est soubz le firmament
N'à qui a Dieu donné gouvernement
Ne se noble joyeu que la terre de France. 20,465
Duc d'Alanson, vous conte de Vendosme,
Soyez tous prest sans en deffaillir d'omme;
Bastard d'Orleans, conte de Clairemont,
Quant ce seroit pour aller jusqu'à Rome,
Le refuser ne le devez en somme, 20,470
Mès y aller à tabours et clairons.
Le sire de Loyal et voz gens tant qu'i sont,
Et vostre frére aussi, qui est si vaillant hons,
C'est de Laval, et le sire de Rais,
Le sire de Culan, le sire de Chaumont, 20,475
Poton, La Hire et tous ses gassecons,
Sans nulle difference gardez que soyez prest,
Et Jamet du Tillay et aussi le Bourgas,
Le sire de la Brie et sire de Tourars,
Qui tous avez esté à la desconfiture 20,480
De ces maudiz et deloyaux Anglois,
Qui entour ceste ville ont esté bien .x. mois
Pour y cuider y faire leur demeure.
Et de fait il y ont fait grant laidure,

Ung grant dommaige, une grant forfaiture, 20,485
Que de trente ans il n'est inreparable;
Mès sus eux est tourné mallaventure
Qu'an ceste terre est leur sepulture,
Et à tous tant leur sera dommagable,
Que desormais ne feront que definer 20,490
Ne plus puissance n'aront de gouverner
En cestuy royaulme, ainçois guères de temps.
Que saiges feront de bien bref retourner
En leur pays, sans plus ci sejourner,
Ou finiront trestous piteusement. 20,495
Or çà, seigneur, partons legierement,
Prenons congié très honnorablement
Des citoyens de la bonne cité,
Qui tant nous ont gouvernez noblement
Que à tousjours très magnifiquement 20,500
Leur grant renon en sera augmenté,
Dont, mes amys, je prans congié de vous,
Vous mercyent ce qu'avez fait pour nous,
Priant à Dieu qu'i le vous veille rendre.
Comme François loyaux pardessus tous, 20,505
Bons et vaillans, ayez ferme propoux
Et bon corage de vous voulez deffendre.
Veillez chascun devotement entendre,
Mercient Dieu et que veille en gré prandre
Voz devotes prieres et bonnes oraisons, 20,510
Que c'est celui qui a volu contandre
A vous garder de mal et de l'esclandre
Où vous estiés et voz biens et maisons.
Si vous encharge faire processions
Et louer Dieu et la vierge Marie, 20,515
Dont par Anglois n'a point esté ravie
Vostre cité ne voz possessions.

LE RECEPVEUR.

Ha! noble dame, nous vous remercions
Quant vous a pleu de nous sauver la vie.

LA PUCELLE.

Si vous encharge faire processions 20,520
Et louer Dieu et la vierge Marie.

Ier BOURGEOIS.

Très haûlte dame, tous noz intencions
F° 509 v°.   Est louer Dieu de pensée infinie,
Et vous aussi, dame de Dieu amye,
Que par vous sommes en consolacions. 20,525

LA PUCELLE.

Si vous encharge faire processions
Et louer Dieu et la vierge Marie,
Dont par Anglois n'a point esté ravie
Vostre cité ne voz possessions. 20,529

EXPLICIT. — AMEN.

JHESUS. MARIA.

APPENDICE.

APPENDICE[1].

CATALOGUE

PAR ORDRE CHRONOLOGIQUE

DES ŒUVRES DRAMATIQUES DONT LA PUCELLE A FOURNI LE SUJET

DEPUIS LE MYSTÈRE DU SIÉGE D'ORLÉANS[2].

L'HISTOIRE TRAGIQUE de la Pucelle de Dom-Remy, aultrement d'Orleans. Nouvellement departie par Actes et representée par Personnages. A Nancy, Par la vefue Iean Ianson pour son filz Imprimeur de son Altesse. 1581.

(Bibl. imp. Y 4679, réserve.)

Édition aujourd'hui fort rare, à ce point que M. de Soleinne n'en avait qu'une copie manuscrite. (V. le catalogue de sa bibliothèque dramatique, par P. L. Jacob, bibliophile, Paris, 1843, sous le n° 811.) C'est peut-être cette même copie que signalait en 1847 M. l'abbé Barthélemy de Beauregard comme faisant partie de la bibliothèque de M. le baron Taylor. (*Histoire de Jeanne d'Arc*, suivie d'un catalogue des ouvrages de tout genre relatifs à la Pucelle. Paris, Aubry Dile-Roupe, 2 vol. in-8°.)

Cette pièce a été réimprimée, il y a trois ans, sous ce titre :

L'HISTOIRE TRAGIQUE de la Pucelle d'Orléans, par le P. Fronton du Duc, repré-

---

[1] Nous sommes particulièrement redevables, pour la recherche ou la vérification des articles de ce catalogue, à la science bibliographique et à l'obligeance extrême de M. Paul Cheron, de la Bibliothèque impériale.

[2] La Pucelle d'Orléans avait déjà un rôle dans une pièce jouée à Ratisbonne en 1430. C'est M. de Hormayr qui allègue ce fait d'une manière tout à fait incidente dans son *Taschenbuch* pour 1834 (p. 326). Le sujet de la pièce allemande étant la guerre contre les Hussites, Jeanne n'y figurait sans doute qu'à raison de la lettre qu'elle adressa à ces hérétiques le 3 mars 1430. (J. Quicherat, *Procès de condamnation et de réhabilitation de Jeanne d'Arc*, t. V, p. 82.)

sentée à Pont-à-Mousson, le vii sept. M. D. LXXX, devant Charles III, duc de Lorraine, et publiée en M. D. LXXXI par J. Barnet. Pont-à-Mousson, imprimerie de P. Toussaint. M. DCCC LIX.

Au v° du faux titre on lit cette mention :

Cette réimpression de l'Histoire tragique de la Pucelle d'Orléans, faite aux frais et par les soins d'un bibliophile, a été tirée à cv exemplaires.

On dit de plus, sur un feuillet de garde de l'exemplaire de la Bibliothèque impériale (Y, 4679 A. réserve), cet *ex-dono* : «Offert à la Bibliothèque impériale. L'éditeur : DURAND DE LANÇON. Pont-à-Mousson, 30 déc. 1859.»

L'avertissement qui précède cette réimpression nous donne, sur *L'histoire tragique de la Pucelle*, les renseignements les plus précis. Nous en tirons les passages ci-après, que l'éditeur nous pardonnera sans doute d'avoir livrés à une publicité moins restreinte :

«*L'histoire tragique* est un des livres les plus rares qui existent.

«On ne peut douter que cette pièce dramatique ne soit celle dont l'historien de l'Université de Pont-à-Mousson, le P. Abram, fait connaître l'origine et l'auteur en ces termes :

«*Henri III, de France, et la Reine Louise, son épouse, ayant résolu de venir au mois de Mai 1580 prendre les eaux de Plombières, le P. Fronton du Duc*[1] *prépara une pièce françoise, pour être représentée à leur passage par Pont-à-Mousson. Il avoit pris pour sujet Jeanne d'Arc, fille Lorraine, délivrante le Royaume de France de l'oppression des Anglois; mais la peste s'étant manifestée dans beaucoup d'endroits de la Lorraine, rompit le projet. C'est pourquoi on en remit la représentation au 7 septembre suivant, auquel jour elle fut représentée devant les princes de la maison de Lorraine et plusieurs seigneurs et généraux de l'armée de France. Elle plut si fort au grand duc Charles, qui avoit assisté à la représentation, qu'il ordonna qu'on délivreroit à l'auteur de cette tragédie, qui lui parut couvert d'une robe qui représentoit la pauvreté évangélique, cent écus d'or, somme pour lors très-considérable; et il ordonna que pareille somme nous seroit délivrée tous les ans, pour rhabiller trois de nos Pères. Cette pièce fut à la suite imprimée sans nom d'auteur.*

«C'était une rude tâche imposée au savant et modeste Fronton du Duc par ses

---

[1] Le P. Fronton du Duc, né à Bordeaux, avait vingt-deux ans, quand, en 1578, il fut envoyé à Pont-à-Mousson pour y professer la rhétorique et la théologie. Il y passa plusieurs années à différentes reprises, et quitta l'Université en 1597. Le P. Niceron (t. XXXVIII, p. 103-106) a donné la meilleure biographie de ce savant. La liste la plus complète de ses nombreux ouvrages se trouve dans la *Bibliothèque des écrivains de la compagnie de Jésus*, par les PP. Auguste et Aloïs de Backer, 4° série; Liége, 1858, p. 189-196. (Note de M. Durand de Lançon.)

APPENDICE. 787

supérieurs. Doué d'une grande facilité, il s'en acquitta dans un délai restreint, et, rendu à de sérieux travaux, il n'attacha pas d'importance à son œuvre, et n'en revendiqua pas la paternité. Sa Compagnie, contre son usage, ne la livra pas à l'impression.

« Cette indifférence explique comment Jean Barnet[1] s'en empara, et, feignant d'en ignorer l'auteur (ce qui est bien difficile à croire, puisque huit mois s'étaient à peine écoulés depuis la représentation), il annonce qu'il l'a revue. Il n'était pas fâché qu'on crût qu'il l'avait même remaniée, puisqu'il permit qu'un ami complaisant le félicitât de ce qu'il

L'a trop mieulx agencé que son premier auteur.
(Sonnet de C. Vallée.)

« . . . . . . Si on lui doit d'avoir conservé *L'histoire tragique*, peu s'en est fallu qu'il ne nous dérobât le nom de l'auteur. »

Le nouvel éditeur de *L'histoire tragique* nous apprend encore qu'un descendant de la famille de Jeanne d'Arc, M. de Haldat, mort en 1852, avait publié une analyse de cette composition en 1847[2], et qu'on en doit à M. Beaupré une notice plus étendue et de longs extraits[3].

Enfin il ajoute que « l'historien le plus récent comme le plus exact de la Lorraine fait remarquer que cette pièce est supérieure, sous tous les rapports, aux *mystères* et aux *moralités* tels que la *Vendition de Joseph*, l'*Immolation d'Isaac*, etc. que l'on jouait encore à cette époque. »

Voici le début de l'*avant-jeu* ou prologue :

Messieurs, c'est à l'honneur du Pays de Lorraine,
Au fruict de la jeunesse, affin qu'elle s'aprenne
Aux artz et aux vertus, que ce peuple joyeux
Est venu pour ouyr, non des comiques jeux,

---

[1] Jean Barnet fut le premier éditeur de *L'histoire tragique*, il signa l'épître dédicatoire qui précède la pièce et qui est adressée *à Monseigneur le comte de Salm.... Seigneur de Dom-Remy la Pucelle*, etc...... *Mareschal de Lorraine, Gouverneur de Nancy*, etc. Il disait à la fin de cette épître, datée de Nancy et du 26 mai 1581 : *Ceste vostre subjecte* (la Pucelle) *qui vous vient faire hommage, Monseigneur, m'a voulu choisir comme tres-humble et tres-affectionné Serviteur de vostre maison, pour la vous presenter en ceste forme tragique qui m'est tombée en main, sans que je congnoisse l'Aucteur. Pour le moings j'ay pris la hardiesse et la peine de la reveoir, et tasché qu'elle soit mise en lumiere*, etc. M. Durand de Lançon nous apprend, dans une note de son avertissement, que ce Jean Barnet, *tabellion, fut anobli par le duc Charles III, le 22 avril 1567, et devint son conseiller et secrétaire.*

[2] Nancy, in-8°, 19 p. et dans les *Mémoires de l'Académie de Nancy*, 1847.

[3] *Nouvelles recherches sur l'imprimerie en Lorraine*, p. 22 à 59.

Mais, plustost, en poulsant une voix plus hardie,
L'on pretend vous monstrer en une tragedie,
Un spectacle plus grave, affin que gravement
L'esprit se norissant, se forme sagement.
Or on n'a point choisy ung argument estrange,
Scachant que cil est fol, lequel ayant sa grange
Plaine de grains cueilliz, emprunte à son voisin,
Laissant pourrir chez soy son propre magasin.
On a trouvé chez nous suffisante matiere
Pour d'un poëme tel fournir la charge entiere :
Prenant de ce païs ceux les gestes desquelz
Sont dignes d'esgaler aux los des immortelz.
On a donques choisy les faicts d'une Pucelle
Qu'en France plus souvent d'Orleans on appelle :
De Dom-Remy plustost nous la dirons icy :
(Aux terres de Lorraine elle naquist aussy).....
Affin qu'on [n']oye ceux qui ont osé escrire,
Dentelant son honneur, et d'icelle mesdire
Contre la verité : non ce n'est de ce temps
Que l'estat des François, Lorraine, tu deffendz.

Nous extrairons encore de *L'histoire tragique* le discours qu'adresse la Pucelle au roi en se présentant devant lui. (Acte Ier, scène III.)

LA PUCELLE.

Je ne viens point vers vous poursuyvre par justice
Les droictz de mes parentz, ou bien par avarice
La ruine avancer de mes povres debteurs,
Ou d'un pupil destruict accuser les tuteurs :
C'est pour vous seullement, pour voz propres affaires
Que je viens, pour froisser voz puissantz adversaires.
Prince sage, n'ayés à mon calibre esgard,
Mais à ce que je dis, comme et de quelle part
Je me présente à vous. Je ne suis envoyée
Par quelque Roy ou Duc pour la paix octroyée,
Ou pour quelque alliance, ou pour des prisonniers
Moyenner la rançon et apporter deniers.
Mais du grand Roy du ciel vous voyez l'ambassade,
Toute telle que suis ignorante et maussade.
Je n'ay point seullement ouy une ou deux foys
D'un ange bien heureux la menassante voix,
M'incitant d'accomplir la volonté divine,

Mais encore j'ay veu et saincte Catherine
Et saincte Marguerite à moy se presenter,
(De ce digne ne suis dont il me fault vanter),
Et la Royne du ciel m'a dit, tout assurée,
Que son cher Filz m'avoit à ce fait consacrée,
A venir des Anglois l'ost mettre en desarroy,
Et puis mener à Rheins à son sacre le Roy.
Dieu le grand roy du ciel qui des princes a cure
A veu, comme il voit tout, la trop cuisante injure,
Sire, qu'il vous a fait[1] et feroit tous les jours,
S'il ne luy retranchoit de ses dessains le cours.
Il a veu d'autre part les pleurs et les prieres
Qu'à luy vous espandez, deplorant les miseres
De voz peuples mangez, et que son chastiment
En voz cœurs a faict naistre un juste amendement :
Si qu'il vient desormais à l'injustice avide
De voz fiers ennemis serrer la lasche bride,
Car il a de voz maulx ja ordonné la fin.
Il veult que des Françoys soit Roy le seul Daulphin,
Et le chef des Valois, non qu'à un Roy estrange
Du sang de ses vieux Roys la France face eschange.
Comme quand les humains sont es vices plongés
La juste main de Dieu les poursuit affligez,
Aussi quand repentant du peché l'on se tire,
Son fleau de dessus nous quant et quant il retire.

KING HENRY THE SIXTH of William Shakespere.

On sait que cette tragédie se divise en trois parties. C'est dans la première que la Pucelle d'Orléans joue un rôle odieux, aussi indigne de l'héroïne que du génie de l'auteur.

Le titre de la première partie de Henri VI était d'abord, selon Malone : *The historical play of King Henry the sixth*. On ne sait au juste à quelle époque elle fut représentée; on croit seulement que ce fut avant 1592. C'est aussi une opinion accréditée que cette première partie n'est pas de Shakespeare et qu'il n'a fait qu'en retoucher quelques passages.

TRAGEDIE DE JEANNE D'ARQUES dite la Pucelle d'Orleans, native du village d'Emprenne, pres Voucouleurs en Lorraine. A Rouen, de l'imprimerie de

---

[1] Qu'*il* vous a fait. *Il*, c'est-à-dire sans doute *l'Anglois*, quoiqu'on lise plus haut *des Anglois*.

Raphaël du Petit Val, libraire et imprimeur du Roy. 1600, pet. in-12, de 48 pages.

(Bibl. imp. Y 5631, réserve.)

Cette tragédie anonyme en cinq actes et en vers, avec un prologue et des chœurs, fut plus tard comprise dans un recueil portant ce titre : *Le théâtre des Tragédies françoises nouvellement mis en lumière*. A Rouen, de l'imprimerie de Raphaël du Petit Val, chez David du Petit Val, libraire et imprimeur ordinaire du Roy. 1615. Avec privilége de Sa Majesté.

Elle est attribuée, par l'auteur du catalogue de la bibliothèque de M. de Soleinne [1], et, d'après lui sans doute, par M. Henri Duval, dans son *Dictionnaire des ouvrages dramatiques* [2], à A. Virey, sieur des Graviers. (Peut-être Jean de Virey, sieur du Gravier, auteur dramatique et gentilhomme normand, mort vers 1610 [3].)

M. Duval ajoute que la pièce fut représentée sur le théâtre de Rouen en 1600, sur le théâtre du Marais, à Paris, en 1603, et sur le théâtre de l'hôtel de Bourgogne, en 1611.

M. l'abbé Barthélemy de Beauregard, qui n'indique pas dans son catalogue [4] l'édition de 1600, en mentionne d'autres que nous n'avons pas vues : Rouen, Raphaël du Petit Val, 1603, 1607, 1612, in-12. — Troyes, Nicolas Oudot, 1628, in-8°.

Il y en a aussi une édition de 1611, Rouen, Raphaël du Petit Val, in-12. (Catalogue Soleinne, t. III, p. 55.)

Voici quelques extraits de cette tragédie, dont l'auteur inconnu croyait être le premier à « faire monter sur le theatre des muses le tres ample sujet que nous en avoit donné par sa valeur...... ceste amazone masquée non d'un cache-nez, mais d'un heaume [5]. »

PROLOGUE.

Apelle industrieux par un docte pinceau
Tasche d'éterniser sur un large tableau
Les honneurs et le nom d'une dextre guerriere :
Lisippe sur le marbre et sur la dure pierre
Anime les esprits d'un portrait cizaillé :
Policlete se plaist sur un œuvre émaillé
Graver de son burin au temple de mémoire

---

[1] T. III, p. 55.
[2] Manuscrit de la Bibl. imp. suppl. fr. 5115.
[3] Voyez, sous ce nom de *Virey*, le *Manuel du bibliographe normand*, par Édouard Frère.
[4] *Histoire de Jeanne d'Arc*, suivie d'un catalogue, etc. Paris, 2 vol. in-8°.
[5] Avertissement au lecteur.

D'un heros les vertus, les palmes et la gloire.
Mais le poete saint, le nourrison des Cieux
Par un chant Eternel l'avoisine des Dieux,
Mignarde tellement aux fredons de sa lire
Le los d'un genereux et florissant Empire
Qu'il endort, et la Parque, et les tartares sœurs
Le chien à trois gosiers, les juges punisseurs
Le fleuve Lethean et tout ce qui s'efforce
De priver ses accords et de vie et de force.

Notre poëte, qui courait bien le risque d'endormir, par surcroît, ses lecteurs, fait ainsi parler la Pucelle (acte II, scène I) :

LA PUCELLE.

C'est assez habité parmy les froids ombrages :
Assez, assez dormy dans les antres sauvages :
C'est assez enlacé les printanieres fleurs :
Couru dessus les prez esmaillez de couleurs.
Escouté les amours des troupes forestieres :
Ou des mignards oyseaux les complaintes legeres :
Senty le doux gasoüil des argentines eaux :
Et dans les bois muets retiré mes troupeaux.
Or sus il faut quitter les belles Oreades,
Les Nimphes, le plaisir de ces ondes jasardes :
Le carquois de Diane et son arc, et ses dards
Et toute me sacrer à l'homicide Mars,
Sauter dans les combats vestue de poussiere.
Accabler l'ennemy de ma dextre guerriere :
Peindre le fer de sang, declorre les conduits :
Chasser la peste loin, pour guarir mon pays.
Hé quoy? que me servoit en ma tendre jeunesse
Pour tromper le repos, voler d'une vistesse
Ore dessus la plaine or' en haut m'accrocher
Pour attaindre en grimpant sur le haut d'un rocher?
Or esbransler en vain de mes bras les grans chesnes ?
Rompre un baston pointu? si apres tant de peines,
Tant d'exercices vains, tant de mal combatu :
Je ne donnois en fin preuve de ma vertu ?
Ce casque martial pressant ma chevelure
Ne convient il pas mieux qu'une riche coiffure?
Ce harnois endossé œuvre Vulcanien
N'est-il pas plus plaisant que du froid Serien

Les robes peintes d'or, ou de Tyr empourprées ?
Ou les ronds diamans des indiques contrées?
Ce glaive furieux qui pend à mon costé
Ces grésves, ce boucler des Calibdes porté :
Ne m'ornent-ils pas mieux qu'une molle quenoüille?
Qu'un fuseau tournoyant ? qu'une riche dépoüille
Des troupeaux porte-laine? ou d'un fragile ozier
De rameaux abatus pour en faire un pannier?
Ou qu'une esguile en main au logis de mon pere
Et ce rustique habit d'une simple bergere?
Maintenant je me plais d'œillader seulement
L'ivoirine splendeur de ce mien vestement :
Et cacher au dessous d'une face amoureuse
Un courage indomté une ame genereuse?
Depuis que le sommeil sous les pied d'un ormeau
Me voila les deux yeux, assise pres de l'eau,
Et les songes ailez coulans dedans mon ame
Echaufferent mon cœur d'une divine flame,
Puis comme messager du tout-puissant Jupin
Me dirent en tels mots le but de mon destin :
Fille le seul soucy de la chaste Lucine
Quite, quite les bois, arme, arme ta poitrine,
Venge l'injure faite à ton propre pays
Et chasse par le fer les douleurs, les ennuis
Qui comblent maintenant les subjets de ton Prince :
Arme-toy pour l'aider, et sa triste province.
Deslors je n'eu desir sinon de manier,
En ma legere main, et le fer et l'acier,
Briser la lance au poin, respirer sous les armes,
Fendre le Ciel de dards, vaincre entre les gendarmes,
Porter la parque aux uns, et d'un masle courage
Semer les champs de corps, de testes et de targes.
Il faut doresnavant donc chanter les batailles
Et peindre l'estomach du sang de leurs entrailles :
Il faut suyvre Ennon pourquoy ne puis-je pas
Fille comme je suis m'endurcir aux combats?
Les escus enlimez, les mains Amazonides
Fendirent par le fer les ondes Thermontides,
Et courant au secours du Troyen afligé
Chasserent jusqu'au port l'exercite etranger,
Du Gregeois inhumain et là Panthasilee
Vosmit la hache au poing une ame ensanglantee.

Les hommes pensent-ils qu'ils ayent seulement
Le bras, le cœur, le fer pour choquer vivement,
Et que nous ne devons pour nos belles despouilles
Que manier chez-nous les fuseaux et quenouilles?
Garder nostre maison, et pour tous nos malheurs
Lire les braves faits des gendarmes vainqueurs?
Non, non, il faut dresser quelque heureuse conqueste,
L'armeure nous convient aussi bien sur la teste
Que la leur, et nos yeux, et nos pieds; et nos bras,
Aussi bien que les leur cerchent les feux de Mars.
Celles qui aiment mieux une joüe vermeille,
Un beau chef rayé d'or, un œil plein de merveille,
Un front yvoiriné, un long col albastrin,
Un sein chargé d'œillets, de roses et de thin,
Qu'elles vivent à part sans honneur et sans gloire,
Et non pas comme nous remplies de victoire.
Puis donc que le renom à cent œles porté
En faveur des guerriers fend l'air de tout costé,
Et s'ouvrant à la fois cent bouches écumeuses
Eclate les honneurs des femmes belliqueuses.
Qu'attens-je plus long temps par un fait glorieux
De pousser aussi bien ma teste dans les Cieux?
De cercher combatant parmy les morts la Parque,
Et faire que Charon me traine en mesme barque,
Et mon ame, et ma vie? hé, que songé-je tant?
Empourprons, empourprons ce coutelas de sang!
Si le destin le veut : si l'heur revient en France
Poursuyvons coup sur coup, ayons bonne esperance.

Le Bâtard d'Orléans lui répond :

Madame d'où renaist ceste divine ardeur
Qui vous brusle à la fois, et la main et le cœur?
Quel espoir vous nourrist qui vous fait entreprendre
Quels songes vains menteurs de nous vouloir defendre
Et chasser l'ennemy par vos Scytiques dards
Plustost que par l'essay de vingt mille soldars?
Les Pasteurs Mœneans et ceux de l'Arcardie
Entre mille troupeaux fillent leur longue vie :
Or joüent sur la plaine, or pour tous leurs ébats
Contre les animaux exercent leurs combats,
Et contre l'ennemy qui la forest enserre

Sans aller plus avant osent mener la guerre.
Madame, ce n'est pas chasser dedans les bois,
Ce n'est pas topier le fuseau dans les doigts
Qu'avoir le glaive en main quand deux épesses tropes
Choquent dru et menu en forme de Cyclopes :
Que l'air est plein de feux, de meuglemens de voix
Qu'on [n'] entend rien de tout qu'un cliquot de harnois :
Que les champs sont semez de bras, de pieds, de teste
Pied contre pied fichez et creste contre creste
Que les chevaux poudreux courent dessus les corps
Que les écus froissez sont pendus sur les morts :
Advisez à loisir, car les foibles bergeres
N'ont pas ainsi que nous les mains roides et fieres.

Les AMANTES ou la grande pastorelle par Nicolas Chrestien sieur des Croix Argentenois, en cinq actes, en vers, avec un prologue, enrichie de plusieurs belles et rares inventions, et relevée d'intermedes heroyques à l'honneur des François. Dedié au Roy. A Rouen, chez Raphaël du Petit Val, 1613, in-12.

Après le *subjet de la pastorelle* ou sommaire de la pièce, on lit :
Les argumens des intermedes son[t] tirez de l'histoire de France :
La conversion du Roy Clovis.
La prise de Compostelle par Charlemagne.
La prise de Hierusalem par Godefroy de Boüillon.
La prise de Damiette par S. Loys Roy de France.
La pucelle d'Orleans.

Nous tirons de ce dernier intermède le dialogue ci-après :

CHARLES ROY DE FRANCE.

Verray-je donc tousjours souz la forte influence
Des destins courroucez miserable ma France?
Verray-je donc tousjours en proye son repos,
Et voilé le soleil de son antique los?
Ses champs couvers de morts, ses villes de carnage,
Et ses antiques loix mourantes en servage?
. . . .

LE SIEUR DE BAUDRINCOURT.

Sire, Dieu qui veut prendre en main vostre querelle,
M'a fait vous emmener une jeune Pucelle
Fille de peu de nom, mais d'un vaillant effort,

Qui a pour son seul chef le Dieu puissant et fort :
De sa voix inspirée, et de son ordonnance,
Elle promet de mettre en repos vostre France,
Vous en rendre l'estat en dechassant tous ceux
Qui pour le posseder combattent outrageux.
C'est un miracle vray. Sire, auriez-vous envie
D'oüir cette pucelle, et ses faits, et sa vie ?

CHARLES.

Qu'une fille ait l'honneur de ce que tant d'heros
Effectuer n'ont peu ? Cela n'est à propos.

BAUDRINCOURT.

Que Dieu ne puisse bien luy donner la puissance
De parfaire ce fait ? Ce n'est hors de creance.

CHARLES.

Pourquoy nous feroit-il un si étrange bien ?

BAUDRINCOURT.

Pour montrer qu'il peut tout, et les monarques rien.

CHARLES.

Un fait contre nature est tousjours rejetable.

BAUDRINCOURT.

Un fait contre nature est plustost admirable.

CHARLES.

Il porte en luy souvent le mensonge inventé.

BAUDRINCOURT.

Ce qui de Dieu provient est plein de verité.

CHARLES.

Pensez-vous que ce fait provienne de sa dextre ?

BAUDRINCOURT.

Je le croy, pour divin en tous actes parestre.

CHARLES.

Qui vous en fait juger ?

BAUDRINCOURT.
          Le propos, la fierté
De la fille inspirée, et sa simplicité.

CHARLES.
Un demon seroit bien autheur de cette ruse.

BAUDRINCOURT.
Il n'est point de demon qui ne trompe ou abuse.

CHARLES.
Pensez-vous qu'il y ait du vray en tout cecy?

BAUDRINCOURT.
Je le croy sans douter, et du divin aussy.

CHARLES.
Une fille auroit donc plus que nous de vaillance?

BAUDRINCOURT.
Dieu exerce où il veut sa divine puissance.

CHARLES.
Une fille combatre?

BAUDRINCOURT.
          Et combien autrefois
En a l'on veu combatre, et défaire des Roys?

CHARLES.
Je ne croiray jamais une telle merveille.

BAUDRINCOURT.
Faut croire ce qu'on void, et qu'on oit par l'oreille.

CHARLES.
Une fille remettre en vigueur nostre estat!

BAUDRINCOURT.
Ce n'est pas une fille, ains c'est Dieu qui combat.

CHARLES.

Ce fait aussi n'est-il à son sexe contraire?

BAUDRINCOURT.

En tout sexe, en tout âge, et en tout Dieu opere.

Nicolai Vernulæi, publici eloquentiæ professoris in Academia Lovaniensi, Joanna Darcia, vulgo Puella Aurelianensis, tragœdia. Lovanii, typis Philippi Dormalii, 1629, in-8° de 52 f. (en cinq actes et en vers latins).

(*Catal. de la Bibliot. dram.* de M. de Soleinne, n° 445.)

Édition très-rare, dédiée au cardinal de Richelieu, que l'auteur compare à Jeanne d'Arc.

Nous n'avons point vu cette édition, mais seulement les deux recueils ci-après indiqués dont fait partie *Joanna Darcia*:

Nicolai Vernulæi, historiographi regii, publici eloquentiæ professoris tragœdiæ decem nunc primum simul editæ. Lovanii, ap. Joannem Oliverium, et Corn. Coenestenium, 1631, in-8°.

Ce volume contient dix tragédies, toutes en cinq actes et en vers: *Conradinus*, *Crispus*, *Theodoricus*, *Henricus octavus, seu schisma anglicanum;* Joanna Darcia, vulgo Puella Aurelianensis; *D. Stanislaus*; *Ottocarus, Bohemiæ rex*; *Thomas Cantuariensis*, *Divus Eustachius*, *Gorcomienses*.

Editio II[a], priore aliquot tragœdiis, nunc primum in lucem editis auctior. Lovanii, 1656. (2 vol. in-12.)

L'auteur se nommait de son vrai nom Nicolas de Vernulz; né à Robelmont, duché de Luxembourg, en 1583, il mourut en 1649. C'était un écrivain d'une grande fécondité, qui a laissé nombre d'ouvrages politiques, littéraires, religieux, etc.

La Pucelle d'Orleans, tragedie en prose. Selon la verité de l'histoire et les rigueurs du theatre. A Paris; chez François Targa, au premier pillier de la grand'salle du Palais. 1642. Avec privilege du Roy. Pet. in-12 de 167 p.

(Bibl. imp. Y 5632, réserve.)

A la suite du privilége, on lit cette mention: *Achevé d'imprimer le 11 mars 1642.*

Cette pièce est du précieux François Hedelin, abbé d'Aubignac, comme nous l'apprend l'avertissement. Il paraît qu'il en courut des copies manuscrites bien avant la publication, et que, soit du consentement de l'auteur, soit à son insu, sa tragédie fut mise en vers et représentée ainsi en 1641. Mais l'impression de la prose de l'abbé d'Aubignac précéda de deux mois celle des vers de Benserade, ou de la Mesnardière (car c'est à l'un ou à l'autre qu'on attribue cette espèce de traduction). S'il faut en croire le libraire Targa, il fit imprimer la *Pucelle d'Orléans* et la *Cyminde*, autre tragédie de l'abbé d'Aubignac, sur des copies qui lui tombèrent entre les mains, sans connaître l'auteur de ces deux ouvrages; ce qu'ayant appris, l'abbé se fâcha.

« Cette piece avec la Cyminde estans presque achevées d'imprimer, dit le libraire, les exemplaires en furent saisis, et moy poursuivy sur la confiscation. Je fus certes bien surpris de cet accident, mais un peu consolé pourtant d'avoir appris par ce moyen que ces ouvrages estoient de Monsieur l'abbé Hedelin. »

Le libraire fit amende honorable, l'abbé se radoucit, et il y a tout lieu de croire qu'il prêta sa plume à Targa pour écrire le curieux avertissement qui précède la pièce. Les comédiens n'y sont pas épargnés. « Ils ne savent lire qu'à grande peine les rolles manuscrits........ La plus grande part n'ayant aucune connoissance des bonnes lettres, a fait souvent des exclamations pour des interrogans ou des ironies, et criaillé quand il falloit moderer sa voix, » etc. etc.

Ils sont signalés encore comme « ignorant l'art des machines et refusant par avarice d'en faire la despence. » Par exemple, « au lieu de faire paroistre un Ange dans un grand ciel dont l'ouverture eût fait celle du theatre, ils l'ont fait venir quelques fois à pied, et quelques fois dans une machine impertinemment faite et impertinemment conduite: au lieu de faire voir dans le renfondrement et en perspective, l'image de la Pucelle au milieu d'un feu allumé et environné d'un grand peuple, comme on leur en avoit enseigné le moyen, ils firent peindre un méchant tableau sans art, sans raison et tout contraire au subjet, » etc.

Dans la *Préface sur la tragédie de la Pucelle* que l'abbé d'Aubignac a placée à la suite de l'avertissement se trouve exposé le plan de la pièce avec un commentaire justificatif qui ne laisse pas d'avoir son intérêt.

On y lit, entre autres, ces passages :

« Pour y mettre une intrigue qui donnast le moyen de faire joüer le theatre, j'ay supposé que le comte de Warwick en estoit amoureux (de Jeanne), et sa femme jalouse : car bien que l'histoire n'en parle point, elle ne dit rien au contraire ; de sorte que cela vray-semblablement a peu estre, les historiens françois l'ayant ignoré, et les Anglois ne l'ayant pas voulu dire. »

Et encore :

« Pour donner de la grace et de la force au cinquiesme acte, je faicts que le baron de Talbot, qui n'avoit point esté d'advis de sa mort en vient faire le recit au comte de Warvick extremement affligé et à la comtesse, que le remords de la conscience rend insensée. Puis pour jetter sur le theatre la terreur qui doit clorre cette piece, j'ay advancé le chastiment de trois de ses juges, dont l'un est chassé, l'autre meurt subitement et le troisiesme frappé de lepre comme elle leur avoit predit. »

Voici le début de la pièce :

L'ANGE, LA PUCELLE.

(Le ciel s'ouvre par un grand esclair, et l'Ange paroist sur une machine eslevée.)

L'ANGE.

Fille du ciel, incomparable Pucelle, puissant et miraculeux secours de ton prince, voy tes prisons qui s'ouvrent, et tes chaisnes qui se brisent, sors, sors à la faveur des divines lumieres qui t'environnent, et viens apprendre icy quel doit estre le dernier acte de ta generosité et le comble de ta gloire.

LA PUCELLE.

Quels mouvements celestes delivrent mon corps de la captivité qui le presse, et donnent à mon ame une si sensible joye? Est-ce donc toy, sacré Tutelaire de ma vie, Interprete secret des volontez du Dieu vivant? parle seulement et j'obey.

Le duc de Somerset reproche ainsi au comte de Warvick les sentiments trop favorables que lui inspire la Pucelle :

LE DUC.

Enfin, Comte, vostre faveur envers cette sorciere esclatte à mon advis un peu trop.

LE COMTE.

On ne sçauroit trop faire pour proteger l'innocence.

LE DUC.

Je crain bien qu'un autre sentiment vous y oblige ; il arrive souvent que nous agissons par une passion qui nous est inconnüe, et nous attribuons à Justice ce que nous faisons par une inclination desordonnée. Les visites que vous luy avez rendües m'ont tousjours esté suspectes, elles n'ont jamais avancé la connoissance de ses crimes comme vous nous promettiez, vous estes tousjours sorty d'auprès d'elle plus passionné pour sa justification que pour le service de l'Angleterre et le contentement de Bethfort.

Au dénoûment, Cauchon, que l'auteur a transformé en Canchon, est frappé de mort soudaine :

CANCHON.

Mon Dieu, je suis mort, un traict invisible me vient de percer le cœur.

(Il tombe.)

LE COMTE.

Prompts et merveilleux effects des predictions de la Pucelle.

LE DUC.

Il a sans doute perdu la vie.

Il est permis de partager sur cette pièce l'opinion exprimée par le chevalier de Mouhy dans ses *Tablettes dramatiques* [1], où on lit :

« La Pucelle de l'abbé d'Aubignac. *Selon la verité de l'histoire et les regles les plus exactes du théatre ;* mais elle n'en est pas meilleure. »

Voyez sur cette pièce le livre de M. Ch. Livet, *Précieux et Précieuses.* Paris, Didier, 1860, in-8°, et le *Bulletin du Bouquiniste* (lettre de M. le comte de Puymaigre), n° du 15 mars 1858.

LA PUCELLE D'ORLEANS, tragedie (en 5 actes et en vers). A Paris, chez Anthoine de Sommaville et Augustin Courbé, au palais. M. DC. XXXXII. Avec privilege du Roy.

(Bibl. imp. Y 5546, n° 53, réserve.)

A la suite du privilége, on lit cette mention : *Achevé d'imprimer le quinziesme jour de may 1642.*

C'est la traduction en vers de la tragédie de l'abbé d'Aubignac. On l'attribue à Benserade ou à la Mesnardière (Voy. le *Dictionnaire des ouvrages anonymes et pseudonymes*, par M. Barbier), et cela sur le témoignage de deux écrivains du XVIIe siècle : Paul Boyer, sieur du Petit Puy, et Samuel Chapuzeau.

Le premier, dans son *Dictionnaire servant de Bibliothèque universelle*, Paris, 1649, in-fol. p. 167, dit, à l'article *Benserade* : « grand orateur et tres-excellent poete françois, a fait la Cleopatre, l'Iphis et Iante, la mort d'Achiles, Gustaphe, Meleagre, *la Pucelle d'Orleans* et plusieurs autres pièces. »

Le second, auteur d'un ouvrage qui a pour titre : *Le theâtre françois, où il est traité : I, de l'usage de la comedie, II, des autheurs qui soutiennent le theatre, III, de la conduite des comediens*, donne dans ce curieux petit livre une liste des *autheurs qui ont travaillé pour le theâtre, et fini leurs jours dans ce noble employ.* Sous la rubrique : *Pièces de théatre de chacun de ces autheurs*, on lit : *de M. de la Menardiere*, la Pucelle d'Orleans. Chapuzeau n'attribue que cette seule pièce à la Mesnardière, et encore est-ce à tort, selon nous. Le témoignage de Paul Boyer nous paraît bien plus autorisé que le sien, d'abord parce qu'il date de 1649, époque fort rapprochée de celle

---

[1] Manuscrit de la Bibl. imp. suppl. fr. 5103.

APPENDICE. 801

où parut *la Pucelle d'Orléans;* en second lieu, parce que ce fut le même libraire, Antoine de Sommaville, qui publia et la tragédie dont il s'agit et le Dictionnaire de Boyer, ce qui donne à penser que celui-ci put être bien renseigné. Au contraire, *Le theatre françois* est de 1674, par conséquent postérieur de plus de trente ans à la publication de *la Pucelle*, et il est permis de croire que les informations de Chapuzeau n'étaient pas plus sûres qu'étendues, puisque, par exemple, sous le nom de l'abbé d'Aubignac il ne mentionne ni *la Pucelle d'Orléans* en prose, ni la *Cyminde* dont l'abbé s'était reconnu l'auteur. (V. l'article précédent.)

Quoi qu'il en soit, nous tirons de la pièce en vers les passages correspondant aux extraits qu'on vient de lire de la pièce en prose :

I.

(Le ciel s'ouvre par un grand éclair, et l'Ange paroist.)

L'ANGE.

Sainte fille du ciel, Pucelle incomparable,
De ton prince affligé le secours adorable,
Quitte pour un moment la charge de tes fers,
Et sors par ma faveur de tes cachos ouvers,
Vien apprendre de moy ma derniere assistance
Et de ton sort heureux la plus belle ordonnance.
Dans les tristes horreurs de cette épaisse nuit
Voy ce long trait de feu qui vers moy te conduit,
Marche, marche et beny l'éclair que je t'envoye
Pour tracer à tes pieds une agreable voye.

LA PUCELLE.

Quels nouveaux sentimens d'un celeste bon-heur
M'ouvrent l'ame et les sens à la voix du Seigneur?
Ha j'entens et je voy son divin interprete
Qui me va declarer sa volonté secrette.

II.

LE DUC.

Comte, vous faites trop pour cette miserable.

LE COMTE.

Faire pour l'inocence est une œuvre loüable.

LE DUC.

Un autre sentiment vous fait-il point agir?
N'en faites pas le fin, et gardez de rougir.

On dit qu'elle n'est pas l'object de vostre haine,
Et qu'à l'interroger vous prenez trop de peine.
Vous la pressez beaucoup, et nous promettez bien
De nous découvrir tout, mais vous n'en faites rien
Et vous nous en parlez dans une impatience
De la justifier qui tire à consequence.
Prenez-y garde, Comte, oubliez ce transport
Qui ne vous met pas bien dans l'esprit de Bethfort.

(Acte Ier, scène vi.)

III.

CANCHON.

Ha! je suis traversé par un trait invisible
Et qui donne à mon cœur une atteinte sensible;
Je ne puis resister à ce dernier effort,
Et je meurs.

LE DUC.

O prodige! En effet il est mort.

PROGRAMME du fameux siége d'Orléans, par R. C. Ballard, 1778, in-12. — La même sous ce titre : La Pucelle d'Orléans ou le fameux siége, pantomime héroïque en 3 actes : le programme en vaudeville par Regnard de Plinchènes, Rouen, 1786, in-12.

(Catal. de M. l'abbé de Beauregard.)

JEANNE D'ARC, mélodrame en 4 actes et en vers, par Plancher-Valcour, représenté sur le théâtre d'Orléans en 1786.

(H. Duval, *Dictionn. des ouvr. dram.*)

JEANNE D'ARC À ORLÉANS, comédie en trois actes et en vers, mêlée d'ariettes, par Choudard dit Desforges, musique de Rodolphe Kreutzer, représentée aux Italiens le 10 mai 1790.

Voyez une brève analyse de cette pièce dans les *Annales dramatiques* ou *Dictionnaire général des théâtres*. Paris, Babault, 1810, t. V, p. 197 et 198. On y lit : « Cette pièce, malgré ses défauts, a obtenu du succès. La musique était le coup d'essai de M. Chreich, et donna dès lors une opinion avantageuse de son talent. »

Ce singulier nom de Chreich n'est autre que celui de Kreutzer, ainsi altéré pour en figurer la prononciation.

APPENDICE. 803

Jeanne d'Arc, ou la Pucelle d'Orléans, drame en quatre actes et en vers, par Mercier, représenté sur le théâtre des Délassements comiques en 1790.

(H. Duval, *Dictionn. des ouvr. dram.*)

En 1790 il a paru une biographie d'auteurs vivants, annonçant qu'il y avait alors en répétition au Théâtre-Français une tragédie en cinq actes et en vers, par Ronsin, qui devint ensuite général et fut guillotiné en 1795.

(Catal. de M. l'abbé de Beauregard.)

Pantomime anglaise représentée en 1795 sur le théâtre de Covent-Garden. L'auteur, à la fin de la pièce, faisait paraître des diables qui emportaient l'héroïne en enfer. Ce dénoûment fut sifflé. A la seconde représentation, les diables furent remplacés par des anges, l'enfer par le ciel, et ce nouveau dénoûment fut applaudi.

(Catal. de M. l'abbé de Beauregard.)

Die Jungfrau von Orleans, eine romantische tragödie von Friedrich Schiller.

Imprimée pour la première fois dans le *Taschenbuch für 1802*, à Berlin, cette tragédie a été depuis lors réimprimée nombre de fois.

Bien des fois aussi elle a été traduite en français, soit à part, soit avec les autres œuvres dramatiques de Schiller, soit enfin parmi ses œuvres complètes. Voici l'indication dans l'ordre chronologique de celles de ces traductions qui nous sont connues :

Jeanne d'Arc, ou la Pucelle d'Orléans, tragédie en cinq actes de Schiller, traduite en prose par Charles-Frédéric Cramer, publiée par M. L. S. Mercier, Paris, Cramer, 1802.

Cette première traduction en prose servit plus tard à une imitation en vers publiée sous le titre ci-après :

Le triomphe des Lis : *Jeanne d'Arc, ou la Pucelle d'Orléans*, drame en cinq actes et en vers, imité de la tragédie allemande de Schiller, traduite en français et en prose par M. C. F. Cramer, édition de M. L. S. Mercier, de l'Institut national, à Paris ; par J. Avril, de Grenoble. Paris, Bacot, 1814, in-8°.

Jeanne d'Arc, tragédie romanesque, traduite de l'allemand par J. B. Daulnoy. Düsseldorf, 1815, in-8°.

Œuvres dramatiques de Schiller, traduction de M. de Barante. Paris,

Ladvocat, 1821. — Édition revue et corrigée, Paris, Marchant, 1844. (La Pucelle d'Orléans fait partie du tome III.)

ŒUVRES DRAMATIQUES DE SCHILLER, traduction de M. Horace Meyer. Paris, Saintin, 1837.

JEANNE D'ARC, tragédie de Schiller, traduite en vers français par Mme Caroline Pavlof, née Iaenisch. Paris, F. Didot, 1839, in-8°.

THÉÂTRE DE SCHILLER, traduction en prose de M. X. Marmier. Paris, Charpentier, 1840.

JEANNE D'ARC, de Schiller. Traduite [en prose] par V. Cappon. Imp. de Schneider. Paris, 1844, in-8°.

JEANNE D'ARC, drame en quatre actes et en vers, imité de Schiller, par J. Haldy. Bâle, Schweighæuser, 1846.

ŒUVRES COMPLÈTES DE SCHILLER, traduites par M. Ad. Regnier, de l'Institut. Paris, Hachette, 1859-1861. (La Pucelle d'Orléans se trouve au tome III du *Théâtre*.)

JEANNE D'ARC, ou la Pucelle d'Orléans, pantomime en trois actes et à grand spectacle, contenant ses exploits, ses amours, son supplice, son apothéose, mêlée de marches, chants, combats et danses, par J. G. A. Cuvelier. Représentée pour la première fois, sur le théâtre de la Gaîté, le 25 germinal an XI (1803). Paris, 1803, broch. in-8°.

Dix ans plus tard, le même auteur refondit entièrement son ouvrage, qui fut représenté et publié sous le titre ci-après :

LA PUCELLE D'ORLÉANS, pantomime historique et chevaleresque en trois actes, à grand spectacle, précédée du songe de Jeanne d'Arc, et terminée par son apothéose, par J. G. A. Cuvelier, musique par M. Alexandre. Représentée pour la première fois à Paris, au Cirque olympique, le 10 novembre 1813. Paris, Barba, 1813, broch. in-8°. — La même, Paris, Barba, 1814.

LA MORT DE LA PUCELLE D'ORLÉANS, tragédie en cinq actes et en vers, par Caze, sous-préfet de Bergerac, an XIII, 1805.

(Catal. de M. l'abbé de Beauregard.)

LA MORT DE JEANNE D'ARC, tragédie en trois actes et en vers, représentée sur le théâtre d'Orléans le 8 mai 1805, par M. H. F. Dumolard. Orléans, Darnault-Maurant, 1807, in-8°.

Jeanne d'Arc, ou le siége d'Orléans, comédie héroïque à grand spectacle, en trois actes et en vers, par M. Maurin. Metz, Lamort, 1809, in-8°.

Jeanne d'Arc, ou le siége d'Orléans, fait historique en trois actes, mêlé de vaudevilles, par MM. Dieulafoy et Gersin; représenté pour la première fois, sur le théâtre du Vaudeville, le 24 février 1812. Paris, Fages, 1812, in-8°.

Les soucis de Jeanne d'Arc, ou le retour des lys, scène allégorique mise en action sur le théâtre d'Orléans, par A. C. Chambelland. Orléans, 7 décembre 1815, in-8°.

(Catal. de M. l'abbé de Beauregard.)

La maison de Jeanne d'Arc, comédie anecdote en un acte, en prose, par M. René Perin, représentée par les comédiens sociétaires de l'Odéon le 16 septembre 1818. Paris, Barba, 1818, in-8° de 2 f.

La maison de Jeanne d'Arc, anecdote vaudeville en un acte, par M. de Rougemont, représentée sur le théâtre du Vaudeville le 3 octobre 1818. Paris, Nouzou, 1818.

Jeanne d'Arc à Rouen, tragédie en cinq actes et en vers, par C. J. L. d'Avrigni, représentée sur le Théâtre-Français le 4 mai 1819. Paris, Ladvocat, 1819. (Deux éditions de la même année.)

Parodiée sous ce titre:

L'épée de Jeanne d'Arc, ou les cinq...... demoiselles, à-propos burlesque et grivois en un acte, à spectacle, mêlé de couplets, par MM. Maréchalle, Hubert et *** (H. Tronet); représenté sur le théâtre de la Porte-Saint-Martin le 1er juin 1819. Paris, 1819, in-8°.

Quelques jours après, nouvelle parodie de la même pièce, intitulée:

Le procès de Jeanne d'Arc, ou le jury littéraire, parodie vaudeville en un acte, par MM. Dupin, Armand Dartois et Carmouche, représentée sur le théâtre du Vaudeville le 11 juin 1819. Paris, Barba, 1819, in-8°.

Jeanne d'Arc, ou la délivrance d'Orléans, drame lyrique en trois actes (et en prose), de MM. Théaulon et Armand Dartois, musique de M. le chevalier

Carafa; représenté sur le théâtre de l'Opéra-Comique le 10 mars 1821. Paris, Martinet; Delavigne, 1821, in-8°.

Parodié sous ce titre :

PATAPAN, ex-tambour de l'armée d'Espagne, à la représentation de Jeanne d'Arc à Feydeau, pot-pourri, écrit sous sa dictée, par M. Émile Cottenet. Paris, Quoy, 1821, in-8°.

JEANNE D'ARC, tragédie en cinq actes (et en vers), reçue au théâtre royal de l'Odéon le 7 août 1824, par A. P. F. Nancy. Paris, Marchand du Breuil, 1825, in-8°.

JEANNE D'ARC, tragédie en cinq actes et en vers, par M. Alexandre Soumet, représentée sur le théâtre de l'Odéon le 14 mars 1825. Paris, Barba, 1825, in-8°. (Deux éditions de la même année.)

Parodiée sous ce titre :

LA TULIPE À JEANNE D'ARC, pot-pourri en cinq actes, précédé d'un prologue, par M. A. Ricard. Paris, Barba, 1825, in-8°.

Représentée de nouveau sur le Théâtre-Français le 4 mars 1846, la tragédie de M. A. Soumet a été publiée la même année à Paris, chez Michel Levy, in-8°.

JOAN OF ARC, or the maid of Orleans, a melo-drama, in three acts, by Edward Fitz-Ball, esq. author of *the Pilot, the floating Beacon*, etc. The music by M^r. Nicholson. London, John Cumberland, in-18 de 39 p.

La pièce est sans date, mais elle a paru en 1826 ou environ, dans un recueil intitulé : *Cumberland's minor theatre, being a companion to Cumberland's British theatre.*

JEANNE D'ARC, ou la Pucelle d'Orléans, tragédie en cinq actes (en vers), par N. J. C. de Hédouville. Paris, Adrien Le Clere, 1829, in-8°. Dédiée à S. A. R. Madame la Dauphine.

GIOVANNA D'ARCO, opéra représenté le 12 mars 1830 sur le théâtre de la Scala, à Milan. La musique était de Jean Pacini (Pacini di Roma). Cette pièce ne réussit point, dit M. Fétis, quoiqu'elle fût chantée par Rubini, Tamburini et Mme Lalande. (Fétis, *Biographie universelle des musiciens*, t. VII, p. 114.)

JEANNE D'ARC, ou la Pucelle d'Orléans, drame en cinq actes et en prose, par M. Henri Millot. Paris, Aimé André, 1832, in-8°.

JEANNE D'ARC, ou Domremy et Orléans, comédie historique mêlée de chant, en deux actes et trois tableaux, par MM. Henri Duffaud et Eugène Duval; représentée à Paris, sur le théâtre des jeunes élèves de M. Comte, le 23 octobre 1835. Paris, Bréauté, 1835, in-18.

JEANNE D'ARC, drame en trois actes et en vers, par Frédéric Lequesne, improvisé à Lyon le 2 juillet 1836.

Se trouve dans l'ouvrage intitulé :

IMPROVISATIONS, par Frédéric Lequesne. Paris, imprimerie Delanchy, 1838, in-8°.

JEANNE D'ARC, drame en cinq actes [et en prose], par Eugène Cressot. Dijon, impr. de Brugnot, 1842, in-8°.

PLAN d'une tragédie intitulée, *Jeanne d'Arc*, par Camille Bernay, supplément au *Constitutionnel* du 17 juillet 1842.

(Catal. de M. l'abbé de Beauregard.)

JEANNE D'ARC, tragédie en cinq actes et en vers, par le vicomte Théodore de Puymaigre. Metz, impr. de Domborer; Paris, Debécourt, 1843, in-8°.

JEANNE D'ARC EN PRISON, monologue en un acte et en vers, par MM. Perin et Élie Sauvage. Paris, Marchand, 1844, in-8° (dans le *Magasin théâtral*); représenté sur le théâtre du Luxembourg en 1845.

(H. Duval, *Dictionn. des ouvr. dram.*)

LA MISSION DE JEANNE D'ARC, drame en cinq journées, en vers, par J. J. Porchat (de Lausanne). Paris, Dubochet, 1844, in-8°.

GIOVANNA D'ARCO, drama lirico in tre atti, di Temistocle Solera, musica del maestro Verdi. (1844 ou 1845.)

JEANNE D'ARC ET NAPOLÉON, poëme dialogué, par H. David de Thiais, avocat, conservateur de la Bibliothèque de Poitiers. Poitiers, impr. de Saurin ; Paris, Maison, 1846, in-8°.

JEANNE D'ARC, drame national en cinq actes et dix tableaux, par M. Charles Desnoyer, représenté sur le théâtre de la Gaîté le 17 avril 1847. Paris, Tresse, 1847, gr. in-8°.

(Collection de la *France dramatique au XIX° siècle*.)

Jeanne d'Arc, ou la Fille du peuple au xv° siècle. Drames, histoire et critique, par Renard (Athanase). [1ʳᵉ partie : Jeanne d'Arc, drame historique en vers libres et en sept tableaux.] Paris, Furne, 1851, in-18.

Jeanne Darc, drame historique en cinq actes et en prose, par Daniel Stern. Paris, Michel Levy frères, 1857, in-18 jésus.

Jeanne d'Arc, drame historique en dix tableaux, par Louis Jouve et Henri Cozic. Paris, Dentu, 1857, in-18.

Jeanne d'Arc, exercice équestre exécuté au Cirque de l'Impératrice.

On en peut voir le spirituel compte rendu par M. Paul de Saint-Victor, dans le feuilleton de *la Presse* du 22 août 1858 :

« Un spectacle d'un haut comique est l'exercice intitulé *Jeanne d'Arc* par l'affiche, tragédie équestre en trois temps de galop. La scène se passe sur une selle : c'est l'unité de lieu réduite à sa plus simple expression, » etc.

Jeanne d'Arc, tragédie en cinq actes et en vers, par Em. Bousson de Mairet, officier de l'Université, etc. Poligny, impr. de Mareschal, 1860, in-8°.

Jeanne d'Arc, hommes et choses de son temps; étude historique, drame, par P. A. A. Scribe. Amiens, 1861, in-8°.

Jeanne d'Arc, récit historique et critique de sa mission, présenté sous forme dramatique, en sept journées et en vers libres. Paris, impr. de A. Wittersheim, 1861, gr. in-8°.

Ce n'est pas autre chose, dit l'auteur dans son avertissement, que *la paraphrase de la copie* du drame en sept tableaux de M. Renard (Athanase), publié chez Furne, en 1851, paraphrase faite par un amateur octogénaire.

Jeanne d'Arc, drame en cinq actes et en vers, par Constant Materne. Bruxelles, Decq, 1862, in-8°.

INDICATIONS SANS DATE.

Jeanne d'Arc, ou le siége d'Orléans, mélodrame en trois actes et en prose, avec un prologue par M. Manuel. — Manuscrit in-folio dans le cabinet de M. Jarry-Lemaire, d'Orléans.

(Catal. de M. l'abbé de Beauregard.)

APPENDICE.

Jeanne d'Arc, drame en trois actes et cinq tableaux, par Ch. Durand. — «Je n'ai pas vu la pièce, dit M. l'abbé de Beauregard; je la crois inédite.»

On lit dans *La littérature française contemporaine*[1], t. III, p. 189, sous le nom Delbrel :

M. Delbrel, poëte-orateur, *connu* par sa déposition en vers dans l'affaire Bonafous, par sa tragédie de *Jeanne d'Arc*, par ses vers à Mme Lartel, l'aéronaute, etc. (Voyez le journal *l'Époque* du 15 décembre 1845.)

M. l'abbé de Beauregard a admis à tort dans son catalogue l'article ci-après :

La Prévention nationale, action adaptée à la scène, par N. E. Rétif de la Bretonne. La Haye, 1784, 2 vol. in-12.

On trouve, en effet, dans le second volume de cet étrange ouvrage (p. 144 à 216) un récit sommaire de la vie de Jeanne d'Arc, précédé d'une estampe où la Pucelle est représentée *recevant des armes blasonnées des mains du roi Charles VII*. Mais ce récit n'a point la forme dramatique, ou, comme dit l'auteur, n'est point adapté à la scène; il prend place seulement *parmi les faits qui servent de base à la Prévention nationale*.

[1] Continuation de *la France littéraire*, par Ch. Louandre et Félix Bourquelot, Paris, 1848, in-8°.

Ihesus + principio sancta maria mes

Le mystere du siege dorleans sont
composé et compillé en la maniere cy apres
declairee

Et Premierement Sallebry commance
en engleterre et dit ce qui ensuit

Tres haultz et tres puissans seigneurs
nous princes des grans honnurs
dont bon a pleu ainsi me faire
quant bons enhors princes peignours
qui estes les consentisseurs
de toute ma temptoire
Me bouloirs faire cognoissance
estre bienfaisant exemplaire
Cest de henry noble Roy de Renom
dans le monde qui est de si noble assurance
de feature est Roy Henry est tout notoire
et dengleterre qui est son propre nom
de son nom par la bosse sentence
soy lieutenant par la bas ordonnant

A. Betauius Sen. Ba.
1636

ERRATA.

P. 83. *Malan*, lisez *mal an*.
P. 515. *Celle* y touchera, lisez *C'elle* pour *si elle*.
P. 553, en vedette. CAVEDE, lisez CANEDE (Kennedy).

Guessard, François - Certain.
Le mistere du siège d'Orléans
1862

www.ingramcontent.com/pod-product-compliance
Lightning Source LLC
Chambersburg PA
CBHW070856300426
44113CB00008B/851